Das Gebot der Realitätsgerechtigkeit von Typisierungen im Steuerrecht

Mannheimer Beiträge zum Öffentlichen Recht, Regulierungsrecht und Steuerrecht

Herausgegeben von Thomas Fetzer

Band 34

Carsten Zahn

Das Gebot der Realitätsgerechtigkeit von Typisierungen im Steuerrecht

Analyse am Beispiel der Zinssatztypisierung im Steuerschuldverhältnis, § 238 Abs. 1 Satz 1 AO

PETER LANG

Bibliografische Information der Deutschen Nationalbibliothek
Die Deutsche Nationalbibliothek verzeichnet diese Publikation in der Deutschen Nationalbibliografie; detaillierte bibliografische Daten sind im Internet über http://dnb.d-nb.de abrufbar.

Zugl.: Mannheim, Univ., Diss., 2021.

Gedruckt auf alterungsbeständigem, säurefreiem Papier.

D 180
ISSN 0944-7659
ISBN 978-3-631-86243-8 (Print)
E-ISBN 978-3-631-86580-4 (E-PDF)
E-ISBN 978-3-631-86581-1 (EPUB)
DOI 10.3726/b19033

PL Academic Research ist ein Imprint der Peter Lang GmbH.

Peter Lang – Berlin · Bern · Bruxelles · New York · Oxford · Warszawa · Wien

Diese Publikation wurde begutachtet.

www.peterlang.com

Für meinen verstorbenen Vater
Hartmut Zahn

Vorwort

Die Abteilung Rechtswissenschaft der Fakultät für Rechtswissenschaft und Volkswirtschaftslehre der Universität Mannheim hat diese Arbeit im Mai 2021 als Dissertation angenommen. Literatur und Rechtsprechung wurden bis Mitte 2020 berücksichtigt und bis Mitte 2021 ergänzt. Die Entscheidung des Ersten Senats des Bundesverfassungsgerichts vom 8. Juli 2021 (1 BvR 2237/14 und 1 BvR 2422/17) zur Verfassungswidrigkeit der Verzinsung von Steuernachforderungen und Steuererstattungen wurde erst nach der Drucklegung dieser Arbeit veröffentlicht und konnte daher nicht mehr berücksichtigt werden.

Mein Dank gilt zunächst meinem Doktorvater Prof. Dr. Thomas Fetzer, der es mir im Rahmen meiner Tätigkeit als Wissenschaftlicher Mitarbeiter an seinem Lehrstuhl ermöglicht hat, diese Arbeit zu schreiben. Die beruflich wie auch persönlich lehrreiche Zeit an seinem Lehrstuhl wird mir immer in bester Erinnerung bleiben. Bei Herrn Prof. Dr. Manfred Muhler bedanke ich mich für die zeitnahe Erstellung des Zweitgutachtens.

Danken möchte ich außerdem meinen langjährigen Lehrstuhlkollegen/-innen und Freunden/-innen Dr. Florian Ferrenberg, Markus Kohlmann, Dr. Rowena Lipp, Dr. Eric Niederprüm, Elisabeth Bauer und Tobias Böser für die zahlreichen konstruktiven Diskussionen, für ihre stetige fachliche Unterstützung und auch für die nicht-wissenschaftlichen Ablenkungen. Dank ihnen hat mir die Arbeit auch in schwierigen Phasen immer sehr viel Spaß gemacht.

Meiner Lehrstuhlkollegin und Partnerin Bianka Dinger gebührt mein ganz besonders herzlicher Dank für die bedingungslose Unterstützung sowie die unzähligen lieben und aufbauenden Worte des Zuspruchs während der Erarbeitung der Dissertation.

Zuletzt danke ich von Herzen meiner Familie – meinem Bruder Eike Zahn sowie insbesondere meiner Mutter Nicole Sundermann und Dr. Heinz-Georg Sundermann. Ihr unbedingter Rückhalt sowie ihre Unterstützung und Förderung haben diese Arbeit schließlich überhaupt erst möglich gemacht.

Stuttgart, Juli 2021
Carsten Zahn

Inhaltsübersicht

Einführung 21

Teil 1: Realitätsgerechtigkeit im Steuerrecht 23

Kapitel 1: Typisierungen 25

A Definition der Typisierungen 25

B Gesetzgeberischer Gestaltungsspielraum 29

Kapitel 2: Herleitung des Gebots der Realitätsgerechtigkeit 33

A Gleichheitsgrundsatz 33

B Steuergerechtigkeit 35

C Realitätsgerechtigkeit 45

Kapitel 3: Das Gebot der Realitätsgerechtigkeit 53

A Bestimmung des realitätsgerecht zu typisierenden Regelfalls 53

B Bandbreite der Realitätsgerechtigkeit 83

C Weitere Anforderungen an die Realitätsgerechtigkeit 109

Kapitel 4: Rechtfertigung realitätsferner Typisierungen 133

A Prüfungsmaßstab 133

B Rechtfertigungsgründe 160

Kapitel 5: Verfassungsrechtliche Pflicht zur Nachbesserung ... 191

A Obliegenheiten des Gesetzgebers 195

B Überlegungs- und Reaktionsfristen 198
C Nachbesserungsfristen 201

Kapitel 6: Thesenhafte Zusammenfassung 207

Teil 2: Zinsen im Steuerschuldverhältnis 211

Kapitel 7: Steuerrechtliche Einordnung der Zinsen 213
A Zinsdefinitionen 213
B Einordnung in das Abgabensystem 218
C Differenzierung zwischen Steuern und steuerlichen Nebenleistungen 226

Kapitel 8: Überblick zu den Zinsvorschriften im Steuerschuldverhältnis 233
A Vollverzinsung, § 233a AO 233
B Weitere Verzinsungsregelungen, §§ 234 ff. AO 253
C Zinssatz und Zinsberechnung, § 238 AO 257

Kapitel 9: Die Zinssatztypisierung in § 238 AO 273
A Historische Entwicklung 274
B Rechtsprechungsüberblick 287
C Würdigung der Realitätsgerechtigkeit 311

Kapitel 10: Thesenhafte Zusammenfassung 421

Literaturverzeichnis 423

Inhaltsverzeichnis

Einführung ... 21

Teil 1: Realitätsgerechtigkeit im Steuerrecht ... 23

Kapitel 1: Typisierungen ... 25

A Definition der Typisierungen ... 25

B Gesetzgeberischer Gestaltungsspielraum ... 29

Kapitel 2: Herleitung des Gebots der Realitätsgerechtigkeit ... 33

A Gleichheitsgrundsatz ... 33

B Steuergerechtigkeit ... 35

I. Leistungsfähigkeitsprinzip ... 37

II. Folgerichtigkeitsprinzip ... 42

III. Zusammenfassung ... 45

C Realitätsgerechtigkeit ... 45

I. Leistungsfähigkeitsprinzip und Realitätsgerechtigkeit . 45

II. Folgerichtigkeitsprinzip und Realitätsgerechtigkeit ... 49

III. Zusammenfassende Stellungnahme ... 50

Kapitel 3: Das Gebot der Realitätsgerechtigkeit ... 53

A Bestimmung des realitätsgerecht zu typisierenden Regelfalls ... 53

I. Attribute des Regelfalls ... 54

1. Rückgriff auf empirische Daten ... 56

2. Problem fehlender empirischer Daten ... 60

3. Regelfall als mathematischer Durchschnittsfall ... 62

a) Arithmetisches Mittel ... 64

b) Median ... 64

c) Modalwert ... 65

d) Stellungnahme ... 66

II. Bedeutung der Typisierungsbegründung ... 67

III. Typisierungen ohne Regelfall ... 72

1. Einordnung der Rechtsprechung des Bundesverfassungsgerichts ... 73

2. Ansichten in der Literatur und Stellungnahme ... 75

3. Ersatzmaßstab für Pauschalierungen ... 80

IV. Ergebnis zur Regelfallbestimmung ... 82

B Bandbreite der Realitätsgerechtigkeit ... 83

I. Merkmale einer weiten Bandbreite ... 84

1. Gesetzliche Ausweichmöglichkeiten der Steuerpflichtigen ... 84

2. Geringfügigkeit der Belastung durch die Typisierung ... 86

3. Gestaltungsspielraum des Gesetzgebers ... 91

a) Fortwährende Komplexität des Regelfalls ... 92

b) Prognoseentscheidungen des Gesetzgebers ... 93

c) Geltungsbereich der Typisierungen ... 101

II. Merkmale einer engen Bandbreite ... 101

III. Rechtsprechung zur Bandbreite der Realitätsgerechtigkeit ... 103

IV. Zusammenfassende Stellungnahme ... 106

C Weitere Anforderungen an die Realitätsgerechtigkeit ... 109

I. Zeitgerechtigkeit ... 110

1. Prinzipien der Zeitgerechtigkeit ... 110

a) Prinzip zeitnaher Besteuerung ... 110

b) Prinzip der Vergleichbarkeit zum Stichtag ... 112

c) Prinzip des Valorismus ... 114

d) Zusammenfassung ... 117

2. Zeitgerechtigkeit steuerrechtlicher Typisierungen ... 117

II. Freiheitsgrundrechte und Rechtsstaatsprinzip ... 119

1. Freiheitsgrundrechte ... 119
2. Rechtsstaatsprinzip ... 122
a) Rechtssicherheit ... 123
b) Bestimmtheitsgebot ... 124
aa) Gebot der hinreichenden Bestimmtheit .. 124
bb) Gebot der Normenklarheit ... 128
cc) Gebot der Normenwahrheit ... 129
c) Anforderungen an die steuerrechtlichen Typisierungen ... 130
III. Zusammenfassung ... 132

Kapitel 4: Rechtfertigung realitätsferner Typisierungen ... 133

A Prüfungsmaßstab ... 133
I. Allgemeiner steuerrechtlicher Prüfungsmaßstab ... 139
1. Erste Ebene ... 141
2. Zweite Ebene ... 143
3. Ergebnis ... 145
II. Prüfungsmaßstab für steuerrechtliche Typisierungen 146
1. Bundesverfassungsgericht zur Grunderwerbsteuer 151
2. Bundesverfassungsgericht zu den Jubiläumsrückstellungen ... 152
a) Allgemeingültigkeit der Entscheidung ... 154
b) Gründe für eine bloße Willkürprüfung ... 155
aa) Komplexität ... 155
bb) Zentralität der Regelung ... 156
cc) Auslegungsoffenheit ... 157
c) Ergebnis ... 159
3. Zusammenfassung ... 160

B Rechtfertigungsgründe ... 160
I. Fiskalzwecke ... 162
II. Sozialzwecke ... 164

1. Gemeinwohlgründe 166
2. Gleichheitsgerechte Ausgestaltung 168
3. Erkennbarkeit und Getragensein 169
4. Konkretisierung für steuerrechtliche Typisierungen 170

III. Vereinfachungszwecke 171
1. Praktikabilität 172
a) Strukturelle Erhebungsdefizite 173
b) Einschränkungen 177
2. Verhältnismäßigkeit des Verwaltungsaufwands 180
3. Konkretisierung hinsichtlich der Realitätsgerechtigkeit 181

IV. Weitere Rechtfertigungsgründe 182
1. Missbrauchsbekämpfung 183
2. Vorteile für die Steuerpflichtigen 185
a) Rechtssicherheit 186
b) Persönlichkeitsschutz 187
c) Saldierung der Vor- und Nachteile 189

V. Zusammenfassung 190

Kapitel 5: Verfassungsrechtliche Pflicht zur Nachbesserung .. 191

A Obliegenheiten des Gesetzgebers 195

B Überlegungs- und Reaktionsfristen 198

C Nachbesserungsfristen 201
I. Grundlage einer Nachbesserungsfrist 201
II. Länge der Nachbesserungsfrist 203
III. Beginn der Nachbesserungsfrist 205
IV. Zusammenfassung 206

Kapitel 6: Thesenhafte Zusammenfassung 207

Teil 2: Zinsen im Steuerschuldverhältnis 211

Kapitel 7: Steuerrechtliche Einordnung der Zinsen 213

A Zinsdefinitionen 213
I. Zinsdefinition des Bundesgerichtshofs 213
II. Steuerrechtliche Zinsdefinition 215

B Einordnung in das Abgabensystem 218
I. Steuern und nichtsteuerliche Abgaben 219
II. Ergänzungsabgabe und Steuertarifergänzung 222
III. Sanktionen, Druckmittel, Strafen und Strafzinsen 223
IV. Ergebnis 226

C Differenzierung zwischen Steuern und steuerlichen Nebenleistungen 226

Kapitel 8: Überblick zu den Zinsvorschriften im Steuerschuldverhältnis 233

A Vollverzinsung, § 233a AO 233
I. Beschränkte Umsetzung 236
II. Zinslauf 239
III. Bemessungsgrundlage 240
1. Nachforderungszinsen 241
2. Erstattungszinsen 242
3. Änderung der Zinsfestsetzung 243
IV. Ertragsteuerliche Asymmetrie 243
V. Profiskalische Ausgestaltung 247
VI. Billigkeitserlass der Nachforderungszinsen 249
VII. Handlungsoptionen der Steuerpflichtigen 251

B Weitere Verzinsungsregelungen, §§ 234 ff. AO 253
I. Stundungszinsen, § 234 AO 253
II. Hinterziehungszinsen, § 235 AO 254

III. Prozesszinsen, § 236 AO ... 254
IV. Aussetzungszinsen, § 237 AO ... 255

C Zinssatz und Zinsberechnung, § 238 AO ... 257
I. Nominaler Zinssatz ... 258
II. Zinsberechnung ... 259
III. Effektiver Zinssatz und Belastung ... 259
1. Ausschluss der Zinsesverzinsung ... 260
2. Abrundung und monatsweise Zinsberechnung ... 261
3. Fälligkeit der Abschlusszahlung ... 262
4. Vollverzinsung, § 233a AO ... 263
a) Karenzzeit ... 263
b) Beschränkung auf bestimmte Steuerarten ... 264
c) Vollkombination der Effekte ... 266
5. Ertragsteuerliche Asymmetrie ... 269
6. Geldwertänderung ... 271
7. Zusammenfassung ... 272

Kapitel 9: Die Zinssatztypisierung in § 238 AO ... 273

A Historische Entwicklung ... 274
I. Reichsabgabenordnung von 1919 ... 274
II. Steueranpassungsgesetz von 1934 ... 277
III. Erlass zum Lastenausgleichsgesetz von 1953 ... 278
IV. Steueränderungsgesetz von 1961 ... 279
V. Abgabenordnung von 1977 ... 281
VI. Steuerreformgesetz von 1990 ... 282
VII. Zinssatzänderungen in anderen Bereichen ... 284

B Rechtsprechungsüberblick ... 287
I. Entscheidungen zu §§ 233a, 238 AO ... 287
1. Rechtsprechung bis 2009 ... 287
2. Bundesverfassungsgerichtsbeschluss vom 03.09.2009 ... 290
3. Rechtsprechung seit 2009 ... 291

a) Bundesfinanzhof vom 14.01.2010 291
b) Bundesfinanzhof vom 20.04.2011 291
c) Bundesfinanzhof vom 29.05.2013 292
d) Oberverwaltungsgericht Nordrhein-Westfalen vom 10.07.2014 292
e) Bundesfinanzhof vom 21.10.2015 294
f) Bundesfinanzhof vom 19.02.2016 294
g) Bayerischer Verwaltungsgerichtshof vom 10.08.2017 295
h) Bundesfinanzhof vom 09.11.2017 296
i) Bundesfinanzhof vom 25.04.2018 298
j) Oberverwaltungsgericht Nordrhein-Westfalen vom 25.10.2018 301

II. Entscheidungen zu §§ 237, 238 AO 302
1. Bundesfinanzhof vom 01.07.2014 303
2. Bundesfinanzhof vom 14.04.2015 304
3. Finanzgericht Baden-Württemberg vom 16.01.2018 304
4. Finanzgericht Münster vom 31.08.2018 306
5. Bundesfinanzhof vom 03.09.2018 308
6. Bundesfinanzhof vom 04.07.2019 309

III. Zusammenfassung 309

C Würdigung der Realitätsgerechtigkeit 311
I. Allgemeine Bewertung der Fixierung des Zinssatzes . 312
II. Ermittlung des Regelfalls und der Referenz(en) 319
1. Bedeutung der Verzinsung im Steuerschuldverhältnis 319
a) Verzinsungsfunktionen 319
b) Auslegung der Verzinsungsregelungen 322
aa) Grammatikalische Auslegung 322
bb) Systematische Auslegung 323
c) Ergebnis zur Bedeutung der steuerschuldrechtlichen Verzinsung 325

2. Typische Verzinsungssachverhalte im Steuerschuldverhältnis 326
a) Fremdkapitalzinsen versus Anlagerenditen 326
b) Kurzfristigkeit versus Langfristigkeit 329
c) Typische Nutzungsvorteile und Schäden 331
aa) Nutzungsvorteile 332
α) Privatpersonen 333
αα) Überschuldung 333
ββ) Verschuldung 334
χχ) Keine Verschuldung 336
δδ) Zwischenergebnis 340
β) Unternehmen 340
χ) Steuergläubiger 344
bb) Schäden 346
cc) Zusammenfassung 347
3. Benennung relevanter Markt- und Referenzzinssätze 348
a) Typische Einschränkungen 350
b) Konkrete Zinssätze 350
aa) Steuergläubiger 351
bb) Privatpersonen 353
α) Anlagerenditen 353
β) Fremdkapitalzinsen 358
cc) Unternehmen 362
α) Anlagerenditen 362
β) Fremdkapitalzinsen 365
c) Entwicklung der Zinssätze im Zeitverlauf 367
aa) Historische Entwicklungen 368
bb) Zukünftige Entwicklungen 373
4. Bestimmung eines Referenzzinssatzes 382
a) Allgemein zur Mittelwertbestimmung 382
b) Privatpersonen 384
c) Unternehmen 388

d) Steuergläubiger ... 389
e) Strukturelle Fehler ... 389
5. Zwischenergebnis zu den Referenzzinssätzen ... 390
III. Stellungnahme zur Realitätsgerechtigkeit ... 390
1. Einhaltung der Realitätsgerechtigkeitsgrenzen ... 392
a) Bandbreite der Realitätsgerechtigkeit ... 392
aa) Zusätzliche Begrenzungen der Bandbreite ... 394
α) § 138 Abs. 2 BGB ... 394
β) Absolute Mehrbelastungsgrenze ... 396
bb) Zwischenergebnis ... 398
b) Vergleich der Referenzzinssätze mit den Effektivzinssätzen ... 398
aa) Vollverzinsung, § 233a AO ... 399
α) Privatpersonen ... 400
β) Unternehmen ... 402
bb) Weitere Verzinsungsformen im Steuerschuldverhältnis, §§ 234 ff. AO ... 402
c) Stellungnahme zur Einhaltung der Realitätsgerechtigkeitsgrenzen ... 405
2. Rechtfertigungsprüfung ... 411
a) Prüfungsmaßstab ... 411
b) Rechtfertigung der Karenzzeit ... 413
c) Rechtfertigung hinsichtlich weiter fallender Referenzzinssätze ... 415

Kapitel 10: Thesenhafte Zusammenfassung ... 421

Literaturverzeichnis ... 423

Einführung

„Der Gesetzgeber ist hinsichtlich seiner Typisierungen unbeschränkbar.“[1]

Wäre der Gesetzgeber hinsichtlich der Typisierungen – diesem Zitat folgend – tatsächlich „unbeschränkbar“,[2] fiele eine wissenschaftliche Ausarbeitung zum Gebot der Realitätsgerechtigkeit von Typisierungen im Steuerrecht sehr knapp aus. Dann könnte der Gesetzgeber nämlich frei von verfassungsrechtlichen Schranken typisieren und auch ein einschränkendes Gebot der Realitätsgerechtigkeit würde nicht existieren.

Doch so einfach ist es nicht. Einerseits sind Verallgemeinerungen in gesetzlichen Regelungen zwar notwendig, um nicht jeden Einzelfall im Detail regeln zu müssen, und damit sind Typisierungen gerade im Steuerrecht zur Regelung von Massenvorgängen des Wirtschaftslebens gleichsam unerlässlich.[3] Andererseits ist steuerrechtlichen Typisierungen grundsätzlich der Eingriff in die Einzelfallgerechtigkeit immanent.[4] Denn mit Typisierungen ist die Fiktion verbunden, dass der konkrete Einzelfall mit dem typisierten Regelfall übereinstimme.[5] Weil aber nicht jeder Einzelfall dieser typisierten „Durchschnittsnormalität“[6] entspricht, führt eine einheitliche gesetzliche Regelung vielfältiger Lebensverhältnisse notwendigerweise zu einer Vernachlässigung gewisser tatsächlicher Verschiedenheiten – umso mehr, je realitätsferner eine Typisierung erfolgt.

---

1 *Schiffbauer*, in: StbJb 1953/54, S. 177 (200).

2 Vgl. auch *Hensel*, Steuerrecht, 1933, S. 14 f., 45.

3 Ständige Rechtsprechung des BVerfG, vgl. bspw. BVerfG v. 28.06.1960 – 2 BvL 19/59, BVerfGE 11, 245 (254); BVerfG v. 31.05.1988 – 1 BvR 520/83, BVerfGE 78, 214 (226 f.); BVerfG v. 10.04.1997 – 2 BvL 77/92, BVerfGE 96, 1 (6); BVerfG v. 09.12.2008 – 2 BvL 1/07, 2 BvL 2/07, 2 BvL 1/08, 2 BvL 2/08, BVerfGE 122, 210 (232 f.); s. dazu auch *Weyreuther*, DÖV 1997, 521 (523); *Kirchhof*, in: FS Bundesfinanzhof. Band 1, 2018, S. 361 (366), der daher feststellt, dass Typisierungen „nicht die gesetzliche Ausnahme, sondern die Regel“ seien; s. dahingehend auch bereits *Kirchhof*, StuW 2017, 3 (10 f.).

4 Vgl. *Robbers*, Gerechtigkeit als Rechtsprinzip, 1980, S. 110; *Hey*, in: Tipke/Lang, Steuerrecht, 2018, § 3 Rn. 146 m. w. N.; s. auch *Arndt*, Praktikabilität und Effizienz, 1983, S. 43, der von einem unlösbaren Konflikt zwischen praktikabilitätssteigernden Typisierungen und Einzelfallgerechtigkeit spricht.

5 Vgl. *Tschumper*, Zur Frage der Pauschalierung im schweizerischen Steuerrecht, 1953, S. 17 f.; *Weyreuther*, DÖV 1997, 521 (523).

6 *Holdorf*, BB 2001, 2085 (2090); *Hey*, in: Tipke/Lang, Steuerrecht, 2018, § 3 Rn. 147.

Ungleiches wird somit gleich behandelt und Ungleichbehandlungen bewusst in Kauf genommen.[7]

In diesem rechtlichen Spannungsfeld zwischen Vereinfachungserfordernissen und Einzelfallgerechtigkeit wird sonach in Teil 1 das Gebot der Realitätsgerechtigkeit von Typisierungen im Steuerrecht (allgemein) eruiert und anschließend in Teil 2 die Frage beantwortet, ob die Zinssatztypisierung im Steuerschuldverhältnis (§ 238 Abs. 1 Satz 1 AO), die den Zinssatz seit Jahrzehnten unverändert auf 0,5 Prozent pro Monat festschreibt,[8] im aktuellen Zinsumfeld gegen dieses Realitätsgerechtigkeitsgebot verstößt.

---

7 Ständige Rechtsprechung des BVerfG, vgl. bspw. BVerfG v. 17.12.1953 – 1 BvR 147/52, BVerfGE 3, 58 (135); BVerfG v. 24.01.1962 – 1 BvR 845/58, BVerfGE 13, 331 (341); BVerfG v. 24.07.1963 – 1 BvL 30/57, 1 BvL 11/61, BVerfGE 17, 1 (23 f.); BVerfG v. 20.12.1966 – 1 BvR 320/57, 1 BvR 70/63, BVerfGE 21, 12 (27); BVerfG v. 02.07.1969 – 1 BvR 669/64, BVerfGE 26, 265 (275 f.); BVerfG v. 08.02.1983 – 1 BvL 28/79, BVerfGE 63, 119 (128); BVerfG v. 08.10.1991 – 1 BvL 50/86, BVerfGE 84, 348 (359 f.); BVerfG v. 11.11.1998 – 2 BvL 10/95, BVerfGE 99, 280 (290); BVerfG v. 18.07.2005 – 2 BvF 2/01, BVerfGE 113, 167 (236); vgl. bspw. auch noch *Schiffbauer*, in: StbJb 1953/54, S. 177 (191); *Heigl*, Die Typisierung im Steuerrecht, 1958, S. 52; *Isensee*, Die typisierende Verwaltung, 1976, S. 99; *Weyreuther*, DÖV 1997, 521 (523 f.); *Hey*, in: IFSt-Schrift 511, 2016, S. 61 (65 f.).

8 Umfassend zur Historie der Verzinsungen im Steuerschuldverhältnis s. unten Seite 274 ff.

Teil 1: Realitätsgerechtigkeit im Steuerrecht

Der erste Teil dieser Arbeit umfasst vorwiegend die Herleitung des Gebots der Realitätsgerechtigkeit von steuerrechtlichen Typisierungen als verfassungsrechtlichem Maßstab sowie dessen allgemeingültiger Konkretisierung – die Analyse am Beispiel der Zinssatztypisierung im Steuerschuldverhältnis (§ 238 Abs. 1 Satz 1 AO) erfolgt hingegen erst in Teil 2.[9] Ergänzend werden die Rechtfertigung realitätsferner Typisierungen sowie gesetzgeberische Pflichten zur Nachbesserung diskutiert.

---

9 S. Teil 2: „Zinsen im Steuerschuldverhältnis" ab Seite 211.

Kapitel 1: Typisierungen

Zunächst sind allerdings die Typsierungen als zentraler Begriff dieser Arbeit einzuordnen.

A Definition der Typisierungen

Das Bundesverfassungsgericht definiert gesetzliche Typisierungen als normative Zusammenfassungen bestimmter in wesentlichen Elementen gleich gearteter Lebenssachverhalte, die tatsächlich bekannte Besonderheiten generalisierend vernachlässigen können, indem der Gesetzgeber zu den Zusammenfassungen keine Sonderregelungen schafft, sondern sich stattdessen grundsätzlich am Regelfall orientiert.[10] Typisierungen bilden zumeist das „Gesamtbild[...], das sich aus den [...] vorliegenden [...] Erfahrungen [...] ergibt“[11], das heißt den „typischen Fall“[12] oder einen „Durchschnitt“[13] ab und kommen im weiteren Sinne folglich in jeder Gesetzesnorm vor, da das Leben „unendlich konkret“[14] ist, Rechtsnormen hingegen abstrakt sind und schematisieren müssen, indem Tatbestände regelmäßig unterschiedliche Sachverhalte mit einzelnen Besonderheiten zusammenfassen.[15] Typisieren bedeutet demnach, zu

---

10 Ständige Rechtsprechung des BVerfG, vgl. bspw. BVerfG v. 24.01.1962 – 1 BvR 845/58, BVerfGE 13, 331 (341); BVerfG v. 20.12.1966 – 1 BvR 320/57, 1 BvR 70/63, BVerfGE 21, 12 (26 f.); BVerfG v. 07.11.2006 – 1 BvL 10/02, BVerfGE 117, 1 (31); BVerfG v. 09.12.2008 – 2 BvL 1/07, 2 BvL 2/07, 2 BvL 1/08, 2 BvL 2/08, BVerfGE 122, 210 (232); BVerfG v. 06.07.2010 – 2 BvL 13/09, BVerfGE 126, 268 (279); BVerfG v. 12.10.2010 – 1 BvL 12/07, BVerfGE 127, 224 (246); BVerfG v. 14.06.2016 – 2 BvR 290/10, BStBl. II 2016, 801 (805).

11 BVerfG v. 28.06.1960 – 2 BvL 19/59, BVerfGE 11, 245 (254); BVerfG v. 31.05.1988 – 1 BvR 520/83, BVerfGE 78, 214 (227); BVerfG v. 08.10.1991 – 1 BvL 50/86, BVerfGE 84, 348 (359); BVerfG v. 08.06.1993 – 1 BvL 20/85, BVerfGE 89, 15 (24); BVerfG v. 09.12.2008 – 2 BvL 1/07, 2 BvL 2/07, 2 BvL 1/08, 2 BvL 2/08, BVerfGE 122, 210 (232); BVerfG v. 06.07.2010 – 2 BvL 13/09, BVerfGE 126, 268 (278).

12 BVerfG v. 11.01.2005 – 2 BvR 167/02, BVerfGE 112, 164 (180); BVerfG v. 21.06.2006 – 2 BvL 2/99, BVerfGE 116, 164 (183); BVerfG v. 04.07.2012 – 2 BvC 1/11, 2 BvC 2/11, BVerfGE 132, 39 (49); BVerfG v. 29.03.2017 – 2 BvL 6/11, BVerfGE 145, 106 (153).

13 BVerfG v. 08.06.1993 – 1 BvL 20/85, BVerfGE 89, 15 (25).

14 *Starck*, in: v. Mangoldt/Klein/Starck, GG, 2010, Art. 3 Rn. 23.

15 Vgl. *Wennrich*, Die typisierende Betrachtungsweise im Steuerrecht, 1963, S. 118; *Brockhoff*, in: StbJb 1963/64, S. 317 (320 f.); *Isensee*, Die typisierende Verwaltung, 1976, S. 96;

generalisieren[16] und zu verallgemeinern[17] beziehungsweise den typischen Fall zu ermitteln und diesem entsprechend auch die abweichenden Fälle zu behandeln.[18] Eine Ermittlung individueller Sachverhalte ist daher nicht erforderlich – vielmehr werden Differenzierungsdefizite aus Vereinfachungs- und Praktikabilitätsgründen akzeptiert.[19]

Typisierungen des Gesetzgebers stellen sonach Vereinfachungszwecknormen dar,[20] die materiell gleichzeitig einen Fiskal- oder Lenkungszweck verfolgen können.[21] Sie dienen als solche vor allem steuertechnisch-verwaltungsökonomischen Gründen,[22] wie zum Beispiel der (massen-) verfahrensrechtlichen Steuervereinfachung unter Berücksichtigung der begrenzten verfügbaren personellen und finanziellen Mittel des Staates, der Streitvermeidung und der Gleichmäßigkeit der Besteuerung beziehungsweise auch der Förderung formaler Rechtssicherheit[23] sowie der

---

Arndt, Praktikabilität und Effizienz, 1983, S. 41; *Eckhoff*, Rechtsanwendungsgleichheit im Steuerrecht, 1999, S. 71; *Schober*, Verfassungsrechtliche Restriktionen für den vereinfachenden Einkommensteuergesetzgeber, 2009, S. 44; *Breimann*, Typisierungsgerechtigkeit des vereinfachten Ertragswertverfahrens zur Unternehmensbewertung im Erbschaftsteuerrecht, 2014, S. 77; vgl. bspw. auch BVerfG v. 28.06.1960 – 2 BvL 19/59, BVerfGE 11, 245 (254); BVerfG v. 27.01.1998 – 1 BvL 15/87, BVerfGE 97, 169 (182); BVerfG v. 27.01.1998 – 1 BvL 22/93, BVerfGE 97, 186 (194), wonach „jede gesetzliche Regelung […] generalisieren [muss]".

16 Vgl. *Starck*, in: FS Leibholz, 1982, S. 51 (59); *Kirchhof*, in: Isensee/Kirchhof, Handbuch des Staatsrechts der Bundesrepublik Deutschland, 2000, § 124 Rn. 293; *Eckhoff*, Rechtsanwendungsgleichheit im Steuerrecht, 1999, S. 80.

17 Vgl. BVerfG v. 10.04.1997 – 2 BvL 77/92, BVerfGE 96, 1 (6).

18 Vgl. *Tipke*, Die Steuerrechtsordnung. Band 1, 2000, S. 349 f.; *Breimann*, Typisierungsgerechtigkeit des vereinfachten Ertragswertverfahrens zur Unternehmensbewertung im Erbschaftsteuerrecht, 2014, S. 79.

19 Vgl. *Isensee*, Die typisierende Verwaltung, 1976, S. 97 ff., 138, 166; *Huster*, Rechte und Ziele, 1993, S. 247 f., 254, 264 f.

20 Vgl. *Tipke*, Die Steuerrechtsordnung. Band 1, 1993, S. 124; *Schober*, Verfassungsrechtliche Restriktionen für den vereinfachenden Einkommensteuergesetzgeber, 2009, S. 44 f.; *Brandt*, in: FS Bundesfinanzhof. Band 1, 2018, S. 289 (293 f.); vgl. auch *Arndt*, Praktikabilität und Effizienz, 1983, S. 14 f., 42 f., der zwar zwischen typisierenden und vereinfachenden Normen trennt, den Übergang jedoch als fließend bezeichnet.

21 Vgl. *Jarzyk-Dehne*, Pauschalierungen im Steuerrecht, 2003, S. 112.

22 *Tipke*, Die Steuerrechtsordnung. Band 1, 1993, S. 74.

23 S. hierzu *Strahl*, Die typisierende Betrachtungsweise im Steuerrecht, 1996, S. 280 ff. m. w. N., der unter der formalen Rechtssicherheit die Planbarkeit und Vorhersehbarkeit

besseren Übersichtlichkeit und Verständlichkeit ansonsten komplizierter Sachverhalte.[24]

Um den Begriff der gesetzlichen Typisierung nicht zu weit zu fassen und um dessen Aussagekraft beizubehalten, wird als Typisierung (im engeren Sinne) aber nur die Gleichbehandlung von Sachverhalten, die einzelfallgerecht grundsätzlich unterschiedlich zu behandeln wären, bezeichnet.[25] Der Gesetzgeber wählt (objektiv) einen Regelfall als Maßstab für die Normsetzung und geht dabei über die zwingend notwendigen Generalisierungen, die jeder Gesetzesnorm bereits immanent sind, hinaus.[26] Dadurch kommt es zu einer Durchbrechung des Differenzierungsgebots, das jedenfalls zu beachten ist, wenn eine normative Gleichbehandlung im Steuerrecht zu gleichheitssatzwidrigen, faktisch ungleichen Belastungen führt,[27] wobei sowohl auf der gleichen Normebene von der (gebotenen) Differenzierung abgewichen (sogenannte „horizontale Typisierung“) als auch auf unterschiedlichen Ebenen (beispielsweise Gesetz und Verordnung oder Bundes- und Landesgesetz) hinsichtlich der Normanwendung typisiert (sogenannte „vertikale Typisierung“) werden kann.[28]

---

versteht und diese von der materialen Rechtssicherheit abgrenzt, die gegeben sei, wenn die Typisierungen den Veränderungen der Verhältnisse folgten.

24 Vgl. bspw. BVerfG v. 08.02.1983 – 1 BvL 28/79, BVerfGE 63, 119 (128); BVerfG v. 10.04.1997 – 2 BvL 77/92, BVerfGE 96, 1 (6 f.); BVerfG v. 06.07.2010 – 2 BvL 13/09, BVerfGE 126, 268 (283); BVerfG v. 10.04.2018 – 1 BvL 11/14 u. a., BVerfGE 148, 147 (213); vgl. bspw. auch BT-Drs. 16/1545, S. 8, 12 zu § 4 Abs. 5 Satz 1 Nr. 6b EStG (häusliches Arbeitszimmer). S. zum Ganzen auch noch unten Seite 171 ff. sowie u. a. *Heigl*, Die Typisierung im Steuerrecht, 1958, S. 7; *Arndt*, Praktikabilität und Effizienz, 1983, S. 41 ff.; *Jarzyk-Dehne*, Pauschalierungen im Steuerrecht, 2003, S. 112; *Leisner*, StuW 2007, 241 (244 f.); *Hey*, in: Tipke/Lang, Steuerrecht, 2018, § 3 Rn. 23, 145. *Jarzyk-Dehne* erkennt die Vereinfachung als zentrales Anliegen des Gesetzgebers zwar an, lehnt diese als zwingende Voraussetzung einer Pauschalierung jedoch ab, vgl. *Jarzyk-Dehne*, a. a. O., S. 56 f.

25 Vgl. *Isensee*, Die typisierende Verwaltung, 1976, S. 97. Zum Begriff der Typisierung s. auch *Wennrich*, Die typisierende Betrachtungsweise im Steuerrecht, 1963, S. 117 ff., der den Begriff Typisierung bei der gesetzlichen Typisierung jedoch ablehnt, da dieser nur zu Verwechslungen mit der typisierenden Betrachtungsweise der Rechtsprechung führe. Zur Typisierung in der Staatslehre s. *Jellinek*, Allgemeine Staatslehre, 1966, S. 34 ff.

26 Vgl. BVerfG v. 28.06.1960 – 2 BvL 19/59, BVerfGE 11, 245 (254 f.); *Jarzyk-Dehne*, Pauschalierungen im Steuerrecht, 2003, S. 36; *Schober*, Verfassungsrechtliche Restriktionen für den vereinfachenden Einkommensteuergesetzgeber, 2009, S. 44, 191.

27 Vgl. *Eckhoff*, Rechtsanwendungsgleichheit im Steuerrecht, 1999, S. 83 f.

28 Vgl. *Isensee*, Die typisierende Verwaltung, 1976, S. 97; *Huster*, JZ 1994, 541 (545).

Im Steuerrecht trifft diese Typisierungsbezeichnung insbesondere auf Pauschalierungen, (un-)widerleglich vermutete Freibeträge, Freigrenzen und Höchstbeträge sowie die Anwendung von Pausch-, Durchschnitts- und Richtsätzen zu.[29] So sind Typisierungen äußerst zahlreich:[30] § 4 Abs. 4a EStG (Schuldzinsabzug), § 4 Abs. 5 Satz 1 Nr. 5 Satz 2 EStG und § 9 Abs. 1 Satz 3 Nr. 4 EStG (Fahrtkosten und Verpflegungsmehraufwendungen), § 6 Abs. 1 Nr. 4 Satz 2 EStG und § 8 Abs. 2 Satz 2 EStG (Privatnutzung von Kraftfahrzeugen), § 9a Satz 1 Nr. 1 EStG (Arbeitnehmer-Pauschbetrag), § 32a Abs. 1 Satz 2 Nr. 1 EStG (Grundfreibetrag), § 23 Abs. 1 UStG in Verbindung mit § 70 UStDV (Vorsteuerpauschalierung) sowie die Zinssatztypisierungsnormen § 238 AO und §§ 6 und 6a EStG. Eine Unterscheidung zwischen Typisierungen und Pauschalierungen, wonach letztere zahlenmäßige Beträge, Typisierungen hingegen die Sache selbst schematisierten,[31] erscheint hinsichtlich der steuerrechtlichen Typisierungen (zunächst) nicht erforderlich, da Pauschalierungen letztlich quantifizierbare rechnerische Grundlagen typisieren und die Pauschalierung als Unter- oder Sonderfall der Typisierung somit nur enger gefasst ist.[32] Es wird in dieser Arbeit daher überwiegend der Oberbegriff der Typisierungen verwendet, der die Pauschalierungen ausdrücklich miteinschließt beziehungsweise synonym mit Pauschalierungen zu

---

29 Vgl. *Schiffbauer*, in: StbJb 1953/54, S. 177 (200); *Heigl*, Die Typisierung im Steuerrecht, 1958, S. 14, 35; *Brockhoff*, in: StbJb 1963/64, S. 317 (319 f.); *Isensee*, Die typisierende Verwaltung, 1976, S. 97. Der Begriff „Typisierung“ findet in den Steuernormen kaum Verwendung, vgl. *Jarzyk-Dehne*, Pauschalierungen im Steuerrecht, 2003, S. 25 f.

30 Hierzu mit weiteren Beispielen s. *Brandt*, in: FS Bundesfinanzhof. Band 1, 2018, S. 289 (296 f.); s. auch *v. Bornhaupt*, NWB Fach 2, 1998, S. 7003 (7003 ff.).

31 Vgl. *Gothe*, Bessere Substanzerhaltung durch steuerlich anerkannte Vertragsgestaltung, 1956, S. 20 f. *Schober*, Verfassungsrechtliche Restriktionen für den vereinfachenden Einkommensteuergesetzgeber, 2009, S. 45.

32 Vgl. allgemein bspw. *Tipke*, Die Steuerrechtsordnung. Band 1, 2000, S. 349; *Gubelt*, in: v. Münch/Kunig, GG, 2000, Art. 3 Rn. 26; *Jarzyk-Dehne*, Pauschalierungen im Steuerrecht, 2003, S. 41, 149; *Leisner*, StuW 2007, 241 (246); *Englisch*, Wettbewerbsgleichheit im grenzüberschreitenden Handel, 2008, S. 159; *Wernsmann*, DStR-Beihefter 2011, 72 (72); *Hey*, in: Tipke/Lang, Steuerrecht, 2018, § 3 Rn. 147. Ebenfalls ohne Unterscheidung der Begriffe Typisierung und Pauschalierung s. *Heigl*, Die Typisierung im Steuerrecht, 1958, S. 15 f.; *Brockhoff*, in: StbJb 1963/64, S. 317 (320 f.); *Ruppe*, Die Ausnahmebestimmungen des Einkommensteuergesetzes, 1971, S. 254 ff.; *Isensee*, Die typisierende Verwaltung, 1976, S. 97; *Isensee*, StuW 1994, 3 (9 f.); *v. Bornhaupt*, NWB Fach 2, 1998, S. 7003 (7005 f.); *Jachmann*, Die Fiktion im öffentlichen Recht, 1998, S. 207 ff.; vgl. insbesondere zu den „Zinstypisierungen“ umfassend *Seer/Klemke*, IFSt-Schrift 490, 2013; *Hey*, in: IFSt-Schrift 511, 2016, S. 61 (61 ff.).

verstehen ist. Schließlich differenziert auch das Bundesverfassungsgericht nicht zwischen Typisierungen und Pauschalierungen, insbesondere nicht, wenn es regelmäßig undifferenziert (vereinfachende) generalisierende, typisierende und pauschalierende oder auch pauschaliert quantifizierende Regelungen prüft.[33]

Gegenstand dieser Arbeit sind jedenfalls nur die gesetzlichen Typisierungen und nicht die typisierende Gesetzesanwendung der Rechtsprechung oder Verwaltung (sogenannte „typisierende Betrachtungsweise“[34]). Lediglich soweit das formale Vorgehen hinsichtlich der Bestimmung der Typisierung im Sinne eines Gesamtabbildes rechtlich relevanter realer Erscheinungen vergleichbar ist,[35] wird auch auf die Verfahrensweise der Rechtsprechung und Verwaltung zurückgegriffen.

B Gesetzgeberischer Gestaltungsspielraum

Eine Verfassungswidrigkeit sieht das Bundesverfassungsgericht in Typisierungsnormen aufgrund des weiten Gestaltungsspielraums[36] des Gesetzgebers grundsätzlich nicht, da „der Gesetzgeber […] einen – freilich nicht unbegrenzten – Spielraum für generalisierende, typisierende und pauschalierende

---

33 Vgl. bspw. BVerfG v. 17.11.1992 – 1 BvL 8/87, BVerfGE 87, 234 (255, 261); BVerfG v. 12.10.2010 – 1 BvL 12/07, BVerfGE 127, 224 (253 ff.); vgl. auch noch BVerfG v. 06.03.2002 – 2 BvL 17/99, BVerfGE 105, 73 (127); BVerfG v. 18.07.2005 – 2 BvF 2/01, BVerfGE 113, 167 (236); BVerfG v. 06.07.2010 – 2 BvL 13/09, BVerfGE 126, 268 (278 f.); BVerfG v. 29.03.2017 – 2 BvL 6/11, BVerfGE 145, 106 (145).

34 Vgl. hierzu bspw. *Heigl*, Die Typisierung im Steuerrecht, 1958, S. 6; *Wennrich*, Die typisierende Betrachtungsweise im Steuerrecht, 1963, S. 1 ff., 117 f.; *Brockhoff*, in: StbJb 1963/64, S. 317 (318); *Isensee*, Die typisierende Verwaltung, 1976, S. 17 f., 24 ff.; *Jachmann*, Die Fiktion im öffentlichen Recht, 1998, S. 214 ff.; *Schober*, Verfassungsrechtliche Restriktionen für den vereinfachenden Einkommensteuergesetzgeber, 2009, S. 42 f.; vgl. auch BFH v. 03.12.1957 – I 231/56 S, BStBl. III 1958, 27 (30 f.).

35 Vgl. *Isensee*, Die typisierende Verwaltung, 1976, S. 99; vgl. auch *Heigl*, Die Typisierung im Steuerrecht, 1958, S. 5, 12 f., 48, der noch zwischen „Abbild“ und „Vorbild“ unterscheidet. Umfassend zur Bedeutung des Gesamtbildes bei der Rechtsfindung s. *Strahl*, Die typisierende Betrachtungsweise im Steuerrecht, 1996, S. 55 ff.; *Drüen*, StuW 1997, 261 (264 ff.).

36 Zur (meist synonymen) Verwendung der Begriffe „Gestaltungsfreiheit“, „Gestaltungsermessen“, „Gestaltungsspielraum“, „Einschätzungsprärogative“ und weiterer Abwandlungen in der Rechtsprechung des Bundesverfassungsgerichts s. umfassend *Meßerschmidt*, Gesetzgebungsermessen, 2000, S. 251 ff. Dieser spricht sich für eine „friedliche Koexistenz der Begriffe“ aus, vgl. *Meßerschmidt*, a. a. O., S. 264 ff.

Regelungen" habe.[37] Bezüglich der Typisierungen sei die Aufgabe des Gesetzgebers, im Rahmen der Gestaltungsfreiheit den „richtigen Ausgleich" hinsichtlich der Zielerreichung materieller Gerechtigkeit zu finden.[38]

Denn einerseits begründet das Grundgesetz einen materiellen Rechtsstaat, der der Gerechtigkeit verpflichtet ist.[39] Andererseits muss, der Wesentlichkeitslehre entsprechend, nicht jeder Einzelsachverhalt vom Gesetzgeber geregelt werden, weil eine solche Regelungsfülle die Freiheit und Gerechtigkeit des Einzelnen erdrückt.[40] Vielmehr kann der Gesetzgeber im Rahmen seiner Gestaltungsfreiheit grundsätzlich bestimmen, welche Sachverhalte im Rechtssinn als wesentlich gleich anzusehen sind.[41] Das heißt, der Gesetzgeber benennt tatbestandlich die Sachverhalte, an die dieselben Rechtsfolgen geknüpft werden, sodass das Gesetz diese als rechtlich gleich qualifiziert.[42] Grundsätzlich bestimmt der Gesetzgeber folglich auch, welche einzelnen Elemente beim Vergleich von Lebensverhältnissen als wesentlich für eine Gleich- oder Ungleichbehandlung anzusehen sind.[43] Dies ist zudem erforderlich, da sich die zu regelnden Sachverhalte in der Lebenswirklichkeit nie völlig gleichen und von einem Gesamtbild auszugehen ist.[44]

---

37 BVerfG v. 10.04.1997 – 2 BvL 77/92, BVerfGE 96, 1 (6); vgl. bspw. auch BVerfG v. 24.07.1963 – 1 BvL 30/57, 1 BvL 11/61, BVerfGE 17, 1 (23 f.); BVerfG v. 31.05.1988 – 1 BvR 520/83, BVerfGE 78, 214 (226 f.); vgl. zusammenfassend *Drüen*, StuW 1997, 261 (270).

38 BVerfG v. 09.05.1989 – 1 BvL 35/86, BVerfGE 80, 103 (108).

39 S. grundlegend hierzu *Tipke*, Die Steuerrechtsordnung. Band 1, 2000, S. 239.

40 S. zur Wesentlichkeitslehre *Kirchhof*, Die Allgemeinheit des Gesetzes, 2009, S. 250.

41 S. grundlegend BVerfG v. 21.02.1957 – 1 BvR 241/56, BVerfGE 6, 273 (280); BVerfG v. 29.11.1961 – 1 BvR 148/57, BVerfGE 13, 225 (228); BVerfG v. 20.12.1966 – 1 BvR 320/57, 1 BvR 70/63, BVerfGE 21, 12 (26); vgl. auch BVerfG v. 15.12.2015 – 2 BvL 1/12, BVerfGE 141, 1 (38); *Jarzyk-Dehne*, Pauschalierungen im Steuerrecht, 2003, S. 124 m. w. N. Zur Wesentlichkeit s. auch noch im anschließenden Kapitel Seite 33 ff.

42 Vgl. BVerfG v. 08.04.1987 – 2 BvR 909/82 u. a., BVerfGE 75, 108 (157); BVerfG v. 04.12.2002 – 2 BvR 400/98, 2 BvR 1735/00, BVerfGE 107, 27 (46); BVerfG v. 07.11.2006 – 1 BvL 10/02, BVerfGE 117, 1 (30); BVerfG v. 09.12.2008 – 2 BvL 1/07, 2 BvL 2/07, 2 BvL 1/08, 2 BvL 2/08, BVerfGE 122, 210 (230); BVerfG v. 07.07.2010 – 2 BvL 14/02, 2 BvL 2/04, 2 BvL 13/05, BVerfGE 127, 1 (27 f.); BVerfG v. 15.12.2015 – 2 BvL 1/12, BVerfGE 141, 1 (38).

43 Vgl. BVerfG v. 30.10.1961 – 1 BvR 833/59, BVerfGE 13, 181 (202); BVerfG v. 09.07.1969 – 2 BvL 20/65, BVerfGE 26, 302 (310); BVerfG v. 13.03.1979 – 2 BvR 72/76, BVerfGE 50, 386 (391 f.); BVerfG v. 08.10.1991 – 1 BvL 50/86, BVerfGE 84, 348 (359).

44 Vgl. BVerfG v. 20.12.1966 – 1 BvR 320/57, 1 BvR 70/63, BVerfGE 21, 12 (26); BVerfG v. 08.10.1991 – 1 BvL 50/86, BVerfGE 84, 348 (359).

Ferner garantiert der Gesetzgeber mittels Typisierungen und Einschränkungen der Einzelfallgerechtigkeit zugleich die Praktikabilität der (Steuer-) Gesetze sowie die Rechtssetzungsgleichheit, wenn (wesentliche) ungerechtfertigte Ungleichbehandlungen vermieden werden.[45] Sonach erkennt das Bundesverfassungsgericht Typisierungs- und Vereinfachungserfordernisse in ständiger Rechtsprechung generell an:

> „Als besondere sachliche Gründe für Ausnahmen von einer folgerichtigen Umsetzung und Konkretisierung steuergesetzlicher Belastungsentscheidungen erkennt das Bundesverfassungsgericht in ständiger Rechtsprechung neben außerfiskalischen Förderungs- und Lenkungszwecken auch Typisierungs- und Vereinfachungserfordernisse an […]. Dabei ist zu berücksichtigen, dass Steuergesetze in der Regel Massenvorgänge des Wirtschaftslebens betreffen. Sie müssen, um praktikabel zu sein, Sachverhalte, an die sie dieselben steuerrechtlichen Folgen knüpfen, typisieren und dabei in weitem Umfang die Besonderheiten des einzelnen Falles vernachlässigen. Die wirtschaftlich ungleiche Wirkung auf die Steuerzahler darf allerdings ein gewisses Maß nicht übersteigen. Vielmehr müssen die steuerlichen Vorteile der Typisierung im rechten Verhältnis zu der mit der Typisierung notwendig verbundenen Ungleichheit der steuerlichen Belastung stehen […].“[46]

Unbeschränkt ist die (weite) Gestaltungsfreiheit des Steuergesetzgebers gleichwohl nicht. Der Gesetzgeber ist auch im Steuerrecht, als staatlich gesetztem Eingriffsrecht, gemäß Art. 1 Abs. 3 GG und Art. 20 Abs. 3 GG an die verfassungsmäßige Ordnung gebunden.[47] Insbesondere die Grundrechte der Steuerpflichtigen bilden als Ausfluss materieller Rechtsstaatlichkeit „einen allgemeinen Rahmen für die weitgehende Gestaltungsfreiheit des Gesetzgebers“.[48] Es sind grundsätzlich vor allem die Freiheitsgrundrechte, die vor ungerechtfertigten

---

45 S. so jedenfalls *Kirchhof*, in: Isensee/Kirchhof, Handbuch des Staatsrechts der Bundesrepublik Deutschland, 2000, § 124 Rn. 293; kritisch hinsichtlich der Erreichung von Gerechtigkeit durch Verallgemeinerungen s. *Englisch*, Wettbewerbsgleichheit im grenzüberschreitenden Handel, 2008, S. 160 f.

46 BVerfG v. 12.10.2010 – 1 BvL 12/07, BVerfGE 127, 224 (245 f.). Zur Rechtfertigung von (realitätsfernen) Typisierungen s. auch noch umfassend unten Seite 160 ff.

47 Vgl. dazu bspw. BVerfG v. 23.10.1951 – 2 BvG 1/51, BVerfGE 1, 14 (52); BVerfG v. 24.03.1976 – 2 BvR 804/75, BVerfGE 42, 64 (72); *Wennrich*, Die typisierende Betrachtungsweise im Steuerrecht, 1963, S. 119; *Benda*, DStZ 1984, 159 (159); *Huster*, Rechte und Ziele, 1993, S. 15 ff.; *Hesse*, JZ 1995, 265 (267); *Drüen*, StuW 1997, 261 (270); *Schober*, Verfassungsrechtliche Restriktionen für den vereinfachenden Einkommensteuergesetzgeber, 2009, S. 29; *Englisch*, in: FS Lang, 2010, S. 167 (169); *Kempny*, StuW 2014, 185 (196); *Hey*, in: Tipke/Lang, Steuerrecht, 2018, § 3 Rn. 110.

48 BVerfG v. 12.05.2009 – 2 BvL 1/00, BVerfGE 123, 111 (123).

Eingriffen schützen und den Gestaltungsspielraum des Gesetzgebers einschränken.[49] Im Steuerrecht sind es aber die Gleichheitsgrundrechte, die eine gleichmäßige Besteuerungsbelastung gewährleisten und den Steuergesetzgeber binden und einschränken.[50] Diese sind – unter Beachtung des gesetzgeberischen Gestaltungsspielraums – im Weiteren hinsichtlich des Gebots der Realitätsgerechtigkeit zu konkretisieren.

49 Vgl. BVerfG v. 08.06.1993 – 1 BvL 20/85, BVerfGE 89, 15 (22 f.).

50 Vgl. bspw. BVerfG v. 18.01.2006 – 2 BvR 2194/99, BVerfGE 115, 97 (115); *Isensee*, Die typisierende Verwaltung, 1976, S. 169; *Papier*, DVBl 1980, 787 (791 f.); *Schwarz*, in: FS Isensee, 2007, S. 949 (955); *Lepsius*, JZ 2009, 260 (260); *Tipke*, JZ 2009, 533 (540); *Hey*, in: FS Bundesfinanzhof. Band 1, 2018, S. 451 (474); *Eichberger*, in: FS Bundesfinanzhof. Band 1, 2018, S. 501 (501 f.).

Kapitel 2: Herleitung des Gebots der Realitätsgerechtigkeit

Typisierungen müssten sich „realitätsgerecht am typischen Fall orientieren" und dürften „keinen atypischen Fall als Leitbild wählen".[51] So konstatiert das Bundesverfassungsgericht in seiner ständigen Rechtsprechung. Doch fehlt es an einer Herleitung dieser Feststellungen. Deshalb ist das Gebot der Realitätsgerechtigkeit an dieser Stelle zunächst verfassungsrechtlich herzuleiten, um es im Weiteren konkretisieren zu können.

A Gleichheitsgrundsatz

Art. 3 Abs. 1 GG ist als „Magna Charta des Steuerrechts"[52] von fundamentaler Bedeutung für den Steuergesetzgeber sowie der dominierende Akzent beziehungsweise die grundlegende Wertentscheidung der (Steuer-)Gerechtigkeit.[53] Der allgemeine Gleichheitssatz ist ein relatives Grundrecht, das keine absoluten Ansprüche begründet, sondern mittels Vergleich vor (relativ) ungerechtfertigten rechtlichen Differenzierungen (absolut) schützt.[54] Der Anknüpfungspunkt der gleichheitsrechtlichen Prüfung nach Art. 3 Abs. 1 GG ist der vom Bundesverfassungsgericht entwickelte Grundsatz, wonach „wesentlich Gleiches gleich und wesentlich Ungleiches ungleich zu behandeln" ist.[55] Dass die Gleichheit

---

51 BVerfG v. 07.10.1969 – 2 BvR 555/67, BVerfGE 27, 142 (150); BVerfG v. 16.03.2005 – 2 BvL 7/00, BVerfGE 112, 268 (280 f.); BVerfG v. 15.01.2008 – 1 BvL 2/04, BVerfGE 120, 1 (30); BVerfG v. 04.02.2009 – 1 BvL 8/05, BVerfGE 123, 1 (19); BVerfG v. 04.07.2012 – 2 BvC 1/11, 2 BvC 2/11, BVerfGE 132, 39 (49).

52 *Herzog*, in: Steuer- und Finanzpolitik im geeinten Deutschland und Europa, 1991, S. 10 (11).

53 Vgl. *Lang*, StuW 1974, 293 (297); *Ruh*, in: Wildermuth/Jäger, Gerechtigkeit, 1981, S. 55 (60, 67 f.); *Wiesbrock*, Die Verlustrückstellung im Steuer- und Verfassungsrecht, 1999, S. 95; *Tipke*, StuW 2007, 201 (203); *Wernsmann*, in: Hübschmann/Hepp/Spitaler, AO/FGO, 2014, § 4 AO Rn. 411; *Huster*, in: Friauf/Höfling, Berliner Kommentar, GG, 2016, Art. 3 Rn. 149.

54 Vgl. *Machado*, Verhältnismäßigkeitsprinzip vs. Willkürverbot, 2015, S. 124 ff., 130 f.; vgl. auch *Machado*, a. a. O., S. 92: „Relativität des Anspruchs wird zugleich Absolutheit der Anspruchsverwirklichung".

55 Ständige Rechtsprechung des BVerfG, vgl. bspw. BVerfG v. 17.12.2014 – 1 BvL 21/12, BVerfGE 138, 136 (180); BVerfG v. 15.12.2015 – 2 BvL 1/12, BVerfGE 141, 1 (38); BVerfG v. 29.03.2017 – 2 BvL 6/11, BVerfGE 145, 106 (141); BVerfG v. 10.04.2018 – 1

des allgemeinen Gleichheitssatzes im Ergebnis nicht deskriptiv im Sinne von Identität, sondern nur normativ von Vergleichbarkeit gemeint sein kann, ist denklogisch zwingend, da jede Norm differenziert, indem mit bestimmten Tatbeständen und Rechtsfolgen nicht sämtliche unterschiedliche Personen identisch behandelt werden können, und wird in dem Grundsatz durch das Wort „wesentlich" ausgedrückt.[56] Gefordert ist damit keine deskriptiv unterschiedslose, schematische Gleichbehandlung, sondern eine normative Begrenzung des gesetzgeberischen Gestaltungsspielraums auf bereichsspezifisch gerechtfertigte rechtliche Differenzierungen (hinsichtlich Belastungen genauso wie Begünstigungen[57]) – sei es auch durch „rechtlich formale Ungleichheit".[58] Differenzierungen aufgrund wesentlicher individueller Eigenarten oder Verschiedenheiten zeichnen schließlich gerade den Gleichbehandlungsbegriff aus und nicht differenzierende faktische Gleichheit würde hierbei vielmehr zu ungerechten Gleichbehandlungen führen.[59]

Die „Wesentlichkeit" setzt dementsprechend eine gerechte Gleichheit auf der Basis von Vergleichbarkeit voraus und diese (vergleichbare) „Gleichgerechtigkeit" erfordert folglich die Anwendung eines einheitlich gleichen und gerechten Maßes.[60] Andernfalls würde Willkür und damit eine „radikale, absolute Verneinung" der Gerechtigkeit und der Vernunft drohen (Korrelatbegriff).[61] Nur mithilfe eines bereichsspezifisch sachgerechten Maßstabs mit entsprechenden Vergleichskriterien, die dem zu regelnden Lebenssachverhalt gerecht

---

BvR 1236/11, BVerfGE 148, 217 (242). Erstmals (damals noch mit negativer Formulierung) s. BVerfG v. 23.10.1951 – 2 BvG 1/51, BVerfGE 1, 14 (52): Der Gleichheitssatz „verbietet, daß wesentlich Gleiches ungleich, nicht dagegen, daß wesentlich Ungleiches entsprechend der bestehenden Ungleichheit ungleich behandelt wird".

56 Vgl. *Huster*, in: Friauf/Höfling, Berliner Kommentar, GG, 2016, Art. 3 Rn. 52, 79; *Epping/Lenz/Leydecker*, Grundrechte, 2017, Rn. 778 ff.

57 Vgl. aus der jüngeren Rechtsprechung des BVerfG bspw. BVerfG v. 15.01.2014 – 1 BvR 1656/09, BVerfGE 135, 126 (143); BVerfG v. 15.12.2015 – 2 BvL 1/12, BVerfGE 141, 1 (38).

58 Vgl. *Wacke*, StuW 1947, 21 (36); *Huster*, in: Friauf/Höfling, Berliner Kommentar, GG, 2016, Art. 3 Rn. 32; *Kirchhof*, StuW 2017, 3 (4); vgl. auch *Kischel*, AöR 124, 174 (187 f.).

59 Vgl. *Leibholz*, Die Gleichheit vor dem Gesetz, 1959, S. 45 f.

60 Vgl. *Larenz*, Richtiges Recht, 1979, S. 39 m. w. N.; *Arndt*, NVwZ 1988, 787 (787 f.); *Tipke*, in: FS Kriele, 1997, S. 947 (948 f.); *Tipke*, StuW 2007, 201 (204); *Machado*, Verhältnismäßigkeitsprinzip vs. Willkürverbot, 2015, S. 90 f.; vgl. auch *Hackmann*, Die Besteuerung des Lebenseinkommens, 1979, S. 18.

61 *Leibholz*, Die Gleichheit vor dem Gesetz, 1959, S. 72.

werden müssen,[62] lässt sich nämlich die Wesentlichkeit der Gleichheit und damit die nachvollziehbare vernünftige Vergleichbarkeit - in Abgrenzung zur Willkür - sicherstellen.[63]

B Steuergerechtigkeit

Im Steuerrecht hat der Gleichheitssatz diese bereichsspezifische Ausprägung in Form des Grundsatzes der Steuergerechtigkeit gefunden.[64] In der Weimarer Republik wurde die Steuergerechtigkeit im Sinne einer Gleichmäßigkeit der Besteuerung in Art. 134 WRV[65], wonach alle Staatsbürger ohne Unterschied im Verhältnis ihrer Mittel zu allen öffentlichen Lasten beitragen, als Konkretisierung des allgemeinen Gleichheitssatzes in Art. 109 WRV ausdrücklich normiert.[66] Im Grundgesetz fehlt eine solche Normierung der Steuergerechtigkeit. Insbesondere der allgemeine Gleichheitssatz nach Art. 3 Abs. 1 GG wird jedoch bereichsspezifisch, das heißt dem Rechts- oder Sachgebiet angepasst angewendet.[67] In Bezug auf das Steuerrecht hat das Bundesverfassungsgericht dies ausdrücklich festgestellt:

> „Die Besteuerungsgleichheit gewinnt erst aus der Eigenart der Steuer deutliche Konturen: Die Steuer ist eine Gemeinlast, die alle Inländer trifft; sie werden zur Finanzierung der allgemeinen Staatsaufgaben herangezogen. Der Staat greift dabei - ohne individuelle Gegenleistung - auf das Vermögen des Einzelnen zu, indem er ihm die Pflicht auferlegt, von dem Seinigen etwas abzugeben. Der darin liegende Eingriff in die Vermögens- und Rechtssphäre des Steuerpflichtigen gewinnt seine Rechtfertigung daher auch und gerade aus der Gleichheit der Lastenzuteilung. [...] Im Steuerrecht müssen von Verfassungs wegen sowohl die steuerbegründenden Vorschriften als auch die Regelungen

---

62 Zum Sachgerechtigkeitsmaßstab s. bereits BVerfG v. 17.03.1959 - 1 BvR 53/56, BVerfGE 9, 213 (222); vgl. auch *Larenz*, Richtiges Recht, 1979, S. 40.

63 Vgl. *Tipke*, in: FS Kriele, 1997, S. 947 (948); *Schober*, Verfassungsrechtliche Restriktionen für den vereinfachenden Einkommensteuergesetzgeber, 2009, S. 100. Mit Verweisen auf die Rechtsprechung des Bundesverfassungsgerichts s. auch *Tipke*, Die Steuerrechtsordnung. Band 1, 2000, S. 295 f.

64 Den Begriff der „Steuergerechtigkeit" erstmals benutzend s. BVerfG v. 17.01.1957 - 1 BvL 4/54, BVerfGE 6, 55 (70, 84). In der Literatur werden zum Teil auch die Begriffe „Steuermoral" oder „Steuerethik" verwendet, s. dazu *Tipke*, Die Steuerrechtsordnung. Band 1, 2000, S. 236 ff.

65 Verfassung des Deutschen Reichs vom 11.08.1919, RGBl. 1919, 1383.

66 Vgl. BVerfG v. 27.06.1991 - 2 BvR 1493/89, BVerfGE 84, 239 (270).

67 Vgl. bspw. *Tipke*, in: FS Kriele, 1997, S. 947 (948 f.).

ihrer Anwendung dem Prinzip einer möglichst gleichmäßigen Belastung der Steuerpflichtigen besonders sorgfältig Rechnung tragen [...].“[68]

Gerechtigkeit bedeutet im Steuerrecht demnach vor allem „Gleichmäßigkeit der Besteuerung“ oder „Steuergleichheit“.[69] Somit enthält Art. 3 Abs. 1 GG im Bereich des Steuerrechts auch den Inhalt des Art. 134 WRV und der Grundsatz der Steuergerechtigkeit wird folglich durch Art. 3 Abs. 1 GG im Sinne einer Gleichmäßigkeit der Besteuerung auch im Grundgesetz gewährleistet.[70] Das Bundesverfassungsgericht verwendet die Begriffe „Steuergerechtigkeit“ und „Gleichmäßigkeit der Besteuerung“ als Beschreibung der Ausprägungsform des allgemeinen Gleichheitssatzes im Steuerrecht nebeneinander.[71] Unter der Gleichmäßigkeit der Besteuerung ist ein Gebot der besonders sorgfältigen Gleichbehandlung zu verstehen, da die Besteuerung einen empfindlichen Eingriff in die Vermögens- und Rechtssphäre der Steuerpflichtigen darstellt.[72] Dazu ist die Steuerlast gerecht auf die Bürger zu verteilen.[73]

Gewissermaßen ergänzend definiert auch § 3 Abs. 1 AO Steuern als Geldleistungen, die „allen auferlegt werden“, sodass der Grundsatz steuerlicher Lastengleichheit (noch heute) ein konstituierendes Merkmal des Steuertatbestands

---

68 BVerfG v. 27.06.1991 – 2 BvR 1493/89, BVerfGE 84, 239 (269). Zur bereichsspezifischen Anwendung des Gleichheitssatzes s. bspw. auch BVerfG v. 22.06.1995 – 2 BvL 37/91, BVerfGE 93, 121 (135); BVerfG v. 07.11.2006 – 1 BvL 10/02, BVerfGE 117, 1 (30 f.); *Tipke*, in: FS Kriele, 1997, S. 947 (948 f.); *Schober*, Verfassungsrechtliche Restriktionen für den vereinfachenden Einkommensteuergesetzgeber, 2009, S. 98.

69 Vgl. *Robbers*, Gerechtigkeit als Rechtsprinzip, 1980, S. 136; *Birk*, StuW 1989, 212 (213); *Jarzyk-Dehne*, Pauschalierungen im Steuerrecht, 2003, S. 125.

70 Vgl. BVerfG v. 17.01.1957 – 1 BvL 4/54, BVerfGE 6, 55 (70 f.); BVerfG v. 24.01.1962 – 1 BvR 845/58, BVerfGE 13, 331 (338); vgl. auch *Brockhoff*, in: StbJb 1963/64, S. 317 (322); *Benda*, DStZ 1984, 159 (160). Die Verfassung des Freistaates Bayern, BayRS 100-1-I normiert in Art. 123 Abs. 1 dazu ausdrücklich: „Alle sind im Verhältnis ihres Einkommens und Vermögens und unter Berücksichtigung ihrer Unterhaltspflicht zu den öffentlichen Lasten heranzuziehen.“ Kritisch zur Steuergerechtigkeit als verfassungsrechtliches Prinzip s. *Droege*, RW 2013, 374 (386 f.).

71 Vgl. bspw. BVerfG v. 03.12.1958 – 1 BvR 488/57, BVerfGE 9, 3 (9 f., 17); BVerfG v. 10.12.1980 – 2 BvF 3/77, BVerfGE 55, 274 (302).

72 Vgl. BVerfG v. 20.12.1966 – 1 BvR 320/57, 1 BvR 70/63, BVerfGE 21, 12 (26 f.); BVerfG v. 03.07.1973 – 1 BvR 368/65, 1 BvR 369/65, BVerfGE 35, 324 (335); *Robbers*, Gerechtigkeit als Rechtsprinzip, 1980, S. 136; *Schuppert*, in: FS Zeidler. Band 1, 1987, S. 691 (711 f.).

73 Vgl. *Vogel*, DStZ/A 1977, 5 (9).

ist.[74] Voraussetzung einer Steuer ist die Steuergerechtigkeit damit dennoch nicht, da die Legaldefinition in § 3 Abs. 1 AO keine Begriffsmerkmale der Steuer enthält: Eine Abgabe ist schließlich unabhängig von ihrer Gerechtigkeit eine Steuer und die Steuergerechtigkeit ist in § 3 Abs. 1 AO vielmehr ein programmatischer Appell.[75]

I. Leistungsfähigkeitsprinzip

Ein sachgerechter Maßstab für die Gleichmäßigkeit der Besteuerung schließt sowohl Verteilungsgerechtigkeit, die Gesamtsteuerlast auf sämtliche Steuerpflichtige zu verteilen,[76] als auch Lastengerechtigkeit im Sinne einer verhältnismäßigen Belastungsgleichheit mit ein.[77] Diesen sachgerechten Vergleichsmaßstab beziehungsweise dieses sachgerechte Prinzip für den Gleichheitssatz respektive die Gleichmäßigkeit der Besteuerung fasst die herrschende Meinung unter dem Prinzip der Besteuerung der Steuerpflichtigen nach der individuellen finanziellen und wirtschaftlichen Leistungsfähigkeit (kurz: Leistungsfähigkeitsprinzip) zusammen.[78] Das Leistungsfähigkeitsprinzip ist damit als sachbereichsspezifische Konkretisierung der Gerechtigkeit im Steuerrecht

---

74 Vgl. BVerfG v. 27.06.1991 – 2 BvR 1493/89, BVerfGE 84, 239 (270 f.).

75 Vgl. *Hey*, in: Tipke/Lang, Steuerrecht, 2018, § 3 Rn. 96.

76 Vgl. *Tipke*, StuW 2007, 201 (203); *Tipke*, JZ 2009, 533 (534).

77 Vgl. BVerfG v. 24.06.1958 – 2 BvF 1/57, BVerfGE 8, 51 (68 f.). Zur „verhältnismäßigen Gleichheit" s. bspw. auch BVerfG v. 10.04.1997 – 2 BvL 77/92, BVerfGE 96, 1 (6); BVerfG v. 07.07.2010 – 2 BvL 14/02, 2 BvL 2/04, 2 BvL 13/05, BVerfGE 127, 1 (27 f.); vgl. auch *Jarzyk-Dehne*, Pauschalierungen im Steuerrecht, 2003, S. 127; *Schober*, Verfassungsrechtliche Restriktionen für den vereinfachenden Einkommensteuergesetzgeber, 2009, S. 108.

78 Vgl. BVerfG v. 23.11.1976 – 1 BvR 150/75, BVerfGE 43, 108 (120); BVerfG v. 29.05.1990 – 1 BvL 20/84, 1 BvL 26/84, 1 BvL 4/86, BVerfGE 82, 60 (86); BVerfG v. 15.01.2008 – 1 BvL 2/04, BVerfGE 120, 1 (44); BVerfG v. 29.03.2017 – 2 BvL 6/11, BVerfGE 145, 106 (142 f.); BVerfG v. 10.04.2018 – 1 BvR 1236/11, BVerfGE 148, 217 (244); vgl. auch *Hensel*, VjSchrStFR 1930, 441 (446 f., 463 ff.); *Lang*, StuW 1974, 293 (297); *Birk*, Das Leistungsfähigkeitsprinzip als Maßstab der Steuernormen, 1983, S. 50 ff.; *Kirchhof*, StuW 1984, 297 (304 f., 308 f., 314); *Schuppert*, in: FS Zeidler. Band 1, 1987, S. 691 (711 ff.); *Tipke*, Die Steuerrechtsordnung. Band 1, 2000, S. 479 ff.; *Englisch*, Wettbewerbsgleichheit im grenzüberschreitenden Handel, 2007, S. 563 ff.; *Starck*, in: v. Mangoldt/Klein/Starck, GG, 2010, Art. 3 Rn. 84; *Heun*, in: Dreier, GG, 2013, Art. 3 Rn. 75 f.; *Nußberger*, in: Sachs, GG, 2018, Art. 3 Rn. 134; *Hey*, in: Tipke/Lang, Steuerrecht, 2018, § 3 Rn. 40 ff., 121. Entsprechend zum schweizerischen Steuerrecht s. auch *Tschumper*, Zur Frage der Pauschalierung im schweizerischen Steuerrecht, 1953, S. 9.

und als oberstes Grundprinzip einer „Pyramide von Wertungen"[79] heranzuziehen, um die (ansonsten leere) Hülle des Gleichheitssatzes zu füllen und einen sachgerechten Vergleichsmaßstab zu bilden.[80] Denn der Vergleichsmaßstab folgt im Steuerrecht weder aus dem Fiskalzweck, das heißt dem Ziel der Einnahmenerzielung und der Deckung des öffentlichen Finanzbedarfs, noch aus der Verwendung des Steueraufkommens, sondern aus der Besteuerung der staatlichen Teilhabe am Erfolg privaten Wirtschaftens.[81] Die Steuerzahlung als Geldleistung an den Staat ohne Gegenleistung kann sachgerecht grundsätzlich nur anhand der finanziellen und wirtschaftlichen Leistungsfähigkeit des Steuerzahlers bemessen werden, da sich nur hieraus dessen zu vergleichende Fähigkeit ergibt, Steuerzahlungen zu leisten.[82] Aus diesem Grund nimmt auch der Gesetzgeber regelmäßig Bezug auf das Leistungsfähigkeitsprinzip.[83] Eine Steuerlast ist schließlich erträglicher und akzeptierter, wenn andere Steuerpflichtige mit einer gleichen Leistungsfähigkeit eine vergleichbare Steuerbelastung trifft, die Steuerlast mithin als „relativ gleiches Opfer" empfunden wird.[84] Die Eigenarten der jeweiligen Steuer sind dabei zu berücksichtigen,[85] wobei insbesondere das (moderne) Einkommensteuerrecht (sowie das Körperschaftsteuerrecht) auf die (wirtschaftliche) Leistungsfähigkeit des einzelnen Steuerpflichtigen hin angelegt ist.[86] Im Rahmen des Gesetzgebungsverfahrens zum Einkommensteuergesetz 1975 wurde das Prinzip der Leistungsfähigkeit so auch als „das Prinzip der Steuergerechtigkeit"

79 *Tipke*, in: FS Wacke, 1972, S. 211 (214).

80 Vgl. *Birk*, Das Leistungsfähigkeitsprinzip als Maßstab der Steuernormen, 1983, S. 52, 54; *Schuppert*, in: FS Zeidler. Band 1, 1987, S. 691 (712); *Schoch*, DVBl 1988, 863 (881).

81 Vgl. BVerfG v. 27.06.1991 – 2 BvR 1493/89, BVerfGE 84, 239 (268); *Kirchhof*, AöR 128, 1 (7); *Mellinghoff*, Stbg 2005, 1 (3).

82 Vgl. *Hey*, in: FS Bundesfinanzhof. Band 1, 2018, S. 451 (468).

83 Exemplarisch und besonders eindeutig s. BT-Drs. 7/1470, S. 211 f.; vgl. auch BT-Drs. 17/4821, S. 14. Umfassend auf die Leistungsfähigkeit eingehend (wenn auch zum Teil kritisch) s. außerdem Steuerreformkommission, Gutachten der Steuerreformkommission, 1971, Teil I Rn. 39 ff., Teil IV Rn. 53 ff.

84 Steuerreformkommission, Gutachten der Steuerreformkommission, 1971, Teil I Rn. 39; vgl. auch *Kirchhof*, in: JöR 64, 2016, S. 553 (558).

85 Vgl. BVerfG v. 20.04.2004 – 1 BvR 1748/99, 1 BvR 905/00, BVerfGE 110, 274 (292).

86 Vgl. BVerfG v. 23.11.1976 – 1 BvR 150/75, BVerfGE 43, 108 (120); BVerfG v. 15.01.2008 – 1 BvL 2/04, BVerfGE 120, 1 (44); BVerfG v. 29.03.2017 – 2 BvL 6/11, BVerfGE 145, 106 (142). Zum Körperschaftsteuerrecht s. BVerfG v. 12.10.2010 – 1 BvL 12/07, BVerfGE 127, 224 (248).

bezeichnet, wonach jeder Bürger „nach Maßgabe seiner finanziellen und wirtschaftlichen Leistungsfähigkeit mit Steuern zu belasten" sei.[87]

Zwar ergeben sich für den Gesetzgeber diesbezüglich grundsätzlich noch weite Konkretisierungs- und Gestaltungsspielräume,[88] die insbesondere auch die Berücksichtigung wirtschafts- und sozialpolitischer sowie steuertechnischer Gesichtspunkte ermöglichen.[89] Nach dem Leistungsfähigkeitsprinzip sind allerdings konkreter zum einen lediglich die Steuerpflichtigen mit Steuern zu belasten, die über eine steuerliche Leistungsfähigkeit verfügen.[90] Sonach ist eine Steuerfreistellung von Einkünften in Höhe des sächlichen Existenzminimums, das „zur Schaffung der Mindestvoraussetzungen für ein menschenwürdiges Dasein benötigt wird" geboten,[91] da das auch freiheitsrechtlich geschützte Existenzminimum für die Besteuerung nicht zur Verfügung steht und mithin keine steuerliche Leistungsfähigkeit begründet.[92] Zum anderen hat die Belastung mit Steuern hinsichtlich des Belastungserfolgs, der beim Steuerpflichtigen bewirkt wird, rechtlich und tatsächlich gleichmäßig sowie der wirtschaftlichen Leistungsfähigkeit der Steuerpflichtigen entsprechend zu erfolgen.[93] Das Leistungsfähigkeitsprinzip liefert damit den Sachgrund für die Verteilung von Steuerlasten („Gebot sachgerechter Differenzierung"[94]) und als solcher dient es bei der Bewertung von Ungleichbehandlungen im Steuerrecht als Vergleichsmaßstab der Ungleichbehandelten.[95] Das Leistungsfähigkeitsprinzip umfasst als Konkretisierung der Steuergerechtigkeit somit gleichzeitig sowohl die horizontale

87 Entwurf eines Dritten Steuerreformgesetzes, BT-Drs. 7/1470, S. 211 f.

88 Vgl. BT-Drs. 7/1470, S. 212; *Hey*, in: Tipke/Lang, Steuerrecht, 2018, § 3 Rn. 102.

89 Vgl. BVerfG v. 06.12.1983 – 2 BvR 1275/79, BVerfGE 65, 325 (354); BVerfG v. 10.02.1987 – 1 BvL 18/81, 1 BvL 20/82, BVerfGE 74, 182 (200); *Kischel*, AöR 124, 174 (197).

90 Vgl. BVerfG v. 27.06.1991 – 2 BvR 1493/89, BVerfGE 84, 239 (269 ff.); BVerfG v. 04.12.2002 – 2 BvR 400/98, 2 BvR 1735/00, BVerfGE 107, 27 (46 f.); vgl. auch *Englisch*, Wettbewerbsgleichheit im grenzüberschreitenden Handel, 2008, S. 564.

91 BVerfG v. 29.05.1990 – 1 BvL 20/84, 1 BvL 26/84, 1 BvL 4/86, BVerfGE 82, 60 (85).

92 Vgl. *Tipke*, Die Steuerrechtsordnung. Band 1, 2000, S. 496. Zum freiheitsrechtlichen Schutz des Existenzminimums s. unten Seite 121 f.

93 Vgl. BVerfG v. 27.06.1991 – 2 BvR 1493/89, BVerfGE 84, 239 (269); BVerfG v. 07.11.2006 – 1 BvL 10/02, BVerfGE 117, 1 (30); BVerfG v. 15.12.2015 – 2 BvL 1/12, BVerfGE 141, 1 (39 f.).

94 *Hey*, in: FS Bundesfinanzhof. Band 1, 2018, S. 451 (467); vgl. auch *Kirchhof*, BB 2017, 662 (662).

95 Vgl. *Kempny*, StuW 2014, 185 (197 f.); vgl. bspw. auch *Burghart*, in: Leibholz/Rinck, GG, 2016, Art. 3 Rn. 496.

Steuergerechtigkeit, nach der Steuerpflichtige bei gleicher Leistungsfähigkeit gleich hoch besteuert werden sollen, womit ferner die Gleichheit hinsichtlich des tatsächlichen Belastungserfolgs im Erhebungsverfahren verbunden ist,[96] als auch die vertikale Steuergerechtigkeit, die eine gerechte beziehungsweise angemessen differenzierte Besteuerung der wirtschaftlich Leistungsstärkeren im Vergleich zu wirtschaftlich Leistungsschwächeren vorschreibt.[97]

Auch ohne ausdrückliche Normierung im Grundgesetz ist das Leistungsfähigkeitsprinzip als Leitprinzip des gesamten Steuerrechts ergo verfassungsrechtlich (insbesondere) im Gleichheitssatz verankert,[98] begrenzt die Besteuerung

96 Vgl. BVerfG v. 29.05.1990 – 1 BvL 20/84, 1 BvL 26/84, 1 BvL 4/86, BVerfGE 82, 60 (89); BVerfG v. 12.10.2010 – 1 BvL 12/07, BVerfGE 127, 224 (245); BVerfG v. 15.01.2014 – 1 BvR 1656/09, BVerfGE 135, 126 (145); BVerfG v. 15.12.2015 – 2 BvL 1/12, BVerfGE 141, 1 (40); *Mellinghoff*, Stbg 2005, 1 (4). S. dazu auch die Ausführungen zum Folgerichtigkeitsgebot unten Seite 42 ff., da eine einmal getroffene Belastungsentscheidung des Gesetzgebers folgerichtig umgesetzt werden muss.

97 Vgl. BVerfG v. 29.05.1990 – 1 BvL 20/84, 1 BvL 26/84, 1 BvL 4/86, BVerfGE 82, 60 (89); BVerfG v. 21.06.2006 – 2 BvL 2/99, BVerfGE 116, 164 (180); BVerfG v. 15.01.2014 – 1 BvR 1656/09, BVerfGE 135, 126 (145); BVerfG v. 15.12.2015 – 2 BvL 1/12, BVerfGE 141, 1 (40); BVerfG v. 29.03.2017 – 2 BvL 6/11, BVerfGE 145, 106 (142 f.); vgl. insb. auch *Birk*, Das Leistungsfähigkeitsprinzip als Maßstab der Steuernormen, 1983, S. 165 ff., 170 ff.; *Englisch*, Wettbewerbsgleichheit im grenzüberschreitenden Handel, 2008, S. 564.

98 Vgl. bspw. BVerfG v. 22.02.1984 – 1 BvL 10/80, BVerfGE 66, 214 (223); BVerfG v. 15.01.2008 – 1 BvL 2/04, BVerfGE 120, 1 (44); BVerfG v. 09.12.2008 – 2 BvL 1/07, 2 BvL 2/07, 2 BvL 1/08, 2 BvL 2/08, BVerfGE 122, 210 (230 f., 234 f.); BVerfG v. 29.03.2017 – 2 BvL 6/11, BVerfGE 145, 106 (142); *Birk*, Das Leistungsfähigkeitsprinzip als Maßstab der Steuernormen, 1983, S. 123 ff., 155 ff.; *Schuppert*, in: FS Zeidler. Band 1, 1987, S. 691 (711 f.); *Tipke*, Die Steuerrechtsordnung. Band 1, 2000, S. 322 ff., 479 ff. und insb. 484 f., 491 f.; *Jachmann*, in: DStJG 23, 2000, S. 9 (11 ff.); *Hennrichs*, in: DStJG 24, 2001, S. 301 (308); *Starck*, in: v. Mangoldt/Klein/Starck, GG, 2010, Art. 3 Rn. 84; *Drüen*, in: Tipke/Kruse, AO/FGO, 2016, § 3 AO Rn. 43; *Heun*, in: Dreier, GG, 2013, Art. 3 Rn. 75 f.; *Burghart*, in: Leibholz/Rinck, GG, 2016, Art. 3 Rn. 496; *Hey*, in: Tipke/Lang, Steuerrecht, 2018, § 3 Rn. 40, 48; *Kirchhof*, in: FS Bundesfinanzhof. Band 2, 2018, S. 1197 (1211); *Nußberger*, in: Sachs, GG, 2018, Art. 3 Rn. 134 ff. Insgesamt werden in der Literatur sieben verschiedene Anknüpfungspunkte für das Leistungsfähigkeitsprinzip genannt: allgemeiner Gleichheitssatz, rechtsstaatliches Willkürverbot, Art. 106 GG, Demokratieprinzip, Übermaßverbot, Freiheitsrechte und Sozialstaatsprinzip, s. zusammenfassend m. w. N. *Englisch*, Wettbewerbsgleichheit im grenzüberschreitenden Handel, 2008, S. 572. Die verfassungsrechtliche Verankerung des Leistungsfähigkeitsprinzips jedoch anzweifelnd *Arndt*, JZ 1983, 200 (200 f.); *Arndt*, NVwZ 1988, 787 (790 f.).

als zentrale Bezugsgröße[99] und dient im Rahmen des allgemeinen Gleichheitsgrundsatzes gemäß Art. 3 Abs. 1 GG als Vergleichsmaßstab, um sachgerechte Differenzierungen zu ermöglichen.[100] Wesentlich gleich sind die Steuerpflichtigen demnach grundsätzlich nur, wenn sie eine vergleichbare individuelle wirtschaftliche Leistungsfähigkeit aufweisen.[101]

Bei Typisierungen tritt der „Grundsatz der ‚individuellen Gleichmäßigkeit' der Besteuerung [...] hinter dem Grundsatz der ‚generellen Gleichmäßigkeit' zurück".[102] Denn regelmäßig ermöglichen Typisierungen aufgrund der Gleichbehandlung aller Steuerpflichtigen Steuergerechtigkeit überhaupt erst und verwirklichen den Gleichheitssatz nach Art. 3 Abs. 1 GG, wenn das Massengeschäft der Besteuerung ohne eine solche Vereinfachung nicht vollziehbar wäre.[103] Typisierungen befinden sich demnach in einem Spannungsverhältnis zwischen der Einzelfallgerechtigkeit, die eine Besteuerung nach der individuellen wirtschaftlichen Leistungsfähigkeit des Steuerpflichtigen voraussetzt und die, optimal verwirklicht, jedes Detail eines Sachverhalts aufgreifen müsste, und den Vereinfachungs- oder Typisierungserfordernissen des gleichheitsgerechten praktikablen Vollzugs der Besteuerung als Massenverfahren, die Verallgemeinerungen und Vernachlässigungen von Details bedeuten.[104] Das

---

99 Vgl. bspw. noch *Birk*, Das Leistungsfähigkeitsprinzip als Maßstab der Steuernormen, 1983, S. 145 ff.; *Tipke*, in: FS Kriele, 1997, S. 947 (961).

100 Vgl. bspw. ausführlich *Lang*, Die Bemessungsgrundlage der Einkommensteuer, 1988, S. 99, 122 ff.

101 Vgl. *Wiesbrock*, Die Verlustrückstellung im Steuer- und Verfassungsrecht, 1999, S. 99.

102 BVerfG v. 03.12.1958 – 1 BvR 488/57, BVerfGE 9, 3 (13). Zu den Begriffen der individuellen und generellen Gleichmäßigkeit der Besteuerung s. auch umfassend *Heigl*, Die Typisierung im Steuerrecht, 1958, S. 48 ff.

103 Vgl. bspw. BVerfG v. 20.12.1966 – 1 BvR 320/57, 1 BvR 70/63, BVerfGE 21, 12 (27); BVerfG v. 06.11.1985 – 1 BvL 47/83, BVerfGE 71, 146 (157); BVerfG v. 10.04.2018 – 1 BvL 11/14 u. a., BVerfGE 148, 147 (213); *Weber-Grellet*, BB 1996, 1415 (1419); *Drüen*, StuW 1997, 261 (270 f.); *Leisner*, StuW 2007, 241 (245); *Hey*, in: Tipke/Lang, Steuerrecht, 2018, § 3 Rn. 145 f. m. w. N.; vgl. auch *Wennrich*, Die typisierende Betrachtungsweise im Steuerrecht, 1963, S. 117 ff.; *Isensee*, Die typisierende Verwaltung, 1976, S. 99. Kritisch hierzu s. *Strahl*, Die typisierende Betrachtungsweise im Steuerrecht, 1996, S. 276 f.; *Strahl*, BB 1997, 341 (342 f.), der Gerechtigkeit nicht durch Gleichbehandlung erreichbar hält, wenn diese letztlich nur eine „Gleichmacherei und Gleichschaltung" bewirke und gegen das Leistungsfähigkeitsprinzip verstoße. Zur Rechtfertigung der Typisierungen s. ergänzend unten Seite 160 ff.

104 Vgl. *Brockhoff*, in: StbJb 1963/64, S. 317 (321); *Lang*, StuW 1974, 293 (300); *Arndt*, Praktikabilität und Effizienz, 1983, S. 43; *Herzog*, in: StbJb 1985/86, S. 27 (37); vgl. bspw. ausdrücklich auch FG Köln v. 12.10.2017 – 10 K 977/17, EFG 2018, 287 (290).

Leistungsfähigkeitsprinzip gewinnt für Typisierungen damit als Grund und Grenze der gesetzlichen Typisierungen ganz besondere Bedeutung.[105]

II. Folgerichtigkeitsprinzip

Ergänzt wird das Leistungsfähigkeitsprinzip im Steuerrecht als Steuergerechtigkeitsmaßstab durch das Folgerichtigkeitsprinzip als Prinzip der Systemgerechtigkeit und der Widerspruchsfreiheit hinsichtlich des geltenden Rechts.[106] Das Bundesverfassungsgericht leitet das Folgerichtigkeitsprinzip – selbständig neben dem Leistungsfähigkeitsprinzip[107] – aus dem Gebot der Belastungsgleichheit des allgemeinen Gleichheitssatzes nach Art. 3 Abs. 1 GG als bereichsspezifische Konkretisierung ab.[108] Als solche gewährleistet das Folgerichtigkeitsprinzip die folgerichtige, konsequente und sachgerechte Umsetzung der Belastungsentscheidung des einfachen Gesetzgebers für die Dauer ihrer Geltung sowie

---

Ganz allgemein zur „Klippe der individualisierenden Elemente", an der „jeder Versuch weitergehender Generalisierung im Rechte" scheitere s. *Jellinek*, Allgemeine Staatslehre, 1966, S. 32.

105 Vgl. *Jachmann*, in: FS Offerhaus, 1999, S. 1071 (1084 f.); *Jarzyk-Dehne*, Pauschalierungen im Steuerrecht, 2003, S. 24, 153 m. w. N.

106 Vgl. bspw. bereits BVerfG v. 16.10.1957 – 1 BvL 13/56, 1 BvL 46/56, BVerfGE 7, 129 (152 f.); BVerfG v. 15.03.1961 – 2 BvL 8/60, BVerfGE 12, 264 (273); vgl. auch *Schober*, Verfassungsrechtliche Restriktionen für den vereinfachenden Einkommensteuergesetzgeber, 2009, S. 120 f.

107 Vgl. *Grolig*, Folgerichtigkeitsgebot und Erbschaftsteuer, 2013, S. 61; *Liu*, Das Folgerichtigkeitsgebot im Bereich der direkten Steuern, 2017, S. 37.

108 Vgl. bspw. BVerfG v. 27.06.1991 – 2 BvR 1493/89, BVerfGE 84, 239 (271); BVerfG v. 22.06.1995 – 2 BvL 37/91, BVerfGE 93, 121 (136); BVerfG v. 07.11.2006 – 1 BvL 10/02, BVerfGE 117, 1 (30 f.); BVerfG v. 12.05.2009 – 2 BvL 1/00, BVerfGE 123, 111 (119 f.); BVerfG v. 21.07.2010 – 1 BvR 611/07, 1 BvR 2464/07, BVerfGE 126, 400 (416 ff.); vgl. dazu auch *Kirchhof*, StuW 2000, 316 (322 f.). Zur zustimmenden Mehrheit in der Literatur s. bspw. *Tipke*, in: FS Wacke, 1972, S. 211 (214); *Kirchhof*, StuW 1984, 297 (301); *Osterloh*, in: DStJG 24, 2001, S. 383 (401); *Mellinghoff*, in: FS Bareis, 2005, S. 171 (181); *Hey*, DStR 2009, 2561 (2568); *Englisch*, in: FS Lang, 2010, S. 167 (179); *Brückner*, Folgerichtige Gesetzgebung im Steuerrecht und Öffentlichen Wirtschaftsrecht, 2014, S. 113 ff.; *Tappe*, JZ 2016, 27 (29 f.); vgl. kritisch hingegen bspw. *Schwarz*, in: FS Isensee, 2007, S. 949 (964); *Kischel*, in: FS Kirchhof, 2008, S. 175 (185); *Lepsius*, JZ 2009, 260 (262 f.). Daneben werden auch das Allgemeinheitsgebot, das Rechtsstaats- und das Bundesstaatsprinzip als weitere Grundlagen des Folgerichtigkeitsgebots genannt, s. zusammenfassend m. w. N. *Grolig*, Folgerichtigkeitsgebot und Erbschaftsteuer, 2013, S. 61.

Steuergerechtigkeit im Sinne von Verteilungsgerechtigkeit, da die Systembindung weniger Willkür zulässt und mithin für mehr Gerechtigkeit sorgt.[109] Allgemeiner sichert das Folgerichtigkeitsprinzip damit die relative Bindung des Gesetzgebers an die gewählten Gerechtigkeitsprinzipien.[110]

Im Steuerrecht stellt das Folgerichtigkeitsprinzip danach insbesondere die praktische Umsetzung der durch das Leistungsfähigkeitsprinzip geprägten horizontalen und vertikalen Steuergerechtigkeit sicher.[111] Dahingehende Abweichungen von der Folgerichtigkeit, die die Belastungsgleichheit betreffen, bedürfen eines besonderen sachlichen Grundes, der bezüglich seines Gewichts der Intensität der Abweichung entsprechen muss.[112] Hieraus ergibt sich eine „Wirkungskongruenz" der Prinzipien der Leistungsfähigkeit und der Folgerichtigkeit,[113] die auch in der Rechtsprechung des Bundesverfassungsgerichts durch die enge Bindung der Prinzipien aneinander deutlich wird.[114] Außerdem schließt das Prinzip der Folgerichtigkeit insbesondere punktuelle willkürliche Rechtfertigungs- und Gestaltungsmaßstäbe aus, die der Gesetzgeber zwar zur sachgerechten Rechtfertigung der einzelnen (nicht) folgerichtigen Regelung

---

109 Vgl. bspw. BVerfG v. 04.12.2002 – 2 BvR 400/98, 2 BvR 1735/00, BVerfGE 107, 27 (54); BVerfG v. 21.07.2010 – 1 BvR 611/07, 1 BvR 2464/07, BVerfGE 126, 400 (416 ff.); s. dahingehend bereits BVerfG v. 05.04.1952 – 2 BvH 1/52, BVerfGE 1, 208 (246 f.); vgl. auch *Englisch*, in: FS Lang, 2010, S. 167 (174).

110 Vgl. *Huster*, Rechte und Ziele, 1993, S. 392 f.

111 Vgl. BVerfG v. 08.06.2004 – 2 BvL 5/00, BVerfGE 110, 412 (433 f.); vgl. dazu auch *Schwarz*, in: FS Isensee, 2007, S. 949 (963), der die horizontale und vertikale Steuergerechtigkeit mit Verweis auf den vorgenannten Bundesverfassungsgerichtsbeschluss als Konkretisierung des Folgerichtigkeitsprinzips ansieht.

112 Vgl. BVerfG v. 16.02.1965 – 1 BvL 20/64, BVerfGE 18, 366 (372 f.); BVerfG v. 07.11.2006 – 1 BvL 10/02, BVerfGE 117, 1 (31); BVerfG v. 15.12.2015 – 2 BvL 1/12, BVerfGE 141, 1 (40 f.); vgl. auch *Mellinghoff*, Stbg 2005, 1 (5); *Breinersdorfer*, DStR 2010, 2492 (2493 f.); *Hey*, in: Tipke/Lang, Steuerrecht, 2018, § 3 Rn. 118.

113 Vgl. *Schubert*, Die Verfassungswidrigkeit der Erbschaft- und Schenkungsteuer und die verfassungsrechtlichen Anforderungen an eine Neuregelung, 2011, S. 49; *Breimann*, Typisierungsgerechtigkeit des vereinfachten Ertragswertverfahrens zur Unternehmensbewertung im Erbschaftsteuerrecht, 2014, S. 106 f.

114 Vgl. bspw. BVerfG v. 07.11.2006 – 1 BvL 10/02, BVerfGE 117, 1 (30); BVerfG v. 09.12.2008 – 2 BvL 1/07, 2 BvL 2/07, 2 BvL 1/08, 2 BvL 2/08, BVerfGE 122, 210 (230 f.); BVerfG v. 12.10.2010 – 1 BvL 12/07, BVerfGE 127, 224 (245); BVerfG v. 15.12.2015 – 2 BvL 1/12, BVerfGE 141, 1 (40).

hätte wählen können, jedoch die systematische Widersprüchlichkeit nicht rechtfertigen.[115]

Die sich aus dem Gebot der Folgerichtigkeit ergebenden Anforderungen an den Gesetzgeber gelten hinsichtlich der steuerrechtlichen Typisierungen „in gleicher Weise“,[116] sodass grundsätzlich auch die Typisierungen samt ihrer Erwägungsgründe folgerichtig ausgestaltet sein müssen.[117] Für den typisierenden Steuergesetzgeber bedeutet das Folgerichtigkeitsgebot damit insbesondere, dass er einmal getroffenen (einfachgesetzlichen) Grundentscheidungen hinsichtlich der Belastung mit den Typisierungen auf den einzelnen Ebenen der Steuerelemente (Steuergegenstand, Steuersubjekt, Bemessungsgrundlage, Steuertarif und Erhebungsverfahren[118]) nicht widerspricht beziehungsweise er die Typsierungen als vereinfachende Abweichung von dem bestehenden System begründen sowie den typisierten Sachverhalt dazu folgerichtig ermitteln muss.[119] Für den Steuervollzug gilt allen voran, dass rechtliche Differenzierungen, die in der materiellen Steuernorm nicht vorgenommen werden, nicht ohne Grund im Steuervollzug entstehen dürfen.[120] Das Gebot der Folgerichtigkeit basiert im Steuerrecht auf einer „ergebnisorientierte[n] Gesamtbetrachtung“, die auf die tatsächliche Steuerbelastung abstellt und somit den Steuervollzug miteinbezieht.[121] Die Typisierungen sind hierbei hinsichtlich der konsequenten rechtslogischen Umsetzung der am Leistungsfähigkeitsprinzip orientierten Belastungsentscheidung zu prüfen. Als Quintessenz bedeutet das, wenn mit der steuerrechtlichen Typisierung

---

115 Vgl. *Englisch*, Wettbewerbsgleichheit im grenzüberschreitenden Handel, 2008, S. 134; *Hey*, DStR 2009, 2561 (2566); *Brückner*, Folgerichtige Gesetzgebung im Steuerrecht und Öffentlichen Wirtschaftsrecht, 2014, S. 125.

116 BVerfG v. 15.01.2008 – 1 BvL 2/04, BVerfGE 120, 1 (45); vgl. auch *Brückner*, Folgerichtige Gesetzgebung im Steuerrecht und Öffentlichen Wirtschaftsrecht, 2014, S. 58.

117 Vgl. *Hey*, DStR 2009, 2561 (2564).

118 Umfassend zu den Steuerelementen „in der Kette“ s. *Liu*, Das Folgerichtigkeitsgebot im Bereich der direkten Steuern, 2017, S. 82 ff., 151 ff.

119 Vgl. dazu auch BVerfG v. 13.07.1965 – 1 BvR 771/59 u. a., BVerfGE 19, 101 (116 ff.); *Schober*, Verfassungsrechtliche Restriktionen für den vereinfachenden Einkommensteuergesetzgeber, 2009, S. 146.

120 Vgl. grundlegend BVerfG v. 27.06.1991 – 2 BvR 1493/89, BVerfGE 84, 239 (271); vgl. dazu auch *Brückner*, Folgerichtige Gesetzgebung im Steuerrecht und Öffentlichen Wirtschaftsrecht, 2014, S. 154 f.; *Machado*, Verhältnismäßigkeitsprinzip vs. Willkürverbot, 2015, S. 115 f.; *Kirchhof*, StuW 2017, 3 (9 f.). S. hierzu auch noch unten Seite 226 ff.

121 Vgl. *Brückner*, Folgerichtige Gesetzgebung im Steuerrecht und Öffentlichen Wirtschaftsrecht, 2014, S. 154 f.

keine eigene Belastungsentscheidung getroffen wird, muss die vom Gesetzgeber anderweitig getroffene Belastungsentscheidung auch mit der Typisierung konsequent weitergeführt werden.

III. Zusammenfassung

Die Steuergerechtigkeit zeichnet sich durch eine sachgerechte, gleichmäßige Belastung der Steuerpflichtigen entsprechend ihrer individuellen finanziellen und wirtschaftlichen Leistungsfähigkeit als sachgerechtem Vergleichsparameter der allgemeinen Gleichheitsprüfung nach Art. 3 Abs. 1 GG und einer folgerichtigen belastungsgleichen Umsetzung der Belastungsentscheidung aus. Das Leistungsfähigkeits- und das Folgerichtigkeitsprinzip bilden letztlich das rechtlich überprüfbare Gerechtigkeitselement des Steuerrechts und mithin der steuerrechtlichen Typisierungen.[122]

C Realitätsgerechtigkeit

Ausgehend von den Ausführungen zum Leistungsfähigkeits- und Folgerichtigkeitsprinzip lässt sich abschließend das gleichheitsrechtliche Gebot der Realitätsgerechtigkeit der Typisierungen im Steuerrecht herleiten.

I. Leistungsfähigkeitsprinzip und Realitätsgerechtigkeit

Um eine sachgerechte, gleichmäßige Belastung (im tatsächlichen Belastungserfolg) der Steuerpflichtigen entsprechend ihrer tatsächlichen wirtschaftlichen Leistungsfähigkeit, das heißt im Sinne einer relativen wirtschaftlichen Belastungswirkung sicherzustellen, ist Realitätsgerechtigkeit entscheidend.[123] Wenn das Leistungsfähigkeitsprinzip nämlich verlangt, dass Steuerpflichtige nach

---

122 Vgl. *Geberth/Sedemund*, DStR 2018, 217 (217).

123 Vgl. BVerfG v. 28.11.1984 – 1 BvR 1157/82, BVerfGE 68, 287 (310); *Jarzyk-Dehne*, Pauschalierungen im Steuerrecht, 2003, S. 153, 154 ff.; vgl. auch *Jachmann*, in: DStJG 23, 2000, S. 9 (55). Zur Ergänzung bzw. Unterstützung des Leistungsfähigkeitsprinzips durch das Gebot der Realitätsgerechtigkeit s. bspw. auch BVerfG v. 06.03.2002 – 2 BvL 17/99, BVerfGE 105, 73 (126 f.). Zur gleichheitsrechtlichen Herleitung s. auch noch BVerfG v. 06.03.2002 – 2 BvL 17/99, BVerfGE 105, 73 (126 f.); BVerfG v. 12.10.2010 – 1 BvL 12/07, BVerfGE 127, 224 (247); *Kriese*, WuM 2016, 266 (269). Zum Maßstab der „relative[n] wirtschaftliche[n] Belastungswirkung“ als Ausfluss der Gleichmäßigkeit der Besteuerung s. zusammenfassend *Heigl*, Die Typisierung im Steuerrecht, 1958, S. 51 m. w. N., 57 f.

Maßgabe ihrer finanziellen und wirtschaftlichen Leistungsfähigkeit mit Steuern zu belasten sind,[124] dann kann mit finanzieller Leistungsfähigkeit nur eine tatsächliche finanzielle Leistungsfähigkeit gemeint sein, die den Steuerpflichtigen in die Lage versetzt, Steuern zu zahlen. Denn nur so werden die Steuerpflichtigen belastungsgleich entsprechend ihrer individuellen wirtschaftlichen Leistungsfähigkeit aufgrund von typischen Ist-Werten besteuert und nicht anhand fiktiver atypischer Sachverhalte beziehungsweise fingierter wirtschaftlicher Leistungsfähigkeit.[125] Eine andere Auffassung ließe das gesamte Prinzip wertlos und zur bloßen Floskel werden. Eine Bestimmung der Leistungsfähigkeit mittels Sachverhaltsfiktionen, denen der Bezug zur Realität fehlt, führt schließlich zu willkürlichen Belastungen und lässt darauf basierende Typisierungen ungeeignet werden, den Sachverhalt im Sinne des Leistungsfähigkeitsprinzip zu regeln.[126]

Ferner begründet das Leistungsfähigkeitsprinzip das Gebot der Realitätsgerechtigkeit der Typisierungen. Denn nicht realitätsgerechte respektive realitätsferne Typisierungen führen aufgrund der unterschiedlichen Belastungsintensitäten, die sich aus deren „Gleichmacherei"[127] ergeben, zu Ungleichbehandlungen im Sinne des Leistungsfähigkeitsprinzips.[128] Realitätsgerecht meint dabei die Orientierung am typischen Fall, der als Ergebnis der (empirischen[129]) Beobachtung aller tatsächlichen Sachverhalte das Gesamtbild in seiner gesamten Breite widerspiegelt.[130] Realitätsferne Typisierungen belasten Leistungsschwächere willkürlich stärker als die Leistungsstärkeren[131] oder entlasten Leistungsstärkere ungleich stärker als Leistungsschwächere. Je realitätsferner die Typisierung ist, das heißt, je weiter sie sich von der (empirisch ermittelten) Realität entfernt, desto zahlreicher und größer werden die Ungleichbehandlungen,

124 Vgl. bspw. nur BVerfG v. 15.01.2014 – 1 BvR 1656/09, BVerfGE 135, 126 (144 f.).

125 Vgl. hierzu *Jachmann*, in: DStJG 23, 2000, S. 9 (56); *Starck*, in: v. Mangoldt/Klein/Starck, GG, 2010, Art. 3 Rn. 102.

126 Vgl. *Hey*, FR 2016, 485 (488); *Hey*, in: IFSt-Schrift 511, 2016, S. 61 (67 f.); s. dahingehend auch *Jonas*, Ubg 2011, 960 (961). Allerdings müssen Fiktionen als Grundlage der Typisierungen nicht zwingend ungeeignet sein, s. ausführlich zur Gesetzesfiktion als Mittel der gesetzlichen Typisierung und zur Abgrenzung *Jachmann*, Die Fiktion im öffentlichen Recht, 1998, S. 209 f.

127 Zur Gleichmacherei s. *Heigl*, Die Typisierung im Steuerrecht, 1958, S. 17.

128 Vgl. hierzu einführend auch *Hey*, in: IFSt-Schrift 511, 2016, S. 61 (99).

129 Zur Bedeutung der empirischen Daten s. umfassend unten 56 ff.

130 Vgl. BVerfG v. 04.07.2012 – 2 BvC 1/11, 2 BvC 2/11, BVerfGE 132, 39 (49).

131 Dahingehend zum Rechnungszins in § 6a EStG s. *Geberth/Sedemund*, DStR 2018, 217 (219).

da eine immer kleinere Gruppe von Steuerpflichtigen entsprechend oder nahe ihres tatsächlichen individuellen Sachverhalts belastet beziehungsweise entlastet wird, während sich die Belastung/Entlastung bei einer zunehmenden Anzahl Steuerpflichtiger von der Wirklichkeit entfernt und die Abweichungen zu den Leistungsfähigkeitsextremen hin – relativ betrachtet – unverhältnismäßig stärker zunehmen.[132] Wenn der Bundesfinanzhof die Ablehnung einer gleichheitsrechtlichen Prüfung der Realitätsgerechtigkeit steuerrechtlicher Typisierungen damit begründet, dass weder eine rechtfertigungsbedürftige Ausnahme von einer folgerichtigen steuergesetzlichen Belastungsentscheidung vorliege noch eine Ungleichbehandlung hinsichtlich einer rechtserheblichen gleichheitsrechtlich relevanten Vergleichsgruppe gegeben sei,[133] verkennt er diesen Zusammenhang. Realitätsferne Typisierungen behandeln sämtliche Steuerpflichtige exakt gleich und damit werden die Steuerpflichtigen im Verhältnis zu ihrer finanziellen und wirtschaftlichen Leistungsfähigkeit ganz unterschiedlich belastet.

Diese Feststellungen seien anhand eines Beispiels verdeutlicht: Eine typisierte Belastung von 100 Euro bedeutet für einen Steuerpflichtigen, der auch ohne Typisierung eine Last von 100 Euro zu tragen hätte, keine Mehrbelastung, für einen zweiten Steuerpflichtigen, dessen tatsächlicher Sachverhalt eine Belastung von 75 Euro ergäbe, eine Abweichung von einem Drittel und für einen dritten Steuerpflichtigen, der 50 Euro zu zahlen hätte, eine zusätzliche Belastung von 100 Prozent. Nimmt man hingegen eine realitätsferner typisierte Belastung von (höheren) 150 Euro an, errechnet sich für den ersten Steuerpflichtigen jetzt eine von dessen Realität abweichende zusätzliche Last in Höhe von 50 Prozent, für den zweiten eine Steigerung der Abweichung von circa 33 auf 100 Prozent und

---

132 S. so im Ergebnis auch *Geberth/Sedemund*, DStR 2018, 217 (219).

133 Vgl. BFH v. 09.11.2017 – III R 10/16, BStBl. II 2018, 255 (257 f.). Stattdessen prüft der BFH die Realitätsgerechtigkeit im Rahmen einer Verhältnismäßigkeitsprüfung, die er auf das Rechtsstaatsprinzip des Art. 20 Abs. 3 GG stützt. Weil das gleichheitsrechtliche Leistungsfähigkeitsprinzip zugleich der Abstimmung mit dem rechtsstaatlichen Übermaßverbot dient (vgl. *Kirchhof*, in: Isensee/Kirchhof, Handbuch des Staatsrechts der Bundesrepublik Deutschland, 2007, § 118 Rn. 183), können die an die Realitätsgerechtigkeit gestellten Anforderungen, die aus dem rechtsstaatlichen Übermaßverbot abgeleitet werden, dennoch dem Grunde nach entsprechend auf die – hier vertretene gleichheitsrechtlich begründete – Realitätsgerechtigkeit angewandt werden. S. zu diesem Ergebnis FG Münster v. 17.08.2017 – 10 K 2472/16 E, EFG 2017, 1638 (1639 f.). Einen absoluten Maßstab bei der Prüfung anhand des Leistungsfähigkeitsprinzips ebenfalls ablehnend und stattdessen eine freiheitsrechtliche Prüfung für die vollverzinsung nach §§ 233a, 238 AO herleitend s. *Schindler/Hoppe*, DStR 2020, 2570 (2573).

beim dritten Steuerpflichtigen sogar ein Anstieg von 100 auf 200 Prozent. Die Belastungsintensitäten sowie der Anstieg der jeweiligen Belastung sind folglich höchst ungleich und nehmen mit zunehmender Realitätsferne zu.

Wenn die Typisierungen konstant bleiben, während sich die (wirtschaftliche) Realität verändert – beispielsweise gleichbleibende Zinssatztypisierungen in Hoch- sowie Niedrigzinsphasen – gilt das Voranstehende entsprechend, da die Belastungen zwar gleichbleiben, aufgrund der geänderten Marktbedingungen sich jedoch die tatsächlichen Belastungen beim Steuerpflichtigen verändern. Zur Verdeutlichung dient ein weiteres Beispiel: Es wird angenommen, dass drei Steuerpflichtige – aufgrund ihrer unterschiedlichen Leistungsfähigkeit – in der Lage sind 100, 75 und 50 Euro zu erwirtschaften. Belastet werden diese Steuerpflichtigen typisiert und im Durchschnitt angenommen realitätsgerecht mit 25 Euro, so dass sich relative Belastungen von 25 bis 50 Prozent ergeben. Ändern sich die wirtschaftlichen Rahmenbedingungen, so dass die Steuerpflichtigen nur noch die Hälfte, also 50, 37,50 und 25 Euro erwirtschaften, so steigen die Belastungen für den Leistungsstärksten von 25 auf 50 Prozent, für den Leistungsschwächsten hingegen von 50 auf 100 Prozent. Ist davon auszugehen, dass die ursprüngliche Belastungsentscheidung leistungsfähigkeitsgerecht war, führt die Veränderung der tatsächlichen Umstände zu ungleichmäßigen Belastungswirkungen, die gegen das Leistungsfähigkeitsprinzip verstoßen.

Das Bundesverfassungsgericht fordert in seiner Rechtsprechung hinsichtlich der gesetzlichen Typisierungen außerdem stets, dass die Typisierungsvorteile der Vereinfachung und der Praktikabilität in einem „rechten Verhältnis" zu den mit den Typisierungen verbundenen Ungleichbehandlungen nach dem Leistungsfähigkeitsprinzip stehen müssten.[134] Daraus schließt das Bundesverfassungsgericht, dass Typisierungen nur eine kleine Zahl von Personen und diese nur geringfügig benachteiligen dürften.[135] Auch dies ist schließlich nur mittels realitätsnaher Typisierungen zu erreichen, denn die vom Bundesverfassungsgericht gesetzten Grenzen können vom Gesetzgeber lediglich eingehalten werden, wenn die Typisierungen realitätsgerecht die Mehrzahl der Steuersachverhalte

134 S. bspw. BVerfG v. 20.12.1966 – 1 BvR 320/57, 1 BvR 70/63, BVerfGE 21, 12 (27 f.); BVerfG v. 07.05.2013 – 2 BvR 909/06, 2 BvR 1981/06, 2 BvR 288/07, BVerfGE 133, 377 (413); BVerfG v. 29.03.2017 – 2 BvL 6/11, BVerfGE 145, 106 (146).

135 Vgl. bspw. BVerfG v. 24.01.1962 – 1 BvR 845/58, BVerfGE 13, 331 (341); BVerfG v. 02.07.1969 – 1 BvR 669/64, BVerfGE 26, 265 (275 f.); BVerfG v. 22.06.1977 – 1 BvL 2/74, BVerfGE 45, 376 (390).

wirklichkeitsnah und somit ohne Benachteiligungen erfassen.[136] Damit ist zudem klar, dass die Realitätsgerechtigkeit keine (bloße) Sekundärableitung des Leistungsfähigkeitsprinzips ist, da zur Verwirklichung einer Besteuerung nach der individuellen finanziellen und wirtschaftlichen Leistungsfähigkeit der Steuerpflichtigen keine überzeugende Alternative zu einer realitätsgerechten Erfassung der Besteuerungstatbestände (durch Typisierungen) existiert[137] und die Realitätsgerechtigkeit somit keine Ableitung, sondern vielmehr elementarer Bestandteil des Leistungsfähigkeitsprinzips ist. Realitätsferne Gleichmacherei kann jedenfalls zu keiner leistungsfähigkeitsgerechten und verfassungsmäßigen Besteuerung führen.[138] Das Gebot der Realitätsgerechtigkeit ist demzufolge im Steuerrecht allgemein und im Besonderen in Bezug auf die steuerrechtlichen Typisierungen eine bedeutende Ausprägung des Leistungsfähigkeitsprinzips.[139]

II. Folgerichtigkeitsprinzip und Realitätsgerechtigkeit

In Bezug auf die steuerrechtlichen Typisierungen bedeutet das Folgerichtigkeitsprinzip außerdem, dass diese die zugrundeliegenden Sachverhalte dem Leistungsfähigkeitsprinzip entsprechend realitätsgerecht abbilden und die Realitätsgerechtigkeit insbesondere auch folgerichtig, das heißt konsequent durchdacht und gegebenenfalls in Relation zueinander widerspruchsfrei, bis zur tatsächlichen Belastungswirkung umsetzen müssen.[140] Somit sind steuerrechtliche Typisierungen insbesondere folgerichtig realitätsgerecht auszugestalten, wenn erstens andere Werte der Bemessungsgrundlage steuerlicher Belastungen, die auch durch die steuerrechtlichen Typisierungen beeinflusst wird, (ebenfalls) realitätsgerecht ermittelt werden oder zweitens die tatsächliche steuerliche Belastung im Rahmen des Steuerverfahrens einer dem Leistungsfähigkeitsprinzip

136 Vgl. auch *Englisch*, Wettbewerbsgleichheit im grenzüberschreitenden Handel, 2008, S. 169.

137 Zu den Begriffen der „Primärableitung" als gesetzgeberischer Grundlagenentscheidung und der „Sekundärableitungen" als Detailregelungen zu der Primärableitung s. *Birk*, Das Leistungsfähigkeitsprinzip als Maßstab der Steuernormen, 1983, S. 52 ff., 261; s. ergänzend auch *Bowitz*, Das objektive Nettoprinzip als Rechtfertigungsmaßstab im Einkommensteuerrecht, 2016, S. 78.

138 Vgl. *Strahl*, BB 1997, 341 (343).

139 Vgl. *Jarzyk-Dehne*, Pauschalierungen im Steuerrecht, 2003, S. 154 ff.

140 Vgl. bspw. BVerfG v. 22.06.1995 – 2 BvR 552/91, BVerfGE 93, 165 (167); vgl. auch BFH v. 22.05.2002 – II R 61/99, BStBl. II 2002, 598 (606). Eine solche Widerspruchsfreiheit erkennen selbst Kritiker des Folgerichtigkeitsgebots an, vgl. bspw. *Machado*, Verhältnismäßigkeitsprinzip vs. Willkürverbot, 2015, S. 145 ff.

entsprechenden Besteuerung gerade durch die Typisierungen beeinflusst wird.[141] Das Gebot der Folgerichtigkeit dehnt die Bedeutung der Realitätsgerechtigkeit zudem konsequent auf die typisierenden Sozialzwecknormen des Steuerrechts aus, da deren vom Gesetzgeber angestrebte Sozialzwecke zielgenau nur mittels realitätsgerechter Typisierung erreicht werden können.[142] Soweit die Realitätsferne vom Gesetzgeber nämlich nicht aus Sozialzweckgründen beabsichtigt ist,[143] stimmen bei einer realitätsfremden Typisierung schließlich der gesetzgeberische Wille und die tatsächliche Regelung nicht überein. Nur mit realitätsgerechten Typisierungen lassen sich strukturell angelegte systemwidrige und willkürliche Belastungen, die verfassungsrechtlich nicht zu rechtfertigen wären,[144] vermeiden.

III. Zusammenfassende Stellungnahme

Im Ergebnis ist damit festzuhalten, dass der eingangs wiedergegebenen Konstatierung des Bundesverfassungsgerichts zuzustimmen ist, wonach eine Typisierung nur verfassungsgemäß sein kann, wenn sie sich realitätsgerecht am typischen Fall orientiert und kein atypischer Fall als Leitbild gewählt wurde.[145] Realitätsfremde Gesetze missachten die rechtspolitische Zielsetzung des Gesetzgebers und es bedarf eines realitätsgerechten Typisierungsansatzes, der auf der sachgerechten Erfassung der Wirklichkeit beruht.[146] Gelingt es dem Gesetzgeber

---

141 Vgl. hierzu auch *Kirchhof*, AöR 128, 1 (44).

142 S. zu diesem Ergebnis auch BVerfG v. 07.11.2006 – 1 BvL 10/02, BVerfGE 117, 1 (34 f.).

143 Vgl. BVerfG v. 17.07.1974 – 1 BvR 51/69 u. a., BVerfGE 38, 61 (80 f.); BVerfG v. 22.06.1995 – 2 BvL 37/91, BVerfGE 93, 121 (147).

144 Vgl. bspw. *Robbers*, DÖV 1988, 749 (755).

145 Ständige Rechtsprechung des BVerfG, vgl. bspw. BVerfG v. 07.10.1969 – 2 BvR 555/67, BVerfGE 27, 142 (150); BVerfG v. 15.01.2008 – 1 BvL 2/04, BVerfGE 120, 1 (30); BVerfG v. 04.02.2009 – 1 BvL 8/05, BVerfGE 123, 1 (19); BVerfG v. 12.10.2010 – 1 BvL 12/07, BVerfGE 127, 224 (246); BVerfG v. 04.07.2012 – 2 BvC 1/11, 2 BvC 2/11, BVerfGE 132, 39 (49); vgl. ergänzend auch BFH v. 25.04.2018 – IX B 21/18, BStBl. II 2018, 415 (416); *Rupp*, in: FS Bundesverfassungsgericht. Band 2, 1976, S. 364 (378); *Kirchhof*, AöR 128, 1 (43); *Gersch*, in: Klein, AO, 2018, § 3 Rn. 14 f.; *Hey*, FR 2016, 485 (488); *Nußberger*, in: Sachs, GG, 2018, Art. 3 Rn. 108. Besonders streng bzgl. des Existenzminimums s. BVerfG v. 25.09.1992 – 2 BvL 5/91, 2 BvL 8/91, 2 BvL 14/91, BVerfGE 87, 153 (172).

146 Vgl. BVerfG v. 07.12.1999 – 2 BvR 301/98, BVerfGE 101, 297 (311); BVerfG v. 11.01.2005 – 2 BvR 167/02, BVerfGE 112, 164 (181); vgl. auch *Berkemann*, EuGRZ 1985, 137 (137).

nämlich nicht, die Typisierung dem empirischen Idealtypus entsprechend zu wählen, umfasst die Typisierung in Abhängigkeit von deren Realitätsferne mehr oder weniger Sachverhalte, für die die typisierte Rechtsfolge vom Gesetzgeber nicht vorgesehen sind.[147]

Weiter können realitätsferne Typisierungen zu leistungsfähigkeits- und folgewidrigen (steuerlichen) Belastungen führen.[148] Die Realitätsgerechtigkeit ist im Hinblick auf steuerrechtliche Typisierungen nämlich elementare Grundvoraussetzung der beiden Prinzipien, sodass von einem fortwährenden „Gebot[...] realitätsgerechter Typisierung" gesprochen werden kann[149], das insbesondere immer dann Anwendung findet, wenn andere Werte der gleichen steuerlichen Bemessungsgrundlage (ebenfalls) realitätsgerecht ermittelt werden oder die tatsächlich leistungsfähigkeitsgerecht ausgestaltete Belastung des Steuerpflichtigen im formellen oder materiellen Steuerrecht durch die Typisierung beeinflusst wird, da nur so Besteuerungsgleichheit im tatsächlichen Belastungserfolg erzielt werden kann.

Die Belastungsbeispiele im Zusammenhang mit dem Leistungsfähigkeitsprinzip haben aber auch gezeigt, dass das Gebot der Realitätsgerechtigkeit hinsichtlich der steuerrechtlichen Typisierungen nicht lediglich in Relation zu anderen realitätsgerecht bestimmten Werten von Bedeutung ist, sondern infolge der ansonsten ungleichen Belastungswirkungen vielmehr eine absolute Orientierung am typischen Regelfall, der das tatsächliche Gesamtbild wiedergibt, vorschreibt.

---

147 Vgl. *Eckhoff*, Rechtsanwendungsgleichheit im Steuerrecht, 1999, S. 87.

148 Daneben wird die Realitätsgerechtigkeit teilweise auf das Rechtsstaatsprinzip aus Art. 2 Abs. 1 GG und Art. 20 Abs. 3 GG gestützt, vgl. BVerfG v. 03.09.2009 – 1 BvR 2539/07, BFH/NV 2009, 2115 (2118); BFH v. 09.11.2017 – III R 10/16, BStBl. II 2018, 255 (257); vgl. auch Wissenschaftliche Dienste des Deutschen Bundestages, Die Verzinsung von Steuernachzahlungen und Steuererstattungen, WD 4 - 3000 - 011/17, 2017, S. 6 und 8 f., abrufbar unter https://www.bundestag.de/blob/499130/2f7dad-4f7aace8cb317946e2f5e1c3e4/wd-4-011-17-pdf-data.pdf (abgerufen am 02.10.2019). S. auch BFH v. 25.04.2018 – IX B 21/18, BStBl. II 2018, 415 (416), der die Realitätsgerechtigkeit sowohl nach Art. 3 Abs. 1 GG als auch Art. 20 Abs. 3 GG prüft.

149 *Hennigfeld*, DB 2018, 156 (157).

Kapitel 3: Das Gebot der Realitätsgerechtigkeit

Das gleichheitsrechtliche Gebot der Realitätsgerechtigkeit und die folgerichtige Besteuerung nach der wirtschaftlichen Leistungsfähigkeit sind nach den voranstehenden Erläuterungen zusammen zu betrachten. Typisierungen können demzufolge mit dem Gleichheitssatz nur vereinbar sein, solange die wirklichen Werte und die typisierten Werte nicht im Sinne der Steuergerechtigkeit unerträglich auseinanderklaffen.[150] Die Typisierungen müssen sich „in einem der wirtschaftlichen Realität angemessenen Rahmen" halten.[151]

Um das Gebot der Realitätsgerechtigkeit als verfassungsrechtlichen Maßstab zu konkretisieren, ist im Folgenden darauf einzugehen, wie der realitätsgerecht zu typisierende Regelfall zu bestimmen und welche Grenzen bei der realitätsgerechten Ausgestaltung der Typisierungen zu beachten sind.

A Bestimmung des realitätsgerecht zu typisierenden Regelfalls

Die Beurteilung der Realitätsgerechtigkeit einer Typisierung setzt voraus, dass zunächst der der Typisierung zugrundeliegende Regelfall oder das vom Gesetzgeber gewählte Leitbild ermittelt wird, um anschließend dessen realitätsgerechte Abbildung der Wirklichkeit durch die Typisierung beurteilen zu können.[152] Soweit der (objektivierte) Wille des Gesetzgebers, der dem Willen des Gesetzes gleichzusetzen ist,[153] weder aus der Präambel noch dem Gesetzestitel deutlich

150 Vgl. BVerfG v. 10.02.1976 – 1 BvL 8/73, BVerfGE 41, 269 (280, 283); BVerfG v. 11.10.1983 – 1 BvL 73/78, BVerfGE 65, 160 (170); vgl. auch *Balke*, Einheitswert oder Verkehrswert für Grundbesitz im Erbschaftsteuer- und Schenkungsteuerrecht, 1984, S. 93.

151 BVerfG v. 28.11.1984 – 1 BvR 1157/82, BVerfGE 68, 287 (308).

152 Hinsichtlich dieser Kontextbezogenheit s. *Drüen*, FR 2014, 218 (225); *Hey*, FR 2016, 485 (489).

153 Vgl. BVerfG v. 17.05.1960 – 2 BvL 11/59, 2 BvL 11/60, BVerfGE 11, 126 (130 f.); BVerfG v. 09.11.1988 – 1 BvR 243/86, BVerfGE 79, 106 (121); BVerfG v. 16.08.2001 – 1 BvL 6/01, NVwZ-RR 2002, 117 (118); vgl. auch BVerfG v. 27.07.2004 – 2 BvF 2/02, BVerfGE 111, 226 (284). Den Willen des Gesetzgebers nur subsidiär heranziehend s. noch BVerfG v. 21.05.1952 – 2 BvH 2/52, BVerfGE 1, 299 (312); vgl. hierzu auch *Kanzler*, FR 2007, 525 (528 f.).

wird,[154] ist dieser nach der allgemeinen Methodenlehre zu ermitteln.[155] Bei Typisierungen ist einerseits zwar regelmäßig einfach zu bestimmen, was der Gesetzgeber (objektiv) geregelt hat. Dies gilt jedenfalls in Bezug auf die steuerrechtlichen Typisierungen, da hier zumeist eine bestimmte Typisierungshöhe vom Wortlaut her eindeutig festgeschrieben wird. Andererseits ist vor allem der Regelfall objektiv nur schwer zu ermitteln, da bei einer Typisierung zumeist nicht zu bestimmen ist, an welches Leitbild der Gesetzgeber bei der Normierung einer Typisierungshöhe gedacht hat.

Folglich ist zu eruieren, welche verfassungsrechtlichen Anforderungen an den Regelfall zu stellen sind, ob die Typisierung vom Gesetzgeber zu begründen ist und ob auch Typisierungen ohne feststellbaren Regelfall verfassungsgemäß sein können.

I. Attribute des Regelfalls

Ungeachtet des Gestaltungs- und Erstinterpretationsspielraums[156] des Gesetzgebers sind aufgrund der Realitätsgerechtigkeit an den gewählten Regelfall bestimmte Anforderungen zu stellen. Die Typisierungen müssen an einen Regelfall anknüpfen, der jeweils in Beziehung zu den typisierend zu regelnden Sachverhalten steht[157] und diese aufgrund einer möglichst weiten „alle betroffenen Gruppen und Regelungsgegenstände"[158] miteinschließenden Beobachtung wiedergibt.[159] Ein Regelfall darf nur eine verhältnismäßig kleine Anzahl von Sachverhalten aus Vereinfachungszwecken auslassen.[160] Der realitätsgerechte

---

154 Vgl. BVerfG v. 19.03.1975 – 1 BvL 20/73, 1 BvL 21/73, 1 BvL 23/73, 1 BvL 24/73, BVerfGE 39, 210 (227 ff.). S. als Bsp. die Präambel im Gesetz über den Tag der Deutschen Einheit v. 04.08.1953, BGBl. I 1953, 778 (778).

155 Zu den Auslegungsmethoden s. bspw. BVerfG v. 17.05.1960 – 2 BvL 11/59, 2 BvL 11/60, BVerfGE 11, 126 (130 f.); *Larenz/Canaris*, Methodenlehre der Rechtswissenschaft, 1995, S. 141 ff.

156 Vgl. *Kirchhof*, Die Bestimmtheit und Offenheit der Rechtssprache, 1987, S. 8; *Schober*, Verfassungsrechtliche Restriktionen für den vereinfachenden Einkommensteuergesetzgeber, 2009, S. 143, 145 f.

157 Vgl. BVerfG v. 09.12.2008 – 2 BvL 1/07, 2 BvL 2/07, 2 BvL 1/08, 2 BvL 2/08, BVerfGE 122, 210 (240 f.).

158 BVerfG v. 10.04.1997 – 2 BvL 77/92, BVerfGE 96, 1 (6); BVerfG v. 09.12.2008 – 2 BvL 1/07, 2 BvL 2/07, 2 BvL 1/08, 2 BvL 2/08, BVerfGE 122, 210 (232); BVerfG v. 06.07.2010 – 2 BvL 13/09, BVerfGE 126, 268 (279).

159 Vgl. hierzu auch BVerfG v. 12.10.2010 – 1 BvL 12/07, BVerfGE 127, 224 (260 f.).

160 Vgl. allgemein zu den Typisierungen bspw. BVerfG v. 24.01.1962 – 1 BvR 845/58, BVerfGE 13, 331 (341); BVerfG v. 02.07.1969 – 1 BvR 669/64, BVerfGE 26, 265 (275 f.);

Regelfall ist als ein die zu regelnden Sachverhalte kontextbezogen und wirklichkeitsnah wiedergebendes Gesamtbild zu verstehen, sodass realitätsferne Fälle nicht als Leitbild für den Regelfall ausgewählt werden dürfen.[161] Dazu ist eine Gesamtbetrachtung aller „Realitäten" erforderlich,[162] worunter gerade auch die ökonomischen Realitäten fallen, da steuerrechtliche Typisierungen Sachverhalte verallgemeinern und zusammenfassen, die regelmäßig im wirtschaftlichen Bereich verwirklicht werden.[163] Die Realität ist des Weiteren in ihrem Normalzustand zu erfassen und Ausnahmezustände sind auszublenden.[164] Vor allem „individuell gestaltbare Besonderheiten" können unberücksichtigt bleiben.[165] Solange es sich aber um keine Einzelfälle handelt, sind diese bei der Bestimmung des Regelfalls zu berücksichtigen.[166] Dass zwangsläufig auch die atypischen Fälle typisiert werden, ändert nichts daran, dass der typische Regelfall den Ausgangspunkt und die Grundlage der Typisierung bilden muss.

Allerdings muss der Gesetzgeber weder allen Besonderheiten durch einzelne Sonderregelungen gerecht werden noch jeden hypothetischen Fall berücksichtigen.[167] Insbesondere konstruierte (gewillkürte) Fälle, die wirtschaftlich offensichtlich unsinnig sind, bezüglich der steuerlichen Folgen nachteilig gestaltet oder in denen steuerliche Nachteile aus anderen Gründen absichtlich in Kauf genommen wurden, sind nicht zur Bestimmung des Regelfalls und damit der

---

BVerfG v. 22.03.2000 – 1 BvR 1136/96, NJW 2000, 3341 (3342); BVerfG v. 25.02.2004 – 1 BvR 1564/94, NVwZ 2004, 1109 (1110); vgl. auch *Kirchhof*, Stbg 1995, 68 (69).

161 Vgl. BVerfG v. 07.10.1969 – 2 BvR 555/67, BVerfGE 27, 142 (150); BVerfG v. 16.03.2005 – 2 BvL 7/00, BVerfGE 112, 268 (280 f.); BVerfG v. 07.11.2006 – 1 BvL 10/02, BVerfGE 117, 1 (31); BVerfG v. 12.10.2010 – 1 BvL 12/07, BVerfGE 127, 224 (246, 257); vgl. auch BFH v. 25.04.2018 – IX B 21/18, BStBl. II 2018, 415 (416); *Seer*, StuW 1996, 323 (329 f.).

162 Zur Gesamtbetrachtung bei der Umsatzsteuer s. BVerfG v. 20.12.1966 – 1 BvR 320/57, 1 BvR 70/63, BVerfGE 21, 12 (30 f.).

163 Vgl. *Strahl*, Die typisierende Betrachtungsweise im Steuerrecht, 1996, S. 259, 262.

164 Vgl. *Kirchhof*, in: Kirchhof/Seer, EStG, 2019, Einleitung Rn. 33 f.; *Jochum*, DStZ 2010, 309 (310).

165 BVerfG v. 07.12.1999 – 2 BvR 301/98, BVerfGE 101, 297 (311).

166 Vgl. BFH v. 21.09.2005 – X R 40/02, BFH/NV 2006, 512 (515).

167 Vgl. BVerfG v. 31.05.1990 – 2 BvL 12/88, 2 BvL 13/88, 2 BvR 1436/87, BVerfGE 82, 159 (185 f.); BVerfG v. 10.04.1997 – 2 BvL 77/92, BVerfGE 96, 1 (6); BVerfG v. 12.10.2010 – 1 BvL 12/07, BVerfGE 127, 224 (257).

Realitätsgerechtigkeit heranzuziehen.[168] Gleiches gilt für Fälle, in denen der Steuerpflichtige (durchschnittliche) wirtschaftliche Potentiale zu nutzen versäumt.[169] Ein sozialtypisches Verhalten des Steuerpflichtigen muss im Rahmen der Typisierung für die Bewertung der Realitätsnähe und der Bestimmung des Regelfalls unterstellt werden.[170] Eine Differenzierung zwischen deskriptiven und normativen Typisierungen, wonach erstere empirisch und letztere wertend ausgefüllt werden, ist nicht erforderlich, da auch wertende Typisierungen deskriptive Elemente enthalten, indem sie an die empirische Realität anknüpfen, um die Wertungen überhaupt umsetzen zu können.[171]

1. Rückgriff auf empirische Daten

Auf die Erkenntnisse aus der Herleitung des Gebots der Realitätsgerechtigkeit zurückgreifend[172] ist zu konstatieren, dass sich gesetzliche Typisierungen – anders als Fiktionen, die auch als „gesetzliche Lügen" bezeichnet werden[173] – an den tatsächlichen Sachverhalten orientieren müssen und zur Vereinfachung typische Sachverhalte zugrunde legen, die nicht offensichtlich realitätsfern sein dürfen, da diese ansonsten wiederum bloße Fiktionen wären.[174] Nur so wird das „Seiende" statt des „Seinsollenden" erfasst.[175] Ein gewählter Regelfall ist als solcher mithin nur geeignet, wenn er die zu regelnden Sachverhalte basierend auf den dem Gesetzgeber zur Verfügung stehenden Daten und Erfahrungen in vertretbarer und plausibler Weise objektiv zutreffend als Gesamtbild wiedergibt.[176] Wählt der Gesetzgeber objektiv betrachtet hingegen einen atypischen Sachverhalt als Regelfall einer Typisierung, so kann die Typisierung bereits dem Grunde nach nicht realitätsgerecht sein, da sie im besten Fall nur geeignet ist, die atypischen und nicht die typischen Sachverhalte der Wirklichkeit entsprechend abzubilden.

---

168 Vgl. dazu BVerfG v. 07.10.1969 – 2 BvL 3/66, 2 BvR 701/64, BVerfGE 27, 111 (131); BVerfG v. 10.04.1997 – 2 BvL 77/92, BVerfGE 96, 1 (9); BVerfG v. 07.12.1999 – 2 BvR 301/98, BVerfGE 101, 297 (310).

169 Vgl. BVerfG v. 03.09.2009 – 1 BvR 2539/07, BFH/NV 2009, 2115 (2117).

170 Vgl. *Kirchhof*, in: VVDStRL 39, 1981, S. 213 (265).

171 Vgl. *Jachmann*, Die Fiktion im öffentlichen Recht, 1998, S. 664.

172 S. oben Seite 45 ff.

173 Vgl. *Jarzyk-Dehne*, Pauschalierungen im Steuerrecht, 2003, S. 148 Fn. 488.

174 Vgl. *Jachmann*, Die Fiktion im öffentlichen Recht, 1998, S. 225.

175 Vgl. dazu allgemein *Jellinek*, Allgemeine Staatslehre, 1966, S. 34 f., 36 f.

176 Vgl. BVerfG v. 16.03.2005 – 2 BvL 7/00, BVerfGE 112, 268 (280); BVerfG v. 12.10.2010 – 1 BvL 12/07, BVerfGE 127, 224 (257); vgl. auch BFH v. 20.04.2011 – I R 80/10, BFH/NV 2011, 1654 (1655).

Typisierungen müssen daher richtigerweise an die wirtschaftliche Realität anknüpfen[177] und sich „in einem der wirtschaftlichen Realität angemessenen Rahmen" halten.[178] Bestimmt der Gesetzgeber einen Regelfall muss er sich folglich – zur Beurteilung der Realität – grundsätzlich an empirischen Daten orientieren, da die Typisierungsregelung regelmäßig nur so die wirtschaftliche Realität im Gesamten abbilden kann.[179] Zusätzlich ist der Regelfall als Konsequenz des Gebots der Folgerichtigkeit auch anhand der zur Verfügung stehenden empirischen Daten anderer gesetzlicher Regelungen, die auf vergleichbaren Vorstellungen des Gesetzgebers basieren, unter anderem im Sozialrecht, zu identifizieren.[180]

Somit ist auf vorhandene Daten, die eine Identifikation des typischen Regelfalls ermöglichen, zurückzugreifen.[181] Dies erfordert eine kontextbezogene und möglichst vollständige Auswahl der zur Verfügung stehenden und zu erhebenden Daten, weshalb beispielsweise im Falle der Zinssatztypisierungen der

---

177 Vgl. BVerfG v. 03.11.1982 – 1 BvR 620/78, 1 BvR 1335/78, 1 BvR 1104/79, 1 BvR 363/80, BVerfGE 61, 319 (346).

178 BVerfG v. 28.11.1984 – 1 BvR 1157/82, BVerfGE 68, 287 (310); zur Ablehnung realitätsfremder Typisierungen s. bspw. BVerfG v. 22.02.1984 – 1 BvL 10/80, BVerfGE 66, 214 (223); BVerfG v. 17.10.1984 – 1 BvR 527/80, 1 BvR 528/81, 1 BvR 441/82, BVerfGE 68, 143 (153); BVerfG v. 29.05.1990 – 1 BvL 20/84, 1 BvL 26/84, 1 BvL 4/86, BVerfGE 82, 60 (88); BVerfG v. 26.01.1994 – 1 BvL 12/86, BVerfGE 89, 346 (353).

179 Vgl. bspw. BVerfG v. 08.06.1993 – 1 BvL 20/85, BVerfGE 89, 15 (26); BVerfG v. 22.06.1995 – 2 BvL 37/91, BVerfGE 93, 121 (143); BVerfG v. 22.06.1995 – 2 BvR 552/91, BVerfGE 93, 165 (176 f.); BVerfG v. 06.03.2002 – 2 BvL 17/99, BVerfGE 105, 73 (117 ff.); BVerfG v. 09.12.2008 – 2 BvL 1/07, 2 BvL 2/07, 2 BvL 1/08, 2 BvL 2/08, BVerfGE 122, 210 (240); BVerfG v. 12.10.2010 – 1 BvL 12/07, BVerfGE 127, 224 (258 f.); BVerfG v. 04.07.2012 – 2 BvC 1/11, 2 BvC 2/11, BVerfGE 132, 39 (57); BVerfG v. 23.06.2015 – 1 BvL 13/11, 1 BvL 14/11, BVerfGE 139, 285 (310 f.); BVerfG v. 10.04.2018 – 1 BvL 11/14 u. a., BVerfGE 148, 147 (193 ff.); vgl. auch BFH v. 25.04.2018 – IX B 21/18, BStBl. II 2018, 415 (416); FG Köln v. 12.10.2017 – 10 K 977/17, EFG 2018, 287 (291); *Eckhoff*, Rechtsanwendungsgleichheit im Steuerrecht, 1999, S. 93; *Müller*, FR 2011, 309 (315 f.); *Hey*, in: IFSt-Schrift 511, 2016, S. 61 (69, 106). S. auch BVerfG v. 29.05.1990 – 1 BvL 20/84, 1 BvL 26/84, 1 BvL 4/86, BVerfGE 82, 60 (93 f.), wonach neben statistisch ermittelten Richtsätzen zur Bestimmung des Existenzminimums von Kindern auch normativ festgelegte Regelleistungen anzuerkennen seien. S. dementsprechend auch in den Gesetzgebungsmaterialien BT-Drs. 4/1488, S. 31; BT-Drs. 16/7918, S. 40 f., 44 f.

180 Vgl. BVerfG v. 26.01.1994 – 1 BvL 12/86, BVerfGE 89, 346 (355 ff.).

181 Vgl. *Hey*, in: IFSt-Schrift 511, 2016, S. 61 (69); s. zustimmend FG Köln v. 12.10.2017 – 10 K 977/17, EFG 2018, 287 (291).

Beobachtungszeitraum oder verschiedene Risikogruppen bei der Bestimmung des Regelfalls dem Leitbild entsprechend zu wählen sind.[182] Diese Kontextbezogenheit verdeutlicht die von der jeweiligen Typisierungsnorm abhängige unterschiedliche Bestimmung des Regelfalls. Die Datenauswahl ist zudem aufzubereiten, sodass die ermittelten empirischen Referenzwerte gegebenenfalls um Sonderfaktoren zu bereinigen sind, um eine realitätsgerechte Datengrundlage zu erhalten.[183] Allgemein ist darauf zu achten, dass die Daten richtig sind[184] und die Realität vollumfänglich widerspiegeln, das heißt, die Datengrundlage nicht zu gering oder zu eingeschränkt gewählt wird.[185] Ein Anknüpfen an eine empirische Datenbasis ist demzufolge auch abzulehnen, wenn bereits aus der Systematik der Typisierungsnorm(en) erkennbar wird, dass diese Daten eine große Spannbreite von Werten ergeben, die nicht alle realitätsnah sein können.[186] Entsprechendes gilt, wenn tatsächliche auf Pflichtwidrigkeiten beruhende Missstände existieren, zum Beispiel weil allgemein dem gesetzlichen Leitbild zuwidergehandelt wird.[187] Dann bilden die Daten zwar die Realität ab, statt die Pflichtwidrigkeiten jedoch zu akzeptieren und der Typisierung zugrunde zu legen, ist diesen mittels geeigneter Maßnahmen entgegenzuwirken. Der Regelfall sollte schließlich (auch) auf der Annahme sozialtypischen und gesetzestreuen Verhaltens der Steuerpflichtigen aufbauen.[188]

Voraussetzung für die Realitätsgerechtigkeit kann zwar kein individueller Wirklichkeitsmaßstab sein, da dies dem Vereinfachungszweck der Typisierung widerspricht und Typisierungen von vornherein praktisch ausschließen würde.[189] Der Typisierung ist aber zumindest ein empirisch fundierter Ersatz- oder Wahrscheinlichkeitsmaßstab zu Grunde zu legen, der die wirtschaftliche

---

182 Vgl. *Hey*, FR 2016, 485 (489, 491); vgl. auch *Seer/Klemke*, IFSt-Schrift 490, 2013, S. 50 ff.; vgl. zudem allgemein *Schwerdtfeger*, in: FS Ipsen, 1977, S. 173 (179 f.); *Gusy*, ZRP 1985, 291 (292 ff.).

183 Vgl. BFH v. 25.04.2018 – IX B 21/18, BStBl. II 2018, 415 (416 f.); *Schwerdtfeger*, in: FS Ipsen, 1977, S. 173 (173).

184 Vgl. *Schwerdtfeger*, in: FS Ipsen, 1977, S. 173 (181 f.).

185 Vgl. BVerfG v. 08.02.1983 – 1 BvL 28/79, BVerfGE 63, 119 (130 f.); vgl. auch BVerwG v. 12.12.2011 – 2 B 39/11, juris Rn. 4.

186 Vgl. BVerfG v. 07.11.2006 – 1 BvL 10/02, BVerfGE 117, 1 (40 f.).

187 Vgl. VGH Bayern v. 05.09.2003 – 3 B 02.2263, 3 B 02.2264, 3 B 02.2265, 3 B 02.2266, DGVZ 2003, 170 (171 f.); a. A. VGH Baden-Württemberg v. 14.12.1995 – 4 S 93/93, DGVZ 1996, 151 (155 f.).

188 Vgl. *Kirchhof*, in: VVDStRL 39, 1981, S. 213 (265).

189 Vgl. BVerfG v. 06.12.1983 – 2 BvR 1275/79, BVerfGE 65, 325 (354 f.).

Realität widerspiegelt und der die typisierten Sachverhalte jedenfalls wahrscheinlich macht.[190] Die Typisierung darf sich dabei nicht auf eine Würdigung von Sachverhalten stützen, die der Lebenserfahrung geradezu widerspricht.[191] Ausgangspunkt der Realitätsgerechtigkeitsbewertung einer Typisierung ist daher dem Grundsatz nach der (empirisch am wahrscheinlichsten) typische sowie realitätsgerechte Regelfall.[192]

Zuletzt basieren Typisierungen und deren Regelfälle bezüglich der typischen Leitbilder zwar immer auf legislativen Prognosen, die auf der grundsätzlichen „Einschätzungsprärogative des Gesetzgebers" aufbauen.[193] Wenn auf die heranziehbaren (empirischen) Daten nicht zurückgegriffen wurde, um die Prognosen zu erstellen, fehlt es jedoch gegebenenfalls an deren Plausibilität und sie können wegen der dann bestehenden Willkür nicht mehr mit der Einschätzungsprärogative des Gesetzgebers gerechtfertigt werden, da es ohne Datennutzung sowohl an einer gesetzgeberischen Einschätzung als auch an der Nutzung des regelmäßigen informationellen Vorsprungs des Gesetzgebers gegenüber den Gerichten mangelt.[194]

Aus dem Rückgriff auf Daten beziehungsweise der Heranziehungspflicht ergibt sich gleichwohl keine verfassungsrechtliche Kontrolle des Verfahrens, sondern (lediglich) eine Kontrolle des objektivierten Ergebnisses.[195] Das

---

190 Vgl. BVerfG v. 04.02.2009 – 1 BvL 8/05, BVerfGE 123, 1 (21); s. dahingehend auch BVerfG v. 23.06.2004 – 1 BvL 3/98, 1 BvL 9/02, 1 BvL 2/03, BVerfGE 111, 115 (140 ff.); *Jarzyk-Dehne*, Pauschalierungen im Steuerrecht, 2003, S. 155. Zu gesetzlich normierten Ersatzmaßstäben s. auch die Normen § 10 Abs. 6 Satz 4 UStG oder § 12 GrEStG.

191 Vgl. BVerfG v. 20.04.2004 – 1 BvR 1748/99, 1 BvR 905/00, BVerfGE 110, 274 (293); BVerfG v. 07.11.2006 – 1 BvL 10/02, BVerfGE 117, 1 (32, 53); BVerfG v. 17.12.2014 – 1 BvL 21/12, BVerfGE 138, 136 (190).

192 Ständige Rechtsprechung des BVerfG, vgl. bspw. BVerfG v. 07.10.1969 – 2 BvR 555/67, BVerfGE 27, 142 (150); BVerfG v. 22.02.1984 – 1 BvL 10/80, BVerfGE 66, 214 (223); BVerfG v. 03.09.2009 – 1 BvR 2539/07, BFH/NV 2009, 2115 (2117); BVerfG v. 04.07.2012 – 2 BvC 1/11, 2 BvC 2/11, BVerfGE 132, 39 (49); BVerfG v. 07.05.2013 – 2 BvR 909/06, 2 BvR 1981/06, 2 BvR 288/07, BVerfGE 133, 377 (412).

193 Vgl. *Breuer*, Der Staat 1977, 21 (39 f.). Zur „Einschätzungsprärogative des Gesetzgebers" s. bspw. BVerfG v. 22.11.2016 – 1 BvL 6/14, 1 BvL 3/15, 1 BvL 4/15, 1 BvL 6/15, BVerfGE 143, 216 (245); *Schober*, Verfassungsrechtliche Restriktionen für den vereinfachenden Einkommensteuergesetzgeber, 2009, S. 189. Zu den Prognosen s. auch noch unten Seite 93 ff.

194 Vgl. *Breuer*, Der Staat 1977, 21 (40); *Mayer*, Die Nachbesserungspflicht des Gesetzgebers, 1996, S. 117.

195 Vgl. *Ossenbühl*, in: FS Bundesverfassungsgericht. Band 1, 1976, S. 458 (483); *Gusy*, ZRP 1985, 291 (292).

Grundgesetz schreibt eine „nachprüfbare Rationalität" des gesetzgeberischen Entscheidungsfindungsverfahrens dahingehend schließlich nicht vor.[196]

Zusammenfassend hat der objektiv typisierte Regelfall als Ergebnis der Gesetzgebung der empirisch feststellbaren Realität zu entsprechen und hierfür ist die Berücksichtigung empirischer Daten grundsätzlich Voraussetzung.

2. *Problem fehlender empirischer Daten*

Im Jahr 2010 hat das Bundesverfassungsgericht zu § 8b Abs. 3 und Abs. 5 KStG indessen entschieden, dass allein das Fehlen einer empirischen Grundlage nicht zwangsläufig zu einer Verfassungswidrigkeit führen müsse, solange der Gesetzgeber sich mit der Typisierung noch in einem „Vertretbarkeitsraum" befinde.[197] Vielmehr existiere demnach bereits kein empirisches Verständnis des Regelfalls, da die Bestimmung einer „Bandbreite vernünftiger Werte" als Grundlage einer Typisierung ausreichend sei.[198]

Allerdings bleibt bei dieser Rechtsprechung unklar, wie diese „Bandbreite vernünftiger Werte" bestimmt werden soll, ohne auf empirische Daten zurückzugreifen. Denn es ist nicht ersichtlich, wie festgestellt werden kann, welche Werte noch vernünftig sind, wenn die gesamte Bandbreite aller Werte nicht bekannt ist. Daher ist auch die Entscheidung des Bundesverfassungsgerichts nicht als Abkehr von der empirischen Betrachtung des Regelfalls zu sehen. Denn auch das Bundesverfassungsgericht führt verschiedene Quellen an, um zumindest nachzuweisen, dass die typisierten Sachverhalte nicht atypisch sind.[199] Stattdessen erteilt das Bundesverfassungsgericht lediglich der Vorstellung, dass der Regelfall zwingend ein einzelner empirisch ermittelter Durchschnittsfall/-wert ist, eine Absage.[200] In Bezug auf Sachverhalte, in denen der Regelfall zumindest nur unter Schwierigkeiten zu ermitteln ist, kann demnach die Bestimmung einer Bandbreite von Regelfällen statt eines einzelnen konkreten Regelfalls ausreichend sein.[201]

---

196 *Schlaich*, in: VVDStRL 39, 1981, S. 99 (109); *Gusy*, ZRP 1985, 291 (292).

197 Vgl. BVerfG v. 12.10.2010 – 1 BvL 12/07, BVerfGE 127, 224 (258 f.); vgl. zu Art. 2 Abs. 1 GG auch FG Baden-Württemberg v. 16.01.2018 – 2 V 3389/16, EFG 2018, 997 (1000). Zum Vertretbarkeitsraum s. *Hey*, in: IFSt-Schrift 511, 2016, S. 61 (69).

198 Vgl. BFH v. 20.04.2011 – I R 80/10, BFH/NV 2011, 1654 (1655), der auf BVerfG v. 12.10.2010 – 1 BvL 12/07, BVerfGE 127, 224 Bezug nimmt.

199 Vgl. BVerfG v. 12.10.2010 – 1 BvL 12/07, BVerfGE 127, 224 (258 ff.).

200 Vgl. BVerfG v. 12.10.2010 – 1 BvL 12/07, BVerfGE 127, 224 (260 f.).

201 Auch das Bestimmtheitsgebot schreibt nur hinreichende Bestimmtheit im Hinblick auf die Norm und nicht die Datengrundlage vor, vgl. *Mayer*, Die Nachbesserungspflicht

Existiert keine Datenbasis, könnten die Daten allerdings (vom Gesetzgeber) beschafft werden, ist deren Beschaffung oder sachgerechte Schätzung zur Bestimmung der Realität verpflichtend – gleiches gilt für die Aktualisierung veralteter Daten.[202] Hierzu ist gegebenenfalls auch fachlicher Sachverstand heranzuziehen.[203] Dies ergibt sich zum einen aus der (ex post) Normenkontrolle des Bundesverfassungsgerichts, das die Gesetzgebung zunächst zum Zeitpunkt der Entscheidung (ex ante) betrachtet und hierzu auch aus Nachweisgründen auf Daten abstellen muss, die zu diesem Zeitpunkt theoretisch verfügbar gewesen sein müssten.[204] Zum anderen führte die Bindung an die empirische Datengrundlage zur Bestimmung des Gesamtbildes und des zu typisierenden Regelfalls ansonsten ins Leere, wenn der Gesetzgeber die Daten weder ermitteln noch beschaffen müsste. Dies käme einer optionalen Abkehr von der bereits beschriebenen Orientierung an der wirtschaftlichen Realität gleich, da die wirtschaftliche Realität (und wie dargestellt auch die Bandbreite vernünftiger Werte) nur mittels aussagekräftiger Daten bestimmbar ist. Aus den gleichen Gründen sind auch nur begrenzt aussagekräftige Daten heranzuziehen, sofern sie zur Bestimmung des Gesamtbildes beitragen können.[205]

Gegebenenfalls können bei fehlenden empirischen Daten zum Regelfall aber auch Ersatz- und Wahrscheinlichkeitsmaßstäbe zum Einsatz kommen.[206] Allerdings sind auch die Ersatz- und Wahrscheinlichkeitsmaßstäbe wiederum anhand von Daten auf ihre Wirklichkeitsnähe sowie ihre Plausibilität hin zu überprüfen und (anderweitige) Daten sind vom Gesetzgeber insoweit heranzuziehen, als diese Unsicherheiten in Bezug auf die tatsächlichen zukünftigen Entwicklungen begrenzen können.[207] Zudem können solche Maßstäbe nur angewandt werden, solange technische oder wirtschaftliche Entwicklungen keine neuen Erkenntnismöglichkeiten geschaffen haben, die realitätsnähere Maßstäbe ermöglichen, da

---

des Gesetzgebers, 1996, S. 121. Zum Bestimmtheitsgebot s. umfassend unten Seite 124 ff.

202 Vgl. BVerfG v. 08.06.1993 – 1 BvL 20/85, BVerfGE 89, 15 (26); BVerfG v. 09.12.2008 – 2 BvL 1/07, 2 BvL 2/07, 2 BvL 1/08, 2 BvL 2/08, BVerfGE 122, 210 (241).

203 Vgl. *Gusy*, ZRP 1985, 291 (293).

204 Vgl. BVerfG v. 18.12.1968 – 1 BvL 5/64 u. a., BVerfGE 25, 1 (12 f.); BVerfG v. 19.03.1975 – 1 BvL 20/73, 1 BvL 21/73, 1 BvL 23/73, 1 BvL 24/73, BVerfGE 39, 210 (226); s. dahingehend auch *Gusy*, ZRP 1985, 291 (296).

205 Vgl. BVerfG v. 08.06.1993 – 1 BvL 20/85, BVerfGE 89, 15 (26).

206 Vgl. hierzu umfassend m. w. N. der älteren Rspr. BVerfG v. 04.02.2009 – 1 BvL 8/05, BVerfGE 123, 1 (21 ff.).

207 Vgl. BVerfG v. 04.07.2012 – 2 BvC 1/11, 2 BvC 2/11, BVerfGE 132, 39 (57).

ansonsten ein weiteres Anknüpfen an die realitätsferneren Maßstäbe nicht mehr gerechtfertigt sein kann. Damit verbunden ist insbesondere die Verpflichtung des Gesetzgebers, neue Entwicklungen zu berücksichtigen und gegebenenfalls sogar die Voraussetzungen für die Datenerhebung zu schaffen.[208]

Lässt sich mangels empirischer Daten überhaupt kein Regelfall (beziehungsweise auch keine Bandbreite von Regelfällen) bestimmen, kann die (willkürliche) Typisierung nicht einmal im Ansatz für alle typisierten Sachverhalte realitätsgerecht und damit verfassungsmäßig sein, sodass auf sie verzichtet werden muss.[209] Eine leistungsfähigkeitsgerechte Besteuerung wäre ansonsten reiner Zufall und mithin willkürlich.

3. Regelfall als mathematischer Durchschnittsfall

Abschließend ist noch fraglich, wie aus den zahlreichen empirischen Daten und Einzelwerten (mathematisch) ein Regelfall als statistische Maßzahl zu bilden ist. Dabei ist davon auszugehen, dass der Ermittlung des Regelfalls als mathematischem Durchschnittsfall eine metrische Skala (Kardinalskala) zugrunde liegt, das heißt, dass die Einzelwerte zugleich ausdrücken, wie weit sie voneinander entfernt liegen und nicht ordnungserhaltend durch andere Zahlenwerte ersetzt werden können (Ordinalskala).[210]

Die formelhaften Wendungen zur Realitätsgerechtigkeit definieren den Regelfall vielfach als Abbildung des typischen Falls, der in einem vernünftigen Verhältnis zum Durchschnittsfall stehen müsse,[211] oder wählen als Leitbildgrundlage eine sogenannte „Durchschnittsnormalität".[212] Beispielsweise auch das Finanzgericht Münster ermittelte im Jahr 2017 zur Bestimmung der Marktzinsen als realitätsgerechtem Regelfall der steuerverfahrensrechtlichen Zinssatztypisierungen in §§ 233a, 238 AO den rechnerischen Durchschnittsmittelwert sowohl der Darlehenszinssätze als auch der Anlagenzinssätze der Jahre 2012 und 2015.[213]

---

208 Vgl. BVerfG v. 04.02.2009 – 1 BvL 8/05, BVerfGE 123, 1 (27 f.).

209 Vgl. *Müller*, FR 2011, 309 (316); vgl. auch *Englisch*, StuW 2007, 221 (229).

210 Vgl. bspw. *Bamberg/Baur/Krapp*, Statistik, 2012, S. 7.

211 Vgl. *Jarzyk-Dehne*, Pauschalierungen im Steuerrecht, 2003, S. 154; *Müller*, FR 2011, 309 (315 f.); vgl. auch *Englisch*, StuW 2007, 221 (227 f.).

212 *Holdorf*, BB 2001, 2085 (2090); *Lang*, in: Tipke/Lang, Steuerrecht, 2010, § 4 Rn. 132; *Hey*, in: Tipke/Lang, Steuerrecht, 2018, § 3 Rn. 147.

213 Vgl. FG Münster v. 17.08.2017 – 10 K 2472/16 E, EFG 2017, 1638 (1640); a. A. FG Baden-Württemberg v. 16.01.2018 – 2 V 3389/16, EFG 2018, 997 (1000), das allerdings ebenfalls über mehrere Jahre hinweg verschiedene Durchschnittswerte als Vergleichsmaßstab zu den Aussetzungszinsen nach § 237 AO ermittelt.

Ob ein statistisch ermittelter Durchschnittsfall/-wert aber überhaupt den realitätsgerechten Vorgaben eines typischen Regelfalls entspricht beziehungsweise welcher Lageparameter, also ein die Daten in nur einer Zahl beschreibender statistischer Mittelwert,[214] den Regelfall am besten beschreibt, wurde bisher nicht (allgemeingültig) diskutiert.[215] Zwar ist davon auszugehen, dass steuerrechtliche Typisierungen mit einer Durchschnittswerte zugrunde legenden Durchschnittsbetrachtung der Realitätsgerechtigkeit entsprechen können.[216] Das Bundesverfassungsgericht benutzt den Durchschnittsbegriff allerdings eher selten und stellte im Jahr 1993 lediglich fest, dass der Gesetzgeber sich „nicht schematisch an arithmetischen Mittelwerten" orientieren müsse und „außergewöhnliche, auf enge Bereiche beschränkte Entwicklungen außer Betracht lassen" könne.[217] Dementsprechend hat das Bundesverfassungsgericht im Jahr 1999 auch ausgeführt, dass ein Mittelwert nicht immer ein wirklichkeitsnahes Abbild gebe, nämlich dann nicht, wenn der Mittelwert die wirkliche Verteilung nicht widerspiegele.[218] Schließlich sollen lediglich die atypischen Fälle von einer typischen Typisierung und nicht die typischen Fälle von einer atypischen Typisierung miterfasst werden.[219]

Auf die statistischen Probleme einer solchen Durchschnittsbetrachtung sowie die Lageparameter arithmetisches Mittel, Median und Modalwert ist daher summarisch einzugehen.[220]

---

214 Vgl. *Bamberg/Baur/Krapp*, Statistik, 2012, S. 15 f.

215 Diese Frage ausdrücklich offenlassend s. bspw. *Hey*, in: IFSt-Schrift 511, 2016, S. 61 (69 Fn. 74).

216 Vgl. *Jarzyk-Dehne*, Pauschalierungen im Steuerrecht, 2003, S. 155.

217 BVerfG v. 08.06.1993 – 1 BvL 20/85, BVerfGE 89, 15 (26); vgl. ansonsten bspw. noch BVerfG v. 29.05.1990 – 1 BvL 20/84, 1 BvL 26/84, 1 BvL 4/86, BVerfGE 82, 60 (passim); BVerfG v. 25.09.1992 – 2 BvL 5/91, 2 BvL 8/91, 2 BvL 14/91, BVerfGE 87, 153 (passim); BVerfG v. 09.02.2010 – 1 BvL 1/09, 1 BvL 3/09, 1 BvL 4/09, BVerfGE 125, 175 (253); BVerfG v. 13.04.2017 – 2 BvL 6/13, BVerfGE 145, 171 (193).

218 Vgl. BVerfG v. 28.04.1999 – 1 BvL 22/95, 1 BvL 34/95, BVerfGE 100, 59 (97).

219 Vgl. BVerfG v. 12.10.2010 – 1 BvL 12/07, BVerfGE 127, 224 (257); BVerfG v. 04.07.2012 – 2 BvC 1/11, 2 BvC 2/11, BVerfGE 132, 39 (49).

220 Im Folgenden ist von einer nicht aufbereiteten Datenbasis auszugehen, da die Erläuterungen lediglich die theoretischen Schwächen einzelner Lageparameter aufzeigen sollen. Dass eine Aufbereitung der Daten, wie zum Beispiel eine Exklusion von Ausreißerwerten, diese Schwächen in der Praxis (teilweise) ausgleichen kann, ist zutreffend, soll zur Verdeutlichung der Schwächen aber außer Acht bleiben.

a) Arithmetisches Mittel

Unter Durchschnittswerten wird zumeist das arithmetische Mittel verstanden, das als (nicht gewichteter) Durchschnitt aller Werte einer Zahlenreihe berechnet wird.[221] Arithmetische Mittelwerte, die durch (einzelne) extrem vom Zentrum der Verteilung abweichende Werte (sogenannte „Ausreißer") beeinflusst werden, können jedoch keinen Regelfall abbilden, wenn dieser nicht typisch ist, das heißt, den meisten Werten nicht entspricht oder auch nicht nahe kommt.[222] Betrachtet man beispielsweise die Zahlenreihe 1, 2, 3, 4, 5, 5, 6, 6, 8, 60 (Beispiel 1), so ist deren arithmetisches Mittel 10[223]. Der Ausreißerwert (60) führt in dieser Reihe dazu, dass außer dem Extremwert sämtliche Werte unter dem arithmetischen Mittel liegen, sodass dieser Mittelwert das Gesamtbild der typisierten Sachverhalte auch nur verzerrt wiedergeben kann.

b) Median

Geeigneter in Bezug auf die Mittelwertbetrachtung erscheint daher häufig der gegenüber diesen Ausreißerwerten robustere empirische Medianwert, der eine nach Größenwerten geordnete Zahlenreihe in zwei gleich große Hälften teilt, beziehungsweise an zentraler Stelle der Reihe steht.[224] Der Medianwert beträgt im genannten Zahlenbeispiel somit (im Vergleich zum arithmetischen Mittel in Höhe von 10) repräsentativere 5.[225] Nur so wird der atypische Fall von dem typisierten Regelfall miterfasst und weder der Regelfall auf einen untypisch hohen Wert gehoben noch die typischen Fälle von einem atypisch typisierten Regelfall umfasst. Allerdings errechnet sich für die beispielhafte Zahlenreihe 2, 3, 4, 5, 5, 6, 89, 95, 95, 96, 150 (Beispiel 2) ein Medianwert von 6 sowie ein – die Sachverhalte dieses Beispiels im Durchschnitt typischer wiedergebender – arithmetischer Mittelwert in Höhe von 50.[226] Der Median von 6 repräsentiert in diesem

221 Vgl. *Bamberg/Baur/Krapp*, Statistik, 2012, S. 17; s. auch Brockhaus-Enzyklopädie. Band 18, 2006, S. 592 (Stichwort „Mittelwert").

222 Vgl. allgemein *Bleymüller*, Statistik für Wirtschaftswissenschaftler, 2015, S. 20.

223 Berechnung: 1 + 2 + 3 + 4 + 5 + 5 + 6 + 6 + 8 + 60 = 100 und 100/10 = 10.

224 Vgl. *Bamberg/Baur/Krapp*, Statistik, 2012, S. 17. Zur Definition des empirischen Medians oder Zentralwerts s. bspw. Brockhaus-Enzyklopädie. Band 18, 2006, S. 107 (Stichwort „Median"); vgl. auch *Bleymüller*, Statistik für Wirtschaftswissenschaftler, 2015, S. 20 f.

225 Das arithmetische Mittel der beiden die Zahlenreihe in zwei Hälften teilenden Zahlen (5 und 5) ist: 5 + 5 = 10 und 10/2 = 5.

226 Berechnung: 2 + 3 + 4 + 5 + 5 + 6 + 89 + 95 + 95 + 96 + 150 = 550 und 550/11 = 50.

Beispiel zwar die größere Gruppe näher beieinanderliegender Werte (2, 3, 4, 5, 5, 6), den typischen Regelfall wird der Median hier jedoch vermutlich nicht abbilden, da die fast genauso große Zahlengruppe höherer Einzelwerte (89, 95, 95, 96, 150) beinahe vollständig ignoriert wird. Immer wenn die Sachverhalte dadurch geprägt sind, dass vor allem in der Mitte der nach Größe sortierten Sachverhaltswerte große Lücken zwischen den Einzelwerten liegen, bleibt die Zahlengruppe mit weniger Einzelwerten (im Beispiel 89, 95, 95, 96 und 150) bei der Berechnung des Medians, bis auf die Verschiebung des Medians in Richtung einer der Extremwerte der größeren Zahlengruppe (im Beispiel 2 ist dies die 6), unberücksichtigt. Besonders anschaulich wird dies an noch sprunghafteren Zahlenreihen wie zum Beispiel 5, 5, 5, 5, 500, 500, 500 (Beispiel 3) mit einem Medianwert von 5. Allerdings bleibt zu erwähnen, dass bei einer solchen bimodalen oder auch zweigipfligen Verteilung auch das arithmetische Mittel in Höhe von rund 217[227] die Realität nur sehr eingeschränkt wiedergeben kann.[228]

Somit ist der Median aufgrund seiner Robustheit gegenüber Ausreißerwerten zur Abbildung des Regelfalls regelmäßig geeigneter als das arithmetische Mittel, da er die zentrale Tendenz wiedergibt. Dies gilt insbesondere, je größer die für die Berechnung des Medians zur Verfügung stehende Datengrundlage ist, da solch sprunghafte Lücken wie im konstruierten zweiten oder dritten Beispiel mit zunehmender Anzahl von Einzelwerten unwahrscheinlicher wird. Gleichwohl ist das arithmetische Mittel gerade dann vorzugswürdig, wenn die Extremwerte nicht ignoriert, sondern in die Abbildung der Realität miteinfließen sollen.

c) Modalwert

Zuletzt sei noch der Modalwert als weiterer Lageparameter genannt. Ein Modalwert ist ein relativer Maximalwert einer Verteilung, genauer ein Wert, dessen Häufigkeit höher ist als die Häufigkeit der beiden benachbarten Werte einer Verteilung.[229] Eine Verteilung kann dementsprechend nach ihrer Modalwertanzahl als unimodal, bimodal oder multimodal bezeichnet werden.[230] Der Modus

227 Berechnung: 5 + 5 + 5 + 5 + 500 + 500 + 500 = 1.520 und 1.520/7 = 217,14.

228 Vgl. allgemein *Bleymüller*, Statistik für Wirtschaftswissenschaftler, 2015, S. 20.

229 Zur Definition des Modalwerts s. bspw. Brockhaus-Enzyklopädie. Band 18, 2006, S. 624 (Stichwort „Modalwert“).

230 Vgl. Brockhaus-Enzyklopädie. Band 18, 2006, S. 624 (Stichwort „Modalwert“).

bezeichnet nur den am häufigsten vorkommenden Wert einer Datengrundlage (auch als „empirischer Modalwert" bezeichnet).[231]

Im ersten Beispiel sind die Modi (oder empirischen Modalwerte) folglich 5 sowie 6 und auch im zweiten Beispiel wären die Modi mit 5 sowie 95 zwei die Verteilung treffend wiedergebende Werte. Weitere Modalwerte gibt es nicht, da sämtliche anderen Werte jeweils nur einmal vorkommen. Bei einer solchen bimodalen Verteilung mit zugleich zwei exakt gleich häufigen Gipfelwerten kann der Modus außerdem die Notwendigkeit zweier gestaffelter realitätsgerechter Typisierungen anzeigen. Allerdings ist der Modus im dritten Beispiel 5, wodurch die hohen Werte (500) komplett ignoriert werden. Der als häufigster Wert definierte Modus ist daher zumeist nur bei unimodalen, also eingipfeligen Verteilungen als Lageparameter aussagekräftig,[232] da – anders als in den Beispielen 1 und 2 – nicht davon ausgegangen werden kann, dass die Häufigkeiten mehrerer bestehender Modalwerte exakt gleich sind, wodurch die anderen Modalwerte ignoriert werden.

Liegt eine bi-/multimodale (mehrgipfelige) Verteilung vor, so lässt sich mithin nur unter Berücksichtigung der nachfolgenden Gipfelwerte, also aller Modalwerte einer multimodalen Verteilung die Verteilung aussagekräftig erfassen. Dann können die Modalwerte insbesondere die Notwendigkeit mehrerer gestaffelter realitätsgerechter Typisierungen aufzeigen.

d) Stellungnahme

Zwar wird in der Statistik für die metrischen Skalen das arithmetische Mittel als Lageparameter empfohlen und zudem lassen sich hierbei bestimmte Werte gesondert gewichten („gewogenes arithmetisches Mittel"),[233] sodass bei der Bestimmung von Regelfällen beispielsweise gesetzgeberischen Wertungen (besser) entsprochen werden kann. Allerdings spricht für den Median die Robustheit gegenüber Ausreißerwerten und für den Modus beziehungsweise die Modalwerte, dass sie die einzigen Mittelwerte sind, die auch tatsächlich mit diesem Wert in den abgebildeten Daten vorkommen müssen, und dass sie die Notwendigkeit mehrerer gestaffelter realitätsgerechter Typisierungen aufzeigen

---

231 Zur Definition des Modus s. bspw. Brockhaus-Enzyklopädie. Band 18, 2006, S. 624 (Stichwort „Modalwert"); vgl. bspw. auch *Bamberg/Baur/Krapp*, Statistik, 2012, S. 16; *Bleymüller*, Statistik für Wirtschaftswissenschaftler, 2015, S. 21.

232 Vgl. *Bamberg/Baur/Krapp*, Statistik, 2012, S. 17.

233 Vgl. *Bamberg/Baur/Krapp*, Statistik, 2012, S. 17; s. auch Brockhaus-Enzyklopädie. Band 18, 2006, S. 592 (Stichwort „Mittelwert").

können.[234] Um ein vollständiges Bild und den – wenn sich dies so bezeichnen lässt – typischsten Regelfall zu erhalten, sind aufgrund der unterschiedlichen Aussagekraft der Lageparameter mithin sämtliche dargestellten berechenbaren Mittelwerte zu ermitteln und bei der Bestimmung des Regelfalls zu würdigen. Ungeachtet dessen, ist eine Datenbasis (soweit wie möglich) aufzubereiten, um den Einfluss von Sonderfaktoren und Ausreißerwerten bereits im Vorfeld zu verringern.[235]

Lediglich ergänzend sei noch darauf hingewiesen, dass sich insbesondere auch mittels Berechnung der Streuungsmaße, wie zum Beispiel der Varianz oder Standardabweichung, die grundsätzliche Geeignetheit einer Typisierung der zugrundeliegenden realen Werte bestimmen lässt, da die Varianz oder Standardabweichung den durchschnittlichen (quadrierten) Abstand der typisierten Werte vom tatsächlichen Typisierungswert angeben.[236] Je höher die Streuungsmaße ausfallen, desto eher sind mehrere gestaffelte Typisierungen notwendig, um die tatsächlichen Werte noch realitätsgerecht abbilden zu können, da die Streubreite der Werte mit den Streuungsmaßen zunimmt und entsprechend wenige Werte um den typisierten Mittelwert liegen werden.

II. Bedeutung der Typisierungsbegründung

Zur Bestimmung des realitätsgerecht zu typisierenden Regelfalls ist des Weiteren auf die Bedeutung der Begründung der Typisierung hinsichtlich der Wahl des geeigneten Regelfalls einzugehen. Wenn die Bestimmung des Regelfalls infolge fehlender Konkretisierung durch den Gesetzgeber nämlich unklar ist, wird dies regelmäßig als gesetzgeberische Willkür kritisiert, weil dann aus einer Vielzahl von Regelfällen stets derjenige gewählt werden könne, für den die Typisierung realitätsgerecht sei.[237]

Gleichwohl schuldet der Gesetzgeber grundsätzlich nur das Gesetz und keine Begründung dessen.[238] Denn das Grundgesetz regelt das Gesetz-

---

234 Vgl. *Bamberg/Baur/Krapp*, Statistik, 2012, S. 17.

235 S. dazu bereits oben Seite 58.

236 Vgl. *Bleymüller*, Statistik für Wirtschaftswissenschaftler, 2015, S. 24 f. Zu weiteren Streuungsmaßen, wie bspw. dem Variationskoeffizient, der mittleren absoluten Abweichung oder der Spannweite s. noch *Bleymüller*, a. a. O., S. 27 ff.

237 Exemplarisch zum Zinssatz der Vollverzinsung, §§ 233a, 238 AO s. *Seer/Klemke*, IFSt-Schrift 490, 2013, S. 50.

238 Vgl. grundlegend *Geiger*, in: Berberich/Holl/Maaß, Neue Entwicklungen im öffentlichen Recht, 1979, S. 131 (141); vgl. zu diesem Ergebnis auch BVerfG v. 27.05.1992 – 2 BvF 1/88, 2 BvF 2/88, 2 BvF 1/89, 2 BvF 1/90, BVerfGE 86, 148 (241); *Schlaich*,

gebungsverfahren als solches in den Art. 70 ff. GG umfassend, eine Gesetzesbegründungspflicht fehlt hierin jedoch.[239] Ausreichend ist vielmehr, dass Gesetze begründet (im Sinne von nicht willkürlich) sind.[240] Mithin unterliegt grundsätzlich nur die getroffene Entscheidung des Gesetzgebers der verfassungsgerichtlichen Kontrolle[241] und es kommt auf eine „Verprobung […] von außen"[242] sowie die bloße objektive Begründbarkeit des Regelfalls an.[243]

Allein das Fehlen von Erwägungen des Gesetzgebers zum Regelfall oder zur Typisierungshöhe führt auch nicht dazu, dass der Gesetzgeber Ermessen nicht gebraucht oder seine Befugnis zur Typisierung überhaupt nicht ausgeübt hat.[244] Zum einen kann Nichtgebrauch beziehungsweise ein Unterschreiten von Ermessen nur die Exekutive sowie die Judikative treffen, nicht hingegen die Legislative,

---

in: VVDStRL 39, 1981, S. 99 (109); *Rixecker*, in: FS Ellscheid, 1999, S. 126 (127, 134); *Meßerschmidt*, Gesetzgebungsermessen, 2000, S. 922; *Kischel*, Die Begründung, 2003, S. 291; *Waldhoff*, in: FS Isensee, 2007, S. 325 (325); *Hey*, in: IFSt-Schrift 511, 2016, S. 61 (80); *Eichberger*, wiedergegeben in: *Ebner et al.*, DStR-Beihefter 2017, 77 (80); *Kirchhof*, wiedergegeben in: *Ebner et al.*, DStR-Beihefter 2017, 77 (80). Für Gesetzesentwürfe gelten hingegen teilweise Begründungspflichten, die sich bspw. aus der Geschäftsordnung des Deutschen Bundestages (GOBT) oder der Gemeinsamen Geschäftsordnung der Bundesministerien (GGO) ergeben, s. diesbezüglich z. B. § 76 Abs. 2 GOBT oder § 43 GGO. Kritisch zum Begriff der „Gesetzesbegründung" s. daher *Kanzler*, FR 2007, 525 (525 ff.), der zurecht anmerkt, dass eine amtliche Begründung des Gesetzes zumeist nicht existiert, da Präambeln inzwischen äußerst selten geworden sind, und stattdessen lediglich die Gesetzesentwürfe begründet werden.

239 S. ausdrücklich BVerfG v. 06.12.2016 – 1 BvR 2821/11, 1 BvR 321/12, 1 BvR 1456/12, BVerfGE 143, 246 (345 f.); vgl. hierzu auch *Waldhoff*, in: FS Isensee, 2007, S. 325 (336 f.).

240 Vgl. BFH v. 09.11.2017 – III R 10/16, BStBl. II 2018, 255 (259); *Rixecker*, in: FS Ellscheid, 1999, S. 126 (131 f.); vgl. auch *Lücke*, Begründungszwang und Verfassung, 1987, S. 105 f.; *Meßerschmidt*, Gesetzgebungsermessen, 2000, S. 923.

241 Vgl. BVerfG v. 27.05.1992 – 2 BvF 1/88, 2 BvF 2/88, 2 BvF 1/89, 2 BvF 1/90, BVerfGE 86, 148 (241); BVerfG v. 17.01.2017 – 2 BvB 1/13, BVerfGE 144, 20 (213); BFH v. 09.11.2017 – III R 10/16, BStBl. II 2018, 255 (259); vgl. auch *Schlaich*, in: VVDStRL 39, 1981, S. 99 (108).

242 *Beckmann/Thiele*, BB 2016, 2839 (2842).

243 Vgl. *Geiger*, in: Berberich/Holl/Maaß, Neue Entwicklungen im öffentlichen Recht, 1979, S. 131 (142); *Cornils*, DVBl 2011, 1053 (1058); *Hey*, in: FS Bundesfinanzhof. Band 1, 2018, S. 451 (473).

244 S. bezüglich der Zinssatztypisierungen FG Münster v. 17.08.2017 – 10 K 2472/16 E, EFG 2017, 1638 (1641).

da der Gesetzgeber kein gesetzgebundenes Ermessen ausübt.[245] Der Gesetzgeber nutzt sein Ermessen sowie seine Gestaltungs- und Typisierungsbefugnisse nämlich bereits mit der Normierung von Typisierungen und Typisierungshöhen sowie den damit verbundenen gesetzgeberischen Einschätzungsprärogativen.[246] So kann das Ermessen schon in einer bewussten Entscheidung für Kontinuität liegen[247] – wie zum Beispiel bei dem seit Jahrzehnten unveränderten Zinssatz der Vollverzinsung in §§ 233a, 238 AO.[248] Daher ist auch ein Verstoß gegen das Willkürverbot nicht ersichtlich. Willkür läge mithin nur vor, wenn überhaupt kein Regelfall als Grundlage der Typisierung denkbar ist, der die Typisierung sachgerecht erscheinen lässt und dem Willen des Gesetzgebers, soweit dieser mittels juristischer Auslegungsmethoden zu bestimmen ist, entspricht – mit anderen Worten die objektive Begründbarkeit der Typisierung fehlt.

Zwar wird der Gesetzgeber durch das Bestimmtheitsgebot begrenzt, wonach erforderlich ist, dass die von einer gesetzlichen Norm Betroffenen ihr Handeln an der klaren und hinreichend eindeutig bestimmbaren Rechtslage ausrichten können.[249] Dennoch ist auch ein Verstoß gegen das Bestimmtheitsgebot bei nur fehlender Typisierungsbegründung abzulehnen, da die normierten steuerrechtlichen Typisierungen diesbezüglich unabhängig von der Bestimmbarkeit des zugrundeliegenden Regelfalls zu beurteilen sind. Für die Normanwendung ist der Regelfall schließlich irrelevant, weil dessen Bestimmung lediglich für die verfassungsrechtliche Beurteilung der Realitätsgerechtigkeit erforderlich ist. Stattdessen setzt das Gebot der hinreichenden Bestimmtheit im Steuerrecht grundsätzlich eine Berechen- und Planbarkeit der Steuerlast für den Steuerpflichtigen voraus, die von steuerrechtlichen Typisierungen wegen deren Eindeutigkeit aber sogar regelmäßig begünstigt wird. Zudem verhelfen

245 Vgl. BVerfG v. 27.05.1992 – 2 BvF 1/88, 2 BvF 2/88, 2 BvF 1/89, 2 BvF 1/90, BVerfGE 86, 148 (241); vgl. bspw. auch grundlegend *Alexy*, JZ 1986, 701 (701 ff., 711 f.); *Held-Daab*, Das freie Ermessen, 1996, S. 113 ff., 223 ff.

246 Vgl. ausführlich *Meßerschmidt*, Gesetzgebungsermessen, 2000, S. 727 ff.

247 Zu den intransparenten Entscheidungen des Vermittlungsausschusses von Bundestag und Bundesrat s. bspw. *Rixecker*, in: FS Ellscheid, 1999, S. 126 (128); *Waldhoff*, in: FS Isensee, 2007, S. 325 (336 f.).

248 Die historische Entwicklung der Verzinsung in der RAO und AO ausführlich darlegend s. *Seer/Klemke*, IFSt-Schrift 490, 2013, S. 14 ff. und insb. *Dust*, Der Zinssatz im Steuerschuldverhältnis, 2019, S. 19 ff.

249 Vgl. BVerfG v. 03.03.2004 – 1 BvF 3/92, BVerfGE 110, 33 (53 ff.); vgl. auch *Cornils*, DVBl 2011, 1053 (1058). Zum Bestimmtheitsgrundsatz s. ergänzend und ausführlich unten Seite 124 ff.

Typisierungen grundsätzlich zu mehr Normenklarheit: Das Beispiel der Vollverzinsung verdeutlicht, dass die Zinshöhe gemäß § 238 Abs. 1 Satz 1 AO auf 0,5 Prozent pro Monat eindeutig festgeschrieben ist und mithin die Vorgaben des Gebots der Normenklarheit in höchstem Maße erfüllt. Dies gilt unabhängig von dem zugrunde gelegten Regelfall.

Etwas anderes ergibt sich auch nicht aus der Rechtsprechung des Bundesverfassungsgerichts zur Begründung des typisierten steuerlichen Existenzminimums, das realitätsgerecht zu bemessen und dazu vom Gesetzgeber die Basis der Berechnung (Bedarfsarten, Kosten etc.) offenzulegen sei, um eine verfassungsrechtliche Kontrolle zu gewährleisten.[250] Diese Pflicht zur Begründung beruht auf der andernfalls begrenzten Ergebniskontrolle in Verbindung mit dem weitgehenden Gestaltungsspielraum des Gesetzgebers hinsichtlich der Bemessungsgrundlagen und -methoden.[251] Eine allgemeine Begründungspflicht für alle Typisierungen ginge jedoch wesentlich zu weit, insbesondere da auch die Entscheidung des Bundesverfassungsgerichts eine (allgemeingültige) dogmatische Herleitung der Begründungspflicht vermissen lässt.[252] Des Weiteren ist das typisierte soziale/soziokulturelle Existenzminimum als wertende Typisierung nach dem Sozialgesetzbuch (SGB) Zweites Buch (II)[253] als Leistungsrecht[254] grundsätzlich nicht mit Typisierungen des Steuerrechts als Eingriffsrecht vergleichbar. Aufgrund der vielen (rechts-)politischen Wertungen des Sozialrechts ist der objektivierte Wille des Gesetzgebers mit den juristischen Auslegungsmethoden auch nur schwer oder überhaupt nicht zu ermitteln, da bereits die Definition des Existenzminimums als Mindestteilhabe am kulturellen und gesellschaftlichen Leben verschiedene politische Entscheidungen notwendig macht, was hierunter fällt und was nicht.[255] Kommt der Gesetzgeber dieser Offenlegung bei

250 Vgl. insb. BVerfG v. 09.02.2010 – 1 BvL 1/09, 1 BvL 3/09, 1 BvL 4/09, BVerfGE 125, 175 (226).

251 Vgl. BVerfG v. 09.02.2010 – 1 BvL 1/09, 1 BvL 3/09, 1 BvL 4/09, BVerfGE 125, 175 (226); *Hebeler*, DÖV 2010, 754 (756).

252 Vgl. *Hebeler*, DÖV 2010, 754 (759).

253 Viertes Gesetz für moderne Dienstleistungen am Arbeitsmarkt v. 24.12.2003, BGBl. I 2003, 2954.

254 Vgl. *Hebeler*, DÖV 2010, 754 (757).

255 Daran ändert auch die Auffassung des BVerfG v. 25.09.1992 – 2 BvL 5/91, 2 BvL 8/91, 2 BvL 14/91, BVerfGE 87, 153 (171) nichts, wonach die „Maßgröße für das einkommensteuerliche Existenzminimum […] demnach der im Sozialhilferecht jeweils anerkannte Mindestbedarf" sei, da das BVerfG in dieser Entscheidung auch darauf hinweist, dass in Verbindung mit der Gewährung von Wohngeld ein niedrigeres steuerliches als sozialrechtliches Existenzminimum ebenfalls verfassungsgemäß sein

Sozialzwecknormen durch eine (amtliche) Begründung nicht nach, führt dies zu willkürlichen, nicht überprüfbaren Werten.[256] Entsprechende Entscheidungen sind vom Bundesverfassungsgericht außerhalb des Steuerrechts beispielsweise zur 5-Prozent-Klausel[257] im Wahlrecht, zu den Sozialleistungen des Arbeitslosengeldes II[258] sowie zur Professorenbesoldung[259] ergangen. In all diesen Fällen werden der Grundrechtsschutz und die Bindung des Gesetzgebers an die Verfassung demnach nur durch verfahrensrechtliche Pflichten des Gesetzgebers gewährleistet.

Die Bestimmung des Regelfalls erfolgt schließlich in drei Schritten: Vorrangig ist zu prüfen, ob dem Gesetz beziehungsweise der Typisierungsnorm ausdrücklich ein Maßstab zur Bestimmung des maßgeblichen Regelfalls zu entnehmen ist.[260] Liegt ein solcher nicht vor, ist der objektiv sachgerechte Regelfall mithilfe der juristischen Auslegungsmethoden zu ermitteln.[261] Hierbei kommt vor allem dem objektivierten Willen des Gesetzgebers und damit im Rahmen der Auslegung auch der veröffentlichten[262] Vor- und Entstehungsgeschichte (einschließlich der Begründung des vorausgehenden Gesetzesentwurfs, Protokollen, Beschlussempfehlungen, Berichten von Ausschüssen, Ministerialerlassen und gegebenenfalls Referentenkommentaren)[263] große Bedeutung zu.[264] Daneben

---

könne, BVerfG, a. a. O. (172) und das BVerfG letztlich feststellt, dass das steuerliche „Existenzminimum […] annäherungsweise […] am Maßstab der Sozialhilfeleistungen" zu bestimmen sei, BVerfG, a. a. O. (173). Vgl. auch *Krüger*, in: FS Bundesfinanzhof. Band 2, 2018, S. 1261 (1264 ff.).

256 Zur Erkennbarkeit gesetzgeberischer Entscheidungen bei Sozialzwecknormen s. BVerfG v. 22.06.1995 – 2 BvL 37/91, BVerfGE 93, 121 (147 f.); BVerfG v. 06.03.2002 – 2 BvL 17/99, BVerfGE 105, 73 (112 f.); BVerfG v. 09.12.2008 – 2 BvL 1/07, 2 BvL 2/07, 2 BvL 1/08, 2 BvL 2/08, BVerfGE 122, 210 (237 f.); vgl. auch *Kirchhof*, StuW 1984, 297 (308). Zur a. A. des BVerfG s. noch BVerfG v. 11.02.1992 – 1 BvL 29/87, BVerfGE 85, 238 (245). S. zur erforderlichen Erkennbarkeit des Sozialzwecks auch noch unten Seite 169 f.

257 BVerfG v. 13.02.2008 – 2 BvK 1/07, BVerfGE 120, 82.

258 BVerfG v. 09.02.2010 – 1 BvL 1/09, 1 BvL 3/09, 1 BvL 4/09, BVerfGE 125, 175.

259 BVerfG v. 14.02.2012 – 2 BvL 4/10, BVerfGE 130, 263.

260 Vgl. FG Baden-Württemberg v. 16.01.2018 – 2 V 3389/16, EFG 2018, 997 (1000).

261 Vgl. BFH v. 09.11.2017 – III R 10/16, BStBl. II 2018, 255 (259).

262 Vgl. BGH v. 21.05.1974 – GSZ 2/72, BGHZ 62, 340 (350 f.).

263 Vgl. *Drüen*, in: Tipke/Kruse, AO/FGO, 2011, § 4 AO Rn. 295.

264 Vgl. BVerfG v. 26.01.1971 – 2 BvL 2/68, BVerfGE 30, 129 (144 ff.); BVerfG v. 20.04.2004 – 1 BvR 1748/99, 1 BvR 905/00, BVerfGE 110, 274 (297); BVerfG v. 12.10.2010 – 1 BvL 12/07, BVerfGE 127, 224 (253 f.).

können Rechtsprechung und Literatur zur Zeit der Gesetzgebung sowie die vorangegangene Verwaltungspraxis bei der Bestimmung des objektivierten Willens des Gesetzgebers hilfreich sein.[265] Zusätzlich existieren weitere Auslegungskriterien im Steuerrecht, wie zum Beispiel die Volks- und Verkehrsanschauung, die Ergebnis- und Folgenbetrachtung, Rechtsstabilität der Rechtsprechung, Fall- und Rechtsvergleichung sowie die Beachtung gegenwärtiger rechtspolitischer oder künftiger gesetzgebender Erwägungen und Entwicklungen.[266] Kann der objektivierte Wille des Gesetzgebers auch danach nicht eindeutig bestimmt werden, besteht zuletzt die Möglichkeit, einen Durchschnittswert aus verschiedenen objektiv sachgerechten Regelfällen zu bilden beziehungsweise eine Spannbreite von Regelfallwerten zu ermitteln.[267] Ergebnisorientiert ist dabei aus einer Spannbreite von Werten der Regelfall als Grundlage anzunehmen, der am realitätsgerechtesten ist („Auslesefunktion"),[268] da möglichst verfassungskonform auszulegen ist – jedoch nur soweit diese verfassungsgemäße Interpretation noch dem objektivierten Gesetzgeberwillen und dem Wortsinn der Typisierung entspricht,[269] da Ausgangspunkt einer verfassungskonformen Auslegung immer die nach den juristischen Auslegungsmethoden ermittelte Mehrdeutigkeit einer Norm ist.[270] Sofern ein Regelfall (oder eine Spannbreite von Regelfällen) nicht feststellbar ist, fehlt es grundsätzlich an der Grundvoraussetzung einer Typisierung.

III. Typisierungen ohne Regelfall

Zu Unklarheiten in Bezug auf Typisierungen ohne Regelfall hat indessen eine jüngere Entscheidung des Bundesverfassungsgerichts zu § 8b KStG geführt.

---

265 Vgl. BFH v. 09.06.1993 – I R 81/92, BStBl. II 1993, 790 (791 f.); BFH v. 04.09.2000 – IX R 75/99, BFH/NV 2001, 429 (430).

266 Zu den weiteren Auslegungskriterien s. *Drüen*, in: Tipke/Kruse, AO/FGO, 2011, § 4 AO Rn. 297 ff.

267 Vgl. FG Münster v. 17.08.2017 – 10 K 2472/16 E, EFG 2017, 1638 (1640); FG Baden-Württemberg v. 16.01.2018 – 2 V 3389/16, EFG 2018, 997 (1000).

268 Vgl. BVerfG v. 16.08.2001 – 1 BvL 6/01, NVwZ-RR 2002, 117 (118); vgl. insb. auch FG Baden-Württemberg v. 16.01.2018 – 2 V 3389/16, EFG 2018, 997 (1001). Zu dieser „Auslesefunktion" s. allgemein insb. auch *Trossen*, in: FS Bundesfinanzhof. Band 1, 2018, S. 519 (524).

269 Vgl. BVerfG v. 19.09.2007 – 2 BvF 3/02, BVerfGE 119, 247 (274); *Rixecker*, in: FS Ellscheid, 1999, S. 126 (134).

270 Vgl. *Trossen*, in: FS Bundesfinanzhof. Band 1, 2018, S. 519 (523, 528 f.).

1. *Einordnung der Rechtsprechung des Bundesverfassungsgerichts*

Im Jahr 2010 hat das Bundesverfassungsgericht zu § 8b Abs. 3 und Abs. 5 KStG nämlich entschieden, dass eine Typisierung nicht aufgrund des bloßen Fehlens respektive der fehlenden Bestimmbarkeit eines Regelfalls verfassungswidrig sei.[271] Dieser Entscheidung wird – neben dem Bandbreitenverständnis des Regelfalls[272] – entnommen, dass in Typisierungsfällen, in denen ein Regelfall tatsächlich nicht zu ermitteln ist und es zudem an Alternativen zu einer Typisierung fehlt, eine Typisierung nicht allein aufgrund des fehlenden (bestimmbaren) Regelfalls verfassungswidrig sei.[273] Alternativen fehlten vor allem in Fällen, in denen der Steuerpflichtige zwischen diversen Gestaltungsvarianten wählen müsse und die zu typisierenden Sachverhalte sowohl von individuellen Determinanten – hier sei zum Beispiel die Finanzierungsfreiheit, also die Wahlfreiheit hinsichtlich des Einsatzes von Eigen- oder Fremdkapital, genannt[274] – als auch von sich ständig ändernden Marktvariablen beeinflusst würden.[275] Ein typischer Regelfall lasse sich hierbei aufgrund der vielen unbekannten und sich ständig verändernden Individual- und Marktvariablen nicht bestimmen, da es nicht den typischen Sachverhalt gäbe, der die Wirklichkeit (im Durchschnitt) tatsächlich widerspiegele.[276] In solchen Ausnahmefällen mit komplexen Sachverhalten und einem Mangel an Daten sei verfassungsrechtlich vielmehr eine bloße (sachgerechte) Schätzung des Regelfalls möglich.[277]

---

271 BVerfG v. 12.10.2010 – 1 BvL 12/07, BVerfGE 127, 224 (257 ff.). Gleicher Auffassung zu den Aussetzungszinsen nach § 237 AO s. FG Baden-Württemberg v. 16.01.2018 – 2 V 3389/16, EFG 2018, 997 (1000).

272 S. bereits oben Seite 60.

273 Vgl. BFH v. 20.04.2011 – I R 80/10, BFH/NV 2011, 1654 (1655) mit Verweis auf BVerfG v. 12.10.2010 – 1 BvL 12/07, BVerfGE 127, 224.

274 Umfassend zur Finanzierungsfreiheit s. *Prinz*, in: Schaumburg, Unternehmenskauf im Steuerrecht, 2004, S. 151 (153 ff.); *Breuninger*, in: StbJb 2002/2003, S. 333 (335 f.); *Prinz*, in: FS Herzig, 2010, S. 147 (147 ff.).

275 Vgl. BVerfG v. 12.10.2010 – 1 BvL 12/07, BVerfGE 127, 224 (258).

276 Vgl. auch *Beck*, Die Besteuerung von Beteiligungen an körperschaftsteuerpflichtigen Steuersubjekten im Einkommen- und Körperschaftsteuerrecht unter Berücksichtigung der Erwerbsaufwendungen der Steuerpflichtigen, 2004, S. 226, die die fehlende Empirie in Fn. 248 anhand vieler Nachweise darstellt.

277 Vgl. BVerfG v. 12.10.2010 – 1 BvL 12/07, BVerfGE 127, 224 (258 f.); vgl. dahingehend bereits BVerfG v. 10.05.1972 – 1 BvR 286/65, 1 BvR 293/65, 1 BvR 295/65, BVerfGE 33, 171 (189 f.); BVerfG v. 08.04.1987 – 2 BvR 909/82 u. a., BVerfGE 75, 108 (162).

Denklogisch könnten an diese alternativlosen Sachverhaltstypisierungen, zu denen kein Regelfall existiert, folglich in Bezug auf die gesetzgeberische Bestimmung eines Regelfalls sowie die damit verbundene Realitätsgerechtigkeit der Typisierung grundsätzlich keine beziehungsweise nur sehr geringe Anforderungen gestellt werden.[278] Dieser Rechtsprechung entsprechend hat der Bundesfinanzhof im Jahr 2015 daher zu der pauschalen Mindestbesteuerung gemäß § 18 AuslInvestmG entschieden, dass aufgrund der Tatsache, dass es keine typischerweise erzielbaren Erträge von ausländischen Investmentfonds gebe, da diese in Wertpapiere oder Immobilien, aber beispielsweise auch in den Geldmarkt investieren könnten, der Typisierungsspielraum des Gesetzgebers besonders weit sei.[279]

Zur Einordnung des Bundesverfassungsgerichtsbeschlusses sind jedoch dessen Details von großer Bedeutung. Das pauschale Abzugsverbot nach § 8b Abs. 3 Satz 1 und Abs. 5 Satz 1 KStG, das fünf Prozent der Beteiligungsbezüge und Veräußerungsgewinne als Betriebsausgaben fingiert, die vom Abzug ausgeschlossen sind, um Verwaltungs- und Finanzierungsaufwendungen, die die Beteiligungsbezüge gemindert haben, typisierend abzugelten, dient insbesondere der Abwehr von (missbräuchlichen) Steuergestaltungen.[280] Hervorzuheben ist daher bezüglich § 8b Abs. 3 und Abs. 5 KStG als „staatliche[m] Verteidigungsmittel" der „nahezu verzweifelte[...] Kampf des Gesetzgebers gegen die Grenzen des Gestaltungsmissbrauchs".[281] Da die Bestimmung der typischen tatsächlichen Betriebsausgaben aufgrund der von Steuerpflichtigem zu Steuerpflichtigem individuell verschiedenen Finanzierungs- und Kostenstruktur nicht möglich ist (beziehungsweise die Ziele einer Typisierung konterkarieren würde),[282] wählte der Gesetzgeber die typisierende Orientierung an den Beteiligungseinkünften.[283] Dennoch stellte das Bundesverfassungsgericht fest, dass der gewählte Maßstab und die Realität „regelmäßig in einer gewissen Relation" stehen müssten.[284] Diesen Zusammenhang hat es – wenn auch fraglich[285] – über die Ertragsaussichten

---

278 Vgl. BVerfG v. 12.10.2010 – 1 BvL 12/07, BVerfGE 127, 224 (261 f.); vgl. bspw. auch *Loritz*, DStR-Beihefter 1995, 3 (14).

279 Vgl. BFH v. 28.07.2015 – VIII R 2/09, BStBl. II 2016, 447 (453 f.).

280 Vgl. dazu bspw. *Lammers*, DStZ 2011, 482 (485).

281 *Roser*, GmbHR 2011, 214 (214).

282 Vgl. BVerfG v. 12.10.2010 – 1 BvL 12/07, BVerfGE 127, 224 (260).

283 Vgl. BVerfG v. 12.10.2010 – 1 BvL 12/07, BVerfGE 127, 224 (258 f.).

284 BVerfG v. 12.10.2010 – 1 BvL 12/07, BVerfGE 127, 224 (260 f.); vgl. dazu auch *Lammers*, DStZ 2011, 482 (486).

285 Hinsichtlich dieses „Strukturfehler[s]" der Norm kritisch s. *Müller*, FR 2011, 309 (311); vgl. kritisch auch *Watermeyer*, in: Herrmann/Heuer/Raupach, EStG/KStG,

einer Beteiligung hergestellt: Die Beteiligungseinkünfte stellten die Grundlage der Ertragsaussichten dar und begründeten den Wert einer Beteiligung, während die Beteiligungsaufwendungen ebenfalls in Relation zur Ertragskraft stünden.[286] Die Plausibilität des gewählten Maßstabs wird vom Bundesverfassungsgericht zudem insbesondere mit der geringen Anzahl von Rechtsbehelfsverfahren sowie einer niedrigen Einspruchsquote begründet.[287] Des Weiteren führte das Bundesverfassungsgericht die mit dem Pauschalierungseffekt verbundene niedrige Steuerlast von nur 1,25 Prozent der Einnahmen sowie die Vorteilhaftigkeit für die Mehrzahl der Steuerpflichtigen im Vergleich zu den tatsächlichen Beteiligungsaufwendungen an.[288] Zu berücksichtigen sei auch, dass dem Abzugsverbot ansonsten steuerfrei gestellte Beteiligungseinkünfte zugrunde lägen, die die Leistungsfähigkeit des Empfängers erhöhten.[289] Der Gestaltungsspielraum des Gesetzgebers könnte diesbezüglich daher größer sein, da bereits die Steuerfreistellung in seine Entscheidungsfreiheit fällt.[290]

2. *Ansichten in der Literatur und Stellungnahme*

Dieser Rechtsprechung entgegenstehend werden Typisierungen, die vom Gesetzgeber ohne Regelfall als Maßstab festgelegt werden, in der Literatur allerdings als „Offenbarungseid" einer gesetzgeberischen Willkür bezeichnet, die den Gestaltungsspielraum des Gesetzgebers übersteige.[291] Auch das Bundesverfassungsgericht hatte im Jahr 1992 noch entschieden, dass zumindest auf Typisierungen ohne Escape-Klausel verzichtet werden müsse, wenn ein Regelfall (mittels empirischer Daten) nicht ermittelt werden könne.[292] Könne die (willkürliche) Fiktion

---

2014, § 8b KStG Rn. 7; *Herlinghaus*, in: Rödder/Herlinghaus/Neumann, KStG, 2015, § 8b Rn. 85.

286 Vgl. BVerfG v. 12.10.2010 – 1 BvL 12/07, BVerfGE 127, 224 (260).

287 Vgl. BVerfG v. 12.10.2010 – 1 BvL 12/07, BVerfGE 127, 224 (261 f.).

288 Vgl. BVerfG v. 12.10.2010 – 1 BvL 12/07, BVerfGE 127, 224 (262 f.).

289 Vgl. *Gosch*, BFH/PR 2011, 53 (53 f.); s. ausführlich zum Trennungsprinzip *Böhmer*, StuW 2012, 33 (33 ff.).

290 Vgl. hierzu bspw. *Roser*, GmbHR 2011, 214 (214 f.), der Hiob 1.21 zitiert „Der Herr hat's gegeben, der Herr hat's genommen…"; vgl. auch *Gosch*, in: Gosch, KStG, 2015, § 8b Rn. 283.

291 *Seer/Klemke*, IFSt-Schrift 490, 2013, S. 50; vgl. auch *Beck*, Die Besteuerung von Beteiligungen an körperschaftsteuerpflichtigen Steuersubjekten im Einkommen- und Körperschaftsteuerrecht unter Berücksichtigung der Erwerbsaufwendungen der Steuerpflichtigen, 2004, S. 226.

292 BVerfG v. 17.11.1992 – 1 BvL 8/87, BVerfGE 87, 234 (261). S. hingegen differenzierender *Hey*, in: IFSt-Schrift 511, 2016, S. 61 (69 f.).

in Folge der Typisierung nicht ausgeschlossen werden, läge ein Verstoß gegen das Leistungsfähigkeitsprinzip vor.[293]

Es stellt sich demzufolge die Frage, ob mit dem Beschluss des Bundesverfassungsgerichts zu § 8b Abs. 3 und Abs. 5 KStG eine allgemeine Änderung der Anforderungen an die Typisierungen oder genauer an die gesetzgeberische Auswahl des Typisierungsmaßstabs und des Regelfalls verbunden ist. Vereinzelt wird diesbezüglich lediglich auf den weiten Gestaltungsspielraum des Gesetzgebers verwiesen, der eine Verfassungswidrigkeit („wohl […] noch") ausschließe.[294] Dies greift jedoch zu kurz, denn in dem Beschluss konstatierte das Bundesverfassungsgericht – jedenfalls in dieser Deutlichkeit einmalig –, dass Typisierungen ohne Feststellung eines Regelfalls unter bestimmten Voraussetzungen verfassungsgemäß sein könnten.

Typisierungen stellen eine Generalisierung, eine Verallgemeinerung oder ein Gesamtbild der Wirklichkeit dar, die jeweils einzelne Besonderheiten vernachlässigen dürfen.[295] Grundlage einer jeden Typisierung ist damit das verallgemeinernde, zusammenfassende Abbild der Realität – ansonsten bliebe nur die willkürliche Fiktion. Mithin fehlt es grundsätzlich an der Typisierbarkeit, wenn dieses Abbild nicht zu ermitteln ist oder der typische Fall, also das Leitbild einer Typisierung nicht existiert. Dann bliebe dem Gesetzgeber gegebenenfalls nur der Verzicht auf die Typisierung oder eine weitere Ausdifferenzierung.[296] So gibt es beispielsweise kein Leitbild des typischen Steuerzahlers, da ein zusammenfassendes verallgemeinerndes Abbild des Steuerzahlers nicht bestimmbar

293 Vgl. *Watermeyer*, in: Herrmann/Heuer/Raupach, EStG/KStG, 2014, § 8b KStG Rn. 7.

294 *Gosch*, in: Gosch, KStG, 2015, § 8b Rn. 283.

295 Ständige Rechtsprechung des BVerfG, vgl. bspw. BVerfG v. 28.06.1960 – 2 BvL 19/59, BVerfGE 11, 245 (254); BVerfG v. 21.06.2006 – 2 BvL 2/99, BVerfGE 116, 164 (182 f.); BVerfG v. 09.12.2008 – 2 BvL 1/07, 2 BvL 2/07, 2 BvL 1/08, 2 BvL 2/08, BVerfGE 122, 210 (232); BVerfG v. 06.07.2010 – 2 BvL 13/09, BVerfGE 126, 268 (278 f.); BVerfG v. 04.07.2012 – 2 BvC 1/11, 2 BvC 2/11, BVerfGE 132, 39 (49); BVerfG v. 29.03.2017 – 2 BvL 6/11, BVerfGE 145, 106 (153); vgl. hierzu bspw. auch *Wennrich*, Die typisierende Betrachtungsweise im Steuerrecht, 1963, S. 118; *Brockhoff*, in: StbJb 1963/64, S. 317 (320 f.); *Isensee*, Die typisierende Verwaltung, 1976, S. 96; *Arndt*, Praktikabilität und Effizienz, 1983, S. 41; *Schober*, Verfassungsrechtliche Restriktionen für den vereinfachenden Einkommensteuergesetzgeber, 2009, S. 44; *Breimann*, Typisierungsgerechtigkeit des vereinfachten Ertragswertverfahrens zur Unternehmensbewertung im Erbschaftsteuerrecht, 2014, S. 77.

296 Vgl. *Tipke*, Die Steuerrechtsordnung. Band 1, 2000, S. 356; vgl. bspw. auch *Ruppe*, in: DStJG 21, 1998, S. 29 (53, 59); *Englisch*, StuW 2007, 221 (229); *Englisch*, Wettbewerbsgleichheit im grenzüberschreitenden Handel, 2008, S. 170.

ist, weshalb es abgestufter Typisierungen bedarf. Das heißt, für jede Steuerzahlergruppe, die sich unter einem Leitbild zusammenfassen lässt, ist eine eigene Typisierung notwendig.

Die Schlüssigkeit des Bundesverfassungsgerichtsbeschlusses könnte daher angezweifelt werden, da sich eine Typisierung ohne Regelfall nicht als Generalisierung, Verallgemeinerung oder Gesamtbild auszeichnet.[297] Voraussetzung einer Verallgemeinerung ist schließlich, dass eine Erfahrung oder Erkenntnis, die aus einem/wenigen Fällen gewonnen wird, auf andere Fälle allgemein Anwendung findet.[298]

Im Beschluss des Bundesverfassungsgerichts geht es um die unwiderlegbar generalisiert festgelegte Höhe der nichtabziehbaren Betriebsausgaben nach § 8b Abs. 3 und Abs. 5 KStG. Der ständigen Rechtsprechung des Bundesverfassungsgerichts zu Art. 3 Abs. 1 GG entsprechend wäre § 8b Abs. 3 und Abs. 5 KStG eine verfassungsgemäße Typisierung, wenn Grundlage zumindest ein Anknüpfungspunkt im Sinne eines immerhin vorstellbaren Regelfalls ist, der zwar mittels Daten nicht genau ermittelbar ist, aber dennoch die Realität wenigstens in einer Bandbreite vernünftiger Werte erfahrungsgemäß als Leitbild wiedergeben könnte.[299] Eine alternative bewusste Ausgestaltung mit Sozialzweck setzt voraus, dass der Sozialzweck die Willkür rechtfertigen kann, beziehungsweise der Zweck trotz der Willkür erreichbar erscheint. Dies wird nur schwerlich möglich sein, wenn schon kein Regelfall vorstellbar ist, da auch um die Sozialzwecke erreichen zu können, grundsätzlich eine zielgenaue (und normenklare) Ausgestaltung erforderlich ist, die wiederum eine regelfallbasierte Realitätsgerechtigkeit zugrunde legt und folglich ebenfalls nicht willkürlich sein kann.

Aus diesen Gründen prüft das Bundesverfassungsgericht auch in dieser Entscheidung – in Übereinstimmung mit der ständigen Rechtsprechung – zumindest den vom Gesetzgeber gewählten Maßstab zur Festlegung der verallgemeinernden Typisierungsgröße gewissermaßen auf seine Tauglichkeit als Ersatz eines Regelfalls. Es leitet den Zusammenhang zwischen Orientierungsmaßstab und Realität über die Ertragskraft zwar fragwürdig her,[300] sieht sich

297 Zur Vereinfachung s. *Englisch*, Dividendenbesteuerung, 2005, S. 135 ff., 513; *Lammers*, DStZ 2011, 482 (486).

298 Zur Definition von „verallgemeinern“ s. bspw. Duden, https://www.duden.de/rechtschreibung/verallgemeinern (abgerufen am 01.12.2019).

299 Vgl. BFH v. 20.04.2011 – I R 80/10, BFH/NV 2011, 1654 (1655); *Herlinghaus*, in: Rödder/Herlinghaus/Neumann, KStG, 2015, § 8b Rn. 85.

300 Vgl. kritisch bspw. *Englisch*, Dividendenbesteuerung, 2005, S. 513 f., da ein Zusammenhang zwischen der Dividendenhöhe und der Aufwendungshöhe nicht existiere.

jedoch dazu veranlasst einen solchen Zusammenhang überhaupt herzustellen. Zudem bezieht sich der Gesetzgeber bei der Wahl des 5-Prozent-Satzes auf die Mutter-Tochter-Richtlinie,[301] die in Art. 4 Abs. 2 Satz 2 einen maximalen Pauschsatz für die mit der Beteiligung zusammenhängenden Verwaltungskosten in Höhe von fünf Prozent des von der Tochtergesellschaft ausgeschütteten Gewinns vorschreibt. Somit gibt es zwar nicht das typische Unternehmen mit Beteiligungsbesitz,[302] der Regelfall des § 8b Abs. 3 und Abs. 5 KStG wird jedoch in relativer Abhängigkeit von der Ertragskraft gesehen sowie mit der Mutter-Tochter-Richtlinie begründet, wodurch die Typisierung auf regelfallbasierten Anknüpfungen an die Realität beruht. Die Typisierungen gehen schließlich auch nicht offensichtlich über den langfristigen Durchschnittswert der Verwaltungs- und Finanzierungsaufwendungen hinaus und sind somit nicht (gänzlich) willkürlich.[303] Eine Abkehr von den verfassungsrechtlichen Anforderungen der Realitätsgerechtigkeit an Typisierungen ist mit der Entscheidung daher nicht verbunden.[304]

Gleiches gilt im Übrigen auch für die genannte Entscheidung des Bundesfinanzhofs, da auch hierin die Anknüpfung der typisierten Mindestbesteuerung an die Realität geprüft wird und vertretbar von dem Regelfall eines Erträge erwirtschaftenden Fonds ausgegangen wird.[305]

Zu beachten ist folglich, dass insbesondere auch nach dieser Entscheidung keine rein fiktiven Maßstäbe oder Schätzungen die Grundlage der Typisierungen bilden dürfen. Auch alternativlose Typisierungen sind mithin auf ihre Realitätsgerechtigkeit hin zu prüfen. Die Annahmen des Gesetzgebers zum Regelfallmaßstab müssen im Ergebnis zudem (weiterhin) plausibel und vertretbar sein.[306] So ist die in dem Beschluss getroffene Annahme der Plausibilität eines Maßstabs, die lediglich auf einer geringen Einspruchs- oder Rechtsbehelfsquote beruht, abzulehnen. Dies gilt vor allem für steuerrechtliche Normen, die vom Wortlaut her eindeutig und nicht anders auszulegen sind, da in Bezug auf diese Normen ein Einspruch wenig Erfolg verspricht und eine verfassungsrechtliche Überprüfung

301 Richtlinie 90/435/EWG des Rates vom 23. Juli 1990 über das gemeinsame Steuersystem der Mutter- und Tochtergesellschaften verschiedener Mitgliedstaaten, 31990L0435.

302 Vgl. *Englisch*, Dividendenbesteuerung, 2005, S. 513.

303 Vgl. hierzu bspw. auch *Frotscher*, in: Frotscher/Drüen, KStG, 2015, § 8b Rn. 534.

304 Dies aus der Entscheidung des BVerfG folgernd s. *Bowitz*, Das objektive Nettoprinzip als Rechtfertigungsmaßstab im Einkommensteuerrecht, 2016, S. 226 mit Verweis auf S. 218 ff.

305 Vgl. BFH v. 28.07.2015 – VIII R 2/09, BStBl. II 2016, 447 (453 f.).

306 Vgl. *Gosch*, BFH/PR 2011, 53 (54).

aufgrund des zeit- und kostenintensiven Verfahrens grundsätzlich von den wenigsten Steuerpflichtigen angestrengt wird.[307] Zudem darf kein geeigneterer als der vom Gesetzgeber gewählte Maßstab zur Verfügung stehen.[308] Eine Typisierung, die gänzlich ohne einen Maßstab oder ohne einen vorstellbaren Regelfall, normiert wird, ist schließlich willkürlich und als solche nicht mehr von der Gestaltungsfreiheit des Gesetzgebers umfasst. Daran kann auch der gegebenenfalls erweiterte Gestaltungsspielraum des Gesetzgebers nichts ändern.

Daher ist *Hey* zuzustimmen, die in dem Bundesverfassungsgerichtsbeschluss keine allgemeine Maßstabsänderung sieht und die dem Beschluss stattdessen die nachfolgenden allgemeingültigen gleichheitsrechtlichen Anforderungen an den Regelfall einer Typisierung entnimmt:[309] Die Typisierung müsse grundsätzlich einen empirisch belegten Regelfall als Grundlage haben. Jedoch könne die Typisierung statt auf einem Regelfall – mangels Alternativen – auf einer Bandbreite vernünftiger denkbarer Werte basieren, die dennoch zur Realität regelmäßig in einer gewissen Relation stehen müssten, vorausgesetzt die Typisierung wirke für die Steuerpflichtigen überwiegend begünstigend und der Nachteil bei den restlichen Steuerpflichtigen sei nur geringfügig. Diese Voraussetzungen sind erforderlich, um die immanenten Ungleichbehandlungen zu reduzieren.[310] Bezüglich der überwiegenden Begünstigung und der Geringfügigkeit sind daher auch hohe Plausibilitätshürden zu fordern, da mangels Datengrundlage regelmäßig weder der Umfang des Begünstigungseffekts noch die Reichweite der Benachteiligungen exakt bestimmt werden können.[311] Hinsichtlich der letzten Voraussetzung ist auch auf die tatsächliche Geringfügigkeit des Nachteils beim Steuerpflichtigen zu achten, was vom Bundesverfassungsgericht selbst mit dem Hinweis auf die möglicherweise verfassungswidrigen Kaskadeneffekte angedeutet wurde, die bei einer Kumulation der Nachteile des Abzugsverbots nach § 8b Abs. 3 und Abs. 5 KStG in Folge gestaffelter Beteiligungsstrukturen zu nicht

307 Vgl. *Ribbrock*, BB 2011, 92 (99); *Bowitz*, Das objektive Nettoprinzip als Rechtfertigungsmaßstab im Einkommensteuerrecht, 2016, S. 219 f.

308 Vgl. *Ribbrock*, BB 2011, 92 (98).

309 Vgl. *Hey*, in: IFSt-Schrift 511, 2016, S. 61 (70).

310 Aus diesem Grund eine Überschreitung der Typisierungsbefugnis bei § 8b Abs. 5 KStG annehmend s. *Vogt*, Neutralität und Leistungsfähigkeit, 2003, S. 258 f.

311 Vgl. *Beck*, Die Besteuerung von Beteiligungen an körperschaftsteuerpflichtigen Steuersubjekten im Einkommen- und Körperschaftsteuerrecht unter Berücksichtigung der Erwerbsaufwendungen der Steuerpflichtigen, 2004, S. 226 f.

mehr nur geringfügigen Belastungen führen könnten.[312] Dies betrifft auch die Kumulation von Typisierungen, die im Einzelnen lediglich geringe Belastungen auslösen, jedoch zusammen betrachtet über die Geringfügigkeit hinausgehend nachteilig wirken.[313]

Insgesamt ist der Beschluss des Bundesverfassungsgerichts aus dem Jahr 2010 zu § 8b Abs. 3 und Abs. 5 KStG daher zusammenfassend nicht als Maßstabsänderung einzuordnen, sondern vielmehr als Verdeutlichung der an alternativlose Typisierungen zu stellenden Anforderungen hinsichtlich des fehlenden Regelfalls zu verstehen.

3. *Ersatzmaßstab für Pauschalierungen*

Typisierungen schließen als Oberbegriff die Pauschalierungen mit ein.[314] *Jarzyk-Dehne* führt hingegen aus, dass Pauschalierungen vom Gesetzgeber immer dann eingesetzt werden würden, wenn ein typischer Maßstab als Berechnungsgrundlage und somit ein typisierbarer Regelfall fehle, sodass stattdessen nur ein (nicht typischer) Ersatzmaßstab zur Annäherung an die Realität gewählt werden könnte.[315] Dieser differenzierenden Ansicht folgend, könnte davon auszugehen sein, dass Typisierungen entweder keinen Regelfall als Anknüpfungspunkt bräuchten, da sie stattdessen als Pauschalierung ausgestaltet eine (vereinfachende) Abweichung von einem steuerlichen Grundtatbestand darstellen oder aufgrund des Fehlens eines Grundtatbestandes sogar bloß auf einem Ersatzmaßstab ohne Regelfallbezug beruhen könnten. Zur ersten Alternative erläutert *Jarzyk-Dehne* konkreter, dass eine Pauschalierung unter anderem voraussetze, dass von tatsächlichen Werten pauschalierend abgewichen werde, es also einen (zumindest fiktiven) Grundtatbestand gebe[316] und der fiktive Grundtatbestand dabei keine „bloße[…] gesetzgeberische[…] Wertung ohne Realitätsbezug“[317] sei.

312 Vgl. BVerfG v. 12.10.2010 – 1 BvL 12/07, BVerfGE 127, 224 (263). Zu § 8b Abs. 3 Satz 1 KStG in Bezug auf Anteilsveräußerungen kritisch s. *Ribbrock*, BB 2011, 92 (99).

313 Vgl. *Beck*, Die Besteuerung von Beteiligungen an körperschaftsteuerpflichtigen Steuersubjekten im Einkommen- und Körperschaftsteuerrecht unter Berücksichtigung der Erwerbsaufwendungen der Steuerpflichtigen, 2004, S. 227.

314 S. bereits oben Seite 28 f.

315 Vgl. *Jarzyk-Dehne*, Pauschalierungen im Steuerrecht, 2003, S. 41 f.

316 Vgl. *Jarzyk-Dehne*, Pauschalierungen im Steuerrecht, 2003, S. 50 ff.

317 *Jarzyk-Dehne*, Pauschalierungen im Steuerrecht, 2003, S. 54.

Ob das in dieser Arbeit gewählte Typisierungsbeispiel der steuerrechtlichen Zinssatztypisierungen in diesem Sinne als Pauschalierungen oder als Typisierungen zu behandeln ist, lässt *Jarzyk-Dehne* offen, da die Zinssätze weder bei den Pauschalierungen[318] noch bei den Nichtpauschalierungen[319] genannt werden – es liegt vielmehr nahe, dass diese als Beispiele der Typisierungen/Pauschalierungen nicht gesehen wurden. Diesbezüglich bedeuten die Ausführungen zur ersten Alternative aber folglich, dass die typisierten Zinssätze von einem (realitätsnahen) Zinssatz als Grundtatbestand abweichen müssten. Ein solcher existiert jedoch nicht, da neben keiner steuerrechtlichen Zinssatztypisierung eine nicht typisierte Zinssatznorm, die den Grundtatbestand bilden könnte, zu finden ist. Die Zinssatztypisierung stellt vielmehr selbst den Grundtatbestand dar. Da außerdem die so qualifizierten Pauschalierungen, die von einem (fiktiven) Grundtatbestand abweichen, nach *Jarzyk-Dehne* (wie die Typisierungen) möglichst realitätsgerecht sein sollten,[320] stellt sich zudem auch hier die Problematik der Regelfallbestimmung und weil sie ansonsten ebenfalls vor dem allgemeinen Gleichheitssatz gerechtfertigt werden müssten,[321] ergeben sich – von den Begrifflichkeiten abgesehen – diesbezüglich ohnehin keine wesentlichen Unterschiede.

So wie die Pauschalierung stattdessen einen Ersatzmaßstab zugrunde legt, ergeben sich ebenfalls keine Unterschiede zu Typisierungen. Ein Ersatzmaßstab ist hinsichtlich der verfassungsrechtlichen Anforderungen nämlich nicht grundsätzlich von einer realitätsgerechten regelfallbasierten Typisierung zu unterscheiden, wenn jener als Durchschnittsmaßstab ebenfalls realitätsgerecht sein solle. Denn auch in Bezug auf den Ersatzmaßstab muss dann ein Durchschnitts-/Regelfall – entsprechend der bisherigen Ausführungen – bestimmt werden, da nur so dessen Realitätsgerechtigkeit beurteilt werden kann. Inwiefern ein nicht typischer Ersatzmaßstab, der dennoch zugleich in der Breite realitätsnah ausgestaltet sein soll, überhaupt existieren könnte, kann somit nicht nachvollzogen werden und erscheint stattdessen widersprüchlich. Eine weitergehende begriffliche Differenzierung ist daher auch an dieser Stelle nicht notwendig, da jedenfalls keine ersichtlichen Gründe für eine verfassungsrechtlich differenzierte Beurteilung bestehen, die eine Regalfallbestimmung obsolet machten.

---

318 Vgl. *Jarzyk-Dehne*, Pauschalierungen im Steuerrecht, 2003, S. 66 ff., 84 ff.
319 Vgl. *Jarzyk-Dehne*, Pauschalierungen im Steuerrecht, 2003, S. 57 ff.
320 Vgl. bspw. *Jarzyk-Dehne*, Pauschalierungen im Steuerrecht, 2003, S. 51, 146.
321 Vgl. *Jarzyk-Dehne*, Pauschalierungen im Steuerrecht, 2003, S. 146 f.

IV. Ergebnis zur Regelfallbestimmung

Steuerrechtliche Typisierungen müssen realitätsgerecht ausgestaltet sein, da nur eine der Wirklichkeit entsprechende Typisierung die typische Leistungsfähigkeit des Steuerpflichtigen widerspiegeln kann. Die vom Bundesverfassungsgericht genannten verfassungsrechtlichen Voraussetzungen für Typisierungen, dass die Typisierungsnachteile nur eine verhältnismäßig kleine Zahl von Personen betreffen dürften und das Ausmaß der Ungleichbehandlung durch die Typisierungen gering sein müsse,[322] sind zudem nur mit möglichst realitätsnahen Typisierungen zu erreichen. Die teilweise Fokussierung des Bundesverfassungsgerichts auf eine relative Realitätsgerechtigkeit, die als Gebot einer realitätsgerechten Werterelation verstanden werden kann, ist in den Fällen, in denen sich daraus bereits ein rechtfertigungsbedürftiger Eingriff in Art. 3 Abs. 1 GG ergibt, nachvollziehbar, bedeutet jedoch nicht gleichzeitig, dass sich die Realitätsgerechtigkeit auf diese relative Betrachtungsweise beschränkt. Vielmehr schreibt die Realitätsgerechtigkeit als Ausfluss des Leistungsfähigkeitsprinzips die Zugrundelegung eines die Wirklichkeit abbildenden Regelfalls vor. Typisierungen müssen kontextbezogen an die (wahrscheinlich) typische wirtschaftliche Gesamtrealität anknüpfen. Dies macht eine Zugrundelegung von mathematischen Durchschnittswerten (arithmetisches Mittel, Median oder Kombination) als Orientierung für den Regelfall essentiell. Die Durchschnittswerte sind – soweit vorhanden – grundsätzlich mittels (vollständiger) empirischer Daten zu ermitteln, damit der objektiv typisierte Regelfall als Ergebnis der Gesetzgebung der empirisch feststellbaren Realität entspricht. Mangelt es an empirischen Daten zur Bestimmung der Realität so ist eine Bandbreite vernünftiger Werte als Regelfallgrundlage ausreichend. Jedoch obliegt dem Gesetzgeber auch die Beschaffung, Korrektur und Aktualisierung der Daten der Regelfallbestimmung, da das Ergebnis der Gesetzgebung – die Typisierungsnorm – anhand der dem Gesetzgeber potentiell zur Verfügung stehenden Möglichkeiten hinsichtlich der Realitätsnähe zu bewerten ist.

Zur Bestimmung des Regelfalls ist schließlich die Frage nach dem objektivierten Willen des Gesetzgebers entscheidend. Sonach ist das im Gesamten zu betrachtende objektiv-sachliche Regelfallkonzept der Typisierung anhand der juristischen Auslegungsmethoden zu würdigen. Der Regelfall ist dabei in drei Schritten zu bestimmen: Zuerst sind verfassungsrechtliche Maßstäbe zu

---

322 Vgl. BVerfG v. 08.02.1983 – 1 BvL 28/79, BVerfGE 63, 119 (128); BVerfG v. 08.10.1991 – 1 BvL 50/86, BVerfGE 84, 348 (360); BVerfG v. 07.05.2013 – 2 BvR 909/06, 2 BvR 1981/06, 2 BvR 288/07, BVerfGE 133, 377 (413); BVerfG v. 29.03.2017 – 2 BvL 6/11, BVerfGE 145, 106 (146 f.).

beachten, danach ist mittels juristischer Auslegungsmethoden auszulegen und zuletzt ist – mangels Alternativen, das heißt mangels objektiviertem Regelfall – eine Bandbreite von vernünftigen denkbaren Werten, die wenigstens in einer gewissen Relation zur Realität stehen müssen, zu ermitteln, wobei die zusätzlichen strengen Voraussetzungen, dass die Typisierung für die Steuerpflichtigen überwiegend begünstigend wirkt und der Nachteil bei den restlichen Steuerpflichtigen nur geringfügig ist, erfüllt sein müssen. Ist auch eine solche Bandbreite von Werten nicht bestimmbar, muss der Gesetzgeber auf die Typisierung verzichten oder weiter ausdifferenzieren.[323]

B Bandbreite der Realitätsgerechtigkeit

Aufbauend auf einem bestimmten Regelfall ist nachfolgend die Bandbreite der Realitätsgerechtigkeit von Typisierungen zu ermitteln, um die Grenzen realitätsgerechter Typisierungen festlegen zu können.

In der älteren Rechtsprechung hat das Bundesverfassungsgericht noch zwischen Ungleichbehandlungen aufgrund begünstigender und belastender Typisierungen unterschieden.[324] Begünstigend ist eine Typisierung, wenn sie für die Betroffenen generell gegenüber dem eigentlichen Gesetzeszweck einen Vorteil bringt, und belastend entsprechend, wenn sie einen Nachteil bedeutet.[325] Inzwischen lehnt das Bundesverfassungsgericht eine derartige Unterscheidung jedoch weitgehend ab, da der allgemeine Gleichheitssatz für ungleiche Belastungen wie auch für ungleiche Begünstigungen gelte.[326] Die Vorgaben der Realitätsgerechtigkeit sind insofern folglich einheitlich zu ermitteln.

---

323 Vgl. *Tipke*, Die Steuerrechtsordnung. Band 1, 2000, S. 356; *Englisch*, StuW 2007, 221 (229).

324 Vgl. BVerfG v. 24.07.1963 – 1 BvL 30/57, 1 BvL 11/61, BVerfGE 17, 1 (23 f.); BVerfG v. 06.12.1983 – 2 BvR 1275/79, BVerfGE 65, 325 (356); vgl. dazu auch *Eckhoff*, Rechtsanwendungsgleichheit im Steuerrecht, 1999, S. 92; *Meßerschmidt*, Gesetzgebungsermessen, 2000, S. 732.

325 Vgl. bspw. BVerfG v. 24.07.1963 – 1 BvL 30/57, 1 BvL 11/61, BVerfGE 17, 1 (24); vgl. auch *Huster*, Rechte und Ziele, 1993, S. 291 ff.; *Martini*, Art. 3 Abs. 1 GG als Prinzip absoluter Rechtsgleichheit, 1997, S. 281 f.

326 Vgl. BVerfG v. 30.05.1990 – 1 BvL 2/83, 1 BvL 9/84, 1 BvL 10/84, 1 BvL 3/85, 1 BvL 11/89, 1 BvL 12/89, 1 BvL 13/89, 1 BvL 4/90, 1 BvR 764/86, BVerfGE 82, 126 (152); vgl. hierzu auch BVerfG v. 21.06.2006 – 2 BvL 2/99, BVerfGE 116, 164 (180); BVerfG v. 09.12.2008 – 2 BvL 1/07, 2 BvL 2/07, 2 BvL 1/08, 2 BvL 2/08, BVerfGE 122, 210 (230); BVerfG v. 12.10.2010 – 1 BvL 12/07, BVerfGE 127, 224 (244); vgl. auch *Eckhoff*, Rechtsanwendungsgleichheit im Steuerrecht, 1999, S. 92. An Belastungsverschonungen

I. Merkmale einer weiten Bandbreite

Die Bandbreite realitätsgerechter Typisierungen hängt insbesondere von dem Einfluss der steuerrechtlichen Typisierung auf die Belastung/Begünstigung der Steuerpflichtigen – mithin deren Wirkungsintensität in Bezug auf die Besteuerung – sowie vom zugrundeliegenden Regelfall und dem diesbezüglichen Gestaltungsspielraum des Gesetzgebers ab.

1. Gesetzliche Ausweichmöglichkeiten der Steuerpflichtigen

Gesetzliche Ausweichmöglichkeiten (Wahlrechte, sogenannte Escape-Klauseln, die durch Nachweise das Widerlegen der Typisierung zulassen, oder sonstige Ausweichmöglichkeiten), die sämtlichen Steuerpflichtigen offenstehen, führen zweifelsohne zu einer grundsätzlich realitätsgerechteren Besteuerung und damit zu einer weiten Bandbreite der Realitätsgerechtigkeit, da realitätsfern erfasste Steuerpflichtige ausweichen können und, statt typisiert, auf der Grundlage ihres tatsächlichen Sachverhalts besteuert werden.[327] Hierauf basierend stellt sich aber die Frage, ob dies auch für Ausweichmöglichkeiten gilt, die nicht jeder Steuerpflichtige nutzen kann oder nutzen darf.[328] Solche einseitigen Ausweichmöglichkeiten sind dabei die, die nur den Steuerpflichtigen zur Verfügung stehen, deren individueller Sachverhalt entweder eine günstigere oder eine ungünstigere Besteuerung als die Typisierung zur Folge hätte.

Das Bundesverfassungsgericht hat zur Begrenzung des Betriebsausgabenabzugs nach § 8b Abs. 3 Satz 1 KStG entschieden, dass eine von der Typisierung

werden allerdings noch immer besonders strenge Anforderungen gestellt, s. bspw. BVerfG v. 17.12.2014 – 1 BvL 21/12, BVerfGE 138, 136 (182 f.); s. allerdings auch *Huster*, Rechte und Ziele, 1993, S. 291 ff., der auf die Problematik der Abgrenzung zwischen begünstigenden und benachteiligenden Typisierungen hinweist.

327 Vgl. bspw. BVerfG v. 10.04.1997 – 2 BvL 77/92, BVerfGE 96, 1 (9 f.); FG Hamburg v. 07.11.2007 – 5 K 153/06, EFG 2008, 236 (239); vgl. auch *Krumm*, Steuerliche Bewertung als Rechtsproblem, 2014, S. 392; *Nußberger*, in: Sachs, GG, 2018, Art. 3 Rn. 149. Teilweise wird diesbezüglich zwischen materiellen oder kategorischen (unwiderlegbaren) und formellen oder hypothetischen (widerlegbaren) Typisierungen unterschieden, s. bspw. *Crezelius*, Steuerrechtliche Rechtsanwendung und allgemeine Rechtsordnung, 1983, S. 210; *Osterloh*, Gesetzesbindung und Typisierungsspielräume bei der Anwendung der Steuergesetze, 1992, S. 39.

328 Gesetzlich nur vereinzelten Steuerpflichtigen zur Verfügung stehende Ausweichmöglichkeiten begründen grundsätzlich einen Verstoß gegen den Gleichheitssatz und müssen daher gerechtfertigt werden.

abweichende Besteuerung (Escape-Klausel), die lediglich den leistungsfähigeren Steuerpflichtigen zu Gute komme, einen Verstoß gegen das Prinzip der Besteuerung nach der individuellen wirtschaftlichen Leistungsfähigkeit begründen würde. Denn hierbei würden die ohnehin Leistungsfähigeren ihrer tatsächlichen Leistungsfähigkeit entsprechend besteuert werden und seien somit von der nachteiligen Typisierung, die den Ausgabenabzug begrenzt, nicht betroffen, wohingegen die weniger Leistungsfähigen der nachteiligen Typisierung nicht ausweichen könnten und realitätsfern typisiert mit begrenztem Ausgabenabzug besteuert werden würden.[329] Diese Entscheidung des Bundesverfassungsgerichts verdeutlicht jedoch lediglich das verfassungsrechtliche Gebot einer realitätsgerechten Besteuerung im Allgemeinen und die Erforderlichkeit einer verfassungsrechtlichen Prüfung der Ausweichmöglichkeiten an sich, lässt die Frage, ob Ausweichmöglichkeiten die erforderliche Realitätsnähe beeinflussen, jedoch unbeantwortet.

Vielmehr ist es so, dass eine realitätsferne Typisierung in Verbindung mit Ausweichmöglichkeiten niemals dazu führt, dass aufgrund der bloßen Realitätsferne einseitig lediglich die weniger Leistungsfähigen benachteiligt werden. Im Hinblick auf die Zinssatztypisierungen lässt sich dies verdeutlichen: Bezüglich der Zinssatztypisierungen ist derjenige Steuerpflichtige am leistungsfähigsten, der die niedrigsten Finanzierungszinssätze zahlen muss oder die höchsten Zinssätze als Rendite erzielt, da die niedrigeren Zinslasten beziehungsweise die höheren Zinserträge grundsätzlich mit einer höheren Leistungsfähigkeit einhergehen. Liegt der typisierte Zinssatz für Steuernachzahlungen (aufgrund einer Niedrigzinsphase) beispielsweise (realitätsfern) über dem Marktzins der Finanzierungen leistungsfähiger Steuerpflichtiger und besteht gleichzeitig eine einseitige Ausweichmöglichkeit für Steuerpflichtige, deren individueller Zinssatz den typisierten Zinssatz unterschreitet, so können zwar lediglich die Steuerpflichtigen, die die niedrigeren Finanzierungszinssätze zahlen, der Typisierung ausweichen. Diese sind zudem auch leistungsfähiger als die Steuerpflichtigen, die tatsächlich höhere Finanzierungszinssätze als die typisierten Zinssätze zu zahlen haben, und mithin kommt eine solche entlastende Ausweichmöglichkeit nur den leistungsfähigeren Steuerpflichtigen mit niedrigen Zinslasten zu Gute. Allerdings sind es auf der anderen Seite ohnehin ausschließlich die Leistungsschwächeren, die von der Typisierung überhaupt profitieren können, da diese statt ihrer hohen individuellen Finanzierungszinssätze lediglich die niedrigeren

329 Zu § 8b Abs. 3 Satz 1 KStG s. BVerfG v. 12.10.2010 – 1 BvL 12/07, BVerfGE 127, 224 (251 f.).

typisierten Zinssätze zahlen müssen. Es mangelt folglich an einer Benachteiligung, die aus der hier beschriebenen Ausweichmöglichkeit entsteht. Diese entlastet einerseits die Leistungsfähigeren, da diese ihre individuellen Zinssätze ansetzen können, jedoch werden andererseits auch die Leistungsschwächeren durch die Typisierung weiterhin bessergestellt, als wenn sie gemäß ihrer individuellen wirtschaftlichen Leistungsfähigkeit besteuert werden würden. Letztere haben an Ausweichmöglichkeiten kein Interesse, da die Typisierung unabhängig von deren absoluter Realitätsnähe für sie vorteilhaft ist. Hieraus wird ersichtlich, dass auch nur einseitig bestehende Möglichkeiten, realitätsfernen Typisierungen auszuweichen, eine insgesamt dem Leistungsfähigkeitsprinzip besser entsprechende Besteuerung sicherstellt, da sich die besteuerten Sachverhalte im Gesamten der Realität weiter annähern und mithin die Belastungsintensität in Folge der Abweichung von der Realität gemindert wird.

Im Hinblick auf die gesetzlichen Ausweichmöglichkeiten der Steuerpflichtigen ist daher festzuhalten: Einerseits können allgemeine Ausweichmöglichkeiten, die für sämtliche Steuerpflichtige die Möglichkeit einer realitätsnahen Besteuerung sicherstellen, eine weite Bandbreite realitätsgerechter Typisierungen begründen. Gleiches gilt für einseitige Ausweichmöglichkeiten, von denen nur die Leistungsfähigeren profitieren. Andererseits können einseitige Ausweichmöglichkeiten, die nur für die weniger Leistungsfähigen existieren, die Bandbreite nicht beeinflussen, da diese Spielräume der Steuerpflichtigen aufgrund deren fehlenden Willens der (realitätsfernen) Typisierung auszuweichen, zu keiner insgesamt realitätsnäheren Besteuerung führt.

2. *Geringfügigkeit der Belastung durch die Typisierung*

Des Weiteren könnte die Geringfügigkeit der Belastung steuerrechtlicher Typisierungen ein Merkmal weiter Bandbreiten sein. Geringfügige Ungleichbehandlungen durch Typisierungen könnten nämlich grundsätzlich unbeachtlich sein.[330] Dies zeigt sich beispielsweise bei Bagatellfällen, die aufgrund ihrer besonderen Geringfügigkeit ohnehin keine Regelfall- und Realitätsgerechtigkeitsbetrachtung nach dem Leistungsfähigkeitsprinzip erforderlich machen, wenn die Leistungsfähigkeit überhaupt nicht beeinflusst wird[331] – vorausgesetzt

330 Vgl. BVerfG v. 24.01.1962 – 1 BvR 845/58, BVerfGE 13, 331 (341); BVerfG v. 20.12.1966 – 1 BvR 320/57, 1 BvR 70/63, BVerfGE 21, 12 (27).

331 Vgl. *Jarzyk-Dehne*, Pauschalierungen im Steuerrecht, 2003, S. 146.

eine Kumulation ist nicht zu erwarten[332] – oder bei lediglich temporären Belastungseffekten.[333]

Das Bundesverfassungsgericht hat dementsprechend zu den Jubiläumsrückstellungen im Jahr 2009 entschieden, dass bilanzsteuerrechtliche Regelungen, die lediglich den Zeitpunkt der Besteuerung (das „Wann") und nicht das „Ob" der Besteuerung betreffen, anhand eines weniger strengen verfassungsrechtlichen Maßstabs zu prüfen seien.[334] Dies kann jedoch nur gelten, soweit eine endgültige Belastung in Folge der bilanzsteuerrechtlichen Regelung ausbleibt, da es dann nur zu Verschiebungen in der Zeit kommt und sich die Effekte im Laufe der Zeit egalisieren, sodass Geringfügigkeit gegeben ist.[335] Ein weiteres Beispiel hierfür ist die Abzinsung im Rahmen der Rückstellungen (§ 6a EStG), wenn sich die realitätsferne Typisierung des Zinssatzes nur vorübergehend (bis zur Auflösung der Rückstellungen) auswirkt und die Belastung damit tatsächlich geringfügig ist.

Geringfügigkeit ist jedoch nur insoweit gegeben, als sich die Belastungen über die Zeit auch aufheben. Existenzbedrohende Ungleichbehandlungen in der Gegenwart können einen solchen tatsächlichen Ausgleich in der Zukunft verhindern.[336] Bei langen Zeiträumen sind zudem die Liquiditäts- und Zinseffekte nicht zu vernachlässigen.[337] Das Finanzgericht Köln hat im Jahr 2017 die Bedeutung des tatsächlichen Belastungseffekts aufgrund einer ansonsten zu weiten Perspektive zwar abgelehnt, da Vorteile der Bilanzierung gegenüber der Überschussrechnung nicht bei der verfassungsrechtlichen Beurteilung der Realitätsgerechtigkeit von Typisierungen zu beachten seien.[338] Allerdings handelt es sich im Hinblick auf die Realitätsgerechtigkeit bei einer lediglich temporären Belastung nicht um irgendeinen anderweitigen Vorteil der Bilanzierung, sondern um

332 Vgl. BVerfG v. 12.10.2010 – 1 BvL 12/07, BVerfGE 127, 224 (263); *Hey*, in: FS Bundesfinanzhof. Band 1, 2018, S. 451 (474).

333 Vgl. BVerfG v. 12.05.2009 – 2 BvL 1/00, BVerfGE 123, 111 (124 f.); BFH v. 09.05.2001 – XI B 151/00, BStBl. II 2001, 552 (554); FG Niedersachsen v. 18.04.2007 – 3 K 11463/05, EFG 2007, 1856 (1859); s. hinsichtlich der diesbezüglichen Gewichtigkeit der Rechtfertigungsgründe auch *Hey*, in: Tipke/Lang, Steuerrecht, 2018, § 3 Rn. 126.

334 BVerfG v. 12.05.2009 – 2 BvL 1/00, BVerfGE 123, 111 (125); s. zustimmend auch BFH v. 05.05.2011 – IV R 32/07, BStBl. II 2012, 98 (102).

335 Vgl. *Geberth/Sedemund*, DStR 2018, 217 (218); vgl. hinsichtlich der Beschränkung des Verlustvortrags *Holdorf*, BB 2001, 2085 (2087).

336 Vgl. *Geberth/Sedemund*, DStR 2018, 217 (219).

337 S. dahingehend *Holdorf*, BB 2001, 2085 (2087).

338 Vgl. FG Köln v. 12.10.2017 – 10 K 977/17, EFG 2018, 287 (293).

die wegen des Egalisierungseffekts gegebenenfalls tatsächlich geringere steuerliche Belastungswirkung innerhalb der Gruppe der Bilanzierenden und damit um keine (außergewöhnlich) erweiterte Perspektive.

Die Einspruchs- oder Rechtsbehelfsquoten der betroffenen Steuerpflichtigen sind zur Feststellung der Geringfügigkeit allerdings – entgegen der Rechtsprechung des Bundesverfassungsgerichts[339] – nicht heranzuziehen, da eine geringe Zahl von Einsprüchen oder Rechtsbehelfen bezüglich zumeist eindeutig auszulegender Typisierungsnormen und diesbezüglich folglich von vornherein geringer Erfolgsaussichten der Einsprüche oder Rechtsbehelfe bestenfalls ein schwaches Indiz für eine wirklichkeitsnahe Typisierung darstellen kann.[340] Auch die Anzahl betroffener Steuerpflichtiger ist als Differenzierungskriterium hinsichtlich der Bestimmung des gesetzgeberischen Entscheidungsspielraums bezüglich möglicher Abweichungen von der Realitätsgerechtigkeit nicht geeignet.[341] Eine kleine Gruppe muss sich grundsätzlich auf das gleiche Maß an Realitätsgerechtigkeit berufen können wie eine größere Gruppe, da es eines sachgerechten Differenzierungsgrundes bedarf,[342] den die bloße Gruppengröße regelmäßig nicht darstellt. Selbst die zu intensive Benachteiligung eines Einzelnen kann für einen Gleichheitsverstoß schließlich ausreichend sein.[343] Dies folgt bereits aus dem Individualrechtscharakter des Gleichheitssatzes.[344] Für den Einzelnen ist es unbedeutend, ob von den Typisierungsnachteilen noch andere Steuerpflichtige betroffen sind oder nicht.[345] Im Gegenteil ist bei einer kleinen Anzahl Betroffener zusätzlich der Vereinfachungszweck der Typisierung fraglich, sodass eine einzelfallgerechte tatsächliche Berücksichtigung des tatsächlichen Sachverhalts angebracht sein kann. Zusätzlich widerspricht eine solche Differenzierung dem Prinzip des Minderheitenschutzes.[346]

Damit entspricht die Aussage, dass nur Wenige von der Typisierung benachteiligt oder bevorzugt werden dürften, nur der grundsätzlichen Anforderung an die Typisierungen, wonach diese die Realität möglichst in ihrer gesamten Breite

---

339 Vgl. BVerfG v. 12.10.2010 – 1 BvL 12/07, BVerfGE 127, 224 (261 f.).

340 S. ergänzend oben Seite 75.

341 Vgl. *Leisner*, StuW 2007, 241 (246); a. A. *Jarzyk-Dehne*, Pauschalierungen im Steuerrecht, 2003, S. 156.

342 Vgl. bspw. *Kirchhof*, in: Maunz/Dürig, GG, 2015, Art. 3 Abs. 1 Rn. 128.

343 Vgl. *Huster*, Rechte und Ziele, 1993, S. 272.

344 Vgl. *Englisch*, Wettbewerbsgleichheit im grenzüberschreitenden Handel, 2008, S. 170 m. w. N.

345 Vgl. *Huster*, Rechte und Ziele, 1993, S. 278.

346 Vgl. *Leisner*, StuW 2007, 241 (246).

abbilden müssen.[347] Etwas anderes gilt zum einen nur, wenn Typisierungen (tatsächliche) Ausnahmefälle, die nur wenige Steuerpflichtige betreffen, unberücksichtigt lassen, da diese im Rahmen der generalisierenden, am Regelfall orientierten Betrachtung vernachlässigt werden können, wenn die Regelungen ansonsten in der Durchschnittsbetrachtung realitätsgerecht ausgestaltet sind.[348] Entsprechendes gilt zum anderen, wenn den Steuerpflichtigen gesetzliche Ausweichmöglichkeiten ohne anderweitige Nachteile zur Verfügung stehen, da die Typisierungen dann für diejenigen (wenigen) Steuerpflichtigen, die dieser nicht ausweichen, regelmäßig nicht übermäßig belastend sein können.[349] Im entgegengesetzten Extremfall, nämlich wenn durch die Typisierung mehrheitlich Steuerpflichtige erfasst werden, deren Erfassung nach dem primären Regelungsziel durch den Gesetzgeber nicht gewollt war, hat der Gesetzgeber einen atypischen Fall als Leitbild gewählt, sodass die Typisierung überhaupt nicht geeignet ist, die Realität abzubilden.[350]

Im Übrigen können die Ungleichbehandlungen infolge von Typisierungen im Gesamten geringfügig sein, wenn entstehenden unbilligen Härten mittels Härteklauseln, beispielsweise Billigkeitserlassen gemäß §§ 163, 227 AO, begegnet werden kann.[351] Den Härteklauseln kommt eine „Ventilfunktion" zu,[352] indem sie für einen Ausgleich der im Massenverfahren systematisch bedingten Unbilligkeiten in Einzelfällen sorgen und einem „Überhang gesetzlicher Tatbestände"[353] entgegenwirken.[354] Sie dienen damit der Verwirklichung des Gleichheitssatzes[355] und sind bei der Beurteilung der Verfassungsmäßigkeit zu berücksichtigen, indem Ausreißerwerte ohne Beachtung bleiben können.[356] Die unbilligen

---

347 Vgl. *Kirchhof*, in: FS Meyding, 1994, S. 3 (10); *Kirchhof*, in: StbJb 1994/95, S. 5 (20 f.).

348 S. dahingehend bspw. BVerfG v. 02.10.1968 – 1 BvF 3/65, BVerfGE 24, 174 (183); BVerfG v. 09.12.2008 – 2 BvL 1/07, 2 BvL 2/07, 2 BvL 1/08, 2 BvL 2/08, BVerfGE 122, 210 (232).

349 Vgl. BVerfG v. 15.01.2008 – 1 BvL 2/04, BVerfGE 120, 1 (52 f.).

350 Vgl. hierzu auch *Huster*, Rechte und Ziele, 1993, S. 274 f.

351 Vgl. *Hey*, in: Tipke/Lang, Steuerrecht, 2018, § 3 Rn. 148; vgl. auch *Eckhoff*, Rechtsanwendungsgleichheit im Steuerrecht, 1999, S. 95; *Müller-Franken*, StuW 2004, 109 (121). Zu den Härteklauseln s. auch umfassend *Pernice*, Billigkeit und Härteklauseln im öffentlichen Recht, 1991, S. 266 ff.

352 *Pernice*, Billigkeit und Härteklauseln im öffentlichen Recht, 1991, S. 271.

353 *Baum*, Die Vollverzinsung nach § 233a AO, 1997, S. 141.

354 Vgl. BVerfG v. 08.02.1977 – 1 BvF 1/76 u. a., BVerfGE 43, 291 (378).

355 Vgl. *Huster*, Rechte und Ziele, 1993, S. 290.

356 Vgl. insb. BVerfG v. 05.04.1978 – 1 BvR 117/73, BVerfGE 48, 102 (114).

Extremfälle sind für die Bemessung der (durchschnittlichen) Realitätsgerechtigkeit nämlich nicht heranzuziehen, da diese von einer realitätsfernen Typisierung nicht betroffen sind, solange die Billigkeitsmaßnahmen die einzelfall- und gleichheitsgerechte Besteuerung der Härtefälle garantieren. Hieraus den Grundsatz abzuleiten, dass die Bandbreite der Realitätsgerechtigkeit erweitert sei, wenn Erlassregelungen existierten,[357] geht jedoch zu weit, da ein Billigkeitserlass (§§ 163, 227 AO) vom Ermessen der Verwaltung abhängig ist und dazu dient, steuerrechtliche Ergebnisse an Besonderheiten eines Einzelfalls anzugleichen, wenn das Ziel einer gesetzlichen Typisierung ansonsten verfehlt werden oder deren steuerrechtlicher Wertung zuwiderlaufen würde und bestehende Härten im Einzelfall daher ausnahmsweise zu korrigieren sind.[358] Billigkeitsmaßnahmen dürfen generell nicht zur Regel werden, denn schließlich können fortwährend verursachte Härten nicht in einem derartigen Ausmaß durch bestehende Billigkeitsmaßnahmen ausgeglichen werden, dass diese die Allgemeingültigkeit einer Regelung aufheben.[359] Zudem ist die Kompetenz für Billigkeitsmaßnahmen der Verwaltung als Folge des Grundsatzes des Gesetzesvorbehalts[360] auch nur zur Herstellung der Einzelfallgerechtigkeit bezüglich der Gerechtigkeitsdefizite in atypischen Einzelfällen gegeben.[361]

Zuletzt könnte noch die Saldierung von Vor- und Nachteilen eine Geringfügigkeit der Auswirkungen begründen, indem sich die Folgen realitätsferner Typisierungen bis zur Geringfügigkeit ausgleichen. Hierbei handelt es sich jedoch um einen rein theoretischen Fall der Geringfügigkeit, da die Saldierung hinsichtlich eines generellen Einflusses auf die Bandbreite der Realitätsgerechtigkeit bezüglich aller Steuerpflichtigen und jedes Sachverhalts strukturell vorliegen müsste, um die Auswirkungen einer realitätsfernen Typisierung grundsätzlich auszugleichen.[362]

---

357 Vgl. bspw. FG Niedersachsen v. 18.04.2007 – 3 K 11463/05, EFG 2007, 1856 (1859).

358 Vgl. *Hey*, in: IFSt-Schrift 511, 2016, S. 61 (128). Das Bundesverfassungsgericht bestätigt mit vorhandenen Billigkeitsmaßnahmen bereits gefundene Ergebnisse („zumal"), s. bspw. BVerfG v. 13.10.1971 – 1 BvL 10/69, BVerfGE 32, 78 (86); BVerfG v. 13.01.1976 – 1 BvR 631/69, 1 BvR 24/70, BVerfGE 41, 126 (188). Zu den Voraussetzungen der Billigkeitsmaßnahmen s. ausführlich BFH v. 28.11.2016 – GrS 1/15, BStBl. II 2017, 393 (402 f.).

359 Vgl. BVerfG v. 05.04.1978 – 1 BvR 117/73, BVerfGE 48, 102 (116); s. dahingehend auch *Pernice*, Billigkeit und Härteklauseln im öffentlichen Recht, 1991, S. 465 f.

360 Vgl. *Benda*, DStZ 1984, 159 (161).

361 Vgl. *Pernice*, Billigkeit und Härteklauseln im öffentlichen Recht, 1991, S. 465.

362 Zum hiervon abzugrenzenden individuellen Rechtfertigungsgrund der Saldierung von Vor- und Nachteilen s. unten Seite 189 f.

3. *Gestaltungsspielraum des Gesetzgebers*

Weit ist die Bandbreite der Realitätsgerechtigkeit zudem hinsichtlich solcher steuerrechtlicher Typisierungen, in deren Anwendungsgebiet der Gesetzgeber ohnehin über einen (weiten) Gestaltungsspielraum verfügt.[363] Dies trifft zum Beispiel auf Abgrenzungsfälle der privaten Lebensführung (§ 12 Nr. 1 EStG) zu,[364] da hier vor allem die tatsächlichen, gleichwohl individuell gestaltbaren Besonderheiten und Entscheidungen des Steuerpflichtigen unberücksichtigt bleiben können und insofern eine gröbere – in Einzelfällen realitätsfernere – Typisierung unbedenklich ist.[365] Aber auch im Hinblick auf die Verschonung des (soziokulturellen) Existenzminimums hat der Gesetzgeber einen Gestaltungsspielraum, der von zum Teil rein politischen Entscheidungen abhängt.[366] Nur die einmal gewählte Belastungsentscheidung ist vom Gesetzgeber dann jeweils folgerichtig und mithin realitätsgerecht umzusetzen, sodass die Typisierung die getroffene Entscheidung in Bezug auf den Regelfall grundsätzlich realitätsgerecht abbilden muss.[367]

Außerdem könnten komplexe oder unsichere zu typisierende Sachverhalte aufgrund der Hindernisse bei der Sachverhaltsermittlung sowie ein weiter Geltungsbereich der Typisierungsnorm einen besonderen Gestaltungsspielraum des Gesetzgebers beziehungsweise gröbere steuerrechtliche Typisierungen begründen.[368] Entsprechend könnten auch bezüglich des Regelfalls zwingende gesetzgeberische Prognosen weniger strenge Anforderungen an die Realitätsnähe der

---

363 Vgl. BVerfG v. 07.12.1999 – 2 BvR 301/98, BVerfGE 101, 297 (311); BVerfG v. 09.12.2008 – 2 BvL 1/07, 2 BvL 2/07, 2 BvL 1/08, 2 BvL 2/08, BVerfGE 122, 210 (239 f.); vgl. dazu auch *Hey*, in: IFSt-Schrift 511, 2016, S. 61 (70 f.); *Doralt*, FR 2018, 347 (348).

364 Vgl. BVerfG v. 09.12.2008 – 2 BvL 1/07, 2 BvL 2/07, 2 BvL 1/08, 2 BvL 2/08, BVerfGE 122, 210 (239 f.).

365 Vgl. BVerfG v. 07.12.1999 – 2 BvR 301/98, BVerfGE 101, 297 (311 f.); BVerfG v. 06.07.2010 – 2 BvL 13/09, BVerfGE 126, 268 (282); vgl. auch *Jachmann*, in: FS Offerhaus, 1999, S. 1071 (1087 f.), die hier ein „ganz erhebliches Typisierungsbedürfnis" sieht.

366 Vgl. BVerfG v. 10.04.1997 – 2 BvL 77/92, BVerfGE 96, 1 (6 f.); *Kirchhof*, Stbg 1995, 68 (72); *Krüger*, in: FS Bundesfinanzhof. Band 2, 2018, S. 1261 (1266).

367 Zum Gebot der Folgerichtigkeit s. oben Seite 42 ff.

368 Vgl. BVerfG v. 28.04.1999 – 1 BvL 22/95, 1 BvL 34/95, BVerfGE 100, 59 (101); BVerfG v. 06.07.2010 – 2 BvL 13/09, BVerfGE 126, 268 (282); vgl. auch *Eckhoff*, Rechtsanwendungsgleichheit im Steuerrecht, 1999, S. 94; *Kirchhof*, in: Isensee/Kirchhof, Handbuch des Staatsrechts der Bundesrepublik Deutschland, 2000, § 124 Rn. 296; *Wernsmann*, DStR-Beihefter 2011, 72 (72); *Hey*, in: IFSt-Schrift 511, 2016, S. 61 (67).

Typisierungen stellen, solange dem Gesetzgeber fundierte Erfahrungen (noch) nicht vorliegen und sofern die Typisierungen nicht offensichtlich unplausibel sind.[369]

a) Fortwährende Komplexität des Regelfalls

So ist der Gestaltungsspielraum des Gesetzgebers in Bezug auf die Realitätsgerechtigkeit der steuerrechtlichen Typisierungen in solchen Fällen grundsätzlich besonders weitreichend, in denen – unabhängig von der Erforderlichkeit einer Prognose[370] – hochkomplexe Entscheidungssituationen des Gesetzgebers vorliegen (beispielsweise außerhalb des Steuerrechts im Atomgesetz[371]), sofern aus dieser Komplexität der Erfassung des Sachverhalts auch fortwährende Unsicherheiten, die die Entscheidung betreffen, entstehen,[372] die empirische Datenlage nur eine gröbere Typisierung zulässt[373] und eine einzelfallgerechtere Typisierung zu einer weiteren Komplizierung sowie weiteren Unsicherheiten führen würde.[374]

Entsprechendes gilt für Sachverhalte mit besonders schwankungsanfälligen Marktwerten (wie bei den Zinssätzen), sodass auch hier der Maßstab weniger streng zu bemessen ist, da die Realitätsgerechtigkeit nicht von kurzfristigen Marktschwankungen am Stichtag der verfassungsrechtlichen Prüfung abhängig gemacht werden kann, um ständige Anpassungen, die der Typisierungsidee entgegenstehen, zu vermeiden.[375] Daher können sehr schwankende Sachverhalte in

---

369 Vgl. BVerfG v. 10.05.1972 – 1 BvR 286/65, 1 BvR 293/65, 1 BvR 295/65, BVerfGE 33, 171 (190 f.); BVerfG v. 08.04.1987 – 2 BvR 909/82 u. a., BVerfGE 75, 108 (162); vgl. ausdrücklich auch *Kirchhof*, in: StbJb 1994/95, S. 5 (21); *Jarzyk-Dehne*, Pauschalierungen im Steuerrecht, 2003, S. 156.

370 Zu den (zusätzlichen) Besonderheiten der Prognoseentscheidungen s. im Anschluss unten Seite 93 ff.

371 Vgl. BVerfG v. 06.12.2016 – 1 BvR 2821/11, 1 BvR 321/12, 1 BvR 1456/12, BVerfGE 143, 246 (390 f.).

372 Vgl. BVerfG v. 04.07.2012 – 2 BvC 1/11, 2 BvC 2/11, BVerfGE 132, 39 (57).

373 Vgl. BVerfG v. 31.05.1988 – 1 BvR 520/83, BVerfGE 78, 214 (231 f.); s. dies offenlassend BVerfG v. 08.06.1993 – 1 BvL 20/85, BVerfGE 89, 15 (26).

374 Vgl. BVerfG v. 10.05.1972 – 1 BvR 286/65, 1 BvR 293/65, 1 BvR 295/65, BVerfGE 33, 171 (189); BVerfG v. 14.05.1985 – 1 BvR 449/82, 1 BvR 523/82, 1 BvR 728/82, 1 BvR 700/82, BVerfGE 70, 1 (34); BVerfG v. 05.11.1991 – 1 BvR 1256/89, BVerfGE 85, 80 (91); vgl. dazu auch *Huster*, Rechte und Ziele, 1993, S. 294.

375 S. dahingehend zu § 138 Abs. 2 BGB *Bender*, NJW 1980, 1129 (1133); vgl. auch BFH v. 11.12.1997 – III R 214/94, BStBl. II 1998, 292 (296).

einer weiteren Bandbreite realitätsgerecht typisiert werden als schwankungsärmere. Dies gilt jedoch nur, soweit sich die Schwankungen auch tatsächlich auf den typischen Regelfall, der als Durchschnittswert zu bestimmen ist, (dauerhaft) auswirken. Das bedeutet, dass wenn vor allem die Extremwerte schwanken, der Durchschnittswert hingegen wenig schwankungsanfällig ist, dies nicht zu gröberen Maßstäben führen darf. Den Schwankungen vergleichbar können darüber hinaus auch nicht eindeutige oder gar gegenläufige Entwicklungen einzelner Marktwerte zu weiteren Bandbreiten führen.[376] Dass Schwankungen aber zugleich eine erhöhte Aufmerksamkeit des Gesetzgebers bezüglich der Kontrolle und Anpassung solcher Typisierungen erfordern können, sei nur am Rande erwähnt, da hierauf noch einzugehen sein wird.[377]

b) Prognoseentscheidungen des Gesetzgebers

Bevor der Gestaltungsspielraum des Gesetzgebers in Bezug auf Prognoseentscheidungen beurteilt werden kann, sind diese zunächst systematisch einzuordnen und vom gesetzgeberischen Ermessen im Rahmen sogenannter Gesetzgebungsexperimente abzugrenzen. Unter Letzteren sind Gesetze zu verstehen, die zwar vollständig gültig und in Kraft getreten sind, aber sich noch in Erprobung befinden.[378] Merkmale der Gesetzgebungsexperimente sind daher die Befristung sowie die Verpflichtung zur ergebnisoffenen Evaluation der Gesetzesauswirkungen.[379] Der Gesetzgeber wird hierbei folglich aus einem „Zustand völliger tatsächlicher Ungewißheit" heraus gesetzgeberisch tätig.[380] Ein Gesetzgebungsexperiment setzt deswegen verfassungsrechtlich vor allem ein Bedürfnis nach dem Experiment sowie dessen Geeignetheit und Erforderlichkeit voraus.[381]

Damit die steuerrechtlichen Typisierungen nach dem (gegebenenfalls erweiterten) verfassungsrechtlichen Gestaltungsspielraum des Gesetzgebers in Bezug

376 Vgl. hierzu BVerfG v. 08.06.1993 – 1 BvL 20/85, BVerfGE 89, 15 (26).

377 S. unten Seite 191 ff.

378 Vgl. *Meßerschmidt*, Gesetzgebungsermessen, 2000, S. 1015 f.

379 Vgl. *Meßerschmidt*, Gesetzgebungsermessen, 2000, S. 1017; vgl. auch *Bräunig*, Die Gestaltungsfreiheit des Gesetzgebers in der Rechtsprechung des Bundesverfassungsgerichts zur deutschen Wiedervereinigung, 2007, S. 73.

380 *Meßerschmidt*, Gesetzgebungsermessen, 2000, S. 1024. Zur Abgrenzung und Überschneidung mit den Prognoseentscheidungen s. auch *Bräunig*, Die Gestaltungsfreiheit des Gesetzgebers in der Rechtsprechung des Bundesverfassungsgerichts zur deutschen Wiedervereinigung, 2007, S. 72 f.

381 Vgl. *Kloepfer*, in: VVDStRL 40, 1982, S. 63 (94).

auf Gesetzgebungsexperimente zu beurteilen wären,[382] müssten sie diese Voraussetzungen erfüllen. Es dürfte jedoch regelmäßig bereits am Experimentbedürfnis, das tatsächliche Unsicherheit verlangt, mangeln, da die politische Willensbildung bei den Typisierungen zum Gesetzgebungszeitpunkt regelmäßig abgeschlossen sein wird und ein Rückgriff auf empirische (historische) Daten zumeist unproblematisch ist.[383] Jedenfalls die Geeignetheit des Experiments, wonach die angestrebten Erkenntnisse und Antworten auf Zweifelsfragen mittels des Experiments überhaupt zu gewinnen sein müssten,[384] ist abzulehnen. Die Ungewissheit in Bezug auf die zukünftige Entwicklung des einer steuerrechtlichen Typisierung zugrundeliegenden Regelfalls besteht nach jedem Experiment grundsätzlich erneut, da aus den Regelfallentwicklungen während der Experimentierphase regelmäßig keine Erkenntnisse abgeleitet werden können, die für die anschließende Zukunft eine langfristig realitätsnähere Regelung zuließen.

Prognoseentscheidungen werden hingegen weder probeweise getroffen noch werden sie befristet erlassen, um Ergebnisse zu evaluieren. Prognosen bilden zumeist die Grundlage einer Norm, die zum Zeitpunkt der Gesetzgebung als korrekt angesehen wird.[385] Dabei ist eine Prognose jede wissenschaftlich fundierte Vorstellung von tatsächlichen Entwicklungen, Zuständen oder Ereignissen in der Zukunft mittels kritischer Beurteilung der Vergangenheit und Gegenwart.[386] So ist sie ein von Unsicherheiten geprägtes Wahrscheinlichkeitsurteil,[387] das unter gewissen getroffenen Annahmen und der Verarbeitung vorhandener (gegenwärtiger) Daten eine wahrscheinliche Aussage über die Zukunft trifft („Diagnose der Zukunft").[388] Prognosen schließen von einem

---

382 Den Gestaltungsspielraum der Gesetzgebungsexperimente diskutierend s. *Meßerschmidt*, Gesetzgebungsermessen, 2000, S. 1020 ff.; s. auch *Kloepfer*, in: VVDStRL 40, 1982, S. 63 (95 f.).

383 Vgl. allgemein *Kloepfer*, in: VVDStRL 40, 1982, S. 63 (94 f.); *Meßerschmidt*, Gesetzgebungsermessen, 2000, S. 1026 f.

384 Vgl. *Hoffmann-Riem*, ZRP 1980, 31 (32); *Kloepfer*, in: VVDStRL 40, 1982, S. 63 (94); *Meßerschmidt*, Gesetzgebungsermessen, 2000, S. 1027.

385 Vgl. *Kloepfer*, in: VVDStRL 40, 1982, S. 63 (92).

386 Vgl. *Stettner*, DVBl 1982, 1123 (1125 Fn. 22); *Bernd*, Legislative Prognosen und Nachbesserungspflichten, 1989, S. 7; *Jachmann*, Die Fiktion im öffentlichen Recht, 1998, S. 197; vgl. auch *Hey*, in: IFSt-Schrift 511, 2016, S. 61 (111).

387 Vgl. BVerfG v. 26. 05.1981 – 1 BvL 56/78, 1 BvL 57/78, 1 BvL 58/78, BVerfGE 57, 139 (159 f.); *Ossenbühl*, in: FS Bundesverfassungsgericht. Band 1, 1976, S. 458 (501); *Bernd*, Legislative Prognosen und Nachbesserungspflichten, 1989, S. 10.

388 Vgl. *Picht*, Prognose, Utopie, Planung, 1967, S. 13 f. Zur Abgrenzung von bloßen Spekulationen s. *Meßerschmidt*, Gesetzgebungsermessen, 2000, S. 977 f.

gegenwärtigen tatsächlichen Tatsachenbestand auf eine zu erwartende Entwicklung und versuchen damit, die künftige Realität zu treffen.[389] Da letztlich sogar die (stillschweigende) Annahme, es werde sich in Zukunft am typisierten Sachverhalt nichts ändern, eine Prognoseentscheidung ist, stellt grundsätzlich jede Typisierung eine Prognose dar.[390]

Der Gesetzgeber verfügt hierbei über einen weiten Prognosespielraum: Prognosen werden zumeist zur Normierung gegenwärtiger komplexer, unübersichtlicher und dynamischer Sachverhalte eingesetzt, sodass der Gesetzgeber „Gestaltungsfreiheit aus Komplexität“[391] sowie ein „Recht zum Irrtum“[392] genießt, um solche ungewissen Sachverhalte überhaupt regeln zu können und die Zukunft (vor allem auch zur Gefahrenabwehr[393]) mitgestalten zu können. Der Gesetzgeber hat hier einen „Einschätzungs- und Prognosevorrang“, um seine wirtschafts-, arbeitsmarkt-, außen- und sozialpolitischen Vorstellungen umsetzen zu können,[394] und daher wird ihm vom Bundesverfassungsgericht aufgrund der damit verbundenen Ungewissheiten („Defizit an Rationalität“[395]) grundsätzlich ein weiter Spielraum zugestanden.[396] So ist eine Norm nicht allein deshalb verfassungswidrig, weil sie auf einer Fehlprognose basiert, das heißt, die Prognose trifft in der Zukunft tatsächlich nicht ein und die Wertung stellt sich folglich ex post als falsch heraus.[397] Irrtümer hinsichtlich der tatsächlichen

389 Vgl. *Jachmann*, Die Fiktion im öffentlichen Recht, 1998, S. 198.

390 Vgl. *Stettner*, DVBl 1982, 1123 (1125); *Hey*, wiedergegeben in: *Weber*, Protokoll zum 150. Bochumer Steuerseminar für Praktiker und Doktoranden v. 8.12.2017, S. 4, abrufbar unter https://www.kompetenzzentrum-steuerrecht.de/cms/upload/Protokolle_Bochumer_Steuerseminar/Protokolle_zum_Bochumer_Steuerseminar/Protokoll_150._BSS.pdf (abgerufen am 09.12.2019).

391 *Meßerschmidt*, Gesetzgebungsermessen, 2000, S. 731.

392 *Grabitz*, AöR 98, 568 (572).

393 Vgl. BVerfG v. 18.12.1968 – 1 BvL 5/64 u. a., BVerfGE 25, 1 (12 f.); BVerfG v. 06.10.1987 – 1 BvR 1086/82, 1 BvR 1468/82, 1 BvR 1623/82, BVerfGE 77, 84 (106 f.).

394 BVerfG v. 06.10.1987 – 1 BvR 1086/82, 1 BvR 1468/82, 1 BvR 1623/82, BVerfGE 77, 84 (106). Den weitgehenden Prognosespielraum insbesondere der wirtschaftspolitischen Entscheidungen hervorhebend s. *Seetzen*, NJW 1975, 429 (431 f.).

395 *Ossenbühl*, in: FS Bundesverfassungsgericht. Band 1, 1976, S. 458 (501).

396 Vgl. erstmals BVerfG v. 22.05.1963 – 2 BvC 3/62, BVerfGE 16, 130 (142 f.); vgl. auch BVerfG v. 01.03.1979 – 1 BvR 532/77, 1 BvR 533/77, 1 BvR 419/78, 1 BvL 21/78, BVerfGE 50, 290 (332 f.). Zum Begriff des Prognosespielraums als Umschreibung der Prognosesicherheit s. *Bernd*, Legislative Prognosen und Nachbesserungspflichten, 1989, S. 59 f.

397 Vgl. BVerfG v. 09.03.1971 – 2 BvR 326/69 u. a., BVerfGE 30, 250 (263).

Entwicklung sind vielmehr hinzunehmen.[398] Prognostizierende steuerrechtliche Typisierungen könnten folglich gegebenenfalls realitätsferner, das heißt in einer weiteren Bandbreite, ausgestaltet sein, soweit die getroffene Prognose von der tatsächlichen Entwicklung abweicht.

Zur Festlegung des Gestaltungsspielraums des Gesetzgebers in Bezug auf die Prognoseentscheidungen ist allerdings zunächst der Prognosestruktur entsprechend zwischen der Prognosebasis, der Prognose und der Prognosewürdigung zu differenzieren.[399] Hiervon ist die Würdigung der Prognose im Gesetzgebungsverfahren (verfassungs-)rechtlich nämlich grundsätzlich nicht zu kontrollieren, weil diese zumeist von rein politischen Wertungen abhängt, wie beispielsweise einer optimistischen oder pessimistischen Einstellung des Gesetzgebers hinsichtlich der vertretbaren Wahrscheinlichkeiten.[400] Insofern steht dem Gesetzgeber ein besonderer Entscheidungsspielraum im Rahmen der Gesetzgebung prognostizierender Typisierungen zu.

Im Hinblick auf die Prognosebasis sowie die hieraus abgeleitete Prognose ergeben sich für den Gestaltungsspielraum des Gesetzgebers im Gesetzgebungsverfahren jedoch keine Besonderheiten. Die Prognose macht eine Orientierung an Gegenwarts- und Vergangenheitswerten erforderlich und ermöglicht keine gesicherten Aussagen zur Zukunft.[401] Daher sind die zur Tatsachenfeststellung gehörende Basis der Prognose sowie die Prognose an sich, einschließlich der gewählten Methoden und der fehlerfreien Anwendung, (verfassungs-)rechtlich nur aus einer ex ante Betrachtung heraus zu überprüfen, da der Gesetzgeber lediglich die hiermit verbundenen erkennbaren Unsicherheiten minimieren muss.[402] Entscheidend ist hierzu, ob der Gesetzgeber insbesondere die zur

---

398 Vgl. *Gusy*, ZRP 1985, 291 (293); vgl. auch BVerfG v. 18.12.1968 – 1 BvL 5/64 u. a., BVerfGE 25, 1 (12 f.); BVerfG v. 19.03.1975 – 1 BvL 20/73, 1 BvL 21/73, 1 BvL 23/73, 1 BvL 24/73, BVerfGE 39, 210 (229 f.).

399 Vgl. *Meßerschmidt*, Gesetzgebungsermessen, 2000, S. 978.

400 Bezüglich der Verwaltung s. BVerwG v. 05.10.1990 – 4 B 249/89, NVwZ-RR 1991, 118 (121).

401 Vgl. *Hey*, in: IFSt-Schrift 511, 2016, S. 61 (74).

402 Vgl. BVerfG v. 18.12.1968 – 1 BvL 5/64 u. a., BVerfGE 25, 1 (12 f.); BVerfG v. 01.03.1979 – 1 BvR 532/77, 1 BvR 533/77, 1 BvR 419/78, 1 BvL 21/78, BVerfGE 50, 290 (333 f.); BVerfG v. 06.10.1987 – 1 BvR 1086/82, 1 BvR 1468/82, 1 BvR 1623/82, BVerfGE 77, 84 (109); *Ossenbühl*, in: FS Bundesverfassungsgericht. Band 1, 1976, S. 458 (517); *Gusy*, ZRP 1985, 291 (293); *Bernd*, Legislative Prognosen und Nachbesserungspflichten, 1989, S. 14 f., 39 ff.; *Meßerschmidt*, Gesetzgebungsermessen, 2000, S. 978 f.

Verfügung stehenden sowie die gegebenenfalls zu beschaffenden Daten und Erkenntnisse zur Erstellung der Prognose genutzt hat.[403] Eine Prognose ist demnach nicht sachgerecht, wenn der Gesetzgeber entweder in Bezug auf die Zwecktauglichkeit gegenwärtige Tatsachen fehlerhaft ermittelt hat,[404] was im Steuerrecht allerdings nur auf die Sozialzwecknormen zutreffen kann, da Fiskalzwecknormen keinen verbindlich festzulegenden Zweck verfolgen, der korrekt zu prognostizieren wäre,[405] oder Daten nicht respektive fehlerhaft verwendet hat, um bestehende Unsicherheiten im Hinblick auf die zukünftige Entwicklung in hinreichendem Maße zu reduzieren[406] und um von Anfang an verfassungswidrige Regelungen zu verhindern.[407] Die Fehler im Bereich der Tatsachenfeststellungen im Gesetzgebungsverfahren sind aber nicht als Besonderheiten der Prüfung der Prognoseentscheidungen einzuordnen: Infolge der Fehler mangelt es an einer sachgerechten Prognose[408] und stattdessen ist wie bei der Nichtberücksichtigung empirischer Daten zu prüfen. Denn soweit die Norm auf einer im Ansatz erkennbaren Fehlprognose beruht, besteht kein Grund für eine besondere Realitätsferne, da diese objektiv nicht auf die Eigenarten einer Prognose zurückzuführen ist, sondern stattdessen vermeidbar gewesen wäre. Das Risiko einer vermeidbaren Falschprognose und darauf beruhend ein verfassungswidriges, mithin anzupassendes Gesetz erlassen zu haben geht schließlich zu Lasten des Gesetzgebers.[409] Der Spielraum des Gesetzgebers ist somit – die

---

403 Vgl. BVerfG v. 19.03.1975 – 1 BvL 20/73, 1 BvL 21/73, 1 BvL 23/73, 1 BvL 24/73, BVerfGE 39, 210 (229); vgl. zuvor bereits BVerfG v. 18.12.1968 – 1 BvL 5/64 u. a., BVerfGE 25, 1 (12); BVerfG v. 09.03.1971 – 2 BvR 326/69 u. a., BVerfGE 30, 250 (263). Dazu, dass der Gesetzgeber eine Prognoseentscheidung treffen dürfe, wenn die empirischen Daten keine eindeutige Einschätzung zuließen, s. BVerfG v. 17.12.2014 – 1 BvL 21/12, BVerfGE 138, 136 (190 ff.).

404 Vgl. BVerfG v. 02.10.1973 – 1 BvR 459/72, 1 BvR 477/72, BVerfGE 36, 47 (61 ff.).

405 Zur Erkennbarkeit der gesetzgeberischen Entscheidung bei Sozialzwecknormen s. bspw. BVerfG v. 22.06.1995 – 2 BvL 37/91, BVerfGE 93, 121 (147 f.); BVerfG v. 06.03.2002 – 2 BvL 17/99, BVerfGE 105, 73 (112 f.); BVerfG v. 09.12.2008 – 2 BvL 1/07, 2 BvL 2/07, 2 BvL 1/08, 2 BvL 2/08, BVerfGE 122, 210 (237 f.). S. zur erforderlichen Erkennbarkeit des Sozialzwecks auch noch unten Seite 169 f.

406 Vgl. BVerfG v. 04.07.2012 – 2 BvC 1/11, 2 BvC 2/11, BVerfGE 132, 39 (57); *Breuer*, Der Staat 1977, 21 (39); *Gusy*, ZRP 1985, 291 (293).

407 Vgl. *Bernd*, Legislative Prognosen und Nachbesserungspflichten, 1989, S. 57. Zur Frage der Geeignetheit s. auch umfassend *Meßerschmidt*, Gesetzgebungsermessen, 2000, S. 998 ff.

408 Vgl. *Breuer*, Der Staat 1977, 21 (40).

409 Vgl. *Bernd*, Legislative Prognosen und Nachbesserungspflichten, 1989, S. 56.

Prognosewürdigung weitgehend ausnehmend – im Bereich der validen Prognosemethodik im Gesetzgebungsverfahren ohne Besonderheiten.

Im Folgenden sind daher auch nur noch die möglichen Besonderheiten der Prognoseentscheidungen zu erörtern, die sich hinsichtlich der Realitätsgerechtigkeit wegen des größeren Gestaltungsspielraums des Gesetzgebers bei der steuerrechtlichen Typisierung als objektiviertem (aus der Prognose abgeleitetem) gesetzgeberischem Ergebnis ergeben könnten. Der verfassungsrechtlichen Kontrolle unterliegt – wie dargestellt – auch bei prognostizierenden Fiskalzwecknormen nur der objektivierte Wille, mithin die Gesetzesnorm. Damit sind (verfassungs-)rechtlich überhaupt nur die Prognosen von Bedeutung, die kausal für die gesetzgeberische Entscheidung im Hinblick auf das objektivierte Ergebnis waren. So ist beispielsweise eine zu optimistische/pessimistische Einschätzung zum Steueraufkommen einer Norm entscheidungsneutral, wenn der Gesetzgeber die Regelung hiervon nicht abhängig gemacht hat oder nur ein Nebenbestandteil der Entscheidung war.[410] Ist der objektivierte Gesetzgeberwille andererseits das Ergebnis einer Prognose mit sachgerechter Prognosebasis, so sind die abgeleiteten Ergebnisse grundsätzlich als vertretbar anzusehen, auch wenn sich die Prognose später falsifiziert.[411]

Die Weite des Spielraums aufgrund der Begründung des weiten Prognosespielraums mit den bestehenden tatsächlichen Unsicherheiten und Komplexitäten, hängt – von weiteren Faktoren, wie der Bedeutung der Prognose zur Gefahrenabwehr, abgesehen[412] – vom Grad dieser ab,[413] also auch inwieweit sich

---

410 S. dahingehend *Meßerschmidt*, Gesetzgebungsermessen, 2000, S. 973.

411 Vgl. BVerfG v. 01.03.1979 – 1 BvR 532/77, 1 BvR 533/77, 1 BvR 419/78, 1 BvL 21/78, BVerfGE 50, 290 (335 f.).

412 Vgl. BVerfG v. 06.10.1987 – 1 BvR 1086/82, 1 BvR 1468/82, 1 BvR 1623/82, BVerfGE 77, 84 (106 f.); *Ossenbühl*, in: FS Bundesverfassungsgericht. Band 1, 1976, S. 458 (508 f.). Insb. hinsichtlich des betroffenen Grundrechts differenzierend s. *Breuer*, Der Staat 1977, 21 (34). S. ähnlich auch BVerfG v. 13.02.2008 – 2 BvK 1/07, BVerfGE 120, 82 (113 f.), wonach Prognoseentscheidungen der Wahlgesetzgebung einer besonders strikten verfassungsrechtlichen Kontrolle unterlägen, da sich die Parlamentsmehrheit statt von Erwägungen des Allgemeinwohls vom Ziel des eigenen Machterhalts leiten lassen könnte. Zum „abgestuften Grundrechtsschutz" s. *Bernd*, Legislative Prognosen und Nachbesserungspflichten, 1989, S. 64 f., der zu dem Ergebnis kommt, dass im Bereich des Art. 3 Abs. 1 GG ein Prognosespielraum bestehe.

413 Vgl. BVerfG v. 01.03.1979 – 1 BvR 532/77, 1 BvR 533/77, 1 BvR 419/78, 1 BvL 21/78, BVerfGE 50, 290 (332 f.); *Ossenbühl*, in: FS Bundesverfassungsgericht. Band 1, 1976, S. 458 (502); *Bernd*, Legislative Prognosen und Nachbesserungspflichten, 1989, S. 60 f.; *Meßerschmidt*, Gesetzgebungsermessen, 2000, S. 981, 993.

die Unsicherheiten ausgewirkt haben und nicht vermeidbar gewesen sind. Das heißt, dass wenn sich die Komplexität, Unübersichtlichkeit, Dynamik oder ähnliches mittels Verwertung von Daten beseitigen lassen, gibt es keine Grundlage für einen nur mit den Prognosen zusammenhängenden weiten Prognosespielraum, da bereits das Rationalitätsdefizit fehlt.[414] Demnach kommt für fixe Zinssatztypisierungen, die die Zinsentwicklungen prognostizieren,[415] als Beispiel einer besonders ungewissen Globalprognose, die durch komplexe Zusammenhänge geprägt ist und eine Analyse volkswirtschaftlicher Entwicklungen notwendig macht,[416] grundsätzlich nur ein möglichst weit gefasster Spielraum in Frage. Zumal das Bundesverfassungsgericht für die weitere zukünftige Entwicklung nur eine ebenso unsichere Gegenprognose erstellen könnte.[417] In Bezug auf die Zinssatzentwicklungen sind aber die Zinsstrukturkurven, die die Zinssätze in Bezug auf die Restlaufzeiten ansonsten homogener Wertpapiere strukturieren,[418] für die Prognoseentscheidungen von besonderer Bedeutung. Die Zinsstrukturkurven geben dem Gesetzgeber nämlich gleichwohl die Möglichkeit, die

---

414 Vgl. BVerfG v. 24.10.2002 – 2 BvF 1/01, BVerfGE 106, 62 (151); *Ossenbühl*, in: FS Bundesverfassungsgericht. Band 1, 1976, S. 458 (502 f.); *Breuer*, Der Staat 1977, 21 (39 f.); *Bernd*, Legislative Prognosen und Nachbesserungspflichten, 1989, S. 61. S. dahingehend zuvor bereits BVerfG v. 17.10.1984 – 1 BvL 18/82, 1 BvL 46/83, 1 BvL 2/84, BVerfGE 68, 155 (174 f.).

415 Fixe Zinssatztypisierungen prognostizieren gewissermaßen zweifach: Zum einen prognostizieren sie, dass die Zinssätze in Zukunft nur unwesentlich um die typisierte Zinssatzhöhe schwanken, und zum anderen, dass die typisierte Zinssatzhöhe auch in Zukunft der Realität entspricht, vgl. hierzu *Hey*, FR 2016, 485 (487).

416 Vgl. *Breuer*, Der Staat 1977, 21 (32 f., 39); *Bernd*, Legislative Prognosen und Nachbesserungspflichten, 1989, S. 11, 60. Die komplexe Globalprognose von der konkreten Fallprognose abgrenzend s. auch *Jachmann*, Die Fiktion im öffentlichen Recht, 1998, S. 200.

417 S. dahingehend allgemein BVerfG v. 01.03.1979 – 1 BvR 532/77, 1 BvR 533/77, 1 BvR 419/78, 1 BvL 21/78, BVerfGE 50, 290 (335 f.); *Meßerschmidt*, Gesetzgebungsermessen, 2000, S. 992 f. Eine solche Prognose treffend s. die abzulehnende ältere Rechtsprechung des BVerfG: BVerfG v. 11.06.1958 – 1 BvR 596/56, BVerfGE 7, 377 (413 ff.); BVerfG v. 23.03.1960 – 1 BvR 216/51, BVerfGE 11, 30 (43 ff.).

418 Diese rein zeitliche Zinsstruktur wird zum Teil auch als „Zinsstruktur im engeren Sinne", „Theorie der zeitlichen Zinsstruktur" bzw. „term structure theory of interest rates" sowie als „Zinskurve" oder „Fristigkeitsstruktur" bzw. „yield curve" oder „term structure" bezeichnet, s. dazu *Kath*, KuK 1972, 28 (29 f.); *Anderegg*, Grundzüge der Geldtheorie und Geldpolitik, 2007, S. 120; *Issing*, Einführung in die Geldtheorie, 2011, S. 123.

Zinserwartungen des Marktes zu ermitteln und somit wahrscheinlichere Prognosen zur zukünftigen Zinsentwicklung heranzuziehen als bei anderen volkswirtschaftlichen Entwicklungsprognosen.[419] Im Bereich der dem Grunde nach ungewissen Globalprognosen stellen die Zinssätze daher zugleich ein Beispiel der weniger ungewissen Prognosen dar.

Eine sich erst später zeigende Fehlprognose, die zum Beispiel auf unvorhergesehenen Ereignissen oder neuen Erkenntnissen zu volkswirtschaftlichen Entwicklungen beruht,[420] kann folglich lediglich zu einer verfassungsrechtlichen Anpassungs- oder Nachbesserungspflicht führen, da eine anfängliche Verfassungswidrigkeit abzulehnen ist.[421] Damit zeigt sich zwar ein „weites Experimentierfeld“[422] und der besonders weite Prognosespielraum des Gesetzgebers zum Zeitpunkt der Gesetzgebung in Bezug auf die Prognoseentscheidungen. Dem Gesetzgeber ist darüber hinaus Zeit zur Erfahrungssammlung einzuräumen und gröbere Typisierungen und Generalisierungen können bei Neuregelungen erforderlich sein.[423] Dies gilt insbesondere, wenn die fehlerhafte Typisierung rückgängig gemacht werden kann. Sobald sich die Fehlerhaftigkeit einer Prognose allerdings zeigt – beziehungsweise nach Ablauf einer angemessenen Übergangszeit – kann hierin jedoch eine verfassungswidrig gewordene Norm vorliegen, wenn keine Änderungen vorgenommen werden.[424] Der weite

---

419 Zu den Zinsstrukturmodellen s. bspw. *Kath*, KuK 1972, 28 (30 ff.); *Blanchard*, The American Economic Review 1981, Vol. 71 (1), 132 (133); *Cox/Ingersoll/Ross*, Econometrica 1985, Vol. 53 (2), 385 (390 ff., 398 ff.); s. dazu auch *Meiselman*, The Term Structure of Interest Rates, 1962, S. 53 f.; *Anderegg*, Grundzüge der Geldtheorie und Geldpolitik, 2007, S. 120 ff., 145 ff.; *Issing*, Einführung in die Geldtheorie, 2011, S. 121 ff.; *Kollmann*, Negative Zinsen, 2016, S. 37 f. Insb. zu den Schwächen der Zinsstrukturtheorien s. zusammenfassend *Anker*, Zinsstruktur und Zinsprognose, 1993, S. 327 ff.

420 Vgl. *Baumeister*, Das Rechtswidrigwerden von Normen, 1996, S. 207.

421 Vgl. BVerfG v. 18.12.1968 – 1 BvL 5/64 u. a., BVerfGE 25, 1 (13); BVerfG v. 09.03.1971 – 2 BvR 326/69 u. a., BVerfGE 30, 250 (263); BVerfG v. 28.11.1984 – 1 BvR 1157/82, BVerfGE 68, 287 (309); BVerfG v. 18.07.2005 – 2 BvF 2/01, BVerfGE 113, 167 (251). Zur verfassungsrechtlichen Nachbesserungspflicht s. unten Seite 191 ff.

422 *Pestalozza*, in: FS Bundesverfassungsgericht. Band 1, 1976, S. 519 (541).

423 Vgl. BVerfG v. 10.05.1972 – 1 BvR 286/65, 1 BvR 293/65, 1 BvR 295/65, BVerfGE 33, 171 (189 f.); BVerfG v. 12.03.1975 – 1 BvL 15/71 u. a., BVerfGE 39, 169 (191, 194); BVerfG v. 14.05.1985 – 1 BvR 449/82, 1 BvR 523/82, 1 BvR 728/82, 1 BvR 700/82, BVerfGE 70, 1 (34); BVerfG v. 08.04.1987 – 2 BvR 909/82 u. a., BVerfGE 75, 108 (162); BVerfG v. 08.06.1988 – 2 BvL 9/85, 2 BvL 3/86, BVerfGE 78, 249 (288).

424 Vgl. *Pestalozza*, in: FS Bundesverfassungsgericht. Band 1, 1976, S. 519 (541); *Baumeister*, Das Rechtswidrigwerden von Normen, 1996, S. 207; *Meßerschmidt*,

Prognosespielraum besteht folglich zum Zeitpunkt der Gesetzgebung und für einen gewissen Vorhersagezeitraum. Danach ist die Norm wie jede andere Norm auch (ex post) hinsichtlich ihrer tatsächlichen Realitätsgerechtigkeit zu prüfen.[425] Dann ergeben sich für die Prognoseentscheidungen keine anderen Maßstabstabsvorgaben bezüglich der Realitätsgerechtigkeit, viel eher kommt diesen nur noch eine Bedeutung im Rahmen der verfassungsrechtlichen Nachbesserungspflichten gegebenenfalls nachträglich verfassungswidrig gewordener Normen zu.[426]

c) Geltungsbereich der Typisierungen

Zuletzt könnte noch bezüglich solcher Typisierungen ein weitreichenderer Gestaltungsspielraum bestehen, die zur Vereinheitlichung für diverse Steuergesetze mit unterschiedlichen Steuerlasten und Belastungsgründen unterschiedslos gelten (beispielsweise die Abgabenordnung oder das Bewertungsgesetz).[427] Dies würde aber dazu führen, dass der Gesetzgeber die Realitätsgerechtigkeit durch besonders allgemeine Gesetze, die für mehrere andere Gesetze einheitlich gelten, generell umgehen könnte. Das Gebot der Realitätsgerechtigkeit verpflichtet den Gesetzgeber vielmehr, statt allgemeiner Gesetze grundsätzlich entsprechende kontextbezogene und realitätsgerechte Einzelgesetze zu schaffen. Vereinheitlichung und Vereinfachung sind hingegen als Rechtfertigungsgründe zu berücksichtigen und sind keine Merkmale einer weiten Bandbreite.

II. Merkmale einer engen Bandbreite

Als Umkehrschluss aus den Ausführungen zum weitreichenderen Gestaltungsspielraum des Gesetzgebers im Hinblick auf die Komplexität des Regelfalls

---

Gesetzgebungsermessen, 2000, S. 1003 f.; vgl. auch BVerfG v. 19.03.1974 – 1 BvR 416/68, 1 BvR 767/68, 1 BvR 779/68, BVerfGE 37, 38 (56 f.); BVerfG v. 08.06.1988 – 2 BvL 9/85, 2 BvL 3/86, BVerfGE 78, 249 (286 ff.).

425 Vgl. hierzu allgemein *Hey*, in: FS Bundesfinanzhof. Band 1, 2018, S. 451 (490). Zur Diskussion des Verhältnisses zwischen Geeignetheit und Prognosejudikatur s. ausführlich *Meßerschmidt*, Gesetzgebungsermessen, 2000, S. 998 ff.

426 S. dahingehend *Hey*, in: IFSt-Schrift 511, 2016, S. 61 (74 f.); s. auch umfassend unten Seite 191 ff.

427 Zum Bewertungsgesetz s. dahingehend *Jakob*, Rechtsgutachten zu Möglichkeiten einer Vereinfachung der Bewertung des Grundbesitzes sowie Untersuchung einer befristeten Anwendung von differenzierten Zuschlägen zu den Einheitswerten, 1993, S. 126.

sowie teilweise auf die Prognoseentscheidungen des Gesetzgebers sind an die Realitätsgerechtigkeit der steuerrechtlichen Typisierungen erstens strengere Anforderungen zu stellen, das heißt, die Bandbreite der Realitätsgerechtigkeit ist enger, wenn der tatsächliche Sachverhalt unstreitig respektive leicht festzustellen ist oder beispielsweise in Form von Regelleistungen ein sachgerechter Vergleichsmaßstab vorliegt.[428] Aus der Orientierung an empirischen Daten sowie der Kontextbezogenheit der Regelfallbestimmung wird ersichtlich, dass sich unterschiedliche Wertungsspielräume des Gesetzgebers in Abhängigkeit von den Daten ergeben. Eine eindeutige Datenlage, die eine einfache unstrittige Ermittlung der Rechtstatsachen zulässt, grenzt den Spielraum des Gesetzgebers erheblich ein und zwingt diesen zur korrekten – der Wirklichkeit entsprechenden – Tatsachenfeststellung.[429]

Eine besondere Realitätsnähe ist zweitens in Bezug auf Steuernormen erforderlich, die keinen eigenen Fiskalzweck verfolgen und lediglich Fiskalzwecknormen durch Vereinfachungen dienen, da zusätzliche Steuereinnahmen (aufgrund realitätsferner Typisierungen) gerade nicht bezweckt werden.[430] Entsprechendes gilt im Besonderen auch für die steuerlichen Nebenleistungen, die den Steuervollzug gleichheitsgerecht ausgestalten und deren (primärer) Zweck der tatsächliche Ausgleich von Auswirkungen auf die finanzielle und wirtschaftliche Leistungsfähigkeit des Steuerpflichtigen ist, da die Zweckerreichung gleichheitsgerecht nur mit realitätsnah ausgestalteten Typisierungen erreichbar ist.[431] Eine realitätsferne Typisierung könnte zu einer kumulierten Abweichung von der gleichheitsgerechten Besteuerung führen, da zu der ohnehin bestehenden unterschiedlichen Leistungsfähigkeit im Steuervollzug, die ausgeglichen werden soll, noch die leistungsfähigkeitsungerecht ausgestaltete steuerliche Nebenleistung hinzukommt.[432] Beides trifft zum Beispiel auf die (ursprüngliche) Vollverzinsung

---

428 Vgl. BVerfG v. 11.01.2005 – 2 BvR 167/02, BVerfGE 112, 164 (181); *Hey*, FR 2016, 485 (488); *Hey*, in: IFSt-Schrift 511, 2016, S. 61 (68); vgl. zu den Regelleistungen als Vergleichsmaßstab BVerfG v. 29.05.1990 – 1 BvL 20/84, 1 BvL 26/84, 1 BvL 4/86, BVerfGE 82, 60 (95 f.).

429 Vgl. *Hey*, in: IFSt-Schrift 511, 2016, S. 61 (68, 74).

430 In Bezug auf die Vollverzinsung nach § 233a AO s. *Seer/Klemke*, IFSt-Schrift 490, 2013, S. 49.

431 Vgl. hierzu allgemein *Schindler/Hoppe*, DStR 2020, 2570 (2575).

432 Zu den nicht gleichheitsgerechten Wirkungen einer realitätsfernen Typisierung s. bspw. bereits oben Seite 46 ff.

im Steuerverfahren nach § 233a AO als steuerlicher Nebenleistung mit dem bloßen Zweck des Ausgleichs der Liquiditätseffekte[433] zu.

Zuletzt gilt drittens zudem ganz allgemein für die direkten Personensteuern im Vergleich zu den indirekten Steuern eine größere Realitätsnähe, da die direkten Personensteuern zum einen im Besonderen durch das Leistungsfähigkeitsprinzip und somit auch die Realitätsgerechtigkeit geprägt sind und diese zum anderen Personen individuell mit einer hohen Erfassungsgenauigkeit der persönlichen Situation belasten und daher dem Grundsatz der Einzelfallgerechtigkeit in hohem Maße untergeordnet sind.[434] Schließlich dient jede Angabe zu den persönlichen Umständen in Steuererklärungen (unter anderem bezüglich § 10 EStG und § 33 EStG) der Besteuerung entsprechend dem Gesamtbild des Steuerpflichtigen. Indirekte Steuern, wie die Umsatzsteuer, erfassen die individuelle Leistungsfähigkeit hingegen nicht zielgenau, da der Konsum nur ein Indikator von Leistungsfähigkeit ist – gerade das Existenzminimum wird hierbei nicht verschont.[435]

III. Rechtsprechung zur Bandbreite der Realitätsgerechtigkeit

Neben den vorgestellten Merkmalen, die die Bandbreite der Realitätsgerechtigkeit von Typisierungen beeinflussen, ist die Rechtsprechung des Bundesverfassungsgerichts und des Bundesfinanzhofs zur Realitätsgerechtigkeit auszuwerten, um die Bandbreite weiter eingrenzen zu können. Dabei ist von dem Grundsatz auszugehen, dass eine im Sinne der Steuergerechtigkeit „unerträgliche" Realitätsferne die äußerste Grenze der Realitätsgerechtigkeit darstellt.[436]

In Bezug auf die erschwerten Voraussetzungen einer Witwerrente gegenüber einer Witwenrente sah das Bundesverfassungsgericht im Jahr 1963 die Ungleichbehandlung zwischen Witwern und Witwen respektive genauer die Bevorzugung der einer selbständigen wirtschaftlichen Tätigkeit nachgehenden Ehefrauen, die im Jahre 1950 gemäß der Volks- und Berufszählungen circa 7,5 Prozent aller

433 Vgl. BT-Drs. 8/1410, S. 4, 6, 8.

434 Vgl. *Jochum*, DStZ 2010, 309 (311); vgl. im Ansatz auch bereits *Heigl*, Die Typisierung im Steuerrecht, 1958, S. 37, 39.

435 Vgl. *Hey*, in: Tipke/Lang, Steuerrecht, 2018, § 3 Rn. 43 m. w. N.

436 Vgl. BVerfG v. 10.02.1976 – 1 BvL 8/73, BVerfGE 41, 269 (280, 283); BVerfG v. 19.12.1978 – 1 BvR 335/76, 1 BvR 427/76, 1 BvR 811/76, BVerfGE 50, 57 (103); BVerfG v. 11.10.1983 – 1 BvL 73/78, BVerfGE 65, 160 (170); vgl. auch *Balke*, Einheitswert oder Verkehrswert für Grundbesitz im Erbschaftsteuer- und Schenkungsteuerrecht, 1984, S. 93; *Starck*, in: v. Mangoldt/Klein/Starck, GG, 2010, Art. 3 Rn. 261.

Ehefrauen ausmachten und die aufgrund ihrer wirtschaftlichen Selbständigkeit durch den Tod ihres Ehemannes hinsichtlich ihres Unterhaltsstandards – ebenso wie die Mehrzahl der Ehemänner – nicht betroffen waren, als noch in Ordnung an, da Abweichungen in dieser Höhe von einer realitätsgerechten Abbildung des Regelfalls jedenfalls bei bevorzugenden Typisierungen hinzunehmen seien.[437] Das sozialpolitische Anliegen der Bevorzugung überwog hierbei die fehlende Realitätsgerechtigkeit in diesen circa 7,5 Prozent der Fälle.[438] Das Bundesverwaltungsgericht hat dementsprechend im Jahr 1983 entschieden, dass nur eine Typisierung, die wenigstens 90 Prozent der Fälle realitätsgerecht erfasst, mit dem Gleichheitssatz zu vereinbaren sei.[439]

Äußerst geringe Anforderungen an die Realitätsgerechtigkeit hat das Bundesverfassungsgericht im Falle der Kürzung des Freibetrags für die Berufsausbildung von über 18-jährigen Kindern in auswärtiger Unterbringung im Vergleich mit den sich aus dem Recht der Bundesausbildungsförderung (BAföG) oder dem Sozialrecht ergebenden Vergleichswerten angelegt. Diesbezüglich hat das Bundesverfassungsgericht im Jahr 1994 festgestellt, dass sich ein steuerrechtlicher Freibetrag, der die entsprechenden Beträge des Ausbildungsrechts nur zu 52,8 Prozent beziehungsweise des Sozialrechts zu 63,1 Prozent abdeckt, noch – „wenn auch nur knapp"[440] – innerhalb des gesetzgeberischen Gestaltungsspielraums bewege.[441] Die weitgehende Gestaltungsfreiheit des Gesetzgebers hänge aber auch damit zusammen, dass der Staat die Ausbildung ohnehin bereits durch das Bereitstellen des öffentlichen Bildungswesens fördere.[442] Auch Abweichungen der Kinderfreibeträge von den Richtwerten des Sozialhilfebedarfs, die durchweg weniger als 15 Prozent betragen haben, hat das Bundesverfassungsgericht nicht beanstandet.[443]

---

437 Vgl. BVerfG v. 24.07.1963 – 1 BvL 30/57, 1 BvL 11/61, BVerfGE 17, 1 (24 f.). Dies aufgreifend s. BVerfG v. 08.06.1988 – 2 BvL 9/85, 2 BvL 3/86, BVerfGE 78, 249 (288).

438 Vgl. BVerfG v. 24.07.1963 – 1 BvL 30/57, 1 BvL 11/61, BVerfGE 17, 1 (25 f.).

439 Vgl. BVerwG v. 19.09.1983 – 8 N 1/83, BVerwGE 68, 36 (41); s. zustimmend BVerwG v. 01.08.1986 – 8 C 112/84, NVwZ 1987, 231 (232); BVerwG v. 28.08.2008 – 9 B 40/08, NVwZ 2009, 255 (256). In früheren Entscheidungen hat das BVerwG auch Grenzen von 12 Prozent, BVerwG v. 12.06.1972 – VII B 117.70, juris Rn. 5 und BVerwG v. 25.03.1985 – 8 B 11/84, NVwZ 1985, 496 (497), und sogar 20 Prozent, BVerwG v. 16.09.1981 – 8 C 48/81, NVwZ 1982, 622 (623), als noch realitätsgerecht eingestuft.

440 BVerfG v. 26.01.1994 – 1 BvL 12/86, BVerfGE 89, 346 (356).

441 Vgl. BVerfG v. 26.01.1994 – 1 BvL 12/86, BVerfGE 89, 346 (356, 359).

442 Vgl. BVerfG v. 26.01.1994 – 1 BvL 12/86, BVerfGE 89, 346 (355).

443 Vgl. BVerfG v. 14.06.1994 – 1 BvR 1022/88, BVerfGE 91, 93 (116).

Hingegen hat das Bundesverfassungsgericht bei der Festlegung von Höchstsätzen für steuerfreie Nachtarbeitszuschläge (§ 3b Abs. 2 Nr. 4 EStG a. F.) eine Abweichung des empirisch ermittelten durchschnittlichen Zuschlags vom steuerrechtlichen Höchstzuschlagsbetrag in Höhe von circa 67 Prozent in Verbindung mit einer Überschreitung der Höchstgrenze durch circa 72 Prozent der Steuerpflichtigen die Realitätsgerechtigkeit abgelehnt, da die tatsächliche Entwicklung der gesetzlichen Regelung, die ursprünglich anhand empirischer Daten realitätsgerecht normiert wurde, die Grundlage entzogen habe.[444] In der Zinsentscheidung von 1991 hat das Bundesverfassungsgericht schließlich ausgeführt, dass eine Besteuerung, die aufgrund offenkundiger und erheblicher Erfassungsdefizite nur circa 60 Prozent der steuerpflichtigen Einkünfte erfasst, durch ein Verifikationsprinzip ergänzt werden müsse, um Ungleichheiten im Belastungserfolg zu begegnen und die Besteuerung realitätsgerecht an der Leistungsfähigkeit auszurichten.[445]

Hinsichtlich der bewertungs(-gesetz-)abhängigen Steuern (Grund-, Erbschaft- und Schenkungsteuer) hat das Bundesverfassungsgericht allerdings festgestellt, dass ein absolutes Belastungsgleichmaß von Art. 3 Abs. 1 GG nicht gefordert werde.[446] Mithin muss auch die davon abgeleitete Realitätsgerechtigkeit Bewertungsspannbreiten zulassen. Im Hinblick auf die Typisierung von Marktwerten hat das Bundesverfassungsgericht in seiner Entscheidung zur Erbschaftsteuer im Jahr 2006 Durchschnittswerte in Höhe von 45 Prozent (beziehungsweise nach einer zwischenzeitlich erfolgten Gesetzesänderung 58 Prozent) des realitätsgerechten Werts allerdings als verfassungswidrig eingestuft.[447] Bei einer solchen strukturellen Verfehlung, aufgrund der die Bemessungsgrundlage nur zufällig und in Ausnahmefällen dem realitätsnahen Wert entsprechen könne, zeige sich ein grundlegender Konstruktionsfehler des Gesetzes sowie der fehlende innere Zusammenhang zwischen Typisierung und dem zugrunde zu legenden der Realität entsprechenden typischen Regelfall.[448] In der selben Entscheidung hat das Bundesverfassungsgericht jedoch auch festgestellt, dass eine Streubreite von circa 20 Prozent um den tatsächlichen Verkaufspreis einer Immobilie einen zulässigen Korridor vertretbarer (realitätsgerechter)

---

444 Vgl. BVerfG v. 08.06.1993 – 1 BvL 20/85, BVerfGE 89, 15 (25 f.).

445 Vgl. BVerfG v. 27.06.1991 – 2 BvR 1493/89, BVerfGE 84, 239 (275 ff.); vgl. auch *Tartler*, in: FS Kirchhof. Band 2, 2013, S. 1675 (1679).

446 Vgl. BVerfG v. 10.02.1987 – 1 BvL 18/81, 1 BvL 20/82, BVerfGE 74, 182 (201).

447 Vgl. BVerfG v. 07.11.2006 – 1 BvL 10/02, BVerfGE 117, 1 (41 f.).

448 Vgl. BVerfG v. 07.11.2006 – 1 BvL 10/02, BVerfGE 117, 1 (44).

Werte darstelle.[449] Daran anknüpfend hat das Bundesverfassungsgericht ein durchschnittliches Bewertungsniveau von nur circa 70 Prozent des Verkehrswertes als verfassungsrechtlich noch hinnehmbar bezeichnet, indem es auf diese Streubreite verwiesen hat.[450] Für die Grunderwerbsteuer hat das Bundesverfassungsgericht im Jahr 2015 eine solche Unterbewertung in Höhe von 30 Prozent hingegen als mit dem Gleichheitsgrundsatz unvereinbar erklärt, da die Bewertung nach der Regel- (§ 8 Abs. 1 GrEStG) sowie der Ersatzbemessungsgrundlage (§ 8 Abs. 2 GrEStG) als Besonderheit der Grunderwerbsteuer eine solche systematische Unterbewertung nicht zulasse.[451] Da die Regelbemessungsgrundlage anhand des gemeinen Wertes bestimmt werde, müsse die Ersatzbemessungsgrundlage dieser möglichst angenähert sein, sodass eine 30-prozentige Abweichung – im Unterschied zum Erbschaftsteuerrecht, das eine solche Unterscheidung zwischen Regel- und Ersatzbemessungsgrundlage nicht kennt – nicht mehr verfassungsgemäß sei. Daran ändere auch nichts, dass sich die Schwankungsbreite der Bewertungen sowohl nach der Regel- als auch der Ersatzbemessungsgrundlage (auf unterschiedlichem Niveau) in etwa entspreche.[452] Im Jahr 2018 hat das Bundesverfassungsgericht die Bewertungen nach dem Einheitswert von 1964 im Rahmen der Grundsteuer schließlich für mit Art. 3 Abs. 1 GG unvereinbar erklärt, da die Bewertungsregeln aufgrund des Aussetzens der periodischen Hauptfeststellungen bereits ganz generell keine in ihrer Relation realitätsnahe Bewertungen ermöglichten und zu Ungleichbehandlungen durch Wertverzerrungen führten.[453]

IV. Zusammenfassende Stellungnahme

Die Realitätsgerechtigkeit bedarf einer „Streubreitengleichheit",[454] die die typisierten Sachverhalte wenigstens in der Breite absolut realitätsgerecht und damit gleichheitsgerecht wiedergibt. Nicht mehr realitätsgerecht sind Typisierungen, die im Sinne der Steuergerechtigkeit „unerträglich" sind,[455] das heißt, wenn sie

449 Vgl. BVerfG v. 07.11.2006 – 1 BvL 10/02, BVerfGE 117, 1 (46).

450 Vgl. BVerfG v. 07.11.2006 – 1 BvL 10/02, BVerfGE 117, 1 (45 f., 56 f.); vgl. dazu auch BVerfG v. 23.06.2015 – 1 BvL 13/11, 1 BvL 14/11, BVerfGE 139, 285 (314).

451 Vgl. BVerfG v. 23.06.2015 – 1 BvL 13/11, 1 BvL 14/11, BVerfGE 139, 285 (314).

452 Vgl. BVerfG v. 23.06.2015 – 1 BvL 13/11, 1 BvL 14/11, BVerfGE 139, 285 (314 f.).

453 Vgl. BVerfG v. 10.04.2018 – 1 BvL 11/14 u. a., BVerfGE 148, 147 (147).

454 *Lang*, StuW 2008, 189 (197); vgl. dazu auch BVerfG v. 07.11.2006 – 1 BvL 10/02, BVerfGE 117, 1 (46).

455 BVerfG v. 10.02.1976 – 1 BvL 8/73, BVerfGE 41, 269 (280, 283).

strukturell angelegt die Realität (nicht nur geringfügig) verfehlen und somit nur noch Ausnahmefälle realitätsgerecht erfassen.[456] Aufgrund der wiedergegebenen Entscheidungen des Bundesverfassungsgerichts[457] und des Bundesverwaltungsgerichts[458] wird zum Teil im Hinblick auf den empirischen Realtypus ein Abweichen von der Realität respektive eine Ungleichbehandlung in Höhe von 7,5 bis zehn Prozent als „Schwellenwert" für die Sachgerechtigkeit einer Typisierung angesehen, der dazu diene, Typisierungen grundsätzlich an der empirischen Realität auszurichten.[459] Hinsichtlich der Realitätsnähe seien jedenfalls Bewertungstypisierungen nicht mehr realitätsgerecht, die lediglich 45 oder 58 Prozent der empirischen Durchschnittsmarktwerte ansetzen,[460] sowie Typisierungen, die von der Realität um 67 Prozent abweichen.[461]

Für (steuerrechtliche) Bewertungen, die auf Prognoseentscheidungen infolge schwankender Regelfälle basieren, wird eine Streubreite von 20 Prozent unterhalb des tatsächlichen Marktwerts bis 20 Prozent darüber bestimmt (Streubreitentoleranz).[462] Innerhalb dieses Korridors liegen die vertretbaren realitätsgerechten Typisierungen, die dem Gebot der Realitätsgerechtigkeit entsprechen. Denn grundsätzlich können Typisierungen mithin als noch realitätsgerecht angesehen werden, die bis zu 20 Prozent von den tatsächlichen Werten abweichen, da diese Bandbreite regelmäßig die (kurz- und mittelfristigen) Schwankungen aufgrund unterschiedlicher Einschätzungen der Marktakteure sowie vorübergehender Marktschwankungen nivelliert.[463] Damit stellt eine Streubreitentoleranz in Höhe von 20 Prozent um den tatsächlichen Marktwert einen gerechten Kompromiss zwischen Praktikabilität und Einzelfallgerechtigkeit dar.[464] Dies bedeutet nicht, dass außerhalb dieser Bandbreite liegende Typisierungen aufgrund ihrer realitätsfernen Ausgestaltung zwingend gegen das Gebot der Realitätsgerechtigkeit

---

456 Vgl. BVerfG v. 07.11.2006 – 1 BvL 10/02, BVerfGE 117, 1 (44).

457 BVerfG v. 24.07.1963 – 1 BvL 30/57, 1 BvL 11/61, BVerfGE 17, 1.

458 BVerwG v. 19.09.1983 – 8 N 1/83, BVerwGE 68, 36.

459 Vgl. *Breimann*, Typisierungsgerechtigkeit des vereinfachten Ertragswertverfahrens zur Unternehmensbewertung im Erbschaftsteuerrecht, 2014, S. 113.

460 Vgl. BVerfG v. 07.11.2006 – 1 BvL 10/02, BVerfGE 117, 1 (41 f.).

461 Vgl. BVerfG v. 08.06.1993 – 1 BvL 20/85, BVerfGE 89, 15 (25 f.).

462 Vgl. BVerfG v. 07.11.2006 – 1 BvL 10/02, BVerfGE 117, 1 (46).

463 Vgl. *Wolf*, DStR 1997, 349 (354). Eine Bandbreite von lediglich 25-30 Prozent (statt 40 Prozent) annehmend s. *Christoffel/Drosdzol/Weinmann*, Künftige Einheitsbewertung und Neugestaltung der Vermögen- und Erbschaftsteuer, 1996, Rn. 400.

464 Vgl. *Breimann*, Typisierungsgerechtigkeit des vereinfachten Ertragswertverfahrens zur Unternehmensbewertung im Erbschaftsteuerrecht, 2014, S. 115.

verstoßen,[465] sondern nur, dass darin liegende Typisierungen in der Regel dem Gebot der Realitätsgerechtigkeit entsprechen.

In dieser allgemeinen Darstellung zu den steuerrechtlichen Typisierungen ist gleichwohl weniger die weitergehende konkret punktuelle Festlegung einer solchen Bandbreite entscheidend, da diese – von der Streubreitentoleranz abgesehen – allgemeingültig ohnehin nicht zu bestimmen ist und von der jeweiligen Typisierung sowie deren Umstände abhängt,[466] sondern vielmehr die Kriterien, die die Weite der Bandbreite beeinflussen. Allgemein lässt sich dazu festhalten, dass weitere Bandbreiten gelten, wenn die steuerlichen Auswirkungen der Typisierungen nur geringfügig (beispielsweise Bagatellfälle oder bloße temporäre Belastungen) sind oder Ungleichbehandlungen nur in besonderen (tatsächlichen) Ausnahmefällen auftreten. Die Saldierung der Vor- und Nachteile begründet jedoch lediglich theoretische Fälle besonderer Realitätsferne. Insbesondere im Steuerrecht könnten sich aber aus den §§ 163, 227 AO weitere Bandbreiten ergeben, da extreme Einzelfälle beziehungsweise Ausreißerwerte bei der Bestimmung der Realitätsgerechtigkeit aufgrund der Billigkeitsmaßnahmen ohnehin nicht berücksichtigt werden müssen.[467] Nichtsdestoweniger müssen Billigkeitsmaßnahmen die Ausnahme bleiben und dürfen nicht als dauerhaftes Korrekturinstrument realitätsferner Typisierungen dienen.[468] Besonders weit ist die Bandbreite auch, wenn der Gesetzgeber hinsichtlich des typisierten Regelungsgegenstands ohnehin über einen weiten Gestaltungsspielraum verfügt (zum Beispiel hinsichtlich der Definition des soziokulturellen Existenzminimums) oder dementsprechend aufgrund der Abschwächungen der Auswirkungen der Realitätsferne, wenn ein solcher Gestaltungsspielraum den Steuerpflichtigen durch Wahlrechte, Escape-Klauseln oder sonstige normierte Möglichkeiten, den Typisierungen auszuweichen, zusteht – außer die Möglichkeiten des Ausweichens werden nicht genutzt, da diese nur den durch die Typisierung Begünstigten

---

465 Vgl. bspw. nur BVerfG v. 07.11.2006 – 1 BvL 10/02, BVerfGE 117, 1 (45 f., 56 f.).

466 Vgl. dazu auch BVerfG v. 07.11.2006 – 1 BvL 10/02, BVerfGE 117, 1 (46); *Huster*, Rechte und Ziele, 1993, S. 276; vgl. auch *Weyreuther*, DÖV 1997, 521 (525), der die Festlegung konkreter Grenzen sogar als willkürlich bezeichnet.

467 Vgl. *Pernice*, Billigkeit und Härteklauseln im öffentlichen Recht, 1991, S. 266 ff.; vgl. dazu auch BVerfG v. 08.02.1977 – 1 BvF 1/76 u. a., BVerfGE 43, 291 (378); *Nußberger*, in: Sachs, GG, 2018, Art. 3 Rn. 111; *Kirchhof*, in: FS Bundesfinanzhof. Band 1, 2018, S. 361 (380 f.).

468 Vgl. hierzu umfassend BFH v. 28.11.2016 – GrS 1/15, BStBl. II 2017, 393 (402 f.); vgl. auch *Kirchhof*, in: FS Bundesfinanzhof. Band 1, 2018, S. 361 (381). Zu den Zinssatztypisierungen s. *Dust*, Der Zinssatz im Steuerschuldverhältnis, 2019, S. 345.

zustehen. Besonders weit ist die Bandbreite realitätsgerechter Typisierungen des Weiteren, wenn die Bestimmung der Realität aufgrund der Komplexität der empirischen Datengrundlage oder deren Schätzung schwerfällt, sowie, wenn es sich um fortwährend komplexe Entscheidungs- oder Prognosesituationen handelt, und sich diese Unsicherheiten auch ausgewirkt haben und nicht vermeidbar waren. Die Anforderungen an die Bandbreite werden außerdem im Vorhersagezeitraum von Prognoseentscheidungen vom Unsicherheits- und Komplexitätsgrad der Typisierung sowie der Möglichkeit der Rückgängigmachung der Auswirkungen einer Fehlprognose beeinflusst. Danach gelten für die Prognoseentscheidungen keine Besonderheiten (mehr) hinsichtlich der Bandbreite der Realitätsgerechtigkeit.

Kriterien für eine enge Bandbreite der Realitätsgerechtigkeit sind die unstreitige oder einfache Möglichkeit der Sachverhaltsfeststellung und das Vorliegen eines bereits sachgerechten Vergleichsmaßstabs. Besondere Realitätsnähe ist auch in Bezug auf steuerliche Nebenleistungen wegen des fehlenden (zusätzlichen) Fiskalzwecks erforderlich, wie es zum Beispiel für die Verzinsung im Steuerverfahren denkbar ist. Einen Sonderfall stellt der Schutz des sächlichen Existenzminimums dar. Hierbei muss eine Typisierung gewählt werden, die in möglichst allen Fällen den Existenzbedarf abdeckt,[469] sodass hier die realitätsgerechte Abbildung des Durchschnittsfalls grundsätzlich nicht ausreichend ist.

Abschließend ist zur Bandbreite der Realitätsgerechtigkeit noch zu konstatieren, dass diese allgemein eher eng sein muss und vom Gesetzgeber dem Grunde nach eine sehr weitgehende Entsprechung der Realität zu fordern ist. Nur so wird der Einzelfallgerechtigkeit, die im Steuerrecht schließlich vor allem im Leistungsfähigkeitsprinzip und mithin der Realitätsgerechtigkeit zum Ausdruck kommt, in größtem Maße entsprochen sowie eine einzelfallgerechte Ausgestaltung der noch zu prüfenden Rechtfertigungen im Besonderen sichergestellt, da Rechtfertigungsgründe regelmäßig auf einem realitätsnahen Abbild basieren.

C Weitere Anforderungen an die Realitätsgerechtigkeit

Zu alledem könnten sich aus dem Prinzip der Gleichheit in der Zeit sowie den Freiheitsgrundrechten und dem Rechtsstaatsprinzip weitere Konkretisierungen für das Gebot der Realitätsgerechtigkeit von Typisierungen ableiten lassen.

---

469 Vgl. bspw. BVerfG v. 29.05.1990 – 1 BvL 20/84, 1 BvL 26/84, 1 BvL 4/86, BVerfGE 82, 60 (91); vgl. hierzu auch ausführlich *Dziadkowski*, BB 2001, 1765 (1765 ff.).

I. Zeitgerechtigkeit

Der Gleichheitssatz nach Art. 3 Abs. 1 GG fordert neben der gegenwärtigen realitätsgerechten Gleichheit als besonderer Ausprägung der Realitätsgerechtigkeit und Orientierung an Marktverhältnissen auch eine grundsätzliche Gleichheit in der Zeit („Zeitgerechtigkeit“).[470] Im Steuerrecht kommt zur Realitätsgerechtigkeit damit grundsätzlich konkreter der Grundsatz der Belastungsgleichheit in der Zeit hinzu,[471] der dem kontinuierlichen und gegenwartsnahen Finanzbedarf des Staates folgt[472] und eine realitätsgerechte Verzinsung im Steuerverfahren ergänzend begründen könnte.

1. Prinzipien der Zeitgerechtigkeit

Unter den Begriff der Zeitgerechtigkeit können die Prinzipien der zeitnahen Besteuerung, der Vergleichbarkeit zum Stichtag sowie des Valorismus zusammengefasst werden, die im nachfolgenden analysiert werden, bevor abschließend die Besonderheiten in Bezug auf die steuerrechtlichen Typisierungen darzustellen sind.

a) Prinzip zeitnaher Besteuerung

Auf der einen Seite gilt insbesondere in der Ertragsbesteuerung das Prinzip der Abschnittsbesteuerung respektive das Jahressteuerprinzip (vergleiche beispielsweise §§ 2 Abs. 7 Satz 1, 25 Abs. 1 und 36 Abs. 1 EStG), wonach das Einkommen jeweils pro Zeitabschnitt/pro Jahr zu einem bestimmten Stichtag zu bemessen ist und es folglich aufgrund dieser Periodenabgrenzungen bei Ungleichbehandlungen in unterschiedlichen Jahren an der gleichheitsrechtlich relevanten Vergleichbarkeit fehlt.[473] Dies wird zum einen durch die handelsrechtlich vorgegebene

---

470 *Drüen*, IFSt-Schrift 469, 2011, S. 14 ff. Konkret zum Begriff der „Zeitgerechtigkeit“ s. *Drüen*, a. a. O., S. 16.

471 Vgl. BVerfG v. 10.04.1997 – 2 BvL 77/92, BVerfGE 96, 1 (7).

472 Vgl. *Kirchhof*, in: Kirchhof/Söhn/Mellinghoff, EStG, 1992, § 2 Rn. A 136 f.; *Kirchhof*, StuW 2000, 316 (320); *Seer*, StuW 2003, 40 (55); *Kirchhof*, in: Kirchhof/Seer, EStG, 2019, § 2 Rn. 18.

473 Vgl. BVerfG v. 20.12.1989 – 1 BvR 1269/89, HFR 1990, 517 (517); BVerfG v. 12.05.2009 – 2 BvL 1/00, BVerfGE 123, 111 (128); BFH v. 17.02.2005 – XI B 138/03, BFH/NV 2005, 1264 (1265); *Tipke*, Die Steuerrechtsordnung. Band 1, 2000, S. 503 f.; *Kirchhof*, in: Kirchhof/Seer, EStG, 2019, § 2 Rn. 18, 20; s. grundlegend auch *Boysen*, in: v. Münch/Kunig, GG, 2012, Art. 3 Rn. 92. Zur umstrittenen – hier jedoch irrelevanten – Einordnung des Prinzips der Abschnittsbesteuerung als lediglich technisches Prinzip s. bspw. *Müller-Franken*, StuW 2004, 109 (118).

zeitgerechte Bilanzierung gemäß § 239 Abs. 2 HGB, wonach Geschäftsvorfälle periodengerecht und zeitnah zu bilanzieren sind,[474] und zum anderen durch das Realisationsprinzip nach § 252 Abs. 1 Nr. 4 Hs. 2 HGB gestützt, das hinsichtlich der zeitlichen Abgrenzung und der bilanziellen Bewertung auf den Realisationszeitpunkt abstellt.[475] Ganz deutlich zeigt sich dies beispielsweise bei den Verteilungsabschreibungen (§ 7 EStG) oder Rechnungsabgrenzungsposten (§ 5 Abs. 5 EStG).[476]

Die Besteuerung gemäß der finanziellen und wirtschaftlichen Leistungsfähigkeit begründet andererseits ein „Prinzip zeitnaher Besteuerung“, wonach die Leistungsfähigkeit abzuschöpfen ist, solange sie als Liquidität beim Steuerpflichtigen vorhanden ist,[477] das heißt, die Besteuerung selbst mithin gegenwartsnah im jeweiligen Zeitabschnitt zu erfolgen hat, um der Gleichheit in der Zeit zu genügen.[478] Der gegenwartsbezogenen Staatsfinanzierung folgt demnach eine Besteuerung des gegenwärtigen Einkommens, das im Rahmen der vom Staat gegenwärtig zur Verfügung gestellten Rahmenbedingungen erzielt wurde.[479] Dies hilft dem Staat zugleich, Liquiditäts- und Zinsverluste zu vermeiden.[480] Zeitgerechtigkeit bedeutet aber auch, dass Einkünfte und Aufwendungen zu

---

474 Vgl. bspw. *Pöschke*, in: Staub, HGB, 2014, § 239 Rn. 13.

475 Zum Realisationsprinzip s. bspw. *Moxter*, BB 1984, 1780 (1780 ff.); *Weber-Grellet*, DStR 1996, 896 (897 ff.).

476 Vgl. *Kirchhof*, in: Kirchhof/Söhn/Mellinghoff, EStG, 1992, § 2 Rn. A 140, A 143 f.

477 Das zeitliche Auseinanderfallen von Sachverhaltsverwirklichung und Inanspruchnahme des Steuerpflichtigen kritisierend s. *Hey*, Steuerplanungssicherheit als Rechtsproblem, 2002, S. 787, 790.

478 *Seer*, StuW 2003, 40 (55); s. zustimmend *Drüen*, IFSt-Schrift 469, 2011, S. 18; vgl. auch BFH v. 17.02.2005 – XI B 138/03, BFH/NV 2005, 1264 (1265); *Kirchhof*, in: Kirchhof/Söhn/Mellinghoff, EStG, 1992, § 2 Rn. A 136 f.; *Kirchhof*, AöR 128, 1 (43). *Kirchhof* begründet die zeitnahe Besteuerung auch damit, dass nur so „zugleich“ Privatnützigkeit und Besteuerbarkeit des Eigentums gemäß Art. 14 Abs. 2 Satz 2 GG vorlägen, s. *Kirchhof*, in: Kirchhof/Söhn/Mellinghoff, EStG, 1992, § 2 Rn. A 137. Stattdessen jedoch eine „Vergleichbarkeit von Lebenseinkommen“ fordernd s. *Tipke*, Die Steuerrechtsordnung. Band 2, 2003, S. 756.

479 Vgl. *Kirchhof*, in: Kirchhof/Söhn/Mellinghoff, EStG, 1992, § 2 Rn. A 136; *Anzinger*, DStR 2016, 1766 (1767); *Kirchhof*, in: FS Bundesfinanzhof. Band 2, 2018, S. 1197 (1213). Demgegenüber eine lebenslange Leistungsfähigkeitsbetrachtung anhand des Lebenseinkommens anstrebend s. *Hackmann*, Die Besteuerung des Lebenseinkommens, 1979, S. 44 ff., 47 ff.

480 Zur entsprechenden Begründung der Lohnsteuer s. *Riepen*, Die Rechtsstellung des Arbeitgebers im Lohnsteuerabzugsverfahren, 1967, S. 7.

dem Zeitpunkt zu berücksichtigen sind, der folgerichtig aus dem System der Einkünfteermittlung folgt.[481] Dies gilt insbesondere im Hinblick auf die Endgültigkeit der Belastung in der progressiven Ertragsbesteuerung mit eingeschränkter überperiodischer Verlustverrechnung.[482] Hierbei geht es gerade nicht um die umstrittene intrapersonale Gesamtbetrachtung der Steuerbelastungen in verschiedenen Zeitabschnitten (Prinzip der intertemporalen Korrespondenz[483]), sondern interpersonal um die Besteuerung bezüglich gleicher Veranlagungszeiträume zu unterschiedlichen Zeitpunkten - beispielsweise aufgrund der unterschiedlichen Besteuerungssystematiken.[484]

Dieses Prinzip zeitnaher Besteuerung, das Planungs- und Entscheidungssicherheit der Steuerpflichtigen gewährleistet, ergibt sich mithin auch aus dem Vertrauensschutz, der hinsichtlich der Verhältnismäßigkeitsprüfung auch die Freiheitsgrundrechte (Art. 14 Abs. 1 GG, Art. 12 Abs. 1 GG und Art. 2 Abs. 1 GG) als Ausgangspunkt hat und die Steuerpflichtigen freiheitsrechtlich somit vor unverhältnismäßigen nachträglichen staatlichen Belastungen ihrer getroffenen Dispositionen schützen kann.[485] Der Eingriff in den Vertrauens- oder Dispositionsschutz ist dabei grundsätzlich umso einschneidender, desto umfassender die Steuerbelastung ausfällt beziehungsweise desto weiter die Belastung in die Vergangenheit zurückreicht.[486] Zeitnahe Besteuerung ist folglich am wenigsten eingriffsintensiv und bedarf diesbezüglich keiner (zusätzlichen) freiheitsrechtlichen Rechtfertigung.

b) Prinzip der Vergleichbarkeit zum Stichtag

Das Leistungsfähigkeitsprinzip ist (über längere Zeiträume hinweg) richtigerweise ein Realwertprinzip, das Preis- und Sachwertänderungen berücksichtigt.[487]

---

481 Vgl. *Hennrichs*, in: FS Lang, 2010, S. 237 (251). Zur Abgrenzung der Aufwendungen vom Abfluss von Ausgaben s. *Schulze-Osterloh*, in: FS Lang, 2010, S. 255 (258 f.).

482 Vgl. *Hennrichs*, in: FS Lang, 2010, S. 237 (251 f.).

483 Zum umstrittenen Prinzip der intertemporalen Korrespondenz s. bspw. *Gröpl*, in: DRV-Schriften 29, 2001, S. 85 (92 ff.); s. auch BVerfG v. 06.03.2002 - 2 BvL 17/99, BVerfGE 105, 73 (127 f.). Diese „Gleichheit in der Zeit" ablehnend s. *Tappe*, JZ 2016, 27 (31).

484 S. hierzu auch das „Prinzip der Vergleichbarkeit zum Stichtag" direkt im Anschluss.

485 Umfassend zum Vertrauensschutz und den Freiheitsgrundrechten hinsichtlich Steuerrechtsänderungen s. *Seer*, Verständigungen in Steuerverfahren, 1996, S. 305 ff., 310 f.; *Hey*, Steuerplanungssicherheit als Rechtsproblem, 2002, S. 133 ff., 146 ff., 162 ff., 195 ff.

486 Vgl. hierzu auch *Drüen*, IFSt-Schrift 469, 2011, S. 18 f.

487 Vgl. *Tipke*, Die Steuerrechtsordnung. Band 1, 2000, S. 497 f.; vgl. auch *Hey*, in: Tipke/Lang, Steuerrecht, 2018, § 3 Rn. 63, 65; *Kirchhof*, in: FS Bundesfinanzhof. Band 1, 2018,

Nur die Ausrichtung an der realen Leistungsfähigkeit (reale Einkünfte oder Vermögenszuwächse) ermöglicht eine gleichheitsgerechte Besteuerung der tatsächlichen individuellen wirtschaftlichen Leistungsfähigkeit im Sinne realer Bedürfnisbefriedigung (Kaufkraft).[488] Schließlich steht bloßen nominalen Veränderungen beim Steuerpflichtigen auch keine direkte Steigerung/Verringerung der (steuerlichen) Leistungsfähigkeit, beispielsweise um das (sächliche) Existenzminimum zu sichern, gegenüber[489] – das Gegenteil ist regelmäßig der Fall. Das Gebot der Besteuerung nach der wirtschaftlichen Leistungsfähigkeit als gleichheitsrechtlichem Vergleichsmaßstab im Steuerrecht erfordert aufgrund des Realwertbezugs daher, sofern Besteuerungsbelastungen zu unterschiedlichen Zeitpunkten tatsächlich zu einem bestimmten Zeitpunkt miteinander zu vergleichen sind, überperiodisch vergleichbare Indikatoren der Leistungsfähigkeit, sodass Wertänderungen, mit denen regelmäßig keine Leistungsfähigkeitsänderungen beim Steuerpflichtigen verbunden sind, mittels Verwendung real vergleichbarer Indikatoren Berücksichtigung finden müssen.[490]

Hieraus folgt ein Abzinsungsgebot, das die Vergleichbarkeit der tatsächlichen realen Leistungsfähigkeit unter anderem von Rückstellungen zum Stichtag durch

---

S. 361 (369 f.). Zum Leistungsfähigkeitsprinzip als Realwertprinzip s. ausführlich *Weber*, Inflationsberücksichtigung in der Einkommensteuer, 2012, S. 91 ff.

488 Vgl. *Tipke*, Die Steuerrechtsordnung. Band 1, 2000, S. 497 f., 512 ff.; *Englisch*, StuW 2007, 221 (228); *Weber*, Inflationsberücksichtigung in der Einkommensteuer, 2012, S. 91 ff.; *Hey*, in: Tipke/Lang, Steuerrecht, 2018, § 3 Rn. 63, 65. Würde die wirtschaftliche Leistungsfähigkeit stattdessen auf den Nutzen abstellen, ergäbe sich nichts anderes, da auch Nutzen nur aus tatsächlichen realen Werten erzielt werden kann.

489 Vgl. *Weber*, Inflationsberücksichtigung in der Einkommensteuer, 2012, S. 94.

490 Eine darüberhinausgehende überperiodische lebenslange Betrachtung der Leistungsfähigkeit im Sinne einer intertemporalen Neutralität ist hingegen nicht zwingend und unterliegt dem Gestaltungsspielraum des Gesetzgebers, der sich aus Praktikabilitätsgründen (bspw. stetige Steuereinnahmen des Staates oder Nachweispflichten der Steuerpflichtigen) mit dem (materiellen) Periodizitätsprinzip und der abschnittsweisen Besteuerung gegen eine lebenszeitliche Leistungsfähigkeitsbemessung und dem Grunde nach für eine Periodenleistungsfähigkeitsbesteuerung entschieden hat, vgl. umfassend *Englisch*, Dividendenbesteuerung, 2005, S. 182 ff.; vgl. auch *Hackmann*, Die Besteuerung des Lebenseinkommens, 1979, S. 44 ff.; *Hey*, in: Tipke/Lang, Steuerrecht, 2018, § 3 Rn. 81 f. Zur a. A. bezüglich der Verlustvorträge s. *Holdorf*, BB 2001, 2085 (2087 f.). Das Periodizitätsprinzip aufgrund des Gegenwartsbezugs der Leistungsfähigkeit und der Besteuerung dieser als zwingendes materielles Steuerprinzip ansehend s. *Kirchhof*, in: Kirchhof/Söhn/Mellinghoff, EStG, 1992, § 2 Rn. A 136.

Abzinsungen (oder auch Aufzinsungen) ermöglicht.[491] Die Ungleichbehandlungen aufgrund von Zins- und Liquiditätseffekten sind zum Beispiel durch Verzinsungen auszugleichen.[492] Dementsprechend ist diese grundsätzliche Ausnahme vom Realisationsprinzip auch in § 253 Abs. 2 Satz 1 HGB festgeschrieben. Normiert wurde das Gebot der Abzinsung im Steuerrecht zudem beispielsweise in § 6 Abs. 1 Nr. 3 und Nr. 3a Buchst. e EStG[493] sowie in § 6a Abs. 3 Satz 3 EStG[494]. Die Zeitgerechtigkeit schützt damit die Vergleichbarkeit zum Stichtag. Realitätsferne Abzinsungen setzen diese Vergleichbarkeit hingegen außer Kraft, da die realitätsfern abgezinsten Werte mit Gegenwartswerten nicht vergleichbar sind.

c) Prinzip des Valorismus

Hierauf aufbauend könnte die Zeitgerechtigkeit die allgemeine, verbindliche Berücksichtigung der Geldwertänderungen gebieten. Insbesondere auch, da die Belastungsentscheidung des Steuergesetzgebers zum Zeitpunkt des Inkrafttretens der Steuernorm getroffen wird und durch Geldwertänderungen von dieser Entscheidung (zunehmend) abgewichen wird.[495] Die Geldwertänderungen wirken sich damit vor allem bei Typisierungen, die einen festen Geldbetrag ansetzen (zum Beispiel Freibeträge oder Freigrenzen), aus.[496] So hat auch das Bundesverfassungsgericht hinsichtlich des Sonderfreibetrags für alleinstehende Steuerpflichtige mit Kindern (§ 32a Abs. 3 Nr. 2 und § 32 Abs. 3 Nr. 1 Buchst. b EStG 1958), der Alleinstehende mit Kindern in entsprechender Weise entlasten sollte wie Steuerpflichtige, die den Splitting-Tarif in Anspruch nehmen konnten, entschieden, dass die realitätsgerechte Abbildung der Realität durch Typisierungen eine Anpassung aufgrund der Geldentwertung erforderlich machen kann.[497] Während im Jahr 1957 noch circa 95 Prozent der Steuerpflichtigen nach dem

---

491 Vgl. BFH v. 30.11.2005 – I R 1/05, BStBl. II 2006, 471 (472); BFH v. 05.05.2011 – IV R 32/07, BStBl. II 2012, 98 (100); FG Köln v. 12.10.2017 – 10 K 977/17, EFG 2018, 287 (291); *Thurmayr*, Vorsichtsprinzip und Pensionsrückstellungen, 1992, S. 68.

492 Vgl. BVerfG v. 12.05.2009 – 2 BvL 1/00, BVerfGE 123, 111 (125).

493 Einführung zum Veranlagungszeitraum des Jahres 1999 durch das Steuerentlastungsgesetz 1999/2000/2002 v. 24.03.1999, BGBl. I 1999, 402 (404 f.); vgl. hierzu auch BT-Drs. 14/443, S. 17 f., worin die Realitätsnähe als Grund der Abzinsung genannt wird.

494 Einführung zum Veranlagungszeitraum des Jahres 1955 durch das Gesetz zur Neuordnung von Steuern v. 16.12.1954, BGBl. I 1954, 373 (374 f.).

495 Vgl. Steuerreformkommission, Gutachten der Steuerreformkommission, 1971, Teil II Rn. 647.

496 Vgl. *Lang*, Die Bemessungsgrundlage der Einkommensteuer, 1988, S. 177.

497 Vgl. BVerfG v. 03.11.1982 – 1 BvR 620/78, 1 BvR 1335/78, 1 BvR 1104/79, 1 BvR 363/80, BVerfGE 61, 319 (352).

Proportionaltarif besteuert wurden, sodass die Progressionsentlastung der nach Splitting-Tarif Besteuerten von geringerer Bedeutung war, wurden im Jahr 1975 bereits circa 35 Prozent und im Jahr 1980 circa 43 Prozent aller Steuerpflichtigen progressiv besteuert, da die Grundfreibeträge nicht im selben Maße angehoben wurden, wie die Löhne, die vor allem auch inflationsbedingt, gestiegen sind.[498] Damit stellte der Sonderfreibetrag die Realität aufgrund der geänderten wirtschaftlichen Gegebenheiten nicht mehr gerecht dar.

Das Verständnis des Leistungsfähigkeitsprinzips als Realwertprinzip ändert jedoch nichts daran, dass ein grundsätzliches Festhalten am Nominalwertprinzip als Verstoß gegen das Leistungsfähigkeitsprinzip beispielsweise aus Gründen der Effizienz oder Praktikabilität gerechtfertigt ist.[499] Nur Geldwertänderungen, die aufgrund ihres Ausmaßes Störungen des (einkommen-)steuerrechtlichen Ordnungsgefüges relativ stabiler tatsächlicher Wertverhältnisse verursachen und in Systemwidrigkeiten im Steuerrecht resultieren, die unter anderem aufgrund der zwangsläufig auftretenden relativen Wert- und Steuerlastverschiebungen entstehen, indizieren verfassungswidrige Gleichheitswidrigkeiten.[500] Gewöhnliche Inflations- oder Deflationsraten betrifft dies jedoch nicht. Der Bundesfinanzhof sieht ein solches zu Verfassungswidrigkeiten führendes Szenario vielmehr im Falle einer Hyperinflation mit Ausmaßen wie in den Jahren 1918 bis 1923.[501] Zur Einordnung ist aber anzumerken, dass eine sogenannte Hyperinflation erst ab Raten von 50 Prozent pro Monat beziehungsweise umgerechnet circa 13.000 Prozent pro Jahr angenommen wird und die Inflation in Deutschland im Zeitraum August 1922 bis November 1923 sogar bei circa 320 Prozent pro Monat lag, was einer Jahresinflation von über drei Milliarden Prozent entsprach.[502] Die

---

498 Vgl. BVerfG v. 03.11.1982 – 1 BvR 620/78, 1 BvR 1335/78, 1 BvR 1104/79, 1 BvR 363/80, BVerfGE 61, 319 (352 f.).

499 Vgl. *Tipke*, Die Steuerrechtsordnung. Band 1, 2000, S. 515; vgl. auch *Jachmann*, in: DStJG 23, 2000, S. 9 (56 f.). Das Nominalwertprinzip als Grundprinzip der Einkommensbesteuerung bestätigend s. BFH v. 19.05.2021 – X R 33/19, DStR 2021, 1291.

500 Vgl. hierzu BVerfG v. 19.12.1978 – 1 BvR 335/76, 1 BvR 427/76, 1 BvR 811/76, BVerfGE 50, 57 (103); BFH v. 14.05.1974 – VIII R 95/72, BStBl. II 1974, 572 (577); *Starck*, in: v. Mangoldt/Klein/Starck, GG, 2010, Art. 3 Rn. 49.

501 Vgl. BFH v. 14.05.1974 – VIII R 95/72, BStBl. II 1974, 572 (577).

502 Vgl. *Cagan*, in: Friedman, Studies in the Quantity Theory of Money, 1966, S. 25 (25 f.); *Fischer*, in: Fischer, German Hyperinflation 1922/23, 2010, S. 45 (51). Im Oktober 1923 lag die Inflation zeitweise sogar bei 41 Prozent pro Tag, vgl. *Fischer*, a. a. O. (60). Zur Verdeutlichung: Kostete ein Laib Brot Anfang 1922 noch 163 Mark, so waren es im September 1923 1.500.000 Mark und im November 1923 dann 200.000.000.000 Mark (200 Milliarden), vgl. *Fischer*, a. a. O. (64).

relativ stabilen Geldwertverhältnisse sind folglich sehr weit zu fassen – insbesondere vor dem Hintergrund, dass es stabile Geldwertverhältnisse eigentlich nie gab.[503]

Die Rechtsgrundlage des Nominalwertprinzips ist am ehesten gewohnheitsrechtlich und axiomatisch in der Fixierung von Geldeinheiten als Rechnungsgrundlage der Rechtsordnung zu finden.[504] So bestimmt die gesamte Rechtsordnung das Nominalwertprinzip („Grundsatz Mark = Mark“[505]) als tragendes Ordnungsprinzip des gesamten Währungs- und Wirtschaftsrechts, in dem Preisstabilität vom Staat nicht garantiert, sondern nur Rechnung getragen wird (Art. 109 Abs. 2 GG).[506]

Mit einer Umstellung des Nominalwertprinzips hin zum Valorismus[507] wäre ökonomisch wahrscheinlich eine Beschleunigung der Geldentwertung verbunden, die der Wirtschaftspolitik generell entgegensteht, und vermutlich käme ein Vertrauensverlust in die Geldwertstabilität erschwerend hinzu.[508] Zugleich widerspräche diese Geldentwertung dem aus dem Sozialstaatsprinzip zur Wahrung der Gerechtigkeit zwischen Schuldnern und Gläubigern abgeleiteten sowie in Art. 109 Abs. 2 GG in Verbindung mit § 1 StabG verankerten Staatsziel der Stabilität des Preisniveaus genauso wie dem Staatsziel der Wohlstandsförderung,

---

503 Vgl. *Beisse*, FR 1975, 472 (475). Aufgrund dessen eine staatliche Fiskalpolitik zur Bekämpfung der „schleichenden Inflation“ fordernd s. bereits *Neumark*, Wirtschafts- und Finanzprobleme des Interventionsstaates, 1961, S. 262 ff.

504 Vgl. *Beisse*, FR 1975, 472 (475).

505 BVerfG v. 19.12.1978 – 1 BvR 335/76, 1 BvR 427/76, 1 BvR 811/76, BVerfGE 50, 57 (92); BVerfG v. 29.09.2015 – 2 BvR 2683/11, BStBl. II 2016, 310 (317); BFH v. 27.07.1967 – IV 300/64, BStBl. III 1967, 690 (694 f.); BFH v. 14.05.1974 – VIII R 95/72, BStBl. II 1974, 572 (576); BFH v. 27.06.1996 – VIII B 102/95, BFH/NV 1996, 921 (921); BFH v. 11.12.2008 – VI R 9/05, BStBl. II 2009, 385 (387); BFH v. 06.04.2016 – X R 2/15, BStBl. II 2016, 733 (738); vgl. auch BVerwG v. 03.10.1972 – I C 36.68, BVerwGE 41, 1 (5); BGH v. 28.05.1973 – II ZR 58/71, BGHZ 61, 31 (38); BAG v. 30.03.1973 – 3 AZR 26/72, BAGE 25, 146 (158). Inzwischen wäre der „Grundsatz Euro = Euro“ allerdings passender, s. bspw. *Kraft/Kraft*, Grundlagen der Unternehmensbesteuerung, 2018, S. 39.

506 Vgl. *Kirchhof*, in: FS Leisner, 1999, S. 635 (645).

507 Vgl. hierzu bspw. BVerfG v. 19.12.1978 – 1 BvR 335/76, 1 BvR 427/76, 1 BvR 811/76, BVerfGE 50, 57 (94); BFH v. 14.05.1974 – VIII R 95/72, BStBl. II 1974, 572 (577); vgl. auch *Beisse*, FR 1975, 472 (476).

508 Vgl. BVerfG v. 19.12.1978 – 1 BvR 335/76, 1 BvR 427/76, 1 BvR 811/76, BVerfGE 50, 57 (97 ff.).

die gerade durch ineffiziente Kapitalverschiebungen gefährdet wäre.[509] Eine Umstellung würde zudem Bedenken im Hinblick auf das Gebot der hinreichenden Bestimmtheit begegnen, wenn der Steuerpflichtige nicht mehr in der Lage wäre, seine steuerliche Belastung vorauszusehen und vorauszuberechnen.[510] Gerade im Rahmen der Lohnsteuer wäre ein indexierter im Vorhinein unbestimmter Tarif nur schwerlich umsetzbar.[511] Im Rahmen der (Einkommens-) Besteuerung ist außerdem ohnehin zwischen Vermögen und Ertrag zu trennen, sodass beispielsweise Zinseinkünfte (Ertrag) nicht zwingend um Geldwertänderungen, die das Vermögen betreffen, zu bereinigen sind.[512]

Das Prinzip des Valorismus ist im Steuerrecht mithin nicht geboten. Dennoch wird aus den Argumenten für den Valorismus deutlich, dass Veränderungen der äußeren Umstände Anpassungen der Steuernormen notwendig machen können und somit das Gebot der Realitätsgerechtigkeit untermauern.

d) Zusammenfassung

Zusammenfassend setzt die Zeitgerechtigkeit die bisherigen Ausführungen zur Realitätsgerechtigkeit ergänzend somit eine gegenwartsnahe Besteuerung voraus und bedingt eine realitätsgerechte Vergleichbarkeit zu einem bestimmten Stichtag. Ein genereller Valorismus ist der Zeitgerechtigkeit als Ausprägung des vordergründig innerperiodischen Vergleichsmaßstabs der finanziellen und wirtschaftlichen Leistungsfähigkeit mit der Ausnahme von Hyperinflationsszenarien hingegen nicht zu entnehmen.

2. Zeitgerechtigkeit steuerrechtlicher Typisierungen

Das Prinzip der zeitnahen Besteuerung in Verbindung mit der Vergleichbarkeit zum Stichtag betrifft im Besonderen die Verzinsung im Steuerverfahren.

---

509 Vgl. hierzu *v. Arnim*, Gemeinwohl und Gruppeninteressen, 1977, S. 42 f.; vgl. auch *Neumark*, Wirtschafts- und Finanzprobleme des Interventionsstaates, 1961, S. 269.

510 Dahingehende Bedenken äußernd s. BVerfG v. 19.12.1978 – 1 BvR 335/76, 1 BvR 427/76, 1 BvR 811/76, BVerfGE 50, 57 (93); Steuerreformkommission, Gutachten der Steuerreformkommission, 1971, Teil I Rn. 78, Teil II Rn. 648. Zum Gebot der hinreichenden Bestimmtheit s. umfassend unten Seite 124 ff. Hierzu allerdings kritisch s. *Tipke*, in: FS Kriele, 1997, S. 947 (958), der darauf verweist, dass andere Staaten (genannt wird die Schweiz) durchaus Ausnahmen vom Nominalwertprinzip praktizieren.

511 Vgl. *Lang*, Die Bemessungsgrundlage der Einkommensteuer, 1988, S. 179.

512 Vgl. BVerfG v. 19.12.1978 – 1 BvR 335/76, 1 BvR 427/76, 1 BvR 811/76, BVerfGE 50, 57 (81); *Starck*, in: v. Mangoldt/Klein/Starck, GG, 2010, Art. 3 Rn. 49.

Denn die Steuerpflichtigen sind nicht nur in Bezug auf die Besteuerungshöhe entsprechend ihrer finanziellen und wirtschaftlichen Leistungsfähigkeit, sondern auch hinsichtlich des Zeitpunktes der Besteuerung gleichheitsgerecht zu belasten, sodass die Belastung entweder gegenwartsnah zu erfolgen hat oder die Liquiditätseffekte beim Steuerpflichtigen Berücksichtigung finden und beispielsweise mittels Verzinsung ausgeglichen werden müssen.[513] Die Verzinsung im Steuerverfahren dient der „horizontale[n] Gleichheit in der Zeit", die mit der Indifferenz der Steuerpflichtigen hinsichtlich des Steuerzahlungszeitpunktes (Festsetzung, Fälligkeit und Entrichtung) ideal erreicht wird.[514] Nur so wird die einmal getroffene Belastungsentscheidung des Gesetzgebers – unabhängig vom tatsächlichen Zahlungszeitpunkt – für das Teilrechtssystem des Steuerrechts in der Abgabenordnung folgerichtig umgesetzt.

Am wirksamsten wird die gegenwartsnahe Besteuerung zwar durch Quellensteuern (im Einkommensteuerrecht unter anderem die Lohnsteuer gemäß § 38 EStG, die Kapitalertragsteuer gemäß § 43 EStG oder die Aufsichtsratsteuer gemäß § 50a EStG) umgesetzt, da die Quellensteuer unmittelbar bei der Auszahlung (wirklichkeitsgerecht) abgezogen wird.[515] In allen anderen Fällen, in denen die Besteuerung nicht gegenwartsnah erfolgt, kommt neben der Zeitgerechtigkeit jedoch vor allem auch wieder der Realitätsgerechtigkeit der Verzinsung (im Steuerverfahren) besondere Bedeutung zu, da die Gleichheit in der Zeit nur hergestellt werden kann, wenn die Verzinsung realitätsgerecht ist und somit den Liquiditäts- und Zinseffekt sowie die hiermit zusammenhängenden Veränderungen der Leistungsfähigkeit des Steuerpflichtigen tatsächlich ausgleichen kann.[516]

Zeitgerechtigkeit bedeutet demnach, dass Vorteile, die bei einer verhältnismäßig späteren Besteuerung aufgrund des „Darlehens" des Staates an den

---

513 Vgl. BVerfG v. 03.09.2009 – 1 BvR 2539/07, BFH/NV 2009, 2115 (2117); vgl. auch FG Baden-Württemberg v. 16.01.2018 – 2 V 3389/16, EFG 2018, 997 (999); *Kirchhof*, StuW 2000, 316 (320); *Seer*, DB 2014, 1945 (1947 f.); *Seer*, wiedergegeben in: *Ebner et al.*, DStR-Beihefter 2017, 77 (78).

514 *Seer*, DB 2014, 1945 (1947). Diesen Zweck der in § 233a AO grundsätzlich geschaffenen Zinspflicht hat auch der BFH in seinem Grundsatzurteil nicht widerlegt, s. BFH v. 09.11.2017 – III R 10/16, BStBl. II 2018, 255 (257).

515 Vgl. BVerfG v. 10.04.1997 – 2 BvL 77/92, BVerfGE 96, 1 (7 f.); *Kirchhof*, AöR 128, 1 (43).

516 Vgl. hierzu BVerfG v. 03.09.2009 – 1 BvR 2539/07, BFH/NV 2009, 2115 (2117); vgl. auch BFH v. 20.09.1995 – X R 86/94, BStBl. II 1996, 53 (54); BFH v. 10.03.2006 – V B 82/05, BFH/NV 2006, 1433 (1433).

Steuerpflichtigen entstehen, oder Nachteile, die aus einer verhältnismäßig früheren Besteuerung und einem umgekehrten „Darlehen" des Steuerpflichtigen an den Staat folgen, auszugleichen sind oder ansonsten zu mit dem Gleichheitssatz unvereinbaren Ungleichheiten führen können.[517] Der Zeitpunkt der Steuerzahlung muss somit entscheidungsneutral sein.[518] Verfassungsrechtlich erforderlich ist insofern auch für die zeitgerechte Verzinsung, dass ein realitätsgerechter Maßstab angewandt wird, damit jeder Steuerpflichtige unabhängig vom Steuerzahlungszeitpunkt entsprechend seiner wirtschaftlichen und finanziellen Leistungsfähigkeit belastet wird.

II. Freiheitsgrundrechte und Rechtsstaatsprinzip

Die gleichheitsrechtlichen Ausführungen ergänzend sowie die Konkretisierung des Gebots der Realitätsgerechtigkeit abschließend sind in diesem Kapitel noch die für die Realitätsgerechtigkeit relevanten freiheitsrechtlichen sowie rechtsstaatlichen Anforderungen zu erörtern.

1. Freiheitsgrundrechte

Hinsichtlich freiheitsrechtlicher Maßgaben für die Realitätsgerechtigkeit kommt insbesondere das freiheitsrechtliche Übermaßverbot in Betracht, wenn Abweichungen von der Realität zu übermäßigen Belastungen des Eigentums nach Art. 14 Abs. 1 GG führen. Seit jeher judizierte das Bundesverfassungsgericht zu Art. 14 Abs. 1 GG, dass das Steuerrecht eigentumsschonend sein müsse, das heißt, Abgaben den Steuerpflichtigen nicht übermäßig belasten und dessen Vermögensverhältnisse nicht grundlegend beeinträchtigen dürften – konfiskatorisch oder erdrosselnd wirkende Abgaben verstoßen demnach gegen die Eigentumsfreiheit.[519] Aufgrund des rechtsstaatlichen Verhältnismäßigkeitsprinzips lässt sich darüber hinaus als „negative Schlußfolgerung"[520] ein generelles

517 Zu den Vor- und Nachteilen s. BVerfG v. 08.10.1991 – 1 BvL 50/86, BVerfGE 84, 348 (362).

518 Vgl. *Seer*, DB 2014, 1945 (1948); *Seer et al.*, DStR 2021, 1265 (1267).

519 Ständige Rechtsprechung des BVerfG, vgl. bspw. BVerfG v. 24.07.1962 – 2 BvL 15/61, 2 BvL 16/61, BVerfGE 14, 221 (241); BVerfG v. 24.09.1965 – 1 BvR 228/65, BVerfGE 19, 119 (129); BVerfG v. 18.01.2006 – 2 BvR 2194/99, BVerfGE 115, 97 (115 f.); BVerfG v. 07.04.2015 – 1 BvR 1432/10, HFR 2015, 695 (695). Zur sich daraus ergebenden „Indolenz der Freiheitsrechte" im Steuerrecht s. *Papier*, DVBl 1980, 787 (791 f.).

520 *Lang*, Die Bemessungsgrundlage der Einkommensteuer, 1988, S. 145.

Übermaßverbot hinsichtlich der Besteuerung begründen.[521] Dieses wird – bei gleichem Schutzniveau[522] – zudem aus Art. 2 Abs. 1 GG in Verbindung mit Art. 20 Abs. 3 GG sowie aus Art. 106 Abs. 3 Satz 4 Nr. 2 GG hergeleitet.[523]

Eine Begrenzung des gesetzgeberischen Gestaltungsspielraums ergibt sich aus dem Übermaßverbot jedoch kaum. Denn steuerliche Belastungen sind – unabhängig von ihrer Realitätsgerechtigkeit – zur Erzielung von Einnahmen für den Staat grundsätzlich immer geeignet und erforderlich.[524] Einzig übermäßig verwaltungsaufwendige Steuern könnten die Geeignetheit in Frage ziehen, wenn sie nach Abzug der Verwaltungsaufwendungen im Ergebnis nur geringe oder überhaupt keine Mehreinnahmen generieren können.[525] Letztlich erfolgt damit regelmäßig nur eine Angemessenheitsprüfung.[526] Doch auch die Angemessenheit der Belastung ist schwierig zu verneinen, da jede „wertende Einschränkung des staatlichen Finanzierungsinteresses durch Steuern [...] Gefahr [läuft], dem Gesetzgeber mittelbar eine verfassungsgerichtliche Ausgaben- und damit eine Aufgabenbeschränkung aufzuerlegen, die das Grundgesetz nicht ausdrücklich vorsieht“.[527] Überdies ist der Fiskalzweck für eine Abwägung

521 Vgl. bspw. *Hey*, in: Tipke/Lang, Steuerrecht, 2018, § 3 Rn. 180.

522 Vgl. BVerfG v. 18.01.2006 – 2 BvR 2194/99, BVerfGE 115, 97 (114 f.).

523 Vgl. BVerfG v. 03.09.2009 – 1 BvR 2539/07, BFH/NV 2009, 2115 (2118); BVerfG v. 18.01.2006 – 2 BvR 2194/99, BVerfGE 115, 97 (115 f.); vgl. auch BVerfG v. 05.04.1978 – 1 BvR 117/73, BVerfGE 48, 102 (115 f.). Eine Ableitung des Verhältnismäßigkeitsprinzips aus dem Rechtsstaatsprinzip als Zirkelschluss ablehnend s. *Huster*, Rechte und Ziele, 1993, S. 98.

524 Vgl. BVerfG v. 18.01.2006 – 2 BvR 2194/99, BVerfGE 115, 97 (115); vgl. auch *Birk*, Das Leistungsfähigkeitsprinzip als Maßstab der Steuernormen, 1983, S. 189; *Lang*, Die Bemessungsgrundlage der Einkommensteuer, 1988, S. 146; *Lepsius*, JZ 2009, 260 (260); *Wernsmann*, in: Schön/Beck, Zukunftsfragen des deutschen Steuerrechts, 2009, S. 161 (170); *Kempny*, StuW 2014, 185 (194 f.).

525 Vgl. *Lang*, Die Bemessungsgrundlage der Einkommensteuer, 1988, S. 146. Zum Rechtfertigungsgrund der Verhältnismäßigkeit des Verwaltungsaufwands s. unten Seite 180 f.

526 S. dahingehend *Schober*, Verfassungsrechtliche Restriktionen für den vereinfachenden Einkommensteuergesetzgeber, 2009, S. 94.

527 BVerfG v. 18.01.2006 – 2 BvR 2194/99, BVerfGE 115, 97 (115); vgl. auch *Papier*, Die finanzrechtlichen Gesetzesvorbehalte und das grundgesetzliche Demokratieprinzip, 1973, S. 79; *Lepsius*, JZ 2009, 260 (260 f.); *Wernsmann*, in: Schön/Beck, Zukunftsfragen des deutschen Steuerrechts, 2009, S. 161 (170). Zur Kritik s. bspw. *Kirchhof*, in: Isensee/Kirchhof, Handbuch des Staatsrechts der Bundesrepublik Deutschland, 2007, § 118 Rn. 131; *Kirchhof*, in: FS Bundesfinanzhof. Band 2, 2018, S. 1197 (1220), nach

regelmäßig zu unbestimmt[528] und zugleich entwickeln sich Steuerbelastungen der Steuerschuldner sowie Steuereinnahmen des Steuergläubigers grundsätzlich synchron, sodass ein Mehr an Belastungen ein entsprechendes Mehr an demokratisch legitimierten gemeinwohlorientierten Ausgaben ermöglicht.[529] Gegen das Übermaßverbot verstoßen mithin lediglich solche Belastungen, die den wirtschaftlichen Erfolg des Steuerpflichtigen grundlegend beeinträchtigen.[530] Dies entspricht letztlich allerdings wiederum (nur) dem Schutzniveau der Erdrosselungsrechtsprechung.[531]

Größere Bedeutung wird dem Übermaßverbot hingegen bezüglich des Schutzes des Existenzminimums zuteil. Demnach muss dem „Steuerpflichtigen nach Erfüllung seiner Einkommensteuerschuld von seinem Erworbenen soviel verbleiben […], als er zur Bestreitung seines notwendigen Lebensunterhalts […] bedarf".[532] Diese Unantastbarkeit des sächlichen Existenzminimums lässt sich überdies aus der Menschenwürde nach Art. 1 Abs. 1 GG, der allgemeinen Handlungsfreiheit nach Art. 2 Abs. 1 GG sowie dem Sozialstaatsprinzip nach Art. 20 Abs. 1 und 28 Abs. 1 Satz 1 GG begründen.[533] Es steht für eine Besteuerung nicht zur Verfügung und bildet mithin eine absolute verfassungsrechtliche Untergrenze des Steuerzugriffs.[534] Dieser Schutz des Existenzminimums

---

dem es auf die freiheitskonforme Teilhabe am individuellen wirtschaftlichen Erfolg ankomme, sodass willkürliche und übermäßige Steuerlasten verfassungswidrig seien.

528 Vgl. umfassend *Schuppert*, in: FS Zeidler. Band 1, 1987, S. 691 (701 ff.); vgl. auch *Tipke*, Die Steuerrechtsordnung. Band 1, 2000, S. 418.

529 Vgl. *Kempny*, StuW 2014, 185 (195); vgl. dazu auch *Papier*, Die finanzrechtlichen Gesetzesvorbehalte und das grundgesetzliche Demokratieprinzip, 1973, S. 78; *Schober*, Verfassungsrechtliche Restriktionen für den vereinfachenden Einkommensteuergesetzgeber, 2009, S. 88; *Wieland*, in: Dreier, GG, 2013, Art. 14 Rn. 68. Aufgrund dieser zwecklosen Abwägung sei eine Wertigkeitslehre öffentlicher Belange zu entwickeln, s. *Leisner-Egensperger*, DStZ 2018, 909 (916 ff.).

530 Vgl. BVerfG v. 18.01.2006 – 2 BvR 2194/99, BVerfGE 115, 97 (116 f.).

531 Vgl. dazu *Papier*, Die finanzrechtlichen Gesetzesvorbehalte und das grundgesetzliche Demokratieprinzip, 1973, S. 78 f.; *Hey*, Steuerplanungssicherheit als Rechtsproblem, 2002, S. 145 f.

532 BVerfG v. 25.09.1992 – 2 BvL 5/91, 2 BvL 8/91, 2 BvL 14/91, BVerfGE 87, 153 (169). Die „Kontrollebenen" der Art. 2 Abs. 1 GG und Art. 14 Abs. 1 GG abgrenzend s. auch *Breinersdorfer*, DStR 2010, 2492 (2492).

533 Vgl. bspw. *Tipke*, Die Steuerrechtsordnung. Band 1, 2000, S. 420; *Schober*, Verfassungsrechtliche Restriktionen für den vereinfachenden Einkommensteuergesetzgeber, 2009, S. 82 f.; *Hey*, in: Tipke/Lang, Steuerrecht, 2018, § 3 Rn. 161.

534 Vgl. BVerfG v. 25.09.1992 – 2 BvL 5/91, 2 BvL 8/91, 2 BvL 14/91, BVerfGE 87, 153 (169 f.); *Tipke*, Die Steuerrechtsordnung. Band 1, 2000, S. 420 ff.; *Kirchhof*, in: Isensee/

ist Individualrechtsschutz und erfordert grundsätzlich eine Prüfung in jedem Einzelfall.[535] Ausnahmefällen kann zwar auch hier durch entsprechende Billigkeitsmaßnahmen begegnet werden.[536] Insbesondere die grundlegende typisierte Verschonung des Existenzminimums unterliegt gleichwohl besonders strengen Anforderungen an die Realitätsgerechtigkeit und begründet infolgedessen eine enge Bandbreite realitätsgerechter Typisierungen. Nach dem Bundesverfassungsgericht muss die Typisierung des Existenzminimums grundsätzlich nämlich „möglichst [in] allen Fällen den existenznotwendigen Bedarf" abdecken.[537]

Freiheitsrechtlich ergeben sich für die Realitätsgerechtigkeit somit insgesamt keine wesentlichen Vorgaben, die zu den gleichheitsrechtlichen hinzutreten.[538] Lediglich Belastungen konfiskatorischen Umfangs sowie generell Belastungen des Existenzminimums sind freiheitsrechtswidrig.

2. *Rechtsstaatsprinzip*

Weitergehende Erkenntnisse hinsichtlich des Gebots der Realitätsgerechtigkeit könnten sich indes aus dem Rechtsstaatsprinzip, insbesondere der Rechtssicherheit sowie dem Bestimmtheitsgebot ergeben. Der abstrakte verfassungsrechtliche Grundsatz der Rechtsstaatlichkeit basiert auf der Gesamtkonzeption der Grundrechte, auf Art. 19 Abs. 4 GG und Art. 20 Abs. 2, 3 GG sowie auf der ausdrücklichen teilweisen Verankerung in Art. 28 Abs. 1 Satz 1 GG.[539] Das Rechtsstaatsprinzip ergibt sich aus dem „vorverfassungsmäßige[n] Gesamtbild", das der Verfassungsgeber als Grundlage des Grundgesetzes vorausgesetzt hat, ohne es in einem Rechtssatz zu konkretisieren.[540] Dabei umfasst es insbesondere die

---

Kirchhof, Handbuch des Staatsrechts der Bundesrepublik Deutschland, 2007, § 118 Rn. 135; vgl. bzgl. Familien auch BVerfG v. 10.11.1998 – 2 BvR 1057/91, 2 BvR 1226/91, 2 BvR 980/91, BVerfGE 99, 216 (231 f.).

535 Vgl. allgemein dazu *Selmer*, in: GS Trzaskalik, 2005, S. 411 (427).

536 Vgl. FG Köln v. 12.10.2017 – 10 K 977/17, EFG 2018, 287 (293); *Schenke*, in: FS Armbruster, 1976, S. 176 (205 f.).

537 BVerfG v. 25.09.1992 – 2 BvL 5/91, 2 BvL 8/91, 2 BvL 14/91, BVerfGE 87, 153 (172); vgl. auch BVerfG v. 29.05.1990 – 1 BvL 20/84, 1 BvL 26/84, 1 BvL 4/86, BVerfGE 82, 60 (91).

538 Zu diesem Ergebnis allgemein in Bezug auf das Steuerrecht s. *Birk*, Das Leistungsfähigkeitsprinzip als Maßstab der Steuernormen, 1983, S. 193.

539 Vgl. grundlegend BVerfG v. 01.07.1953 – 1 BvL 23/51, BVerfGE 2, 380 (403). Zur Kritik an der Herleitung des Rechtsstaatsprinzips und insb. kritisch zur Ableitung von Rechtssätzen hieraus s. *Ridder*, in: Mück, Verfassungsrecht, 1975, S. 85 (226 f.).

540 BVerfG v. 01.07.1953 – 1 BvL 23/51, BVerfGE 2, 380 (403); BVerfG v. 26.02.1969 – 2 BvL 15/68, 2 BvL 23/68, BVerfGE 25, 269 (290).

verfassungsrechtlichen Gebote der Rechtssicherheit sowie der Bestimmtheit.[541] Sie flankieren die Realitätsgerechtigkeit der (steuerrechtlichen) Typisierungen, indem sie insbesondere Abweichungen vom Gebot der Realitätsgerechtigkeit begründen können.

Im Folgenden sind die Gebote der Rechtssicherheit und Bestimmtheit zunächst vorzustellen, um anschließend die Anforderungen an die steuerrechtlichen Typisierungen zu erörtern.

a) Rechtssicherheit

Rechtssicherheit bedeutet insbesondere Vertrauensschutz. Das heißt, der „Staatsbürger soll die ihm gegenüber möglichen staatlichen Eingriffe voraussehen und sich dementsprechend einrichten können".[542] Die „Verlässlichkeit der Rechtsordnung [...ist] wesentliche Voraussetzung für die Selbstbestimmung über den eigenen Lebensentwurf und damit [...] Grundbedingung freiheitlicher Verfassungen".[543] Da zur Rechtssicherheit aber auch materielle Gerechtigkeit gehört, gilt der Vertrauensschutz nicht ausnahmslos und der Gesetzgeber hat grundsätzlich zwischen dem Vertrauensschutz sowie der Gerechtigkeit willkürfrei abzuwägen.[544] Wenn es isoliert um den zukünftigen Fortbestand des geltenden Rechts geht, werden „besondere Momente der Schutzwürdigkeit" vorausgesetzt, da die unveränderliche Fortgeltung des Rechts keinen verfassungsrechtlich gebotenen Schutz genießen könne, um den Gesetzgeber nicht zu sehr einzuschränken.[545]

---

541 Zur Rechtssicherheit s. bspw. BVerfG v. 01.07.1953 – 1 BvL 23/51, BVerfGE 2, 380 (403); BVerfG v. 20.04.1982 – 2 BvL 26/81, BVerfGE 60, 253 (268 f.). Zur Bestimmtheit s. bspw. BVerfG v. 08.01.1981 – 2 BvL 3/77, 2 BvL 9/77, BVerfGE 56, 1 (12); BVerfG v. 03.03.2004 – 1 BvF 3/92, BVerfGE 110, 33 (53, 56).

542 BVerfG v. 19.12.1961 – 2 BvL 6/59, BVerfGE 13, 261 (271); vgl. auch BVerfG v. 26.02.1969 – 2 BvL 15/68, 2 BvL 23/68, BVerfGE 25, 269 (290).

543 BVerfG v. 07.07.2010 – 2 BvL 14/02, 2 BvL 2/04, 2 BvL 13/05, BVerfGE 127, 1 (16).

544 Vgl. BVerfG v. 26.02.1969 – 2 BvL 15/68, 2 BvL 23/68, BVerfGE 25, 269 (290 f.); vgl. auch BVerfG v. 12.06.1986 – 2 BvL 5/80, 2 BvL 17/82, 2 BvR 635/80, BVerfGE 72, 302 (329).

545 BVerfG v. 07.07.2010 – 2 BvL 14/02, 2 BvL 2/04, 2 BvL 13/05, BVerfGE 127, 1 (17); vgl. auch *Jachmann*, Die Fiktion im öffentlichen Recht, 1998, S. 708.

b) *Bestimmtheitsgebot*

Die Gleichheits- und Freiheitsrechte ergänzend verlangt das Rechtsstaatsprinzip auch hinreichend bestimmte und klare Normen.[546] Ein verfassungsrechtliches Bestimmtheitsgebot kann sich zudem direkt aus Art. 3 Abs. 1 GG und dem Folgerichtigkeitsgebot ergeben,[547] wenn sich Gleich- oder Ungleichbehandlungen nicht hinreichend aus der Norm heraus legitimieren lassen oder wenn der gleichmäßige Vollzug durch die Rechtsanwender aufgrund von Unklarheiten nicht gegeben ist.[548]

Das Bestimmtheitsgebot setzt sich zusammen aus dem Gebot der hinreichenden Bestimmtheit, dem Gebot der Normenklarheit sowie dem Gebot der Normenwahrheit. Als solches können die Gebote sowohl der Ermöglichung einer Verhaltensausrichtung der Normadressaten als auch als Ausprägung der Gewaltenteilung, nämlich der gerichtlichen Kontrolle, dienen.[549]

aa) *Gebot der hinreichenden Bestimmtheit*

Das Bestimmtheitsgebot setzt voraus, dass der Betroffene nur anhand der gesetzlichen Norm sein Handeln an der bestehenden Rechtslage ausrichten kann.[550] Demnach müssen unter anderem die Ermächtigungen der Verwaltung bezüglich des Inhalts, Zwecks und Ausmaßes hinreichend bestimmt und begrenzt sein.[551] Der Verwaltung sind hinreichend eindeutige (Abwägungs-)Maßstäbe vorzugeben, sodass die Entscheidungen hinsichtlich der Grundrechtseingriffe im Wesentlichen nur von dem demokratisch legitimierten Gesetzgeber getroffen werden (Demokratiefunktion des Bestimmtheitsgebots).[552] Ausreichend hierzu

---

546 Vgl. bspw. BVerfG v. 08.01.1981 – 2 BvL 3/77, 2 BvL 9/77, BVerfGE 56, 1 (12); BVerfG v. 03.03.2004 – 1 BvF 3/92, BVerfGE 110, 33 (53, 56); BVerfG v. 13.06.2007 – 1 BvR 1550/03, 1 BvR 2357/04, 1 BvR 603/05, BVerfGE 118, 168 (186 f.); *Lang*, Die Bemessungsgrundlage der Einkommensteuer, 1988, S. 129 f.; *Papier*, in: DStJG 12, 1989, S. 61 (63); *Papier/Möller*, AöR 122, 177 (178 f.); *Drüen*, ZG 2009, 60 (62 f.).

547 Vgl. *Hey*, Steuerplanungssicherheit als Rechtsproblem, 2002, S. 563 f.

548 Vgl. *Osterloh*, Gesetzesbindung und Typisierungsspielräume bei der Anwendung der Steuergesetze, 1992, S. 119; *Pezzer*, StuW 2007, 101 (102); vgl. auch *Kirchhof*, in: DStJG 24, 2001, S. 9 (20).

549 Vgl. *Drüen*, ZG 2009, 60 (62).

550 Vgl. BVerfG v. 03.03.2004 – 1 BvF 3/92, BVerfGE 110, 33 (53).

551 Vgl. BVerfG v. 08.01.1981 – 2 BvL 3/77, 2 BvL 9/77, BVerfGE 56, 1 (12); BVerfG v. 03.03.2004 – 1 BvF 3/92, BVerfGE 110, 33 (54); BVerfG v. 13.06.2007 – 1 BvR 1550/03, 1 BvR 2357/04, 1 BvR 603/05, BVerfGE 118, 168 (187).

552 Vgl. BVerfG v. 03.03.2004 – 1 BvF 3/92, BVerfGE 110, 33 (54); BVerfG v. 13.06.2007 – 1 BvR 1550/03, 1 BvR 2357/04, 1 BvR 603/05, BVerfGE 118, 168 (187); BVerfG v.

ist jedoch, dass die Konkretisierung durch die juristischen Auslegungsmethoden möglich ist.[553] Es bedarf somit keiner absoluten Bestimmtheit, sondern vielmehr Bestimmbarkeit.[554] Damit ergänzt und konkretisiert das Bestimmtheitsgebot das rechtsstaatliche Prinzip des Vorrangs des Gesetzes für sämtliche materiellen Gesetze.[555]

Allerdings kann die Vorgabe der „hinreichenden Bestimmtheit" nicht über das hinausgehen, was bezüglich einer generell-abstrakten Norm und deren Normzweck in der Praxis möglich ist.[556] Der Grad der Bestimmtheit ist vielmehr bereichsspezifisch vom Regelungsgegenstand sowie der Intensität der Auswirkungen beim Betroffenen abhängig, sodass die Bestimmtheitsanforderungen mit zunehmender Intensität des Eingriffs sowie des Rechtssicherheitsbedürfnisses strenger werden.[557] Als solches ist das Gebot der hinreichenden Bestimmtheit zusammenfassend als kontextbezogenes Gebot der hinreichend begründeten Unbestimmtheit zu verstehen, dessen Anforderungen an die Begründung

---

11.03.2008 – 1 BvR 2074/05, BVerfGE 120, 378 (407). Zur Demokratiefunktion s. insb. auch BFH v. 06.09.2006 – XI R 26/04, BStBl. II 2007, 167 (169).

553 Vgl. BVerfG v. 12.01.1967 – 1 BvR 169/63, BVerfGE 21, 73 (79 f.); BVerfG v. 03.03.2004 – 1 BvF 3/92, BVerfGE 110, 33 (56 f.); BVerfG v. 13.06.2007 – 1 BvR 1550/03, 1 BvR 2357/04, 1 BvR 603/05, BVerfGE 118, 168 (188); *Papier/Möller*, AöR 122, 177 (189).

554 Vgl. BVerfG v. 03.03.2004 – 1 BvF 3/92, BVerfGE 110, 33 (56 f.); BVerfG v. 13.06.2007 – 1 BvR 1550/03, 1 BvR 2357/04, 1 BvR 603/05, BVerfGE 118, 168 (188); *Papier*, in: DStJG 12, 1989, S. 61 (65 f.). Zur Abgrenzung der Bestimmbarkeit von der absoluten Bestimmtheit s. insb. *Waldhoff/Grefrath*, IStR 2013, 477 (478); *Hey*, in: Tipke/Lang, Steuerrecht, 2018, § 3 Rn. 244.

555 Vgl. BVerfG v. 20.10.1981 – 1 BvR 640/80, BVerfGE 58, 257 (278); *Jachmann*, Die Fiktion im öffentlichen Recht, 1998, S. 672 f.; *Jarass*, in: Jarass/Pieroth, GG, 2018, Art. 20 Rn. 82.

556 Vgl. BVerfG v. 25.03.1981 – 2 BvR 1258/79, BVerfGE 57, 9 (22); BVerfG v. 24.04.2013 – 1 BvR 1215/07, BVerfGE 133, 277 (355 f.).

557 Vgl. BVerfG v. 08.01.1981 – 2 BvL 3/77, 2 BvL 9/77, BVerfGE 56, 1 (13); BVerfG v. 03.03.2004 – 1 BvF 3/92, BVerfGE 110, 33 (53 f.); BVerfG v. 04.06.2012 – 2 BvL 9/08, 2 BvL 10/08, 2 BvL 11/08, 2 BvL 12/08, BVerfGE 131, 88 (123); *Papier/Möller*, AöR 122, 177 (187 f.); *Drüen*, ZG 2009, 60 (63); vgl. auch *Osterloh*, Gesetzesbindung und Typisierungsspielräume bei der Anwendung der Steuergesetze, 1992, S. 112 f., der jedoch die Wesentlichkeit des Eingriffs als Differenzierungskriterium ablehnt, vgl. *Osterloh*, a. a. O., S. 121 ff.

umso strenger sind, desto schwerwiegender die Auswirkungen beim Betroffenen sind.[558]

Im Steuerrecht ist das Bestimmtheitsgebot für die steuerbegründenden Tatbestandsnormen aufgrund der Eingriffsintensität dahingehend besonders streng abzuleiten, dass der Steuerpflichtige die anfallende Steuerlast grundsätzlich verstehen, voraussehen und berechnen können muss.[559] Maßgeblich ist hierbei das Verständnis des von der Steuernorm typischerweise Betroffenen, mithin regelmäßig der nicht steuerrechtskundige Steuerpflichtige, im Falle komplexer Lebenssachverhalte aber der steuerliche Berater oder der Steuerexperte in Großkonzernen – nicht hingegen Fachgerichte.[560] Da mit steigender Komplexität der Lebenssachverhalte die steuerliche Beratung der Steuerpflichtigen zunehmen wird, ist sodann auf das Verständnis eines steuerlich vorgebildeten Beraters abzustellen.[561] Strenge Anforderungen an die Bestimmtheit der steuerbegründenden Normen folgen wegen der strafbewehrten Erklärungspflichten des Steuerpflichtigen (§ 370 AO) zudem aus Art. 103 Abs. 2 GG.[562] Somit ist die Steuerbegründungsnorm nach Inhalt, Gegenstand, Zweck und Ausmaß vom Gesetzgeber hinreichend zu bestimmen und zu begrenzen.[563] Dem Steuerpflichtigen muss die Möglichkeit gegeben werden, auf die gesetzlichen Regelungen

558 Vgl. *Osterloh*, Gesetzesbindung und Typisierungsspielräume bei der Anwendung der Steuergesetze, 1992, S. 134 f.; *Fetzer*, in: FS Schenke, 2011, S. 129 (133).

559 Vgl. BVerfG v. 14.12.1965 – 1 BvR 571/60, BVerfGE 19, 253 (267); BVerfG v. 19.12.1978 – 1 BvR 335/76, 1 BvR 427/76, 1 BvR 811/76, BVerfGE 50, 57 (92 f.); BVerfG v. 23.10.1986 – 2 BvL 7/84, 2 BvL 8/84, BVerfGE 73, 388 (400); BFH v. 11.12.1997 – III R 214/94, BStBl. II 1998, 292 (293); vgl. auch *Stern*, Das Staatsrecht der Bundesrepublik Deutschland. Band 2, 1980, S. 1108; *Vogel*, in: GS Martens, 1987, S. 265 (270 f.); *Kirchhof*, Stbg 1995, 68 (68). Zurückhaltender noch s. BVerfG v. 10.10.1961 – 2 BvL 1/59, BVerfGE 13, 153 (160), wonach „die Steuerlast meßbar und in gewissem Umfang für den Staatsbürger voraussehbar und berechenbar" sein müsse.

560 Vgl. *Kirchhof*, in: DStJG 24, 2001, S. 9 (20); *Hey*, Steuerplanungssicherheit als Rechtsproblem, 2002, S. 560 ff.; *Fetzer*, in: FS Schenke, 2011, S. 129 (135 f.); vgl. auch BVerfG v. 10.11.1998 – 2 BvR 1057/91, 2 BvR 1226/91, 2 BvR 980/91, BVerfGE 99, 216 (243).

561 Vgl. *Fetzer*, in: FS Schenke, 2011, S. 129 (135).

562 Vgl. *Kirchhof*, Stbg 1995, 68 (68 f.); *Kirchhof*, in: DStJG 24, 2001, S. 9 (20); *Drüen*, ZG 2009, 60 (63); *Fetzer*, in: FS Schenke, 2011, S. 129 (132); vgl. auch BVerfG v. 10.11.1998 – 2 BvR 1057/91, 2 BvR 1226/91, 2 BvR 980/91, BVerfGE 99, 216 (243).

563 Vgl. BVerfG v. 19.12.1978 – 1 BvR 335/76, 1 BvR 427/76, 1 BvR 811/76, BVerfGE 50, 57 (93).

vollumfänglich zu reagieren und sein Verhalten danach auszurichten,[564] weshalb es auf die Orientierungs- und Steuerplanungssicherheit ankommt.[565]

Die bloße Notwendigkeit einer Norminterpretation führt hingegen noch nicht zu einem Verstoß gegen das Bestimmtheitsgebot.[566] Auch können Ungewissheiten und Komplexitäten in Bezug auf die zu regelnden Sachverhalte zu (anfangs) unbestimmteren Regelungen und Typisierungen führen, um die Sachverhalte überhaupt erfassen zu können.[567] Ohnehin sind die Anforderungen an einen verfassungsrechtswidrigen Verstoß gegen das Gebot der hinreichenden Bestimmtheit in Folge der jüngeren Rechtsprechung des Bundesverfassungsgerichts so streng, dass seine Durchsetzung in der Praxis in Frage gestellt werden muss.[568] Um den Begründungserfordernissen des § 80 Abs. 2 Satz 1 BVerfGG zu genügen, müsse sich das vorlegende Gericht mit der gesamten Rechtsprechung und Literatur sowie den juristischen Auslegungsmethoden auseinandersetzen und darlegen, inwiefern diese Auslegung über die herkömmlichen Mittel der juristischen Methode hinausgehe.[569] Verfassungsrechtliche Zweifel ergeben sich demnach erst, wenn eine Norm „nicht mehr auslegungsfähig" ist[570] – Verfassungswidrigkeit gar erst bei „objektive[r] Unanwendbarkeit".[571] Ist jedoch die

---

564 Vgl. BFH v. 06.09.2006 – XI R 26/04, BStBl. II 2007, 167 (169); *Benda*, DStZ 1984, 159 (162).

565 Vgl. *Hey*, in: Tipke/Lang, Steuerrecht, 2018, § 3 Rn. 246 f.

566 Vgl. *Englisch*, Wettbewerbsgleichheit im grenzüberschreitenden Handel, 2008, S. 166.

567 Vgl. *Meßerschmidt*, Gesetzgebungsermessen, 2000, S. 1036.

568 S. bereits zuvor *Papier*, in: DStJG 12, 1989, S. 61 (61); *Papier/Möller*, AöR 122, 177 (178, 196 f.). Selbst das BVerfG hatte bereits in BVerfG v. 14.03.1967 – 1 BvR 334/61, BVerfGE 21, 209 (215) relativierend entschieden, dass es ausreiche, wenn der Gesetzgeber die wesentlichen Bestimmungen mit hinreichender Genauigkeit vorgebe, und dass Zweifelsfragen durch die Gerichte und die Verwaltung mittels Auslegung zu beantworten seien.

569 Vgl. BVerfG v. 12.10.2010 – 2 BvL 59/06, BVerfGE 127, 335 (355 f.). Zum Begründungserfordernis nach § 80 Abs. 2 Satz 1 BVerfGG s. auch BVerfG v. 20.02.2002 – 1 BvL 19/97, 1 BvL 20/97, 1 BvL 21/97, 1 BvL 11/98, BVerfGE 105, 48 (56).

570 Dies bereits vor der Entscheidung des BVerfG feststellend s. *Hey*, Steuerplanungssicherheit als Rechtsproblem, 2002, S. 566; s. dahingehend auch *Jachmann*, Die Fiktion im öffentlichen Recht, 1998, S. 669 f., 675. Allerdings ging *Hey* noch davon aus, dass eine Richtervorlage nach Art. 100 Abs. 1 Satz 1 GG vielversprechender sein könnte, da in diesem Fall die Resignation des „Kollegium[s] von Fachrichtern des Bundesfinanzhofs" ein Beleg objektiver Unverständlichkeit einer Norm sein müsste, vgl. *Hey*, ebd.

571 *Hey*, in: FS Bundesfinanzhof. Band 1, 2018, S. 451 (486); vgl. auch *Fetzer*, in: FS Schenke, 2011, S. 129 (142). Eine „Bürgerfreundlichkeit" der Verfassung bereits ablehnend s. *Jachmann*, Die Fiktion im öffentlichen Recht, 1998, S. 670.

Zulässigkeit eines Vorlagebeschlusses lediglich gegeben, wenn eine Norm auch nach vollständiger juristischer Auslegung durch die Fachgerichte unter Heranziehung sämtlicher juristischer Fachliteratur nicht hinreichend bestimmt ist, so liegen die Hürden eines Verfassungsverstoßes weit höher als es der Grundsatz, wonach der nicht steuerkundige Steuerpflichtige seine Steuerlast voraussehen und berechnen können müsse, vermuten lässt.[572] Dies zeigt sich auch daran, dass das Bundesverfassungsgericht in seiner Rechtsprechung noch nie eine materielle Steuerrechtsnorm aufgrund des Bestimmtheitsgebots für nichtig erklärt hat.[573]

bb) Gebot der Normenklarheit

Während das Gebot der hinreichenden Bestimmtheit begrifflich präzise Normen verlangt und der Abgrenzung von Kompetenzen dient,[574] schreibt das Gebot der Normenklarheit als sprachliche Mindestqualitätsanforderungen hingegen formale Verständlichkeit und Widerspruchsfreiheit vor.[575] Damit dient das Gebot der Normenklarheit auch der Steuergerechtigkeit, indem es formal einfache Normen gebietet, die für jeden Steuerpflichtigen verständlich sind.[576] Verstöße gegen die Normenklarheit sind damit zumeist die Folge handwerklich

572 Vgl. *Fetzer*, in: FS Schenke, 2011, S. 129 (142 f.); *Seer/Michalowski*, GmbHR 2017, 609 (615); *Hey*, in: Tipke/Lang, Steuerrecht, 2018, § 3 Rn. 247; vgl. auch *Rixecker*, in: FS Ellscheid, 1999, S. 126 (133). Infolgedessen könnte der BFH jedoch eine zunehmende Bereitschaft erkennen lassen, Normen ohne BVerfG-Vorlage verfassungsrechtlich zu korrigieren, vgl. BFH v. 09.03.2011 – IX R 56/05, BStBl. II 2011, 649 (653); vgl. dazu *Hey*, ebd.

573 Dies feststellend s. bspw. *Altfelder*, DB 2001, 350 (355); *Heintzen*, in: DStJG 28, 2005, S. 163 (176 f.); *Seer/Michalowski*, GmbHR 2017, 609 (615); *Hey*, in: FS Bundesfinanzhof. Band 1, 2018, S. 451 (486). Einen Verstoß gegen das Bestimmtheitsgebot nach Art. 2 Abs. 1 und Art. 1 Abs. 1 GG stellte das BVerfG jedoch hinsichtlich § 93 Abs. 8 AO a. F. als Besonderheit des Rechts auf informationelle Selbstbestimmung fest, s. BVerfG v. 13.06.2007 – 1 BvR 1550/03, 1 BvR 2357/04, 1 BvR 603/05, BVerfGE 118, 168 (186 ff.). Auch außerhalb des Steuerrechts gibt es nur wenige Entscheidungen des BVerfG, in denen es die Unbestimmtheit als Grund einer Verfassungswidrigkeit anführt, s. bspw. nur BVerfG v. 07.04.1964 – 1 BvL 12/63, BVerfGE 17, 306 (314 f.).

574 Vgl. *Hey*, Steuerplanungssicherheit als Rechtsproblem, 2002, S. 548.

575 Vgl. BVerfG v. 03.03.2004 – 1 BvF 3/92, BVerfGE 110, 33 (52 ff.); *Fetzer*, in: FS Schenke, 2011, S. 129 (133); *Hey*, in: Tipke/Lang, Steuerrecht, 2018, § 3 Rn. 244. Insbesondere zur Abgrenzung s. BFH v. 06.09.2006 – XI R 26/04, BStBl. II 2007, 167 (173); s. auch *Waldhoff/Grefrath*, IStR 2013, 477 (478 f.), die zwischen Bestimmtheit und Verständlichkeit differenzieren.

576 Vgl. *Lang*, StuW 1974, 293 (300).

schlechter Gesetzgebung[577] und zeigen eine „Rücksichtslosigkeit" gegenüber den von der Norm Betroffenen.[578] Gesetzliche Regelungen sind sprachlich verständlich, übersichtlich, widerspruchsfrei und redaktionell genau zu normieren[579] und insbesondere sprachlich vage, mehrdeutige sowie inkonsistente Regelungen können gegen das Gebot der Normenklarheit verstoßen.[580]

Die Widersprüchlichkeiten hinreichender Bestimmtheit bei gleichzeitiger Normenklarheit, also detaillierter Eindeutigkeit einerseits und sprachlich verständlicher Übersichtlichkeit andererseits, sind im Steuerrecht aufgrund der Intensität des steuerrechtlichen Grundrechtseingriffs bereichsspezifisch regelmäßig zugunsten des Bestimmtheitsgebots aufzulösen.[581] Meistens werden die Gebote der Bestimmtheit und Normenklarheit jedoch nicht in dieser Deutlichkeit abgegrenzt und stattdessen zusammen genannt und gemeinsam verfassungsrechtlich geprüft („eine Routine kombinatorischer Begriffsverwendung").[582]

cc) Gebot der Normenwahrheit

Schließlich ist das Gebot der Normenwahrheit als weitere eigenständige (formelle) gesetzgeberische Verfassungspflicht zu nennen. Zwar könnte dieses nach der Formel des Bundesverfassungsgerichts, wonach zur Normenklarheit auch Normenwahrheit gehöre,[583] einen bloßen Unterfall zum Gebot der Normenklarheit darstellen. Doch während das Gebot der Normenklarheit die Verständlichkeit einer Norm einfordert, verbietet das Gebot der Normenwahrheit die Verschleierung des eigentlichen Regelungsgehalts oder der Regelungsziele

577 Vgl. *Hey*, in: Tipke/Lang, Steuerrecht, 2018, § 3 Rn. 244, 247.

578 *Altfelder*, DB 2001, 350 (355).

579 Vgl. BFH v. 06.09.2006 – XI R 26/04, BStBl. II 2007, 167 (173).

580 Vgl. ausführlich *Osterloh*, Gesetzesbindung und Typisierungsspielräume bei der Anwendung der Steuergesetze, 1992, S. 97 ff.

581 S. dahingehend *Waldhoff/Grefrath*, IStR 2013, 477 (478).

582 *Cornils*, DVBl 2011, 1053 (1055).

583 Vgl. BVerfG v. 19.03.2003 – 2 BvL 9/98, 2 BvL 10/98, 2 BvL 11/98, 2 BvL 12/98, BVerfGE 108, 1 (20); BVerfG v. 13.09.2005 – 2 BvF 2/03, BVerfGE 114, 196 (236 f.); BVerfG v. 27.09.2005 – 2 BvL 11/02, 2 BvL 12/03, 2 BvL 13/02, BVerfGE 114, 303 (312); vgl. zur Normenwahrheit auch BVerfG v. 12.02.2003 – 2 BvL 3/00, BVerfGE 107, 218 (256); BVerfG v. 04.07.2007 – 2 BvE 1/06, 2 BvE 2/06, 2 BvE 3/06, 2 BvE 4/06, BVerfGE 118, 277 (366 f.); BVerfG v. 06.11.2012 – 2 BvL 51/06, 2 BvL 52/06, BVerfGE 132, 334 (350); BVerfG v. 17.01.2017 – 2 BvL 2/14, 2 BvL 3/14, 2 BvL 4/14, 2 BvL 5/14, BVerfGE 144, 369 (398).

einer Norm[584] und betrifft die Widerspruchsfreiheit mit einer außerhalb des Normtextes liegenden Referenz (Erwartungen).[585] Es kommt auf die Übereinstimmung der Erwartungen und des Gehalts einer Norm an. Zur Ermittlung der Erwartungen ist auf das Erkennbare und Eindeutige (Überschriften, Präambeln etc.) sowie auf die allgemeinen juristischen Auslegungsmethoden zurückzugreifen.[586] Nach dem Gebot der Normenwahrheit darf beispielsweise weder eine eindeutige Übergangsregelung zu einer Dauerregelung umgedeutet werden,[587] noch im Gebühren- und Satzungsrecht für eine Gebühr ein weiterer ungenannter Gebührenzweck angeführt werden.[588]

c) Anforderungen an die steuerrechtlichen Typisierungen

Sonach bleibt noch zu analysieren, welche konkreten Anforderungen sich aus den vorgestellten Geboten für die Typisierungen im Steuerrecht im Hinblick auf deren Realitätsgerechtigkeit ergeben.

Die Rechtssicherheit konkretisiert zwar das Gebot der Realitätsgerechtigkeit nicht, weil der Schutz des Vertrauens von der Realitätsgerechtigkeit einer Typisierung unabhängig ist, doch kann sie bei der Rechtfertigungsprüfung der Realitätsgerechtigkeit von Typisierungen beachtlich sein, wenn sich der Gesetzgeber für vertrauensschützende, beständige Typisierungen entschieden hat und diese realitätsfern werden.[589]

---

584 Vgl. BVerfG v. 04.07.2007 – 2 BvE 1/06, 2 BvE 2/06, 2 BvE 3/06, 2 BvE 4/06, BVerfGE 118, 277 (366).

585 Vgl. *Greiser/Stölting*, DVBl 2012, 1353 (1357 f.).

586 Vgl. BVerfG v. 12.02.2003 – 2 BvL 3/00, BVerfGE 107, 218 (256); BVerfG v. 19.03.2003 – 2 BvL 9/98, 2 BvL 10/98, 2 BvL 11/98, 2 BvL 12/98, BVerfGE 108, 1 (20); BVerfG v. 13.09.2005 – 2 BvF 2/03, BVerfGE 114, 196 (236 f.); BVerfG v. 27.09.2005 – 2 BvL 11/02, 2 BvL 12/03, 2 BvL 13/02, BVerfGE 114, 303 (312); vgl. auch *Drüen*, ZG 2009, 60 (66 ff.).

587 Vgl. BVerfG v. 12.02.2003 – 2 BvL 3/00, BVerfGE 107, 218 (256).

588 Vgl. BVerfG v. 19.03.2003 – 2 BvL 9/98, 2 BvL 10/98, 2 BvL 11/98, 2 BvL 12/98, BVerfGE 108, 1 (20); BVerfG v. 27.09.2005 – 2 BvL 11/02, 2 BvL 12/03, 2 BvL 13/02, BVerfGE 114, 303 (312); BVerfG v. 06.11.2012 – 2 BvL 51/06, 2 BvL 52/06, BVerfGE 132, 334 (350); BVerfG v. 17.01.2017 – 2 BvL 2/14, 2 BvL 3/14, 2 BvL 4/14, 2 BvL 5/14, BVerfGE 144, 369 (398); vgl. bspw. auch *Wernsmann*, in: Hübschmann/Hepp/Spitaler, AO/FGO, 2015, § 4 AO Rn. 686; *Wernsmann*, in: Hübschmann/Hepp/Spitaler, AO/FGO, 2016, § 3 AO Rn. 300.

589 Die Beständigkeit als Bestandteil des Rechtsstaatsprinzips nennend s. bspw. ausdrücklich *v. Arnim*, Gemeinwohl und Gruppeninteressen, 1977, S. 39 m. w. N. Zur „objektiven Verlässlichkeit" s. *Jachmann*, Die Fiktion im öffentlichen Recht, 1998,

Hinsichtlich des Bestimmtheitsgebots hat das Bundesverfassungsgericht speziell zu den typisierenden Regelungen konstatiert, dass „der Gesetzgeber einfache, für die Betroffenen verständliche Regelungen zu wählen [habe], die verläßlich und effizient vollzogen werden" könnten.[590] Einerseits unterstützen Typisierungen durch Verzicht auf Kasuistik grundsätzlich die Orientierungs- und Steuerplanungssicherheit,[591] andererseits sind sie Beispiele struktureller Unbestimmtheit, wenn die Konkretisierung an die rechtsanwendenden Instanzen delegiert wird – wie etwa im Falle variabler Zinssatztypisierungen, die kontinuierlich festzustellen sind.[592] Als Vereinfachungszwecknormen sind Typisierungen aber regelmäßig übersichtlich, verständlich sowie widerspruchsfrei und können die Kompliziertheit sogar reduzieren.[593]

Dem Grunde nach gilt all das unabhängig von der Realitätsgerechtigkeit der Typisierungen – jedoch kann das Bestimmtheitsgebot dem Gebot der Realitätsgerechtigkeit entgegenstehen, wenn eine strukturell unbestimmte Ausgestaltung einer Typisierung zwar zu mehr Realitätsgerechtigkeit führt, gleichzeitig aber gegen das Bestimmtheitsgebot verstößt. Folglich kann das Bestimmtheitsgebot das Gebot der Realitätsgerechtigkeit begrenzen. Dass das Bundesverfassungsgericht für formelle Steuerrechtsnormen, anders als im materiellen Steuerrecht, eine Verfassungswidrigkeit aufgrund eines Verstoßes gegen das Gebot der hinreichenden Bestimmtheit schon einmal festgestellt hat,[594] begründet überdies keine dahingehende grundsätzliche Differenzierung zwischen materiellem und

---

S. 706 ff., wonach „gesetzliche Kontinuität" jedoch letztlich lediglich eine Mindestanforderung des Willkürverbots sei. Zum Rechtfertigungsgrund der Rechtssicherheit s. unten Seite 186 f.

590 BVerfG v. 11.11.1998 – 2 BvL 10/95, BVerfGE 99, 280 (290).

591 Vgl. *Hey*, Steuerplanungssicherheit als Rechtsproblem, 2002, S. 557; vgl. auch *Huster*, Rechte und Ziele, 1993, S. 251.

592 Vgl. allgemein *Osterloh*, Gesetzesbindung und Typisierungsspielräume bei der Anwendung der Steuergesetze, 1992, S. 96 ff., 105, 113 f. Zu den variablen Zinssatztypisierungen s. diesbezüglich noch umfassend unten Seite 312 ff.

593 Vgl. *Hey*, Steuerplanungssicherheit als Rechtsproblem, 2002, S. 556. Anderer Ansicht hinsichtlich des Steuerrechts im Allgemeinen s. *Hey*, a. a. O., S. 557 f. und *Hey*, in: Tipke/Lang, Steuerrecht, 2018, § 3 Rn. 244, die die häufige „Undurchschaubarkeit von Steuergesetzen" in Folge zumeist unklarer Detailregelungen als Verstöße gegen das Gebot der Normenklarheit anführt.

594 Vgl. BVerfG v. 13.06.2007 – 1 BvR 1550/03, 1 BvR 2357/04, 1 BvR 603/05, BVerfGE 118, 168 (186 ff.).

formellem Steuerrecht, sondern zeigt vielmehr die besonders hohen Anforderungen an einen solchen Verfassungsverstoß.

III. Zusammenfassung

Die Zeitgerechtigkeit setzt eine gegenwartsnahe beziehungsweise zu einem Stichtag real vergleichbare Besteuerung voraus und unterstützt insoweit die diesbezügliche Argumentation zur Realitätsgerechtigkeit. Nach der Zeitgerechtigkeit ist damit weiter eine Neutralität hinsichtlich des Steuerzahlungszeitpunktes geboten, die nur durch realitätsgerechte Typisierungen erzielt werden kann.

Die Freiheitsgrundrechte und das Rechtsstaatsprinzip begründen keine weiteren grundlegenden Anforderungen an die Realitätsgerechtigkeit. Vor konfiskatorischen oder das Existenzminimum betreffenden Steuerzugriffen sind die Steuerpflichtigen aber zusätzlich geschützt und die Rechtssicherheit ist im Rahmen der Rechtfertigung bei der Angemessenheit als Rechtfertigungsgrund gegebenenfalls anzuführen. Das Bestimmtheitsgebot wirkt sich auf die steuerrechtlichen Typisierungen vor allem hinsichtlich struktureller Unbestimmtheiten aus, wodurch das Gebot der Realitätsgerechtigkeit begrenzt wird.

Kapitel 4: Rechtfertigung realitätsferner Typisierungen

Ein Verstoß gegen den allgemeinen Gleichheitssatz – hier konkreter gegen das Gebot der Realitätsgerechtigkeit – kann grundsätzlich gerechtfertigt werden. Im Weiteren ist sonach die Kontrolldichte, das heißt der Prüfungsmaßstab, zu erörtern, der an die Rechtfertigung realitätsferner, das heißt außerhalb der Streubreitentoleranz liegender Typisierungen zu stellen ist.[595] Abschließend sind mögliche Rechtfertigungsgründe realitätsferner Typisierungen herauszuarbeiten.

A Prüfungsmaßstab

Als Prüfungsmaßstab stehen sich grundsätzlich das Willkürverbot sowie das Verhältnismäßigkeitsprinzip gegenüber. Nach dem Willkürverbot des allgemeinen Gleichheitssatzes darf weder wesentlich Gleiches willkürlich ungleich noch wesentlich Ungleiches willkürlich gleich behandelt werden.[596] Willkür liegt demnach vor, wenn bezüglich des in Rede stehenden Sachverhalts und dessen Eigenart „ein vernünftiger, einleuchtender Grund" für die wesentliche Gleich- oder Ungleichbehandlung durch die Regelung fehlt.[597] Ein solcher Grund darf daher nicht sachfremd sein, muss sich also bereichsspezifisch aus der Natur der Sache selbst (aus dem Ziel und/oder dem Gegenstand der Regelung) ergeben,[598] und ist aus einer fundierten gerechtigkeitsorientierten Betrachtung heraus, die die gleiche beziehungsweise differenzierte Behandlung der Sachverhalte zwingend erforderlich macht, zu ermitteln.[599] Dabei mangelt es an der Sachlichkeit

595 Zur generellen Rechtfertigung von (realitätsgerechten) Typisierungen s. überblicksweise in der Einführung oben Seite 29 ff.

596 Vgl. BVerfG v. 16.03.1955 – 2 BvK 1/54, BVerfGE 4, 144 (155); BVerfG v. 24.03.1976 – 2 BvR 804/75, BVerfGE 42, 64 (72); BVerfG v. 12.05.1992 – 1 BvR 1467/91, 1 BvR 1501/91, BVerfGE 86, 81 (87).

597 BVerfG v. 04.04.2001 – 2 BvL 7/98, BVerfGE 103, 310 (318); vgl. auch BVerfG v. 23.10.1951 – 2 BvG 1/51, BVerfGE 1, 14 (52); BVerfG v. 07.10.1980 – 1 BvL 50/79, 1 BvL 89/79, 1 BvR 240/79, BVerfGE 55, 72 (90); BVerfG v. 15.12.2015 – 2 BvL 1/12, BVerfGE 141, 1 (39); BVerfG v. 29.03.2017 – 2 BvL 6/11, BVerfGE 145, 106 (151). S. grundlegend auch *Leibholz*, Die Gleichheit vor dem Gesetz, 1959, S. 245.

598 Vgl. *Eckhoff*, Rechtsanwendungsgleichheit im Steuerrecht, 1999, S. 148.

599 Vgl. BVerfG v. 16.12.1958 – 1 BvL 3/57, 1 BvL 4/57, 1 BvL 8/58, BVerfGE 9, 20 (33); BVerfG v. 08.10.1963 – 2 BvR 108/62, BVerfGE 17, 122 (131); BVerfG v. 24.03.1976 – 2

eines Grundes in diesem Sinne aber regelmäßig erst, wenn die Unsachlichkeit evident ist, sodass die Kontrolldichte auf eine bloße Evidenzprüfung beschränkt ist.[600]

Verschärft wurde der Prüfungsmaßstab durch die sogenannte „neue Formel“ des Bundesverfassungsgerichts.[601] Das bloße Willkürverbot wurde zu einer an die Prüfung der Freiheitsrechte angenäherten Verhältnismäßigkeitsprüfung weiterentwickelt und korrespondierend mit der Ausdehnung der verfassungsrechtlichen Kontrolle die gesetzgeberische Gestaltungsfreiheit eingeschränkt.[602] Nach dieser neuen Formel ist der Gleichheitssatz „vor allem dann verletzt, wenn eine Gruppe von Normadressaten im Vergleich zu anderen Normadressaten anders behandelt wird, obwohl zwischen beiden Gruppen keine Unterschiede von solcher Art und solchem Gewicht bestehen, dass sie die ungleiche Behandlung

---

BvR 804/75, BVerfGE 42, 64 (72 f.); BVerfG v. 04.04.2001 – 2 BvL 7/98, BVerfGE 103, 310 (318); BVerfG v. 15.12.2015 – 2 BvL 1/12, BVerfGE 141, 1 (39); vgl. zum Gerechtigkeitsgedanken bspw. auch BVerfG v. 16.05.1961 – 2 BvF 1/60, BVerfGE 12, 341 (348); BVerfG v. 07.10.1980 – 1 BvL 50/79, 1 BvL 89/79, 1 BvR 240/79, BVerfGE 55, 72 (90). Zum sogar negativen Gewicht sachwidriger Rechtfertigungsgründe s. *Hubmann*, in: FS Eichler, 1977, S. 259 (271).

600 Vgl. BVerfG v. 09.05.1961 – 2 BvR 49/60, BVerfGE 12, 326 (333); BVerfG v. 20.12.1966 – 1 BvR 320/57, 1 BvR 70/63, BVerfGE 21, 12 (26 f.); BVerfG v. 26.01.1993 – 1 BvL 38/92, 1 BvL 40/92, 1 BvL 43/92, BVerfGE 88, 87 (96 f.); BVerfG v. 08.04.1997 – 1 BvR 48/94, BVerfGE 95, 267 (317); BVerfG v. 29.03.2017 – 2 BvL 6/11, BVerfGE 145, 106 (143); vgl. auch *v. Arnim*, Staatslehre der Bundesrepublik Deutschland, 1984, S. 158; *Huster*, Rechte und Ziele, 1993, S. 48; *Lang*, Systematisierung der Steuervergünstigungen, 1974, S. 143.

601 Vgl. zuerst BVerfG v. 07.10.1980 – 1 BvL 50/79, 1 BvL 89/79, 1 BvR 240/79, BVerfGE 55, 72 (88 ff.); s. zum Begriff bspw. *Herzog*, in: StbJb 1985/86, S. 27 (34). Die anfänglich unterschiedlichen Auffassungen des I. und II. Senats des BVerfG sind inzwischen „verschliffen“, vgl. *Heun*, in: Dreier, GG, 2013, Art. 3 Rn. 22 f.; *Nußberger*, in: Sachs, GG, 2018, Art. 3 Rn. 13 Fn. 24.

602 Vgl. *Katzenstein*, Sondervotum zu BVerfG v. 18.11.1986 – 1 BvL 29/83, 1 BvL 30/83, 1 BvL 33/83, 1 BvL 34/83, 1 BvL 36/83, BVerfGE 74, 9 (30), der die „Einschränkung der vom Bundesverfassungsgericht ständig betonten Gestaltungsfreiheit des Gesetzgebers“ durch die Mehrheitsauffassung in der Entscheidung erkennt und ablehnt; vgl. auch *Robbers*, DÖV 1988, 749 (751). Zum verbleibenden Anwendungsbereich des Willkürverbots s. bereits ausdrücklich BVerfG v. 07.10.1980 – 1 BvL 50/79, 1 BvL 89/79, 1 BvR 240/79, BVerfGE 55, 72 (88 f.). Die „alte Formel“ wurde daher auch weiterhin angewandt, s. bspw. BVerfG v. 06.12.1983 – 2 BvR 1275/79, BVerfGE 65, 325 (354); BVerfG v. 10.02.1987 – 1 BvL 18/81, 1 BvL 20/82, BVerfGE 74, 182 (200).

rechtfertigen könnten".[603] Statt der Evidenzprüfung fordert die neue Formel eine Abwägung zwischen den Ungleichbehandlungen sowie den sachgerechten Differenzierungszielen.[604] Zur Rechtfertigung von Ungleichbehandlungen sind grundsätzlich sowohl die vorgefundenen Unterschiede (interne Zwecke) als auch Gründe des Allgemeinwohls (externe Zwecke) denkbar.[605] Ungleichbehandlungen aufgrund interner Zwecke verwirklichen aber letztlich den Gleichheitssatz, indem (wesentlich) Ungleiches auch ungleich behandelt wird, und sind nur hinsichtlich der Entsprechung der vorgefundenen Unterschiede und der rechtlichen Ungleichbehandlung zu prüfen.[606] Externe Zwecke schränken den Gleichheitssatz hingegen ein.[607]

Die beiden Maßstäbe voneinander abgrenzend lässt sich somit konstatieren: Während nach dem Willkürverbot ein Gleichheitsverstoß nur festgestellt werden kann, wenn die Unsachlichkeit der Differenzierung evident ist, verlangt die Verhältnismäßigkeitsprüfung hinsichtlich der Differenzierung Gründe von solcher Art und solchem Gewicht, die die Ungleichbehandlungen zu rechtfertigen vermögen, indem Rechtfertigungsgründe und Ungleichbehandlungen in einem angemessenen Verhältnis zueinander stehen.[608] Damit genügt dem

---

603 BVerfG v. 07.10.1980 – 1 BvL 50/79, 1 BvL 89/79, 1 BvR 240/79, BVerfGE 55, 72 (88); BVerfG v. 13.02.2008 – 2 BvL 1/06, BVerfGE 120, 125 (144); BVerfG v. 07.07.2009 – 1 BvR 1164/07, BVerfGE 124, 199 (219 f.); BVerfG v. 19.06.2012 – 2 BvR 1397/09, BVerfGE 131, 239 (256).

604 Vgl. *Eckhoff*, Rechtsanwendungsgleichheit im Steuerrecht, 1999, S. 181; *Eichberger*, in: FS Bundesfinanzhof. Band 1, 2018, S. 501 (503 f.); *Nußberger*, in: Sachs, GG, 2018, Art. 3 Rn. 14. Zur Sachgerechtigkeit s. bspw. BVerfG v. 07.07.2009 – 1 BvR 1164/07, BVerfGE 124, 199 (220); BVerfG v. 18.07.2012 – 1 BvL 16/11, BVerfGE 132, 179 (188); BVerfG v. 15.12.2015 – 2 BvL 1/12, BVerfGE 141, 1 (38 f.).

605 Zu den Begrifflichkeiten s. *Huster*, Rechte und Ziele, 1993, S. 164 ff.; *Huster*, in: Friauf/Höfling, Berliner Kommentar, GG, 2016, Art. 3 Rn. 75.

606 Vgl. *Huster*, in: Friauf/Höfling, Berliner Kommentar, GG, 2016, Art. 3 Rn. 73, 75; *Huster*, in: Kempny/Reimer, Gleichheitssatzdogmatik heute, 2017, S. 91 (96, 101 f.) mit Verweisen insb. auf die Entscheidungen BVerfG v. 07.12.1999 – 2 BvR 1533/94, BVerfGE 101, 275 (290 f.) und BVerfG v. 06.07.2004 – 1 BvL 4/97, BVerfGE 111, 160 (171, 174 f.), in denen das BVerfG jeweils von einer Verhältnismäßigkeitsprüfung bei internen Zwecken absieht und lediglich das Entsprechen prüft.

607 Vgl. *Huster*, in: Kempny/Reimer, Gleichheitssatzdogmatik heute, 2017, S. 91 (105).

608 Vgl. BVerfG v. 26.01.1993 – 1 BvL 38/92, 1 BvL 40/92, 1 BvL 43/92, BVerfGE 88, 87 (96 f.); vgl. auch BVerfG v. 07.10.1980 – 1 BvL 50/79, 1 BvL 89/79, 1 BvR 240/79, BVerfGE 55, 72 (88, 90); BVerfG v. 30.05.1990 – 1 BvL 2/83, 1 BvL 9/84, 1 BvL 10/84, 1 BvL 3/85, 1 BvL 11/89, 1 BvL 12/89, 1 BvL 13/89, 1 BvL 4/90, 1 BvR 764/86, BVerfGE 82, 126 (146); *Schwarz*, in: FS Isensee, 2007, S. 949 (951 f.).

Willkürverbot letztlich irgendein Grund, sodass schlechthin nur das gänzliche Fehlen eines denkbaren Rechtfertigungsgrundes eine willkürliche Ungleichbehandlung darstellt.[609] Nach dem Verhältnismäßigkeitsprinzip ist hingegen ein besonderer sachlich rechtfertigender Grund notwendig, der dann gegeben ist, wenn die Ungleichbehandlungen geeignet, erforderlich und angemessen sind, um hinreichend gewichtige, legitime Ziele zu verfolgen.[610]

Eine strikte Trennung zwischen den Maßstäben hat sich beim Gleichheitssatz gleichwohl nicht durchgesetzt.[611] Vielmehr kommt ein am Verhältnismäßigkeitsprinzip orientierter stufenloser verfassungsrechtlicher Prüfungsmaßstab zur Anwendung, wonach „je nach Regelungsgegenstand und Differenzierungsmerkmalen unterschiedliche Grenzen für den Gesetzgeber, die vom bloßen Willkürverbot bis zu einer strengen Bindung an Verhältnismäßigkeitserfordernisse reichen", gelten – dazu ist vor allem auf die eigentliche Intensität der Auswirkungen der rechtlichen Differenzierung (Art und Ausmaß) abzustellen.[612] Zuletzt hat das Bundesverfassungsgericht in seiner Rechtsprechung die strikte Trennung zwischen strengen Verhältnismäßigkeitserfordernissen und dem Willkürverbot sogar ganz aufgegeben und das Willkürverbot wurde vollständig in den stufenlosen am Grundsatz der Verhältnismäßigkeit orientierten verfassungsrechtlichen Prüfungsmaßstab integriert.[613] Das integrierte Willkürverbot respektiert mithin den Gestaltungsspielraum des Gesetzgebers, bildet aber als

---

609 Vgl. *Boysen*, in: v. Münch/Kunig, GG, 2012, Art. 3 Rn. 15.

610 Vgl. *Hey*, in: Tipke/Lang, Steuerrecht, 2018, § 3 Rn. 125.

611 Vgl. bspw. *Huster*, in: Kempny/Reimer, Gleichheitssatzdogmatik heute, 2017, S. 91 (94); *Eichberger*, in: FS Bundesfinanzhof. Band 1, 2018, S. 501 (504).

612 BVerfG v. 26.01.1993 – 1 BvL 38/92, 1 BvL 40/92, 1 BvL 43/92, BVerfGE 88, 87 (96); ständige Rechtsprechung des BVerfG, vgl. bspw. BVerfG v. 02.12.1992 – 1 BvR 296/88, BVerfGE 88, 5 (12); BVerfG v. 15.01.2014 – 1 BvR 1656/09, BVerfGE 135, 126 (143 f.); BVerfG v. 15.12.2015 – 2 BvL 1/12, BVerfGE 141, 1 (38 f.); BVerfG v. 15.02.2016 – 1 BvL 8/12, BStBl. II 2016, 557 (561); BVerfG v. 29.03.2017 – 2 BvL 6/11, BVerfGE 145, 106 (142); BVerfG v. 10.04.2018 – 1 BvR 1236/11, BVerfGE 148, 217 (243).

613 Vgl. BVerfG v. 12.10.2010 – 1 BvL 14/09, BVerfGE 127, 263 (280); BVerfG v. 21.06.2011 – 1 BvR 2035/07, BVerfGE 129, 49 (68); BVerfG v. 18.07.2012 – 1 BvL 16/11, BVerfGE 132, 179 (188 f.); BVerfG v. 17.12.2014 – 1 BvL 21/12, BVerfGE 138, 136 (180); BVerfG v. 23.06.2015 – 1 BvL 13/11, 1 BvL 14/11, BVerfGE 139, 285 (309); BVerfG v. 29.03.2017 – 2 BvL 6/11, BVerfGE 145, 106 (142); vgl. dazu auch *Kischel*, AöR 124, 174 (189 f.); *Britz*, NJW 2014, 346 (347); s. allerdings kritisch *Englisch*, Wettbewerbsgleichheit im grenzüberschreitenden Handel, 2008, S. 187.

Gerechtigkeitsmaßstab zugleich die äußerste Grenze der gleichheitsrechtlichen Prüfung.[614]

Zur Verortung des Prüfungsmaßstabs entlang des am Verhältnismäßigkeitsprinzip orientierten stufenlosen Maßstabs existieren verschiedene allgemeingültige Kriterien: So stellt das Bundesverfassungsgericht an die Rechtfertigung von (auch mittelbaren) Ungleichbehandlungen von Personengruppen regelmäßig strengere Anforderungen als von Ungleichbehandlungen aufgrund nicht personenbezogener Sachverhalte.[615] Denn bei nicht personenbezogenen Sachverhalten könnten sich die Betroffenen grundsätzlich auf die Ungleichbehandlungen einstellen und damit durch eigenes Verhalten potenziell nachteiligen Auswirkungen begegnen.[616] In der jüngeren Rechtsprechung des Bundesverfassungsgerichts wurden die personenbezogenen Ungleichbehandlungen teilweise als persönlichkeitsbezogene Ungleichbehandlungen präzisiert und damit in die Nähe des bereits bestehenden Schutzgedankens aus Art. 3 Abs. 3 GG gerückt.[617] Außerdem ist die Bindung des Gesetzgebers davon abhängig, ob die freiheitsrechtliche Grundrechtswahrnehmung neben Art. 3 Abs. 1 GG durch die Ungleichbehandlungen beeinträchtigt wird.[618] Letzteres betrifft solche

---

614 Vgl. *Robbers*, DÖV 1988, 749 (755); *Eckhoff*, Rechtsanwendungsgleichheit im Steuerrecht, 1999, S. 140 f.; *Pieroth/Schlink*, Staatsrecht II. Grundrechte, 2011, Rn. 478; *Hey*, in: FS Bundesfinanzhof. Band 1, 2018, S. 451 (467); vgl. dazu bspw. auch BVerfG v. 21.06.2011 - 1 BvR 2035/07, BVerfGE 129, 49 (68 f.); BVerfG v. 15.01.2014 - 1 BvR 1656/09, BVerfGE 135, 126 (143 f.).

615 Vgl. BVerfG v. 26.01.1993 - 1 BvL 38/92, 1 BvL 40/92, 1 BvL 43/92, BVerfGE 88, 87 (96 f.); vgl. auch BVerfG v. 04.04.2001 - 2 BvL 7/98, BVerfGE 103, 310 (319); BVerfG v. 18.07.2012 - 1 BvL 16/11, BVerfGE 132, 179 (188 f.); BVerfG v. 15.12.2015 - 2 BvL 1/12, BVerfGE 141, 1 (39).

616 Vgl. BVerfG v. 07.10.1980 - 1 BvL 50/79, 1 BvL 89/79, 1 BvR 240/79, BVerfGE 55, 72 (89); vgl. auch BVerfG v. 15.12.2015 - 2 BvL 1/12, BVerfGE 141, 1 (39). Die Abgrenzung, wann eine nur verhaltensbezogene Ungleichbehandlung vorliegt, dürfte jedoch schwerfallen, s. diesbezüglich bspw. kritisch *Heun*, in: Dreier, GG, 2013, Art. 3 Rn. 22.

617 Vgl. BVerfG v. 12.10.2010 - 1 BvL 14/09, BVerfGE 127, 263 (280); BVerfG v. 21.06.2011 - 1 BvR 2035/07, BVerfGE 129, 49 (69); vgl. dazu auch *Sachs*, JuS 1997, 124 (129); *Britz*, NJW 2014, 346 (348).

618 Ständige Rechtsprechung des BVerfG, vgl. bspw. BVerfG v. 30.05.1990 - 1 BvL 2/83, 1 BvL 9/84, 1 BvL 10/84, 1 BvL 3/85, 1 BvL 11/89, 1 BvL 12/89, 1 BvL 13/89, 1 BvL 4/90, 1 BvR 764/86, BVerfGE 82, 126 (146); BVerfG v. 06.03.2002 - 2 BvL 17/99, BVerfGE 105, 73 (110 f.); BVerfG v. 12.05.2009 - 2 BvL 1/00, BVerfGE 123, 111 (120); BVerfG v. 06.07.2010 - 2 BvL 13/09, BVerfGE 126, 268 (277); BVerfG v. 15.12.2015 - 2 BvL 1/12, BVerfGE 141, 1 (39).

Ungleichbehandlungen, die dadurch entstehen, dass hinsichtlich des freiheitsrechtlichen Eingriffs vergleichbarer Sachverhalte im einen Fall auf den Eingriff verzichtet wird und im anderen (freiheitsrechtlich gerechtfertigt) nicht.[619] Hinzukommen noch Ungleichbehandlungen, die Ursache für eine Freiheitsbeeinträchtigung sind, und die hinsichtlich der Rechtfertigungen besonders streng abwägend kontrolliert werden müssen, weil hierbei der Eingriff in das Freiheitsgrundrecht gerade durch die Ungleichbehandlungen begründet wird.[620]

Des Weiteren sind die Rechtfertigungsmöglichkeiten einerseits umso weiter, je besser sich die Betroffenen auf die gesetzlichen Regelungen durch eigenes Verhalten einstellen können, eine Beeinflussung der Ungleichbehandlung möglich ist oder die Differenzierungsmerkmale für die Einzelnen verfügbar sind[621] und andererseits umso strenger, je weniger die Betroffenen Benachteiligungen ausweichen können.[622] Denn die tatsächliche Intensität der Differenzierung ist bei bestehenden Ausweichmöglichkeiten geringer,[623] sofern das Ausweichen zweifelsfrei legal ist und nicht mit unzumutbarem Aufwand oder nennenswerten

---

619 Vgl. *Huster*, in: Friauf/Höfling, Berliner Kommentar, GG, 2016, Art. 3 Rn. 110 mit Verweis auf BVerfG v. 09.03.1994 – 2 BvL 43/92 u. a., BVerfGE 90, 145 (195 ff.) und BVerfG v. 30.07.2008 – 1 BvR 3262/07, 1 BvR 402/08, 1 BvR 906/08, BVerfGE 121, 317 (369 ff.). Vgl. hierzu aber auch *Sachs*, in: Kempny/Reimer, Gleichheitssatzdogmatik heute, 2017, S. 107 (121, 130), der den „Reflex" der Feststellung eines Verstoßes gegen Gleichheitsgrundrechte als nicht notwendig erachtet, da die selbständige Prüfung der Freiheitsrechte ausreiche und vom Bundesverfassungsgericht ohnehin vorgezogen würde.

620 Vgl. *Englisch*, Wettbewerbsgleichheit im grenzüberschreitenden Handel, 2008, S. 190, der als Beispiel eine Scientology-Klausel bei der Vergabe öffentlicher Aufträge nennt.

621 Vgl. BVerfG v. 07.10.1980 – 1 BvL 50/79, 1 BvL 89/79, 1 BvR 240/79, BVerfGE 55, 72 (89); BVerfG v. 02.12.1992 – 1 BvR 296/88, BVerfGE 88, 5 (12); BVerfG v. 21.06.2011 – 1 BvR 2035/07, BVerfGE 129, 49 (69); BVerfG v. 15.12.2015 – 2 BvL 1/12, BVerfGE 141, 1 (39). Da der Einzelne über ein Differenzierungsmerkmal verfügen kann, wenn er die Differenzierung durch eigenes zumutbares Verhalten beeinflussen oder dieser ausweichen kann, kommt der begrifflichen Unterscheidung zwischen Verfügbarkeit, Beeinflussung und Ausweichen keine weitere Bedeutung zu, vgl. *Britz*, NJW 2014, 346 (350).

622 Vgl. BVerfG v. 16.03.1982 – 1 BvR 938/81, BVerfGE 60, 123 (134 f.); BVerfG v. 02.12.1992 – 1 BvR 296/88, BVerfGE 88, 5 (12); BVerfG v. 08.04.1997 – 1 BvR 48/94, BVerfGE 95, 267 (316).

623 Vgl. BVerfG v. 17.11.2009 – 1 BvR 2192/05, BVerfGE 125, 1 (33); *Hey*, in: Tipke/Lang, Steuerrecht, 2018, § 3 Rn. 127; s. als Beispiele möglicher Ausweichmöglichkeiten die Präventivmaßnahmen zur Minderung der Zinslasten bei *Drüen*, FR 2014, 218 (221 ff.).

wirtschaftlichen oder rechtlichen Risiken für den Steuerpflichtigen verbunden ist.[624] Soweit sich Betroffene auf die Ungleichbehandlung mit zumutbarem Aufwand vollständig einstellen können, wird die Differenzierung gar bedeutungslos.[625] Religiöse oder politische Anschauungen können zwar geändert werden und dahingehende Ungleichbehandlungen wären insofern beeinflussbar, sind jedoch bereits aufgrund der Wertung des Art. 3 Abs. 3 GG als unverfügbar anzusehen.[626]

Zusammenfassend ergeben sich – neben der Intensität der Auswirkungen der rechtlichen Differenzierung – für die Beurteilung der Intensität einer rechtlichen Differenzierung damit als allgemeine (freilich nicht abschließende[627]) Kriterien, welche restriktiv anzuwenden sind, da ansonsten beinahe jede Ungleichbehandlung strengen Rechtfertigungsanforderungen unterfiele:[628] Erstens die Nähe der Ungleichbehandlungen zum speziellen Gleichheitssatz des Art. 3 Abs. 3 GG (im Sinne der Personen- statt Sachverhaltsbezogenheit), zweitens die Begründung einer Beeinträchtigung der freiheitsrechtlichen Grundrechtswahrnehmung und drittens die Beeinflussbarkeit oder Verfügbarkeit der Differenzierungsmerkmale für den Einzelnen.[629] Je größer die Nähe zu den Diskriminierungsverboten, je stärker die Beeinträchtigung der Freiheitsgrundrechte oder je geringer die Beeinflussbarkeit der Ungleichbehandlungen, desto strenger der Maßstab.

I. Allgemeiner steuerrechtlicher Prüfungsmaßstab

Trotz dieser Rechtsprechungsentwicklung wird in der Literatur teilweise vertreten, dass im Steuerrecht am bloßen Willkürverbot festzuhalten sei: Zum einen wird dies mit einem grundsätzlich weiten Gestaltungsspielraum des Gesetzgebers im Steuerrecht begründet, der nicht durch einen strengen Prüfungsmaßstab wie dem Verhältnismäßigkeitsprinzip eingeschränkt werden dürfe, da vor

---

624 Vgl. BVerfG v. 17.11.2009 – 1 BvR 2192/05, BVerfGE 125, 1 (33). Diese Entscheidung zu eng auslegend s. bspw. FG Hamburg v. 31.01.2019 – 2 V 112/18, EFG 2019, 525 (528), wonach Umgehungsmöglichkeiten überhaupt keine Auswirkungen mehr auf den Prüfungsmaßstab haben könnten.

625 Vgl. *Epping/Lenz/Leydecker*, Grundrechte, 2017, Rn. 811.

626 Vgl. *Sachs*, JuS 1997, 124 (129). Eine Anknüpfung an die bloße Verfügbarkeit aufgrund dieses „assimilationist bias“ grundsätzlich ablehnend s. *Huster*, in: Friauf/Höfling, Berliner Kommentar, GG, 2016, Art. 3 Rn. 97.

627 Vgl. bspw. BVerfG v. 21.06.2011 – 1 BvR 2035/07, BVerfGE 129, 49 (69).

628 Vgl. *Britz*, NJW 2014, 346 (349).

629 In der jüngeren Rechtsprechung des BVerfG s. bspw. BVerfG v. 29.03.2017 – 2 BvL 6/11, BVerfGE 145, 106 (145).

allem im Steuerrecht (rechtspolitische) Anpassungen an geänderte politische, soziale oder wirtschaftliche Verhältnisse notwendig seien, die nicht unzumutbar erschwert werden sollten.[630] Es könne nicht überzeugen, dass der Gesetzgeber bei der Bestimmung des gerechten Vergleichsmaßstabs zur Identifizierung von Ungleichbehandlungen vor allem anhand des Leistungsfähigkeitsprinzips einen weiten Spielraum habe, der aber bei der Rechtfertigung dann streng nach Verhältnismäßigkeitserfordernissen zu überprüfen sei.[631] Die Gesetzgebung werde im Steuerrecht zudem durch den politischen Prozess, beispielsweise durch Kompromisse verschiedener Parteien oder durch Wahlen kontrolliert, da das Steuerrecht schon immer klassische Wahlkampfthemen enthalten habe, die bei der Wahlentscheidung der Wahlberechtigten einen erhöhten Stellenwert einnähmen, und die gleichheitsrechtliche Kontrolle durch das Bundesverfassungsgericht könne sich sonach auf nicht ausreichend repräsentierte, schutzbedürftige Ungleichbehandlungen von Minderheiten und Minderheitenpositionen beschränken.[632] Zum anderen seien die strukturellen Voraussetzungen einer Verhältnismäßigkeitsprüfung im Steuerrecht nicht gegeben, da eine solche Prüfung regelmäßig leerlaufe, weil der Zweck von Steuern grundsätzlich immer legitim die Deckung des Finanzbedarfs des Staates sei und Steuern sowohl geeignet diesen Zweck zu erreichen als auch aufgrund der unmöglichen Feststellung, ob mildere Mittel zur Verfügung stehen, erforderlich seien.[633]

Andererseits lehnen insbesondere *Tipke* und *Englisch* eine solche Abwertung der Gerechtigkeit gegenüber anderen Grundrechtsgewährleistungen entschieden ab, da diese keine verfassungsrechtliche Grundlage habe, und fordern daher eine Anerkennung der Gerechtigkeit und Gleichheit auf gleichem Range wie andere verfassungsrechtliche Prinzipien, die schließlich nur mittels eines strengen Verhältnismäßigkeitsmaßstabs erreicht werde.[634] Maßstabskriterien, die für

---

630 Vgl. hierzu *Sachs*, JuS 1997, 124 (127); s. zu dieser Argumentation bereits *Katzenstein*, Sondervotum zu BVerfG v. 18.11.1986 – 1 BvL 29/83, 1 BvL 30/83, 1 BvL 33/83, 1 BvL 34/83, 1 BvL 36/83, BVerfGE 74, 9 (30).

631 Vgl. *Heun*, in: Dreier, GG, 2013, Art. 3 Rn. 28, 30.

632 Vgl. *Lepsius*, JZ 2009, 260 (261).

633 Vgl. *Papier*, Die finanzrechtlichen Gesetzesvorbehalte und das grundgesetzliche Demokratieprinzip, 1973, S. 77 f.; *Lepsius*, JZ 2009, 260 (260 f.); vgl. auch *Di Fabio*, in: Maunz/Dürig, GG, 2001, Art. 2 Abs. 1 Rn. 97.

634 Vgl. *Tipke*, Die Steuerrechtsordnung. Band 1, 2000, S. 330 f., 524 f.; *Englisch*, Wettbewerbsgleichheit im grenzüberschreitenden Handel, 2008, S. 187 ff.; speziell zum Folgerichtigkeitsgebot s. auch umfassend *Englisch*, in: FS Lang, 2010, S. 167 (200 ff.). Von einem „zusätzlichen Legitimationszwang“ ausgehend s. bereits *Schoch*, DVBl 1988, 863 (879).

eine bloße Willkürprüfung sprechen, seien vielmehr im Rahmen der Abwägung der Verhältnismäßigkeitsprüfung zu berücksichtigen.[635]

Ausgehend von diesen entgegenstehenden Meinungen ist im Folgenden zunächst zum Prüfungsmaßstab im Steuerrecht allgemein Stellung zu nehmen, wobei zwischen zwei Ebenen der Rechtfertigungsprüfung zu unterscheiden ist, um anschließend den Prüfungsmaßstab der steuerrechtlichen Typisierungen festzulegen.

1. Erste Ebene

Das Bundesverfassungsgericht gesteht dem Gesetzgeber auf einer ersten Ebene bei der Auswahl des Steuergegenstands auf Tatbestandsebene sowie der Bestimmung des Steuersatzes einen weitreichenden Entscheidungsspielraum zu, der mit der demokratischen Legitimation des Steuergesetzgebers sowie der Notwendigkeit, politische Entscheidungen in Bezug auf Gerechtigkeitswertungen zu treffen, begründet wird.[636] Hinzukommt die Qualifikation der Steuern als (voraussetzungslose) Allgemeinlast zur Finanzierung des Staates.[637]

Konsistent zu gewichten und abzuwägen sind als Grundlage der politischen Entscheidungen hierbei lediglich die Gerechtigkeitswertungen sowie die widerstreitenden verfassungsrechtlichen Prinzipien,[638] auf denen der gerechte Vergleichsmaßstab und dessen inhaltliche Ausgestaltung basiert.[639] Anstatt faktischer Gleichbehandlung wird im Steuerrecht nämlich zugunsten einer Besteuerung nach der wirtschaftlichen Leistungsfähigkeit abgewogen.[640] Denn Ungleichbehandlungen der ersten Ebene dienen der Verwirklichung dieser Gerechtigkeitswertungen und im Steuerrecht konkreter einer Gleichbehandlung

---

635 Vgl. *Englisch*, Wettbewerbsgleichheit im grenzüberschreitenden Handel, 2008, S. 187 ff.

636 Vgl. BVerfG v. 12.05.2009 – 2 BvL 1/00, BVerfGE 123, 111 (123); BVerfG v. 17.12.2014 – 1 BvL 21/12, BVerfGE 138, 136 (182); BVerfG v. 15.02.2016 – 1 BvL 8/12, BStBl. II 2016, 557 (561); BVerfG v. 29.03.2017 – 2 BvL 6/11, BVerfGE 145, 106 (143 f.).

637 Vgl. *Kirchhof*, in: FS Bundesfinanzhof. Band 1, 2018, S. 557 (561). S. ergänzend die Definition unten Seite 219 ff. Zu den entsprechend höheren verfassungsrechtlichen Anforderungen an nichtsteuerliche Abgaben s. *Kirchhof*, a. a. O. (561 f.).

638 Vgl. *Birk*, Das Leistungsfähigkeitsprinzip als Maßstab der Steuernormen, 1983, S. 244 f.

639 Vgl. *Huster*, Rechte und Ziele, 1993, S. 220 f.; *Englisch*, Wettbewerbsgleichheit im grenzüberschreitenden Handel, 2008, S. 182.

640 Vgl. *Borowski*, Grundrechte als Prinzipien, 2018, S. 513 f.

im normativen Sinne nach dem Leistungsfähigkeitsprinzip.[641] Dementsprechend ergibt sich auf dieser ersten Ebene – der Tatbestandsebene – eine bloße Entsprechensprüfung der steuersystematischen, politischen Grundentscheidung (wie beispielsweise auch der Steuergegenstandsauswahl[642]) im Lichte der bereichsspezifischen verfassungsrechtlichen Gerechtigkeitswertungen.[643]

Eine automatische Reduktion der Kontrolldichte auf das bloße Willkürverbot ist damit zwar nicht verbunden, da auch auf der ersten Ebene die Intensität rechtlicher Differenzierungen erheblich sein kann und die Grundrechtsposition des einzelnen Betroffenen entscheidend ist.[644] Zumal diese erste Ebene ansonsten aber kein kollidierendes Rechtsgut beziehungsweise „komparatives Element", das Voraussetzung für die Erforderlichkeit oder die Abwägung in der Verhältnismäßigkeitsprüfung ist, enthält, kann die steuerpolitische Grundentscheidung in Verbindung mit den Gerechtigkeitswertungen nicht anhand einer strengen Verhältnismäßigkeitsprüfung im Sinne der „neuen Formel" zu prüfen sein.[645]

---

641 Vgl. hierzu *Huster*, Rechte und Ziele, 1993, S. 165 ff., 195, 468; *Huster*, JZ 1994, 541 (544); *Huster*, in: Friauf/Höfling, Berliner Kommentar, GG, 2016, Art. 3 Rn. 79; vgl. auch BVerfG v. 24.06.1958 – 2 BvF 1/57, BVerfGE 8, 51 (68 f.).

642 Vgl. *Hey*, in: IFSt-Schrift 511, 2016, S. 61 (91); vgl. auch BVerfG v. 15.01.2008 – 1 BvL 2/04, BVerfGE 120, 1 (29 ff.); FG Köln v. 12.10.2017 – 10 K 977/17, EFG 2018, 287 (289).

643 Vgl. *Englisch*, Wettbewerbsgleichheit im grenzüberschreitenden Handel, 2008, S. 179; vgl. auch *Huster*, Rechte und Ziele, 1993, S. 226; *Sachs*, JuS 1997, 124 (129); *Huster*, in: Friauf/Höfling, Berliner Kommentar, GG, 2016, Art. 3 Rn. 79. S. zur a. A. *Martini*, Art. 3 Abs. 1 GG als Prinzip absoluter Rechtsgleichheit, 1997, S. 199 f., der eine abzulehnende absolute Gleichheit annimmt.

644 Vgl. *Borowski*, Grundrechte als Prinzipien, 2018, S. 512 f. Die diesbezüglich missverständlichen Ausführungen in *Huster*, Rechte und Ziele, 1993, S. 226 f. inzwischen selbst einräumend s. *Huster*, in: Friauf/Höfling, Berliner Kommentar, GG, 2016, Art. 3 Rn. 79 Fn. 166 und erneut *Huster*, in: Kempny/Reimer, Gleichheitssatzdogmatik heute, 2017, S. 91 (94 f. Fn. 15).

645 *Englisch*, Wettbewerbsgleichheit im grenzüberschreitenden Handel, 2008, S. 179 f.; vgl. auch *Sachs*, JuS 1997, 124 (129); *Huster*, Rechte und Ziele, 1993, S. 220 f., 226, 393, 468 und klarstellend hierzu *Huster*, in: Friauf/Höfling, Berliner Kommentar, GG, 2016, Art. 3 Rn. 79. Kritisch allerdings s. *Eckhoff*, Rechtsanwendungsgleichheit im Steuerrecht, 1999, S. 191 ff., da zum einen bereits eine Abgrenzung zwischen internen und externen Zwecken scheitere und zum anderen auch bei internen Zwecken der staatliche Finanzbedarf zur Abwägung diene. Allerdings stützt *Eckhoff*, die fehlende Abgrenzung insbesondere darauf, dass sich die Leistungsfähigkeit nicht aus dem Gerechtigkeitsprinzip ableiten lasse (s. aber a. A. oben Seite 35 ff.), und auf die Problematik des praktisch unbegrenzten Finanzbedarfs, der eine Abwägung unmöglich

Eine Prüfung der Geeignetheit, Erforderlichkeit und Angemessenheit der leistungsgerechten aber ungleichen Besteuerung, um dem Gerechtigkeitsmaßstab, dem Leistungsfähigkeitsprinzip zu entsprechen, ergibt keinen Sinn.[646] Dem Austausch von Gerechtigkeitsvorstellungen des Gesetzgebers durch solche des Bundesverfassungsgerichts fehlt außerdem die verfassungsrechtliche Grundlage.[647]

Für das Steuerrecht ergibt sich aus alledem, dass als Gerechtigkeitswertung grundsätzlich eine leistungsfähigkeitsgerechte Besteuerung zu beachten ist und steuerpolitische Grundentscheidungen – insbesondere bei der Wahl des Steuergegenstandes oder des Steuertarifs[648] – diesbezüglich lediglich anhand eines eingeschränkten stufenlosen Prüfungsmaßstabs zu kontrollieren sind.

2. *Zweite Ebene*

Der weite gesetzgeberische Spielraum der ersten Ebene, den der Gesetzgeber vor allem bei der Auswahl des Steuergegenstandes hat, ist im Rahmen der folgerichtigen Ausgestaltung der Belastungsentscheidung, mithin der zweiten Ebene, eingeschränkt.[649] Der Gesetzgeber ist zwar zu einer ausnahmslosen reinen Verwirklichung einer gleichmäßigen Besteuerung nach dem Prinzip der Leistungsfähigkeit nicht verpflichtet.[650] Ausnahmen können vielmehr gerechtfertigt werden.[651] Nach der Rechtsprechung des Bundesverfassungsgerichts unterliegt der Gesetzgeber im Steuerrecht auf der zweiten Ebene hinsichtlich punktueller

---

mache, weist *Eckhoff* selbst hin, vgl. *Eckhoff*, a. a. O., S. 191 f. Die Abwägung ist hier stattdessen – wieder in teilweiser Übereinstimmung mit *Eckhoff* – im Rahmen der Gerechtigkeitswertungen vorzunehmen.

646 Vgl. *Huster*, JZ 1994, 541 (543); vgl. hierzu auch *Huster*, in: Friauf/Höfling, Berliner Kommentar, GG, 2016, Art. 3 Rn. 79.

647 Vgl. *Huster*, in: Friauf/Höfling, Berliner Kommentar, GG, 2016, Art. 3 Rn. 90.

648 Widersprüchlich hierzu s. BVerfG v. 15.01.2014 – 1 BvR 1656/09, BVerfGE 135, 126 (148 ff.), das den degressiven Steuertarif als Abweichung vom Leistungsfähigkeitsprinzip prüft, obwohl das Leistungsfähigkeitsprinzip keinen Tarif vorgebe, welcher damit jedoch auf der zweiten Ebene zu prüfen wäre.

649 Vgl. BVerfG v. 15.01.2008 – 1 BvL 2/04, BVerfGE 120, 1 (45).

650 Vgl. BVerfG v. 15.01.2014 – 1 BvR 1656/09, BVerfGE 135, 126 (148); vgl. auch BVerfG v. 12.05.2009 – 2 BvL 1/00, BVerfGE 123, 111 (121).

651 Vgl. *Huster*, Rechte und Ziele, 1993, S. 233, 239 ff.; *Machado*, Verhältnismäßigkeitsprinzip vs. Willkürverbot, 2015, S. 142 f. Vgl. hierzu bspw. auch BVerfG v. 15.01.2008 – 1 BvL 2/04, BVerfGE 120, 1 (45); BVerfG v. 17.11.2009 – 1 BvR 2192/05, BVerfGE 125, 1 (17 f.); BVerfG v. 12.10.2010 – 1 BvL 12/07, BVerfGE 127, 224 (247 ff.); BVerfG v. 15.01.2014 – 1 BvR 1656/09, BVerfGE 135, 126 (148).

Ausnahmen vom rein wirtschaftlichen Leistungsfähigkeitsprinzip sowie bei der folgerichtigen Ausgestaltung der Besteuerung beziehungsweise der Rechtfertigung von Ungleichbehandlungen innerhalb des Steuergegenstands, das heißt Abweichungen von der mit der Wahl des Steuergegenstands getroffenen Belastungsentscheidung, aber einem strengeren verfassungsrechtlichen Prüfungsmaßstab.[652] Die gleichheitsgerechte Besteuerung aller Steuerschuldner verlange mithin eine folgerichtige Umsetzung der Steuerwürdigkeitsentscheidung der ersten Ebene respektive eine konsequente Orientierung am Leistungsfähigkeitsprinzip als gerechtem Vergleichsmaßstab für sachgerechte Differenzierungen.[653]

Somit findet auf dieser Ebene der stufenlose am Grundsatz der Verhältnismäßigkeit orientierte verfassungsrechtliche Prüfungsmaßstab Anwendung, wobei insbesondere die sogenannten „externen Zwecke" als Rechtfertigungsgründe der Ungleichbehandlungen dienen.[654] Anders als bei den internen Zwecken werden die Unterschiede hier vom Gesetzgeber geschaffen und nicht vorgefunden.[655] Die externen Zwecke stellen dabei nicht das Leistungsfähigkeitsprinzip an sich in Frage, da nicht der Bezug zur steuergerechten Belastungswirkung im Vordergrund steht, sondern vielmehr die steuerlichen Gestaltungswirkungen.[656] Voraussetzung einer Rechtfertigung mittels externer Zwecke ist dabei erstens, dass sich die Zwecke mit der zu rechtfertigenden Ungleichbehandlung überhaupt erreichen lassen, da ansonsten keine Zielerreichung abgewogen werden kann und mithin kein Rechtfertigungsgrund vorliegt,[657] und zweitens, dass die Steuer

---

652 Vgl. aus der jüngeren Rechtsprechung des BVerfG bspw. BVerfG v. 05.11.2014 – 1 BvF 3/11, BVerfGE 137, 350 (366); BVerfG v. 15.12.2015 – 2 BvL 1/12, BVerfGE 141, 1 (40 f.); BVerfG v. 15.02.2016 – 1 BvL 8/12, BStBl. II 2016, 557 (561). Die Anwendung eines verschärften Prüfungsmaßstabs im Rahmen der Folgerichtigkeitsprüfung allerdings offenlassend s. BVerfG v. 29.03.2017 – 2 BvL 6/11, BVerfGE 145, 106 (145).

653 Vgl. BVerfG v. 29.03.2017 – 2 BvL 6/11, BVerfGE 145, 106 (144).

654 Vgl. *Huster*, Rechte und Ziele, 1993, S. 225, 233, 239. Allerdings kritisch hierzu s. *Machado*, Verhältnismäßigkeitsprinzip vs. Willkürverbot, 2015, S. 122, der eine Unterscheidung zwischen internen und externen Zwecken ablehnt und darauf hinweist, dass dann konsequenterweise das Willkürverbot auch auf die externen Zwecke anzuwenden wäre. Jedoch ist nach der hier vertretenen Ansicht, die der inzwischen klarstellenden Ansicht *Husters* entspricht (vgl. *Huster*, in: Friauf/Höfling, Berliner Kommentar, GG, 2016, Art. 3 Rn. 79), unabhängig von der Einordnung als interner oder externer Zweck ein Maßstab bis zum bloßen Willkürverbot – in Abhängigkeit von den Maßstabskriterien und der Intensität der Differenzierungsauswirkungen – möglich.

655 Vgl. hierzu auch *Pieroth/Schlink*, Staatsrecht II. Grundrechte, 2011, Rn. 473.

656 Vgl. *Huster*, in: Friauf/Höfling, Berliner Kommentar, GG, 2016, Art. 3 Rn. 154.

657 Vgl. BVerfG v. 06.03.2002 – 2 BvL 17/99, BVerfGE 105, 73 (113 f.).

weiterhin zu Einnahmen führt, da ansonsten per definitionem das Steuerrecht überhaupt nicht betroffen ist.[658] Als externe Zwecke kommen dabei im Steuerrecht insbesondere wirtschafts-, sozial- und kulturpolitische Gemeinwohlziele sowie steuertechnische Gründe in Frage.[659]

Somit stehen sich im Steuerrecht regelmäßig die Gleichbehandlung nach dem „eigentlichen" Vergleichsmaßstab der ersten Ebene als Schwellengewicht sowie die externen Zwecke als kollidierende Rechtsgüter gegenüber, die am stufenlosen Prüfungsmaßstab zu messen sind.[660]

3. *Ergebnis*

Zusammenfassend dienen gerechtfertigte Ungleichbehandlungen der ersten Ebene im Wesentlichen der Verwirklichung der Gerechtigkeitserwägungen und entsprechen damit dem Gleichheitssatz; auf der zweiten Ebene hingegen durchbrechen diese den Gleichheitssatz, um externe Zwecke zu verfolgen.[661] Weiter werden auf der ersten Ebene Abweichungen von den Gerechtigkeitswertungen (insbesondere des Leistungsfähigkeitsprinzips) nicht streng nach dem Verhältnismäßigkeitsprinzip geprüft. Dementgegen sind die Rechtfertigungsanforderungen an Ungleichbehandlungen, die weder auf vorhandenen Unterschieden der Vergleichsgruppen basieren noch aufgrund von Gerechtigkeitserwägungen (interne Zwecke) gerechtfertigt sind, aber stattdessen andere Ziele aus Zweckmäßigkeitserwägungen verfolgen (externe Zwecke), auf der zweiten Ebene anhand der Intensität der Ungleichbehandlungen entlang des stufenlosen am Grundsatz

658 Vgl. *Robbers*, Gerechtigkeit als Rechtsprinzip, 1980, S. 139 f. Zur Abgabensystematik s. ergänzend unten Seite 218 ff.

659 Vgl. BVerfG v. 21.12.1966 – 1 BvR 33/64, BVerfGE 21, 54 (63); BVerfG v. 13.03.1979 – 2 BvR 72/76, BVerfGE 50, 386 (392); BVerfG v. 05.02.2002 – 2 BvR 305/93, 2 BvR 348/93, BVerfGE 105, 17 (46); BVerfG v. 17.12.2014 – 1 BvL 21/12, BVerfGE 138, 136 (182); vgl. auch BFH v. 12.10.2005 – II B 36/05, BFH/NV 2006, 369 (369); *Tipke*, Die Steuerrechtsordnung. Band 1, 2000, S. 74 ff. Zu den Rechtfertigungsgründen s. unten Seite 160 ff.

660 Vgl. *Huster*, JZ 1994, 541 (544, 546); s. dahingehend bereits *Birk*, Das Leistungsfähigkeitsprinzip als Maßstab der Steuernormen, 1983, S. 244, der die Gestaltungswirkungen der externen Zwecke mit der Intensität der Abweichung vom Leistungsfähigkeitsprinzip abwägt.

661 Vgl. *Huster*, Rechte und Ziele, 1993, S. 398.

der Verhältnismäßigkeit orientierten verfassungsrechtlichen Prüfungsmaßstabs zu bestimmen.[662]

Den diesem Abschnitt vorangestellten konträren Meinungen begegnet diese Prüfung damit auf zwei Ebenen. Zum einen bezieht sich die Zweck-Mittel-Relation auf die nichtfiskalischen externen Zwecke (der zweiten Ebene), die jeweils mit dem Mittel der Ungleichbehandlungen abzuwägen sind, und die restlichen Kritikpunkte sind im Rahmen des stufenlosen am Grundsatz der Verhältnismäßigkeit orientierten verfassungsrechtlichen Prüfungsmaßstabs hinfällig, da gesetzgeberischer Gestaltungsspielraum weiterhin in Abhängigkeit von der Intensität der Ungleichbehandlungen im Einzelnen besteht. Zum anderen wird dem besonders weiten gesetzgeberischen Gestaltungsspielraum auf der ersten Ebene durch den eingeschränkten stufenlosen Prüfungsmaßstab entsprochen sowie eine vorgezogene (mindestens) gleichrangige Wertschätzung der Gerechtigkeit erreicht.[663] Eine Verminderung der Kontrolldichte ist im gesamten Steuerrecht damit zudem nicht verbunden und die Intensität der Ungleichbehandlungen ist (insbesondere auf der zweiten Ebene) der entscheidende Faktor.

II. Prüfungsmaßstab für steuerrechtliche Typisierungen

Typisierungen sind immer auch Vereinfachungszwecknormen, die per definitionem verallgemeinern, um externe Zwecke zu verfolgen sowie auf Zweckmäßigkeitserwägungen beruhen.[664] Sie sind daher auf der zweiten Ebene zu finden. Typisierungen sind gerade keine politischen Grundentscheidungen des Steuerrechts der ersten Ebene, sondern dienen vielmehr im Rahmen der gesetzgeberischen Umsetzung der Steuergegenstands- oder Steuertarifentscheidungsnormen und ignorieren die „wesentliche Gleichheit" nach dem Vergleichsmaßstab. Als

---

662 Vgl. dazu *Martini*, Art. 3 Abs. 1 GG als Prinzip absoluter Rechtsgleichheit, 1997, S. 196; vgl. insb. auch *Huster*, Rechte und Ziele, 1993, S. 241.

663 Dass im Falle einer grundlegenden Neuregelung der Prüfungsmaßstab auf ein bloßes Willkürverbot reduziert sein kann, wie das von *Machado*, Verhältnismäßigkeitsprinzip vs. Willkürverbot, 2015, S. 131 vertreten wird, widerspricht dem im Ergebnis nicht, da sowohl auf der ersten Ebene für solche neuen Grundentscheidungen in ungeregelten Bereichen ein weniger strenger Maßstab gilt als auch nach dem Folgerichtigkeitsprinzip eine zuvor getroffene Belastungsentscheidung Voraussetzung ist, um strengere Prüfungsmaßstäbe zu begründen.

664 Zur Definition s. oben Seite 25 ff.; vgl. auch *Huster*, in: Friauf/Höfling, Berliner Kommentar, GG, 2016, Art. 3 Rn. 84; *Hey*, in: Tipke/Lang, Steuerrecht, 2018, § 3 Rn. 147 f.

solche begründen sie aufgrund der Verallgemeinerungen jedoch zwangsläufig auch vor dem Gleichheitssatz zu rechtfertigende Ungleichbehandlungen.[665]

Insbesondere für die steuerrechtlichen Typisierungen (der zweiten Ebene) führt das Bundesverfassungsgericht in seiner Rechtsprechung aus, dass diese den eigens „entwickelten Grundsätzen zur Verfassungsmäßigkeit von pauschalierenden und typisierenden Regelungen" entsprechen müssten.[666] In ständiger Rechtsprechung nennt das Bundesverfassungsgericht das „rechte Verhältnis" zwischen den typisierungsbedingten Ungleichbehandlungen und den Typisierungsvorteilen als Prüfungsmaßstab.[667] Ungleichbehandlungen „in einer gewissen Bandbreite" könnten demnach mit den externen Zwecken der Vereinfachung und Praktikabilität der Besteuerung aus Allgemeinheitsinteressen gerechtfertigt werden.[668] Der Verhältnismäßigkeitsgrundsatz sei dabei allerdings immer zu beachten.[669] Hierzu sei bei den Typisierungen insbesondere eine Zumutbarkeitsprüfung vorzunehmen, indem die Ungleichbehandlungen mit den Schwierigkeiten der Verwaltung, eine einzelfallgerechtere Besteuerung durchzuführen, abzuwägen seien.[670] Unverhältnismäßig sei eine Typisierung folglich, wenn die nach dem Leistungsfähigkeitsprinzip ungerechten Ungleichbehandlungen insbesondere nicht mit einem entsprechend gewichtigen Gewinn an Praktikabilität und Vereinfachung einhergehen.[671] Demnach seien Typisierungen nur

---

665 Zur Rechtfertigungsbedürftigkeit von Typisierungen s. ausführlich *Eckhoff*, Rechtsanwendungsgleichheit im Steuerrecht, 1999, S. 82 ff.; vgl. auch *Birk*, Das Leistungsfähigkeitsprinzip als Maßstab der Steuernormen, 1983, S. 226 f.

666 BVerfG v. 12.10.2010 – 1 BvL 12/07, BVerfGE 127, 224 (245 f., 247). Deutlich bzgl. der zweiten Ebene s. BVerfG v. 17.11.2009 – 1 BvR 2192/05, BVerfGE 125, 1 (23 ff.).

667 Vgl. bspw. BVerfG v. 20.12.1966 – 1 BvR 320/57, 1 BvR 70/63, BVerfGE 21, 12 (27); BVerfG v. 09.06.1971 – 2 BvR 225/69, BVerfGE 31, 145 (179); BVerfG v. 07.05.2013 – 2 BvR 909/06, 2 BvR 1981/06, 2 BvR 288/07, BVerfGE 133, 377 (413); BVerfG v. 05.11.2014 – 1 BvF 3/11, BVerfGE 137, 350 (375); BVerfG v. 15.02.2016 – 1 BvL 8/12, BStBl. II 2016, 557 (561); BVerfG v. 29.03.2017 – 2 BvL 6/11, BVerfGE 145, 106 (146).

668 BVerfG v. 23.06.2004 – 1 BvL 3/98, 1 BvL 9/02, 1 BvL 2/03, BVerfGE 111, 115 (137); BVerfG v. 29.03.2017 – 2 BvL 6/11, BVerfGE 145, 106 (146). Zu den Allgemeinheitsinteressen s. bspw. bereits BFH v. 02.02.1951 – IV 278/50 U, BStBl. III 1951, 85 (87).

669 Vgl. BVerfG v. 04.04.2001 – 2 BvL 7/98, BVerfGE 103, 310 (319); FG Köln v. 12.10.2017 – 10 K 977/17, EFG 2018, 287 (290).

670 Vgl. BVerfG v. 13.12.1967 – 1 BvR 679/64, BVerfGE 23, 1 (8 f.); BVerfG v. 25.04.1972 – 1 BvL 38/69, 1 BvL 25/70, 1 BvL 20/71, BVerfGE 33, 90 (104); BVerfG v. 17.10.1984 – 1 BvL 18/82, 1 BvL 46/83, 1 BvL 2/84, BVerfGE 68, 155 (174); BVerfG v. 08.10.1991 – 1 BvL 50/86, BVerfGE 84, 348 (364 f.).

671 Vgl. bspw. BVerfG v. 17.11.2009 – 1 BvR 2192/05, BVerfGE 125, 1 (23 ff.).

gerechtfertigt, wenn erstens die entstehenden Ungleichbehandlungen nach dem Leistungsfähigkeitsprinzip nur eine verhältnismäßig kleine Zahl von Personen beträfen, zweitens der Gleichheitssatzverstoß nicht sehr intensiv sei und drittens die Ungerechtigkeiten nur unter Schwierigkeiten vermeidbar seien.[672] In der Literatur ist die Forderung nach einer Verhältnismäßigkeitsprüfung oder zumindest einer strengen Abwägung zwischen den Gleichheits- und Typisierungsinteressen in Anknüpfung an die dargestellte Rechtsprechung des Bundesverfassungsgerichts seit jeher weit verbreitet.[673] Konsequenz einer unverhältnismäßigen Typisierung sei ein Differenzierungsgebot, nach dem die Typisierung realitätsgerechter zu normieren sei – wobei gerade im Steuerrecht die verhältnismäßige Gleichheit des Leistungsfähigkeitsprinzips Beachtung finden müsse.[674]

Allerdings ist die tatsächliche inhaltliche Prüfung der Typisierungen in der Rechtsprechungspraxis – von dem Obersatz des „rechten Verhältnisses“ abgesehen – der bloßen Willkürprüfung oft näher.[675] So geht das Bundesverfassungsgericht selbst in Entscheidungen, in denen ausdrücklich von einem „Gebot der Rationalität“[676] die Rede ist, nicht immer auf die Verhältnismäßigkeitsprüfung ein. Stattdessen weist es direkt auf die bereits im Ansatz fehlerhafte Typisierung hin, da die tatsächlichen Anknüpfungspunkte der Typisierung überhaupt

---

672 Ständige Rechtsprechung des BVerfG, vgl. bspw. BVerfG v. 02.07.1969 – 1 BvR 669/64, BVerfGE 26, 265 (275 f.); BVerfG v. 04.04.2001 – 2 BvL 7/98, BVerfGE 103, 310 (319); BVerfG v. 06.07.2010 – 1 BvL 9/06, 1 BvL 2/08, BVerfGE 126, 233 (263 f.); BVerfG v. 07.05.2013 – 2 BvR 909/06, 2 BvR 1981/06, 2 BvR 288/07, BVerfGE 133, 377 (413); BVerfG v. 29.03.2017 – 2 BvL 6/11, BVerfGE 145, 106 (146 f.); vgl. auch BFH v. 29.04.1992 – VI B 152/91, BStBl. II 1992, 752 (753).

673 Vgl. bspw. *Isensee*, Die typisierende Verwaltung, 1976, S. 166 ff.; *Wendt*, NVwZ 1988, 778 (784 f.); *Arndt*, NVwZ 1988, 787 (789 f.); *Müller*, in: VVDStRL 47, 1989, S. 37 (50 f.); *Huster*, Rechte und Ziele, 1993, S. 273, 299 ff., 471; *Isensee*, StuW 1994, 3 (10); *Martini*, Art. 3 Abs. 1 GG als Prinzip absoluter Rechtsgleichheit, 1997, S. 283 ff., 286 f.; *Eckhoff*, Rechtsanwendungsgleichheit im Steuerrecht, 1999, S. 196; *Selmer*, in: GS Trzaskalik, 2005, S. 411 (425 f.); *Englisch*, Wettbewerbsgleichheit im grenzüberschreitenden Handel, 2008, S. 168; *Breimann*, Typisierungsgerechtigkeit des vereinfachten Ertragswertverfahrens zur Unternehmensbewertung im Erbschaftsteuerrecht, 2014, S. 114; *Hey*, in: Tipke/Lang, Steuerrecht, 2018, § 3 Rn. 147 f. Zum schweizerischen Steuerrecht s. *Locher*, in: FS Höhn, 1995, S. 189 (195 ff.).

674 Vgl. *Eckhoff*, Rechtsanwendungsgleichheit im Steuerrecht, 1999, S. 196.

675 S. dahingehend bspw. *Huster*, Rechte und Ziele, 1993, S. 300 f.; *Selmer*, in: GS Trzaskalik, 2005, S. 411 (425).

676 Vgl. BVerfG v. 23.06.2004 – 1 BvL 3/98, 1 BvL 9/02, 1 BvL 2/03, BVerfGE 111, 115 (145).

nicht im Normzweck angelegt und die Typisierungen mithin nicht realitätsgerecht seien.[677] Folglich bezieht sich die Prüfung diesbezüglich lediglich auf die Realitätsnähe der Typisierung und die Frage, ob die Typisierung auf dem typischen Leitbild basiert, das zur Erreichung des Normzweckes erforderlich ist. Im Hinblick auf die Strenge des Prüfungsmaßstabs ist dies allerdings nur wenig erhellend, da eine anschließende Verhältnismäßigkeitsprüfung immer schlicht obsolet ist, wenn schon gegen das Willkürverbot verstoßen wird.[678]

Wenn das Bundesverfassungsgericht in seiner Entscheidung aus dem Jahr 2004 zur Verfassungsmäßigkeit der sogenannten „Ökosteuer" beziehungsweise genauer der diesbezüglichen steuerlichen Vergünstigungen für das produzierende Gewerbe allerdings konstatiert, dass die „steuerlichen Vorteile der Typisierung im rechten Verhältnis zu der mit der Typisierung notwendig verbundenen Ungleichheit der steuerlichen Belastung stehen" müssten,[679] um anschließend weiter auszuführen, dass dem Gesetzgeber eine große Gestaltungsfreiheit bei „der Entscheidung darüber, welche Personen oder Unternehmen durch finanzielle Zuwendung des Staates gefördert werden sollen", zukomme, so „dass [...der Gesetzgeber] seine Leistungen [nur] nicht nach unsachlichen Gesichtspunkten, also nicht willkürlich verteilen" dürfe,[680] dann liegt es aber auch nahe, das „rechte Verhältnis" nicht als allgemeine Vorgabe des Prüfungsmaßstabs für Typisierungen aufzufassen, da hiermit keine besonderen Prüfungsmaßstabskriterien der Typisierungen vorgegeben werden – vor allem, wenn wie hier, nicht deutlich zwischen erster und zweiter Ebene unterschieden wird.[681] Das „rechte Verhältnis" und die daraus abgeleitete Verhältnismäßigkeitsprüfung bezieht sich stattdessen vielmehr nur auf die Rechtfertigungsgründe, die Typisierungen immanent sind, nämlich – wie bereits benannt – Vereinfachung und Praktikabilität (nicht hingegen auf andere Rechtfertigungsgründe, wie zum Beispiel Sozialzwecke, Rechtssicherheit, Missbrauchsvermeidung, Datenschutz etc.).[682] Somit haben Vereinfachungen und Praktikabilität als Vorteile der Typisierungen in einem „rechten Verhältnis" mit den Nachteilen der Typisierungen zu stehen, das heißt, insbesondere die Praktikabilitätsgewinne sind mit den Ungleichbehandlungen

---

677 Vgl. BVerfG v. 23.06.2004 – 1 BvL 3/98, 1 BvL 9/02, 1 BvL 2/03, BVerfGE 111, 115 (139 ff.).

678 Vgl. bspw. FG Köln v. 12.10.2017 – 10 K 977/17, EFG 2018, 287 (289); *Gubelt*, in: v. Münch/Kunig, GG, 2000, Art. 3 Rn. 14.

679 BVerfG v. 20.04.2004 – 1 BvR 1748/99, 1 BvR 905/00, BVerfGE 110, 274 (292).

680 BVerfG v. 20.04.2004 – 1 BvR 1748/99, 1 BvR 905/00, BVerfGE 110, 274 (293).

681 S. dahingehend auch bereits *Arndt*, NVwZ 1988, 787 (790).

682 Zu den Rechtfertigungsgründen s. ausführlich unten ab Seite 160.

abzuwägen,[683] aber auch das Verhältnis zwischen Steuererhebungskosten und Steuerertrag ist heranzuziehen.[684] Im Rahmen der Prüfung der Rechtfertigung durch bloße Vereinfachungsgründe ist deshalb eine an Verhältnismäßigkeitserwägungen orientierte Abwägung zwingend, um dem folglich grundsätzlich eher geringen Gewicht des Rechtfertigungsgrundes zu entsprechen beziehungsweise um das Gewicht bewerten zu können.[685] Die abgeleiteten Typisierungsvoraussetzungen, wie die quantitativ und qualitativ geringfügig belastenden Auswirkungen sowie die Beschränkung auf eine „gewisse[…] Bandbreite“[686] sind mithin nur Folge des relativ geringen Gewichts des Rechtfertigungsgrundes der Vereinfachung und Praktikabilität,[687] und nicht das Ergebnis einer allgemein zwingenden Verhältnismäßigkeitsprüfung bei Typisierungen. Schließlich müsse der Gesetzgeber primär dem Gleichheitssatz gerecht werden und dürfe nicht die Erleichterungen des Gesetzesvollzugs durch die Verwaltung priorisieren.[688] Insbesondere die Ungleichbehandlungen mit Nähe zu den speziellen Gleichheitsrechten (Art. 3 Abs. 2 und 3 GG) sind daher „typisierungsfeindlich“, da eine Rechtfertigung nur aufgrund von Vereinfachungsgründen regelmäßig nicht ausreicht.[689]

---

683 Vgl. BVerfG v. 20.12.1966 – 1 BvR 320/57, 1 BvR 70/63, BVerfGE 21, 12 (27 f.); BVerfG v. 13.12.1967 – 1 BvR 679/64, BVerfGE 23, 1 (8 f.); BVerfG v. 31.05.1988 – 1 BvR 520/83, BVerfGE 78, 214 (228 f.); BVerfG v. 08.10.1991 – 1 BvL 50/86, BVerfGE 84, 348 (364 f.).

684 Vgl. BVerfG v. 31.05.1988 – 1 BvR 520/83, BVerfGE 78, 214 (229); *Jarzyk-Dehne*, Pauschalierungen im Steuerrecht, 2003, S. 150 f.

685 Zum Rechtfertigungsgrund der Vereinfachung s. noch umfassend unten Seite 171 ff.

686 BVerfG v. 23.06.2004 – 1 BvL 3/98, 1 BvL 9/02, 1 BvL 2/03, BVerfGE 111, 115 (137); BVerfG v. 29.03.2017 – 2 BvL 6/11, BVerfGE 145, 106 (146); vgl. auch BVerfG v. 24.01.1962 – 1 BvR 845/58, BVerfGE 13, 331 (341).

687 Vgl. *Müller*, in: VVDStRL 47, 1989, S. 37 (51); *Englisch*, Wettbewerbsgleichheit im grenzüberschreitenden Handel, 2008, S. 169; *Nußberger*, in: Sachs, GG, 2018, Art. 3 Rn. 110.

688 Vgl. *Müller*, in: VVDStRL 47, 1989, S. 37 (51); vgl. dazu auch die ältere Rechtsprechung des BVerfG, bspw. BVerfG v. 26.04.1978 – 1 BvL 29/76, BVerfGE 48, 227 (238 f.); BVerfG v. 10.02.1982 – 1 BvL 116/78, BVerfGE 60, 68 (78); BVerfG v. 06.11.1985 – 1 BvL 47/83, BVerfGE 71, 146 (157).

689 Vgl. *Huster*, Rechte und Ziele, 1993, S. 283 ff. u. a. mit Verweise auf BVerfG v. 27.05.1970 – 1 BvL 22/63, 1 BvL 27/64, BVerfGE 28, 324 (356); BVerfG v. 31.03.1971 – 1 BvL 9/68, BVerfGE 31, 1 (4 ff.).

Auch Prognoseentscheidungen, die Typisierungen immanent sind,[690] erfordern keine grundsätzlich andere Kontrolldichte, da die Intensität der Ungleichbehandlungen nicht von der Prognose abhängt, sondern nur von der Typisierung selbst. Die Auswirkungen auf den Steuerpflichtigen sind für die Wahl des Prüfungsmaßstabs entscheidend. Die Ungewissheiten einer Prognose hingegen sind bereits bei der geforderten Realitätsnähe der Typisierung und gegebenenfalls im Rahmen der Gewichtung eines externen Zwecks zu berücksichtigen, da das Gewicht eines Zwecks mit einer weniger wahrscheinlichen Zielerreichung geringer ausfallen kann.[691]

Richtigerweise ist zusammenfassend auf die Typisierungen beziehungsweise auf Abweichungen von der Realitätsgerechtigkeit der stufenlose Prüfungsmaßstab anzuwenden und den Maßstabskriterien entsprechend streng oder weniger streng zu prüfen. Bloße Vereinfachungsgründe sind zwingend abzuwägen. Inwiefern sich aus der jüngeren Rechtsprechung des Bundesverfassungsgerichts, das die strengeren Verhältnismäßigkeitserfordernisse für Typisierungen in Entscheidungen aus den Jahren 2009 und 2015 nicht angewandt hat, Korrekturen dieses Ergebnisses ergeben, ist noch im Folgenden zu untersuchen.

1. Bundesverfassungsgericht zur Grunderwerbsteuer

In seiner Grundsatzentscheidung zur Grunderwerbsteuer aus dem Jahr 2015 hat das Bundesverfassungsgericht die typisierende Ersatzbemessungsgrundlage nach § 8 Abs. 2 GrEStG keiner strengen Verhältnismäßigkeitsprüfung unterzogen.[692] Die einführenden Feststellungen der Entscheidung, dass die Rechtfertigungsanforderungen mit Umfang und Ausmaß der Ungleichbehandlungen stiegen, sowie dass der Rechtfertigungsbedarf umso höher sei, je weiter sich die Typisierung vom eigentlichen Belastungsgrund entferne,[693] entsprechen zwar noch den vorgenannten Ausführungen zum entscheidenden Faktor der Intensität der Ungleichbehandlungen als Kriterium der Bestimmung des Prüfungsmaßstabs. Dass das Bundesverfassungsgericht bei Bewertungsabweichungen von 30, 50 und sogar 90 Prozent anschließend aber keine strengen Verhältnismäßigkeitserfordernisse prüft, ist auf die Eigenarten des Falls zurückzuführen: Erstens hat der Gesetzgeber bei der Wahl eines Maßstabs zur Bemessung der Steuer

690 S. dazu bereits oben Seite 93 ff. – insb. hinsichtlich der ggf. weiten Bandbreite der Realitätsgerechtigkeit.

691 Vgl. *Englisch*, Wettbewerbsgleichheit im grenzüberschreitenden Handel, 2008, S. 191 f.

692 BVerfG v. 23.06.2015 – 1 BvL 13/11, 1 BvL 14/11, BVerfGE 139, 285 (308 ff.).

693 Vgl. zuvor bereits BVerfG v. 04.02.2009 – 1 BvL 8/05, BVerfGE 123, 1 (21).

grundsätzlich einen besonders weiten Gestaltungsspielraum, der sich auch auf einen Ersatzmaßstab erstreckt, der neben dem Regelmaßstab zur Anwendung kommen kann – entscheidungserheblich war hier der Ersatzmaßstab in § 8 Abs. 2 GrEStG.[694] Zweites fehlen in dem entschiedenen Fall zum einen (weitere) Merkmale für einen strengen Prüfungsmaßstab und zum anderen könnte die Verfügbarkeit über § 8 Abs. 2 Nr. 1, 2 oder 3 GrEStG einen weniger strengen Prüfungsmaßstab begründen, da es dem Steuerpflichtigen demnach durch den Verzicht auf die konkrete Bestimmung der Gegenleistung oder mittels gesellschaftsvertraglicher Grundlage offensteht, in den Genuss der günstigeren Ersatzbemessungsregelung zu kommen – dies wird vom Bundesverfassungsgericht so ausdrücklich allerdings nicht dargestellt. Ausschlaggebend kommt drittens hinzu, dass sich die Ungleichbehandlungen in diesem Fall selbst bei bloßer Willkürprüfung nicht rechtfertigen lassen, sodass die äußersten Rechtfertigungsgrenzen nicht eingehalten wurden und folglich die Rechtfertigungsprüfung auf die Erhellung der Willkür beschränkt sein kann.

Die bloße Willkürverbotsprüfung in dieser Entscheidung stellt mithin keine verallgemeinerungsfähige Aussage zum Prüfungsmaßstab dar, sondern ist dem Ergebnis geschuldet, dass sogar ein Verstoß gegen das Willkürverbot vorliegt. Erörterungen zur Strenge des Prüfungsmaßstab erübrigen sich damit. Für die Rechtfertigungsanforderungen hinsichtlich der Realitätsgerechtigkeit ergibt sich aus dieser Entscheidung demzufolge nur, dass die Prüfungsmaßstabsanforderungen in Abhängigkeit von der Realitätsferne als Kriterium der Intensität der Ungleichbehandlungen grundsätzlich steigen.

2. Bundesverfassungsgericht zu den Jubiläumsrückstellungen

Auch der Entscheidung des Bundesverfassungsgerichts zu den Jubiläumsrückstellungen im Bilanzsteuerrecht aus dem Jahr 2009 könnte eine Beschränkung des Prüfungsmaßstabs bei Typisierungen auf das bloße Willkürverbot zu entnehmen sein.[695]

Der Entscheidung lag das steuerrechtliche (temporäre) Rückstellungsverbot des § 52 Abs. 6 Satz 1 und 2 EStG a. F. bezüglich zugesagter Zuwendungen aus Anlass eines Dienstjubiläums in der Zeit zwischen Zusage und Auszahlung (Jubiläumsrückstellungen) zugrunde, womit eine Einschränkung des in § 5

---

694 Vgl. BVerfG v. 23.06.2015 – 1 BvL 13/11, 1 BvL 14/11, BVerfGE 139, 285 (314).
695 BVerfG v. 12.05.2009 – 2 BvL 1/00, BVerfGE 123, 111 (121 f.).

Abs. 1 EStG angeordneten Maßgeblichkeitsgrundsatzes sowie des handelsrechtlichen Vorsichtsprinzips verbunden war.[696]

Eine Verletzung des Folgerichtigkeitsgebots sah das Bundesverfassungsgericht in diesem Fall nur für den Fall der Willkür dieser einfachgesetzlichen Ausnahmevorschrift gegeben, da das einfachgesetzliche Maßgeblichkeitsprinzip im Steuerrecht grundsätzlich disponibel sei und die leistungsfähigkeitsgerechte Besteuerung nicht tangiere.[697] Zwar werde die gesetzgeberische Gestaltungsfreiheit hinsichtlich der steuerlichen Belastung durch die verfassungsrechtlichen Anforderungen des Leistungsfähigkeitsprinzips und des Folgerichtigkeitsgebots beschränkt sowie an ein hinreichendes Maß von Rationalität und Abgewogenheit gebunden, darüberhinausgehend seien „‚überzeugende' dogmatische Strukturen durch eine systematisch konsequente und praktikable Tatbestandsausgestaltung" aber vom Gesetzgeber zu entwickeln und es sei gerade „nicht Aufgabe des Bundesverfassungsgerichts, die ‚Richtigkeit' von Lösungen komplexer dogmatischer Streitfragen, wie sie für manche Bereiche des Steuerbilanzrechts und jedenfalls für den Bereich der Rückstellungen typisch [seien], zu kontrollieren und zu gewährleisten".[698] Insbesondere mit dem Maßgeblichkeitsgrundsatz werde keine strikte, einmal getroffene Belastungsgrundentscheidung des Gesetzgebers verfolgt, der Grundsatz sei vielmehr eine „entwicklungsoffene Leitlinie"[699] und ohnehin keine grundlegende gesetzgeberische Entscheidung über die leistungsfähigkeitsgerechte Besteuerung.[700] Vielmehr diene die Maßgeblichkeit und damit verbunden das handelsrechtliche Vorsichtsprinzip statt einer steuerlichen Belastungsentscheidung nur der Praktikabilität unternehmerischer Gewinnermittlung, indem eine zweifache Rechnungslegung vermieden wird.[701] Im Übrigen beträfen Rückstellungen nicht die Besteuerung an sich, sondern nur den Zeitpunkt der Besteuerung, der nicht anhand der Leistungsfähigkeit steuergerecht zu ermitteln sei und mithin eine nur geringe Intensität der Ungleichbehandlung begründen könne.[702]

Hervorzuheben ist hierbei die inzwischen vom Bundesfinanzhof geteilte Auffassung, dass die nicht zentralen Fragen gerechter Besteuerung wie zum Beispiel

---

696 Vgl. BVerfG v. 12.05.2009 – 2 BvL 1/00, BVerfGE 123, 111 (122).

697 Vgl. BVerfG v. 12.05.2009 – 2 BvL 1/00, BVerfGE 123, 111 (122 f.).

698 BVerfG v. 12.05.2009 – 2 BvL 1/00, BVerfGE 123, 111 (123).

699 Vgl. BVerfG v. 12.05.2009 – 2 BvL 1/00, BVerfGE 123, 111 (124).

700 Vgl. BVerfG v. 12.05.2009 – 2 BvL 1/00, BVerfGE 123, 111 (124 f.).

701 Vgl. BVerfG v. 12.05.2009 – 2 BvL 1/00, BVerfGE 123, 111 (123 f.).

702 Vgl. BVerfG v. 12.05.2009 – 2 BvL 1/00, BVerfGE 123, 111 (125); vgl. hierzu auch *Hey*, in: IFSt-Schrift 511, 2016, S. 61 (93).

die bilanzsteuerrechtlichen Periodisierungsregelungen vom Gesetzgeber gleichheitsrechtlich weitgehend ungebunden entschieden werden dürften und die Entscheidung nur am Willkürverbot zu messen sei, da das Folgerichtigkeitsgebot nur für die zentralen Fragen gerechter Belastungsverteilung gelte.[703] Auf einer dritten Ebene könnten somit im Steuerrecht nicht zentrale, komplexe oder dogmatische Streitfragen lediglich hinsichtlich ihrer nicht willkürlichen Lösung überprüft werden.[704]

a) Allgemeingültigkeit der Entscheidung

Einerseits wird die Allgemeingültigkeit der Entscheidung hinsichtlich der Willkürprüfung bereits mit dem bloßen Verweis darauf abgelehnt, dass sich das Bundesverfassungsgericht hierin lediglich mit der speziellen rein bilanzsteuerrechtlichen Frage nach dem Verfassungsrang der Maßgeblichkeit auseinandergesetzt habe.[705] Die Willkürprüfung gelte daher auch nur für Abweichungen von der Folgerichtigkeit „der vorliegenden Art" und werde zudem durch die zurückhaltenden Formulierungen in der Entscheidung deutlich („jedenfalls").[706]

Andererseits formuliert das Bundesverfassungsgericht auch allgemeiner, dass „das gleichheitsrechtliche Gebot der Folgerichtigkeit auf die zentralen Fragen gerechter Belastungsverteilung" begrenzt sei und die Entwicklung „‚überzeugende[r]' dogmatische[r] Strukturen durch eine systematisch konsequente und praktikable Tatbestandsausgestaltung" dem Gesetzgeber überlassen sei und nur hinsichtlich der Willkür zu kontrollieren sei.[707] Damit wird nicht nur im Einzelfall zum Maßgeblichkeitsgrundsatz Stellung genommen, sondern das Folgerichtigkeitsprinzip selbst in Frage gestellt.[708]

---

703 Vgl. BVerfG v. 12.05.2009 – 2 BvL 1/00, BVerfGE 123, 111 (123); BFH v. 05.05.2011 – IV R 32/07, BStBl. II 2012, 98 (102). Allerdings lagen der Entscheidung des BFH auch noch andere sachliche Rechtfertigungsgründe zugrunde.

704 Vgl. *Hey*, DStR 2009, 2561 (2565); *Hey*, in: Tipke/Lang, Steuerrecht, 2018, § 3 Rn. 125, die eine solche dritte Stufe aufgrund von Abgrenzungsschwierigkeiten jedoch jeweils ablehnt.

705 Vgl. *Prinz/Keller*, DB 2016, 1033 (1040).

706 Vgl. *Brückner*, Folgerichtige Gesetzgebung im Steuerrecht und Öffentlichen Wirtschaftsrecht, 2014, S. 46, der eine allgemeine dritte Prüfungsebene aufgrund der zurückhaltenden Formulierungen ablehnt. Zu den Formulierungen s. BVerfG v. 12.05.2009 – 2 BvL 1/00, BVerfGE 123, 111 (121 f.).

707 BVerfG v. 12.05.2009 – 2 BvL 1/00, BVerfGE 123, 111 (123); vgl. zur Allgemeingültigkeit der Formulierungen bspw. *Hennrichs*, in: FS Lang, 2010, S. 237 (250 f.).

708 Vgl. *Schlotter*, BB 2009, 1408 (1412); vgl. auch *Hennrichs*, in: FS Lang, 2010, S. 237 (249 f.).

Gleichwohl überzeugt eine partielle Rücknahme der Folgerichtigkeit im Bereich des Bilanzsteuerrechts nicht. Schließlich ist nicht ersichtlich, weshalb der Gesetzgeber nur bis zu einer bestimmten Ebene einer folgerichtigen Gesetzgebung verpflichtet sein sollte, bei den Details jedoch nur noch an das Willkürverbot gebunden wird.[709] Wird in Detailregelungen von Unterprinzipien zentraler Belastungsentscheidungen abgewichen, ist hiermit zwangsläufig ein Abweichen von der zentralen Belastungsentscheidung die Folge, welches wiederum folgerichtig entlang des stufenlosen Prüfungsmaßstabs zu rechtfertigen ist.[710]

b) Gründe für eine bloße Willkürprüfung

Als Rechtfertigung dieser Abweichung vom hier vertretenen Prüfungsmaßstab und somit als Gründe für eine bloße Willkürprüfung könnte vielmehr die vom Bundesverfassungsgericht angeführte Komplexität, die geringe Intensität aufgrund der nicht zentralen Bedeutung der Regelung oder die Auslegungsoffenheit auf einer dritten Ebene dienen.

aa) Komplexität

Aufgrund der Komplexität und der Systembrüche im Steuerbilanzrecht wird vereinzelt die vollständige Abschaffung bilanzsteuerrechtlicher Rückstellungen verlangt.[711] Dahingehend ist auch ein gesetzgeberischer Trend im Bilanzsteuerrecht zu erkennen, auf der Passivseite vermehrt zum Abflussprinzip überzugehen und Rückstellungen abzulehnen (so zum Beispiel in § 5 Abs. 2a und 4a EStG).[712] Eine allgemeine besondere Komplexität bilanzsteuerrechtlicher Regelungen, die eine Modifikation des Prüfungsmaßstabs begründet, ist jedoch nur schwerlich zu erkennen. Dies gilt insbesondere vor dem Hintergrund, dass das Bundesverfassungsgericht bezüglich der (ebenfalls komplexen) Fragen der Abgrenzungsproblematik gemischter Aufwendungen[713] sowie bei den Belastungsunterschieden nach § 32c EStG[714] eine solche Komplexität nicht angenommen hat respektive

---

709 Vgl. *Hüttemann*, in: FS Spindler, 2011, S. 627 (630 f.); vgl. auch *Hennrichs*, in: FS Lang, 2010, S. 237 (252).

710 Vgl. hierzu *Englisch*, in: FS Lang, 2010, S. 167 (203 f.); *Hüttemann*, in: FS Spindler, 2011, S. 627 (631).

711 Vgl. bspw. *Doralt*, DB 1998, 1357 (1357).

712 Vgl. *Prinz*, DB 2016, 9 (13).

713 Vgl. BVerfG v. 09.12.2008 – 2 BvL 1/07, 2 BvL 2/07, 2 BvL 1/08, 2 BvL 2/08, BVerfGE 122, 210.

714 Vgl. BVerfG v. 21.06.2006 – 2 BvL 2/99, BVerfGE 116, 164.

folgerichtig das Folgerichtigkeitsprinzip nach dem stufenlosen Prüfungsmaßstab geprüft hat.[715] Im Übrigen müsste die Überprüfung der Folgerichtigkeit „nach unten" einfacher zu kontrollieren sein, da die Belastungsentscheidungen zunehmend deutlicher hervortreten.[716] Die Komplexität der Folgerichtigkeitsprüfung nimmt bei den Unterprinzipien folglich eher ab.

Abschließend ist zu konstatieren: Rechtfertigung einer bloßen Willkürprüfung ist auch nicht die Komplexität der gesetzgeberischen Prognosen.[717] Der Komplexitätsgrad findet präzise Berücksichtigung bei der Bestimmung der Bandbreite der Realitätsgerechtigkeit und könnte zudem im Rahmen der verfassungsrechtlich gebotenen Pflicht zur Nachbesserung beziehungsweise bei der dem Gesetzgeber zur Nachbesserung zu gewährenden Frist zu berücksichtigen sein.[718] Infolge einer zusätzlichen Beschränkung der Kontrolldichte wären die Prognoseentscheidungen ansonsten beinahe frei von jeglicher verfassungsrechtlichen Kontrolle, wenn sie besonders realitätsfern und zudem generell mit nur irgendeinem Grund zu rechtfertigen wären. Stattdessen könnte vielmehr das Gegenteil zutreffen, dass Typisierungen, die aufgrund komplexer Prognoseentscheidungen realitätsfern normiert sind, eine besondere Intensität der Ungleichbehandlungen begründen und damit einer strengeren Prüfung der Rechtfertigungsgründe im Einzelfall unterfallen.

bb) Zentralität der Regelung

Eine geringere Intensität der Ungleichbehandlungen aufgrund der nicht zentralen Bedeutung der Regelung wäre ebenfalls als Begründung für eine bloße Willkürprüfung vorstellbar. So könnte das Gewicht einer nicht zentralen Belastungsfrage als grundsätzlich geringer angesehen werden, wenn die Zentralität als Maßstab der Belastungsintensität verstanden wird.[719] Die Rückstellungen würden als bilanzsteuerrechtliche Besonderheit schließlich nur das „Wann" der Besteuerung und nicht die zentrale Verteilungsfrage über das „Ob" der Besteuerung betreffen.[720] Dies spreche für eine periodische Auswahl des

---

715 Vgl. *Hey*, DStR 2009, 2561 (2565).

716 Vgl. *Hüttemann*, in: FS Spindler, 2011, S. 627 (630).

717 Allgemein zu Prognoseentscheidungen und dem damit verbundenen besonderen gesetzgeberischen Gestaltungsspielraum s. bspw. BVerfG v. 26.01.1993 – 1 BvL 38/92, 1 BvL 40/92, 1 BvL 43/92, BVerfGE 88, 87 (97); BVerfG v. 10.04.1997 – 2 BvL 77/92, BVerfGE 96, 1 (9).

718 Vgl. *Nußberger*, in: Sachs, GG, 2018, Art. 3 Rn. 97. Zur verfassungsrechtlichen Nachbesserungspflicht s. unten Seite 191 ff.

719 S. im Ansatz *Drüen*, JZ 2010, 91 (94).

720 Vgl. BVerfG v. 12.05.2009 – 2 BvL 1/00, BVerfGE 123, 111 (125).

Steuergegenstands, deren Verfassungswidrigkeit wie auf der ersten Ebene einer höheren Hürde unterliege.[721] Die geringere Intensität folge zudem aus der lediglich temporären Belastung, die der Endgültigkeit entbehre, weil sich Ungleichbehandlungen über die Zeit regelmäßig ausgleichen würden.[722]

Eine Abgrenzung zwischen zentraler und nicht zentraler Bedeutung einer Lastverteilung zusätzlich zum Kriterium der Intensität ist allerdings wenig überzeugend. Trennscharfe Abgrenzungsmerkmale sind nicht ersichtlich, insbesondere auch da eine Kasuistik des Bundesverfassungsgerichts hierzu fehlt.[723] Die Entscheidungsgründe bezüglich der Zentralität in der Jubiläumsrückstellungs-Entscheidung wurden – soweit ersichtlich – vom Bundesverfassungsgericht in seinen nachfolgenden Entscheidungen nicht mehr aufgegriffen. Hinzukommt, dass die Nichtzentralität des Bilanzsteuerrechts als bedeutender „Baustein" der Bestimmung der Bemessungsgrundlage im Steuerrecht nur schwer nachvollziehbar ist, da es als solches zumindest ein nicht unbedeutendes Element des Steuertatbestands darstellt.[724] Gleiches trifft nebenbei auch auf das Maßgeblichkeitsprinzip als zentrales Prinzip der Gewinnermittlung und mittelbar der Belastungsverteilung zu.[725] Die zentrale Bedeutung der Rückstellungen wird abschließend noch durch die zahlreichen Änderungen und Beschränkungen hierzu im Bilanzsteuerrecht deutlich, die nicht erforderlich wären, wenn diese Thematik für die Lastenverteilung nicht von größerer Bedeutung beziehungsweise fiskalisch unbedeutend wäre.[726]

Statt auf die Differenzierung hinsichtlich der Zentralität abzustellen, ist (weiterhin) nach der Intensität im Einzelfall zu urteilen. Die Zentralität kann lediglich – sofern sie bestimmt und als Maßstab der Belastungsintensität verstanden werden kann – ein Indiz hinsichtlich der Intensität darstellen.

cc) Auslegungsoffenheit

Letztlich könnte es in der Bundesverfassungsgerichtsentscheidung bei der Begründung der bloßen Willkürprüfung als Besonderheit noch auf die Auslegungsoffenheit bezüglich der Jubiläumsrückstellungen angekommen sein.

---

721 Vgl. *Geberth/Sedemund*, DStR 2018, 217 (218 f.).

722 Vgl. *Hennrichs*, in: FS Lang, 2010, S. 237 (253); *Hey*, in: Tipke/Lang, Steuerrecht, 2018, § 3 Rn. 126.

723 Vgl. *Hey*, DStR 2009, 2561 (2566); *Englisch*, in: FS Lang, 2010, S. 167 (203).

724 Vgl. *Hennrichs*, in: FS Lang, 2010, S. 237 (252).

725 Vgl. *Hüttemann*, in: FS Spindler, 2011, S. 627 (632).

726 Vgl. *Hüttemann*, in: FS Spindler, 2011, S. 627 (634).

Jubiläumsrückstellungen waren im deutschen Bilanzsteuerrecht umstritten: Während der Bundesfinanzhof im Jahr 1960 ein Rückstellungsverbot begründete, da es sich bei einer Jubiläumszuwendung „um eine soziale Leistung, die als Aufwand des Jahres zu behandeln [sei], in dem sie getätigt" wurde, handele und diesbezügliche Rückstellungen „eine unzulässige Vorverlegung künftigen Aufwandes" bedeuten würden,[727] hat der Bundesfinanzhof im Jahr 1987 ein solches Verbot abgelehnt, da statt einer Rückstellung für drohende Verluste vielmehr eine Rückstellung für ungewisse Verbindlichkeiten vorzunehmen sei.[728] Das in der Entscheidung des Bundesverfassungsgerichts zur Klärung stehende temporäre Rückstellungsverbot war damit die Folge der zweiten Entscheidung, die eine vorübergehende gesetzgeberische Regelung aus fiskalischen Gründen erforderlich machte.[729] Hierzu stellte das Bundesverfassungsgericht fest, dass es nicht seine Aufgabe sei, „die ‚Richtigkeit' von Lösungen komplexer dogmatischer Streitfragen [...] zu kontrollieren".[730]

Eine dritte Prüfungsebene, die eine reine Willkürprüfung beinhaltet, ist aber auch aufgrund solcher dogmatischer Streitfragen nicht opportun. Viel eher kann auch eine besonders umstrittene Dogmatik den bisherigen Erwägungen zum Prüfungsmaßstab entsprechend eingeordnet werden. In Anlehnung an den besonderen gesetzgeberischen Gestaltungsspielraum auf erster Ebene und der dortigen Gerechtigkeitserwägungen – ist es in Fällen einer solchen Auslegungsoffenheit nämlich einerseits die Aufgabe des Gesetzgebers, mit einem weiten Entscheidungsspielraum Rechtssicherheit herzustellen, indem er die dogmatischen Streitfragen mittels Orientierung an einer gerechten (nur nicht willkürlichen) Lösung im Gesetz regelt. Zu prüfen, ob die gerechteste Lösung gefunden wurde, ist schließlich regelmäßig nicht die Aufgabe des Bundesverfassungsgerichts.[731] Außerdem bindet das Folgerichtigkeitsprinzip den Gesetzgeber hierbei gerade nicht, da die (folgerichtige) Lösung der dogmatischen Frage umstritten ist und sich daher auch nicht eindeutig auf vorangehende Entscheidungen des

---

727 BFH v. 19.07.1960 – I 160/59 U, BStBl. III 1960, 347 (348).

728 BFH v. 05.02.1987 – IV R 81/84, BStBl. II 1987, 845 (846); s. auch die in der Zwischenzeit ergangenen Entscheidungen mit unterschiedlichen Auffassungen BFH v. 18.03.1965 – IV 116/64 U, BStBl. III 1965, 289; BFH v. 07.07.1983 – IV R 47/80, BStBl. II 1983, 753.

729 Vgl. BVerfG v. 12.05.2009 – 2 BvL 1/00, BVerfGE 123, 111 (114 ff.).

730 BVerfG v. 12.05.2009 – 2 BvL 1/00, BVerfGE 123, 111 (123).

731 Ständige Rechtsprechung des BVerfG, vgl. bspw. BVerfG v. 07.10.1980 – 1 BvL 50/79, 1 BvL 89/79, 1 BvR 240/79, BVerfGE 55, 72 (90); BVerfG v. 05.10.1993 – 1 BvL 34/81, BVerfGE 89, 132 (141 f.); BVerfG v. 29.03.2017 – 2 BvL 6/11, BVerfGE 145, 106 (143).

Gesetzgebers stützen lässt. Die Auslegungsoffenheit ähnelt somit den Gerechtigkeitserwägungen der ersten Prüfungsebene und verringert mithin die Intensität daraus entstehender Ungleichbehandlungen, soweit unklare Gesetzeslagen durch den Gesetzgeber im Rahmen seines Gerechtigkeitsermessens entschieden werden. Geprüft werden die Ungleichbehandlungen folglich lediglich anhand des bloßen Willkürverbots.

Andererseits lagen in dem Fall zu den Jubiläumsrückstellungen zumindest auch fiskalische Interessen des Gesetzgebers vor, weshalb die Ungleichbehandlungen nicht nur die Folge von gesetzgeberischen Gerechtigkeitserwägungen waren. Dann sind die Ungleichbehandlungen insoweit entsprechend ihrer Intensität entlang des stufenlosen Prüfungsmaßstabs zu rechtfertigen, womit auch ein strengerer Maßstab anzuwenden sein kann.[732]

Auslegungsoffenheit stellt daher nur eine Besonderheit für den Prüfungsmaßstab dar, wenn deren Lösung auf Gerechtigkeitserwägungen des Gesetzgebers basiert, sodass das bloße Willkürverbot im Sinne der ersten Ebene entscheidend ist. Andernfalls gilt das hier zum stufenlosen Prüfungsmaßstab Vertretene aber uneingeschränkt.

c) Ergebnis

Die Entscheidung des Bundesverfassungsgerichts zu den Jubiläumsrückstellungen hat ihre Besonderheiten, die eine bloße Willkürprüfung aufgrund der geringeren Intensität der Ungleichbehandlungen aufgrund der lediglich temporären Belastung und gegebenenfalls der bestehenden Unsicherheiten infolge der Auslegungsoffenheit rechtfertigen. Die Entscheidung lässt sich damit aber ebenso in die (sonstige) Argumentation und Rechtsprechung des Bundesverfassungsgerichts einordnen, in der Rechtfertigungen entlang des stufenlosen Prüfungsmaßstabs kontrolliert werden.[733] Schließlich ist der Maßstab der Willkürprüfung auch beim stufenlosen Prüfungsmaßstab nicht ausgenommen, sondern vielmehr integriert und die Zentralität sowie die Auslegungsoffenheit in die Bestimmung des Prüfungsmaßstabs miteinzubeziehen.

Eine dritte Prüfungsebene speziell für steuerrechtliche Typisierungen ist abzulehnen.

---

732 S. dazu im Ansatz auch *Englisch*, in: FS Lang, 2010, S. 167 (205).

733 Das Folgerichtigkeitsprinzip am stufenlosen Prüfungsmaßstab prüfend s. vorangehend BVerfG v. 09.12.2008 – 2 BvL 1/07, 2 BvL 2/07, 2 BvL 1/08, 2 BvL 2/08, BVerfGE 122, 210 (231 ff.) und s. nachfolgend BVerfG v. 12.10.2010 – 1 BvL 12/07, BVerfGE 127, 224 (244 ff.).

3. *Zusammenfassung*

Zuletzt sind die Ergebnisse zum Prüfungsmaßstab in Bezug auf die Typisierungen und deren Realitätsgerechtigkeit zusammenzufassen. Die Realitätsgerechtigkeit ist auf der ersten Ebene Grundlage des Leistungsfähigkeitsprinzips, um Steuergegenstände leistungsgerecht auszuwählen und um maßstabsgerechte Ungleichbehandlungen überhaupt feststellen zu können. Hier ist die Realitätsgerechtigkeit daher als Gerechtigkeitsmaßstab zu bestimmen, wie sich bereits im Rahmen der Erörterung der erforderlichen Realitätsnähe gezeigt hat[734] und grundsätzliche prinzipielle Abweichungen vom Realitätsgerechtigkeitsprinzip beispielsweise aufgrund geänderter Gerechtigkeitswertungen sind nur anhand des Willkürverbotes zu prüfen.

Die typisierungsbedingten Ungleichbehandlungen, die entgegen dieser Gerechtigkeitserwägungen entstehen, sind hingegen auf zweiter Ebene nach dem stufenlosen Prüfungsmaßstab zu rechtfertigen. Entscheidend für die Typisierungen ist damit die zweite Ebene: Die Realitätsgerechtigkeit in Verbindung mit den Typisierungen ist hier Teil einer folgerichtigen Ausgestaltung getroffener Belastungsentscheidungen.[735] Abweichungen von der Realitätsgerechtigkeit, die mittels externer Zwecke gerechtfertigt werden, und die daraus folgenden Ungleichbehandlungen sind dabei anhand des stufenlosen am Grundsatz der Verhältnismäßigkeit orientierten verfassungsrechtlichen Prüfungsmaßstabs zu kontrollieren. Hierzu sind die Maßstabskriterien zur Beurteilung der Intensität der Ungleichbehandlungen heranzuziehen. Das sind insbesondere die Nähe zum speziellen Gleichheitssatz des Art. 3 Abs. 3 GG, die Begründung einer Beeinträchtigung der freiheitsrechtlichen Grundrechtswahrnehmung und die Beeinflussbarkeit oder Verfügbarkeit der Differenzierungsmerkmale für den Einzelnen. Als Indizien der Intensität können zudem die Zentralität und die Auslegungsoffenheit hinzutreten.

B Rechtfertigungsgründe

Aus dem vorangehenden Abschnitt ergibt sich, dass als Rechtfertigungsgründe realitätsferner Typisierungen solche externen Zwecke gesucht werden, die eine außerhalb der Bandbreite der Realitätsgerechtigkeit liegende Realitätsferne bei Typisierungen zu rechtfertigen vermögen. Entscheidend ist eine objektive Rechtfertigung, wonach die sachlichen Gründe grundsätzlich vom Gesetzgeber

734 Zur Bandbreite der Realitätsgerechtigkeit s. bereits ausführlich oben Seite 83 ff.
735 Beispielhaft zu § 6a EStG s. *Hey*, in: IFSt-Schrift 511, 2016, S. 61 (92).

(subjektiv) weder erwähnt noch bedacht werden müssen.[736] Dies basiert auf dem Grundsatz, dass der Gesetzgeber allein das Gesetz schuldet und das Gesetz folglich klüger sein kann als der Gesetzgeber.[737] Hierzu ergeben sich auch keine Besonderheiten im Hinblick auf das Hineinwachsen einer Regelung in die Gleichheitswidrigkeit, die damit begründet sein könnten, dass zum Zeitpunkt des Inkrafttretens der Norm noch überhaupt keine zu rechtfertigende Ungleichbehandlung existierte und somit das Gesetz keinen rechtfertigenden Grund enthalten könne.[738] Ob der Gesetzgeber Ungleichbehandlungen übersehen hat und dem Gesetz dennoch (zusätzliche) objektive Rechtfertigungsgründe entnommen werden oder ob der Gesetzgeber die Ungleichbehandlungen nicht sehen konnte, da sie bei Inkrafttreten des Gesetzes noch nicht existierten, und später aus dem Gesetz heraus (sämtliche) objektiven Rechtfertigungsgründe entwickelt werden, kann allerdings keinen Unterschied machen. Für die objektive Rechtfertigung sind jeweils die objektiven (evolvierten) Rechtfertigungsgründe zum Zeitpunkt des (erstmaligen) Verfassungsverstoßes entscheidend. Auch hier gilt, dass das Gesetz klüger als der Gesetzgeber sein kann.

Voraussetzung für die Rechtfertigungsgründe ist, dass die externen Zwecke folgerichtig, das heißt widerspruchsfrei im Hinblick auf die Ziele, mit der

736 Vgl. BVerfG v. 12.05.2009 – 2 BvL 1/00, BVerfGE 123, 111 (126); BVerfG v. 17.01.2017 – 2 BvB 1/13, BVerfGE 144, 20 (213); BVerfG v. 10.04.2018 – 1 BvL 11/14 u. a., BVerfGE 148, 147 (200); vgl. auch BFH v. 09.11.2017 – III R 10/16, BStBl. II 2018, 255 (259); *Hüttemann*, in: FS Spindler, 2011, S. 627 (635); *Rüsken*, DStZ 2018, 476 (479 f.). Zur Ausnahme der Sozialzweckgründe s. BVerfG v. 09.12.2008 – 2 BvL 1/07, 2 BvL 2/07, 2 BvL 1/08, 2 BvL 2/08, BVerfGE 122, 210 (232); s. auch noch umfassend unten Seite 164 ff. Nur am Rande sei erwähnt, dass in Bezug auf Typsierungen bei der Anwendung der Steuergesetze, vor allem durch die Finanzverwaltung strengere Rechtfertigungsanforderungen gelten können. Dies ist jedoch nicht Teil dieser Arbeit; s. nur umfassend zur Ablehnung typisierender Beweislastverteilungen durch die Verwaltung *Osterloh*, Gesetzesbindung und Typisierungsspielräume bei der Anwendung der Steuergesetze, 1992, S. 203 ff. und zur kritischen Würdigung typisierender Verwaltungsvorschriften am Beispiel der Werbungskostenpauschalen *Osterloh*, a. a. O., S. 451 ff.

737 Vgl. *Radbruch*, Rechtsphilosophie, 1999, S. 107; vgl. auch *Drüen*, JZ 2010, 91 (94), der diese Entwicklung allerdings im Hinblick auf die Rechtssicherheit kritisch sieht. S. ergänzend oben Seite 67 ff.

738 S. hierzu *Eichberger*, in: FS Bundesfinanzhof. Band 1, 2018, S. 501 (516), der die Frage jedoch unbeantwortet lässt.

Typisierung angestrebt werden[739] und dass sie in der Abwägung das nötige Gewicht mitbringen, um die Ungleichbehandlungen rechtfertigen zu können. Die Zweck- oder Zielerreichung ist hingegen grundsätzlich keine Voraussetzung, stattdessen ist die Möglichkeit der Zweckerreichung oder die bloße Förderung des Ziels ausreichend.[740]

Im Folgenden werden Rechtfertigungsgründe, die die Abweichungen der Typisierungen von der gebotenen Realitätsgerechtigkeit rechtfertigen könnten, analysiert. Von den Gründen für die Typisierungen an sich ausgehend, die der Rechtfertigung der immanenten Verstöße gegen den allgemeinen Gleichheitssatz und die Einzelfallgerechtigkeit, die Realitätsnähe voraussetzt,[741] dienen, sind jene herauszuarbeiten, die (auch) eine besondere Realitätsferne zu rechtfertigen vermögen. Dabei lassen sich die Rechtfertigungsgründe selbstverständlich nicht immer trennscharf abgrenzen und die Rechtfertigung basiert vielmehr auf verschiedenen (ineinandergreifenden) Gründen, sodass ein Kumulieren mehrerer Gründe zu einem höheren Gewicht der Rechtfertigungsgründe insgesamt führen kann.[742]

I. Fiskalzwecke

Gemäß § 3 Abs. 1 Satz 1 Hs. 1 AO werden Steuern zur Erzielung von Einnahmen erhoben. Die Einnahmenerhebung ist daher Grundvoraussetzung einer Steuer.[743] Steuernormen sind folglich immer auch – zumindest zu einem Teil – Fiskalzwecknormen. Der Steuergesetzgeber begründet Steuergesetze dementsprechend regelmäßig mit seinen Fiskalinteressen und mit einer notwendigen

739 Vgl. BVerfG v. 04.12.2002 – 2 BvR 400/98, 2 BvR 1735/00, BVerfGE 107, 27 (51 f.); BVerfG v. 09.12.2008 – 2 BvL 1/07, 2 BvL 2/07, 2 BvL 1/08, 2 BvL 2/08, BVerfGE 122, 210 (244).

740 Vgl. BVerfG v. 17.12.2014 – 1 BvL 21/12, BVerfGE 138, 136 (189); *Eichberger*, in: FS Bundesfinanzhof. Band 1, 2018, S. 501 (516). Allerdings kann ein rechtfertigender Zweck einer Norm relativiert oder sogar aufgehoben werden, wenn die Norm dem Zweck entgegenstehende Gestaltungen zulässt, vgl. BVerfG, a. a. O. (235 f.).

741 Vgl. BVerfG v. 09.12.2008 – 2 BvL 1/07, 2 BvL 2/07, 2 BvL 1/08, 2 BvL 2/08, BVerfGE 122, 210 (232 f.); vgl. auch *Weber-Grellet*, BB 1996, 1415 (1419); *Tipke*, Die Steuerrechtsordnung. Band 1, 2000, S. 355 f.; *Jarzyk-Dehne*, Pauschalierungen im Steuerrecht, 2003, S. 50 f.; *Leisner*, StuW 2007, 241 (246); *Lang*, in: Tipke/Lang, Steuerrecht, 2010, § 4 Rn. 130 f.; *Hey*, in: FS Bundesfinanzhof. Band 1, 2018, S. 451 (485).

742 Vgl. *Drüen*, StuW 2008, 3 (12).

743 S. ergänzend auch noch unten Seite 219 ff.

Konsolidierung der öffentlichen Haushalte.[744] Er trägt schließlich die Verantwortung für verfassungsgemäße und den Maastricht-Kriterien entsprechende konsolidierte Haushalte,[745] welche seit Einführung der verfassungsrechtlich gebotenen sogenannten Schuldenbremse (Art. 109 Abs. 3 und Art. 115 GG), wonach die Haushalte von Bund und Ländern grundsätzlich ohne Einnahmen aus Krediten auszugleichen sind, mithin auch verfassungsrechtlich noch an Bedeutung gewonnen haben.[746] Der Rechtfertigungsgrund der Fiskalinteressen oder Fiskalzwecke kann sich neben der Haushaltskonsolidierung insbesondere als Vermeidung von Steuerausfällen, als Sicherung von Steuersubstrat sowie als Gegenfinanzierung von anderweitigen Steuerbelastungssenkungen zeigen.[747]

In ständiger Rechtsprechung lehnt das Bundesverfassungsgericht rein fiskalische Zwecke staatlicher Einnahmenerhöhung als Rechtfertigungsgrund gleichheitssatzwidriger Besteuerung allerdings ab.[748] So möge eine dringliche Haushaltskonsolidierung „den Gesetzgeber veranlassen, die bisherigen Bedarfstatbestände in der gesamten Rechtsordnung zu überprüfen", er sei jedoch gerade bei den mit einer Haushaltskonsolidierung auch einhergehenden notwendigen steigenden Steuerbelastungen und Einsparungsmaßnahmen „gehalten, eine gerechte Verteilung der Lasten zu gewährleisten".[749] Zum einen diene der Mehrung der staatlichen Einnahmen „jede, auch eine willkürliche steuerliche Mehrbelastung" und zum anderen enthalte der Einnahmenerzielungszweck für „die verfassungsgerechte Verteilung von Mehrbelastungen der Steuerpflichtigen nach

744 S. bspw. nur BT-Drs. 9/795, passim und insb. S. 1, 33, 39, 66; BT-Drs. 15/1518, S. 1, 10, 13; BT-Drs. 16/1545, S. 1, 8, 13, 15, 18; BT-Drs. 16/4841, S. 1 f., 30, 48, 51; BT-Drs. 16/5491, S. 19; BR-Drs. 2/04, S. 1 f., 38 f.

745 Vgl. BT-Drs. 16/5491, S. 19.

746 Vgl. hierzu auch *Bowitz*, Das objektive Nettoprinzip als Rechtfertigungsmaßstab im Einkommensteuerrecht, 2016, S. 200.

747 Vgl. *Englisch*, StuW 2007, 221 (224 f.); *Hey*, DStR 2009, 2561 (2567).

748 Ständige Rechtsprechung des BVerfG, vgl. bspw. BVerfG v. 17.01.1957 - 1 BvL 4/54, BVerfGE 6, 55 (80); BVerfG v. 21.06.2006 - 2 BvL 2/99, BVerfGE 116, 164 (182); BVerfG v. 09.12.2008 - 2 BvL 1/07, 2 BvL 2/07, 2 BvL 1/08, 2 BvL 2/08, BVerfGE 122, 210 (233, 236 f.); BVerfG v. 06.07.2010 - 2 BvL 13/09, BVerfGE 126, 268 (281); BVerfG v. 15.01.2014 - 1 BvR 1656/09, BVerfGE 135, 126 (150 f.); BVerfG v. 15.12.2015 - 2 BvL 1/12, BVerfGE 141, 1 (41); BVerfG v. 29.03.2017 - 2 BvL 6/11, BVerfGE 145, 106 (144 f.); vgl. dazu auch *Drüen*, StuW 2008, 3 (12). Die Frage der Wertung von fiskalischen Gründen offenlassend s. lediglich BVerfG v. 12.05.2009 - 2 BvL 1/00, BVerfGE 123, 111 (126).

749 BVerfG v. 25.09.1992 - 2 BvL 5/91, 2 BvL 8/91, 2 BvL 14/91, BVerfGE 87, 153 (172 f.).

dem Maßstab finanzieller Leistungsfähigkeit […] kein Richtmaß".[750] Der Fiskalzweck ist gegenüber der Ungleichbehandlung deswegen neutral und kann eine solche nicht rechtfertigen.[751]

Eine rein fiskalische Rechtfertigung ist demnach abzulehnen – auch im Rahmen der bloßen Willkürprüfung.[752] Die steuerrechtlich folgerichtige Haushaltskonsolidierung (einen Haushaltsnotstand ausnehmend[753]) hat beispielsweise vielmehr über eine allgemeine Anhebung der Steuertarife zu erfolgen, statt eine Gruppe mit einer gleichheitssatzwidrigen „Haushaltskonsolidierungs-Sonderlast" zu belasten.[754] Das ist auch notwendig, damit Steuerpflichtige nicht den Eindruck gewinnen, die Steuerlast der anderen mittragen zu müssen.[755]

II. Sozialzwecke

Nach § 3 Abs. 1 Satz 1 Hs. 2 AO kann die Erzielung von Einnahmen auch bloßer Nebenzweck einer Steuer sein (Sozialzwecknormen). Dennoch darf der Fiskalzweck nicht vollständig überlagert werden, da reine Sozialzwecknormen ohne Einnahmenerzielungsabsicht materiell bereits nicht zum Steuerrecht, sondern vielmehr zum Wirtschafts- oder Sozialrecht gehören.[756]

---

750 BVerfG v. 09.12.2008 – 2 BvL 1/07, 2 BvL 2/07, 2 BvL 1/08, 2 BvL 2/08, BVerfGE 122, 210 (237); vgl. auch BVerfG v. 06.07.2010 – 2 BvL 13/09, BVerfGE 126, 268 (281); BVerfG v. 15.01.2014 – 1 BvR 1656/09, BVerfGE 135, 126 (150 f.); *Papier*, Die finanzrechtlichen Gesetzesvorbehalte und das grundgesetzliche Demokratieprinzip, 1973, S. 77 f.

751 Vgl. *Machado*, Verhältnismäßigkeitsprinzip vs. Willkürverbot, 2015, S. 139.

752 Vgl. auch *Paus*, FR 2005, 83 (85); *Englisch*, StuW 2007, 221 (225); *Tipke*, BB 2007, 1525 (1528); *Drüen*, StuW 2008, 3 (11 f.); *Hey*, FR 2008, 1033 (1036); *Hey*, DStR 2009, 2561 (2567); *Wernsmann*, in: Schön/Beck, Zukunftsfragen des deutschen Steuerrechts, 2009, S. 161 (163); *Jochum*, DStZ 2010, 309 (313); *Breinersdorfer*, DStR 2010, 2492 (2495); *Lang*, in: Tipke/Lang, Steuerrecht, 2010, § 4 Rn. 79; *Englisch*, in: FS Lang, 2010, S. 167 (199 f.); *Hüttemann*, in: FS Spindler, 2011, S. 627 (637); *Hey*, in: Tipke/Lang, Steuerrecht, 2018, § 3 Rn. 130; *Brandt*, in: FS Bundesfinanzhof. Band 1, 2018, S. 289 (293). Nicht eindeutig diesbezüglich s. hingegen BVerfG v. 12.05.2009 – 2 BvL 1/00, BVerfGE 123, 111 (126).

753 S. dazu umfassend *Hey*, Steuerplanungssicherheit als Rechtsproblem, 2002, S. 341 ff.

754 *Tipke*, BB 2007, 1525 (1528); vgl. auch *Drüen*, StuW 2008, 3 (12); *Hey*, FR 2008, 1033 (1036); *Breinersdorfer*, DStR 2010, 2492 (2495).

755 Vgl. *Hey*, in: Tipke/Lang, Steuerrecht, 2018, § 3 Rn. 130.

756 Vgl. *Lang*, Die Bemessungsgrundlage der Einkommensteuer, 1988, S. 103; *Hey*, in: Tipke/Lang, Steuerrecht, 2018, § 3 Rn. 22; s. dahingehend auch *Tipke*, Die

Sozialzwecke, beispielsweise zur gezielten Entlastung von Steuerpflichtigen (Alleinerziehende, besonders von der sogenannten Corona-Krise Betroffene etc.), zur Förderung und Sicherung der Altersvorsorge oder zur Stärkung des Wirtschaftsstandorts etc., sind ein häufig vorzufindender Rechtfertigungsgrund in den Materialien zu Steuergesetzen.[757] Das Bundesverfassungsgericht vertritt in ständiger Rechtsprechung die Auffassung, dass der „Steuergesetzgeber [...] grundsätzlich nicht gehindert [sei], außerfiskalische Förderungs- und Lenkungsziele aus Gründen des Gemeinwohls zu verfolgen".[758] Verfolgung außerfiskalischer Sozialzwecke bedeutet im Steuerrecht, dass der Gesetzgeber mittelbar verhaltenssteuernd in Wirtschaft und Gesellschaft Einfluss nimmt, indem der „Bürger [...] nicht rechtsverbindlich zu einem bestimmten Verhalten verpflichtet [werde,...] aber durch Sonderbelastung eines unerwünschten Verhaltens oder durch steuerliche Verschonung eines erwünschten Verhaltens ein finanzwirtschaftliches Motiv [erhalte], sich für ein bestimmtes Tun oder Unterlassen zu entscheiden".[759] Verfassungsrechtlich verankerte Sozialzwecke finden sich auch im Grundgesetz, unter anderem in Art. 20a GG, der ein Umweltschutzprinzip enthält.

Da gleichwohl keine Argumente für eine grundsätzlich höhere verfassungsrechtliche Legitimität der Sozialzweckinteressen im Vergleich mit den individuellen Grundrechten ersichtlich sind,[760] muss einerseits wie bei jedem Rechtfertigungsgrund abgewogen werden. Aber da anderseits das „strukturell

---

Steuerrechtsordnung. Band 1, 2000, S. 495 f. S. hierzu ergänzend auch noch unten Seite 219 ff.

757 S. bspw. nur BT-Drs. 14/4217, S. 7; BT-Drs. 15/1751, S. 6; BT-Drs. 16/4841, S. 29 ff.; BT-Drs. 19/19601, S. 33.

758 BVerfG v. 09.12.2008 – 2 BvL 1/07, 2 BvL 2/07, 2 BvL 1/08, 2 BvL 2/08, BVerfGE 122, 210 (231); ständige Rechtsprechung des BVerfG, vgl. bspw. BVerfG v. 22.06.1995 – 2 BvL 37/91, BVerfGE 93, 121 (147); BVerfG v. 20.04.2004 – 1 BvR 1748/99, 1 BvR 905/00, BVerfGE 110, 274 (292); BVerfG v. 06.07.2010 – 2 BvL 13/09, BVerfGE 126, 268 (281); BVerfG v. 15.01.2014 – 1 BvR 1656/09, BVerfGE 135, 126 (151). Aus den strengeren Formulierungen, wonach das Gemeinwohl den Gesetzgeber hinreichend motivieren müsse, s. bspw. BVerfG v. 30.10.1961 – 1 BvR 833/59, BVerfGE 13, 181 (203), ergeben sich aufgrund der politischen Prägung der „Voraussetzungen" im Ergebnis grundsätzlich keine strengeren Anforderungen, vgl. *Selmer*, Steuerinterventionismus und Verfassungsrecht, 1972, S. 360.

759 BVerfG v. 09.12.2008 – 2 BvL 1/07, 2 BvL 2/07, 2 BvL 1/08, 2 BvL 2/08, BVerfGE 122, 210 (231 f.); vgl. auch BVerfG v. 20.04.2004 – 1 BvR 1748/99, 1 BvR 905/00, BVerfGE 110, 274 (292); BVerfG v. 15.01.2014 – 1 BvR 1656/09, BVerfGE 135, 126 (151).

760 Zur Umverteilung s. *Hey*, in: FS Bundesfinanzhof. Band 1, 2018, S. 451 (466).

lenkungsfeindliche Leistungsfähigkeitsprinzip“[761] als Fundamentalprinzip gänzlich in Frage gestellt würde, wenn der Gesetzgeber dieses grundsätzlich mit jeglichem Sozialzweckinteresse außer Kraft setzen könnte,[762] und da die Gesetzgebungskompetenz des Bundes zur Besteuerung gemäß Art. 105 GG bei der Verfolgung von Sozialzwecken (insbesondere) zur Regelung von Verwaltungszielen genutzt wird,[763] sind an die Rechtfertigung mittels Sozialzweck besondere Voraussetzungen zu stellen. Hinzukommt die gleichzeitige Belastung der Länder- und Gemeindehaushalte durch Steuerbefreiungsregelungen aus Sozialzweckgründen bei Steuern, die nicht nur dem Bundeshaushalt zufließen (Art. 106 Abs. 2 bis 7, 107 Abs. 1 GG).[764] Außerdem sind zusätzliche freiheitsrechtliche Vorgaben zu beachten, wenn das Verhalten der Steuerpflichtigen durch den „Verhaltensbefehl“ einer zusätzlichen Besteuerung, die einem Zwangsgeld vergleichbar ist, gesteuert wird.[765]

Eine Sozialzweckrechtfertigung setzt daher erstens Gründe des Gemeinwohls, zweitens eine gleichheitsgerechte Ausgestaltung des Zwecks sowie drittens eine erkennbare gesetzgeberische Entscheidung für den Sozialzweck voraus. In die Abwägung ist zugleich miteinzubeziehen, dass die steuerliche Lenkung nur Steuerzahler trifft und Leistungsfähigere sich von den Sozialzweckinteressen regelmäßig eher freikaufen können.[766] Liegen die Voraussetzungen einer Sozialzweckrechtfertigung vor, ist der Sozialzweck zugleich „Grund und Grenze der Ungleichbehandlung“.[767]

1. Gemeinwohlgründe

Sozialzwecke müssen auf Gründen des Gemeinwohls basieren.[768] Doch soweit die Zielverfolgung nicht gegen die Verfassung verstößt oder dem (Steuer-)

761 *Höfling*, StuW 1992, 242 (248).

762 Vgl. *Birk*, Das Leistungsfähigkeitsprinzip als Maßstab der Steuernormen, 1983, S. 240; *Höfling*, StuW 1992, 242 (248).

763 Vgl. BVerfG v. 22.06.1995 – 2 BvL 37/91, BVerfGE 93, 121 (147).

764 Vgl. *Birk*, in: Grundrechtsschutz im Steuerrecht, 2001, S. 67 (82 f.).

765 Vgl. *Kirchhof*, StuW 1984, 297 (308 f.).

766 Vgl. *Kirchhof*, Stbg 1997, 193 (197); *Jarzyk-Dehne*, Pauschalierungen im Steuerrecht, 2003, S. 160 f.

767 *Kirchhof*, StuW 2017, 3 (15).

768 Ständige Rechtsprechung des BVerfG, vgl. bspw. BVerfG v. 22.06.1995 – 2 BvL 37/91, BVerfGE 93, 121 (147); BVerfG v. 07.11.2006 – 1 BvL 10/02, BVerfGE 117, 1 (32); BVerfG v. 15.01.2014 – 1 BvR 1656/09, BVerfGE 135, 126 (151); vgl. auch bereits BVerfG v. 20.07.1954 – 1 BvR 459/52 u. a., BVerfGE 4, 7 (19).

System widerspricht, ist der Gesetzgeber bei der Wahl von Sozialzweckzielen zur möglichen Rechtfertigung weitgehend frei.[769] Denn Gründe des Gemeinwohls sind – angelehnt an den weiten Allgemeinheitsbegriff des § 52 Abs. 1 AO[770] – all jene Gründe, die einen gesamtgesellschaftlichen Nutzen haben und nicht lediglich einer Gruppe dienen.[771] Dies trifft vor allem auf Regelungen zu, die die Lebensgrundlagen des Gemeinwesens und seiner Mitglieder festigen, erhalten oder verbessern und damit im Allgemeinen als gerecht empfunden werden.[772]

Verfassungsrechtliches Gewicht erhalten Gemeinwohlgründe vor allem, wenn eine Verortung in der Verfassung, beispielsweise den Grundrechten sowie dem Rechts- und Sozialstaatsprinzip, möglich ist, sodass die darauf beruhenden Sozialzwecke in Abweichung vom Leistungsfähigkeitsprinzip „förderungswürdig" beziehungsweise „förderungsbedürftig" sind.[773] Auch das Staatsziel in Art. 109 Abs. 2 GG kann hierfür einen Anknüpfungspunkt liefern, wonach ein gesamtwirtschaftliches Gleichgewicht angestrebt wird, das auch Preisstabilität, Vollbeschäftigung, oder angemessenes Wirtschaftswachstum umfasst.[774] Zuletzt kann sich die Förderungswürdigkeit aufgrund der einheitlichen Verfassungsordnung auch aus den Normen zur Gesetzgebungskompetenz ergeben, insbesondere dann, wenn diese gewissermaßen einen Auftrag für ein tendenziell zielgerichtetes Aktivwerden des Gesetzgebers enthalten, wie zum Beispiel „Schutz" (Art. 74 Abs. 1 Nr. 12, 17, 20, 24 und 29 GG), „Förderung" (Art. 74 Abs. 1 Nr. 13 und 17 GG), „Verhütung" (Art. 74 Abs. 1 Nr. 16 GG), „Sicherung" (Art. 74 Abs. 1 Nr. 17 und 19a GG) oder „Unterstützung" (Art. 74 Abs. 1 Nr. 26 GG).[775] Bloße

769 Vgl. BVerfG v. 20.04.2004 – 1 BvR 1748/99, 1 BvR 905/00, BVerfGE 110, 274 (293); BVerfG v. 15.01.2014 – 1 BvR 1656/09, BVerfGE 135, 126 (151); BVerfG v. 17.12.2014 – 1 BvL 21/12, BVerfGE 138, 136 (188).

770 Vgl. *Jochum*, in: FS Rengeling, 2008, S. 545 (560 f.); *Müller*, FR 2011, 309 (313).

771 Vgl. *Tipke*, Die Steuerrechtsordnung. Band 1, 2000, S. 340 f.; *Kirchhof*, AöR 128, 1 (48).

772 Vgl. *Tipke*, Die Steuerrechtsordnung. Band 1, 2000, S. 340 f.; vgl. auch allgemein *Ruh*, in: Wildermuth/Jäger, Gerechtigkeit, 1981, S. 55 (66, 68).

773 *Birk*, Das Leistungsfähigkeitsprinzip als Maßstab der Steuernormen, 1983, S. 249. Zur verfassungsrechtlichen Geltung der Prinzipien s. grundlegend *v. Arnim*, Gemeinwohl und Gruppeninteressen, 1977, S. 37 ff.

774 Vgl. BVerfG v. 18. 04.1989 – 2 BvF 1/82, BVerfGE 79, 311 (338); BVerfG v. 27.06.1991 – 2 BvR 1493/89, BVerfGE 84, 239 (274, 282); *Müller*, FR 2011, 309 (314); vgl. auch *Birk*, Das Leistungsfähigkeitsprinzip als Maßstab der Steuernormen, 1983, S. 249 f., der darauf hinweist, dass „die Herstellung und Erhaltung des gesamtwirtschaftlichen Gleichgewichts" sogar ein „Verfassungsauftrag" sei.

775 Vgl. *Scheuner*, in: FS Forsthoff, 1972, S. 325 (373 ff.); vgl. auch *Birk*, Das Leistungsfähigkeitsprinzip als Maßstab der Steuernormen, 1983, S. 252 ff.

Umverteilung ist hingegen nicht geeignet, horizontale Ungleichbehandlungen bezüglich des Leistungsfähigkeitsprinzip zu rechtfertigen, da nicht ersichtlich ist, wieso gleich Leistungsfähige allein zu Umverteilungszwecken unterschiedlich belastet werden sollten.[776]

Eine (verlässliche) Erreichung der Gemeinwohlziele ist – wie eingangs zu den Rechtfertigungsgründen erwähnt – jedoch grundsätzlich keine Voraussetzung. Zweckgerecht ausgestaltet ist die Regelung gleichwohl nur, wenn sie – auch im Zusammenspiel mit anderen Regelungen[777] – geeignet und erforderlich ist, um das Ziel zumindest erreichen zu können.[778] Dies ist (auch) empirisch festzustellen, insbesondere um wirkungslose Normen zu identifizieren.[779] Das bloße Vorschieben eines Sozialzwecks ist somit regelmäßig nicht ausreichend, um Gleichheitssatzverstöße zu rechtfertigen, da es hierbei regelmäßig bereits an der notwendigen Zielannäherung mangeln wird.[780] So ist eine Sozialzweckrechtfertigung auch abzulehnen, wenn der Fiskalzweck den Sozialzweck vollständig überlagern sollte, wie es sich im Ansatz zum Beispiel bei der Tabaksteuer zeigt.[781]

2. *Gleichheitsgerechte Ausgestaltung*

Unabhängig vom weiten Gestaltungsspielraum des Gesetzgebers muss die Verfolgung und Erreichung des Sozialzwecks wiederum gleichheitsgerecht ausgestaltet erfolgen.[782] Das heißt, dass der Gesetzgeber nach sachlichen Gesichtspunkten gestalten, also vor allem die Sachverhalte realitätsnah würdigen und die Betroffenen sachgerecht abgrenzen muss.[783] Inkonsequente Bevorteilungen/

776 Vgl. *Birk*, Das Leistungsfähigkeitsprinzip als Maßstab der Steuernormen, 1983, S. 176.

777 Vgl. BVerfG v. 06.03.2002 – 2 BvL 17/99, BVerfGE 105, 73 (113 f.); vgl. auch *Kirchhof*, AöR 128, 1 (48).

778 Vgl. BVerfG v. 17.07.1974 – 1 BvR 51/69 u. a., BVerfGE 38, 61 (88); *Birk*, in: Grundrechtsschutz im Steuerrecht, 2001, S. 67 (85 f.); *Jarzyk-Dehne*, Pauschalierungen im Steuerrecht, 2003, S. 160 f.

779 Vgl. *Hey*, in: FS Bundesfinanzhof. Band 1, 2018, S. 451 (490); vgl. auch *Müller*, FR 2011, 309 (314).

780 Viele Beispiele fragwürdiger Sozialzwecke als Abkehr vom Leistungsfähigkeitsprinzip nennend s. *Tipke*, in: FS Kriele, 1997, S. 947 (957 ff.).

781 Zum Widerspruch s. bspw. *Kirchhof*, in: JöR 64, 2016, S. 553 (563).

782 Vgl. BVerfG v. 22.06.1995 – 2 BvL 37/91, BVerfGE 93, 121 (148); BVerfG v. 20.04.2004 – 1 BvR 1748/99, 1 BvR 905/00, BVerfGE 110, 274 (293); BVerfG v. 09.12.2008 – 2 BvL 1/07, 2 BvL 2/07, 2 BvL 1/08, 2 BvL 2/08, BVerfGE 122, 210 (232).

783 Vgl. BVerfG v. 20.04.2004 – 1 BvR 1748/99, 1 BvR 905/00, BVerfGE 110, 274 (293); vgl. auch BVerfG v. 12.02.1964 – 1 BvL 12/62, BVerfGE 17, 210 (216); BVerfG v.

Benachteiligungen einzelner Gruppen stellen demnach eigene Verstöße gegen den allgemeinen Gleichheitssatz dar.[784]

Bei der gleichheitsgerechten Ausgestaltung ist weiter zu beachten, dass aufgrund der progressiven Belastung im Einkommensteuergesetz die Vergünstigungen beziehungsweise die Belastungen und dementsprechend die Anreize mit der Leistungsfähigkeit zunehmen könnten.[785] Hierbei ist auf Sachgerechtigkeit der Progressionswirkung in Verbindung mit einer gleichheitsgerechten Ausgestaltung zu achten, sodass die Anreize sowie der wirtschaftliche Druck dem Sozialzweck nachzugeben weitgehend vergleichbar sein müssen – vorausgesetzt der Sozialzweck wird nicht gerade mit unterschiedlichen Anreizen angestrebt.[786]

3. Erkennbarkeit und Getragensein

Der Sozialzweck muss zudem „von einer erkennbaren gesetzgeberischen Entscheidung getragen sein".[787] Dabei kann die Entscheidung des Gesetzgebers für den Sozialzweck zwar mittels der allgemeinen juristischen Auslegungsmethoden festgestellt werden – jedoch immer vorausgesetzt, das erkennbare Sozialziel basiert auf einer bewussten Entscheidung des Gesetzgebers („getragen sein").[788]

22.06.1995 – 2 BvL 37/91, BVerfGE 93, 121 (148); BVerfG v. 15.01.2014 – 1 BvR 1656/09, BVerfGE 135, 126 (151).

784 Vgl. *Tipke*, Steuergerechtigkeit in Theorie und Praxis, 1981, S. 63 f. *Tipke* führt hierzu auch aus, dass der Gesetzgeber dem ganzen Volk dienen (Art. 38 Abs. 1 GG) und Gerechtigkeit für jedermann ausüben müsse (Art. 56, 64 GG), vgl. *Tipke*, a. a. O., S. 64.

785 Vgl. *Höfling*, StuW 1992, 242 (249 f.); *Kube*, in: FS Bundesfinanzhof. Band 2, 2018, S. 1145 (1171 f.).

786 Bzgl. des Übermaßverbots s. *v. Arnim*, in: VVDStRL 39, 1981, S. 286 (335); *Höfling*, StuW 1992, 242 (247, 250); vgl. auch *Jarzyk-Dehne*, Pauschalierungen im Steuerrecht, 2003, S. 160; *Kube*, in: FS Bundesfinanzhof. Band 2, 2018, S. 1145 (1171 f.).

787 BVerfG v. 15.01.2014 – 1 BvR 1656/09, BVerfGE 135, 126 (151 f.); ständige Rechtsprechung des BVerfG, vgl. bspw. auch BVerfG v. 06.03.2002 – 2 BvL 17/99, BVerfGE 105, 73 (112 f.); BVerfG v. 20.04.2004 – 1 BvR 1748/99, 1 BvR 905/00, BVerfGE 110, 274 (293); BVerfG v. 21.06.2006 – 2 BvL 2/99, BVerfGE 116, 164 (182); BVerfG v. 09.12.2008 – 2 BvL 1/07, 2 BvL 2/07, 2 BvL 1/08, 2 BvL 2/08, BVerfGE 122, 210 (232, 238); BVerfG v. 06.07.2010 – 2 BvL 13/09, BVerfGE 126, 268 (281); BVerfG v. 05.11.2014 – 1 BvF 3/11, BVerfGE 137, 350 (371); BVerfG v. 21.07.2015 – 1 BvF 2/13, BVerfGE 140, 65 (85). Zur Abgrenzungsproblematik zwischen Fiskal- und Sozialzwecken der Steuern s. aber auch *Papier*, Die finanzrechtlichen Gesetzesvorbehalte und das grundgesetzliche Demokratieprinzip, 1973, S. 90 f.

788 Vgl. BVerfG v. 15.01.2014 – 1 BvR 1656/09, BVerfGE 135, 126 (151 f.); vgl. bspw. auch BVerfG v. 11.11.1998 – 2 BvL 10/95, BVerfGE 99, 280 (296 f.); BVerfG v. 20.04.2004 – 1

Andernfalls würden laut Rechtsprechung des Bundesverfassungsgerichts auf Grundlage der besonderen Gesetzgebungskompetenz zur Besteuerung nach Art. 105 GG außerfiskalische Verwaltungsziele geregelt, zu Lasten der Ertragshoheit der Länder gemäß Art. 106 Abs. 2 Nr. 1 GG Vergünstigungen gewährt und gegebenenfalls Kompetenzen der Länder verletzt werden.[789] Das Gesetz kann insoweit ausnahmsweise nicht klüger sein als der Gesetzgeber.

Damit werden insbesondere tatsächliche Entwicklungen als Begründung einer Indienststellung der Besteuerung in außerfiskalische Sozialzwecke ausgeschlossen, da ansonsten eine „speziell für die Besteuerung vorgesehene Ermächtigung ohne gesetzgeberische Entscheidung tatsächlich auch für nichtsteuerliche Ziele in Anspruch genommen" würde.[790] Denn gesetzgeberisches „Unterlassen verändert nicht die bisherige Konzeption des geltenden Steuergesetzes; es ersetzt nicht die allein dem Gesetzgeber vorbehaltene […] Entscheidung über die Steuerwürdigkeit bestimmter generell bezeichneter Sachverhalte".[791] Zugleich um Widersprüchlichkeiten im Hinblick auf die Finanzverfassung zu vermeiden, muss der (Bundes-)Gesetzgeber daher die Steuerintervention gesondert prüfen und ausdrücklich feststellen, ob er die Besteuerung für außerfiskalische Zwecke einsetzen will.[792]

4. *Konkretisierung für steuerrechtliche Typisierungen*

Bezogen auf die steuerrechtlichen Typisierungen bedeutet dies zusammenfassend, dass die Typisierungen aus Gründen des Gemeinwohls vom Leistungsfähigkeitsprinzip abweichen können, die Sozialzwecke selbst aber gleichheitsgerecht ausgestaltet und auf einer dahingehenden Entscheidung des Steuergesetzgebers basieren müssen. Denkbar wären hier zum Beispiel typisierte Freibeträge für Einkünfte aus Wohnraumvermietung zur Förderung des Wohnungsbaus.

BvR 1748/99, 1 BvR 905/00, BVerfGE 110, 274 (296 f.); BVerfG v. 21.06.2006 – 2 BvL 2/99, BVerfGE 116, 164 (191 ff.); *Breinersdorfer*, DStR 2010, 2492 (2495). Noch strenger Zielgenauigkeit und Normenklarheit sowie Erkennbarkeit im Gesetzestext fordernd s. *Kirchhof*, Stbg 1997, 193 (196); *Kirchhof*, AöR 128, 1 (47); *Kirchhof*, in: JöR 64, 2016, S. 553 (565).

789 Vgl. BVerfG v. 22.06.1995 – 2 BvL 37/91, BVerfGE 93, 121 (147).

790 BVerfG v. 22.06.1995 – 2 BvL 37/91, BVerfGE 93, 121 (147).

791 BVerfG v. 22.06.1995 – 2 BvL 37/91, BVerfGE 93, 121 (147 f.); vgl. auch BVerfG v. 24.01.1962 – 1 BvR 232/60, BVerfGE 13, 318 (328).

792 Vgl. BVerfG v. 22.06.1995 – 2 BvL 37/91, BVerfGE 93, 121 (147); vgl. bspw. auch *Kirchhof*, Stbg 1997, 193 (196).

Dasselbe gilt für Abweichungen von der Realitätsgerechtigkeit. Das heißt, dass mit der Realitätsferne der Typisierung (einer Fiktion angenähert[793]) ein Sozialzweck, der ansonsten gleichheitsgerecht ausgestaltet ist, verfolgt wird und der Zweck vom Gesetzgeber erkennbar der (realitätsfernen) Typisierung zugrunde gelegt wurde. So könnte Steuerhinterziehung realitätsfern hoch verzinst werden, um sie aus verschiedensten Gemeinwohlgründen zu verhindern.

Dass die (steuerrechtlichen) Typisierungen in ihrer äußeren Form als Vereinfachungszwecknormen erscheinen, kann einem (zusätzlich) verfolgten Sozialzweck – vorausgesetzt die genannten Voraussetzungen liegen vor – aber nicht grundsätzlich entgegenstehen, da eine Norm durchaus verschiedene Zwecke vereinen kann.[794]

III. Vereinfachungszwecke

Verwaltungsvereinfachung zur Verbesserung der Erhebungskosten und Praktikabilität zur Sicherung der Besteuerung sind (ursprüngliche) Postulate der Finanzwissenschaft.[795] Dementsprechend sind die Gründe der Verwaltungsvereinfachung sowie der Praktikabilität häufig genannte allgemeine Gründe des Gesetzgebers in den Gesetzesmaterialien.[796] Dabei wird die Vereinfachung zum Teil auch in Verbindung mit der Gleichmäßigkeit der Besteuerung genannt.[797] In den inzwischen nicht mehr geltenden Normen § 21 KStG (Pauschbesteuerung)[798]

793 Vgl. *Jarzyk-Dehne*, Pauschalierungen im Steuerrecht, 2003, S. 149.

794 Vgl. BVerfG v. 02.10.1969 – 1 BvL 12/68, BVerfGE 27, 58 (68 ff.); s. auch oben Seite 162. Ob eine klarere Trennung der Zwecknormen wünschenswert wäre, ist hier nicht zu beantworten, s. dahingehend aber bspw. *Jarzyk-Dehne*, Pauschalierungen im Steuerrecht, 2003, S. 119 f.

795 Vgl. *Wennrich*, Die typisierende Betrachtungsweise im Steuerrecht, 1963, S. 96.

796 Vgl. bspw. BT-Drs. 12/4401, S. 99; BT-Drs. 15/1518, S. 14 f.; BT-Drs. 16/1545, S. 1, 8, 12, 14; BT-Drs. 16/4841, S. 35, 51, 63, 88; BT-Drs. 18/1290, S. 1, passim; BT-Drs. 18/3158, S. 1 f., 6, 18, 21, 30, 34. Zum breiten Verständnis des Begriffs „Steuervereinfachung", der neben den Typisierungen bspw. auch den Abbau von Ausnahmeregelungen und Lenkungsnormen oder die einheitliche Zusammenführung aller Steuernormen in einem Steuergesetzbuch umfasst, s. *Ruppe*, in: DStJG 21, 1998, S. 29 (32 f.).

797 Vgl. bspw. BT-Drs. 16/1545, S. 12.

798 § 21 des Körperschaftsteuergesetzes (KStG 1958) v. 18.11.1958, BGBl. I 1958, 747 (752): „Das Finanzamt kann die Körperschaftsteuer in einem Pauschbetrag festsetzen, wenn das steuerpflichtige Einkommen offenbar geringfügig ist und die genaue Ermittlung dieses Einkommens zu einer unverhältnismäßig großen Verwaltungsarbeit führen würde.".

sowie § 22 VersStDB (Pauschverfahren)[799] war die Vereinfachung als Voraussetzung der typisierten/pauschalierten Besteuerung sogar explizit enthalten. Die Vereinfachungswirkung bezieht sich grundsätzlich nicht nur auf die Finanzverwaltung, sondern (sekundär) auch auf das Gesetz selbst, die Rechtsprechung oder die Steuerpflichtigen, selbst wenn die Verwaltungsvereinfachung zumeist im Vordergrund steht.[800]

Bezogen auf die (steuerrechtlichen) Typisierungen ist der Vereinfachungszweck sogar definierend und wird von Rechtsprechung und Literatur grundsätzlich zusammen mit diesen genannt: Typisierungen sind entsprechend immer auch Vereinfachungszwecknormen und dienen Praktikabilitätserwägungen.[801]

1. *Praktikabilität*

Durch den Verzicht auf Einzelfallprüfungen können Typisierungen, sowohl auf Tatbestands- als auch auf Rechtsfolgenseite (inhaltlich oder formal),[802] den Arbeits- und Zeitaufwand vor allem bei der Rechtsanwendung in der Verwaltung reduzieren.[803] Das Steuerrecht ist Massenfallrecht mit über 40 Millionen Einkommensteuerpflichtigen,[804] circa 40 Millionen Steuererklärungen[805] sowie mindestens 120 Millionen Verwaltungsakten der Finanzverwaltung pro Jahr in Deutschland.[806] Da die Praktikabilitätserfordernisse mit der Fallzahl

---

799 § 22 Abs. 1 der Durchführungsbestimmungen zum Versicherungsteuergesetz (VersStDB) v. 13.07.1937, RGBl. I 1937, 797 (800): „Das Finanzamt darf in Fällen, in denen die Feststellung der Unterlagen für die Steuerfestsetzung unverhältnismäßig schwierig sein würde und kein höherer Jahressteuerbetrag als 500 Reichsmark zu erwarten ist, die Berechnung und Entrichtung der Steuer im Pauschverfahren zulassen.".

800 Vgl. *Heigl*, Die Typisierung im Steuerrecht, 1958, S. 42 ff.

801 Vgl. BVerfG v. 12.10.2010 – 1 BvL 12/07, BVerfGE 127, 224 (245 f., 253 f.); *Arndt*, Praktikabilität und Effizienz, 1983, S. 41 f.; *Tipke*, Die Steuerrechtsordnung. Band 1, 1993, S. 124. Zu den Typisierungen als Vereinfachungszwecknormen s. bereits oben Seite 26 f.

802 Vgl. *Arndt*, Praktikabilität und Effizienz, 1983, S. 41; *Ruppe*, in: DStJG 21, 1998, S. 29 (39 ff.).

803 Vgl. BVerfG v. 12.10.2010 – 1 BvL 12/07, BVerfGE 127, 224 (253 f.); *Isensee*, Die typisierende Verwaltung, 1976, S. 52 f.

804 Vgl. *Kirchhof*, in: FS Bundesfinanzhof. Band 1, 2018, S. 361 (362).

805 Vgl. *Ahrendt*, NJW 2017, 537 (537).

806 Vgl. *Tipke/Lang*, Steuerrecht, 1998, § 5 Rn. 24; *Eckhoff*, Rechtsanwendungsgleichheit im Steuerrecht, 1999, S. 88; *Seer*, in: Tipke/Lang, Steuerrecht, 2015, § 21 Rn. 5, der diese Zahl seither allerdings nicht mehr verwendet. S. auch *Tartler*, in: FS Kirchhof.

zunehmen, ist die Praktikabilität vor allem bei der Ordnung von Massenvorgängen, wie sie im Massenverfahren des Steuerrechts vorkommen, von besonderer Bedeutung.[807] Typisierungen sind daher im Steuerrecht vielfach notwendig, um – trotz der begrenzten verfügbaren personellen und finanziellen Mittel des Staates – durch verfahrensrechtliche Vereinfachung insbesondere die Gleichheit im steuerlichen Belastungserfolg und den Steuervollzug zu ermöglichen sowie um der Rechtsanwendungsgleichheit zu entsprechen.[808] Ein gleichheitsgerechtes Steuerrecht benötigt neben gleichheitsgerechten materiellen Gesetzesnormen schließlich auch einen einheitlichen gleichheitsgerechten Vollzug durch die Finanzverwaltung.[809]

a) Strukturelle Erhebungsdefizite

Vereinfachende Typisierungen sind damit nicht nur „steuerpolitisches Ideal" oder „steuerpolitische Zielsetzung", [810] sondern Garant eines gleichmäßigen und vollständigen Gesetzesvollzugs und Teil des Gebots der Steuergerechtigkeit

---

Band 2, 2013, S. 1675 (1677), der von mehr als 100 Millionen Verwaltungsakten ausgeht, und *Fetzer/Arndt*, Einführung in das Steuerrecht, 2012, S. 46, die sogar ca. 250 Millionen Steuerbescheide pro Jahr in Deutschland nennen.

807 Vgl. BVerfG v. 20.12.1966 – 1 BvR 320/57, 1 BvR 70/63, BVerfGE 21, 12 (27); BVerfG v. 09.12.2008 – 2 BvL 1/07, 2 BvL 2/07, 2 BvL 1/08, 2 BvL 2/08, BVerfGE 122, 210 (232); BVerfG v. 06.07.2010 – 2 BvL 13/09, BVerfGE 126, 268 (278); BVerfG v. 07.05.2013 – 2 BvR 909/06, 2 BvR 1981/06, 2 BvR 288/07, BVerfGE 133, 377 (412); vgl. auch *Huster*, Rechte und Ziele, 1993, S. 250.

808 Vgl. bspw. BVerfG v. 20.12.1966 – 1 BvR 320/57, 1 BvR 70/63, BVerfGE 21, 12 (27); BVerfG v. 10.04.1997 – 2 BvL 77/92, BVerfGE 96, 1 (6 f.); BVerfG v. 10.04.2018 – 1 BvL 11/14 u. a., BVerfGE 148, 147 (212 f.); *Heigl*, Die Typisierung im Steuerrecht, 1958, S. 7; *Isensee*, Die typisierende Verwaltung, 1976, S. 99; *Arndt*, Praktikabilität und Effizienz, 1983, S. 41; *Isensee*, StuW 1994, 3 (8); *Kirchhof*, in: FS Meyding, 1994, S. 3 (11); *Eckhoff*, Rechtsanwendungsgleichheit im Steuerrecht, 1999, S. 94; *Jarzyk-Dehne*, Pauschalierungen im Steuerrecht, 2003, S. 153; *Leisner*, StuW 2007, 241 (245); *Kirchhof*, in: DStJG 40, 2017, S. 47 (52 f., 75, 79 ff.); *Kirchhof*, in: FS Bundesfinanzhof. Band 1, 2018, S. 361 (364 ff.).

809 Vgl. BVerfG v. 27.06.1991 – 2 BvR 1493/89, BVerfGE 84, 239 (271); vgl. auch *Tipke*, Die Steuerrechtsordnung. Band 1, 2000, S. 281. Zur Verwaltungstypisierung s. bspw. auch *Isensee*, Die typisierende Verwaltung, 1976, S. 20, 133 ff.

810 *Jarzyk-Dehne*, Pauschalierungen im Steuerrecht, 2003, S. 149 f.; *Schober*, Verfassungsrechtliche Restriktionen für den vereinfachenden Einkommensteuergesetzgeber, 2009, S. 35 ff.

durch Gleichbehandlung.[811] Dementsprechend hat das Bundesverfassungsgericht festgestellt, dass der „Grundsatz der ‚individuellen Gleichmäßigkeit' der Besteuerung […] hinter dem Grundsatz der ‚generellen Gleichmäßigkeit' zurück[treten]" müsse, um den Interessen der Allgemeinheit zu genügen.[812] Schließlich können strukturelle Fehlerquellen und strukturelle Erhebungsdefizite aufgrund eines tatsächlich ungleichen steuerlichen Belastungserfolgs auf die Steuernormen zurückwirken und sogar deren Verfassungswidrigkeit insgesamt begründen, wie das Bundesverfassungsgericht in seinem Zinsurteil im Jahr 1991[813] sowie im Spekulationssteuerurteil im Jahr 2004[814] ausdrücklich festgestellt hat.[815] Konsequenz dieser strukturellen Vollzugsmängel muss sogar sein, dass der Staat sein Recht auf Besteuerung verwirkt.[816] Solche strukturellen Vollzugsdefizite sind einerseits zwar von lediglich „immer wieder auftretende[n]" Mängeln abzugrenzen,[817] andererseits sind sie aber jedenfalls dann anzunehmen, wenn – über die bloße empirische Ineffizienz hinausgehend – nur 50 Prozent der steuerpflichtigen Sachverhalte einem tatsächlichen steuerlichen Belastungserfolg unterliegen.[818]

Strukturelle Vollzugsdefizite betreffen insbesondere die Besteuerung im Hinblick auf von der Finanzverwaltung nur schwer zu überprüfende steuerrechtlich relevante Sachverhalte, da sie als Internum einer Gesellschaft oder Familie abgeschirmt sind, im persönlichen Lebenskreis des Steuerpflichtigen liegen oder

---

811 Vgl. BVerfG v. 15.01.2008 – 1 BvL 2/04, BVerfGE 120, 1 (49); *Weber-Grellet*, BB 1996, 1415 (1419); vgl. bspw. auch *Kirchhof*, in: FS Meyding, 1994, S. 3 (3 f.); *Lang*, in: FS Meyding, 1994, S. 33 (41 f.); s. allerdings kritisch *Heigl*, Die Typisierung im Steuerrecht, 1958, S. 47. Zur Frage, ob Steuergerechtigkeit und Steuervereinfachung ein Widerspruch seien, s. ausführlich *Schober*, Verfassungsrechtliche Restriktionen für den vereinfachenden Einkommensteuergesetzgeber, 2009, S. 19 ff., 146.

812 BVerfG v. 03.12.1958 – 1 BvR 488/57, BVerfGE 9, 3 (13). Zu dem Spannungsverhältnis s. bspw. auch *Brockhoff*, in: StbJb 1963/64, S. 317 (322 f.); *Tipke*, StuW 2007, 201 (212); s. auch *Lang*, in: FS Meyding, 1994, S. 33 (43 ff.), der Beispiele einer gerechtigkeitsfördernden Steuervereinfachung aufzeigt.

813 BVerfG v. 27.06.1991 – 2 BvR 1493/89, BVerfGE 84, 239.

814 BVerfG v. 09.03.2004 – 2 BvL 17/02, BVerfGE 110, 94.

815 Vgl. hierzu auch *Kirchhof*, in: FS Bundesfinanzhof. Band 1, 2018, S. 361 (367). Zum aktuellen Steuerrecht s. *Hey*, in: FS Bundesfinanzhof. Band 1, 2018, S. 451 (457 f.).

816 Vgl. *Drüen*, in: Tipke/Kruse, AO/FGO, 2017, § 3 AO Rn. 52a; vgl. hierzu auch *Eckhoff*, Rechtsanwendungsgleichheit im Steuerrecht, 1999, S. 334 ff.

817 *Drüen*, in: Tipke/Kruse, AO/FGO, 2017, § 3 AO Rn. 52a.

818 Vgl. BVerfG v. 27.06.1991 – 2 BvR 1493/89, BVerfGE 84, 239 (275 f.); vgl. hierzu auch BVerfG v. 09.03.2004 – 2 BvL 17/02, BVerfGE 110, 94 (112 f.).

von der Subjektivität des Individuums abhängig sind[819] – so zum Beispiel die Abgrenzung privater und beruflicher Nutzungen.[820] Bezüglich der steuerrechtlichen Zinssatztypisierungen betrifft dies beispielsweise die Finanzierungsweise von Steuerzahlungen beziehungsweise die Verwendung von Kapital, das für spätere Steuerzahlungen benötigt wird.[821] Liegen entsprechende strukturelle Vollzugsschwierigkeiten vor, so können (steuerrechtliche) Typisierungen somit aufgrund der vorrangigen Sicherstellung der Gleichmäßigkeit der Besteuerung mit besonderem Gewicht gerechtfertigt werden.

Zudem kann die Typisierung als Vereinfachungszwecknorm auch gerechtfertigt werden, wenn eine differenziertere Besteuerung aufgrund unverhältnismäßigen Aufwands (der Finanzverwaltung) infolge aufwendigerer, nicht zu leistender Tatsachenermittlungen zu einer letztlich geringeren Gleichheit im Belastungserfolg führt.[822] Denn in solchen Fällen, in denen ein einzelfallgerechter Vollzug aufgrund der begrenzten Mittel der Verwaltung nicht möglich ist, indizieren die Mängel hinsichtlich der Gleichheit im Belastungserfolg ein ebenfalls strukturelles Defizit.[823] Ein „geringes Mehr" an Gleichheit „auf Kosten eines gravierenden Defizits an Praktikabilität" ist wegen der Gefährdung der tatsächlichen praktischen Umsetzbarkeit gleichheitsrechtlich dann nicht geboten.[824] Gesetze müssen nämlich praktikabel sein, das heißt, jedes zu vollziehende Gesetz muss auch (zeitgerecht) durchführ- sowie vollziehbar sein und dies bleiben, um den Gesetzeszweck dauerhaft erreichen zu können.[825] Dies trifft zum Beispiel auf die Typisierung erheblich schwankender Zinssätze zu, die ansonsten ständig (für die Vergangenheit) neu festgestellt werden müssten.[826] Hinzukommt, dass das

---

819 Vgl. *Isensee*, Die typisierende Verwaltung, 1976, S. 51 f.

820 Vgl. BVerfG v. 07.12.1999 – 2 BvR 301/98, BVerfGE 101, 297 (311); vgl. auch *Heigl*, Die Typisierung im Steuerrecht, 1958, S. 43 f.; *Drüen*, StuW 2008, 3 (13).

821 Vgl. BVerfG v. 03.09.2009 – 1 BvR 2539/07, BFH/NV 2009, 2115 (2118).

822 Vgl. *Tipke*, Die Steuerrechtsordnung. Band 1, 2000, S. 355.

823 Vgl. BVerfG v. 09.03.2004 – 2 BvL 17/02, BVerfGE 110, 94 (115 f.); *Englisch*, Wettbewerbsgleichheit im grenzüberschreitenden Handel, 2008, S. 163.

824 BVerfG v. 18.07.2005 – 2 BvF 2/01, BVerfGE 113, 167 (236): Entscheidung erging zum Sozialrecht; vgl. bspw. auch noch BVerfG v. 10.04.1997 – 2 BvL 77/92, BVerfGE 96, 1 (6 f.); BVerfG v. 06.03.2002 – 2 BvL 17/99, BVerfGE 105, 73 (127); BVerfG v. 07.05.2013 – 2 BvR 909/06, 2 BvR 1981/06, 2 BvR 288/07, BVerfGE 133, 377 (412); BVerfG v. 10.04.2018 – 1 BvL 11/14 u. a., BVerfGE 148, 147 (200 f.).

825 Vgl. *Arndt*, Praktikabilität und Effizienz, 1983, S. 14 f., 34; *Kirchhof*, in: DStJG 40, 2017, S. 47 (81).

826 Vgl. BVerfG v. 03.09.2009 – 1 BvR 2539/07, BFH/NV 2009, 2115 (2118).

Wirtschaftlichkeitsprinzip nach §§ 7 ff. der Haushaltsordnungen von Bund und Ländern, wonach unter anderem die Erhebung von Steuern mit dem geringstmöglichen Aufwand zu erfolgen hat, beispielsweise durch Vereinfachungen vermeidbare Mehraufwendungen in der Verwaltung ausschließt.[827] Entscheidend ist damit die allgemeine praktikable Durchführung der Besteuerungsnormen, die zum einen praktische Realisierbarkeit der Besteuerung sowie zum anderen deren gleichmäßige Anwendbarkeit durch die Verwaltung voraussetzt.[828] Typisierungen dienen dieser allgemeinen Praktikabilität, indem sie Vollzugs- und Ermittlungshemmnisse reduzieren helfen.[829] Damit ist Einfachheit die „beste Garantie für die gleichmäßige Durchführung" einer gerechten Besteuerung.[830]

Eine umfassendere Finanzverwaltungstätigkeit muss von allen Steuerpflichtigen durch höhere Steuerbelastungen finanziert werden oder sie geht zulasten anderer Ziele der Rechtsgemeinschaft, die durch die gebundenen Verwaltungsressourcen nicht verfolgt werden können, womit die Inkaufnahme von (geringen) Ungleichbehandlungen durch Typisierungen im Interesse aller Steuerpflichtigen liegt.[831] Als Teil der Praktikabilität und Vereinfachung kann damit vor allem im Steuerrecht auch die Beschleunigung des Verfahrens ein rechtfertigender Grund für Ungleichbehandlungen durch Typisierungen sein, insbesondere wenn sie Verzögerungsursachen im Verfahren entgegenwirken und hiervon sowohl der Fiskus als auch die Steuerpflichtigen profitieren.[832] Hinzukommen die Erleichterungen und Beschleunigungen für die Rechtsprechung.[833]

Aus den genannten Praktikabilitäts- und Vereinfachungsgründen kann der Gesetzgeber in gewissem Umfang auf Detailgenauigkeit hinsichtlich der

---

827 Vgl. *Egge*, StuW 1994, 272 (275).

828 Vgl. BVerfG v. 02.10.1969 – 1 BvL 12/68, BVerfGE 27, 58 (67); BVerfG v. 28.01.1970 – 1 BvL 4/67, BVerfGE 27, 375 (387 f.); vgl. auch *Tipke*, StuW 2007, 201 (212).

829 S. bspw. auch noch *Kirchhof*, in: DStJG 21, 1998, S. 9 (23); *Boysen*, in: v. Münch/Kunig, GG, 2012, Art. 3 Rn. 97.

830 BFH v. 01.07.1960 – VI 25/60 U, BStBl. III 1960, 356 (357).

831 Vgl. BVerfG v. 31.05.1988 – 1 BvR 520/83, BVerfGE 78, 214 (229); *Heigl*, Die Typisierung im Steuerrecht, 1958, S. 54 f.; *Englisch*, Wettbewerbsgleichheit im grenzüberschreitenden Handel, 2008, S. 163; *Breimann*, Typisierungsgerechtigkeit des vereinfachten Ertragswertverfahrens zur Unternehmensbewertung im Erbschaftsteuerrecht, 2014, S. 77.

832 Vgl. BVerfG v. 31.05.1988 – 1 BvR 520/83, BVerfGE 78, 214 (229); *Jachmann*, Die Fiktion im öffentlichen Recht, 1998, S. 712 ff., 757 ff., 966 f.; vgl. auch bereits BVerfG v. 05.03.1974 – 1 BvL 27/72, BVerfGE 37, 1 (30 f.).

833 Vgl. *Heigl*, Die Typisierung im Steuerrecht, 1958, S. 26, 43 f.

Realitätsgerechtigkeit verzichten.[834] Dies ist die Konsequenz des erforderlichen tragfähigen Kompromisses zwischen Einzelfallgerechtigkeit und der gerechten Ordnung von Massenerscheinungen.[835] „Effektivität" bringt neben der „Praktikabilität" hinsichtlich der verfassungsrechtlichen Auslegung hingegen keine zusätzlichen zu beachtenden Erkenntnisse, da sich hinter dem Begriff nur der „selbstverständliche Anspruch alles Normativen" verbirgt.[836]

b) *Einschränkungen*

Da eine Gruppe von Steuerpflichtigen aber nicht ohne Weiteres aufgrund jeglicher auch nicht struktureller steuerlicher Vollzugsschwierigkeiten in der Finanzverwaltung benachteiligt werden darf,[837] muss eine tatsächliche allgemeine Verbesserung der Gleichheit im steuerlichen Belastungserfolg mit der Typisierung einhergehen, damit die bloße Vereinfachung ein gewichtiger Rechtfertigungsgrund sein kann.[838] „Der Grad der Fähigkeit oder Unfähigkeit [der Verwaltung], die […] steuerliche Leistungsfähigkeit [der Steuerpflichtigen] zu ermitteln, ist [nämlich] kein sachgerechter Maßstab für die Besteuerung".[839] Vor allem dem Rechtfertigungsgrund der allgemeinen Praktikabilität kann somit ein grundsätzlich nur geringes Gewicht zukommen, da die Praktikabilität von Normen letztlich nur deren Anwendbarkeit fordert und – die strukturellen Vollzugsdefizite ausnehmend – anwendbar auch jede noch so komplizierte Einzelfallregelung ist, wenn der Staat ausreichend Personal in der Verwaltung (und Rechtsprechung) einsetzt, um einen gleichheitsgerechten Steuervollzug durchzusetzen.[840]

---

834 Vgl. BVerfG v. 23.06.2015 – 1 BvL 13/11, 1 BvL 14/11, BVerfGE 139, 285 (313); BVerfG v. 10.04.2018 – 1 BvL 11/14 u. a., BVerfGE 148, 147 (200 f.).

835 Vgl. *Bowitz*, Das objektive Nettoprinzip als Rechtfertigungsmaßstab im Einkommensteuerrecht, 2016, S. 207; vgl. bspw. auch BFH v. 21.06.1963 – VI 203/61 U, BStBl. III 1963, 381 (382).

836 *Arndt*, Praktikabilität und Effizienz, 1983, S. 149.

837 Vgl. *Tipke*, Steuergerechtigkeit in Theorie und Praxis, 1981, S. 61.

838 Vgl. *Tipke*, Die Steuerrechtsordnung. Band 1, 2000, S. 356; *Jochum*, DStZ 2010, 309 (310).

839 *Tipke*, Steuergerechtigkeit in Theorie und Praxis, 1981, S. 61.

840 Vgl. *Leisner*, StuW 2007, 241 (247); *Kirchhof*, in: FS Bundesfinanzhof. Band 1, 2018, S. 361 (367). Zum geringeren Rechtfertigungsgewicht s. auch BVerfG v. 05.03.1974 – 1 BvL 27/72, BVerfGE 37, 1 (30 f.); *Englisch*, Wettbewerbsgleichheit im grenzüberschreitenden Handel, 2008, S. 164. Vereinfachung und Praktikabilität sind nach der bisherigen Rechtsprechung des EuGH dementsprechend im Unionsrecht auch keine Rechtfertigungsgründe, vgl. EuGH v. 04.03.2004 – C-334/02,

Aus diesem Grund ist die Entlastung der Verwaltung kritisch zu prüfen und Effizienzgewinne durch Vereinfachungen müssen tatsächlich erzielt werden – auch wenn der Gesetzgeber den bisherigen Ausführungen zu Prognoseentscheidungen entsprechend bei der Gesetzgebung einen Prognosespielraum hinsichtlich der Einschätzung der Vereinfachungswirkungen hat[841] –, da die allgemeine praktikable Durchführung der Besteuerungsnorm ansonsten nicht gefördert wird.[842] Hierbei ist zu beachten, dass die Praktikabilitätserfordernisse mit der Fallzahl indiziell zunehmen[843] und dass unwiderlegbare Typisierungen grundsätzlich die Anwendung weitergehend vereinfachen als widerlegbare Typisierungen.[844] Ein Vereinfachungserfolg wird hingegen nicht erzielt, wenn beispielsweise die Realitätsferne regelmäßig über Erlasse ausgeglichen werden muss und diese somit aufwendige Nachweise der Steuerpflichtigen sowie Prüfungen in der Verwaltung erforderlich machen[845] oder wird erheblich verringert, wenn für die Realitätsferne der Typisierungen eine mathematische Grenze der Abweichung von der Realität festgelegt wird, da die notwendigen Abweichungsanalysen für die verfassungsgemäße Anwendung der Typisierungen die Vereinfachung konterkarieren und das Gewicht des Rechtfertigungsgrundes der Vereinfachung mithin erheblich reduzieren.[846]

ECLI:EU:C:2004:129 – *Kommission/Frankreich*, Rn. 29; EuGH v. 07.09.2004 – C-319/02, ECLI:EU:C:2004:484 – *Petri Manninen*, Rn. 54. Allerdings seien vereinfachende Typisierungen auch hier „erörterungswürdig", da das Massenfallrecht nicht ohne sie auskomme, und es sei dementsprechend auch „im Ansatz eine neuere Entwicklungslinie der Rechtsprechung des EuGH zu den direkten Steuern" erkennbar, vgl. *Kokott*, in: FS Bundesfinanzhof. Band 1, 2018, S. 735 (752 ff.).

841 Vgl. auch *Schober*, Verfassungsrechtliche Restriktionen für den vereinfachenden Einkommensteuergesetzgeber, 2009, S. 146.

842 Vgl. BVerfG v. 06.11.1985 – 1 BvL 47/83, BVerfGE 71, 146 (157); BVerfG v. 08.10.1991 – 1 BvL 50/86, BVerfGE 84, 348 (364 f.); *Fischer*, in: DStJG 21, 1998, S. 267 (268 f.); *Englisch*, StuW 2007, 221 (230, 238 f.); *Jochum*, DStZ 2010, 309 (315).

843 Vgl. *Englisch*, Wettbewerbsgleichheit im grenzüberschreitenden Handel, 2008, S. 170.

844 Vgl. *Seer*, StuW 1995, 184 (191); *Jarzyk-Dehne*, Pauschalierungen im Steuerrecht, 2003, S. 148; *Schmidt*, in: FS Bundesfinanzhof. Band 1, 2018, S. 321 (324). Zum Sparer-Pauschbetrag s. bspw. auch noch BFH v. 28.01.2015 – VIII R 13/13, BStBl. II 2015, 393 (396), wonach wesentliche Vereinfachungen mit dem Pauschbetrag, der in ca. 95 Prozent der Fälle die tatsächlichen Kosten unwiderlegbar abdeckt, einhergingen.

845 Vgl. *Hey*, in: IFSt-Schrift 511, 2016, S. 61 (128).

846 Vgl. *Breimann*, Typisierungsgerechtigkeit des vereinfachten Ertragswertverfahrens zur Unternehmensbewertung im Erbschaftsteuerrecht, 2014, S. 81.

Die Beurteilung des Gewichts der Praktikabilitätserfordernisse macht immer auch eine Gesamtschau, insbesondere aller Vor- und Nachteile für den Steuerpflichtigen, erforderlich.[847] Außerdem ist die Vereinfachungswirkung zeitgemäß zu beurteilen, sodass technische Veränderungen, wie eine moderne Datenverarbeitung und Automation, zu berücksichtigen sind.[848] Ungleichbehandlungen können schließlich nicht aufgrund veralteter, nicht mehr zeitgemäßer Informationstechnologien in der Verwaltung und einer nur deshalb notwendigen Vereinfachung gerechtfertigt werden, weil die Vereinfachung und mithin die Ungleichbehandlungen durch die technischen Möglichkeiten (inzwischen) vermeidbar wären.[849] Lediglich der Verwaltungsaufwand bei der Einführung technischer Neuerungen kann hierbei noch von Bedeutung sein.[850] Im Übrigen ist eine besondere Praktikabilität der Steuergesetze geboten beziehungsweise erhält ein besonderes Gewicht als Rechtfertigungsgrund, wenn Dritte, wie zum Beispiel Arbeitgeber im Hinblick auf die Lohnsteuer, in den Gesetzesvollzug einbezogen werden, um deren Belastung möglichst gering zu halten.[851] Sofern weitere Grundrechte (vor allem Art. 6 Abs. 1 GG) betroffen sind, muss das Gewicht der Praktikabilitätserwägungen entsprechend steigen, um Verstöße erfolgreich zu rechtfertigen, da der Vorrang verfassungsrechtlicher Wertungen Zweckmäßigkeitserwägungen ohnehin weitgehend ausschließt.[852]

Die vereinfachenden Typisierungen müssen zudem in das System des Steuergesetzes passen, um Systemwidrigkeiten und (weitere) Verstöße gegen die Folgerichtigkeit zu vermeiden, das heißt auch, dass von grundlegenden Steuerstrukturen nicht aus Vereinfachungszwecken wiederum typisierend abgewichen

---

847 Vgl. BVerfG v. 10.04.1997 – 2 BvL 77/92, BVerfGE 96, 1 (8); BVerfG v. 15.01.2008 – 1 BvL 2/04, BVerfGE 120, 1 (48).

848 Vgl. BVerfG v. 08.02.1983 – 1 BvL 28/79, BVerfGE 63, 119 (129); BFH v. 25.04.2018 – IX B 21/18, BStBl. II 2018, 415 (417). Zur sich über die Zeit verändernden verfassungsrechtlichen Beurteilung von Normen s. bspw. auch BVerfG v. 12.06.1979 – 1 BvL 19/76, BVerfGE 52, 1 (30). Noch kritisch hinsichtlich der Automation in der Verwaltung s. *Isensee*, Die typisierende Verwaltung, 1976, S. 19 f.

849 Vgl. BVerfG v. 08.02.1983 – 1 BvL 28/79, BVerfGE 63, 119 (128 f.). Kritisch bei bloßen Verweisen auf heutige technische Möglichkeiten s. *Drüen*, in: Tipke/Kruse, AO/FGO, 2017, § 3 AO Rn. 52a.

850 Vgl. BVerfG v. 08.02.1983 – 1 BvL 28/79, BVerfGE 63, 119 (129).

851 Vgl. BFH v. 01.07.1960 – VI 25/60 U, BStBl. III 1960, 356 (357); BFH v. 19.06.2013 – VIII R 24/09, BStBl. II 2013, 812 (814).

852 Vgl. BVerfG v. 17.01.1957 – 1 BvL 4/54, BVerfGE 6, 55 (83 f.); BVerfG v. 15.07.1969 – 1 BvL 22/65, BVerfGE 26, 321 (326 f.).

werden darf.[853] Ferner muss der Gesetzgeber aber auch nicht auf systemfremde Regelungen zurückgreifen, selbst wenn diese gegebenenfalls gleichheitsgerechter wären.[854] Die zu rechtfertigenden Ungleichbehandlungen durch die Typisierung müssen abschließend von den Praktikabilitätserwägungen getragen sein.[855] Insbesondere auf bestehende strukturelle Gleichbehandlungsmängel wegen objektiver Dysfunktionalitäten trifft dies nicht zu, da es an der objektiven Vereinfachungszielorientierung mangelt.[856] Insofern näherte sich die Rechtsprechung des Bundesverfassungsgerichts zu den Vereinfachungszwecken zuletzt hinsichtlich des Getragenseins – nicht der Erkennbarkeit – den ebenfalls außerfiskalischen Zwecken des Sozialen an.

2. *Verhältnismäßigkeit des Verwaltungsaufwands*

Eine Eigenart der steuerrechtlichen Vereinfachungszwecke ist, dass zusätzlich zu einer Begegnung von Erhebungsdefiziten und zu einer im Interesse der Steuerpflichtigen sowie der Finanzverwaltung liegenden allgemeinen Praktikabilität des Steuerrechts, die Verhältnismäßigkeit der Erhebungskosten zu den in Rede stehenden Steuerbeträgen die Grundlage einer Vereinfachung sein kann. Infolgedessen kann der Gesetzgeber auf Typisierungen in besonderem Maße zurückgreifen.[857]

Die Verhältnismäßigkeit des Verwaltungsaufwands ergibt sich zum einen aus der Gemeinwohlbindung des Eigentums, die eine „kostenökonomische Steuer" verlangt.[858] Hiernach sollten Steuererhebungsaufwand und Steueraufkommen in einem angemessenen Verhältnis im Sinne einer Kosten-/Nutzenrelation stehen („Praktikabilitätsprinzip").[859] Eine solche Unangemessenheit soll für eine Steuer jedoch erst bei Verwaltungskosten anzunehmen sein, die 15 Prozent des

---

853 Vgl. BVerfG v. 10.04.2018 – 1 BvL 11/14 u. a., BVerfGE 148, 147 (201); *Ruppe*, Die Ausnahmebestimmungen des Einkommensteuergesetzes, 1971, S. 218 f.; *Ruppe*, in: DStJG 21, 1998, S. 29 (30 f.).

854 Vgl. BVerfG v. 19.04.1977 – 1 BvL 17/75, BVerfGE 44, 283 (289).

855 Vgl. BVerfG v. 06.07.2010 – 2 BvL 13/09, BVerfGE 126, 268 (283).

856 Vgl. BVerfG v. 23.06.2015 – 1 BvL 13/11, 1 BvL 14/11, BVerfGE 139, 285 (313 f.); BVerfG v. 10.04.2018 – 1 BvL 11/14 u. a., BVerfGE 148, 147 (202).

857 Vgl. BVerfG v. 31.05.1988 – 1 BvR 520/83, BVerfGE 78, 214 (229).

858 *Kirchhof*, in: VVDStRL 39, 1981, S. 213 (267).

859 Vgl. BVerfG v. 10.05.1962 – 1 BvL 31/58, BVerfGE 14, 76 (102); BVerfG v. 10.04.2018 – 1 BvL 11/14 u. a., BVerfGE 148, 147 (201); *Hey*, in: Tipke/Lang, Steuerrecht, 2018, § 3 Rn. 145; vgl. bspw. auch *Arndt*, Praktikabilität und Effizienz, 1983, S. 9 ff.; *Jachmann*, Die Fiktion im öffentlichen Recht, 1998, S. 966 f.

Steueraufkommens erheblich übersteigen.[860] Im Einzelfall kann eine vereinfachende Typisierung zum anderen spätestens dann gerechtfertigt sein, wenn der Aufwand der Verwaltung (beispielsweise im Hinblick auf die Beweiserhebung) den in Rede stehenden Steuerbetrag übersteigt.[861] Denn übermäßiger Verwaltungsaufwand lässt erhebliche Zweifel an der Geeignetheit der Fiskalzwecksteuer im Sinne des Übermaßverbots aufkommen, da die Steuereinnahmen durch den Verwaltungsaufwand aufgezehrt werden.[862] Diese „fiskalistische" Rechtfertigung[863] ist damit nur logisch, da das Primärziel der Steuererhebung, die Ressourcengewinnung, bei einem die Steuereinnahmen überschießenden Finanzverwaltungsaufwand konterkariert werden würde.[864] Dies betrifft insbesondere auch Bagatellsachverhalte, deren typisierte Behandlung oder Nichtbehandlung durch Geringfügigkeitsgrenzen aufgrund des ansonsten unwirtschaftlichen Verwaltungsaufwandes gerechtfertigt werden kann.[865]

3. *Konkretisierung hinsichtlich der Realitätsgerechtigkeit*

Typisierungen sind grundsätzlich Vereinfachungszwecknormen. Ihre Vereinfachungswirkung erzielen sie jedoch dem Grunde nach unabhängig von ihrer Realitätsgerechtigkeit: Die Vereinfachung wird durch die Typisierung erreicht, nicht jedoch durch Realitätsferne.[866]

Allerdings kann die Vereinfachungswirkung auch durch den Verzicht auf regelmäßige Anpassungen oder variable Typisierungen, wie etwa in § 247 BGB, begründet sein. Diese indizieren sogar ein strukturelles Vollzugsdefizit, wenn

---

860 Vgl. BVerfG v. 08.06.1988 - 2 BvL 9/85, 2 BvL 3/86, BVerfGE 78, 249 (289). Zum Problem der Bestimmung der Verwaltungskosten s. allerdings umfassend *Leisner*, DVBl 2001, 1799 (1799 ff.).

861 Vgl. BVerfG v. 31.05.1988 – 1 BvR 520/83, BVerfGE 78, 214 (229); vgl. diesbezüglich zu Typisierungen der Verwaltung auch BFH v. 25.10.1985 – VI R 15/81, BStBl. II 1986, 200 (204).

862 Vgl. *Lang*, Die Bemessungsgrundlage der Einkommensteuer, 1988, S. 146. Zu den Freiheitsgrundrechten und zum Übermaßverbot s. oben Seite 119 ff.

863 Vgl. *Leisner*, StuW 2007, 241 (247).

864 Vgl. *Tipke*, Die Steuerrechtsordnung. Band 1, 2000, S. 356; *Englisch*, Wettbewerbsgleichheit im grenzüberschreitenden Handel, 2008, S. 163.

865 Vgl. *Ruppe*, in: DStJG 21, 1998, S. 29 (45); *Jarzyk-Dehne*, Pauschalierungen im Steuerrecht, 2003, S. 116; vgl. mit weiteren Beispielen noch *Bowitz*, Das objektive Nettoprinzip als Rechtfertigungsmaßstab im Einkommensteuerrecht, 2016, S. 221.

866 Vgl. hierzu BVerfG v. 15.01.2014 – 1 BvR 1656/09, BVerfGE 135, 126 (148 ff.); *Müller*, FR 2011, 309 (315); *Hey*, in: IFSt-Schrift 511, 2016, S. 61 (67 f.).

die Anpassungen respektive die Typisierungen von der Verwaltung nicht oder nur mit unverhältnismäßigem Aufwand umgesetzt und angewandt werden könnten. Bei der Beurteilung der Defizite sind die technischen Möglichkeiten, wie zum Beispiel die modernen Datenverarbeitungstechniken,[867] ebenso zu berücksichtigen, wie die einmaligen Umstellungskosten auf ein neues Anpassungsverfahren. Insbesondere häufige Anpassungen innerhalb kurzer Zeiträume und damit verbundene immer wieder erneut anfallende (einmalige) Umstellungskosten können die eigentlich angestrebte Vereinfachungswirkung der Typisierung durchkreuzen und im Umkehrschluss eine gewisse Realitätsferne rechtfertigen.[868] Infolgedessen ist eine Rechtfertigung außerhalb der Bandbreite der Realitätsgerechtigkeit liegender Typisierungen gegebenenfalls aufgrund der erzielten Praktikabilität möglich.[869]

IV. Weitere Rechtfertigungsgründe

Als weitere Rechtfertigungsgründe, die sich teilweise auch aus den Vereinfachungszwecken ergeben oder mit diesen in Zusammenhang stehen, kommen die Missbrauchsbekämpfung sowie verschiedene „Vorteile" für die Steuerpflichtigen in Frage. Nicht als Rechtfertigungsgründe geeignet sind hingegen das Gewohnheitsrecht und Rechtstraditionen („Präjudizien"), die eine langandauernde Übung sowie eine Rechtsüberzeugung bei den mit dem Recht in Kontakt Kommenden voraussetzen.[870] Diese vermögen tradierte Differenzierungen zwar begründen, jedoch immer nur solange bis „offen zutage tritt", dass tragfähige Unterschiede nicht mehr vorliegen.[871] Rechtsvergleich dient in Bezug auf die Typisierungen ebenfalls nicht als Rechtfertigungsgrund, da die Folgerichtigkeit eine widerspruchsfreie verfassungsgemäße Realitätsgerechtigkeit aus dem deutschen Steuerrecht heraus verlangt.[872] Billigkeitsmaßnahmen, Escape-Klauseln sowie Geringfügigkeit sind abschließend zwar bei der Gewichtung der

---

867 Vgl. BFH v. 25.04.2018 – IX B 21/18, BStBl. II 2018, 415 (417).

868 S. kritisch *Hey*, in: IFSt-Schrift 511, 2016, S. 61 (121). Zum damit im Zusammenhang stehenden Rechtfertigungsgrund der Rechtssicherheit s. unten Seite 186 f.

869 Vgl. BFH v. 19.02.1993 – VI R 74/91, BStBl. II 1993, 551 (556); BFH v. 11.12.1997 – III R 214/94, BStBl. II 1998, 292 (296).

870 Vgl. bspw. *Larenz*, Methodenlehre der Rechtswissenschaft, 1983, S. 412 ff.; *Müller-Franken*, StuW 2004, 109 (114 f.).

871 BVerfG v. 15.01.2008 – 1 BvL 2/04, BVerfGE 120, 1 (33).

872 Vgl. BVerfG v. 09.12.2008 – 2 BvL 1/07, 2 BvL 2/07, 2 BvL 1/08, 2 BvL 2/08, BVerfGE 122, 210 (245).

Ungleichbehandlung, mithin im Rahmen der Realitätsgerechtigkeit zu berücksichtigen, rechtfertigen eine darüber hinaus tatsächlich bestehende Ungleichbehandlung jedoch nicht.[873]

1. Missbrauchsbekämpfung

Als besondere Ausprägung der Vereinfachungszweckrechtfertigung existiert der Rechtfertigungsgrund der Missbrauchsbekämpfung. Typisierungen werden vom Gesetzgeber zahlreich und gezielt eingesetzt, um Steuermissbrauch sowie -gestaltungen, die dem Gesetzeszweck zuwiderlaufen, zu verhindern.[874] Damit verbunden sind auch Vereinfachungszwecke, indem Missbrauch oder missbräuchliche Gestaltungen durch Typisierungen verhindert oder zumindest eingedämmt werden, obwohl, beziehungsweise gerade weil, die Verwaltung von der aufwändigen Einzelfallkontrolle der Angaben der Steuerpflichtigen auf Fehler und Missbrauch entlastet werden kann.[875] So bestehen beispielsweise beim Sparer-Pauschbetrag nach § 20 Abs. 9 Satz 1 EStG keine missbräuchlichen Gestaltungsmöglichkeiten des Steuerpflichtigen hinsichtlich der Geltendmachung von Werbungskosten im Zusammenhang mit den Einkünften aus Kapitalvermögen mehr. Abzugrenzen ist der Steuermissbrauch, der dem Gesetzeszweck zumindest zuwiderläuft, allerdings von bloßen legitimen Steuergestaltungen der Steuerpflichtigen, deren Verhinderung lediglich Fiskalinteressen des Gesetzgebers verfolgt[876] und damit grundsätzlich nicht als Rechtfertigungsgrund von Ungleichbehandlungen geeignet ist.[877]

---

873 S. hierzu bereits oben Seite 84 ff.

874 Vgl. BT-Drs. 3/1811, S. 8; BT-Drs. 7/1470, S. 221; BT-Drs. 14/23, S. 174; BT-Drs. 15/1518, S. 1, 10, 13 ff.; BT-Drs. 16/634, passim; BT-Drs. 16/4841, S. 1, 53 f. Zur Definition s. bspw. BVerfG v. 29.03.2017 – 2 BvL 6/11, BVerfGE 145, 106 (153).

875 Vgl. *Huster*, Rechte und Ziele, 1993, S. 250; *Weber-Grellet*, BB 1996, 1415 (1419); *Hey*, in: Tipke/Lang, Steuerrecht, 2018, § 3 Rn. 129. Zu den Rechnungszinsen für Pensionsrückstellungen s. bspw. noch *Thurmayr*, Vorsichtsprinzip und Pensionsrückstellungen, 1992, S. 63 f.

876 Vgl. *Hey*, DStR 2009, 2561 (2567). Aus diesem Grund den Rechtfertigungsgrund der Missbrauchsbekämpfung generell ablehnend s. *Heigl*, Die Typisierung im Steuerrecht, 1958, S. 47.

877 Die Sicherung des Steuersubstrats in Deutschland, indem bspw. Gewinnverlagerungen ins Ausland unmöglich gemacht werden, kann gleichwohl ein rechtfertigender Sozialzweck im Interesse des nationalen Gemeinwohls, der nationalen Budgetverantwortung sowie der fairen Aufteilung von Steuersubstrat sein, vgl. *Nawrath*, DStR 2009, 2 (2); *Hey*, FR 2008, 1033 (1036). Zu aktuellen Beispielen solcher Gestaltungsmöglichkeiten

Somit tragen missbrauchsbekämpfende Typisierungen zugleich zu mehr Belastungsgerechtigkeit im Sinne des Gemeinwohls bei, da der Gesetzeszweck in Bezug auf alle Steuerpflichtigen erreicht wird.[878] Die Rechtfertigung kann aus diesem Grund ein gegenüber bloßen Praktikabilitätserwägungen höheres Gewicht erhalten.[879] Zwar ist grundsätzlich davon auszugehen, dass Steuerpflichtige aufgrund des Deklarationsprinzips in Verbindung mit dem Verifikationsprinzip[880] wahrheitsgemäße Angaben machen,[881] allerdings nicht bei strukturellen Schwierigkeiten des Steuervollzugs, wie zum Beispiel der Abgrenzung der privaten Lebensführung von beruflichen Tätigkeiten, wenn die Schwierigkeiten gerade auf möglichen missbräuchlichen Gestaltungen der Steuerpflichtigen beruhen.[882]

Dennoch darf der Gesetzgeber keine „abstrakte Missbrauchsgefahr" zum Anlass der Typisierung nehmen, sondern muss den „typischen Missbrauchsfall" als Ausgangspunkt wählen.[883] Die Missbrauchsgefahr muss tatsächlich bestehen und die Missbrauchsvermeidungsnorm als mildestes Mittel begründet sein.[884] Typisierungen zur Missbrauchsvermeidung müssen damit selbst besonders realitätsgerecht ausgestaltet sein, um nur die Missbrauchsfälle zu erfassen beziehungsweise den Normzweck zu erreichen.[885] Ansonsten würden ausschließlich Steuerehrliche unter dem falschen Vorwand der Missbrauchsbekämpfung belastet.[886] Dass der Gesetzgeber nur den Missbrauchsfällen begegnen will, zeigen

grenzüberschreitender Gewinnverlagerungen im Steuerrecht s. *Lüdicke*, in: FS Bundesfinanzhof. Band 1, 2018, S. 1053 (1054 ff.).

878 Vgl. *Wacke*, StuW 1947, 21 (44); *Englisch*, StuW 2007, 221 (227).

879 S. allgemein *Jachmann*, StuW 1998, 193 (204); *Englisch*, Wettbewerbsgleichheit im grenzüberschreitenden Handel, 2008, S. 165; *Bowitz*, Das objektive Nettoprinzip als Rechtfertigungsmaßstab im Einkommensteuerrecht, 2016, S. 221 f.; s. aber auch *Nußberger*, in: Sachs, GG, 2018, Art. 3 Rn. 110, die auch der Missbrauchsbekämpfung „regelmäßig" ein nur geringes Rechtfertigungsgewicht zuspricht.

880 Vgl. BVerfG v. 27.06.1991 – 2 BvR 1493/89, BVerfGE 84, 239 (273).

881 Vgl. BVerfG v. 07.10.1969 – 2 BvR 555/67, BVerfGE 27, 142 (150).

882 Vgl. BVerfG v. 07.12.1999 – 2 BvR 301/98, BVerfGE 101, 297 (311 f.); vgl. auch *Heigl*, Die Typisierung im Steuerrecht, 1958, S. 47.

883 BVerfG v. 29.03.2017 – 2 BvL 6/11, BVerfGE 145, 106 (154).

884 Vgl. BVerfG v. 06.11.1985 – 1 BvL 47/83, BVerfGE 71, 146 (157); vgl. auch *Drüen*, StuW 2008, 3 (13); *Hey*, DStR 2009, 2561 (2567); *Bowitz*, Das objektive Nettoprinzip als Rechtfertigungsmaßstab im Einkommensteuerrecht, 2016, S. 221.

885 Vgl. BVerfG v. 29.03.2017 – 2 BvL 6/11, BVerfGE 145, 106 (146, 161 f.).

886 S. hierzu auch bereits BVerfG v. 24.01.1962 – 1 BvR 845/58, BVerfGE 13, 331 (344 f.), wonach die Belastungen der Steuerehrlichen ohnehin immer zu berücksichtigen seien.

zwar vor allem Escape-Klauseln.[887] Andererseits lässt sich der Verzicht auf Escape-Klauseln gerade auch aus Gründen der Missbrauchsvermeidung rechtfertigen, wenn eine solche den Missbrauch wiederum (teilweise) ermöglicht oder andere Missbrauchsmöglichkeiten schafft.[888]

Zur Rechtfertigung eines Verstoßes gegen das Gebot der Realitätsgerechtigkeit wird die Missbrauchsbekämpfung jedenfalls regelmäßig nicht geeignet sein, da ein potentieller Missbrauch mit einer realitätsgerechten Typisierung genauso gut verhindert werden kann, wie mit einer realitätsfernen.[889]

2. *Vorteile für die Steuerpflichtigen*

Typisierungen bringen auch für die Steuerpflichtigen Vorteile und Verbesserungen. So profitieren die Steuerpflichtigen bei Typisierungen insbesondere von der Streitvermeidung mit der Finanzverwaltung sowie von Erklärungs- und Nachweiserleichterungen, denn mit den Sachaufklärungspflichten der Finanzbehörde nach § 88 AO entfallen auch die Mitwirkungspflichten des Steuerpflichtigen nach § 90 AO (sogenannte Kooperationsmaxime).[890] Rechtssicherheit und Persönlichkeitsschutz sowie gesenkte Befolgungskosten bei den Steuerpflichtigen sind die Folge.[891] Voraussetzung für die Rechtfertigung ist jedoch, dass die Vorteile den Steuerpflichtigen zugutekommen, die durch die Typisierung betroffen sind, da die Begünstigung einer Gruppe nicht die Benachteiligung einer anderen Gruppe rechtfertigen kann.[892]

Hinsichtlich der „Vorteile" sind widerlegbare Typisierungen gegenüber den unwiderlegbaren regelmäßig das mildere Mittel, da es hierbei dem Steuerpflichtigen offensteht, ob er diese „Vorteile" nutzen und eine mögliche Ungleichbehandlung in Kauf nehmen möchte.[893] Andernfalls wird den Betroffenen eine

---

887 Vgl. *Drüen*, StuW 2008, 3 (13).

888 Vgl. BVerfG v. 12.10.2010 – 1 BvL 12/07, BVerfGE 127, 224 (254 ff.).

889 Dahingehend zu § 8b KStG s. *Müller*, FR 2011, 309 (315).

890 Vgl. *Heigl*, Die Typisierung im Steuerrecht, 1958, S. 26, 44; *Eckhoff*, Rechtsanwendungsgleichheit im Steuerrecht, 1999, S. 96; *Bowitz*, Das objektive Nettoprinzip als Rechtfertigungsmaßstab im Einkommensteuerrecht, 2016, S. 213; *Seer*, in: Tipke/Kruse, AO/FGO, 2017, § 88 AO Rn. 3; vgl. bspw. auch BT-Drs. 16/1545, S. 8, 12 ff.

891 Vgl. insb. zu den gesenkten Befolgungskosten bspw. *Wernsmann*, DStR-Beihefter 2011, 72 (72).

892 Vgl. BVerfG v. 08.02.1983 – 1 BvL 28/79, BVerfGE 63, 119 (128); vgl. auch die Argumentation des Steuerpflichtigen in FG Baden-Württemberg v. 16.01.2018 – 2 V 3389/16, juris Rn. 14.

893 Vgl. *Englisch*, Wettbewerbsgleichheit im grenzüberschreitenden Handel, 2008, S. 165.

typisierte vermeintlich vorteilhafte Besteuerung statt einer Besteuerung nach den tatsächlich vorteilhaften individuellen Umständen aufgezwängt.[894]

a) Rechtssicherheit

Die Steuerpflichtigen profitieren beim Einsatz von Typisierungen grundsätzlich von formaler Rechtssicherheit, da diese vor allem streitvermeidend wirken und sich durch erhöhte Transparenz, Klarheit, Überschaubarkeit und Kontinuität auszeichnen.[895] Typisierungen dienen des Weiteren der Übersichtlichkeit und Verständlichkeit einer Norm für den Steuerpflichtigen, wenn zum Beispiel Tatbestandstypisierungen den Belastungsgrund verdeutlichen.[896] Mithin ist der Rechtfertigungsgrund stets (auch) in Abhängigkeit von den Betroffenen sowie den zu regelnden Sachverhalten relativ zu bewerten.[897] Weniger gut beratene Steuerpflichtige könnten beispielsweise von typisierten Steuervorteilen profitieren, die ihnen ohne Typisierung vorenthalten blieben, sodass diesbezüglich Belastungsgleichheit mit besser Beratenen hergestellt wird.[898] Außerdem wird mittels klarer transparenter und fortdauernder Typisierungen eine ausufernde detaillierte Kasuistik vermieden.[899]

Der Kritik am Rechtfertigungsgrund der formalen Rechtssicherheit, dass ein folgerichtig am Leitprinzip der Besteuerung nach der Leistungsfähigkeit ausgerichtetes Steuerrecht mehr (materielle) Rechtssicherheit gebe, als Ausnahmen hiervon durch Typisierungen und deren formaler Rechtssicherheit,[900] ist zwar

---

894 Vgl. *Isensee*, StuW 1994, 3 (10); *Jarzyk-Dehne*, Pauschalierungen im Steuerrecht, 2003, S. 151.

895 Vgl. *Huster*, JZ 1994, 541 (545); *Weber-Grellet*, BB 1996, 1415 (1419); *Huster*, in: Friauf/Höfling, Berliner Kommentar, GG, 2016, Art. 3 Rn. 143; *Schmidt*, in: FS Bundesfinanzhof. Band 1, 2018, S. 321 (324).

896 S. BVerfG v. 10.04.1997 – 2 BvL 77/92, BVerfGE 96, 1 (7) zum Arbeitnehmer- und Weihnachtsfreibetrag.

897 Vgl. *Schober*, Verfassungsrechtliche Restriktionen für den vereinfachenden Einkommensteuergesetzgeber, 2009, S. 39.

898 Vgl. *Wernsmann*, DStR-Beihefter 2011, 72 (72).

899 Vgl. *Huster*, Rechte und Ziele, 1993, S. 251.

900 Vgl. *Englisch*, Wettbewerbsgleichheit im grenzüberschreitenden Handel, 2008, S. 166 f. Dass laut *Hey*, FR 2008, 1033 (1039) die Vorhersehbarkeit des Steuereingriffs nur „notwendige, aber nicht hinreichende Voraussetzung für ein gerechtes Steuersystem“ sei, „weil sie nichts über die Gleichmäßigkeit der Lastenverteilung aussag[e]“, ändert ebenfalls nichts daran, dass die Rechtssicherheit in die Abwägung der Rechtfertigung miteinzubeziehen ist und einen Rechtfertigungsgrund, der richtigerweise nicht in jedem Fall „hinreichend“ sein muss, darstellen kann.

grundsätzlich zuzustimmen. Dennoch können Typisierungen im Einzelfall für den Steuerpflichtigen, der regelmäßig ohnehin nicht das gesamte Steuersystem und dessen Systemgerechtigkeit im Blick hat, für zusätzliche Rechtssicherheit sorgen. Jedenfalls sind materielle und formale Rechtssicherheit im Rahmen der Rechtfertigungsprüfung gegeneinander abzuwägen. Denn besonders wenn ansonsten schwankende Werte aufgrund der Typisierung eindeutig angewandt werden können, zum Beispiel die Ermittlung des Gewinns aus Land- und Forstwirtschaft nach Durchschnittssätzen gemäß § 13a EStG[901] oder bei der rechnerischen Anwendung von typisierten Zinssätzen, wie in § 6a EStG[902], profitiert der Steuerpflichtige gerade von formaler Rechtssicherheit.[903]

Aus diesem Grund kann die Rechtssicherheit im Sinne von Rechtskontinuität und Vertrauensschutz auch realitätsferne Typisierungen rechtfertigen. Dies gilt vor allem, wenn mittels Typisierungen Schwankungen für den Steuerpflichtigen ausgeblendet werden und die Typisierungen mithin nur vorübergehend gegen die Realitätsgerechtigkeit verstoßen.[904] Ein Festhalten an Typisierungen, die (vorübergehend) außerhalb der Bandbreite realitätsgerechter Werte liegen, kann somit mit der Rechtssicherheit begründet werden, da sich Steuerpflichtige bei ständigen Anpassungen nicht in gleichem Maße auf die Belastungen einstellen können.[905]

b) Persönlichkeitsschutz

Das materielle Steuerrecht knüpft regelmäßig an die persönlichen Belange der Steuerpflichtigen an und die damit verbundenen notwendigen Ermittlungstätigkeiten des Steuervollzugs beeinträchtigen folglich die Privatsphäre, sodass der Rechtfertigungsgrund des Persönlichkeitsschutzes auch für das materielle Steuerrecht von Bedeutung ist.[906] Grundsätzlich überwiegt zwar das Allgemeininteresse an der Offenlegung der für die Besteuerung erheblichen Informationen den Eingriff durch die Finanzverwaltung, da nur so eine Gleichheit der Besteuerung

901 S. dahingehend bereits *Heigl*, Die Typisierung im Steuerrecht, 1958, S. 33.

902 Dies andeutend s. BT-Drs. 9/842, S. 66; vgl. auch *Paus*, FR 2005, 83 (85).

903 Vgl. auch BFH v. 17.10.1980 – III R 52/79, BStBl. II 1981, 247 (248); BFH v. 27.05.1992 – II R 33/89, BStBl. II 1992, 990 (990).

904 Vgl. BFH v. 01.07.2014 – IX R 31/13, BStBl. II 2014, 925 (928); FG Münster v. 17.08.2017 – 10 K 2472/16 E, EFG 2017, 1638 (1640).

905 Vgl. *Bezzenberger*, WM 2002, 1617 (1619 f., 1626).

906 Vgl. *v. Hammerstein*, Der verfassungsrechtliche Schutz der Privatsphäre im Steuerrecht, 1993, S. 197 f., 200.

erreicht werden kann[907] und in Verbindung mit der grundsätzlich erforderlichen Durchsetzbarkeit der Besteuerung, die im Rahmen der strukturellen Defizite bereits angesprochen wurde, darf der Vollzug nicht durch Datenschutzgesetze, die die Privat- und Intimsphäre der Steuerpflichtigen schützen, verhindert werden.[908] Die Privatsphäre des Steuerpflichtigen ist jedoch in verschiedenen Grundrechten freiheitsrechtlich geschützt, unter anderem in Art. 4, 6, 10 und 13 GG oder durch das allgemeine Persönlichkeitsrecht und die informationelle Selbstbestimmung (Art. 1 Abs. 1 GG in Verbindung mit Art. 2 Abs. 1 GG).[909] Die Typisierungen dienen durch eine Entindividualisierung der Lösung dieses Konflikts, wie der Gesetzgeber dies beispielsweise beim Grundfreibetrag zum Schutz des Existenzminimums oder der Zusammenveranlagung von Ehegatten und Lebenspartnern zum Schutz der internen Arbeitsteilung typisierend getan hat.[910] In Bezug auf die steuerliche Berücksichtigung von Aufwendungen für ein häusliches Arbeitszimmer hat das Bundesverfassungsgericht dementsprechend klargestellt, dass eine Überprüfung der Angaben des Steuerpflichtigen durch die Finanzbehörden „wegen des engen Zusammenhangs zur Sphäre der privaten Lebensführung und des Schutzes durch Art. 13 GG wesentlich eingeschränkt oder gar unmöglich" sei und daher eine Typisierung gerechtfertigt werden könne, da dadurch „Ermittlungen im Privatbereich eingegrenzt werden" könnten.[911]

Hinsichtlich der Schwere des Eingriffs in die Privatsphäre ist es grundsätzlich weniger einschneidend, den Steuerpflichtigen die Wahl zur Offenlegung der tatsächlichen Sachverhalte zu lassen, sodass diese auch auf den Schutz der Privatsphäre zum eigenen Vorteil verzichten können, womit die steuerrechtlichen

---

907 Vgl. BVerfG v. 27.06.1991 – 2 BvR 1493/89, BVerfGE 84, 239 (279 f.); vgl. auch *Kirchhof*, in: FS Tipke, 1995, S. 27 (35 f.).

908 Vgl. BVerfG v. 27.06.1991 – 2 BvR 1493/89, BVerfGE 84, 239 (271 f.); vgl. auch *Schiffbauer*, in: StbJb 1953/54, S. 177 (185); *v. Hammerstein*, Der verfassungsrechtliche Schutz der Privatsphäre im Steuerrecht, 1993, S. 210, 211 f.; *Kirchhof*, in: FS Tipke, 1995, S. 27 (36 f.); *Englisch*, StuW 2007, 221 (230); *Englisch*, Wettbewerbsgleichheit im grenzüberschreitenden Handel, 2008, S. 167 f.

909 Vgl. bspw. BVerfG v. 15.12.1983 – 1 BvR 209/83 u. a., BVerfGE 65, 1 (41 f.); vgl. auch BVerfG v. 24.01.2001 – 1 BvR 2623/95, 1 BvR 622/99, BVerfGE 103, 44 (68).

910 Vgl. *Kirchhof*, in: FS Tipke, 1995, S. 27 (37 f., 40 ff.).

911 BVerfG v. 07.12.1999 – 2 BvR 301/98, BVerfGE 101, 297 (310); vgl. auch BVerfG v. 06.07.2010 – 2 BvL 13/09, BVerfGE 126, 268 (282); BFH v. 27.07.2015 – GrS 1/14, BStBl. II 2016, 265 (271). Entsprechend zur typisierenden Betrachtungsweise der Rechtsprechung s. bspw. *Schenke*, Die Rechtsfindung im Steuerrecht, 2007, S. 149.

Typisierungen widerlegbar auszugestalten wären.[912] Zu bedenken ist hierbei aber, dass gerade in den Fällen, in denen sich der individuelle Nachweis aufgrund des Umfangs der Steuererleichterungen lohnt, regelmäßig besonders viel Offenlegung erfordert. So muss ein Berufspendler, der ein Fahrtenbuch führen muss, besonders viele Daten offenlegen, die zudem weitere Rückschlüsse, wie beispielsweise zu (privaten) Urlauben zulassen, wohingegen der Gelegenheitspendler nur einzelne (wenig private) Daten an das Finanzamt übermitteln muss. Somit kann der Schutz der Privatsphäre auch eine Rechtfertigung für die Unwiderlegbarkeit von Typisierungen sein, um dem Steuerpflichtigen das „Verkaufen" seiner Daten an das Finanzamt zu ersparen.

Der Persönlichkeitsschutz hängt allerdings nicht von der Realitätsgerechtigkeit der Typisierung ab, weil realitätsferne ebenso wie realitätsnahe Typisierungen dem Persönlichkeitsschutz dienen können, wenn sie dem Steuerpflichtigen Einblicke in seine Privatsphäre ersparen.

c) Saldierung der Vor- und Nachteile

Zuletzt kann noch eine Gesamtwürdigung der Vor- und Nachteile[913] eines Sachverhalts („Sachverhaltsidentität"[914]) beim selben Steuerpflichtigen („Personenidentität"[915]) zu einer Neutralisierung der Benachteiligung oder sogar zu einem „Saldierungsgewinn" aufgewogen werden und die damit nur teilweise belastende und an anderer Stelle korrespondierend begünstigende Typisierung rechtfertigen[916] – vorausgesetzt die Vor- und Nachteile sind gleichwertig[917] und es herrscht ein unmittelbarer gesetzessystematischer und kein zufälliger Zusammenhang

912 Vgl. *Kirchhof*, in: FS Tipke, 1995, S. 27 (38). Eine Rechtfertigung mittels Schutzes der Privatsphäre daher für die Rechtsprechung richtigerweise ablehnend s. *Isensee*, Die typisierende Verwaltung, 1976, S. 145; *Crezelius*, Steuerrechtliche Rechtsanwendung und allgemeine Rechtsordnung, 1983, S. 214.

913 Zu einer Gesamtwürdigung der Vor- und Nachteile s. bspw. BVerfG v. 10.04.1997 – 2 BvL 77/92, BVerfGE 96, 1 (8 f.).

914 Zur Sachverhaltsidentität s. bspw. BVerfG v. 09.11.1988 – 1 BvL 22/84, 1 BvL 71/86, 1 BvL 9/87, BVerfGE 79, 87 (99 f.).

915 Zur Personenidentität s. bspw. BVerfG v. 20.03.1963 – 1 BvL 20/61, BVerfGE 15, 328 (333 f.); BFH v. 24.02.1999 – X R 171/96, BStBl. II 1999, 450 (462 f.); vgl. auch EuGH v. 06.06.2000 – C-35/98, ECLI:EU:C:2000:294 – *Verkooijen*, Rn. 50.

916 Kritisch hinsichtlich der grundsätzlichen Äquivalenz der Vor- und Nachteile bei solchen Gesamtwürdigungen s. *Hey*, AöR 128, 226 (233).

917 Vgl. BVerfG v. 08.10.1991 – 1 BvL 50/86, BVerfGE 84, 348 (360 f.); *Hey*, AöR 128, 226 (242 ff., 245).

zwischen den Vor- und Nachteilen.[918] Eine intrapersonelle, vollständige Saldierung führt unstrittig zur Rechtfertigung, da der betroffene Steuerpflichtige in diesem Fall überhaupt nicht benachteiligt ist, die Benachteiligung mithin entfällt.[919] Nur im Falle der nicht vollständigen Saldierung ist diese folglich bei der Abwägung der Rechtfertigungsgründe zu berücksichtigen.[920] Der abstrakte Verweis auf sowohl zugunsten wie zulasten wirkende Typisierungen ist indes nicht ausreichend, da die Benachteiligung von Steuerpflichtigen nicht mit der Begünstigung anderer Steuerpflichtiger gerechtfertigt werden kann.[921]

Ein Verstoß gegen das Gebot der Realitätsgerechtigkeit hat ebenfalls keine oder nur geringere Auswirkungen, wenn sich die Vor- und Nachteile eines Sachverhalts beim selben Steuerpflichtigen (teilweise) ausgleichen.

V. Zusammenfassung

Als Rechtfertigungsgründe kommen damit für steuerrechtliche Typisierungen im Allgemeinen vor allem Sozialzwecke sowie Vereinfachungszwecke in Frage. Zusätzlich sind auch die Missbrauchsbekämpfung, die Rechtssicherheit, der Persönlichkeitsschutz sowie eine Saldierung von Vor- und Nachteilen zu bedenken.

Für die Realitätsgerechtigkeit der steuerrechtlichen Typisierungen sind unter bestimmten Voraussetzungen Sozialzwecke relevant, aber vor allem die Vereinfachungszwecke und damit verbunden die Rechtssicherheit, sowie die Saldierung von Vor- und Nachteilen gewichtig.

---

918 Vgl. umfassend *Hey*, AöR 128, 226 (246).

919 Vgl. BVerfG v. 20.03.1963 – 1 BvL 20/61, BVerfGE 15, 328 (333); *Hey*, in: FS Bundesfinanzhof. Band 1, 2018, S. 451 (492); vgl. auch BVerfG v. 10.04.1997 – 2 BvL 77/92, BVerfGE 96, 1 (8 f.). Teilweise wird hingegen vertreten, dass statt einer Rechtfertigung durch die vollständige Saldierung bereits die Ungleichbehandlung an sich entfalle, vgl. *Eichberger*, in: FS Bundesfinanzhof. Band 1, 2018, S. 501 (509).

920 Vgl. *Hey*, AöR 128, 226 (240 f., 248); vgl. auch BVerfG v. 24.01.1962 – 1 BvR 845/58, BVerfGE 13, 331 (342 f.); BVerfG v. 18.06.1975 – 1 BvR 528/72, BVerfGE 40, 109 (119).

921 Vgl. zu den Zinssatztypisierungen des Steuerschuldverhältnisses *Kelm/Rindermann*, IDW-Schreiben v. 26.04.2018, S. 14 f., abrufbar unter https://www.idw.de/blob/108560/6d552e3fa571d9ac0e147bf560a4cbac/down-bverfg-238-ao-data.pdf (abgerufen am 15.11.2019); *Dust*, Der Zinssatz im Steuerschuldverhältnis, 2019, S. 345.

Kapitel 5: Verfassungsrechtliche Pflicht zur Nachbesserung

Verstöße gegen den Gleichheitssatz zeichnen sich durch die grundsätzliche Ergebnisoffenheit bei der Heilung der Verstöße durch den Gesetzgeber aus, das heißt, dass es in den Gestaltungsspielraum des Gesetzgebers fällt, ob dieser die Ungleichbehandlung durch die Abschaffung der benachteiligenden/begünstigenden Norm oder die Ausdehnung deren Anwendungsbereich heilt.[922] Der Verfassungsverstoß liegt beim Verstoß gegen den Gleichheitssatz außerdem häufig in einer „verfassungswidrigen Normenrelation", bei der eine Isolierung einer einzelnen verfassungswidrigen Norm nicht möglich ist.[923] Die dadurch notwendige Rechtsgestaltung ist Aufgabe des Gesetzgebers[924] und politische Entscheidungen sind – gerade im Steuerrecht[925] – nicht durch solche des Bundesverfassungsgerichts zu ersetzen, soweit es an rechtlichen Maßstäben mangelt.[926]

Um dieser Ergebnisoffenheit und dem Gestaltungsspielraum des Gesetzgebers zu entsprechen, hat sich in der Rechtsprechung des Bundesverfassungsgerichts – gestützt auf §§ 31 Abs. 2, 79 Abs. 1 BVerfGG[927] – daher auch die bloße

---

922 Zu dieser Ergebnisoffenheit s. *Ipsen*, Rechtsfolgen der Verfassungswidrigkeit von Norm und Einzelakt, 1980, S. 213 f., 219; *Kempny*, StuW 2014, 185 (199); *Desens*, in: Kempny/Reimer, Gleichheitssatzdogmatik heute, 2017, S. 133 (137 ff.); vgl. bspw. auch BVerfG v. 08.10.1991 – 1 BvL 50/86, BVerfGE 84, 348 (365). Kritisch hinsichtlich dieser Ergebnisoffenheit s. allerdings *Sachs*, NVwZ 1982, 657 (657 ff.), da auch der Gleichheitsverstoß durch die Nichtigerklärung der Norm(en) zu beseitigen sei, vgl. *Sachs*, a. a. O. (661).

923 *Ipsen*, Rechtsfolgen der Verfassungswidrigkeit von Norm und Einzelakt, 1980, S. 214.

924 Vgl. BVerfG v. 28.11.1967 – 1 BvR 515/63, BVerfGE 22, 349 (361); BVerfG v. 02.02.1999 – 1 BvL 8/97, BVerfGE 100, 195 (208).

925 Vgl. bspw. BVerfG v. 10.04.2018 – 1 BvL 11/14 u. a., BVerfGE 148, 147 (211 f.).

926 Vgl. BVerfG v. 08.08.1978 – 2 BvL 8/77, BVerfGE 49, 89 (130 f.); vgl. auch *Ipsen*, Rechtsfolgen der Verfassungswidrigkeit von Norm und Einzelakt, 1980, S. 214, 219; *Stettner*, DVBl 1982, 1123 (1126). Das Verfassungsrecht der USA enthält für (hochpolitische) Fälle, in denen der US Supreme Court seine Kompetenzen als überschritten ansieht, die „Political-Question-Doktrin", wonach das Gericht die Verantwortung und die Entscheidung des Falls an die Exekutive oder Legislative übertragen kann, vgl. hierzu *Landfried*, Bundesverfassungsgericht und Gesetzgeber, 1984, S. 151 f.

927 Vgl. bspw. BVerfG v. 06.03.2002 – 2 BvL 17/99, BVerfGE 105, 73 (133); BVerfG v. 09.12.2008 – 2 BvL 1/07, 2 BvL 2/07, 2 BvL 1/08, 2 BvL 2/08, BVerfGE 122, 210 (245).

Feststellung der Unvereinbarkeit der Normen mit dem allgemeinen Gleichheitssatz in Verbindung mit einer Verpflichtung des Gesetzgebers zur Nachbesserung (pro-futuro-Wirkung), statt der (rückwirkenden) Nichtigerklärung der Normen durchgesetzt.[928] Da der bloße Gestaltungsspielraum des Gesetzgebers allerdings auch nach einer Nichtigerklärung der verfassungswidrigen Norm(en) bestehen bleibt, indem er anschließend verfassungsgemäße begünstigende oder belastende Regelungen trifft,[929] ist weitere Voraussetzung der Unvereinbarkeitserklärung, dass die Wiederherstellung des verfassungsgemäßen Rechts aufgrund einer verantwortungsbewussten und gleichzeitig auch folgenorientierten Auslegung des Art. 95 Abs. 3 Satz 1 GG einer alternativen Rechtsfolge zur Nichtigkeit bedarf.[930] Denn soweit keine Gründe gegen eine (rückwirkende) Nichtigkeit sprechen, ist diese geboten, um die Verfassungsmäßigkeit der Gesetze in größtmöglichem zeitlichem Umfang sicherzustellen.[931]

Als solche Gründe kommen grundsätzlich verschiedene in Betracht. Gerade im Steuerrecht würde die Nichtigkeit einer Norm zur Korrektur und zur

928 Ständige Rechtsprechung des BVerfG, vgl. aus der jüngeren Rechtsprechung des BVerfG bspw. BVerfG v. 06.07.2010 – 2 BvL 13/09, BVerfGE 126, 268 (284 f.); BVerfG v. 19.06.2012 – 2 BvR 1397/09, BVerfGE 131, 239 (264 f.); BVerfG v. 23.06.2015 – 1 BvL 13/11, 1 BvL 14/11, BVerfGE 139, 285 (318); BVerfG v. 10.04.2018 – 1 BvL 11/14 u. a., BVerfGE 148, 147 (211). S. zum Ganzen auch *Ipsen*, Rechtsfolgen der Verfassungswidrigkeit von Norm und Einzelakt, 1980, S. 213; *Baumeister*, Das Rechtswidrigwerden von Normen, 1996, S. 269 ff.; *Kirchhof*, StuW 2000, 221 (228); *Klein*, in: Benda/Klein, Verfassungsprozessrecht, 2012, Rn. 1393 ff.; *Desens*, in: Kempny/Reimer, Gleichheitssatzdogmatik heute, 2017, S. 133 (147 ff.).

929 Vgl. *Sachs*, NVwZ 1982, 657 (660); vgl. so auch noch BVerfG v. 11.06.1958 – 1 BvL 149/52, BVerfGE 8, 28 (37). S. allgemeiner auch *Gusy*, Parlamentarischer Gesetzgeber und Bundesverfassungsgericht, 1985, S. 194 f., der Verfassungswidrigkeitserklärungen aufgrund des Vorrangs der Verfassung ablehnt und die Nichtigerklärung als geboten ansieht. Allerdings führt gerade beim Gleichheitssatz die Nichtigkeit nicht immer zu einem verfassungsgemäßen Gesetz, sodass dem Vorrang der Verfassung durch eine Unvereinbarkeitserklärung teilweise viel eher entsprochen werden kann – insbesondere, wenn die Wirkungen und Rechtsfolgen des Richterspruchs miteinbezogen werden, s. hierzu umfassend *Kleuker*, Gesetzgebungsaufträge des Bundesverfassungsgerichts, 1993, S. 36 ff. Zudem ist seit dem Jahr 1970 die Unvereinbarkeitserklärung vom Gesetzgeber anerkannt, indem sie in § 31 Abs. 2 BVerfGG aufgenommen wurde, s. Viertes Gesetz zur Änderung des Gesetzes über das Bundesverfassungsgericht v. 21.12.1970, BGBl. I 1970, 1765 (1766).

930 Vgl. *Seer*, NJW 1996, 285 (291); vgl. auch *Stettner*, DVBl 1982, 1123 (1127).

931 Vgl. *Mayer*, Die Nachbesserungspflicht des Gesetzgebers, 1996, S. 174 ff.

Rückabwicklung belastender vergangener Steuerbelastungen bei den betroffenen Steuerpflichtigen führen, die zulasten gegenwärtiger Haushalte ginge und die Finanzplanung sowie gegebenenfalls die Handlungsfähigkeit des Staates bedrohen könnte.[932] Diese rückwirkende Nichtigkeit widerspräche damit erstens der periodischen Haushaltsplanung und -bewilligung nach Art. 110 Abs. 2 GG.[933] Mit dem Verzicht auf die Nichtigerklärung sollen zweitens die Folgen der Verfassungswidrigkeit gerade von Steuerregelungen (finanz- und haushaltspolitisch) abgemildert und schonend gestaltbar ausfallen[934] sowie der gleichmäßige Verwaltungsvollzug sichergestellt werden oder gar eine Verstärkung des Verfassungsverstoßes durch die Nichtigkeit, wie sie bei Gleichheitssatzverstößen denkbar ist, verhindert werden.[935] Gleichzeitig würde aufgrund der zeitlichen Verschiebungen der Belastungen und der notwendigen Veränderungen der Belastungsintensitäten drittens auch die Belastungsgleichheit in der Zeit gestört werden.[936] Hinzukommen können zudem viertens Vertrauensschutzgründe der Steuerpflichtigen,[937] die zugleich durch § 176 AO geschützt werden und eine Rückwirkung im Steuerrecht bei belastenden Nachbesserungen in der Praxis regelmäßig wirkungslos machen,[938] fünftens die Irreparabilität von Schäden, die aufgrund der Nichtigkeit entstehen,[939] oder sechstens ein verfassungswidriges Zusammenwirken von Normen, bei dem die Nichtigerklärung einer Norm den Verfassungsverstoß überhaupt nicht heilen könne, zum Beispiel wenn eine verfassungswidrige Doppelbesteuerung die Folge wäre.[940]

---

932 Vgl. BVerfG v. 25.09.1992 - 2 BvL 5/91, 2 BvL 8/91, 2 BvL 14/91, BVerfGE 87, 153 (178 f.).

933 Vgl. BVerfG v. 25.09.1992 - 2 BvL 5/91, 2 BvL 8/91, 2 BvL 14/91, BVerfGE 87, 153 (179).

934 Zur gegenteiligen Auffassung des EuGH s. bspw. *Balke*, in: FS Lang, 2010, S. 965 (969); kritisch zu den Unklarheiten hinsichtlich der „haushalterisch[en]" Auswirkungen s. *Hey*, in: FS Bundesfinanzhof. Band 1, 2018, S. 451 (463).

935 Vgl. BVerfG v. 20.12.1966 – 1 BvR 320/57, 1 BvR 70/63, BVerfGE 21, 12 (39); BVerfG v. 06.03.2002 – 2 BvL 17/99, BVerfGE 105, 73 (134); BVerfG v. 07.05.2013 – 2 BvR 909/06, 2 BvR 1981/06, 2 BvR 288/07, BVerfGE 133, 377 (423 f.); BVerfG v. 23.06.2015 – 1 BvL 13/11, 1 BvL 14/11, BVerfGE 139, 285 (319); BVerfG v. 10.04.2018 - 1 BvL 11/14 u. a., BVerfGE 148, 147 (213 ff.); *Werth*, in: FS Bundesfinanzhof. Band 1, 2018, S. 535 (552, 556).

936 Vgl. *Kirchhof*, in: IFSt-Schrift 362, 1998, S. 14 (29).

937 Vgl. BVerfG v. 11.11.1998 - 2 BvL 10/95, BVerfGE 99, 280 (299).

938 Vgl. BVerfG v. 23.06.2015 - 1 BvL 13/11, 1 BvL 14/11, BVerfGE 139, 285 (319 f.).

939 Vgl. *Pestalozza*, in: FS Bundesverfassungsgericht. Band 1, 1976, S. 519 (555).

940 Vgl. BVerfG v. 06.03.2002 – 2 BvL 17/99, BVerfGE 105, 73 (133).

Sofern mehrere Gründe kumulieren, gewinnt die pro-futuro-Wirkung an verfassungsrechtlicher Grundlage und Bedeutung. So basiert diese auch in der Rechtsprechung des Bundesverfassungsgerichts regelmäßig auf mehreren Gründen[941] und dementsprechend hat das Bundesverfassungsgericht beispielsweise im Jahr 1966 das Umsatzsteuergesetz aufgrund seiner besonderen Bedeutung sowohl für den Haushalt des Bundes als auch für die Kostenrechnung der Unternehmen trotz Ungleichbehandlung einiger Betroffener nicht für nichtig erklärt.[942] Eine Aussetzung der Nichtigerklärung ausschließlich aufgrund von fiskalischen Haushaltsgründen kann indes nicht überzeugen. Fiskalische Gründe können Grundrechtsverletzungen grundsätzlich nicht rechtfertigen[943] und damit auch nicht für einen bestimmten Zeitraum.[944] Andernfalls könnte aufgrund der Dauer des Verfahrensgangs und damit der fiskalischen Auswirkungen auf vorangegangene Haushalte überhaupt keine verfassungswidrige belastende Steuernorm ex tunc für nichtig erklärt werden[945] und das Risiko der Verfassungswidrigkeit einer Steuernorm läge aufgrund der budgetären Auswirkungen allein beim Steuerpflichtigen, obwohl die Verantwortung für deren Verfassungsmäßigkeit ausschließlich beim Gesetzgeber liegt.[946] Hinzukommt, dass damit – rechtsstaatlich höchst fraglich – gerade gesetzgeberisches Unrecht mit besonderer Breitenwirkung vor der rückwirkenden Nichtigkeit bewahrt wird und der Gesetzgeber verfassungsrechtliche Vorgaben im Steuerrecht zunehmend ignorieren kann.[947] Der Gesetzgeber ist für ein verfassungsgemäßes Steuerrecht verantwortlich und muss haushaltspolitisch gegebenenfalls über die Aussetzung der Steuerfestsetzung sowie der Vollziehung nach § 165 Abs. 1 AO beziehungsweise § 361 Abs. 2 Satz 1 AO budgetäre Risikovorsorge betreiben.[948]

---

941 Vgl. BVerfG v. 25.09.1992 – 2 BvL 5/91, 2 BvL 8/91, 2 BvL 14/91, BVerfGE 87, 153 (178 f.); BVerfG v. 08.12.2009 – 2 BvR 758/09, BVerfGE 125, 104 (136); vgl. auch *Kirchhof*, in: Kirchhof/Söhn/Mellinghoff, EStG, 1992, § 2 Rn. A 136.

942 Vgl. BVerfG v. 20.12.1966 – 1 BvR 320/57, 1 BvR 70/63, BVerfGE 21, 12 (39 ff.).

943 S. bspw. nur BVerfG v. 29.05.1990 – 1 BvL 20/84, 1 BvL 26/84, 1 BvL 4/86, BVerfGE 82, 60 (89); BVerfG v. 21.06.2006 – 2 BvL 2/99, BVerfGE 116, 164 (182). S. auch bereits oben Seite 162 ff.

944 Vgl. *Seer*, NJW 1996, 285 (289); *Drüen*, FR 1999, 289 (290 f.); *Seer*, StuW 2001, 3 (14 f.); *Tipke*, StuW 2004, 187 (189 f.); *Balke*, in: FS Lang, 2010, S. 965 (968 f.); *Hey*, in: FS Spindler, 2011, S. 97 (104).

945 Vgl. *Seer*, NJW 1996, 285 (289); *Seer*, StuW 2001, 3 (15).

946 Vgl. *Drüen*, FR 1999, 289 (291).

947 Vgl. *Seer*, StuW 2001, 3 (15).

948 Vgl. *Seer*, in: Tipke/Lang, Steuerrecht, 2018, § 22 Rn. 287.

Konsequenz der pro-futuro-Wirkung ist eine Nachbesserungspflicht des Gesetzgebers, das heißt, der Gesetzgeber muss die Norm, die mit der Verfassung unvereinbar ist, aber nicht für nichtig erklärt wurde, korrigieren.[949] Daher ist die Frage zu klären, welche verfassungsrechtlichen Obliegenheiten den Steuergesetzgeber in Bezug auf eine nicht (mehr) realitätsgerechte und damit gleichheitssatzwidrige Typisierung treffen. Im Hinblick auf die Realitätsgerechtigkeit von Normen ist dabei, anders als bei Normen, die von Anfang an gegen die Verfassung verstoßen, zusätzlich vor allem das Rechtswidrigwerden von Normen problematisch, das auf Veränderungen der außernormativen Verhältnisse, die die Grundlage der Norm bilden, zurückzuführen ist.[950]

A Obliegenheiten des Gesetzgebers

Handlungsbedarf des Gesetzgebers nachzubessern besteht in Bezug auf die Realitätsgerechtigkeit ganz allgemein, wenn ein Verstoß gegen das Gebot der Realitätsgerechtigkeit vorliegt, der sich nicht (mehr) rechtfertigen lässt. Ein solcher Verstoß kann vor allem darin begründet sein, dass „die Grundlage der gesetzgeberischen Entscheidung durch neue, im Zeitpunkt des Gesetzeserlasses noch nicht abzusehende Entwicklungen entscheidend in Frage gestellt wird“.[951] Hieraus wird deutlich, dass der Gesetzgeber Entwicklungen in Richtung von Verfassungswidrigkeiten von Normen permanent beobachten und prüfen sowie diesen gegebenenfalls durch Nachbesserung abhelfen muss,[952] da der Gesetzgeber grundsätzlich gefordert ist, Verfassungswidrigkeiten so schnell wie möglich zu beseitigen.[953] Letzteres folgt schließlich nicht nur aus der Schutzpflicht der

949 Grundlegend s. bspw. BVerfG v. 25.09.1992 – 2 BvL 5/91, 2 BvL 8/91, 2 BvL 14/91, BVerfGE 87, 153 (178); vgl. auch *Bernd*, Legislative Prognosen und Nachbesserungspflichten, 1989, S. 123. Zu Normen, die zwar mit der Verfassung vereinbar seien, aber der Gesetzgeber dennoch unter bestimmten zukünftigen Entwicklungen zur Nachbesserung verpflichtet sei, s. *Steinberg*, Der Staat 1987, 161 (161 ff. m. w. N.).

950 Dahingehend allgemein s. *Baumeister*, Das Rechtswidrigwerden von Normen, 1996, S. 183, 216, 227 f.; vgl. auch *Hey*, in: IFSt-Schrift 511, 2016, S. 61 (101).

951 BVerfG v. 28.11.1984 – 1 BvR 1157/82, BVerfGE 68, 287 (309); vgl. auch BVerfG v. 08.08.1978 – 2 BvL 8/77, BVerfGE 49, 89 (130 f.); BVerfG v. 14.01.1981 – 1 BvR 612/72, BVerfGE 56, 54 (78 f.).

952 Vgl. BVerfG v. 18.12.1968 – 1 BvL 5/64 u. a., BVerfGE 25, 1 (13); vgl. auch *Bernd*, Legislative Prognosen und Nachbesserungspflichten, 1989, S. 123.

953 Vgl. BVerfG v. 20.03.1963 – 1 BvR 505/59, BVerfGE 15, 337 (351); BVerfG v. 22.05.1963 – 2 BvC 3/62, BVerfGE 16, 130 (141 f.); BVerfG v. 18.12.1968 – 1 BvL 5/64 u. a., BVerfGE 25, 1 (13); BVerfG v. 14.01.1981 – 1 BvR 612/72, BVerfGE 56, 54

Grundrechte, sondern gerade auch aus deren Abwehrfunktion.[954] Die Bindung des Gesetzgebers an die verfassungsmäßige Ordnung nach Art. 20 Abs. 3 GG endet nämlich nicht mit dem Erlass eines verfassungsgemäßen Gesetzes, sondern beinhaltet auch die Beibehaltung der Verfassungsmäßigkeit.[955]

Um einer möglichst schnellen Nachbesserung nachkommen zu können, trifft den Gesetzgeber damit faktisch eine ständige Beobachtungspflicht.[956] Wenn das Bundesverfassungsgericht vereinzelt eine reine ex-ante Sicht für die verfassungsrechtliche Beurteilung einnimmt und damit eine Regelung nur anhand der Situation im Gesetzgebungsverfahren bemisst,[957] ist dies als Besonderheit gesetzgeberischer Fehlprognosen einzuordnen und ansonsten mit Verweis auf die zeitlich unbegrenzte Verfassungsbindung abzulehnen.[958]

Diese prophylaktischen und präventiven Beobachtungs- und Überprüfungspflichten sind besonders bei Prognoseentscheidungen sowie bei Normen, die an (dynamisch schwankende) empirische Daten anknüpfen, relevant, da gerade hier entscheidende Veränderungen auftreten können, die auf die zum Gesetzgebungszeitpunkt unvollkommenen Tatsachenermittlungen, Abwägungen oder Prognosen folgen.[959] Die fortwährend neuen Erkenntnisse im Hinblick auf tatsächliche

---

(78 f.); BVerfG v. 15.12.1983 – 1 BvR 209/83 u. a., BVerfGE 65, 1 (55 f.); BVerfG v. 28.05.1993 – 2 BvF 2/90, 2 BvF 4/92, 2 BvF 5/92, BVerfGE 88, 203 (309 f.); BVerfG v. 23.03.1994 – 1 BvL 8/85, BVerfGE 90, 226 (238); BVerfG v. 06.11.2012 – 2 BvL 51/06, 2 BvL 52/06, BVerfGE 132, 334 (358); BVerfG v. 22.11.2016 – 1 BvL 6/14, 1 BvL 3/15, 1 BvL 4/15, 1 BvL 6/15, BVerfGE 143, 216 (245); vgl. auch *Pestalozza*, in: FS Bundesverfassungsgericht. Band 1, 1976, S. 519 (559); *Stettner*, DVBl 1982, 1123 (1128); *Bernd*, Legislative Prognosen und Nachbesserungspflichten, 1989, S. 143 f.

954 Vgl. *Augsberg/Augsberg*, Verwaltungsarchiv 2007, 290 (308).

955 Vgl. BVerfG v. 28.05.1993 – 2 BvF 2/90, 2 BvF 4/92, 2 BvF 5/92, BVerfGE 88, 203 (310); vgl. auch *Bernd*, Legislative Prognosen und Nachbesserungspflichten, 1989, S. 132 f.

956 S. auch noch *Hey*, in: IFSt-Schrift 511, 2016, S. 61 (76).

957 Vgl. BVerfG v. 09.03.1971 – 2 BvR 326/69 u. a., BVerfGE 30, 250 (263); BVerfG v. 15.07.1987 – 1 BvR 488/86 u. a., BVerfGE 76, 220 (241 f.).

958 S. auch noch *Grabitz*, AöR 98, 568 (573); *Mayer*, Die Nachbesserungspflicht des Gesetzgebers, 1996, S. 107.

959 Vgl. BVerfG v. 18.12.1968 – 1 BvL 5/64 u. a., BVerfGE 25, 1 (12 f.); BVerfG v. 01.03.1979 – 1 BvR 532/77, 1 BvR 533/77, 1 BvR 419/78, 1 BvL 21/78, BVerfGE 50, 290 (335 f.); BVerfG v. 15.12.1983 – 1 BvR 209/83 u. a., BVerfGE 65, 1 (55 f.); BVerfG v. 23.03.1994 – 1 BvL 8/85, BVerfGE 90, 226 (238); BVerfG v. 04.07.2012 – 2 BvC 1/11, 2 BvC 2/11, BVerfGE 132, 39 (50); vgl. auch Steuerreformkommission, Gutachten der Steuerreformkommission, 1971, Teil II Rn. 648 f.; *Pestalozza*, in: FS Bundesverfassungsgericht. Band 1, 1976, S. 519 (544, 548); *Gusy*, ZRP 1985, 291 (294); *Baumeister*, Das Rechtswidrigwerden von Normen, 1996, S. 206 f., 227 f.; *Mayer*, Die

Zusammenhänge machen gegebenenfalls eine Korrektur der sich als fehlerhaft herausgestellten Annahmen oder aufgrund sich geänderter Verhältnisse notwendig[960] oder erfordern sogar die Implementierung einer automatisierten Anpassung, eines automatisierten Anpassungsverfahrens beziehungsweise einer Entscheidung des Gesetzgebers über turnusmäßige Anpassungen der (steuerrechtlichen) Typisierungen.[961] Die Pflichten umfassen dabei insbesondere auch die Erhebung, Sammlung und Auswertung von erforderlichen Daten, um die Verfassungsmäßigkeit beurteilen zu können, da nur so der Gesetzgeber ein Rechtswidrigwerden erkennen, nachvollziehen und beheben kann.[962] Als Beispiel ist die Anpassung der Durchschnittsbetrachtung für die Typisierung des Abzinsungssatzes für handelsbilanzielle Bewertungen von Pensionsrückstellungen gemäß § 253 Abs. 2 HGB zu nennen. Der Gesetzgeber wählte im Jahr 2009[963] eine siebenjährige Durchschnittsbetrachtung zur Bestimmung des Rechnungszinses, um die Bewertung zu vereinfachen, Missbrauch zu verhindern und um größere Zinsschwankungen bei der Rückstellungsbewertung abzumildern,[964] erkannte jedoch im Jahr 2015, dass eine noch längere Durchschnittsbetrachtung von zehn Jahren erforderlich ist, um diese Ziele zu erreichen.[965] Im Jahr 2016[966] änderte der Gesetzgeber die Norm entsprechend ab.

Eine Verletzung dieser „Pflichten" allein führt jedoch nicht zur Verfassungswidrigkeit. Entscheidend ist nur der objektivierte Wille des Gesetzgebers, mithin die gesetzliche Regelung[967] – dies gilt vor allem, weil nicht nachvollziehbar ist, ob und wie der Gesetzgeber einer solchen Pflicht nachkommt. Schließlich könnten einzelne Organmitglieder durchaus das Rechtswidrigwerden einer Norm

---

Nachbesserungspflicht des Gesetzgebers, 1996, S. 143; *Brandt*, in: FS Bundesfinanzhof. Band 1, 2018, S. 289 (295).

960 Vgl. *Baumeister*, Das Rechtswidrigwerden von Normen, 1996, S. 227 f.

961 Zu den Prognoseentscheidungen s. ergänzend oben Seite 93 ff.

962 Vgl. BVerfG v. 28.05.1993 – 2 BvF 2/90, 2 BvF 4/92, 2 BvF 5/92, BVerfGE 88, 203 (310 f.); vgl. auch *Sommer*, Sondervotum zu BVerfG v. 09.03.1994 – 2 BvL 43/92 u. a., BVerfGE 90, 145 (221).

963 Gesetz zur Modernisierung des Bilanzrechts (Bilanzrechtsmodernisierungsgesetz – BilMoG) v. 25.05.2009, BGBl. I 2009, 1102 (1103).

964 Vgl. BT-Drs. 16/10067, S. 55; vgl. auch BT-Drs. 18/7584, S. 149.

965 Vgl. BT-Drs. 18/7584, S. 149.

966 Gesetz zur Umsetzung der Wohnimmobilienkreditrichtlinie und zur Änderung handelsrechtlicher Vorschriften, BGBl. I 2016, 396 (408).

967 S. grundlegend BVerfG v. 21.05.1952 – 2 BvH 2/52, BVerfGE 1, 299 (312); s. ergänzend auch oben Seite 67 ff.; a. A. hierzu s. *Berkemann*, EuGRZ 1985, 137 (139).

beobachten, jedoch (noch) kein Handeln für erforderlich halten. Wenn bereits in den 1970er Jahren von Seiten des Gesetzgebers eine Überprüfung der Steuernormen, die im Zusammenhang mit Geldwertänderungen stehen, im Drei-Jahres-Rhythmus[968] oder in der jüngeren Finanzgerichtsrechtsprechung eine feste Überprüfungsfrist von fünf Jahren angedacht wird,[969] sodass der Gesetzgeber alle drei respektive fünf Jahre zur Überprüfung der Realitätsgerechtigkeit der Typisierung angehalten wäre, ist dies dementsprechend genauso abzulehnen. Denn es ist schon fraglich, wie ein solcher Überprüfungsrhythmus des Gesetzgebers dokumentiert werden sollte und ob beispielsweise eine Aktennotiz eines Mitarbeiters im Finanzministerium zur Erfüllung dieser Pflicht genügt. Mithin handelt es sich bei den Beobachtungspflichten um bloße Obliegenheiten des Gesetzgebers.[970] Lediglich, wo die Schwere eines drohenden Eingriffs die Einrichtung einer Beobachtungsstelle zur Prävention und zur Sicherstellung der Beobachtung verfassungsrechtlich erforderlich macht, kann von einer tatsächlichen Beobachtungspflicht gesprochen werden.[971]

Unabhängig von einer Beobachtungs- und Überprüfungspflicht wird dem Gesetzgeber ein Rechtswidrigwerden von Normen ohne Beobachtung gleichwohl regelmäßig verborgen bleiben.[972] Liegt dann zu einem beliebigen Zeitpunkt ein Verfassungsverstoß vor, der nicht gerechtfertigt werden kann, ist der Gesetzgeber ohne sein Wissen zur Nachbesserung verpflichtet – mit dem Rechtswidrigwerden der Norm entsteht schließlich die verfassungsrechtliche Nachbesserungspflicht.[973]

B Überlegungs- und Reaktionsfristen

Die Besonderheiten des Rechtswidrigwerdens und der Nachbesserungspflicht könnten letztlich aber in einer Überlegungs- und Reaktionsfrist sowie einer

---

968 Vgl. Steuerreformkommission, Gutachten der Steuerreformkommission, 1971, Teil II Rn. 649.

969 Vgl. FG Köln v. 12.10.2017 – 10 K 977/17, EFG 2018, 287 (292).

970 Zur a. A. in Bezug auf Prognoseentscheidungen s. jedoch (insb. rechtspolitisch argumentierend) *Augsberg/Augsberg*, Verwaltungsarchiv 2007, 290 (315 f.); s. auch *Hey*, in: IFSt-Schrift 511, 2016, S. 61 (76).

971 Vgl. hierzu bspw. BVerfG v. 24.11.1981 – 2 BvC 1/81, BVerfGE 59, 119 (127); *Augsberg/Augsberg*, Verwaltungsarchiv 2007, 290 (308).

972 Vgl. BVerfG v. 14.01.1981 – 1 BvR 612/72, BVerfGE 56, 54 (81); *Steinberg*, Der Staat 1987, 161 (177 ff.).

973 Vgl. *Baumeister*, Das Rechtswidrigwerden von Normen, 1996, S. 205, 240 ff.

anschließenden Nachbesserungsfrist liegen, die dem Gesetzgeber zusätzlichen Zeit- und Handlungsspielraum geben, bevor die Unvereinbarkeit einer Norm mit der Verfassung festgestellt werden kann und die Norm folglich nachgebessert sein muss.[974] Dies ist im Folgenden zu untersuchen.

Der Zeitpunkt, ab dem die Unvereinbarkeit einer Norm mit der Verfassung eintritt, lässt sich zumeist nicht genau festlegen, insbesondere im Falle komplexer Sachverhalte mit sich (ständig) verändernden Tatsachen oder von Fehlprognosen tritt die Verfassungswidrigkeit vielmehr über einen Zeitraum infolge einer längerfristigen Entwicklung hervor.[975] Auch als „Kehrseite und verfassungsrechtliches Korrektiv der gesetzgeberischen Einschätzungsprärogativen" ist verfassungsrechtlich nämlich vor allem bei Prognoseentscheidungen, bevor die Unvereinbarkeit einer Norm mit der Verfassung festgestellt werden kann, ein Beobachtungszeitraum, in dem der Gesetzgeber Zeit hat, Veränderungen objektiv zu erkennen und darauf zu reagieren, geboten.[976] Ein „gewisses zeitliches ‚Nachhinken' der Gesetzgebung" müsse insoweit „in Kauf genommen werden".[977] Denn wenn Veränderungen zum Beispiel aufgrund von Schwankungen und Ungewissheiten für den Gesetzgeber noch nicht deutlich erkennbar sind beziehungsweise ein tatsächlicher Trend noch nicht eindeutig von der Prognose abweicht, die tatsächlichen Veränderungen mithin objektiv betrachtet nicht evident sind, ist dem Gesetzgeber Zeit zu geben, um die Realität beurteilen und eine verfassungsgemäße Regelung schaffen zu können.[978] Sowie die Verfassungswidrigkeit zu einem gegebenen Zeitpunkt (noch) nicht oder nur aus der Perspektive ex post festgestellt werden kann, besteht für den Gesetzgeber – außer der bloßen Obliegenheit zur weiteren Beobachtung – schließlich auch (noch) keine Handlungsnotwendigkeit.[979] Dies dient nebenbei der Rechtssicherheit und

---

974 Die „Figur der Nachbesserungspflicht" aufgrund des Vorgenannten allerdings als „im Grunde überflüssig" bezeichnend s. *Huster*, Zeitschrift für Rechtssoziologie 2003, 3 (10).

975 Vgl. *Mayer*, Die Nachbesserungspflicht des Gesetzgebers, 1996, S. 126 f. In diesen Fällen die bloße Unvereinbarkeit der Norm mit der Verfassung statt der Nichtigkeit befürwortend s. *Klein*, in: Benda/Klein, Verfassungsprozessrecht, 2012, Rn. 1396.

976 *Meßerschmidt*, Gesetzgebungsermessen, 2000, S. 1005; vgl. auch *Augsberg/Augsberg*, Verwaltungsarchiv 2007, 290 (315 f.).

977 BVerfG v. 27.01.1965 – 1 BvR 213/58, 1 BvR 715/58, 1 BvR 66/60, BVerfGE 18, 315 (332).

978 Zu dieser „Lernphase" s. *Breimann*, Typisierungsgerechtigkeit des vereinfachten Ertragswertverfahrens zur Unternehmensbewertung im Erbschaftsteuerrecht, 2014, S. 113.

979 Vgl. *Rüsken*, DStZ 2018, 476 (479 f.).

-kontinuität, da sich die Rechtsanwender nicht auf ständige (kurzfristige) gesetzliche Anpassungen einstellen müssen.[980] Eine Überlegungs- und Reaktionsfrist ist daher insbesondere erforderlich, wenn Normen an sich ständig ändernde Daten oder gesellschaftliche Veränderungen anknüpfen.[981] Umgekehrt liegt dementsprechend aber auch keine Notwendigkeit einer Frist vor, wenn kein Bedarf an der Sammlung weiterer Daten besteht.[982]

Abzugrenzen ist diese objektiv evidente Erkennbarkeit allerdings von der teilweise vorausgesetzten Dauerhaftigkeit von Veränderungen.[983] Die Dauerhaftigkeit ist keine Voraussetzung einer Verfassungswidrigkeit, da es kein Bagatellunrecht gibt und die Verfassungsmäßigkeit einer Norm zu jedem Zeitpunkt bestehen muss.[984] Das heißt, sobald eine Unvereinbarkeit mit der Verfassung evident ist, ist nicht zusätzlich noch eine Bestätigung dieser Unvereinbarkeit durch eine Überprüfung ihrer Nachhaltigkeit vorauszusetzen. Dies ergibt sich zudem daraus, dass der Gesetzgeber Verfassungswidrigkeiten grundsätzlich möglichst schnell beseitigen muss. Unberührt bleiben hingegen die Ausführungen zur Geringfügigkeit, die bei einer bloß temporären Benachteiligung in geringem Umfang die Unvereinbarkeit einer Norm mit der Verfassung gegebenenfalls ohnehin ausschließt.[985]

Erforderlichkeit und Umfang der Überlegungs- und Reaktionsfristen lassen sich nicht allgemein festlegen, sondern sind anhand des jeweiligen Einzelfalls zu beurteilen.[986] Von Bedeutung für die Erkennbarkeit ist insbesondere die verfassungsrechtliche Diskussion einer Norm in Rechtsprechung und Literatur, da diese dem Gesetzgeber die verfassungsrechtlichen Zweifel offenkundig machen.[987] Vor allem im Hinblick auf Prognoseentscheidungen ist die Schwankungsbreite und der relevante Beobachtungszeitraum dieser Schwankungen

---

980 Vgl. hierzu *Mayer*, Die Nachbesserungspflicht des Gesetzgebers, 1996, S. 128.

981 Vgl. ausdrücklich *Brandt*, in: FS Bundesfinanzhof. Band 1, 2018, S. 289 (305 f.); vgl. auch BVerfG v. 12.03.1975 – 1 BvL 15/71 u. a., BVerfGE 39, 169 (191, 194); BVerfG v. 08.06.1993 – 1 BvL 20/85, BVerfGE 89, 15 (27).

982 Vgl. BVerfG v. 08.04.1986 – 1 BvR 1186/83 u. a., BVerfGE 71, 364 (393 f.); vgl. auch *Mayer*, Die Nachbesserungspflicht des Gesetzgebers, 1996, S. 131.

983 Vgl. BVerfG v. 16.05.1961 – 2 BvF 1/60, BVerfGE 12, 341 (353 f.); BVerfG v. 22.05.1963 – 2 BvC 3/62, BVerfGE 16, 130 (141 f.).

984 Vgl. *Baumeister*, Das Rechtswidrigwerden von Normen, 1996, S. 252 ff.

985 S. dazu oben Seite 86 ff.

986 Vgl. BVerfG v. 27.06.1991 – 2 BvR 1493/89, BVerfGE 84, 239 (283 ff.); BVerfG v. 10.04.2018 – 1 BvL 11/14 u. a., BVerfGE 148, 147 (207).

987 Vgl. BVerfG v. 10.04.2018 – 1 BvL 11/14 u. a., BVerfGE 148, 147 (207 ff.).

mindestens ebenso wichtig.[988] Je volatiler und je langfristiger eine Datengrundlage für eine Prognose ausfällt oder in Bezug auf die Langfristigkeit und dem zu regelnden Sachverhalt entsprechend ausfallen muss, desto schwerer fällt nämlich die Erkennbarkeit eines dauerhaften Trends respektive eines Trendwechsels. Dies gilt auch solange Daten und Erfahrungen noch gesammelt und noch nicht ausgewertet werden konnten.[989] Entsprechendes gilt bezüglich der Komplexität von Zusammenhängen.[990] Die Fristen hängen zudem von dem betroffenen Rechtsgut[991], der Intensität des Eingriffs[992] sowie der zu erwartenden Reaktionsgeschwindigkeit des Gesetzgebers[993] ab. Der Zeitpunkt, zu dem eine Norm verfassungswidrig wird, wird somit jedenfalls auf den Ablaufzeitpunkt der Überlegungs- und Reaktionsfristen verschoben.

C Nachbesserungsfristen

Dem Gesetzgeber könnte zusätzlich eine Nachbesserungsfrist zu gewähren sein, die zutreffend auch als „Bearbeitungsfrist“[994] zur Steigerung der „Kooperationsbereitschaft und Reformfreude des Gesetzgebers“[995] bezeichnet wird.

I. Grundlage einer Nachbesserungsfrist

Voraussetzung einer Nachbesserungsfrist ist ein sachlicher Grund, da einer grundlosen Fristgewährung die verfassungsrechtliche Grundlage fehlt – vielmehr würde eine solche die Geltung der Verfassung bis zum Fristablauf ohne Grund suspendieren.[996] Schließlich bewirkt eine Nachbesserungsfrist eine

---

988 Vgl. *Hey*, in: IFSt-Schrift 511, 2016, S. 61 (77).

989 Vgl. BVerfG v. 14.05.1985 – 1 BvR 449/82, 1 BvR 523/82, 1 BvR 728/82, 1 BvR 700/82, BVerfGE 70, 1 (34); BVerfG v. 08.04.1987 – 2 BvR 909/82 u. a., BVerfGE 75, 108 (162).

990 Vgl. BVerfG v. 10.05.1972 – 1 BvR 286/65, 1 BvR 293/65, 1 BvR 295/65, BVerfGE 33, 171 (189 f.); s. allgemein auch BVerfG v. 14.05.1985 – 1 BvR 449/82, 1 BvR 523/82, 1 BvR 728/82, 1 BvR 700/82, BVerfGE 70, 1 (34 f.); BVerfG v. 08.04.1987 – 2 BvR 909/82 u. a., BVerfGE 75, 108 (162); *Stettner*, DVBl 1982, 1123 (1125).

991 Vgl. BVerfG v. 25.02.1975 – 1 BvF 1/74 u. a., BVerfGE 39, 1 (60); BVerfG v. 28.05.1993 – 2 BvF 2/90, 2 BvF 4/92, 2 BvF 5/92, BVerfGE 88, 203 (310).

992 Vgl. *Steinberg*, Der Staat 1987, 161 (170 f.).

993 Vgl. *Hey*, in: IFSt-Schrift 511, 2016, S. 61 (77).

994 *Bernd*, Legislative Prognosen und Nachbesserungspflichten, 1989, S. 147.

995 *Pestalozza*, in: FS Bundesverfassungsgericht. Band 1, 1976, S. 519 (558).

996 Vgl. *Baumeister*, Das Rechtswidrigwerden von Normen, 1996, S. 242 f., 245; vgl. auch BVerfG v. 22.02.1984 – 1 BvL 10/80, BVerfGE 66, 214 (224 f.); BVerfG v. 08.06.1993 – 1 BvL 20/85, BVerfGE 89, 15 (27).

Verschiebung der Folgen einer Unvereinbarkeit mit der Verfassung zulasten der Betroffenen und zugunsten des Gesetzgebers.[997] Lässt sich die Verfassungswidrigkeit beispielsweise durch eine einfache Aufhebung der verfassungswidrigen Norm beseitigen, ist eine Nachbesserungsfrist demgemäß grundsätzlich nicht angemessen.[998]

Das Bundesverfassungsgericht sieht einen solchen Grund zum einen, „wenn sich der Gesetzgeber bei der Neuregelung eines komplexen Sachverhalts zunächst mit einer bestimmten, typisierenden Regelung begnügt, um diese nach hinreichender Sammlung von Erfahrungen zu verbessern", und zum anderen, „wenn die tatsächlichen Verhältnisse sich im Rahmen einer langfristigen Entwicklung so verändert haben, daß eine einfache und schnell zu verwirklichende Anpassung nicht möglich ist", als gegeben an.[999] Die Nachbesserungsfrist dient damit entweder der Sammlung von Daten und Erfahrungen, die anders als bei den Überlegungs- und Reaktionsfristen nicht dazu dienen, Veränderungen sichtbar zu machen, sondern dazu, die Neuregelung vorzubereiten sowie gegebenenfalls stufenweise umzusetzen und vor allem deren Verfassungsmäßigkeit zu ermöglichen, oder zur Vorbereitung einer ohnehin komplexen Neuregelung.[1000] Eine „prophylaktische Nachbesserungspflicht", noch vor der Unvereinbarkeit einer Norm mit der Verfassung, ist schließlich abzulehnen, da vom Gesetzgeber nicht erwartet werden kann, für jede gegebenenfalls verfassungswidrig werdende Norm schon eine verfassungskonforme Alternativnorm bereitzuhalten.[1001]

Eine Nachbesserungsfrist kann zudem helfen, chaotische (Verwaltungs-) Zustände infolge einer sofortigen Nachbesserungspflicht zu verhindern und fiskalische Auswirkungen abzumildern.[1002] Ein weiterer Grund für Nachbesserungsfristen ist auch die Rechtssicherheit für die Steuerpflichtigen[1003] sowie

997 Im Hinblick auf gesetzgeberische Fehlprognosen s. *Meßerschmidt*, Gesetzgebungsermessen, 2000, S. 990; vgl. auch *Mayer*, Die Nachbesserungspflicht des Gesetzgebers, 1996, S. 134.

998 Vgl. BVerfG v. 20.03.1963 – 1 BvR 505/59, BVerfGE 15, 337 (351).

999 BVerfG v. 08.06.1993 – 1 BvL 20/85, BVerfGE 89, 15 (27); vgl. auch BVerfG v. 26.03.1980 – 1 BvR 121/76, 1 BvR 122/76, BVerfGE 54, 11 (37); BVerfG v. 16.11.1982 – 1 BvL 16/75, 1 BvL 36/79, BVerfGE 62, 256 (286).

1000 Vgl. BVerfG v. 10.02.1976 – 1 BvL 8/73, BVerfGE 41, 269 (285 ff.); *Meßerschmidt*, Gesetzgebungsermessen, 2000, S. 1035; *Schindler/Hoppe*, DStR 2020, 2570 (2579).

1001 Vgl. *Mayer*, Die Nachbesserungspflicht des Gesetzgebers, 1996, S. 180.

1002 Vgl. bspw. BVerfG v. 06.03.2002 – 2 BvL 17/99, BVerfGE 105, 73 (134); BVerfG v. 10.04.2018 – 1 BvL 11/14 u. a., BVerfGE 148, 147 (214).

1003 Vgl. *Hey*, Steuerplanungssicherheit als Rechtsproblem, 2002, S. 199.

die Vermeidung bloßer Übergangsregelungen oder erneuter zukünftiger Gesetzesänderungen, die beispielsweise aufgrund zu erwartender unionsrechtlicher Rechtsharmonisierungen notwendig werden[1004] beziehungsweise bei einem schon laufenden umfassenden Reformvorhaben des Gesetzgebers erforderlich würden.[1005] Hingegen kann die Bedeutung der betroffenen Rechtsgüter eine Nachbesserungspflicht auch vollständig ausschließen oder eine sofortige Nachbesserung erfordern.[1006] Außerdem ist die Verfassungsmäßigkeit nicht unter einen „generellen Vorbehalt des Möglichen" zu stellen, stattdessen ist das Mögliche lediglich im Rahmen der Nachbesserungsfrist zu berücksichtigen.[1007]

II. Länge der Nachbesserungsfrist

Da der Gesetzgeber von Verfassungs wegen verpflichtet ist, Verfassungswidrigkeiten so schnell wie möglich zu beseitigen, muss die Nachbesserungsfrist entsprechend so kurz wie möglich ausfallen. Gleichzeitig ist die Frist umso kürzer, je intensiver der Verfassungsverstoß ist.[1008] Allerdings zeigt gerade die ältere Rechtsprechung des Bundesverfassungsgerichts, dass auch Zeiträume von mehr als acht[1009], zwölf[1010] oder 14[1011] Jahren bei komplexen Gesetzgebungsverfahren (zum Beispiel im Rahmen der Wiedervereinigung) verfassungsrechtlich möglich sind. In der älteren Literatur wurden Fristen von einem bis zehn Jahren als angemessen angesehen, um den Verfassungsaufträgen des Grundgesetzes nachzukommen.[1012] In den neueren Grundsatzentscheidungen zur Vermögensteuer, zur Erbschaftsteuer sowie zur Grundsteuer wurden – trotz der Komplexitäten der erforderlichen Neuregelungen – hingegen Nachbesserungsfristen von nur noch circa eineinhalb Jahren als angemessen festgesetzt.[1013] Damit einhergehend

---

1004 Vgl. BVerfG v. 19.03.1974 – 1 BvR 416/68, 1 BvR 767/68, 1 BvR 779/68, BVerfGE 37, 38 (57).

1005 Vgl. BVerfG v. 20.12.1966 – 1 BvR 320/57, 1 BvR 70/63, BVerfGE 21, 12 (40 ff.); BVerfG v. 10.02.1976 – 1 BvL 8/73, BVerfGE 41, 269 (283 ff.); BVerfG v. 21.06.2006 – 2 BvL 2/99, BVerfGE 116, 164 (196 f.).

1006 Vgl. *Meßerschmidt*, Gesetzgebungsermessen, 2000, S. 1009.

1007 BVerfG v. 06.03.2002 – 2 BvL 17/99, BVerfGE 105, 73 (132).

1008 Vgl. *Hey*, Steuerplanungssicherheit als Rechtsproblem, 2002, S. 200.

1009 Vgl. BVerfG v. 20.12.1966 – 1 BvR 320/57, 1 BvR 70/63, BVerfGE 21, 12 (42).

1010 Vgl. BVerfG v. 24.06.1992 – 1 BvR 459/87, 1 BvR 467/87, BVerfGE 86, 369 (379 ff.).

1011 Vgl. BVerfG v. 05.11.1991 – 1 BvR 1256/89, BVerfGE 85, 80 (92).

1012 Bzgl. der Verfassungsaufträge des Grundgesetzes s. *Kalkbrenner*, DÖV 1963, 41 (44).

1013 Vgl. BVerfG v. 22.06.1995 – 2 BvL 37/91, BVerfGE 93, 121 (148); BVerfG v. 17.12.2014 – 1 BvL 21/12, BVerfGE 138, 136 (251); BVerfG v. 10.04.2018 – 1 BvL

haben sich in der Rechtsprechung des Bundesverfassungsgerichts auch konkrete Stichtage statt vager Verfassungsmäßigkeitszeiträume durchgesetzt.[1014] In der Entscheidung zur Grundsteuer wurde die Neuregelungsfrist jedoch noch um eine fünfjährige Umsetzungsfrist ergänzt, um der besonderen Komplexität und dem hohen finanziellen wie personellen Umsetzungsaufwand gerecht zu werden.[1015]

Für die Länge der Frist sind – auf die zuvor dargelegten Grundlagen zurückgreifend – somit die Komplexität der Neuregelung in Verbindung mit bereits laufenden Gesetzesreformen sowie der Zeitpunkt des erstmaligen Rechtswidrigwerdens in der Vergangenheit von Bedeutung.[1016] Zu lange sowie zu kurze Fristen stellen aufgrund der Verfassungsbindung selbst Verstöße gegen die Verfassung dar.[1017] Billigkeitsregelungen im Steuerrecht, wie beispielsweise §§ 163, 227 AO, können die Verfassungswidrigkeit einer Norm aufgrund von Realitätsferne zwar regelmäßig nicht verhindern, weil sie lediglich Härten im Einzelfall ausgleichen, die der steuerrechtlichen Wertentscheidung des Gesetzgebers nicht entsprechen und damit zu einem vom Gesetzgeber nicht gewollten Ergebnis führen würden.[1018] Aber sie können eine längere Nachbesserungsfrist begründen, da die Auswirkungen der Verfassungswidrigkeit wegen der Billigkeitsregelungen ohnehin nicht vom Steuerpflichtigen getragen werden müssen

---

11/14 u. a., BVerfGE 148, 147 (211, 213). Dabei ist zwischen Unvereinbarkeitserklärungen mit befristeter Fortgeltungsanordnung (Vermögensteuer) und Unvereinbarkeitserklärungen mit unbefristeter Fortgeltungsanordnung aber befristetem Gesetzgebungsauftrag (Erbschaftsteuer) zu unterscheiden, vgl. *Werth*, in: FS Bundesfinanzhof. Band 1, 2018, S. 535 (540 ff., 542). Während es sich bei der zweiten Variante um eine reine Nachbesserungsfrist handelt, setzt das Bundesverfassungsgericht in der ersten Variante vielmehr eine Rechtsfortgeltungsfrist mit anschließender sofortiger Nachbesserungspflicht ohne (erneute) Frist, vgl. *Mayer*, Die Nachbesserungspflicht des Gesetzgebers, 1996, S. 181. S. auch *Hey*, in: FS Bundesfinanzhof. Band 1, 2018, S. 451 (462), die darauf verweist, dass sogar die ex-tunc-Wirkung im Steuerrecht wieder an Bedeutung gewinne. Allerdings ist die Entscheidung zur Grundsteuer danach wieder mit Nachbesserungsfrist ohne Rückwirkung ergangen.

1014 Die Scheu vor Stichtagen feststellend s. noch *Pestalozza*, in: FS Bundesverfassungsgericht. Band 1, 1976, S. 519 (558).

1015 Vgl. BVerfG v. 10.04.2018 – 1 BvL 11/14 u. a., BVerfGE 148, 147 (215 f.).

1016 S. dahingehend bereits *Pestalozza*, in: FS Bundesverfassungsgericht. Band 1, 1976, S. 519 (559).

1017 Vgl. *Mayer*, Die Nachbesserungspflicht des Gesetzgebers, 1996, S. 183 f.

1018 Vgl. BFH v. 28.11.2016 – GrS 1/15, BStBl. II 2017, 393 (403); s. hierzu auch bereits oben Seite 84 ff.

und die Folgentragung der verzögerten Nichtigkeit mithin nicht zulasten der Steuerpflichtigen geht. Dem entgegengesetzt können vorläufige Regelungen der Finanzverwaltung, die der Anwendung einer gegebenenfalls verfassungswidrigen Norm bereits entgegenwirken (zum Beispiel Aussetzungen der Vollziehung oder vorläufige Steuerfestsetzungen), die Nachbesserungsfrist auch verkürzen, da die Nichtanwendung der Norm bereits praxistauglich umgesetzt wird.[1019] Außerdem kann bei einer rückwirkenden Nachbesserung eine längere Frist gelten, da die Unvereinbarkeit mit der Verfassung ohnehin vollständig geheilt wird.[1020]

III. Beginn der Nachbesserungsfrist

Nicht überzeugen kann abschließend die Ansicht, wonach eine Nachbesserungsfrist jedenfalls erst mit einer Appellentscheidung des Bundesverfassungsgerichts, in der es das Rechtswidrigwerden einer Regelung anmahnt und den Gesetzgeber zum Handeln auffordert,[1021] zu laufen beginne, da Normen, die verfassungswidrig sind, keine weitergehende Suspendierung der Verfassung zugunsten einer Nachbesserungsfrist gewährt werden darf, nur weil das Bundesverfassungsgericht hierzu bislang keine Entscheidung getroffen hat.[1022] Vielmehr hat der Gesetzgeber die Verfassungsmäßigkeit der Gesetze sicherzustellen und dies nicht nur infolge eines Appells des Bundesverfassungsgerichts.[1023] So hat auch das Bundesverfassungsgericht die verhältnismäßig kurze Frist von nur anderthalb Jahren zur Neuregelung der Grundsteuer damit begründet, dass die Steuer bereits seit überlanger Dauer mit der Verfassung unvereinbar sei.[1024]

Fristbeginn ist mithin der Zeitpunkt, zu dem das Rechtswidrigwerden der Norm durch die objektive Erkennbarkeit der entscheidenden Veränderungen der Normengrundlage eintritt, das heißt nach einer gegebenenfalls gebotenen Überlegungs- und Reaktionsfrist.[1025]

1019 Vgl. BVerfG v. 09.12.2008 – 2 BvL 1/07, 2 BvL 2/07, 2 BvL 1/08, 2 BvL 2/08, BVerfGE 122, 210 (246); BVerfG v. 06.07.2010 – 2 BvL 13/09, BVerfGE 126, 268 (285 f.).

1020 Vgl. *Mayer*, Die Nachbesserungspflicht des Gesetzgebers, 1996, S. 180.

1021 Zu den Appellentscheidungen s. bspw. *Baumeister*, Das Rechtswidrigwerden von Normen, 1996, S. 198 f.; *Werth*, in: FS Bundesfinanzhof. Band 1, 2018, S. 535 (539).

1022 S. dahingehend im Ergebnis auch *Hey*, in: FS Bundesfinanzhof. Band 1, 2018, S. 451 (462). Dies allerdings so vertretend s. *Steinberg*, Der Staat 1987, 161 (171 f., 184 ff.).

1023 Vgl. *Bernd*, Legislative Prognosen und Nachbesserungspflichten, 1989, S. 148.

1024 Vgl. BVerfG v. 10.04.2018 – 1 BvL 11/14 u. a., BVerfGE 148, 147 (215).

1025 Vgl. auch noch *Bernd*, Legislative Prognosen und Nachbesserungspflichten, 1989, S. 148.

IV. Zusammenfassung

Nachbesserungsfristen bedürfen eines besonderen Grundes, da die Verfassungsmäßigkeit einer Norm nicht grundlos suspendiert werden darf. Ein solcher kann darin liegen, dass komplexe Sachverhalte zu regeln und beispielsweise Daten zu sammeln sind, um die Neuregelung vorzubereiten und umzusetzen. Zudem dienen Nachbesserungsfristen dazu, fiskalische Auswirkungen abzumildern, chaotische (Verwaltungs-)Zustände zu verhindern oder Rechtssicherheit für die Steuerpflichtigen zu schaffen, indem unter anderem bloße Übergangsregelungen vermieden werden. Dennoch ist die Verfassungsmäßigkeit nicht allgemein unter einen Vorbehalt des Möglichen zu stellen.

Die Fristlänge hängt maßgeblich von deren Rechtfertigungsgrund, mithin vor allem von der Komplexität der Neuregelung ab. Billigkeitsmaßnahmen sowie eine rückwirkende Neuregelung können längere Fristen begründen. Fristbeginn ist jedenfalls der Zeitpunkt, zu dem die Norm infolge objektiver Erkennbarkeit der entscheidenden Veränderungen ihrer Grundlagen rechtswidrig wird.

Kapitel 6: Thesenhafte Zusammenfassung

Aus alledem lässt sich die Realitätsgerechtigkeit im Steuerrecht thesenhaft zusammenfassen:

1. Die objektive Realitätsgerechtigkeit ist notwendige Voraussetzung eines Steuerrechts, das gerecht am Leistungsfähigkeits- sowie Folgerichtigkeitsprinzip ausgerichtet ist (Seite 45 ff.). Damit ist sie Grundlage jeder Steuernorm (Seite 50 f.). Die steuerrechtlichen Typisierungen müssen demnach kontextbezogen an die (wahrscheinlich) typische wirtschaftliche Gesamtrealität anknüpfen, die mithilfe empirischer Daten zu ermitteln respektive als Bandbreite vernünftiger Regelfallwerte zu bestimmen ist (Seite 53 ff.). In Verbindung mit der Zeitgerechtigkeit kann Realität dabei nur eine zum Stichtag real vergleichbare Erfassung der Regelfallwerte bedeuten (Seite 110 ff.).

Zur Bestimmung des Regelfalls kommt es entscheidend auf das objektiv-sachliche Regelfallkonzept der Typisierung an (Seite 67 ff.). Voraussetzung einer Typisierung ist, dass der Regelfall zumindest objektiv bestimm- und begründbar ist (Seite 72 ff.).

2. Das Gebot der Realitätsgerechtigkeit erlaubt eine Streubreitengleichheit, wonach die typisierten Sachverhalte wenigstens in der Breite absolut realitätsgerecht wiedergegeben werden müssen (Seite 106 ff.). Sind die steuerrechtlichen Typisierungen im Sinne der Steuergerechtigkeit „unerträglich", was insbesondere im Falle strukturell realitätsferner Typisierungen der Fall ist, so verstoßen diese gegen den Gleichheitssatz. Schwellenwerte für die „Unerträglichkeit" sind in der Rechtsprechung des Bundesverfassungsgerichts einzelfallabhängig (Seite 103 ff.). Gleichwohl existiert eine Streubreitentoleranz in Höhe von 20 Prozent um den tatsächlichen Marktwert. Als Kompromiss zwischen Praktikabilität und Einzelfallgerechtigkeit nivelliert dieser Korridor die Schwankungen am Markt und bildet die Bandbreite realitätsgerechter Typisierungen ab (Seite 107 f.).

Eine grundsätzlich weitere Bandbreite für die Realitätsgerechtigkeit der Typisierungen gilt allgemein, wenn die steuerlichen Auswirkungen der Typisierungen nur geringfügig sind, Ungleichbehandlungen nur in besonderen Ausnahmefällen auftreten, die Realität durch erhöhte Komplexitäten/Unsicherheiten geprägt ist oder der Gesetzgeber respektive die Steuerpflichtigen hinsichtlich des typisierten Regelungsgegenstands ohnehin über einen weiten Gestaltungsspielraum beziehungsweise weitreichende gesetzliche Ausweichmöglichkeiten verfügen (Seite 84 ff.). Insbesondere im Steuerrecht können sich außerdem aus den §§ 163,

227 AO weitere Bandbreiten ergeben (Seite 89 f.). Engere Bandbreiten gelten hingegen regelmäßig für steuerliche Nebenleistungen oder bei unstreitigen/einfachen Sachverhaltsfeststellungen sowie wenn ein sachgerechter Vergleichsmaßstab bereits vorliegt (Seite 101 ff.).

3. Die Realitätsgerechtigkeit ist Teil des Gerechtigkeitsmaßstabs und Maßstabsabweichungen werden auf dieser ersten Ebene anhand des bloßen Willkürverbots beurteilt (Seite 141 ff.). Für die Abweichungen steuerrechtlicher Typisierungen von der Realitätsgerechtigkeit und die dadurch entstehenden Ungleichbehandlungen ist hingegen die zweite Ebene von Bedeutung (Seite 146 ff.). Entscheidend ist hier der stufenlose am Grundsatz der Verhältnismäßigkeit orientierte verfassungsrechtliche Prüfungsmaßstab, der anhand der Intensität der Ungleichbehandlungen, wobei die Zentralität der Typisierung und die Auslegungsoffenheit als Indizien dienen können, der Nähe zum speziellen Gleichheitssatz des Art. 3 Abs. 3 GG, einer Beeinträchtigung der freiheitsrechtlichen Grundrechtswahrnehmung sowie der Beeinflussbarkeit oder Verfügbarkeit der Differenzierungsmerkmale für den Einzelnen zu bestimmen ist.

4. Als Rechtfertigungsgründe für steuerrechtliche Typisierungen kommen allgemein vor allem Sozialzwecke, unter der Voraussetzung der gleichheitsgerechten Gemeinwohlförderung und einer dahingehenden erkennbaren gesetzgeberischen Entscheidung (Seite 164 ff.), sowie Vereinfachungszwecke, wie die allgemeine Praktikabilität und die Verhältnismäßigkeit des Verwaltungsaufwands in Betracht (Seite 171 ff.); außerdem sind die Missbrauchsbekämpfung (Seite 183 ff.), die Rechtssicherheit (Seite 186 f.), der Persönlichkeitsschutz (Seite 187 ff.) sowie eine Saldierung von Vor- und Nachteilen (Seite 189 f.) zu bedenken.
Abweichungen vom Gebot der Realitätsgerechtigkeit sind hinsichtlich der steuerrechtlichen Typisierungen besonders mit Vereinfachungszwecken (Seite 181 f.) und mit der Rechtssicherheit im Sinne von Rechtskontinuität (Seite 186 f.) zu rechtfertigen.

5. Statt der Nichtigkeit kommt bei Gleichheitssatzverstößen regelmäßig die bloße Unvereinbarkeitserklärung mit der Verfassung in Betracht, die gleichwohl voraussetzt, dass die Wiederherstellung des verfassungsgemäßen Rechtszustands einer alternativen Rechtsfolge zur Nichtigkeit bedarf (Seite 191 ff.). Der Zeitpunkt der Unvereinbarkeit einer steuerrechtlichen Typisierung hängt von den dem Gesetzgeber zu gewährenden Überlegungs- und Reaktionsfristen ab (Seite 198 ff.). Diese stellen auf die Erkennbarkeit von (komplexen) Grundlagenveränderungen im Einzelfall ab, die zur Unvereinbarkeit der Typisierung führen. Dabei ist auch das betroffene Rechtsgut, die Intensität des Eingriffs sowie die zu

erwartende Reaktionsgeschwindigkeit des Gesetzgebers von Bedeutung für die Fristsetzung.
Hinzukommen können bei der Neuregelung komplexer Sachverhalte Nachbesserungsfristen, die mit dem eigentlichen Rechtswidrigwerden der Norm infolge der objektiven Erkennbarkeit der entscheidenden Veränderungen der Normengrundlage beginnen (Seite 201 ff.). Sie können vor allem notwendig sein, um chaotische (Verwaltungs-)Zustände zu verhindern, fiskalische Auswirkungen abzumildern, Rechtssicherheit für die Steuerpflichtigen zu erhöhen oder bloße Übergangsregelungen sowie (erneute) zukünftige Gesetzesänderungen zu vermeiden. Während die Fristlänge allgemein von deren Rechtfertigungsgrundlage abhängig ist, können Billigkeitsregelungen im Steuerrecht ebenso wie rückwirkende Nachbesserungen zu längeren Nachbesserungsfristen führen (Seite 203 ff.).

Teil 2: Zinsen im Steuerschuldverhältnis

In Zeiten sogenannter Niedrigzinsen[1026] ist die Frage nach der Realitätsgerechtigkeit der Zinssatztypisierung in § 238 Abs. 1 Satz 1 AO, worin der Zinssatz für die Verzinsungen im Steuerschuldverhältnis seit Jahrzehnten einheitlich auf 0,5 Prozent pro Monat fixiert wird, ganz besonders aktuell. Dies verdeutlichen auch die zahlreichen zuletzt zu § 238 AO ergangenen Rechtsprechungsentscheidungen sowie die noch anhängigen Verfahren beim Bundesverfassungsgericht und beim Bundesfinanzhof.[1027]

Die Erkenntnisse des voranstehenden Teils sollen daher nachfolgend auf die Zinssatztypisierung im Steuerschuldverhältnis angewandt und dessen Realitätsgerechtigkeit umfassend gewürdigt werden.

1026 Zu den Niedrigzinsen s. bspw. das Dossier vom Bundesverband Deutscher Banken, https://bankenverband.de/dossier/niedrigzinsen (abgerufen am 25.02.2020).

1027 Zu den ergangenen Entscheidungen s. ausführlich unten Seite 287 ff. Anhängige BVerfG-Verfahren zu §§ 233a, 238 AO s. 1 BvR 2237/14 und 1 BvR 2422/17. Anhängige bzw. ausgesetzte BFH-Verfahren zu §§ 233a, 238 AO s. bspw. III R 25/17, VIII R 36/16 und IX R 42/17. Anhängiges bzw. ausgesetztes BFH-Verfahren zu §§ 237, 238 AO s. bspw. X R 15/17.

Kapitel 7: Steuerrechtliche Einordnung der Zinsen

Weil eine Legaldefinition der „Zinsen" in sämtlichen Gesetzen der Bundesrepublik Deutschland fehlt[1028] und auch die Abgabenordnung Zinsen lediglich als steuerliche Nebenleistungen (§ 3 Abs. 4 Nr. 4 und 8 AO) normiert, sind Zinsen – als Grundlage für die weiteren Überlegungen –zunächst (steuer-)rechtlich einzuordnen. Dazu wird die rechtliche Zinsdefinition herausgearbeitet und die Eingliederung der Zinsen in das steuerliche Abgabensystem verdeutlicht. Abschließend ist zu analysieren, ob das Gebot der Realitätsgerechtigkeit hinsichtlich der Steuern gemäß § 3 Abs. 1 AO und der steuerlichen Nebenleistungen gemäß § 3 Abs. 4 AO unterschiedliche Maßstäbe erfordert, wie es die jüngere Steuerrechtsprechung[1029] nahelegen könnte.

A Zinsdefinitionen

Die Definition der Zinsen erfolgt in diesem Zusammenhang in drei Schritten: Von der Zinsdefinition des Bundesgerichtshofs ausgehend ist die steuerrechtliche Zinsdefinition darzulegen, die aufgrund der wirtschaftlichen Betrachtungsweise im Steuerrecht abschließend um ein ökonomisches Zinsverständnis zu ergänzen ist.

I. Zinsdefinition des Bundesgerichtshofs

In seiner älteren Rechtsprechung definierte der Bundesgerichtshof „Zinsen im Rechtssinn" als „wiederkehrende Vergütungen für den Gebrauch eines Kapitals, die nach Bruchteilen dieses Kapitals berechnet und im voraus dem Betrage nach bestimmt" seien.[1030]

1028 Dies feststellend s. bspw. *Mülbert*, AcP 192, 447 (459); *Gipper*, WPg 2015, 1011 (1013); *Omlor*, in: Staudinger, BGB, 2016, § 246 Rn. 21; *Bergkemper*, in: Herrmann/Heuer/Raupach, EStG/KStG, 2018, § 9 EStG Rn. 360; *Grundmann*, in: Münchener Kommentar, BGB, 2019, § 246 Rn. 3.

1029 BVerfG v. 03.09.2009 – 1 BvR 2539/07, BFH/NV 2009, 2115; BFH v. 09.11.2017 – III R 10/16, BStBl. II 2018, 255.

1030 BGH v. 20.11.1970 – V ZR 71/68, MDR 1971, 203 (203); s. dahingehend bereits RG v. 07.05.1915 – II 36/15, RGZ 86, 399 (400 f.); RG v. 30.09.1927 – II 40/27, RGZ, 118, 152 (155); RG v. 29.01.1942 – II 118/41, RGZ 168, 284 (285); vgl. so auch noch

Diese Auffassung änderte sich jedoch mit der Bestimmung des Zinsbegriffs durch *Canaris*, nach dem eine „fortlaufende Entrichtung der Zinsen" ebenso wenig erforderlich sei wie das Erfordernis „in einem im voraus bestimmten Bruchteile der geschuldeten Menge ausgedrückt" zu werden, da ein Zins auch vorliege, wenn die Zinsen in einer Summe gezahlt werden oder beispielsweise von einem Referenzzinssatz abhängig gemacht würden.[1031] Stattdessen komme es vielmehr auf die Gewinn- und Umsatzunabhängigkeit sowie die Laufzeitabhängigkeit an, um den Zinsbegriff von Gewinnbeteiligungen abzugrenzen und von dem entscheidenden Kapitalgebrauch abhängig zu machen.[1032] Der Zins ist deswegen nach *Canaris* bereits für die bloße Möglichkeit des Kapitalgebrauchs zu entrichten.[1033]

Der Zinsdefinition *Canaris* folgend sind laut neuerer Rechtsprechung des Bundesgerichtshofs Zinsen im Sinne des zivilrechtlichen Verständnisses seither die „für die Überlassung des Kapitals verlangte gewinnunabhängige und umsatzunabhängige, aber von der Laufzeit bestimmte geldliche Vergütung"[1034] beziehungsweise das entsprechende „Entgelt für die entbehrte Kapitalnutzung"[1035].

Flume, DB 1985, 9 (9). Zu den Differenzen s. *Omlor*, in: Staudinger, BGB, 2016, § 246 Rn. 23.

1031 *Canaris*, NJW 1978, 1891 (1891 m. w. N.); vgl. auch *Belke*, BB 1968, 1219 (1220 ff.), der das Merkmal der Periodizität bereits hinterfragte. Die Möglichkeit der Anknüpfung an einen Referenzzinssatz wurde bereits vom Reichsgericht gesehen, vgl. nur RG v. 30.09.1927 – II 40/27, RGZ, 118, 152 (156).

1032 Vgl. *Canaris*, NJW 1978, 1891 (1892).

1033 Vgl. *Canaris*, NJW 1978, 1891 (1892); s. zustimmend bspw. *Arnold*, in: Soergel, BGB, 2014, § 246 Rn. 5 f.

1034 BGH v. 16.11.1978 – III ZR 47/77, NJW 1979, 540 (541) unter Bezugnahme auf *Canaris*, NJW 1978, 1891 (1892); vgl. bspw. auch BGH v. 09.11.1978 – III ZR 21/77, NJW 1979, 805 (806); BGH v. 29.06.1979 – III ZR 156/77, NJW 1979, 2089 (2090); BGH v. 13.05.2014 – XI ZR 405/12, BGHZ 201, 168 (184); vgl. hierzu bspw. auch noch *Schmidt*, JZ 1982, 829 (831); *Mülbert*, AcP 192, 447 (459); *Bezzenberger*, WM 2002, 1617 (1617 f.); *Arnold*, in: Soergel, BGB, 2014, § 246 Rn. 3, 6 ff.; *Schaub*, in: Erman, BGB, 2017, § 246 Rn. 3; *Omlor*, in: Staudinger, BGB, 2016, § 246 Rn. 23; *Grundmann*, in: Münchener Kommentar, BGB, 2019, § 246 Rn. 4; *Grüneberg*, in: Palandt, BGB, 2020, § 246 Rn. 2.

1035 BGH v. 08.11.1984 – III ZR 132/83, NJW 1985, 730 (731); vgl. bspw. auch BGH v. 20.05.1985 – VII ZR 266/84, BGHZ 94, 330 (333); BAG v. 07.03.2001 – GS 1/00, BAGE 97, 150 (165); vgl. hierzu auch *Mülbert*, AcP 192, 447 (459).

II. Steuerrechtliche Zinsdefinition

Der Bundesfinanzhof bezieht sich bei der Definition der Zinsen zum einen auf diese Rechtsprechung des Bundesgerichtshofs, wonach Zinsen „nach der Laufzeit bemessene gewinnunabhängige und umsatzunabhängige Vergütungen für die Überlassung von Kapital“[1036] seien, wobei die Zinsen „das Bestehen einer auf die Hauptleistung gerichteten Kapitalschuld voraus[setzten], neben der sie eine Nebenleistung bilden [und es] nicht begriffsnotwendig [sei], daß Zinsen fortlaufend entrichtet werden, sie könn[t]en auch sogleich für die gesamte Nutzungsdauer berechnet und vom Kapital abgezogen werden“.[1037] Zum anderen definiert der Bundesfinanzhof Zinsen aus Sicht des Zinsschuldners als „diejenigen Leistungen des Schuldners an den Gläubiger [...], die das Entgelt für die Nutzung des Kredits darstellen“[1038] oder „Aufwendungen, die ein Gewerbetreibender für die Nutzung des seinem Gewerbebetrieb längere Zeit dienenden Fremdkapitals macht“[1039]. Zinsen seien daher „Beträge, die nach dem allgemeinen Sprachgebrauch als Zinsen anzusprechen“ seien und da „das bürgerliche Recht keine Legaldefinition des Begriffs Zinsen kennt, sondern von dem allgemein üblichen Begriff ausgeht“, seien „unter Zinsen nur Nutzungsvergütungen für die Überlassung eines Kapitals zu verstehen, die regelmäßig nach der Höhe und nach der Nutzungsdauer des Kapitals bemessen sind“[1040] beziehungsweise „Leistungen in Geld oder Geldeswert, die ein Schuldner für die Überlassung (Nutzung) von Kapital an den Gläubiger zu erbringen hat“[1041]. Entscheidend ist folglich – unabhängig von Bezeichnung, Ausgestaltung, Zahlungsart, Berechnungsgrundlage respektive der vermeintlichen Rechtsgrundlage (Vertrag, Gesetz oder Urteil) – der wirtschaftliche Leistungsgehalt,[1042] sodass Zinsen auch nicht als im

---

1036 BFH v. 03.10.1984 – II R 194/82, BStBl. II 1985, 73 (73); vgl. hierzu bspw. auch noch *Buge*, in: Herrmann/Heuer/Raupach, EStG/KStG, 2014, § 20 EStG Rn. 232; *v. Beckerath*, in: Kirchhof/Seer, EStG, 2019, § 20 Rn. 114.

1037 BFH v. 13.10.1987 – VIII R 156/84, BStBl. II 1988, 252 (255).

1038 BFH v. 26.06.1963 – I 351/60 U, BStBl. III 1963, 386 (387).

1039 BFH v. 23.02.1966 – VI 209/63, BStBl. III 1966, 375 (376).

1040 BFH v. 23.02.1966 – VI 209/63, BStBl. III 1966, 375 (376).

1041 BFH v. 06.07.1973 – VI R 379/70, BStBl. II 1973, 868 (868).

1042 Vgl. BFH v. 29.01.2002 – VIII B 47/01, BFH/NV 2002, 780 (780 f.); *Weber-Grellet*, in: Schmidt, EStG, 2017, § 20 Rn. 103; vgl. auch *Buge*, in: Herrmann/Heuer/Raupach, EStG/KStG, 2014, § 20 EStG Rn. 232; *Bergkemper*, in: Herrmann/Heuer/Raupach, EStG/KStG, 2018, § 9 EStG Rn. 360; *v. Beckerath*, in: Kirchhof/Seer, EStG, 2019, § 20 Rn. 114; vgl. dazu auch bereits RFH v. 13.09.1938 – I 275/38, RFHE 45, 23 (24), wonach der „sachliche Inhalt einer Leistung“ entscheidend sei.

Voraus unveränderlich bestimmbarer Bruchteil des Kapitals festgelegt werden müssten.[1043]

Das steuerrechtliche Zinsverständnis beruht somit auf dem zivilrechtlichen Zinsbegriff, geht jedoch wegen seines wirtschaftlichen Verständnisses und der teilweisen Loslösung von der rechtlichen Grundlage über diesen hinaus.[1044] Diese wirtschaftliche Betrachtungsweise, die zum Teil ausdrücklich aus den Steuergesetzen selbst folgt (§ 1 Abs. 2 StAnpG[1045] und § 39 Abs. 2 AO), ergibt sich speziell für das Steuerrecht aus dem Prinzip der Besteuerung nach der wirtschaftlichen Leistungsfähigkeit, die eine wirtschaftliche Betrachtung erfordert.[1046] Für die Nominaldefinition des Zinses ist daher auch noch der ökonomische Zinsbegriff zu berücksichtigen.

Volkswirtschaftlich wird der Zins allgemein als Kompensation der Unsicherheit und Risiken für „die Wertdifferenz [oder Preisabschlag[1047]] zwischen gegenwärtigen und künftigen Gütern“[1048] beziehungsweise der Geldzins in Abhängigkeit von der allgemeinen Preisentwicklung als Realzins plus Preissteigerung definiert („Fisher-Gleichung“[1049]). Davon abgeleitet wird der Zins

---

1043 Vgl. hierzu auch noch *Köster*, in: Lenski/Steinberg, GewStG, 2019, § 8 Nr. 1 Buchst. a Rn. 258 ff.

1044 Vgl. *Bergkemper*, in: Herrmann/Heuer/Raupach, EStG/KStG, 2018, § 9 EStG Rn. 360; vgl. zum abgeleiteten Zinsbegriff der AO bspw. *Loose*, in: FS Kruse, 2001, S. 295 (296); *Heuermann*, in: Hübschmann/Hepp/Spitaler, AO/FGO, 2015, § 233 AO Rn. 4.

1045 Steueranpassungsgesetz v. 16.10.1934, RGBl. I 1934, 925.

1046 Vgl. *Tipke*, StuW 2007, 201 (206 f.); *Reimer*, in: FS Bundesfinanzhof. Band 1, 2018, S. 227 (232 f.); *Schanz*, in: FS Bundesfinanzhof. Band 1, 2018, S. 679 (695). Zum „Leistungsfähigkeitsprinzip“ s. oben Seite 37 ff. Zur wirtschaftlichen Betrachtungsweise als allgemeinem Auslegungsgrundsatz s. BVerfG v. 24.01.1962 – 1 BvR 232/60, BVerfGE 13, 318 (328 f.); BVerfG v. 27.12.1991 – 2 BvR 72/90, BStBl. II 1992, 212 (214); BVerfG v. 06.03.2002 – 2 BvL 17/99, BVerfGE 105, 73 (114 f.). Das Weglassen der Auslegungsregelungen in der AO 1977 (Abgabenordnung v. 16.03.1976, BGBl. I 1976, 613) ist nicht als Abkehr von der wirtschaftlichen Betrachtungsweise zu verstehen, da es sich bei der Berücksichtigung des wirtschaftlichen Sinns und Zwecks der Gesetze sowie der Entwicklung der Verhältnisse um einen Auslegungsgrundsatz handelt, der keiner Kodifikation bedarf, vgl. bspw. *Eibelshäuser*, DStR 2002, 1426 (1427); *Wernsmann*, in: Hübschmann/Hepp/Spitaler, AO/FGO, 2015, § 4 AO Rn. 10; *Schanz*, in: FS Bundesfinanzhof. Band 1, 2018, S. 679 (694 f.).

1047 Vgl. *v. Mises*, Nationalökonomie, 1940, S. 474.

1048 *V. Böhm-Bawerk*, Kapital und Kapitalzins. Positive Theorie des Kapitales, 1921, S. 362.

1049 Vgl. *Fisher*, Die Zinstheorie, 1932, S. 35 f. Zur Bezeichnung als „Fisher-Gleichung“ s. bspw. *Moritz*, Geldtheorie und Geldpolitik, 2012, S. 121.

auch als Preis für eine Güternutzung und als Kompensation für die Nutzung von Kapital beschrieben,[1050] womit der Zins das Ergebnis eines „intertemporalen Tauschs“ ist, der gegenwärtiges und zukünftiges Wirtschaften miteinander verknüpft.[1051] Etwas präziser wird der Zins daher heute in der Volkswirtschaftslehre als Preis für die zeitweise/befristete (selten unbefristete[1052]) Überlassung von Vermögensgegenständen, insbesondere Kapital oder Geld aber auch von Realkapital,[1053] beschrieben.[1054] Es ist jedoch auch möglich, Zinsen lediglich als (Gleichgewichts-)Preis auf dem Geld- respektive Kapitalmarkt zu bestimmen, denn der Zins steuert die Verteilung von Geld, indem er das Angebot an und die Nachfrage nach Geld beziehungsweise Kapital ausgleicht.[1055] Die Zinsen als Vergütung des Kapitalgebers müssen folglich höher sein als der Ertrag, den der Kapitalgeber bei eigener Verwendung erzielen könnte.[1056]

Sämtliche Definitionen des Zinses umfassen jedenfalls sowohl den Zinssatz als den Prozentsatz der überlassenen Geldsumme pro Zeiteinheit als auch den Zinsbetrag in Geldeinheiten[1057] und gemeinsam ist allen Definitionen auch, dass der Zins ein Bindeglied zwischen dem monetären und dem realen Sektor bildet, da der Zins (monetär) die gesamtwirtschaftliche Investitionstätigkeit (real) beeinflusst.[1058] Am ehesten lässt sich der Zins folglich ökonomisch definieren

---

1050 Vgl. *Walker*, Money in its relations to trade and industry, 1880, S. 80; *Lutz/Niehans*, in: Albers et al., Handwörterbuch der Wirtschaftswissenschaft (HdWW). Band 2, 1980, S. 530 (531).

1051 *Schefold*, FAZ (online) v. 24.12.2014, abrufbar unter https://www.faz.net/-hut-7xsbg (abgerufen am 01.12.2019); vgl. auch *Issing*, Einführung in die Geldtheorie, 2011, S. 94.

1052 So definierend s. Duden Wirtschaft von A bis Z, 2016, S. 418 (Stichwort „Zins“).

1053 In diesen Fällen wird der Zins zumeist als Miet- oder Pachtzins bezeichnet, vgl. Der Brockhaus Wirtschaft, 2008, S. 698 (Stichwort „Zins“).

1054 Vgl. Gabler Volkswirtschafts-Lexikon, 1990, S. 1021 (Stichwort „Zins“); Der Brockhaus Wirtschaft, 2008, S. 698 (Stichwort „Zins“); *Woll*, Wirtschaftslexikon, 2008, S. 858 (Stichwort „Zins“); *Budzinski et al.*, in: Gabler Wirtschaftslexikon, Stichwort „Zinsen“, abrufbar unter https://wirtschaftslexikon.gabler.de/definition/zinsen-47990/version-271249 (abgerufen am 01.12.2019).

1055 Vgl. *Blanchard*, Macroeconomics, 2013, S. 92; *Gantenbein/Spremann*, Zinsen, Anleihen, Kredite, 2014, S. 27; s. dahingehend auch bereits *Ohlin*, The Economic Journal 1937, Vol. 47, (186), 221 (221); *Woll*, Allgemeine Volkswirtschaftslehre, 1974, S. 211; *Turgot*, Betrachtungen über die Bildung und Verteilung der Reichtümer, 1981, S. 148.

1056 Vgl. *Borchert*, Geld und Kredit, 2003, S. 34.

1057 Vgl. bspw. Brockhaus-Enzyklopädie. Band 30, 2006, S. 620 (Stichwort „Zins“); Der Brockhaus Wirtschaft, 2008, S. 698 (Stichwort „Zins“).

1058 Vgl. *Moritz*, Geldtheorie und Geldpolitik, 2012, S. 115.

als laufzeitabhängiger Preis, der als Prozentsatz oder als Betrag in Geldeinheiten, für die befristete (selten unbefristete) Überlassung von Vermögensgegenständen, insbesondere Kapital beziehungsweise Geld, als Kompensation gegenwärtiger Kaufkraft über künftige vereinbart wird und somit ein Bindeglied zwischen dem monetären und dem realen Sektor bildet.[1059]

Zusammenfassend lässt sich der Zins für das Steuerrecht als laufzeitabhängige und zugleich gewinn- und umsatzunabhängige Leistung für die Möglichkeit der Kapitalnutzung beim Schuldner respektive die entbehrte Kapitalnutzung beim Gläubiger definieren, die nach der Kapitalhöhe und nach der Nutzungs-/Entbehrungsdauer des Kapitals bemessen wird. Der Zins wird als Kompensation gegenwärtiger Kaufkraft über künftige vereinbart und ist dabei ungeachtet der Bezeichnung, Ausgestaltung, Zahlungsart, Berechnungsgrundlage beziehungsweise der vermeintlichen Rechtsgrundlage (Vertrag, Gesetz oder Urteil) vielmehr von deren wirtschaftlichem Leistungsgehalt abhängig.

B Einordnung in das Abgabensystem

Im Rahmen der Anwendung der Abgabenordnung definiert der Bundesfinanzhof die Zinsen in Anlehnung an die übrige Rechtsprechung als „laufzeitabhängiges Entgelt für den Gebrauch eines auf Zeit überlassenen oder vorenthaltenen Geldkapitals […, wobei sie ihrem] Charakter nach […] grundsätzlich abhängig

---

1059 Von der Definition ist in Abhängigkeit von Angebot und Nachfrage auch ein negativer Preis, also ein Negativzins mitumfasst. Die Wissenschaft lehnte die Entwicklung dauerhaft negativer Einlagezinsen auf der Grundlage der realen Zinstheorien für die Praxis zunächst ab, vgl. bspw. ausdrücklich *Fisher*, Die Zinstheorie, 1932, S. 34 f. Da sich der Urzins ausschließlich aus der Zeitpräferenz und damit unabhängig von Ertrag und Psychologie erkläre, das heißt, ein Apfel heute werde zwei Äpfeln in tausend Jahren immer vorgezogen werden, könne dieser Urzins nie gleich null oder sogar negativ werden, vgl. *v. Hayek*, The Quarterly Journal of Economics 1936, Vol. 50 (2), 199 (223 ff.); *v. Mises*, Nationalökonomie, 1940, S. 478. Erst die monetären Zinstheorien, die unter anderem auch Angebot und Nachfrage sowie die Präferenzen der Marktteilnehmer betrachteten, ermöglichten die theoretische Einordnung negativer Zinsen, vgl. bspw. *Keynes*, Allgemeine Theorie der Beschäftigung, des Zinses und des Geldes, 1936, S. 141; *Hicks*, Value and Capital, 1946, S. 213 ff. Gleichwohl stehen dauerhaft negativen Einlagezinsen die Möglichkeit, Negativzinsen durch Bargeldhaltung zu umgehen, sowie der Wettbewerb auf dem Bankenmarkt weiterhin entgegen, auch wenn eine vermehrte Bargeldhaltung nicht sofort zu erwarten ist, da negative Zinsen zunächst lediglich die Geldaufbewahrungskosten kompensieren, vgl. dazu bereits *Fisher*, Die Zinstheorie, 1932, S. 35.

vom Bestehen einer Steuerschuld" seien.[1060] Die Zinsen seien damit auch im Sinne der Abgabenordnung „weder Sanktion noch Druckmittel oder Strafe, sondern laufzeitabhängige Gegenleistungen für die mögliche Kapitalnutzung", die durch Verschiebungen des Belastungszeitpunkts entstehen.[1061]

Die Zinsen der Abgabenordnung unterscheiden sich insofern nicht von anderen Zinsen, sodass die zuvor erarbeiteten Definitionen auch für die Abgabenordnung Geltung finden. Dies ist mithilfe einer detaillierten Einordnung der Zinsen in das Abgabensystem weiter zu untermauern.

I. Steuern und nichtsteuerliche Abgaben

Steuern sind gemäß § 3 Abs. 1 Satz 1 Hs. 1 AO Geldleistungen, die keine Gegenleistung für eine besondere Leistung darstellen und zur Erzielung von Einnahmen allen auferlegt werden, bei denen der Tatbestand zutrifft, an den das Gesetz die Leistungspflicht knüpft. Im Grundgesetz werden die Steuern in den Artikeln 105 ff. als Teil der sogenannten Finanzverfassung geregelt.[1062] Da das Grundgesetz allerdings keine Steuerdefinition enthält, wird der verfassungsrechtliche Steuerbegriff historisch ausgelegt und mithin auf das Verständnis von § 1 der Reichsabgabenordnung[1063], der heute bis auf kleinere Modifikationen in § 3 AO fortbesteht, zurückgegriffen, sodass der verfassungsrechtliche Steuerbegriff mit dem einfachgesetzlichen übereinstimmt.[1064] Nach § 3 Abs. 1 Satz 1 Hs. 2 AO kann die Erzielung von Einnahmen zwar bloßer Nebenzweck sein. Die Einnahmenerhebung („schlechthin zur Vermehrung der Staatseinkünfte"[1065]) ist aber Grundvoraussetzung einer Steuernorm.[1066] Sofern eine Steuer keine

1060 BFH v. 20.05.1987 – II R 44/84, BStBl. II 1988, 229 (230).

1061 BFH v. 27.09.1994 – VIII B 21/94, BFHE 175, 516 (519); vgl. hierzu auch *Loose*, in: FS Kruse, 2001, S. 295 (297 f.).

1062 Zur Finanzverfassung s. bspw. BVerfG v. 12.05.2009 – 2 BvR 743/01, BVerfGE 123, 132 (140 f.).

1063 Reichsabgabenordnung v. 13.12.1919, RGBl. 1919, 1993 (1993).

1064 Vgl. *Wernsmann*, Verhaltenslenkung in einem rationalen Steuersystem, 2005, S. 177 f.; *Kirchhof*, in: FS Bundesfinanzhof. Band 1, 2018, S. 557 (559); vgl. hierzu bspw. auch BVerfG v. 06.11.1984 – 2 BvL 19/83, 2 BvL 20/83, 2 BvR 363/83, 2 BvR 491/83, BVerfGE 67, 256 (282).

1065 *Mayer*, Deutsches Verwaltungsrecht. Erster Band, 1924, S. 316.

1066 Dahingehend zu § 1 AO a. F. (RGBl 1919, 1993), der bis zum Inkrafttreten der Abgabenordnung (AO 1977) v. 16.03.1976, BGBl. I 1976, 613 zum 01.01.1977 gültig war, s. *Papier*, Die finanzrechtlichen Gesetzesvorbehalte und das grundgesetzliche Demokratieprinzip, 1973, S. 81 ff.

Belastungswirkung hat, beispielsweise in dem theoretischen Fall, dass sämtliche Steuerpflichtige der Belastung ausweichen, liegt dementsprechend auch keine Steuer vor.[1067]

Während Steuern im Finanzverfassungsrecht genannt und geregelt werden sowie unabhängig von einer bestimmbaren individuellen Gegenleistung (voraussetzungslos) erhoben werden und grundsätzlich schon damit gerechtfertigt sind, dass der Steuerertrag der Finanzierung staatlicher Aufgaben dient,[1068] begründen nichtsteuerliche Abgaben eine Gegenleistung und benötigen einen speziellen Rechtfertigungsgrund, beispielsweise als Ausgleich für einen besonderen Nutzen (Gebühren, Beiträge etc.) oder für eine ersparte Last (Ausgleichsabgaben).[1069] Denn sie können gerade nicht durch das Finanzverfassungsrecht begründet werden[1070] und eine doppelte Heranziehung des Steuerpflichtigen zur allgemeinen Staatsfinanzierung ist auszuschließen (Grundsatz der Abgabengerechtigkeit).[1071] Schließlich können Abgaben, die nicht Steuern sind, auch Sozialzwecke verfolgen, vorausgesetzt die Abgaben fließen nicht in den Haushalt des Staates, zum Beispiel weil die Einnahmen der Abgaben zurückgezahlt werden, wie es bei den Konjunkturzuschlägen der Fall ist,[1072] oder weil eine Erdrosselungswirkung dazu führt, dass überhaupt keine Einnahmen erzielt werden.[1073] Allgemeine Haushaltseinnahmen des Staates, die zudem auf Sozialzwecken

---

1067 Vgl. *Birk*, Das Leistungsfähigkeitsprinzip als Maßstab der Steuernormen, 1983, S. 232 Fn. 1 m. w. N.

1068 Vgl. BVerfG v. 07.05.1998 – 2 BvR 1991/95, 2 BvR 2004/95, BVerfGE 98, 106 (118, 123); BVerfG v. 20.04.2004 – 1 BvR 1748/99, 1 BvR 905/00, BVerfGE 110, 274 (294 f.).

1069 Zu den Nichtsteuerabgaben s. *Vogel*, in: GS Martens, 1987, S. 265 (267). Die Bemessung der Nichtsteuerabgaben sei im Vergleich zu den Steuern daher verfassungsrechtlich besonders streng zu prüfen, vgl. *Vogel*, a. a. O., S. 265 (277 ff.); vgl. auch *Papier*, Die finanzrechtlichen Gesetzesvorbehalte und das grundgesetzliche Demokratieprinzip, 1973, S. 84 f., 91.

1070 Vgl. *Kirchhof*, in: FS Bundesfinanzhof. Band 1, 2018, S. 557 (560).

1071 Vgl. *Huster*, in: Friauf/Höfling, Berliner Kommentar, GG, 2016, Art. 3 Rn. 155.

1072 Vgl. BVerfG v. 15.12.1970 – 1 BvR 559/70, 1 BvR 571/70, 1 BvR 586/70, BVerfGE 29, 402 (409); vgl. auch *Papier*, Die finanzrechtlichen Gesetzesvorbehalte und das grundgesetzliche Demokratieprinzip, 1973, S. 84.

1073 Vgl. *Vogel*, in: GS Martens, 1987, S. 265 (267 f., 275 f.); *Selmer*, in: GS Trzaskalik, 2005, S. 411 (413 f.). Zur Erdrosselungswirkung s. BVerfG v. 17.07.1974 – 1 BvR 51/69 u. a., BVerfGE 38, 61 (80 f.); BVerfG v. 07.05.1998 – 2 BvR 1991/95, 2 BvR 2004/95, BVerfGE 98, 106 (118). Zu der (potentiellen) Widersprüchlichkeit einer Steuer, die keine Einnahmen generiert, s. *Robbers*, Gerechtigkeit als Rechtsprinzip, 1980, S. 139.

beruhen, sind hingegen Steuern (unter anderem die Energiesteuer, die Tabaksteuer oder die Steuern auf Alkohol), wobei der Sozialzweck insbesondere die entstehenden Ungleichbehandlungen und nicht die Erhebung der Steuer an sich rechtfertigt.[1074] Eine Einordnung der Zinsen als nichtsteuerliche Abgaben käme hiernach nur für solche Zinsen in Frage, die die Gegenleistung für eine individuell zurechenbare öffentliche Leistung darstellten und in Anknüpfung an die damit verbundenen Kosten den Zweck erfüllen, die dem Staat entstehenden Kosten zu erstatten.[1075] Dies ist demzufolge sowohl für Zinssatztypisierungen, die lediglich vereinfachend den Zinssatz eines Rechnungszinsfußes gänzlich ohne Einnahmen für den Staat festlegen, als auch für solche Zinsnormen, deren Einnahmen in den allgemeinen Haushalt fließen, ausgeschlossen.

Für den Bundesgesetzgeber besteht neben der Erhebung von Steuern und Gebühren verfassungsrechtlich zwar grundsätzlich auch die Möglichkeit, beispielsweise aufgrund der Gesetzgebungskompetenz für das Recht der Wirtschaft (Art. 74 Abs. 1 Nr. 11 GG) Sonderabgaben zu erheben.[1076] Um „die bundesstaatliche Finanzverfassung vor Störungen zu schützen und den Erfordernissen des Individualschutzes des Abgabepflichtigen Rechnung zu tragen", die entstehen, wenn der „Gesetzgeber Einnahme- und Ausgabekreisläufe außerhalb des Budgets organisiert", sind Sonderabgaben aber nur unter strengen Voraussetzungen zulässig und die seltene Ausnahme gegenüber Steuern.[1077] Diese sind erstens die Verfolgung eines Sachzwecks, der über die bloße Mittelbeschaffung hinausgeht und der im Gesetz zum Ausdruck kommt, zweitens die finanzielle Inanspruchnahme einer vorgefundenen homogenen Gruppe Abgabepflichtiger, die eine besondere Sachnähe zu der zu finanzierenden Aufgabe haben, drittens die sachgerechte Verknüpfung der durch die Sonderabgabe bewirkten Belastung und den mit ihr finanzierten Begünstigungen, die nur erreicht wird, wenn das Abgabenaufkommen gruppennützig, also im Interesse der Abgabenpflichtigen verwendet wird, und viertens die regelmäßig bloß temporäre Erhebung, nämlich

1074 Vgl. *Kirchhof*, Stbg 1995, 68 (77).

1075 Zur Definition der Gebühren s. insb. BVerfG v. 06.07.2005 – 2 BvR 2335/95, 2 BvR 2391/95, BVerfGE 113, 128 (148); *Kirchhof*, in: FS Bundesfinanzhof. Band 1, 2018, S. 557 (563).

1076 Vgl. BVerfG v. 06.11.1984 – 2 BvL 19/83, 2 BvL 20/83, 2 BvR 363/83, 2 BvR 491/83, BVerfGE 67, 256 (275 ff.).

1077 BVerfG v. 31.05.1990 – 2 BvL 12/88, 2 BvL 13/88, 2 BvR 1436/87, BVerfGE 82, 159 (179, 181); vgl. auch BVerfG v. 06.11.1984 – 2 BvL 19/83, 2 BvL 20/83, 2 BvR 363/83, 2 BvR 491/83, BVerfGE 67, 256 (275 ff.); BVerfG v. 12.05.2009 – 2 BvR 743/01, BVerfGE 123, 132 (142).

nur solange die mit der Sonderabgabe finanzierte Aufgabe auf eine diesbezügliche Sachverantwortung der Belasteten trifft.[1078] Da die Zinsen insbesondere weder gruppennützig noch temporär erhoben werden, ist eine Einordnung als Sonderabgabe jedoch ebenfalls ausgeschlossen.

Zinsen – in Abgrenzung zu den Zinssatztypisierungen – des formellen Steuerrechts führen zwar zu (zum Teil nicht unerheblichen) Einnahmen des Staates, die auch in den Staatshaushalt fließen.[1079] Aufgrund des Verständnisses der Zinsen als Gegenleistung für eine Kapitalnutzung sind die Zinsen aber zudem auch weder Steuern, denen ein solcher Charakter grundsätzlich fremd ist, noch steuerähnlich.[1080] Sie sind „Geldleistungen eigener Art".[1081] Gemäß § 3 Abs. 4 AO gehören die Zinsen stattdessen zu den steuerlichen Nebenleistungen,[1082] die einen gleichheitsgerechten Steuervollzug begleiten.[1083] Auch die steuerlichen Nebenleistungen werden durch Vereinfachungsnormen, wie zum Beispiel eine Typisierung des Zinssatzes, ergänzt.[1084]

II. Ergänzungsabgabe und Steuertarifergänzung

Eine (gegebenenfalls naheliegende) Vergleichbarkeit der steuerverfahrensrechtlichen Zinsen mit dem Solidaritätszuschlag als Zuschlag zur festgesetzten Steuer ist abzulehnen. Der Solidaritätszuschlag ist eine Ergänzungsabgabe nach Art. 106 Abs. 1 Nr. 6 GG zur Finanzierung von anderweitig nicht auszugleichenden Bedarfsspitzen im Haushalt des Bundes in bestimmten Ausnahmelagen oder besonderen Notfällen – zum Beispiel die infolge des Beitritts der einstigen Deutschen Demokratischen Republik im Jahr 1990 entstehende

1078 Vgl. BVerfG v. 31.05.1990 – 2 BvL 12/88, 2 BvL 13/88, 2 BvR 1436/87, BVerfGE 82, 159 (179 ff.); BVerfG v. 06.05.2014 – 2 BvR 1139/12, 2 BvR 1140/12, 2 BvR 1141/12, BVerfGE 136, 194 (242).

1079 Vgl. bspw. BFH v. 09.11.2017 – III R 10/16, BStBl. II 2018, 255 (259); *Loose*, in: DStJG 31, 2008, S. 203 (207).

1080 Vgl. umfassend *Bergkemper*, Steuerliche Nebenleistungen (AO 1977), 1992, S. 41 ff.; vgl. auch BFH v. 09.10.2002 – V R 81/01, BStBl. II 2002, 887 (889); *Wernsmann*, in: Hübschmann/Hepp/Spitaler, AO/FGO, 2016, § 3 AO Rn. 477.

1081 *Wernsmann*, in: Hübschmann/Hepp/Spitaler, AO/FGO, 2016, § 3 AO Rn. 477.

1082 Vgl. hierzu bspw. auch BFH v. 09.11.2017 – III R 10/16, BStBl. II 2018, 255 (259).

1083 Vgl. *Loose*, in: DStJG 31, 2008, S. 203 (203, 207).

1084 Rechnungszinsen des materiellen Steuerrechts sind als bloße Vereinfachungsnormen, die einen (fixen) Zinsfuß vorgeben, aus der Einordnung in das „Abgabensystem" auszunehmen, da es bereits an einer Abgabe fehlt.

Finanzierungsaufgabe nicht absehbaren Umfangs und Zeitraums.[1085] Die Zinsen stehen hingegen anders als eine Ergänzungsabgabe, die dem Bund zusteht (Art. 106 Abs. 1 Nr. 6 GG), Bund und Ländern gemeinsam zu, Art. 106 Abs. 3 Satz 1 GG in Verbindung mit § 3 Abs. 5 Satz 2 AO, und dienen zudem auch nicht der Deckung von Bedarfsspitzen des Bundes.

Anders als Steuertarife sind steuerverfahrensrechtliche Zinsen auch nicht darauf ausgerichtet, zu versteuerndes Einkommen zu erfassen, sondern orientieren sich nur an der Höhe des zu verzinsenden Betrags und der Zinslaufdauer.[1086]

III. Sanktionen, Druckmittel, Strafen und Strafzinsen

Die Gegenleistung schließt zudem die Einordnung der Zinsen als Sanktionen, Druckmittel oder Strafen, die jeweils als Reaktion auf Unrecht unabhängig von Gegenleistungen verhängt werden, aus,[1087] vorausgesetzt eine solche Gegenleistung liegt (theoretisch) tatsächlich vor.[1088]

Abzugrenzen sind die Zinsen abschließend aber dennoch von den sogenannten Strafzinsen, die eine Kombination aus Zins und Strafe, Sanktion oder Druckmittel bilden[1089] und zumeist als Säumnis- und Verspätungszuschläge erhoben werden, wenn der Schuldner seiner Zahlungsverpflichtung nicht nachkommt.[1090] So ist beispielsweise im Zivilrecht in § 288 Abs. 1 Satz 2, Abs. 2 BGB ein Verzugszinssatz von fünf beziehungsweise neun Prozentpunkten über dem Basiszinssatz nach § 247 BGB pro Jahr normiert. Für das Steuerrecht ist in der Abgabenordnung in § 240 Abs. 1 Satz 1 Hs. 1 AO als Säumniszuschlag ein Zinssatz von einem Prozent des rückständigen Steuerbetrags pro Monat festgelegt,

---

1085 Vgl. BVerfG v. 08.09.2010 – 2 BvL 3/10, BFH/NV 2010, 2217 (2219).

1086 Zu § 233a AO im Bereich der Umsatzsteuer s. BFH v. 09.10.2002 – V R 81/01, BStBl. II 2002, 887 (889).

1087 Vgl. BFH v. 27.09.1994 – VIII B 21/94, BFHE 175, 516 (519); vgl. auch *Papier*, Die finanzrechtlichen Gesetzesvorbehalte und das grundgesetzliche Demokratieprinzip, 1973, S. 85 ff.; *Loose*, in: FS Kruse, 2001, S. 295 (297 f.).

1088 Dass Zinsen in Zeiten niedriger Zinsen als mittelbares Druckmittel die zeitnahe Abgabe der Steuererklärung bezwecken, statt eine Gegenleistung zu sein, gibt *Gosch* zu Bedenken, vgl. *Gosch*, Global Taxes, TLE-024-2018, abrufbar unter https://www.tax-legal-excellence.com/global-taxes-tle-024-2018-im-steuerhimmel-laeuten-die-zins-glocken (abgerufen am 15.11.2019).

1089 Vgl. *Belke*, BB 1968, 1219 (1220).

1090 Vgl. *Rieble*, in: Staudinger, BGB, 2015, § 339 Rn. 421; *Schaub*, in: Erman, BGB, 2017, § 248 Rn. 2. Zu vertragsstrafenähnlichen Sanktionen („Strafzinsen“) s. auch BGH v. 25.10.1973 – III ZR 26/73, MDR 1974, 214 (214).

wenn der Steuerpflichtige die Steuer nicht bis zum Ablauf des Fälligkeitstages entrichtet sowie in § 152 Abs. 2 und 5 AO ein Verspätungszuschlag in Höhe von 0,25 Prozent der festgesetzten Steuer pro Monat geregelt, wenn der Steuerpflichtige seine Steuererklärung verspätet abgibt. Soweit Zinssatztypisierungen als Strafzinsen einzuordnen sind, ist eine Prüfung deren Realitätsgerechtigkeit, das heißt die Entsprechung des typisierten Zinssatzes mit tatsächlichen Marktzinssätzen, abwegig, da die Strafe, die Sanktion oder das Druckmittel gerade in dem höheren oder niedrigeren Zins im Vergleich zum Marktzins, das heißt dem Zinsaufschlag oder dem Zinsabschlag, liegt. Eine marktgerechte Verzinsung hätte keine Wirkung, da diese lediglich erzielbare Vorteile abschöpft.[1091] Zur Verfolgung eines solchen Zwecks genießt der Gesetzgeber weitgehende (politische und rechtliche) Freiheiten, ist dabei jedoch immer an den „Grundsatz des schuldangemessenen Strafens" gebunden, wonach die Strafe, Sanktion oder auch das Druckmittel angemessen sein muss.[1092] Das bedeutet, dass im Steuerrecht ein Strafzins, der vom Marktzins abweicht, zumindest ein straf- oder sanktionswürdiges Verhalten des Steuerpflichtigen (respektive allgemeiner desjenigen, der den Strafzins zu bezahlen hat), oder eine Situation, in der Druck ausgeübt werden soll, voraussetzt.[1093]

Im materiellen Steuerrecht sind Straf-, Sanktions- oder Druckmittelzinsen demnach grundsätzlich undenkbar, wenn beispielsweise Rechnungszinssätze bezüglich der Pensionsrückstellungen unabhängig von dem Einzelfall von jedem anzuwenden sind, der die entsprechenden Rückstellungen nach § 6a EStG bilden muss – Strafen, Sanktionen oder Druckmittel sind hier fernliegend. Im formellen Steuerrecht können diese hingegen durchaus sinnvoll sein, um das Verhalten der Steuerpflichtigen zu beeinflussen und bewusste Verzögerungen zum Beispiel bei der Steuerveranlagung zu verhindern. Hierzu existieren die bereits erwähnten repressiven Maßnahmen, wie die steuerrechtlichen Säumnis- und Verspätungszuschläge oder auch Zwangsgelder nach §§ 328, 329 AO.[1094] Deren teilweiser

---

1091 Zum steuerverfahrensrechtlichen Säumniszuschlag s. bereits dahingehend im Jahr 1961 BT-Drs. 3/2573, S. 34.

1092 Zum „Grundsatz des schuldangemessenen Strafens" s. BVerfG v. 23.01.1990 – 1 BvL 4/87, 1 BvL 5/87, 1 BvL 6/87, 1 BvL 7/87, BVerfGE 81, 228 (237); vgl. auch BVerfG v. 09.06.1970 – 1 BvL 24/69, BVerfGE 28, 386 (391); BVerfG v. 28.06.1983 – 2 BvR 539/80, 2 BvR 612/80, BVerfGE 64, 261 (271).

1093 Allgemein zu den „Steuerzinsen als Strafe" s. *Haubrichs*, Die Problematik der Vollverzinsung, 1973, S. 11, 15 f.

1094 Zum Überblick s. bspw. *Fetzer*, Einführung in das Steuerrecht, 2019, Rn. 170 ff. Zum Säumniszuschlag nach § 240 AO als „Druckmittel eigener Art", um die

Automatismus wirkt zugleich präventiv, indem sie den Steuerpflichtigen unter anderem zur rechtzeitigen Steuerzahlung oder zur Mitwirkung im Steuerfestsetzungsprozess anhalten.[1095] Da es die repressiven Maßnahmen im Steuerschuldverhältnis allerdings gibt, dienen die Verzinsungsregelungen in §§ 233a ff. AO daneben gleichwohl ohne Strafcharakter grundsätzlich lediglich der Abschöpfung von Liquiditäts- und Zinsvorteilen und des Ausgleichs von Liquiditäts- und Zinsnachteilen und sanktionieren nicht zusätzlich.[1096] Damit dienen die Zinsen vorrangig der Gleichmäßigkeit der Besteuerung, indem Vor- oder Nachteile, die im Vergleich zu anderen Steuerpflichtigen infolge unterschiedlicher Be- oder Entlastungszeitpunkte entstehen, ausgeglichen werden.[1097] Hinzukommt, dass der Einfluss der Steuerpflichtigen auf die Verzinsung nur sehr gering ist und stattdessen im Wesentlichen von den Bearbeitungszeiten in der Finanzverwaltung sowie von Außenprüfungszeitpunkten abhängen, sodass eine Rechtfertigung als Strafe, Sanktion oder auch nur Druckmittel prekär wäre.[1098] Zuletzt stellt die präventive Verhaltenssteuerung der Steuerpflichtigen als Rechtfertigungsgrund realitätsferner Zinssätze einen Lenkungszweck dar, der nach ständiger Rechtsprechung vom Gesetzgeber (zumindest in den Gesetzgebungsmaterialien) deutlich gemacht und objektiv erkennbar angestrebt werden muss.[1099] Fehlt es an dieser Erkennbarkeit, sind Ungleichbehandlungen aufgrund realitätsferner Zinssätze nicht aufgrund des Lenkungszwecks gerechtfertigt.

Außerdem werden auch Negativzinsen auf Bankguthaben sowie negative Einlagezinsen der Zentralbanken (umgangssprachlich) als Strafzinsen

---

Steuerschuldner zur rechtzeitigen Zahlung der Steuerschulden zu bewegen, s. insb. FG München v. 13.08.2018 – 14 V 736/18, EFG 2018, 1608 (1609).

1095 S. zur a. A. *Melan*, DStR 2017, 2088 (2092); *Melan*, DStR 2018, 1151 (1151 f.).

1096 Vgl. BVerfG v. 03.09.2009 – 1 BvR 2539/07, BFH/NV 2009, 2115 (2117); vgl. auch bereits BT-Drs. 8/1410, S. 4 und Anwendungserlass zur Abgabenordnung (AEAO) v. 31.01.2014 – IV A 3 – S 0062/14/10002, BStBl. I 2014, 290 (474), AEAO zu § 233a Rn. 69.2; vgl. auch *Haubrichs*, Die Problematik der Vollverzinsung, 1973, S. 15 f. Zur systematischen Einordnung sowie zum Sinn und Zweck der §§ 233a ff. AO s. ansonsten ausführlich unten Seite 233 ff.

1097 BFH v. 27.09.1994 – VIII B 21/94, BFHE 175, 516 (519).

1098 Vgl. *Rüsken*, DStZ 2018, 476 (479).

1099 Vgl. bspw. BVerfG v. 15.01.2014 – 1 BvR 1656/09, BVerfGE 135, 126 (151 f.); vgl. bspw. auch BVerfG v. 20.04.2004 – 1 BvR 1748/99, 1 BvR 905/00, BVerfGE 110, 274 (296 f.); BVerfG v. 21.06.2006 – 2 BvL 2/99, BVerfGE 116, 164 (191 ff.). S. dazu auch bereits oben Seite 169 f.

bezeichnet.[1100] Die gesetzlichen Typisierungen tangiert diese privatrechtliche Einordnung jedoch nicht beziehungsweise es ergeben sich hieraus ohnehin keine anderen Ergebnisse der Einordnung.

IV. Ergebnis

Zinsen im Sinne der Abgabenordnung fließen den allgemeinen Haushalten des Bundes und der Länder zu und sind damit weder nichtsteuerliche Abgaben noch Sonderabgaben – im Übrigen auch keine Ergänzungsabgaben. Sie sind aufgrund ihres Gegenleistungscharakters aber auch keine Steuern, sondern als Geldleistungen eigener Art steuerliche Nebenleistungen (§ 3 Abs. 4 AO), die durch Vereinfachungsnormen (unter anderem Zinssatztypisierungen) ergänzt werden können.

Einen Straf- oder Sanktionscharakter haben die Zinsen der Abgabenordnung nicht, weil es hierfür andere Instrumente, wie zum Beispiel Säumnis- und Verspätungszuschläge, gibt. Darum gilt der allgemeine Zinsbegriff auch für die Verzinsungsregelungen in §§ 233a ff. AO. Gleichwohl kommt zum allgemeinen Zinsverständnis hinzu, dass sie aus Gründen der Gleichmäßigkeit der Besteuerung der (teilweisen/vollständigen[1101]) Abschöpfung von Zins- oder Liquiditätsvorteilen sowie des Ausgleichs von Liquiditäts- oder Zinsnachteilen dienen.

C Differenzierung zwischen Steuern und steuerlichen Nebenleistungen

Abschließend ist darzulegen, dass zwischen Steuern (§ 3 Abs. 1 AO) und steuerlichen Nebenleistungen (§ 3 Abs. 4 AO) bezüglich der Bedeutung des allgemein aus dem Leistungsfähigkeitsprinzip abgeleiteten Gebots der Realitätsgerechtigkeit nicht zu unterscheiden ist, respektive konkreter, dass sich aus der

---

1100 Vgl. bspw. *Steltzner*, FAZ v. 06.06.2014, S. 1; *Mallien/Kölling/Wiebe*, Handelsblatt v. 10.07.2015, S. 51; *Atzler/Osman/Hofer/Hildebrand*, Handelsblatt v. 12.08.2016, S. 6 f.; *Knoch*, FAZ v. 27.09.2016, S. V6; *Kanning*, FAZ v. 03.11.2016, S. 27; *Atzler/Hoppmann*, Handelsblatt v. 24.11.2016, S. 29; *Kanning*, FAZ v. 22.12.2016, S. 23; *Atzler/Holtermann*, Handelsblatt v. 06.07.2017, S. 26; vgl. aber bspw. auch *Hey*, in: IFSt-Schrift 511, 2016, S. 61 (62). Kritisch zur Rechtsnatur der Strafzinsen s. *Belke*, BB 1968, 1219 (1220).

1101 S. hierzu noch unten Seite 319 ff.

steuersystematischen Einordnung keine Besonderheiten für steuerverfahrensrechtliche Zinsen ergeben.[1102]

Die bereichsspezifische Konkretisierung des allgemeinen Gleichheitssatzes gemäß Art. 3 Abs. 1 GG und der Steuergerechtigkeit ist im gesamten Steuerrecht das Leistungsfähigkeitsprinzip.[1103] Dass unter anderem Sozialzwecknormen oder Sanktionsnormen, wie die Verspätungszuschläge in § 152 AO, vom Leistungsfähigkeitsprinzip abweichen, ändert nichts an der Allgemeingültigkeit des Leistungsfähigkeitsprinzips für das gesamte Steuerrecht, da diese Abweichungen als Ausnahmen vom Leistungsfähigkeitsprinzip durch den Sozial- oder Sanktionszweck jeweils gerechtfertigt werden. Eine grundsätzliche Differenzierung zwischen Steuern und steuerlichen Nebenleistungen ist hinsichtlich der verfassungsrechtlichen Beurteilung unerheblich, da an die steuerlichen Nebenleistungen als Teil des Abgabetypus „Steuern" auch derselbe Prüfungsmaßstab anzulegen ist, wie an die Steuer selbst.[1104] Vielmehr stellt § 3 Abs. 4 AO sicher, dass auf steuerliche Nebenleistungen – trotz eines Gegenleistungscharakters[1105] – die für Steuern geltenden Vorschriften Anwendung finden.[1106] Dies ergibt sich für die steuerverfahrensrechtlichen Zinssatztypisierungen als steuerliche Nebenleistungen gemäß § 3 Abs. 4 Nr. 4 AO beispielsweise auch ausdrücklich aus § 239 Abs. 1 AO.

1102 Der Grund für die Darlegung sind insb. die Entscheidungen BVerfG v. 03.09.2009 – 1 BvR 2539/07, BFH/NV 2009, 2115 und BFH v. 09.11.2017 – III R 10/16, BStBl. II 2018, 255, die eine dahingehende Differenzierung beziehungsweise eine Abschwächung der Wirkung der Realitätsgerechtigkeit bzgl. der Zinsen im Steuerschuldverhältnis nahelegen könnten.

1103 Vgl. mit vielen weiteren Nachweisen bspw. *Kirchhof*, in: Maunz/Dürig, GG, 2015, Art. 3 Abs. 1 Rn. 323; *Wernsmann*, in: Hübschmann/Hepp/Spitaler, AO/FGO, 2016, § 3 AO Rn. 48 f.

1104 Zur Bedeutung der Zuordnung zu einem Abgabetyp (Steuer, Gebühr, Beitrag etc.) s. *Wernsmann*, in: Hübschmann/Hepp/Spitaler, AO/FGO, 2016, § 3 AO Rn. 43 ff., der aber insbesondere nicht zwischen Steuern und steuerlichen Nebenleistungen unterscheidet. Vereinzelt wird sogar ein noch strengerer (verfassungsrechtlicher) Maßstab bei den steuerlichen Nebenleistungen als bei der Ausgestaltung der Steuerlast angewandt, da erstere nicht denselben Freiheitsgraden unterlägen, vgl. *Drüen*, FR 2014, 218 (225); vgl. auch *Seer/Klemke*, IFSt-Schrift 490, 2013, S. 49. Zu Differenzierungen bezüglich der Normierung steuerrechtlicher Nebenpflichten aufgrund des steuerlichen Parlamentsvorbehalts s. *Papier*, Die finanzrechtlichen Gesetzesvorbehalte und das grundgesetzliche Demokratieprinzip, 1973, S. 120.

1105 Zum Gegenleistungscharakter der Zinsen s. bereits oben Seite 215 ff.

1106 Vgl. *Bergkemper*, Steuerliche Nebenleistungen (AO 1977), 1992, S. 39 ff.

Dem Gesetzgeber kommt bei der Auswahl des Steuergegenstands zwar ein weiter Entscheidungsspielraum zu.[1107] Allerdings ist auch hierbei die Leistungsfähigkeit des Steuerträgers als Gerechtigkeitswertung zu berücksichtigen, sodass der Gesetzgeber bei der Ausgestaltung der Steuer immer auf eine gleichmäßige Erfassung der wirtschaftlichen Leistungsfähigkeit des Steuerträgers, die im Sinne der steuerlichen Leistungsfähigkeit insbesondere auch die Nichtbelastung des sächlichen Existenzminimums vorgibt, achten muss.[1108] Im Übrigen ist die tatsächliche quantitative Steuerschuld das Ergebnis verschiedener aufeinander einwirkender Steuerelemente (Steuergegenstand, Steuersubjekt, Bemessungsgrundlage, Steuertarif und Erhebungsverfahren), die folgerichtig jeweils am Leistungsfähigkeitsprinzip zu messen sind.[1109] Das Erhebungsverfahren im Steuerrecht ist eng mit dem materiellen Steuerrecht verbunden, da es die Durchsetzung der normativen Steuerschuld sicherstellt und beide als Gesamtheit beim tatsächlichen Belastungserfolg zusammenwirken.[1110] Mängel beim Steuervollzug führen schließlich zum Legitimitätsverlust des Steuerzugriffs.[1111] Daher wird das Folgerichtigkeitsprinzip sowohl auf die Belastungsentscheidung des materiellen Steuerrechts als auch auf das Erhebungsverfahren angewandt.[1112] Denn folgerichtig ist nur, dass gerade im Steuervollzug keine rechtlichen Differenzierungen (ungerechtfertigt) entstehen dürfen, die so in der materiellen Steuernorm nicht vorgenommen werden.[1113]

Eine Belastung des sächlichen Existenzminimums, die gemäß Leistungsfähigkeitsprinzip zu einer gegen Art. 3 Abs. 1 GG verstoßenden Belastung führt

1107 Vgl. BVerfG v. 27.06.1991 – 2 BvR 1493/89, BVerfGE 84, 239 (271); BVerfG v. 04.02.2009 – 1 BvL 8/05, BVerfGE 123, 1 (19); BVerfG v. 23.06.2015 – 1 BvL 13/11, 1 BvL 14/11, BVerfGE 139, 285 (309).

1108 Zu den Gerechtigkeitswertungen der ersten Rechtfertigungsebene s. oben Seite 141 ff.; zum Schutz des Existenzminimums s. oben Seite 39 und Seite 121 f.

1109 Vgl. hierzu *Liu*, Das Folgerichtigkeitsgebot im Bereich der direkten Steuern, 2017, S. 82 ff., 117 f.

1110 Vgl. BVerfG v. 27.06.1991 – 2 BvR 1493/89, BVerfGE 84, 239 (284); BVerfG v. 09.03.2004 – 2 BvL 17/02, BVerfGE 110, 94 (112 f.); *Kirchhof*, StuW 2000, 316 (319); *Drüen*, StuW 2008, 3 (13); *Liu*, Das Folgerichtigkeitsgebot im Bereich der direkten Steuern, 2017, S. 87 f.

1111 Vgl. *Drüen*, StuW 2008, 3 (13).

1112 Vgl. auch BVerfG v. 10.11.1999 – 2 BvR 2861/93, BVerfGE 101, 151 (155); *Englisch*, in: FS Lang, 2010, S. 167 (179 f.); *Liu*, Das Folgerichtigkeitsgebot im Bereich der direkten Steuern, 2017, S. 193 f.

1113 S. grundlegend BVerfG v. 27.06.1991 – 2 BvR 1493/89, BVerfGE 84, 239 (271); vgl. auch *Machado*, Verhältnismäßigkeitsprinzip vs. Willkürverbot, 2015, S. 115 f.

und das zudem freiheitsrechtlich geschützt ist,[1114] könnte schließlich auch auf überhöhten steuerlichen Nebenleistungen beruhen. Theoretisch denkbar wäre beispielsweise, dass mittels (realitätsferner) Zinsen im Steuerverfahren Liquidität abgeschöpft wird, die beim Steuerpflichtigen nicht (mehr) vorliegt, und dieser zur Erbringung der Zinsen auf sein durch das Leistungsfähigkeitsprinzip geschütztes Existenzminimum zurückgreifen muss.[1115] Zwar muss es dem Gesetzgeber überlassen sein, zu entscheiden, wie das finanzielle Ergebnis, das am Leistungsfähigkeitsprinzip auszurichten ist, erreicht wird,[1116] nichtsdestoweniger ist er an diese Ausrichtung gebunden. Andernfalls käme es zu willkürlichen Belastungen. Am Beispiel der indirekten Besteuerung wird zwar deutlich, dass eine grobe Typisierung der individuellen steuerlichen Leistungsfähigkeit des Steuerträgers – solange die Belastung keinen existenziellen Bedarf betrifft – bis hin zu einer reinen Vermutung der Leistungsfähigkeit aufgrund der beim Verbraucher zu erwartenden Zahlungs- oder Nachfragefähigkeit möglich ist.[1117] Allerdings beruht die Besteuerung auch hier zumindest auf einer typisierend vermuteten Leistungsfähigkeit, die sich schließlich als realer Güterverbrauch verwirklicht.[1118] Dass dafür plädiert wird, verfassungsrechtlich insbesondere auf eine ausgewogene Verteilung zwischen festgestellter und vermuteter Leistungsfähigkeit zu achten,[1119] ändert nichts an der verfassungsrechtlichen Orientierung am Leistungsfähigkeitsprinzip, sondern zeigt vielmehr die Bedeutung des Prinzips für das gesamte Steuerrecht.

Bezugnehmend auf die steuerverfahrensrechtlichen Zinssatztypisierungen verbietet das Gebot der Folgerichtigkeit mithin, eine durch das Leistungsfähigkeitsprinzip geprägte Besteuerung im Steuerverfahren aufzugeben, indem der

---

1114 Vgl. hierzu bspw. noch *Nußberger*, in: Sachs, GG, 2018, Art. 3 Rn. 151 ff.

1115 Dass Steuerpflichtige aufgrund der Zahlung von Nachzahlungszinsen beim aktuellen Zinssatz von 6,0 Prozent pro Jahr auf das Existenzminimum zurückgreifen müssen, ist praktisch jedoch weitgehend ausgeschlossen, da der Zinslauf zu lang sein müsste, um das das Existenzminimum überschreitende Nettoeinkommen aufzuzehren. S. dazu auch die beispielhafte Berechnung unten Seite 409.

1116 Vgl. *Nußberger*, in: Sachs, GG, 2018, Art. 3 Rn. 162.

1117 Vgl. *Kirchhof*, in: Isensee/Kirchhof, Handbuch des Staatsrechts der Bundesrepublik Deutschland, 2007, § 118 Rn. 191 f.

1118 Vgl. *Kirchhof*, in: Isensee/Kirchhof, Handbuch des Staatsrechts der Bundesrepublik Deutschland, 2007, § 118 Rn. 193; *Kirchhof*, in: JöR 64, 2016, S. 553 (556).

1119 Vgl. *Kirchhof*, in: Isensee/Kirchhof, Handbuch des Staatsrechts der Bundesrepublik Deutschland, 2007, § 118 Rn. 193, der dabei einen Schwerpunkt auf der festgestellten Leistungsfähigkeit befürwortet.

Steuerpflichtige beispielsweise mit nicht realitätsgerechten und damit von der individuellen Leistungsfähigkeit des Einzelnen abweichenden Zinszahlungen belastet wird. Die konsequente Ausrichtung an der Leistungsfähigkeit ginge ansonsten im letzten Schritt der Festsetzung der tatsächlich an das Finanzamt zu zahlenden Beträge (einschließlich der steuerlichen Nebenleistungen) verloren und ließe die verfassungsrechtliche Bedeutung des Leistungsfähigkeitsprinzips im Gesamten schwinden. Die gleichheitsgerechte Besteuerung nach der wirtschaftlichen Leistungsfähigkeit ist folgerichtig vielmehr bis hin zur tatsächlichen Belastung des Steuerpflichtigen umzusetzen. Das Leistungsfähigkeitsprinzip muss ergo ebenso für steuerliche Nebenleistungen des Steuerverfahrens gelten, da auch die hinsichtlich der Nebenleistungen weniger Leistungsfähigen, also diejenigen die beispielsweise nur geringere Zinshöhen erreichen können, durch realitätsferne Zinssätze ungleich stärker belastet werden als die Leistungsfähigen, womit ein Verstoß gegen den allgemeinen Gleichheitssatz ebenso vorliegen kann wie bei einer realitätsfernen Zinssatzregelung, die einen Zinssatz im Rahmen einer Steuer gemäß § 3 Abs. 1 AO typisiert.[1120]

Im Übrigen knüpfen die Zinssatztypisierungen im Steuerschuldverhältnis grundsätzlich an die nach dem Leistungsfähigkeitsprinzip ermittelten Steuern an und sollen die Veränderungen der Leistungsfähigkeit, die durch zeitversetzte Steuerzahlungen entstehen, abschöpfen oder ausgleichen.[1121] Die Gleichmäßigkeit der Besteuerung im Sinne des Leistungsfähigkeitsprinzips wird folglich gerade mithilfe der Verzinsungsregelungen im Steuerschuldverhältnis erreicht. Daher könnten die Realitätsgerechtigkeitsanforderungen hinsichtlich der Verzinsung sogar strenger zu prüfen sein, wenn der Zweck der Verzinsung als steuerlicher Nebenleistung lediglich die steuerliche Gerechtigkeit in Folge des tatsächlichen Ausgleichs der leistungsfähigkeitssteigernden oder -mindernden Liquiditätseffekte ist[1122] und ein darüberhinausgehender Zweck regelmäßig fehlt.[1123]

1120 Dies zeigt sich auch an der deutlichen Kritik an der realitätsfernen Soll-Verzinsung von Nachzahlungszinsen, vgl. bspw. *Loose*, in: DStJG 31, 2008, S. 203 (213); *Tartler*, in: FS Kirchhof. Band 2, 2013, S. 1675 (1683 f.); *Drüen*, FR 2014, 218 (219 f., 225 f.); *Seer*, DB 2014, 1945 (1952 f.).

1121 Vgl. BT-Drs. 11/2157, S. 194 hinsichtlich der Einführung der sogenannten Vollverzinsung nach § 233a AO; vgl. hierzu auch *Seer*, DB 2014, 1945 (1947).

1122 Vgl. BVerfG v. 03.09.2009 – 1 BvR 2539/07, BFH/NV 2009, 2115 (2117); BFH v. 25.04.2018 – IX B 21/18, BStBl. II 2018, 415 (417).

1123 Vgl. *Seer/Klemke*, IFSt-Schrift 490, 2013, S. 49; *Drüen*, FR 2014, 218 (225 f.). S. hierzu auch noch unten Seite 319 ff.

Festzuhalten ist jedenfalls, dass das Leistungsfähigkeitsprinzip und mithin das Gebot der Realitätsgerechtigkeit in Bezug auf Zinssatztypisierungen des Steuerverfahrens zu beachten ist. Besonderheiten ergeben sich aus der bloßen steuersystematischen Einordnung als steuerliche Nebenleistungen für die Verzinsungsregelungen im Steuerschuldverhältnis keine.

Kapitel 8: Überblick zu den Zinsvorschriften im Steuerschuldverhältnis

Im Grundsatzparagraphen zur Verzinsung in der Abgabenordnung, § 233 Satz 1 AO, ist normiert, dass Ansprüche aus dem Steuerschuldverhältnis (§ 37 AO) nur verzinst werden, soweit dies gesetzlich vorgeschrieben ist. Zinshöhe und -berechnung sind einheitlich in § 238 AO typisiert und die Festsetzung der Zinsen ist in § 239 AO geregelt. Um einen Überblick über die Systematik und die Reichweite der Zinssatztypisierung in § 238 AO zu bekommen, werden zunächst die einzelnen Verzinsungsnormen in der Abgabenordnung (§§ 233 ff. AO) vorgestellt. Diese finden sich für das allgemeine Steuerverfahrensrecht in der Abgabenordnung abschließend in den §§ 233a bis 237 AO: die Verzinsung von Steuernachforderungen und Steuererstattungen in § 233a AO (sogenannte Vollverzinsung[1124]), die Stundungszinsen in § 234 AO, die Verzinsung hinterzogener Steuern in § 235 AO, die Prozesszinsen auf Erstattungsbeträge in § 236 AO sowie die Zinsen bei Aussetzung der Vollziehung in § 237 AO.

A Vollverzinsung, § 233a AO

Die im Jahr 1990 eingeführte Vollverzinsung nach § 233a AO[1125] verzinst Ansprüche aus dem Steuerschuldverhältnis vor deren Fälligkeit, womit sie erklärtermaßen die wertneutrale und verschuldensunabhängige Abschöpfung von Liquiditäts- und (potentiellen) Zinsvorteilen und den Ausgleich von entsprechenden Nachteilen, die trotz identischen Entstehungszeitpunkts, durch unterschiedliche Festsetzungs- und Fälligkeitszeitpunkte einer Steuer beim Steuerpflichtigen oder bei der Finanzverwaltung entstehen, verfolgt.[1126] Die

---

1124 Vgl. bspw. *Krabbe*, DB 1988, 1719 (1719); *Sikorski*, DStR-Beihefter 1991, 1 (1 ff.); *Krabbe*, Vollverzinsung im Steuerrecht, 1992, passim; *Schultz*, Die Vollverzinsung im bundesdeutschen Steuersystem, 1992, passim; *Loose*, in: DStJG 31, 2008, S. 203 (207 ff.); *Seer/Klemke*, IFSt-Schrift 490, 2013, S. 18, 21 ff.

1125 Steuerreformgesetz 1990 v. 25.07.1988, BGBl. I 1988, 1093 (1127). Erstmalig waren Steuern zu verzinsen, die nach dem 31.12.1989 entstanden sind, s. Art. 97 § 15 Abs. 4 EGAO.

1126 S. insb. BVerfG v. 03.09.2009 - 1 BvR 2539/07, BFH/NV 2009, 2115 (2117); vgl. auch Anwendungserlass zur Abgabenordnung (AEAO) v. 31.01.2014 - IV A 3 - S 0062/

Vollverzinsung umfasst als verzinslichen Unterschiedsbetrag sowohl die Nachforderungen, die der Steuerpflichtige aufgrund der Steuerfestsetzung noch an den Fiskus zahlen muss, als auch die Erstattungen, die der Steuerpflichtige vom Fiskus erhält. Sie dient somit dem Grunde nach gleichzeitig der Gleichmäßigkeit der Besteuerung im Steuervollzug einer Steuerart, indem der Zeitpunkt der Steuerzahlung beim Steuerpflichtigen wirtschaftlich unerheblich wird,[1127] der Vermeidung von Wettbewerbsverzerrungen, indem die Steuerpflichtigen zeitlich möglichst gerecht und wirtschaftlich vergleichbar zur Steuerzahlung herangezogen werden, sowie als Äquivalent des Zinsschadens beim Steuergläubiger.[1128]

Die wirtschaftliche Belastung soll beim Steuerpflichtigen unabhängig vom Zeitpunkt der Steuerfestsetzung oder der Fälligkeit grundsätzlich gleich sein, sodass die Steuerpflichtigen keinen Zinsvorteil beispielsweise durch eine späte Abgabe der Steuererklärung erzielen können oder bis zur Betriebsprüfung von der Zugrundelegung begünstigender Rechtsauffassungen profitieren.[1129] Die Vollverzinsung dient folglich auch der Umsetzung des Leistungsfähigkeitsprinzips im Steuerverfahren, indem der „Zufallsfaktor Zeit" im steuerlichen Massenvollzug wirtschaftlich möglichst neutralisiert wird.[1130] Zusätzlich zu der den Zinsen immanenten Gegenleistungsfunktion ist die Funktion der Vollverzinsung damit insbesondere die Gleichbehandlung der Steuerpflichtigen.[1131]

14/10002, BStBl. I 2014, 290 (474), AEAO zu § 233a Rn. 69.2; BT-Drs. 11/2157, S. 117 f., 194.

1127 Vgl. BT-Drs. 8/1410, S. 4; BT-Drs. 11/2157, S. 118; vgl. auch *Schultz*, Die Vollverzinsung im bundesdeutschen Steuersystem, 1992, S. 10; *Seer/Klemke*, IFSt-Schrift 490, 2013, S. 21. Einen Ausgleich zwischen den Steuerarten ablehnend s. *Kruse*, FR 1988, 1 (4).

1128 Vgl. BT-Drs. 8/1410, S. 4 und BT-Drs. 11/2157, S. 117 f., 194; vgl. auch Anwendungserlass zur Abgabenordnung (AEAO) v. 31.01.2014 – IV A 3 – S 0062/14/10002, BStBl. I 2014, 290 (457), AEAO zu § 233a Rn. 1; *Haubrichs*, Die Problematik der Vollverzinsung, 1973, S. 10; *Krabbe*, DB 1988, 1719 (1719); *Schultz*, Die Vollverzinsung im bundesdeutschen Steuersystem, 1992, S. 16 f.; Wissenschaftliche Dienste des Deutschen Bundestages, Die Verzinsung von Steuernachzahlungen und Steuererstattungen, WD 4 - 3000 - 011/17, 2017, S. 5, abrufbar unter https://www.bundestag.de/blob/499130/2f7dad4f7aace8cb317946e2f5e1c3e4/wd-4-011-17-pdf-data.pdf (abgerufen am 02.10.2019).

1129 Vgl. VG Schwerin v. 24.08.2016 – 6 A 1223/13, juris Rn. 24; *Seer*, in: Tipke/Lang, Steuerrecht, 2018, § 21 Rn. 350; vgl. auch bereits BT-Drs. 8/1410, S. 4; *Schultz*, Die Vollverzinsung im bundesdeutschen Steuersystem, 1992, S. 16.

1130 Vgl. *Drüen*, in: StbJb 2013/2014, S. 468 (474).

1131 Vgl. *Behrens*, FR 2015, 214 (216). Zu bedenken seien aber die unterschiedlichen Möglichkeiten der Überwälzung der Zinslasten auf Dritte, vgl. *Sebiger/Dechant*, in: FS

Demzufolge ist die Vollverzinsung im Wesentlichen an den Steuerpflichtigen und deren Vor- und Nachteile ausgerichtet, allerdings verdeutlicht besonders § 233a Abs. 3 Satz 3 Hs. 2 AO, dass zugleich auch auf die Perspektive des Steuergläubigers abzustellen ist.[1132] Über die Kritik, dass die Vollverzinsung der bisherigen Verzinsungssystematik widerspreche, sie von der Verwaltung nicht umgesetzt werden könne und zu Streitigkeiten im Verhältnis der Steuerpflichtigen zu ihren Beratern und Außenprüfern führe, setzte sich der Gesetzgeber aus den vorgenannten Gründen – insbesondere der Gleichmäßigkeit der Besteuerung – mit der Einführung der (beschränkten) Vollverzinsung hinweg.[1133]

Eine steuerliche Sanktion des Steuerpflichtigen ist damit aber gerade nicht verbunden, da diese zur wertneutralen Abschöpfungs- und Ausgleichsfunktion im Widerspruch stünde,[1134] hierzu gibt es vielmehr die Verspätungs- und Säumniszuschläge.[1135] Dennoch wird teilweise als Lenkungsziel diskutiert, die Steuerpflichtigen zu einer fristgemäßen Steuerzahlung zu bewegen und eine Beschleunigung des Besteuerungsverfahrens zu erreichen.[1136] Gleichwohl lässt sich eine Lenkung ohne Sanktion kaum erreichen, da die Lenkungswirkung einer Verzinsungsregelung ohne Sanktionswirkung, die die Vor- und Nachteile vollständig ausgleicht, einerseits nicht erforderlich ist, da die Vor- und Nachteile ohnehin abgeschöpft und ausgeglichen werden und andererseits für die Steuerpflichtigen irrelevant ist, da die fristgemäße Steuerzahlung keine Vorteile (aber auch keine Nachteile) bietet.[1137] Außerdem müsste die Lenkungswirkung als Sozialzweck vom Gesetzgeber zumindest in den Gesetzesmaterialien deutlich gemacht und erkennbar angestrebt worden sein.[1138] Wenn auf die

---

Felix, 1989, S. 365 (376 f.). Zu den Zinsdefinitionen s. oben Seite 213 ff. und zu den Besonderheiten der Zinsen der Abgabenordnung insb. Seite 218 ff.

1132 Vgl. *Dust*, Der Zinssatz im Steuerschuldverhältnis, 2019, S. 267 f., 270.

1133 Vgl. zusammenfassend *Krabbe*, DB 1988, 1719 (1719).

1134 Vgl. BVerfG v. 03.09.2009 – 1 BvR 2539/07, BFH/NV 2009, 2115 (2117 f.); vgl. auch BFH v. 27.09.1994 – VIII B 21/94, BFHE 175, 516 (519); *Krabbe*, DB 1988, 1719 (1719); *Schultz*, Die Vollverzinsung im bundesdeutschen Steuersystem, 1992, S. 18.

1135 Vgl. *Kruse*, FR 1988, 1 (4).

1136 S. kritisch *Schultz*, Die Vollverzinsung im bundesdeutschen Steuersystem, 1992, S. 17 f. Eine solche Lenkung zumindest idealtypisch annehmend *Drüen*, in: StbJb 2013/2014, S. 468 (474); darauf hinweisend s. auch BT-Drs. 11/3056, S. 83.

1137 Vgl. *Schultz*, Die Vollverzinsung im bundesdeutschen Steuersystem, 1992, S. 18.

1138 Vgl. bspw. BVerfG v. 15.01.2014 – 1 BvR 1656/09, BVerfGE 135, 126 (151 f.); vgl. auch BVerfG v. 11.11.1998 – 2 BvL 10/95, BVerfGE 99, 280 (296 f.); BVerfG v. 20.04.2004 – 1 BvR 1748/99, 1 BvR 905/00, BVerfGE 110, 274 (296 f.); BVerfG v. 21.06.2006 – 2 BvL 2/99, BVerfGE 116, 164 (191 ff.). S. dazu auch bereits oben Seite 169 f.

Zinsmehreinnahmen des Staates als Nachweis einer Sanktionierung abgestellt wird,[1139] ist dies hingegen verfehlt, da die Mehreinnahmen lediglich anzeigen, dass mehr Liquiditätsvorteile bei den Steuerpflichtigen auszugleichen waren als Liquiditätsnachteile.

I. Beschränkte Umsetzung

Vollverzinsung bedeutet, dass grundsätzlich alle Ansprüche aus dem Steuerschuldverhältnis ohne besondere weitere Tatbestände vom Entstehungszeitpunkt der Ansprüche (Verwirklichung des Tatbestands, an den die Leistungspflicht geknüpft ist) – unabhängig von deren Fälligkeit – bis zum Erlöschen der Ansprüche, beispielsweise durch Zahlung, zu verzinsen sind („Vorfälligkeitsverzinsung").[1140]

Allerdings enthält § 233a AO hierzu zahlreiche Einschränkungen, sodass zum einen keine echte Vollverzinsung, sondern richtigerweise eigentlich eine beschränkte Vollverzinsung erfolgt[1141] und zum anderen mithin auch das vom Gesetzgeber verfolgte Ziel der Gleichmäßigkeit der Besteuerung nur mit Abstrichen verwirklicht wird.[1142] So ist die Verzinsung nach § 233a AO zum Beispiel abschließend auf veranlagte Steuerarten („Einkommen-, Körperschaft-, Vermögen-, Umsatz- oder Gewerbesteuer", § 233a Abs. 1 Satz 1 AO) beschränkt – nicht zu verzinsen sind dabei der Solidaritätszuschlag und die Kirchensteuer. Der Gesetzgeber erachtete eine Vollverzinsung für andere Steuern und Abgaben sowie für Vorauszahlungen als weitgehend sinnlos, da bei diesen die Festsetzung oder Anmeldung zeitnah erfolge und mithin die anderen Zins- und Säumnisregelungen eingriffen.[1143] So sind insbesondere die Steuern, die gleichmäßig und zeitnah erhoben werden, wie zum Beispiel die Grund- und Grunderwerbsteuer oder Verbrauchsteuern, von der Verzinsung ausgenommen,[1144] aber auch

---

1139 S. dahingehend *Kruse*, FR 1988, 1 (7).

1140 Vgl. BT-Drs. 8/1410, S. 4; BT-Drs. 11/2157, S. 118; vgl. auch *Sikorski*, DStR-Beihefter 1991, 1 (2); *Seer/Klemke*, IFSt-Schrift 490, 2013, S. 21; *Behrens*, FR 2015, 214 (215). Von einer „‚vollständigen' Verzinsung" sprach bspw. bereits *Koch*, DStZ 1961, 194 (196). Zum Begriff der „Vorfälligkeitsverzinsung" s. *Seer/Klemke*, IFSt-Schrift 490, 2013, S. 29; vgl. auch *Seer*, in: Tipke/Lang, Steuerrecht, 2018, § 21 Rn. 348, 350.

1141 Vgl. bspw. *Seer/Klemke*, IFSt-Schrift 490, 2013, S. 23; vgl. auch *Sikorski*, DStR-Beihefter 1991, 1 (2), der auf den Rechtsstand zum Zeitpunkt der Einführung von § 233a AO eingeht.

1142 Vgl. *Baum*, BB 1992, 2047 (2047).

1143 Vgl. BT-Drs. 11/2157, S. 195.

1144 Vgl. *Dust*, Der Zinssatz im Steuerschuldverhältnis, 2019, S. 217 f.

die Erbschaftsteuer, bei der langwierige erbrechtliche Auseinandersetzungen zu Verzögerungen führen können und eine schematische Verzinsung ungeeignet erscheinen lassen.[1145] Aufgrund der regelmäßig zeitnahen Erhebung sowie kurzer Festsetzungsfristen sind bis auf die Umsatzsteuer außerdem Verbrauchs- und Verkehrssteuern ausgenommen.[1146]

Beschränkt umgesetzt ist die Vollverzinsung im Übrigen aufgrund der Karenzzeit, in der keine Verzinsung vorzunehmen ist. Diese beträgt 15 beziehungsweise für überwiegende Einkünfte aus Land- und Forstwirtschaft 23 Monate (§ 233a Abs. 2 Satz 1 und 2 AO). Die Festlegung auf 15 Monate basiert auf der „längstmöglichen allgemeinen Verlängerung der Fristen zur Abgabe von Steuererklärungen"[1147] und dient somit sowohl den Steuerpflichtigen, damit diese ihren Erklärungspflichten nachkommen können als auch der Verringerung der Arbeitsbelastung der Finanzverwaltung, da die wenigsten veranlagten Steuern bis zu ihrer Entstehung treffend entrichtet werden und somit zu verzinsen wären.[1148] Dies impliziert jedoch zugleich, dass die Veranlagung in dieser Zeit regelmäßig abgeschlossen sein dürfte.[1149] Der Gesetzgeber erachtet damit unterschiedliche Besteuerungszeitpunkte – bis zu einer zeitlichen Differenz von 15 Monaten – als angemessen und nimmt demzufolge die Nichtverzinsung im typischen Arbeitnehmerfall in Kauf.[1150]

Problematisch an der Karenzzeit ist jedenfalls, dass die typisierte Veranlagungsdauer mit 15 Monaten zumindest für die Körperschaftsteuer realitätsfern festgelegt wurde, da beispielsweise im Jahr 1991 in Hamburg nur circa ein Drittel in dieser Zeit tatsächlich veranlagt werden konnte.[1151] Das Statistische

---

1145 Vgl. BT-Drs. 11/2157, S. 195; vgl. auch *Dust*, Der Zinssatz im Steuerschuldverhältnis, 2019, S. 218.

1146 Vgl. *Sikorski*, DStR-Beihefter 1991, 1 (2); *Krabbe*, Vollverzinsung im Steuerrecht, 1992, S. 21.

1147 BT-Drs. 11/2157, S. 195.

1148 Vgl. BT-Drs. 8/1410, S. 6; BT-Drs. 11/2157, S. 195; vgl. auch FG Münster v. 17.08.2017 – 10 K 2472/16 E, EFG 2017, 1638 (1641); *Sikorski*, DStR-Beihefter 1991, 1 (3); *Dust*, Der Zinssatz im Steuerschuldverhältnis, 2019, S. 218.

1149 Vgl. BFH v. 01.06.2016 – X R 66/14, BFH/NV 2016, 1668 (1670); vgl. bspw. auch *Loose*, in: Tipke/Kruse, AO/FGO, 2019, § 233a AO Rn. 17.

1150 Vgl. BT-Drs. 8/1410, S. 6 f.; vgl. auch *Hahn*, Vollverzinsung, 1988, S. 10; *Dust*, Der Zinssatz im Steuerschuldverhältnis, 2019, S. 218.

1151 Vgl. *Egge*, StuW 1994, 272 (272 f.). Zum Teil wird der Finanzverwaltung nur eine Bearbeitungsdauer von zwei Wochen zugestanden, vgl. *Streck/Mack*, DStR 1989, 119 (121).

Bundesamt wählt für seine jährlichen Einkommen- und Körperschaftsteuerstatistiken zur möglichst realitätsgerechten Erfassung der Steuerdaten Veranlagungsdauern von 33 Monaten für die Einkommensteuer und von 42 Monaten für die Körperschaftsteuer.[1152] Dies liegt allerdings nicht nur an der Finanzverwaltung, sondern zugleich auch an der späten Abgabe von Steuererklärungen. So waren im Jahr 2010 nach zwölf Monaten erst 75 Prozent der Einkommensteuererklärungen und 64 Prozent der Körperschaftsteuererklärungen beim Finanzamt eingegangen.[1153] Seit dem Jahr 2019 haben die Steuerpflichtigen nach der Steuerentstehung grundsätzlich sieben (statt fünf) Monate Zeit für die Abgabe ihrer Steuererklärungen (§ 149 Abs. 2 Satz 1 AO).[1154] Sind Steuerberater oder Personen, Gesellschaften, Verbände, Vereinigungen, Behörden oder Körperschaften im Sinne von §§ 3 und 4 StBerG mit der Steuererklärung beauftragt, so beträgt die Frist 14 Monate (§ 149 Abs. 3 AO). Zusätzlich sind Fristverlängerungen nach § 109 AO möglich und zu der Abgabefrist kommt in jedem Fall die Bearbeitungszeit des Finanzamts hinzu, die im Jahr 2018 circa zwei Monate betrug.[1155] Lediglich die (unproblematischen) Arbeitnehmerveranlagungen, die von den Steuerpflichtigen selbst erklärt werden, dürften damit nach 15 Monaten typischerweise abgeschlossen sein.[1156]

1152 S. Statistisches Bundesamt, Fachserie 14 Reihe 7.1 Lohn- und Einkommensteuerstatistik 2015, 2019, Qualitätsbericht S. 7, abrufbar unter https://www.destatis.de/DE/Themen/Staat/Steuern/Lohnsteuer-Einkommensteuer/Publikationen/Downloads-Lohn-und-Einkommenssteuern/lohn-einkommensteuer-2140710157004.pdf und Fachserie 14 Reihe 7.2 Körperschaftsteuerstatistik 2014, 2019, Qualitätsbericht S. 4 f., abrufbar unter https://www.destatis.de/DE/Themen/Staat/Steuern/Unternehmenssteuern/Publikationen/Downloads-Koerperschaftsteuern/koerperschaftsteuerstatistik-2140720147004.pdf (jeweils abgerufen am 12.12.2019).

1153 Vgl. *Tartler*, in: FS Kirchhof. Band 2, 2013, S. 1675 (1683).

1154 Zum neu gefassten § 149 AO s. Gesetz zur Modernisierung des Besteuerungsverfahrens v. 18.07.2016, BGBl. I 2016, 1679 (1687 f.).

1155 Vgl. Statista Research Department, https://de.statista.com/infografik/16713/bearbeitungsdauer-von-finanzaemtern-in-deutschland/ (abgerufen am 20.11.2019); vgl. zu früheren Jahren Bundesministerium der Finanzen, Die Steuerverwaltung in Deutschland, 2018, S. 23, abrufbar unter https://www.bundesfinanzministerium.de/Content/DE/Downloads/Broschueren_Bestellservice/2018-03-16-die-steuerverwaltung-in-deutschland.pdf (abgerufen am 20.11.2019); vgl. zu den Nichtarbeitnehmerfällen Senatsverwaltung für Finanzen Berlin, https://www.berlin.de/sen/finanzen/steuern/finanzaemter/artikel.501151.php (abgerufen am 20.11.2019).

1156 Vgl. *Sebiger/Dechant*, in: FS Felix, 1989, S. 365 (373). Zur Rechtfertigung der Karenzzeit s. noch unten Seite 413 ff.

II. Zinslauf

Der Zinslauf (Dauer der Zinspflicht) beginnt bei der beschränkten Vollverzinsung gemäß § 233a Abs. 2 Satz 1 AO nach Ablauf der Karenzzeit, also 15 Monate nach Ablauf des Kalenderjahrs, in dem die Steuer entstanden ist (beziehungsweise 23 Monate bei der erstmaligen Steuerfestsetzung von Einkünften aus Land- und Forstwirtschaft, die die anderen Einkünfte überwiegen, § 233a Abs. 2 Satz 2 AO) und endet mit dem Ablauf des Tages des Wirksamwerdens der Steuerfestsetzung (§ 233a Abs. 2 Satz 3 AO),[1157] regelmäßig also mit Bekanntgabe des Steuerbescheids gegenüber dem Steuerpflichtigen im Sinne des § 122 AO (§ 124 Abs. 1 Satz 1 AO).[1158] Bei Erstattungen beginnt der Zinslauf frühestens mit der Zahlung des Steuerpflichtigen (§ 233a Abs. 3 Satz 3 Hs. 2 und Abs. 5 Satz 4 AO), um eine Verzinsung für Zeiträume, in denen der Steuerpflichtige überhaupt keine Nachteile hatte, zu verhindern.[1159] Eine Modifikation des Zinslaufs enthält § 233a Abs. 2a und 7 AO für rückwirkende Ereignisse im Sinne des § 175 Abs. 1 Satz 1 Nr. 2 und Abs. 2 AO sowie für den Verlustabzug nach § 10d Abs. 1 EStG, um diese erst zu berücksichtigen, wenn die Auswirkungen auf die Liquidität eingetreten sind.[1160] Dazu beginnt der Zinslauf erst 15 Monate nach Ablauf des Kalenderjahres, in dem das rückwirkende Ereignis eingetreten oder der Verlust entstanden ist, und nicht bereits 15 Monate nach Ablauf des Kalenderjahrs, in dem die Steuer entstanden ist.

Die Regelungen zum Zinslauf dienen grundsätzlich der Verwaltungsvereinfachung. Aufgrund der Nichtberücksichtigung sämtlicher Umstände, die nach dem Wirksamwerden der Steuerfestsetzung eintreten, ist es der Finanzverwaltung nämlich möglich, die Zinsen zusammen mit der Steuer

---

1157 Vgl. ausdrücklich BFH v. 31.05.2017 – I R 92/15, BStBl. II 2019, 14 (15); vgl. auch Anwendungserlass zur Abgabenordnung (AEAO) v. 31.01.2014 – IV A 3 – S 0062/14/10002, BStBl. I 2014, 290 (474 f.), AEAO zu § 233a Rn. 70.1.2.

1158 Zum Zinslauf hat der BFH klargestellt, dass „der erste Tag und der letzte Tag des Zinslaufs beim Verständnis der maßgeblichen Zeiteinheit einzubeziehen sind", weil „ihr Anfang nach § 238 Abs. 1 S. 2 AO auf den Tag fixiert ist, ‚an dem der Zinslauf beginnt', und ihr Ende sich nach § 233a Abs. 2 S. 3 AO ‚mit der Fälligkeit' der Steuernachforderung deckt", s. BFH v. 24.07.1996 – X R 119/92, BStBl. II 1997, 6 (7); vgl. auch BFH v. 31.05.2017 – I R 92/15, BStBl. II 2019, 14 (15). Des Weiteren ist für die Ermittlung der Dauer des Zinslaufs von Erstattungszinsen gemäß § 233a Abs. 3 Satz 3 Hs. 2 AO der Zahlungstag mitzurechnen, da der Tag der Zahlung gerade „von Anfang an" einzubeziehen sei, s. BFH v. 31.05.2017 – I R 92/15, BStBl. II 2019, 14 (16).

1159 Vgl. *Seer/Klemke*, IFSt-Schrift 490, 2013, S. 24.

1160 Vgl. BT-Drs. 13/5952, S. 56.

festzusetzen – insbesondere die nachfolgenden Kassenvorgänge, wie zum Beispiel der Steuerzahlungseingänge und -ausgänge, sind für die Vollverzinsung (nicht hingegen für Säumniszuschläge nach § 240 AO) unbeachtlich.[1161]

Eine Höchstdauer des Zinslaufs – die ursprünglich die Verhältnismäßigkeit der Verzinsung bei späten Außenprüfungen oder außergewöhnlichen Verzögerungen sicherstellen sollte und die Einführung der Vollverzinsung erleichterte[1162] – existiert für den Zinslauf seit dem 01.01.2000 nicht mehr.[1163] Der Gesetzgeber begründete den Wegfall mit den Gründen der Besteuerungsgerechtigkeit: Einerseits sollten Steuerpflichtige die Zinsbelastung durch Verzögerungen des Steuerverfahrens nicht mehr mindern können respektive Anreize für Verzögerungen durch den Steuerpflichtigen beseitigt werden und andererseits sollten Liquiditätsnachteile unbegrenzt ausgeglichen werden. Außerdem diene der Wegfall der Vereinfachung der Zinsberechnung.[1164] Gleichzeitig vermerkte der Gesetzgeber aber auch Mehreinnahmen in Höhe von jährlich 500 Millionen Deutsche Mark.[1165]

III. Bemessungsgrundlage

Bemessungsgrundlage für die Vollverzinsung des § 233a AO ist der Unterschiedsbetrag nach § 233a Abs. 3 und 5 AO. Hinsichtlich der Berechnung der Zinsen ist zwischen Erstattungen und Nachforderungen zu unterscheiden.

1161 Vgl. *Baum*, BB 1992, 2047 (2048).

1162 Vgl. BT-Drs. 11/2157, S. 195; vgl. auch *Krabbe*, DB 1988, 1719 (1720); *Sikorski*, DStR-Beihefter 1991, 1 (12); *Zühlke*, StBp 1996, 125 (125); *Baum*, Die Vollverzinsung nach § 233a AO, 1997, S. 42; *Loose*, in: FS Kruse, 2001, S. 295 (303); *Loose*, in: DStJG 31, 2008, S. 203 (210 f.); *Seer/Klemke*, IFSt-Schrift 490, 2013, S. 24.

1163 Gesetz zur Bereinigung von steuerlichen Vorschriften (Steuerbereinigungsgesetz 1999 – StBereinG 1999) v. 22.12.1999, BGBl. I 1999, 2601 (2619). Davor war der Zinslauf auf höchstens vier Jahre beschränkt; vgl. zur Verfassungsmäßigkeit BFH v. 05.06.2003 – IX B 209/02, BFH/NV 2003, 1147 (1147).

1164 Vgl. zum Ganzen BT-Drs. 14/1514, S. 48. Dahingehend argumentierend s. bereits *Zühlke*, StBp 1996, 125 (126).

1165 Vgl. BT-Drs. 14/1514, S. 26; vgl. auch *Loose*, in: FS Kruse, 2001, S. 295 (305), der daher von „rein fiskalischen Überlegungen" ausgeht; s. zustimmend *Drüen*, in: StbJb 2013/2014, S. 468 (471).

1. Nachforderungszinsen

Die Nachforderungszinsen werden nach dem „Soll-Verzinsungs-Prinzip" auf den in § 233a Abs. 3 Satz 1 AO legal definierten Unterschiedsbetrag zwischen der festgesetzten Steuer, die um die anzurechnenden Steuerabzugsbeträge und die anzurechnende Körperschaftsteuer zu vermindern ist, (sogenanntes „Soll") sowie den ursprünglich bis zum Beginn des Zinslaufs festgesetzten Steuervorauszahlungen beziehungsweise Voranmeldungen (sogenanntes „Vorsoll") berechnet.[1166] Auf die tatsächliche Zahlung des Vorsolls oder auf sonstige tatsächliche Kassenvorgänge kommt es für die Nachforderungsverzinsung nach § 233a AO nicht an und auch zusätzliche Vorauszahlungen des Steuerpflichtigen sind nicht von Bedeutung, sodass der Steuerpflichtige gegebenenfalls Zinsen zahlen muss, obwohl ihm überhaupt keine Vorteile entstanden sind.[1167] Das Ist-Prinzip findet hier nur ausnahmsweise bei rückwirkenden Ereignissen (§ 175 Abs. 1 Satz 1 Nr. 2 und Abs. 2 AO) oder dem Verlustabzug nach § 10d Abs. 1 EStG über § 233a Abs. 2a AO Anwendung.[1168]

Das Soll-Verzinsungs-Prinzip bringt gegenüber der Ist-Verzinsung zwar praktische Erleichterungen, da keine Dokumentation von Kassenvorgängen notwendig ist, und verhindert Missbrauch durch die Steuerpflichtigen, beispielsweise infolge willkürlicher freiwilliger Zahlungen.[1169] Insbesondere der Vereinfachungszweck kann jedoch in vielen Fällen aufgrund häufiger Änderungen der Steuerfestsetzungen und damit des Vorsolls überhaupt nicht erreicht werden.[1170] Hinzukommt, dass die Soll-Verzinsung ungeachtet des ökonomischen Zinsverständnisses eine Verzinsung trotz fehlender Kapitalüberlassung vorschreibt, weshalb sie als ungerecht empfunden wird und mithin deren Akzeptanz fehlt.[1171]

1166 Vgl. *Sikorski*, DStR-Beihefter 1991, 1 (5); *Loose*, in: DStJG 31, 2008, S. 203 (208). Zu den Besonderheiten bei der Verzinsung der Vermögensteuer s. *Sikorski*, ebd.

1167 Vgl. BFH v. 06.11.2002 – V R 75/01, BStBl. II 2003, 115 (117); vgl. auch BT-Drs. 8/1410, S. 6; *Seer*, in: Tipke/Lang, Steuerrecht, 2018, § 21 Rn. 351.

1168 Vgl. *Loose*, in: FS Kruse, 2001, S. 295 (305); *Seer/Klemke*, IFSt-Schrift 490, 2013, S. 26; s. ausführlich auch *Baum*, Die Vollverzinsung nach § 233a AO, 1997, S. 35 ff.

1169 Vgl. BT-Drs. 11/2157, S. 195; *Melchior*, DStR 1995, 82 (82).

1170 Vgl. *Loose*, in: FS Kruse, 2001, S. 295 (301); *Loose*, in: DStJG 31, 2008, S. 203 (208).

1171 Vgl. *Loose*, in: DStJG 31, 2008, S. 203 (208); *Dust*, Der Zinssatz im Steuerschuldverhältnis, 2019, S. 216 f. Zum Widerspruch zum zivilrechtlichen Zinsverständnis s. *Loose*, in: FS Kruse, 2001, S. 295 (302).

2. Erstattungszinsen

Die Erstattungszinsen berechnen sich hingegen gemäß § 233a Abs. 3 Satz 3 AO – zum Nachteil der Steuerpflichtigen – nach dem sogenannten „Ist-Verzinsungs-Prinzip“, da sie nur auf tatsächlich geleistete (Voraus-)Zahlungen, die zu erstatten sind, gewährt werden sollen.[1172] Demnach ist der Unterschiedsbetrag zugunsten des Steuerpflichtigen nur bis zur Höhe des zu erstattenden Betrags zu verzinsen, um missbräuchliche freiwillige zu verzinsende Zahlungen der Steuerpflichtigen zu unterbinden.[1173] Außerdem beginnt die Verzinsung frühestens mit dem Tag der Zahlung.[1174] Soweit die zu erstattenden Steuerbeträge zu unterschiedlichen Zeitpunkten entrichtet wurden, muss der Erstattungsbetrag entsprechend aufgeteilt werden und die Zinsen sind jeweils für die Teilbeträge zu berechnen; dabei gilt der zuletzt gezahlte zu erstattende Steuerbetrag stets als zuerst erstattet.[1175]

Damit entspricht die Ist-Verzinsung – anders als die Soll-Verzinsung – insoweit der ökonomischen Zinsdefinition, da Zinsen für die befristete Kapitalüberlassung geleistet werden. Wegen der Ist-Verzinsung müssen gleichwohl sämtliche tatsächliche Zahlungen bei der Zinsberechnung berücksichtigt werden, da für die Verzinsung von Erstattungen nicht nur die Daten des Festsetzungsverfahrens, sondern auch die des Erhebungsverfahrens, das heißt die tatsächlichen Zahlungen des Steuerpflichtigen an die Finanzkasse, maßgebend sind, was zu erheblichem Verwaltungsaufwand führt und den Vereinfachungszweck der Soll-Verzinsung in § 233a Abs. 3 Satz 1 AO für die Nachforderungszinsen zumindest zusätzlich in Frage stellen muss.[1176]

1172 Vgl. BFH v. 19.04.2005 – VIII R 12/04, BStBl. II 2005, 683 (685); vgl. auch BT-Drs. 11/2157, S. 195; *Kruse*, FR 1988, 1 (2); *Loose*, in: DStJG 31, 2008, S. 203 (208 f.); *Seer/Klemke*, IFSt-Schrift 490, 2013, S. 25; *Seer*, in: Tipke/Lang, Steuerrecht, 2018, § 21 Rn. 352.

1173 Vgl. BT-Drs. 11/2157, S. 196.

1174 Vgl. *Sikorski*, DStR-Beihefter 1991, 1 (6).

1175 Vgl. Anwendungserlass zur Abgabenordnung (AEAO) v. 31.01.2014 – IV A 3 – S 0062/14/10002, BStBl. I 2014, 290 (460), AEAO zu § 233a Rn. 23; vgl. bereits BMF v. 04.07.1990 – IV A 5 – S 0460 a-16/90, BStBl. I 1990, 304, Rn. 6.2.3; vgl. auch *Sikorski*, DStR-Beihefter 1991, 1 (6); *Melchior*, DStR 1995, 82 (84).

1176 Vgl. *Baum*, Die Vollverzinsung nach § 233a AO, 1997, S. 28; *Loose*, in: FS Kruse, 2001, S. 295 (303); *Loose*, in: DStJG 31, 2008, S. 203 (209); *Seer/Klemke*, IFSt-Schrift 490, 2013, S. 65 f.

3. *Änderung der Zinsfestsetzung*

Nach § 233a Abs. 5 Satz 1 AO ist die Zinsfestsetzung infolge jeder Aufhebung, Änderung oder Berichtigung der Steuerfestsetzung sowie Korrektur von Steuerbetragsanrechnungen zu ändern. Dabei ist für die neue Zinsberechnung der Unterschiedsbetrag zwischen der festgesetzten Steuer und der vorher festgesetzten Steuer, jeweils vermindert um die anzurechnenden Steuerabzugsbeträge und um die anzurechnende Körperschaftsteuer, maßgebend, § 233a Abs. 5 Satz 2 AO. Der Zinsbetrag ist den bisher festgesetzten Zinsen hinzuzurechnen beziehungsweise wenn bereits Nachforderungszinsen festgesetzt wurden und sich Erstattungszinsen (Sollminderung) ergeben, entfallen die bereits festgesetzten Nachforderungszinsen in dieser Höhe, § 233a Abs. 5 Satz 3 AO.[1177]

Wiederum gilt gemäß § 233a Abs. 5 Satz 3 und 4 AO für Erstattungen das Ist-Verzinsungs-Prinzip und für Nachforderungen das Soll-Verzinsungs-Prinzip. Müssen Steuerfestsetzungen mehrfach zugunsten und/oder zulasten des Steuerpflichtigen geändert werden, wird demnach für jeden Verzinsungszeitraum und jede Steuerart eine gesonderte (komplizierte) Zinsberechnung notwendig, wodurch erheblicher Verwaltungsaufwand entsteht und die Nachvollziehbarkeit für den Steuerpflichtigen erheblich erschwert wird.[1178] Hieraus wird auch deutlich, dass die vom Gesetzgeber genannten praktischen Schwierigkeiten bei einer Umsetzung der Ist-Verzinsung[1179] unzutreffend sind, da die Ist-Verzinsung im Falle der Erstattungen bereits praktiziert wird.[1180]

Jedenfalls durch den Dualismus aus Soll- und Ist-Verzinsungs-Prinzip ist die Komplexität der Verzinsungsregelung des § 233a AO besonders groß[1181] und so hatte *Kruse* bereits im Jahr 1988 festgestellt, „Vollverzinsung und Steuervereinfachung pass[t]en nicht zusammen".[1182]

IV. Ertragsteuerliche Asymmetrie

Weitere Nachteile aus Sicht der Steuerpflichtigen bringt die asymmetrische ertragsteuerliche Behandlung der Zinsen nach § 233a AO. Während

---

1177 Vgl. hierzu auch *Baum*, Die Vollverzinsung nach § 233a AO, 1997, S. 33.

1178 Vgl. *Kruse*, FR 1988, 1 (2); *Seer/Klemke*, IFSt-Schrift 490, 2013, S. 26, 64; *Seer et al.*, DStR 2021, 1265 (1269).

1179 Vgl. BT-Drs. 11/2157, S. 195.

1180 Vgl. *Behrens*, FR 2015, 214 (222).

1181 Vgl. *Baum*, Die Vollverzinsung nach § 233a AO, 1997, S. 27; *Drüen*, in: StbJb 2013/2014, S. 468 (470).

1182 *Kruse*, FR 1988, 1 (12).

Nachforderungszinsen auf Personensteuern[1183] gemäß § 12 Nr. 3 Hs. 2 EStG und gemäß § 10 Nr. 2 Hs. 2 KStG[1184] als steuerliche Nebenleistungen (§ 3 Abs. 4 Nr. 4 AO) seit dem Jahr 1999 steuerlich nicht mehr abzugsfähig sind,[1185] sind Erstattungszinsen seit 2010 – unabhängig von einer Zuordnung zur privaten Sphäre – als Kapitaleinkünfte im Sinne des § 20 Abs. 1 Nr. 7 Satz 3 EStG[1186] (respektive als Betriebseinnahmen bei Körperschaften) ausdrücklich ertragsteuerrechtlich zu versteuern.[1187] Für die Gewerbesteuer ergibt sich das entsprechende Abzugsverbot aus § 4 Abs. 5b EStG.

Lediglich im Falle von Nachforderungs- und Erstattungszinsen, die infolge von Änderungen der Steuerfestsetzung für den gleichen Veranlagungszeitraum erhoben werden, gelten die späteren Nachforderungszinsen in der verrechneten Höhe als negative Einnahmen aus Kapitalvermögen oder sind die späteren Erstattungszinsen in der verrechneten Höhe nicht zu versteuern, da insoweit keine Einkünfte vorliegen beziehungsweise lediglich

1183 Generell absetzbare Steuern, wie z. B. Umsatzsteuer und die darauf entfallenden Zinsen sind nicht gemeint (vgl. § 12 Nr. 3 EStG), s. dazu bspw. *Fissenewert*, in: Herrmann/Heuer/Raupach, EStG/KStG, 2019, § 12 EStG Rn. 128, 136; *Loschelder*, in: Schmidt, EStG, 2019, § 12 Rn. 25 ff.

1184 Steuerentlastungsgesetz 1999/2000/2002 v. 24.03.1999, BGBl. I 1999, 402. S. dazu BT-Drs. 14/23, S. 174 beziehungsweise zuvor bereits BT-Drs. 13/7480, S. 200, wonach die Einführungsphase der Vollverzinsung, deren Erleichterung der Sonderausgabenabzug der Nachforderungszinsen diente (§ 10 Abs. 1 Nr. 5 EStG a. F.), abgeschlossen und die Gewährung des Abzugs nicht mehr erforderlich sei. Anders noch bei Einführung der Vollverzinsung s. Steuerreformgesetz 1990 v. 25.07.1988, BGBl. I 1988, 1093; vgl. dazu BT-Drs. 11/2536, S. 60.

1185 Vgl. BFH v. 02.09.2008 – VIII R 2/07, BStBl. II 2010, 25 (27).

1186 Jahressteuergesetz 2010 (JStG 2010) v. 08.12.2010, BGBl. I 2010, 1768.

1187 Vgl. BFH v. 12.11.2013 – VIII R 36/10, BStBl. II 2014, 168 (169 f.). Grundlegend anders zur vorherigen Rechtslage s. BFH v. 15.06.2010 – VIII R 33/07, BStBl. II 2011, 503 (505 f.), da § 12 Nr. 3 EStG die genannten Steuern (und steuerlichen Nebenleistungen) vollständig dem nicht-steuerbaren Bereich zuordne; vgl. hierzu kritisch *Korn*, SteuK 2011, 187 (188), da eine solch grundlegende Systemänderung Aufgabe des Gesetzgebers und nicht des BFH sei. S. zur a. A. in der Rechtsprechung hingegen noch BFH v. 08.11.2005 – VIII R 105/03, BFH/NV 2006, 527 (528). Zur Verfassungsmäßigkeit der Rückwirkung von § 20 Abs. 1 Nr. 7 Satz 3 EStG s. bspw. umfassend *Seer/Klemke*, IFSt-Schrift 490, 2013, S. 85 ff. Zur Körperschaftsteuerpflicht s. BFH v. 15.02.2012 – I B 97/11, BStBl. II 2012, 697 (698), da hier ohnehin die außerbetriebliche Sphäre fehle.

Nachforderungszinsen zurückerstattet werden.[1188] Außerdem sind im Falle der Saldierung von Nachforderungs- und Erstattungszinsen für unterschiedliche Veranlagungszeiträume Erstattungszinsen in Höhe der Saldierung aus Billigkeitsgründen zur Vermeidung unnötiger Härten nicht in die Steuerbemessungsgrundlage miteinzubeziehen, wenn die Zinsen auf ein- und demselben Ereignis beruhen, mithin ein enger sachlicher und zeitlicher Zusammenhang besteht.[1189]

Die Asymmetrie basiert nach Vorstellung des Gesetzgebers auf dem Grundsatz, dass „private Schuldzinsen nicht abzugsfähig, Guthabenzinsen aber steuerpflichtig“ seien.[1190] Verfassungsrechtlich ist die Asymmetrie umstritten,[1191] lässt sich allerdings aus verschiedenen Gründen überzeugend rechtfertigen:[1192] Erstens entspricht die Besteuerung der Erstattungszinsen dem Leistungsfähigkeitsprinzip, da auch andere Formen der Kapitalüberlassung (beispielsweise Bankzinsen) steuerpflichtig verzinst werden.[1193] Zweitens folgt die Nichtabziehbarkeit der Nachforderungszinsen dem Grundsatz, dass private Schuldzinsen

---

1188 Vgl. OFD Frankfurt v. 29.04.2003 – S 2252 A - 61 - St II 33, FR 2003, 741; LfSt Bayern v. 08.09.2011 – S 2252.1.1-6/4 St32, BB 2011, 2726; vgl. auch *Eggesiecker/Ellerbeck*, BB 2004, 745 (746).

1189 Vgl. BMF v. 05.10.2000 – IV C 1 – S 2252-231/00, BStBl. I 2000, 1508; vgl. auch *Eggesiecker/Ellerbeck*, BB 2004, 745 (746 f.).

1190 BT-Drs. 17/3549, S. 17 f.; vgl. mit weiteren Beispielen noch *Korn*, SteuK 2011, 187 (187 f.). Darauf hinweisend, aber aufgrund dessen für einen allgemeinen Schuldzinsabzug plädierend s. bereits *Drenseck*, DStR 1993, 1429 (1434). § 12 Nr. 3 EStG steht der Besteuerung nicht entgegen, da die Erstattungszinsen hiervon nicht erfasst werden und es grundsätzlich dem Gesetzgeber überlassen sein muss, ob er seinen ausdrücklichen gesetzgeberischen Willen auf der Einkünfteseite oder bei der Nichtabzugsfähigkeit zum Ausdruck bringt, vgl. BFH v. 12.11.2013 – VIII R 36/10, BStBl. II 2014, 168 (169); a. A. hingegen *Panzer/Gebert*, DStR 2011, 741 (742 f.), da § 20 EStG erst zur Anwendung komme, wenn die Steuerbarkeit nicht bspw. durch § 12 EStG ausgeschlossen sei, und somit das „dogmatische Fundament“ fehle.

1191 Zu den verfassungsrechtlichen Zweifeln s. bspw. *Söffing*, BB 2002, 1456 (1459 ff.); *Rublack*, FR 2011, 173 (174 f.); *Kanzler*, FR 2012, 323 (325 f.); *Seer/Klemke*, IFSt-Schrift 490, 2013, S. 87 ff. S. allgemeiner bereits *Drenseck*, DB 1991, 416 (416); *Drenseck*, DStR 1993, 1429 (1435 f.); *Bilsdorfer*, NJW 1998, 1686 (1688). Das BVerfG hat die Abschaffung des allgemeinen Schuldzinsenabzugs allerdings im Jahr 1979 als mit dem Grundgesetz vereinbar erklärt, s. BVerfG v. 13.03.1979 – 2 BvR 72/76, BVerfGE 50, 386 (391 ff.). Zur aktuellen Rechtslage ist ein Verfahren beim BVerfG anhängig (2 BvR 482/14).

1192 Vgl. zum Folgenden ausführlich *Thiemann*, FR 2012, 673 (679 ff.).

1193 Vgl. bereits BFH v. 18.02.1975 – VIII R 104/70, BStBl. II 1975, 568 (569); s. zudem BT-Drs. 17/3649, S. 17.

(unter anderem auch zur Bedienung eines Darlehens aufgrund von Steuerschulden) als Teil der Privatsphäre grundsätzlich nicht abziehbar und vielfach auch nur schwer abgrenzbar sind[1194] sowie dem Sinn und Zweck, Vorteile beim Steuerpflichtigen abzuschöpfen, was durch eine Abziehbarkeit nicht wieder (partiell) nivelliert werden soll. Gleichzeitig wird mittels allgemeiner Nichtabziehbarkeit die Gleichbehandlung von Körperschaften und natürlichen Personen bezweckt.[1195] Außerdem ist drittens eine symmetrische Behandlung überhaupt nicht geboten, da es an einer Ungleichbehandlung fehlt. Zum einen liegt (abstrakte) Vergleichbarkeit nur bezüglich der (entgegengesetzten) Auswirkungen der Zinsen auf die Liquidität des Steuerpflichtigen vor.[1196] Zum anderen werden Nachforderungs- und Erstattungszinsen lediglich im Hinblick auf ihre steuerliche Relevanz ungleich behandelt: Erstattungszinsen sind steuerbares Einkommen, Nachforderungszinsen sind hingegen nicht abziehbar. Folglich liegt „keine rechtsfolgenspezifische, sondern allenfalls eine rechtsprinzipielle Ungleichbehandlung vor".[1197] Ein Prinzip, das die „einheitliche[…] Beurteilung der steuerlichen Relevanz vermeintlich ‚korrespondierender' Vorgänge vorschreibt" existiert in diesem Zusammenhang jedoch nicht[1198] – insbesondere, weil in der asymmetrischen ertragsteuerlichen Behandlung der Zinsen nach § 233a AO per se auch kein Verstoß gegen das Leistungsfähigkeitsprinzip begründet liegt. Ein Verstoß hängt hier viertens nur von der Realitätsgerechtigkeit der Zinsen ab und kann nicht allein mit der Asymmetrie begründet werden. Entscheidend ist nämlich lediglich, ob die Nettobelastung oder -entlastung beim Steuerpflichtigen den Erstattungs- und Nachforderungszinsen nach Steuern entspricht. Das

---

1194 Vgl. BFH v. 15.11.2006 – XI R 73/03, BStBl. II 2007, 387 (390); BFH v. 02.09.2008 – VIII R 2/07, BStBl. II 2010, 25 (27); vgl. auch BT-Drs. 13/7480, S. 200. Zur Abgrenzung s. auch *Paus*, FR 2007, 1055 (1055 f., 1057). Diesen Grundsatz aus verfassungsrechtlichen Gründen ablehnend s. *Söffing*, BB 2002, 1456 (1460 f.).

1195 Vgl. BFH v. 06.10.2009 – I R 39/09, BFH/NV 2010, 470 (471); BFH v. 15.02.2012 – I B 97/11, BStBl. II 2012, 697 (699); vgl. auch *Gosch*, wiedergegeben in: *Schüppen*, in: JbFStR 2013/2014, S. 302 (318); BT-Drs. 18/2795, S. 6 f. Ob von dem Abzugsverbot auch Schuldzinsen für ein Darlehen, das zur Steuerzahlung aufgenommen wurde, umfasst sind, wurde offengelassen, vgl. BFH v. 06.10.2009 – I R 39/09, BFH/NV 2010, 470 (471 f.). Etwas anderes kann aufgrund von § 20 Abs. 9 EStG auch nicht im Falle der erzwungenen Kapitalüberlassungen gelten, s. zu den Jahren 2002 bis 2004 noch BFH v. 28.02.2018 – VIII R 53/14, BStBl. II 2018, 687 (688 f.).

1196 Vgl. BFH v. 12.11.2013 – VIII R 36/10, BStBl. II 2014, 168 (170).

1197 *Thiemann*, FR 2012, 673 (679).

1198 *Thiemann*, FR 2012, 673 (679).

heißt, wenn die steuerpflichtigen Nettoerstattungszinsen und die nicht abziehbaren Bruttonachforderungszinsen jeweils die Zins- und Liquiditätseffekte beim Steuerpflichtigen realitätsgerecht ausgleichen beziehungsweise abschöpfen, wird mithin nicht gegen das Leistungsfähigkeitsprinzip verstoßen, zumal die Neutralisierung des Belastungszeitpunkts erreicht wird.[1199]

V. Profiskalische Ausgestaltung

Zusätzlich zur asymmetrischen ertragsteuerlichen Behandlung der Zinsen wirken insbesondere der Wegfall der Beschränkung des Zinslaufs,[1200] die Ist-Verzinsung von Erstattungen und die Soll-Verzinsung von Nachforderungen[1201] sowie § 233a Abs. 2a AO, der den Zinslauf im Falle des Verlustrücktrags immer zulasten der Steuerpflichtigen modifiziert,[1202] profiskalisch. Zuletzt ist auch die Karenzzeit ein Grund der Profiskalität. Die Karenzzeit führt dazu, dass das „Gros" der Steuerfälle nicht verzinst wird,[1203] was vom Gesetzgeber insbesondere aus Vereinfachungsgründen und zur Arbeitsentlastung der Finanzverwaltung auch so gewollt ist.[1204] Die typischen Arbeitnehmererstattungsfälle werden damit aber von der Verzinsung strukturell ausgenommen, die Nachzahlungen nach Außenprüfungen hingegen üblicherweise verzinst.[1205]

1199 S. hierzu auch noch die Berechnungen unten Seite 269 ff.

1200 Vgl. *Loose*, in: FS Kruse, 2001, S. 295 (305); *Drüen*, FR 2014, 218 (219 f.).

1201 Vgl. *Seer/Klemke*, IFSt-Schrift 490, 2013, S. 66.

1202 Vgl. *Loose*, in: DStJG 31, 2008, S. 203 (209 f.); *Seer/Klemke*, IFSt-Schrift 490, 2013, S. 66.

1203 Vgl. *Seer*, in: Tipke/Lang, Steuerrecht, 2018, § 21 Rn. 350; vgl. auch *Loose*, in: FS Kruse, 2001, S. 295 (303); *Loose*, in: DStJG 31, 2008, S. 203 (207).

1204 Vgl. BT-Drs. 8/1410, S. 6; BT-Drs. 11/2157, S. 195.

1205 Vgl. BT-Drs. 8/1410, S. 6; *Loose*, in: FS Kruse, 2001, S. 295 (303); *Seer/Klemke*, IFSt-Schrift 490, 2013, S. 60 („verkappte Belastungsvorschrift"); *Drüen*, in: StbJb 2013/2014, S. 468 (470); *Behrens*, FR 2015, 214 (221). Darauf hinweisend, dass ca. 97 Prozent der Betriebsprüfungen Ende der 1980er Jahre zu Nachzahlungen führten, s. *Sebiger/Dechant*, in: FS Felix, 1989, S. 365 (373). Vor dem Hintergrund der verbesserten technischen Möglichkeiten wird die profiskalische Karenzregelung und deren Rechtfertigung aus Vereinfachungsgründen zunehmend kritisch gesehen, vgl. bspw. *Seer/Klemke*, IFSt-Schrift 490, 2013, S. 60. Im Hinblick auf die Gleichmäßigkeit der Besteuerung ist jedoch zu berücksichtigen, dass das Lohnsteuerabzugsverfahren sowie das Veranlagungsverfahren nicht vergleichbar sind, da bei der Veranlagung vermeintlichen Liquiditäts- und Zinsvorteilen ein für den Steuerpflichtigen zeit- und kostenaufwändiges Verfahren gegenübersteht, vgl. *Ilg*, Stbg 1970, 93 (93). Hinzukommt der (teilweise) Ausgleich durch den Arbeitnehmer-Pauschbetrag, der auch

Einen profiskalischen Zweck hat die Vollverzinsung schließlich bereits seit ihrer Einführung gehabt, denn bereits 1990 sollte § 233a AO zu jährlichen Brutto-Mehreinnahmen in Höhe von 1,4 Milliarden Deutsche Mark beziehungsweise Netto-Mehreinnahmen von 0,9 Milliarden Deutsche Mark führen und damit der Gegenfinanzierung der damaligen Steuerreform dienen.[1206] Daran hat sich jahrelang wenig geändert: Noch im Jahr 2017 leisteten die Steuerschuldner geschätzt circa 4,5 Milliarden Euro an Zinszahlungen nach § 233a AO,[1207] während der Staat Zinsen in Höhe von geschätzt circa drei bis vier Milliarden Euro an die Steuerschuldner auszahlte.[1208] Zuletzt zeigte sich die Profiskalität jedoch nicht mehr: 2018 lag das saldierte Zinsaufkommen in Bezug auf Einkommensteuer, Körperschaftsteuer, Umsatzsteuer und Vermögensteuer bei nur noch rund 26 Millionen Euro und 2019 sowie 2020 ergab sich diesbezüglich sogar ein Überschuss der Erstattungs- über die Nachzahlungszinsen in Höhe von circa 550 respektive 350 Millionen Euro.[1209]

Ungeachtet dessen ist zu konstatieren, dass einerseits der fiskalische Zweck als Begründung einer Norm im Abgabenrecht grundsätzlich unproblematisch ist und andererseits stellte das Bundesverfassungsgericht bereits im Jahr 1970 fest, dass eine unterschiedliche Behandlung des Steuerfiskus und des Steuerpflichtigen – wie beispielsweise durch die profiskalische Ausgestaltung – eines sachlichen und nicht lediglich des fiskalischen Grundes bedürfte.[1210] Der Charakter

---

das ausdrückliche Ziel verfolgt, die Liquiditäts- und Zinsnachteile des Lohnsteuerabzugsverfahrens typisiert auszugleichen, vgl. BT-Drs. 11/2157, S. 143; zum vorherigen Arbeitnehmer-Freibetrag in § 19 Abs. 4 EStG und seinem „zinsähnliche[n] Charakter“ s. *Schultz*, Die Vollverzinsung im bundesdeutschen Steuersystem, 1992, S. 77 f.

1206 Vgl. BT-Drs. 11/2536, S. 66; vgl. auch *Zühlke*, StBp 1996, 125 (125); *Loose*, in: Tipke/Kruse, AO/FGO, 2019, § 233a AO Rn. 3. Die Profiskalität wurde vom Gesetzgeber bereits im Jahr 1961 erkannt, s. BT-Drs. 3/2573, S. 34. Netto-Mehreinnahmen in Höhe von sogar 1,7 Mrd. Deutsche Mark annehmend s. *Sebiger/Dechant*, in: FS Felix, 1989, S. 365 (376).

1207 Vgl. BT-Drs. 19/2766, S. 12. Zusätzlich wird angenommen, dass die Summe der Zinsen zur Gewerbesteuer, zu denen keine Daten ermittelt werden konnten, in etwa der Summe der Zinsen zur Körperschaftsteuer entspricht.

1208 Vgl. BT-Drs. 19/2766, S. 12; BT-Drs. 19/18372, S. 2 f. Zu niedrige 1,5 bis 2 Mrd. Euro annehmend s. *Jonas*, DB 2016, 3000 (3006); vgl. auch *Schallmoser*, wiedergegeben in: *Ebner et al.*, DStR-Beihefter 2017, 77 (78).

1209 Vgl. BT-Drs. 19/18372, S. 3; BT-Drs. 19/26930, S. 3

1210 BVerfG v. 28.01.1970 – 1 BvL 8/68, 1 BvL 19/68, BVerfGE 27, 391 (395 ff.). Außerdem könnten dauerhafte staatliche Mehreinnahmen der Begründung der Vollverzinsung, bloße Nachteile beim Steuergläubiger auszugleichen, widersprechen, s. *Haubrichs*,

der Zinsen als steuerliche Nebenleistungen nach § 3 Abs. 4 Nr. 4 AO ist wegen der steuerlichen Mehreinnahmen durch die Verzinsung gleichwohl erst in Frage zu stellen, wenn das Missverhältnis zwischen Zinseinnahmen und Zinsausgaben so offensichtlich ist, dass „Zusatzsteuern" angenommen werden müssen.[1211]

VI. Billigkeitserlass der Nachforderungszinsen

Obwohl eine ausdrückliche Billigkeitsregelung in § 233a AO wie für die Stundungs- und Aussetzungszinsen in §§ 234 Abs. 2 und 237 Abs. 4 AO fehlt, können nach der allgemeinen Verweisregelung in § 239 Abs. 1 Satz 1 AO auch Nachteile des Steuerpflichtigen durch Nachforderungszinsen aus § 233a AO je nach Einzelfall mittels Billigkeitserlass (§§ 163, 227 AO) begegnet werden, was (inzwischen) auch im Anwendungserlass zur Abgabenordnung[1212] geregelt ist.[1213] Begründet wird dies insbesondere damit, dass die Verzinsung nach § 233a AO – steuerähnlich – kraft Gesetzes erfolgt, sodass auch die Billigkeitsregelungen nach §§ 163, 227 AO wie bei den Steuern gelten.[1214] Anders ist dies nämlich bei den Stundungs- und Aussetzungszinsen, die als Teilverzinsung an bestimmte Ereignisse, wie die Stundungs- oder Aussetzungsverfügung

---

Die Problematik der Vollverzinsung, 1973, S. 11 f. Dazu, dass es auf die Perspektive des Steuergläubigers für die Würdigung der Realitätsgerechtigkeit des Zinssatzes des § 238 AO aber nicht ankommt, s. unten Seite 390 ff.

1211 BFH v. 09.11.2017 – III R 10/16, BStBl. II 2018, 255 (259). Dies nicht einmal in Frage stellend s. bspw. BFH v. 28.02.2018 – VIII R 53/14, BStBl. II 2018, 687 (689); vgl. auch eindeutig *Jonas*, DStR 2016, 950 (952). Zum Zeitpunkt der Einführung des § 233a AO hingegen eine neue Abgabe annehmend s. bspw. *Kruse*, FR 1988, 1 (10): „‚Steuer' neben der Steuer"; vgl. auch *Sebiger/Dechant*, in: FS Felix, 1989, S. 365 (382), die zudem eine Besteuerung der Zeit kritisieren.

1212 Anwendungserlass zur Abgabenordnung (AEAO) v. 31.01.2014 – IV A 3 – S 0062/14/10002, BStBl. I 2014, 290 (474 ff.), AEAO zu § 233a Rn. 70.1 ff.

1213 Zum Billigkeitserlass bei § 233a AO s. auch BFH v. 05.06.1996 – X R 234/93, BStBl. II 1996, 503 (504); BFH v. 03.07.2014 – III R 53/12, BStBl. II 2017, 3 (4); BFH v. 01.06.2016 – X R 66/14, BFH/NV 2016, 1668 (1669); BFH v. 31.05.2017 – I R 77/15, BFH/NV 2017, 1409 (1409); *Krabbe*, Vollverzinsung im Steuerrecht, 1992, S. 95 f.; *Dust*, Der Zinssatz im Steuerschuldverhältnis, 2019, S. 376. Dies überhaupt nicht mehr in Frage stellend s. BFH v. 31.05.2017 – I R 92/15, BStBl. II 2019, 14 (14 f.). Dies hingegen noch ausdrücklich offenlassend s. BFH v. 08.09.1993 – I R 30/93, BStBl. II 1994, 81 (82). Umfassend mit vielen weiteren Billigkeitssachverhalten s. auch *Baum*, Die Vollverzinsung nach § 233a AO, 1997, S. 141 ff.

1214 Vgl. *Loose*, in: Tipke/Kruse, AO/FGO, 2019, § 233a AO Rn. 76.

anknüpfen.[1215] Im Übrigen bezieht sich § 227 Hs. 1 AO auf „Ansprüche aus dem Steuerschuldverhältnis“, die nach § 37 Abs. 1 AO ausdrücklich und ohne Einschränkung auch die Ansprüche auf eine steuerliche Nebenleistung miteinschließen.

Billigkeitsmaßnahmen, die einem „Überhang gesetzlicher Tatbestände“[1216] entgegenwirken sollen, kommen hinsichtlich der steuerverfahrensrechtlichen Verzinsungsregelungen vor allem in solchen Fällen in Betracht, in denen der Steuerpflichtige keinen Liquiditäts- oder Zinsvorteil erzielen konnte, beispielsweise im Falle der bereits erwähnten Saldierungen[1217] oder aufgrund freiwilliger Zahlungen des Steuerpflichtigen, um Nachforderungszinsen zu vermeiden.[1218] Die „fiktiven Erstattungszinsen“ aufgrund des Guthabens zugunsten des Steuerpflichtigen sind in diesem Fall mit den Nachforderungszinsen zu verrechnen und zu erlassen.[1219] Nicht erheblich sind hingegen Verzögerungen bei der Steuerfestsetzung beziehungsweise ein diesbezügliches Verschulden des Steuerpflichtigen oder der Finanzverwaltung, da es lediglich auf die Liquiditäts- und potentiellen Zinsvorteile ankommt.[1220] Deswegen ist das unverzinste Vorhalten

---

1215 Vgl. *Loose*, in: Tipke/Kruse, AO/FGO, 2019, § 233a AO Rn. 76.

1216 *Baum*, Die Vollverzinsung nach § 233a AO, 1997, S. 141.

1217 Vgl. bspw. FG Münster v. 15.10.2019 – 12 K 2532/16 E, juris Rn. 59. Zum Billigkeitserlass hinsichtlich der Saldierung von Nachforderungs- und Erstattungszinsen aus demselben Ereignis s. bereits oben Seite 245.

1218 Vgl. BFH v. 11.07.1996 – V R 18/95, BStBl. II 1997, 259 (260); BFH v. 12.04.2000 – XI R 21/97, BFH/NV 2000, 1178 (1179); BFH v. 16.11.2005 – X R 3/04, BStBl. II 2006, 155 (158); vgl. auch Anwendungserlass zur Abgabenordnung (AEAO) v. 31.01.2014 – IV A 3 – S 0062/14/10002, BStBl. I 2014, 290 (474), AEAO zu § 233a Rn. 69.2. Ausdrücklich die Beibehaltung der Billigkeitsmaßnahmen im Falle freiwilliger Zahlungen erwähnend s. BT-Drs. 13/5952, S. 56. Zur a. A., wonach sich der Steuerpflichtige die Möglichkeit, Liquiditäts- oder Zinsvorteile zu erzielen, durch eine freiwillige Zahlung schließlich selbst nehme und dies somit nicht durch Billigkeitsmaßnahmen ausgeglichen werden solle, s. *Baum*, BB 1992, 2047 (2048).

1219 Vgl. BFH v. 31.05.2017 – I R 92/15, BStBl. II 2019, 14 (15).

1220 Vgl. BVerfG v. 03.09.2009 – 1 BvR 2539/07, BFH/NV 2009, 2115 (2118). Ständige Rechtsprechung des BFH, vgl. bspw. BFH v. 20.09.1995 – X R 86/94, BStBl. II 1996, 53 (55); BFH v. 13.12.2011 – VIII B 136/11, BFH/NV 2012, 550 (551); BFH v. 31.05.2017 – I R 77/15, BFH/NV 2017, 1409 (1410); vgl. auch Anwendungserlass zur Abgabenordnung (AEAO) v. 31.01.2014 – IV A 3 – S 0062/14/10002, BStBl. I 2014, 290 (474), AEAO zu § 233a Rn. 69.2. Zumindest einen Billigkeitserlass für Fälle fordernd, in denen der Steuerpflichtige nachweislich keine Zinsvorteile erzielte s. *Loose*, in: DStJG 31, 2008, S. 203 (212).

des Nachforderungsbetrags beim Steuerpflichtigen ebenfalls unerheblich.[1221] Andernfalls würde es auch dem Charakter der typisierten Verzinsungsregelung(en) widersprechen, wenn jeweils im Einzelfall beurteilt werden müsste, ob die Veranlagungsdauer noch angemessen ist und ob ein Individual- und/oder Organisationsverschulden vorliegt.[1222]

Jedenfalls darf von Billigkeitsmaßnahmen lediglich Gebrauch gemacht werden, wenn die Anwendung einer (steuerlichen) Regelung im atypischen Einzelfall mit deren Sinn und Zweck nicht mehr zu rechtfertigen ist oder deren steuerrechtlichen Wertungen zuwiderläuft, sodass entstehende Härten auszugleichen sind.[1223] Rechtsfolgen, die der Gesetzgeber bewusst in Kauf genommen hat, können daher nicht Grundlage einer Billigkeitsmaßnahme sein.[1224] Eine strukturelle Gesetzeskorrektur verstößt schließlich gegen das sowohl in Art. 20 Abs. 3 GG verfassungsrechtlich und in § 85 Satz 1 AO einfachrechtlich normierte Legalitätsprinzip.[1225] Da Billigkeitsmaßnahmen mithin die generelle Geltungsanordnung eines Gesetzes nicht gänzlich unterlaufen dürfen, ist das Erlassverfahren auch nicht geeignet, verfassungsrechtliche Zweifel zu beseitigen.[1226] So ist dann der Erlass beispielsweise hinsichtlich der §§ 233a ff. AO nicht zweckmäßig, einen gegebenenfalls in § 238 AO realitätsfern typisierten Zinssatz generell auf eine marktkonforme Verzinsung zu reduzieren.

VII. Handlungsoptionen der Steuerpflichtigen

In der Literatur wird wegen der profiskalischen Ausgestaltung der steuerverfahrensrechtlichen Verzinsungs- sowie Billigkeitsregelungen teilweise besonders auf

---

1221 Vgl. *Baum*, Die Vollverzinsung nach § 233a AO, 1997, S. 143.

1222 Vgl. BFH v. 20.09.1995 – X R 86/94, BStBl. II 1996, 53 (55).

1223 Ständige Rechtsprechung des BFH, vgl. bspw. BFH v. 09.02.1972 – II R 99/70, BStBl. II 1972, 503 (505); BFH v. 19.03.2009 – V R 48/07, BStBl. II 2010, 92 (95); BFH v. 21.08.2012 – IX R 39/10, BFH/NV 2013, 11 (12); BFH v. 28.11.2016 – GrS 1/15, BStBl. II 2017, 393 (402 f.); BFH v. 17.04.2018 – IX R 24/17, BFH/NV 2018, 929 (930); vgl. auch *Baum*, Die Vollverzinsung nach § 233a AO, 1997, S. 141.

1224 Vgl. BFH v. 15.02.1973 – V R 152/69, BStBl. II 1973, 466 (467); BFH v. 16.08.2001 – V R 72/00, BFH/NV 2002, 545 (546); BFH v. 19.03.2009 – V R 48/07, BStBl. II 2010, 92 (95); BFH v. 17.04.2018 – IX R 24/17, BFH/NV 2018, 929 (930).

1225 Vgl. zusammenfassend BFH v. 28.11.2016 – GrS 1/15, BStBl. II 2017, 393 (407).

1226 Vgl. BVerfG v. 05.04.1978 – 1 BvR 117/73, BVerfGE 48, 102 (116); vgl. zu § 233a AO bspw. BFH v. 31.03.2004 – X R 25/03, BFH/NV 2004, 1212 (1213); BFH v. 16.11.2005 – X R 3/04, BStBl. II 2006, 155 (157). Dahingehend bereits allgemein zur Realitätsgerechtigkeit von Typisierungen s. oben Seite 89 f.

die Handlungsoptionen der Steuerpflichtigen verwiesen, die den Steuerpflichtigen zur Verfügung stehen, um der Verzinsung nach § 233a AO zu entgehen. In Betracht kommen vor allem eine frühzeitige Abgabe der Steuererklärung, eine verfahrensmäßige Mitwirkung des Steuerpflichtigen, eine strittige Rechtsfragen offenlegende und profiskalische Steuererklärung,[1227] die nach der Steuerfestsetzung mittels Rechtsbehelfen korrigiert wird, Anpassungen der Steuervorauszahlungen gemäß § 37 Abs. 3 Satz 3 EStG aufgrund plausibler Gründe des Steuerpflichtigen,[1228] sowie zur Erzielung von Billigkeitsmaßnahmen zum einen freiwillige Zahlungen an das Finanzamt[1229] und zum anderen im Falle von Außenprüfungen die Beantragung der Heraufsetzung der Steuer um die voraussichtliche Steuernachzahlung.[1230] Damit nimmt die Vollverzinsung allerdings Einfluss auf das Deklarationsverhalten der Steuerpflichtigen[1231] und die genannten Handlungsoptionen lassen die Schwierigkeiten bei der Vorausberechnung der festzusetzenden Steuern weitgehend außer Acht.[1232] Eine Einschränkung dahingehend, dass die Handlungsoptionen vielfach nur den liquiden Steuerpflichtigen zur Verfügung stünden,[1233] kann jedenfalls nur im Ansatz zugestimmt werden, da die illiquiden Steuerpflichtigen Kredite zur (vorzeitigen) Steuerzahlung aufnehmen oder zuvor Rücklagen gebildet haben könnten.

1227 S. dazu ratend *Ortheil*, BB 2012, 1513 (1515).

1228 S. dahingehend bereits *Curtius-Hartung*, StbJb 1988/89, S. 19 (32): „ein völlig neues Steuergefühl".

1229 S. hierzu Anwendungserlass zur Abgabenordnung (AEAO) v. 31.01.2014 – IV A 3 – S 0062/14/10002, BStBl. I 2014, 290 (474), AEAO zu § 233a Rn. 70.1.1. Zur früheren Rechtsprechung des BFH nach alter Rechtslage, nach der schon die Entstehung von Nachforderungszinsen durch freiwillige Zahlungen ausgeschlossen werden konnte, s. bspw. BFH v. 15.03.1995 – I R 56/93, BStBl. II 1995, 490 (491 f.). Durch das Prinzip der Soll-Verzinsung (Jahressteuergesetz (JStG) 1997 v. 20.12.1996, BGBl. I 1996, 2049) können freiwillige Zahlungen jedoch nur noch durch Billigkeitsmaßnahmen berücksichtigt werden, vgl. BFH v. 31.05.2001 – IV B 141/00, BFH/NV 2001, 1375 (1375); BFH v. 19.04.2005 – VIII R 12/04, BStBl. II 2005, 683 (686); vgl. auch *Drüen*, in: StbJb 2013/2014, S. 468 (480).

1230 Vgl. BFH v. 09.11.2017 – III R 10/16, BStBl. II 2018, 255 (260); *Drüen*, in: StbJb 2013/2014, S. 468 (478 ff.); *Behrens*, FR 2015, 214 (219 f.); vgl. bereits bei Einführung der Vollverzinsung *Krabbe*, DB 1988, 1719 (1721). Die Einflussmöglichkeiten als gering ansehend, da die Verzinsung immer auch von der „Arbeitsweise des Finanzamts" abhänge, s. FG Düsseldorf v. 10.03.2016 – 16 K 2976/14 AO, EFG 2016, 1053 (1054).

1231 Vgl. *Drüen*, FR 2014, 218 (220).

1232 Vgl. *Rüsken*, DStZ 2018, 476 (479).

1233 Vgl. *Ortheil*, BB 2012, 1513 (1516).

Hinsichtlich der Anpassungen der Vorauszahlungen ist jedoch kritisch anzumerken, dass der Steuerpflichtige grundsätzlich nur während der Karenzzeit einen Anspruch auf Heraufsetzung hat, da eine spätere Anpassung dem Prinzip der Soll-Verzinsung widerspricht,[1234] und dass das Vorauszahlungsverfahren regelmäßig mit dem (ersten) Jahressteuerbescheid beendet wird.[1235] In Bezug auf die Billigkeitsmaßnahmen ist noch die fehlende Rechtssicherheit zu bemängeln, da ein gesetzlicher Rechtsanspruch fehlt, auch wenn die Regelung im Anwendungserlass zu § 233a AO gleichwohl mehrmals als Rechtfertigungsgrundlage profiskalischer Änderungen der Verzinsungsregelungen diente.[1236]

B Weitere Verzinsungsregelungen, §§ 234 ff. AO

Die weiteren Verzinsungsregelungen sind in den §§ 234 bis 237 AO normiert. Gemein ist diesen Verzinsungsregelungen zum einen die Anwendung auf sämtliche Steuerarten und zum anderen der Zweck, Nutzungsvorteile beim Steuerpflichtigen (ohne Strafcharakter) abzuschöpfen, die ihm durch die mögliche (nicht tatsächliche) Nutzung des gestundeten, hinterzogenen oder von der Vollziehung ausgesetzten Steuerbetrags entstehen, und mithin Missbrauch zu vermeiden, respektive der umgekehrte Zweck, eine nachteilige spätere Auszahlung von Erstattungsbeträgen auszugleichen.[1237] Um eine mehrfache Verzinsung der Ansprüche aus dem Steuerschuldverhältnis zu vermeiden, sind auf die Stundungs-, Hinterziehungs-, Prozess- oder Aussetzungszinsen die Zinsen nach § 233a AO, die für denselben Zeitraum festgesetzt wurden, jeweils anzurechnen – die entsprechenden Normierungen finden sich in § 234 Abs. 3 AO, § 235 Abs. 4 AO, § 236 Abs. 4 AO und § 237 Abs. 4 AO.

I. Stundungszinsen, § 234 AO

Stundungszinsen werden nach § 234 Abs. 1 Satz 1 AO für die Dauer einer gewährten Stundung nach § 222 AO auf den gestundeten Betrag von Ansprüchen aus jeglichem Steuerschuldverhältnis erhoben („Nachfälligkeitszins“[1238]).

1234 Vgl. BFH v. 10.07.2002 – X R 65/96, BFH/NV 2002, 1567 (1568).

1235 Vgl. *Drüen*, in: StbJb 2013/2014, S. 468 (479).

1236 Vgl. *Drüen*, in: StbJb 2013/2014, S. 468 (481 f.). Zur Nutzung als Rechtfertigungsgrundlage s. insb. BT-Drs. 13/5952, S. 56 und BT-Drs. 14/1514, S. 48.

1237 Vgl. ausführlich *Seer/Klemke*, IFSt-Schrift 490, 2013, S. 20, 27, 29, 31, 33; vgl. zusammenfassend auch *Behrens*, FR 2015, 214 (215); *Dust*, Der Zinssatz im Steuerschuldverhältnis, 2019, S. 268 f.

1238 *Seer*, in: Tipke/Lang, Steuerrecht, 2018, § 21 Rn. 354.

In § 234 Abs. 2 AO ist eine spezielle Billigkeitsregelung für die Stundungszinsen enthalten.

II. Hinterziehungszinsen, § 235 AO

Gemäß § 235 Abs. 1 Satz 1 AO sind hinterzogene Steuerbeträge vom Nutznießer der Hinterziehung zu verzinsen, ohne dass die Hinterziehungszinsen einen Strafcharakter hätten.[1239] Die Hinterziehung setzt voraus, dass der objektive und subjektive Tatbestand des § 370 AO erfüllt ist und keine Rechtfertigungs- oder Schuldausschließungsgründe vorliegen.[1240] Dabei beginnt der Zinslauf mit Eintritt der Verkürzung oder der Erlangung des Steuervorteils beziehungsweise mit Fälligkeit der hinterzogenen Beträge, wenn diese später liegt, § 235 Abs. 2 Satz 1 und 2 AO. Der Zinslauf endet mit der Zahlung des hinterzogenen Steuerbetrags, § 235 Abs. 3 Satz 1 AO. Hinterziehungszinsen werden gegenüber den Stundungs- und Aussetzungszinsen nur subsidiär festgesetzt (§ 235 Abs. 3 Satz 2 AO) und Zinsen nach § 233a AO, die für den selben Zeitraum festgesetzt wurden, sind anzurechnen (§ 235 Abs. 4 AO). Wegen ihrer mithin fehlenden praktischen Bedeutung werden die Hinterziehungszinsen im Folgenden nicht weiter gewürdigt.[1241]

III. Prozesszinsen, § 236 AO

Zu verzinsen ist gemäß § 236 Abs. 1 Satz 1 AO zudem der Erstattungs- oder Vergütungsbetrag, der infolge einer rechtskräftigen gerichtlichen Entscheidung an den Steuerpflichtigen zu zahlen ist und zwar vom Tag der Rechtshängigkeit an bis zum Auszahlungstag – vorausgesetzt der Betrag wurde bis zum Eintritt der Rechtshängigkeit gezahlt, ansonsten beginnt der Zinslauf mit dem Tag der Zahlung (§ 236 Abs. 1 Satz 2 AO). Der Auszahlungstag wird nach § 224 Abs. 3 Satz 3 AO auf den dritten Tag nach der Überweisung oder Zahlungsanweisung fingiert.[1242]

Die Prozesszinsen sind indes nur noch während der Karenzzeit der Vollverzinsung einschlägig, da die für denselben Zeitraum festgesetzten Erstattungszinsen

---

1239 Vgl. *Seer*, in: Tipke/Lang, Steuerrecht, 2018, § 21 Rn. 355.

1240 Vgl. *Seer/Klemke*, IFSt-Schrift 490, 2013, S. 30; vgl. auch *Loose*, in: DStJG 31, 2008, S. 203 (206); *Seer*, in: Tipke/Lang, Steuerrecht, 2018, § 21 Rn. 356.

1241 Die Erhebung der Hinterziehungszinsen aufgrund der geringen Bedeutung in der Praxis grundlegend anzweifelnd s. *Frenkel*, BB 1967, 1465 (1465 f.).

1242 *Fritsch*, in: Koenig, AO, 2014, § 224 Rn. 18.

nach § 233a AO angerechnet werden, § 236 Abs. 4 AO.[1243] Sofern die Aussetzung der Vollziehung beantragt wurde, ist die Prozessverzinsung ebenfalls nicht einschlägig.[1244] Aufgrund dieser fehlenden praktischen Bedeutung werden auch die Prozesszinsen im Folgenden nicht weiter gewürdigt.

IV. Aussetzungszinsen, § 237 AO

Zuletzt ist nach § 237 Abs. 1 Satz 1 AO auch noch der geschuldete Steuerbetrag, hinsichtlich dessen die Vollziehung des angefochtenen Verwaltungsakts ausgesetzt wurde, zu verzinsen, soweit ein Einspruch oder eine Anfechtungsklage gegen einen Steuerbescheid, eine Steueranmeldung oder einen Verwaltungsakt, der einen Steuervergütungsbescheid aufhebt oder ändert, oder gegen eine Einspruchsentscheidung über einen dieser Verwaltungsakte endgültig keinen Erfolg gehabt hat. Hierbei wird der Zinslauf durch die Wirkung der Aussetzung der Vollziehung bestimmt, indem die Verzinsung vom Zeitpunkt des Eingangs des außergerichtlichen Rechtsbehelfs bei der Behörde erfolgt, deren Verwaltungsakt angefochten wird, oder vom Tag der Rechtshängigkeit beim Gericht (§ 237 Abs. 2 Satz 1 AO) beziehungsweise vom Beginn der (erstmaligen) Aussetzungswirkung an (§ 237 Abs. 2 Satz 2 AO) bis zu dem Tag, an dem die Aussetzung der Vollziehung endet oder die Steuerschuld getilgt wird.[1245] Intention der Aussetzungszinsen ist – neben der Abschöpfung von Nutzungsvorteilen – die Verhinderung von bloßen Finanzoptimierungen durch das zinslose Hinausschieben von Steuerzahlungspflichten durch Rechtsbehelfe.[1246] Der Steuerpflichtige soll bei der Wahl von Rechtsmitteln nämlich nicht die Prozesskosten gegen Zinsvorteile abwägen, sodass die Aussetzungszinsen mithin als „Gegenstück“ zu den Prozesszinsen wirken.[1247] Profiskalisch ist gleichwohl der Wertungswiderspruch mit § 236 AO, da der Zinslauf zugunsten der Steuerpflichtigen erst mit Rechtshängigkeit, zulasten der Steuerpflichtigen jedoch bereits mit dem Eingang des außergerichtlichen Rechtsbehelfs beginnt (§ 236 Abs. 2 Satz 1 AO).[1248]

1243 Vgl. dazu auch *Sikorski*, DStR-Beihefter 1991, 1 (9).

1244 Aufgrund dessen die „Daseinsberechtigung“ der Prozesszinsen anzweifelnd s. *Frenkel*, BB 1967, 1465 (1465).

1245 Vgl. hierzu BFH v. 22.05.2007 – X R 26/05, BFH/NV 2007, 1817 (1821).

1246 Vgl. BT-Drs. 3/2573, S. 37; vgl. auch BFH v. 24.07.1979 – VII R 67/76, BStBl. II 1979, 712 (713); *Schüppen*, in: JbFStR 2013/2014, S. 302 (313); *Seer*, in: Tipke/Lang, Steuerrecht, 2018, § 21 Rn. 359.

1247 BT-Drs. 3/2573, S. 37.

1248 Vgl. *Seer*, in: Tipke/Lang, Steuerrecht, 2018, § 21 Rn. 358.

Hinzukommt, dass Aussetzungszinsen unabhängig davon entstehen, ob die Aussetzung der Vollziehung fehlerhaft, auf Antrag des Steuerpflichtigen (§ 361 Abs. 2 Satz 2 AO) oder – ohne ausdrückliche Voraussetzungen – von Amts wegen (§ 361 Abs. 2 Satz 1 AO) gewährt wurde. Entscheidend ist lediglich, dass der „Steuerpflichtige einen Zinsvorteil erlangt [hat], der ihm nach dem materiellen Recht nicht zusteht und der durch die Aussetzungszinsen ausgeglichen werden soll".[1249] Hinzukommt eine besondere Billigkeitsregelung bezüglich der Aussetzungszinsen in § 237 Abs. 4 AO.

Die sogenannte aufgedrängte Aussetzung der Vollziehung, wonach die Aussetzung dem Steuerpflichtigen (gegen dessen Willen) von Amts wegen aufgedrängt und die Verzinsung zu 6,0 Prozent pro Jahr oktroyiert wird, steht im Verdacht, von der Finanzverwaltung aus fiskalischen Erwägungen genutzt zu werden, um im Erfolgsfall des Rechtsbehelfs Erstattungszinsen nach § 233a AO zu vermeiden oder um Zinsgewinne auch schon vor Ablauf der Karenzzeit zu erzielen.[1250] Zwar können Aussetzungszinsen durch die Anfechtung der Aussetzungsverfügung vermieden werden.[1251] Die Rechtmäßigkeit der aufgedrängten Aussetzung der Vollziehung ist dennoch umstritten.[1252] Bei rein fiskalischen Interessen der Finanzverwaltung wird besonders in der finanzgerichtlichen Rechtsprechung jedenfalls ein Ermessensfehlgebrauch angenommen, da diese hinsichtlich der Gewährung des Individualrechtsschutz keine Berücksichtigung finden dürften und diese auch nicht dem Sinn und Zweck der Aussetzungsverzinsung zu entnehmen seien.[1253] So versteht auch die Finanzverwaltung selbst die Aussetzung der Vollziehung von Amts wegen nur als Instrument des

---

1249 BFH v. 09.12.1998 – XI R 24/98, BStBl. II 1999, 201 (202); vgl. zuvor bereits, jedoch nicht in dieser Deutlichkeit BFH v. 18.07.1994 – X R 33/91, BStBl. II 1995, 4 (6 f.); BFH v. 20.09.1995 – X R 86/94, BStBl. II 1996, 53 (55); vgl. auch *Seer*, in: Tipke/Lang, Steuerrecht, 2018, § 21 Rn. 359.

1250 Vgl. *Seer*, Ubg 2008, 249 (249); *Seer/Klemke*, IFSt-Schrift 490, 2013, S. 69, 78; *Bergmann*, DStR 2013, 1651 (1651); *Borggräfe/Staud*, FR 2018, 857 (858 f.); vgl. auch FG Hamburg v. 23.05.2013 – 2 K 50/12, EFG 2013, 1734 (1736). Zum Billigkeitserlass der Aussetzungszinsen s. BFH v. 25.04.2013 – V R 29/11, BStBl. II 2013, 767 (769).

1251 Vgl. BFH v. 09.05.2012 – I R 91/10, BFH/NV 2012, 2004 (2006); vgl. hierzu ausführlich und mit eigenem Ansatz *Bergmann*, DStR 2013, 1651 (1652 ff.).

1252 Ausführlich zur aufgedrängten Aussetzung der Vollziehung s. *Seer/Klemke*, IFSt-Schrift 490, 2013, S. 69 ff.

1253 Vgl. grundlegend FG Köln v. 08.09.2010 – 13 K 960/08, EFG 2011, 105 (111); s. zustimmend FG Baden-Württemberg v. 16.01.2018 – 2 V 3389/16, EFG 2018, 997 (1001); vgl. hierzu auch *Seer*, Ubg 2008, 249 (250 ff.); *Schüppen*, in: JbFStR 2013/2014, S. 302 (307, 313).

Individualrechtsschutzes, weil hiervon Gebrauch gemacht werden soll, „wenn der Rechtsbehelf offensichtlich begründet ist, der Abhilfebescheid aber voraussichtlich nicht mehr vor Fälligkeit der geforderten Steuer ergehen kann".[1254]

In der Literatur wird – unabhängig von Rechtsbehelfen – grundsätzlich zur fristgerechten Zahlung der Steuern geraten, gerade auch im Falle einer aufgedrängten Aussetzung der Vollziehung, da die Aussetzung dann nicht mehr in Anspruch genommen wird und die Zahlung der festgesetzten Steuer aufgrund des Fehlens eines „geschuldeten Betrags" im Sinne des § 237 Abs. 1 Satz 1 AO den Zinslauf beendet.[1255] Damit ist allerdings auch ersichtlich, dass die Verzinsung im Wesentlichen auf der Nichttilgung der Steuerschuld beruht und es somit am Steuerpflichtigen hängt, ob er Aussetzungszinsen bezahlen muss, die Verzinsung mithin nicht endgültig aufgedrängt ist.[1256] Ein Billigkeitserlass der aufgedrängten Aussetzungszinsen kommt somit auch nicht in Betracht, da der Steuerpflichtige diese Möglichkeit der Begleichung der festgesetzten Steuern gegebenenfalls in Verbindung mit der Erzielung von Prozesszinsen hat oder ihm ansonsten die mit der späteren Steuerzahlung verbundenen Liquiditäts- und Zinsvorteile verbleiben.[1257]

C Zinssatz und Zinsberechnung, § 238 AO

Der Zinssatz sowie die Berechnung der Zinsen ist für die Verzinsungsregelungen der §§ 233a ff. AO seit 1961[1258] einheitlich in § 238 AO typisiert geregelt.

1254 Anwendungserlass zur Abgabenordnung (AEAO) v. 31.01.2014 – IV A 3 – S 0062/14/10002, BStBl. I 2014, 290 (514 f.), AEAO zu § 361 Rn. 2.1; vgl. hierzu auch *Seer*, Ubg 2008, 249 (250); *Seer/Klemke*, IFSt-Schrift 490, 2013, S. 70.

1255 Vgl. *Ortheil*, BB 2012, 1513 (1515 f.); *Behrens*, FR 2015, 214 (220); vgl. auch *Schüppen*, in: JbFStR 2013/2014, S. 302 (308 f.); *Rüsken*, in: Klein, AO, 2018, § 237 Rn. 5, 30. Zur Beendigung des Zinslaufs s. bspw. BFH v. 27.11.1991 – X R 103/89, BStBl. II 1992, 319 (320); BFH v. 25.04.2013 – V R 29/11, BStBl. II 2013, 767 (769).

1256 Vgl. BFH v. 25.04.2013 – V R 29/11, BStBl. II 2013, 767 (769); s. dahingehend insb. auch *Melan*, FR 2018, 577 (582).

1257 Vgl. *Rüsken*, in: Klein, AO, 2018, § 237 Rn. 30; s. zur a. A. *Seer*, Ubg 2008, 249 (253).

1258 Gesetz zur Änderung des Einkommensteuergesetzes, des Körperschaftsteuergesetzes, des Gewerbesteuergesetzes, des Bewertungsgesetzes, des Vermögensteuergesetzes, des Steuersäumnisgesetzes, der Reichsabgabenordnung, des Steueranpassungsgesetzes, des Gesetzes zur Förderung der Wirtschaft von Berlin (West) und anderer Gesetze (Steueränderungsgesetz 1961) v. 13.07.1961, BGBl. I 1961, 981 (994). Zur Historie s. noch umfassend unten Seite 274 ff.

I. Nominaler Zinssatz

Demnach beträgt der Zinssatz 0,5 Prozent pro vollem Monat, § 238 Abs. 1 Satz 1 AO. Hiermit typisiert der Gesetzgeber in zweifacher Weise: Zum einen wird statt einer tatsächlich ständig schwankenden Zinskurve ein nicht schwankender fester Zinssatz normiert und zum anderen wird die Zinssatzhöhe unabhängig von den tatsächlichen individuellen Zinssätzen und Erträgen der Steuerpflichtigen oder auch des Steuergläubigers festgelegt.[1259] Eine Begründung der Höhe des Zinssatzes beziehungsweise der für die Zinssatztypisierung relevante Referenzzinssatz wurde vom Gesetzgeber nicht festgelegt oder benannt.[1260]

Sonach muss festgestellt werden, dass der Zinssatz des § 238 AO damit abweichend von der ökonomischen Zinsdefinition weder das Ergebnis von Angebot und Nachfrage auf den Geld- und Kapitalmärkten ist noch als Kompensation gegenwärtiger Kaufkraft über künftige zwischen den Parteien vereinbart wird. Aus Gründen der Praktikabilität und der Verwaltungsvereinfachung führte der Gesetzgeber stattdessen einen – in der Höhe unbegründeten – pauschalen und fixen Zinssatz ein und hat diesen seither unverändert beibehalten.[1261] So ist die Zinssatzhöhe seit Jahrzenten gleich, obwohl beispielsweise der Geldmarktzins (Tagesgeld) in dieser Zeit erheblich schwankte. Der Geldmarktzins stand Anfang der 1960er bei circa 3,0 bis 5,0 Prozent pro Jahr, Anfang der 1970er bei circa 8,0 bis 10,0 Prozent pro Jahr, Anfang der 1980er bei circa 8,0 bis 12,0 Prozent pro Jahr, Anfang der 1990er bei circa 7,0 bis 9,0 Prozent pro Jahr, Anfang der 2000er bei circa 3,0 bis 5,0 Prozent pro Jahr, Anfang der 2010er bei 0,0 bis 1,0 Prozent pro Jahr und zuletzt nur noch unter 0,0 Prozent pro Jahr.[1262] Die verfassungsrechtliche Realitätsgerechtigkeitsbeurteilung dieses Sachverhalts erfolgt im nächsten Kapitel.[1263]

1259 S. dahingehend *Hey*, FR 2016, 485 (487); *Hey*, in: IFSt-Schrift 511, 2016, S. 61 (63).

1260 Vgl. BT-Drs. 11/2157, S. 194; s. auch BT-Drs. 8/1410, S. 13. Dies feststellend s. bspw. *Seer/Klemke*, IFSt-Schrift 490, 2013, S. 26 und s. noch ausführlich zur Historie unten Seite 274 ff. Anders bspw. hinsichtlich des Rechnungszinsfußes der Pensionsrückstellungen in § 6a EStG s. BT-Drs. 9/842, S. 66.

1261 Vgl. BT-Drs. 11/2157, S. 194; Wissenschaftliche Dienste des Deutschen Bundestages, Die Verzinsung von Steuernachzahlungen und Steuererstattungen, WD 4 - 3000 - 011/17, 2017, S. 6, abrufbar unter https://www.bundestag.de/blob/499130/2f7dad-4f7aace8cb317946e2f5e1c3e4/wd-4-011-17-pdf-data.pdf (abgerufen am 02.10.2019).

1262 Vgl. die Zeitreihen-Datenbanken der Deutschen Bundesbank, abrufbar unter https://www.bundesbank.de/de/statistiken/geld-und-kapitalmaerkte/zinssaetze-und-renditen (abgerufen am 12.12.2019).

1263 S. unten Seite 273 ff.

II. Zinsberechnung

Gemäß § 238 Abs. 1 Satz 2 AO sind die Zinsen ab dem Tag des Zinslaufs für jeden vollen Monat zu zahlen, wobei der zu verzinsende Betrag nach § 238 Abs. 2 AO auf den nächsten durch 50 Euro teilbaren Betrag abzurunden ist. Angefangene Monate sind gemäß § 238 Abs. 1 Satz 2 Hs. 2 AO ausdrücklich nicht zu verzinsen. „Volle Monate“ im Sinne des § 238 Abs. 1 Satz 2 AO sind nach den allgemeinen Regelungen, in denen auf die Zeiteinheit von "einem Monat" abgestellt wird, zu bestimmen, sodass nach § 108 AO grundsätzlich die allgemeinen Auslegungsregeln für Fristen und Termine (§§ 187 bis 193 BGB) maßgeblich sind.[1264]

III. Effektiver Zinssatz und Belastung

Der nominale Zinssatz in Höhe von 0,5 Prozent pro Monat unterscheidet sich aufgrund der Besonderheiten der Verzinsungsregelungen, wie zum Beispiel der Karenzzeit im Rahmen der Vollverzinsung oder dem allgemeinen Ausschluss der Zinsesverzinsung nach § 233 AO, erheblich von der effektiven Höhe des Zinssatzes. Zwar wird teilweise angezweifelt, ob diese Besonderheiten die Jahreszinsbelastung rechnerisch reduzieren oder ob eine solche wirtschaftliche Betrachtungsweise bei der verfassungsrechtlichen Beurteilung zugrunde zu legen ist.[1265] Entscheidend ist aber jedenfalls die Abmilderung der Belastung, da die Steuerschuldner in Höhe des effektiven Zinssatzes und nicht in Höhe des Nominalzinssatzes belastet werden.[1266] Die effektive Jahresverzinsung gibt diese Abmilderung am besten wieder und ist ergo für die Verzinsungsregelungen des formellen Steuerrechts zu berechnen, soweit sie auf marktunüblichen Besonderheiten basieren, da nur die Effektivzinssätze substantiierte Aussagen über die Zinssatzhöhe im Vergleich mit dem tatsächlichen Marktzinsniveau zulassen. Im Folgenden sind die effektiven Zinssätze daher zu berechnen und im Verhältnis zur Verzinsungsdauer darzustellen.

1264 Vgl. BFH v. 24.07.1996 – X R 119/92, BStBl. II 1997, 6 (7). Bei Erstattungszinsen sind „volle Monate“ aufgrund der in § 233a Abs. 3 Satz 3 Hs. 2 AO angeordneten Berücksichtigung des gesamten (ersten) Tages der Zahlung demnach gemäß §§ 187 Abs. 2, 188 Abs. 2 Var. 2 BGB in Verbindung mit § 108 AO zu bestimmen, vgl. BFH v. 31.05.2017 – I R 92/15, BStBl. II 2019, 14 (16).

1265 S. dies offenlassend BFH v. 09.11.2017 – III R 10/16, BStBl. II 2018, 255 (260); FG Münster v. 17.08.2017 – 10 K 2472/16 E, EFG 2017, 1638 (1641).

1266 Vgl. BFH v. 09.11.2017 – III R 10/16, BStBl. II 2018, 255 (260); VG Neustadt an der Weinstraße v. 14.11.2019 – 3 L 1138/19.NW, juris Rn. 20; vgl. dazu bereits *Streck*, DStR 1991, 369 (372); *Sikorski*, DStR-Beihefter 1991, 1 (10 f.); BT-Drs. 18/2795, S. 3.

1. Ausschluss der Zinsesverzinsung

Einen besonders großen Einfluss auf den effektiven Jahreszinssatz hat der Ausschluss der Zinsesverzinsung in § 233 Satz 2 AO. Demnach sind Ansprüche auf steuerliche Nebenleistungen, wie es die Zinsen nach den §§ 233a ff. AO gemäß § 3 Abs. 4 Nr. 4 AO sind, sowie die entsprechenden Erstattungsansprüche nämlich nicht zu verzinsen. Während die marktübliche Zinsesverzinsung zu einer exponentiellen Verzinsung führt, begründet dieser steuerverfahrensrechtliche Ausschluss der Zinsesverzinsung eine lineare Verzinsung.[1267]

Die effektive Jahresverzinsung ist darum als Vergleichszinssatz (i) zu berechnen, der nach einer bestimmten Verzinsungsdauer (t) zum gleichen Zinsbetrag (x) führt, wie die lineare Verzinsung von 0,5 Prozent pro Monat. Demnach ist $x * (1 + i)^t = x * (1 + 0{,}06 * t)$ und somit gekürzt $(1 + i)^t = 1 + 0{,}06 * t$, woraus sich für den Jahreszinssatz die Formel $i = t1 + 0{,}06 * t - 1$ ergibt.[1268]

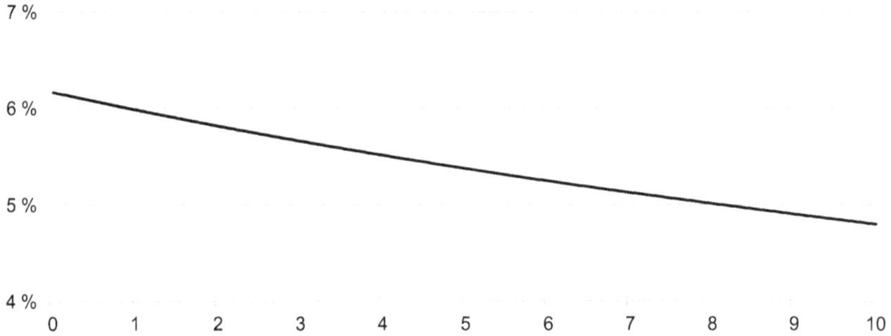

Abbildung 1: Effektive Jahresverzinsung – Auswirkungen des Ausschlusses der Zinsesverzinsung (x-Achse: Jahre)

Während sich im ersten Jahr unterjährig aufgrund der exponentiellen Verzinsung ein höherer effektiver Zinssatz als 6,0 Prozent pro Jahr errechnet, liegt der effektive Zinssatz ab einer Verzinsungsdauer von mehr als einem Jahr stets unter dem Nominalzinssatz und sinkt kontinuierlich ab. So ist der Nominalzinssatz

1267 Vgl. auch BT-Drs. 18/2795, S. 3; *Dust*, Der Zinssatz im Steuerschuldverhältnis, 2019, S. 245 f.

1268 Zu dieser Berechnung s. *Dust*, Der Zinssatz im Steuerschuldverhältnis, 2019, S. 247 f., der die (bedeutenden) Auswirkungen des Ausschlusses der Zinsesverzinsung erstmals ausführlich darstellt und berechnet.

von 6,0 Prozent pro Jahr nach fünf Jahren nur noch mit einem effektiven Zinssatz in Höhe von 5,39 Prozent pro Jahr vergleichbar und nach zehn Jahren mit einem Effektivzinssatz in Höhe von 4,81 Prozent pro Jahr. Nach 245 Monaten, was 20 Jahren und fünf Monaten entspricht, sinkt der Wert erstmals unter 4,0 Prozent pro Jahr und nach 523 Monaten (oder 43 Jahren und sieben Monaten) unter 3,0 Prozent pro Jahr.

Wenn auch solch lange Zinsläufe für das formelle Steuerrecht nicht von Bedeutung sind, ist allerdings entscheidend, dass der effektive Zinssatz mit zunehmender Zinsdauer stetig abnimmt und die typische Verzinsungsdauer bei der Bewertung der Realitätsgerechtigkeit linearer Verzinsungen mithin nicht unberücksichtigt bleiben darf.

2. *Abrundung und monatsweise Zinsberechnung*

Außerdem wird die Effektivzinssatzhöhe durch die Abrundung des zu verzinsenden Betrags auf den nächsten durch 50 Euro teilbaren Betrag (§ 238 Abs. 2 AO) sowie die Verzinsung lediglich voller Monate (§ 238 Abs. 1 Satz 2 AO) beeinflusst. Die Abrundung wirkt sich vor allem bei geringen zu verzinsenden Beträgen aus. Ist beispielsweise ein Betrag von 549 Euro zu verzinsen, so sind hiervon nur 500 Euro für die Zinsberechnung zu Grunde zu legen. Bezogen auf den Gesamtbetrag folgt daraus ein effektiver Zinssatz von (nur) 5,46 Prozent pro Jahr.[1269] Hingegen verringert sich der effektive Zinssatz bei einem Betrag von 50.049 Euro (lediglich) auf 5,99 Prozent pro Jahr.[1270] Hinzukommt eine Abrundung der festzusetzenden Zinsen auf volle Euro gemäß § 239 Abs. 2 Satz 1 AO, die den Effektivzinssatz nochmals minimal absenkt.

Dass angefangene Monate nicht verzinst werden, kann den effektiven Zinssatz – unabhängig vom Betrag – hingegen signifikant beeinflussen. Denn dadurch bleiben bis zu 30 Tage unverzinst. Nachstehend sind die maximalen Auswirkungen auf die effektive Jahresverzinsung für die ersten zwölf Monate der Verzinsungsdauer dargestellt.

1269 Berechnung: Verzinsung von 500 Euro: 500 * 0,06 = 30; bezogen auf die 549 Euro: 30/549 = 0,0546 = 5,46 %.

1270 Berechnung: Verzinsung von 50.000 Euro: 50.000 * 0,06 = 3.000; bezogen auf die 50.049 Euro: 3.000/50.049 = 0,05994 = 5,99 %.

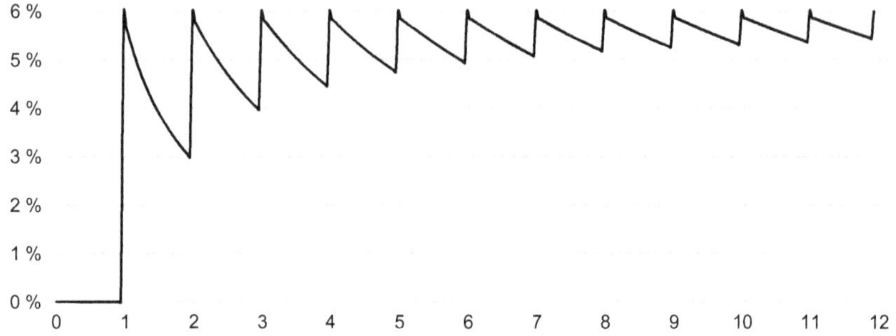

Abbildung 2: Effektive Jahresverzinsung – Auswirkungen der monatsweisen Zinsberechnung (x-Achse: Monate)

Hieraus wird deutlich, dass nach der Steuerentstehung bis zu 30 Tage vollständig unverzinst bleiben und ab dem ersten vollen Monat, die Beschränkung auf volle Monate zu einem sprunghaften effektiven Zinsverlauf führt. So liegt die effektive Jahresverzinsung beispielsweise bei einem Zinslauf von zwei verzinsten Monaten und 30 unverzinsten Tagen bei circa 4,0 Prozent pro Jahr oder bei einem Zinslauf von sechs verzinsten Monaten und 30 unverzinsten Tagen bei circa 5,0 Prozent pro Jahr. Jeweils mit Erreichen eines weiteren vollen Monats steigt die effektive Jahresverzinsung wieder auf den Nominalzins von 6,0 Prozent. Die Auswirkungen der unverzinsten 30 Tage nehmen – wie auch dem Schaubild zu entnehmen ist – mit zunehmender Verzinsungsdauer ab, da deren Anteil an der gesamten Verzinsungsdauer abnimmt.

3. *Fälligkeit der Abschlusszahlung*

Überdies werden die Abschlusszahlungen veranlagter Steuern regelmäßig erst einen Monat nach Bekanntgabe des Steuerbescheids (§ 36 Abs. 4 EStG, § 31 Abs. 1 Satz 1 KStG in Verbindung mit § 36 Abs. 4 EStG und § 20 Abs. 2 GewStG) beziehungsweise nach Steueranmeldung fällig (§ 18 Abs. 4 UStG). Dieser Monat wird nicht verzinst. In Abhängigkeit von der Verzinsungsdauer ergeben sich daher effektive Verzinsungen, die den Berechnungen des vorherigen Abschnitts zu der Verzinsung lediglich voller Monate am letzten Punkt vor dem Sprung auf die Nominalverzinsung in Höhe von 6,0 Prozent pro Jahr entsprechen. Somit können beinahe zwei Monate unverzinst bleiben.

4. *Vollverzinsung, § 233a AO*

Die effektive Jahresverzinsung fällt bei der Vollverzinsung nach § 233a AO aufgrund deren Besonderheiten, nämlich der zinsfreien Karenzzeit sowie der Beschränkung auf die genannten Steuerarten, noch niedriger aus.

a) Karenzzeit

Aufgrund der zinsfreien Karenzzeit von 15 beziehungsweise 23 Monaten (§ 233a Abs. 2 AO) liegt die effektive Jahresverzinsung, die diese berücksichtigt, stets unter der Nominalverzinsung von 6,0 Prozent pro Jahr – auch wenn sich die effektive Jahresverzinsung der nominalen Verzinsung stets weiter annähert, da die Wirkung der stets gleichen zinsfreien Zeit mit zunehmender Verzinsungsdauer in Relation kontinuierlich abnimmt.[1271] In den ersten 15 Monaten ab Steuerentstehung ist keine Verzinsung vorzunehmen, womit die effektive Jahresverzinsung bei 0,00 Prozent liegt; nach 18 Monaten beträgt die effektive Jahresverzinsung 1,00 Prozent, nach 24 Monaten 2,25 Prozent, nach 30 Monaten 3,00 Prozent, nach 36 Monaten 3,50 Prozent, nach 45 Monaten 4,00 Prozent, nach 60 Monaten 4,50 Prozent, nach 72 Monaten 4,75 Prozent, nach 90 Monaten 5,00 Prozent, nach 120 Monaten 5,25 Prozent und nach 180 Monaten 5,50 Prozent.[1272] Wie zu erkennen ist, halbiert sich der Abstand zwischen Effektivverzinsung und Nominalverzinsung mit jeder Verdopplung der Zeitdauer.[1273] Der Verlauf der effektiven Jahresverzinsung für die fünf Jahre nach der Entstehung der Steuer ist dem nachfolgenden Schaubild zu entnehmen.

1271 Vgl. *Sebiger/Dechant*, in: FS Felix, 1989, S. 365 (384 f.); *Streck*, DStR 1991, 369 (372), die allerdings jeweils auch die damals geltende zinsfreie Zeit nach Ablauf der Höchstdauer von vier Jahren berücksichtigen. Die dort jeweils genannte effektive Maximalverzinsung in Höhe von 4,57 Prozent pro Jahr ist daher nicht auf die Nichtverzinsung der Zinsen, sondern auf die maximale Verzinsungsdauer von vier Jahren zurückzuführen.

1272 Der effektive Zinssatz berechnet sich, indem die Anzahl der (nominal) tatsächlich verzinsten Monate (x) zu der Anzahl von Monaten seit Steuerentstehung (x + 15) ins Verhältnis gesetzt und anschließend mit dem Nominalzins (6 Prozent pro Jahr) multipliziert wird; vgl. dazu *Dust*, Der Zinssatz im Steuerschuldverhältnis, 2019, S. 250.

1273 Vgl. *Dust*, Der Zinssatz im Steuerschuldverhältnis, 2019, S. 250.

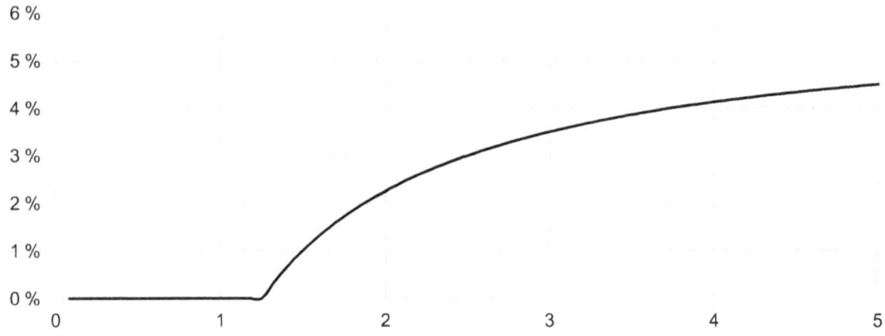

Abbildung 3: Effektive Jahresverzinsung – Auswirkungen der 15-monatigen Karenzzeit (x-Achse: Jahre)

Nur zur Vervollständigung sei auf die noch deutlicheren Auswirkungen der als Reaktion auf die Ausnahmesituation während der Corona-Pandemie um sechs[1274] respektive drei Monate verlängerten zinsfreien Karenzzeiten für die Besteuerungszeiträume 2019 und 2020 (Art. 97 § 36 Abs. 2 und Abs. 3 Nr. 10 und 11 EGAO) sowie der ohnehin längeren Karenzzeit für überwiegende Einkünfte aus Land- und Forstwirtschaft hingewiesen. Die (ausnahmsweise) längeren zinsfreien Karenzzeiten führen schließlich zu einer Rechtsverschiebung der oben dargestellten Kurve. Zur Vereinfachung und da es sich bei den durch die Corona-Pandemie bedingten, verlängerten zinsfreien Karenzzeiten um eine „singuläre Sondersituation" handelt,[1275] die ohnehin grundsätzlich weitergehende Typisierungen ermöglicht,[1276] wird im Folgenden – soweit nichts anderes erwähnt ist – jedoch ausschließlich von einer Karenzzeit in Höhe von 15 Monaten ausgegangen.

b) Beschränkung auf bestimmte Steuerarten

Erwähnenswert ist in Bezug auf die Vollverzinsung nach § 233a AO abschließend noch die Beschränkung der Verzinsung auf die genannten Steuerarten.[1277]

1274 In den Fällen des § 233a Abs. 2 Satz 2 AO beträgt die Verlängerung der zinsfreien Karenzzeit nur fünf Monate.

1275 BT-Drs. 19/25795, S. 6.

1276 S. dahingehend allgemein bereits oben Seite 91 ff.; vgl. allgemein hierzu BVerfG v. 10.04.1997 – 2 BvL 77/92, BVerfGE 96, 1 (6 f.).

1277 Diese Beschränkung kritisierend s. *Dust*, Der Zinssatz im Steuerschuldverhältnis, 2019, S. 374 f.

So sinkt der effektive Zinssatz bei der Einkommensteuer für kirchensteuerpflichtige natürliche Personen aufgrund der Nicht-Verzinsung des Solidaritätszuschlags sowie der Kirchensteuer auf eine Jahresverzinsung des ausstehenden Gesamtbetrags von 5,29 Prozent[1278] (acht Prozent Kirchensteuer) beziehungsweise 5,24 Prozent[1279] (neun Prozent Kirchensteuer). Betrachtet man nur die Nicht-Verzinsung des Solidaritätszuschlags, so errechnet sich eine Verzinsung des ausstehenden Gesamtbetrags in Höhe von 5,69 Prozent pro Jahr[1280]. Relativ ergibt sich in Bezug auf den dem Fiskus geschuldeten Gesamtbetrag somit gegenüber dem Nominalzinssatz ein um 11,89[1281] beziehungsweise 12,66 Prozent[1282] geringerer Effektivzinssatz, wenn sowohl der Solidaritätszuschlag als auch die Kirchensteuer berücksichtigt werden oder entsprechend ein um 5,21 Prozent[1283] niedrigerer Effektivzinssatz, wenn nur der Solidaritätszuschlag beachtet wird.

Diese Abschläge kommen für die Vollverzinsung nach § 233a AO zu den bisher genannten Abweichungen des Effektivzinssatzes gegenüber dem Nominalzinssatz noch hinzu. Eine Kombination der Besonderheiten der Vollverzinsung

---

1278 Berechnung: Der ausstehende Gesamtbetrag bei einem Einkommensteuerbetrag von 100 beträgt: 100 + 5,5 (SolZ) + 8 (KiSt) = 113,5. Die Verzinsung für ein Jahr beträgt: 100 * 0,06 = 6. Bezieht man jetzt den Zinsbetrag von 6 auf den ausstehenden Gesamtbetrag, so ergibt sich 6/113,5 = 5,29, was 5,29 % als effektive Verzinsung des ausstehenden Gesamtbetrags entspricht.

1279 Berechnung: Der ausstehende Gesamtbetrag bei einem Einkommensteuerbetrag von 100 beträgt: 100 + 5,5 (SolZ) + 9 (KiSt) = 114,5. Die Verzinsung für ein Jahr beträgt: 100 * 0,06 = 6. Bezieht man jetzt den Zinsbetrag von 6 auf den ausstehenden Gesamtbetrag, so ergibt sich 6/114,5 = 5,24, was 5,24 % als effektive Verzinsung des ausstehenden Gesamtbetrags entspricht.

1280 Berechnung: Der ausstehende Gesamtbetrag bei einem Einkommensteuerbetrag von 100 beträgt: 100 + 5,5 (SolZ) = 105,5. Die Verzinsung für ein Jahr beträgt: 100 * 0,06 = 6. Bezieht man jetzt den Zinsbetrag von 6 auf den ausstehenden Gesamtbetrag, so ergibt sich 6/105,5 = 5,69, was 5,69 % als effektive Verzinsung des ausstehenden Gesamtbetrags entspricht.

1281 Berechnung: 5,29 %/6,00 % = 88,11 % und somit ein Abschlag von 11,89 % (statt mit den hier auf zwei Dezimalstellen gerundeten Zahlen, wurde mit den nicht gerundeten Zahlen gerechnet, um ein möglichst genaues Ergebnis zu erhalten).

1282 Berechnung: 5,24 %/6,00 % = 87,34 % und somit ein Abschlag von 12,66 % (statt mit den hier auf zwei Dezimalstellen gerundeten Zahlen, wurde mit den nicht gerundeten Zahlen gerechnet, um ein möglichst genaues Ergebnis zu erhalten).

1283 Berechnung: 5,69 %/6,00 % = 94,79 % und somit ein Abschlag von 5,21 % (statt mit den hier auf zwei Dezimalstellen gerundeten Zahlen, wurde mit den nicht gerundeten Zahlen gerechnet, um ein möglichst genaues Ergebnis zu erhalten).

nach § 233a AO führt zu den nachfolgend im Schaubild dargestellten geringeren effektiven Jahreszinssätzen.

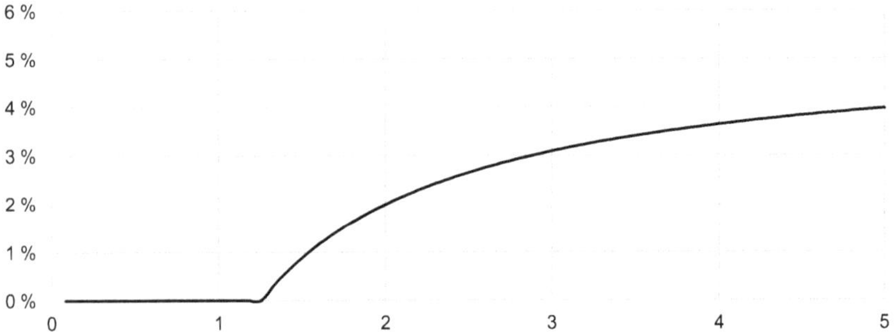

Abbildung 4: Effektive Jahresverzinsung – Auswirkungen der Karenzzeit sowie der Gesamtbetragsbetrachtung mit Kirchensteuer (x-Achse: Jahre)

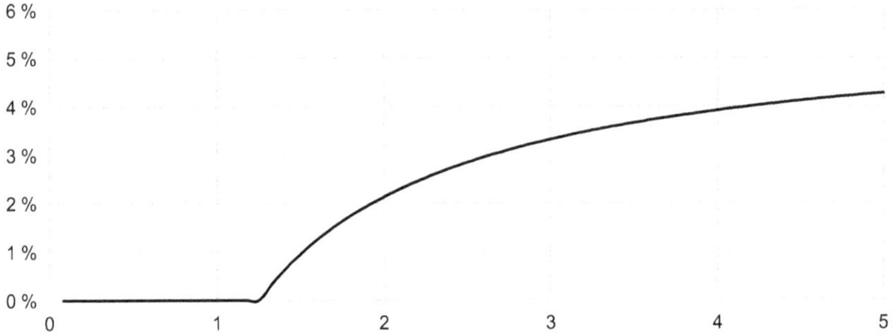

Abbildung 5: Effektive Jahresverzinsung – Auswirkungen der Karenzzeit sowie der Gesamtbetragsbetrachtung ohne Kirchensteuer (x-Achse: Jahre)

Keinen Einfluss hat die Gesamtbetragsbetrachtung hingegen bei der Gewerbe- oder bei der Umsatzsteuer. Weder der Solidaritätszuschlag (§ 1 Abs. 1 SolzG und § 2 SolzG) noch die Kirchensteuer (§ 51a EStG) werden hierauf erhoben.

c) Vollkombination der Effekte

Betrachtet man die Vollverzinsung gemäß § 233a AO, so kommen bei ihr sämtliche dargestellten Wirkungen zusammen. Der Ausschluss der Zinsesverzinsung bewirkt mit zunehmender Verzinsungsdauer eine immer geringere Effektivverzinsung. Hinzukommen der niedrigere Effektivzinssatz aufgrund der

Abrundungsregelung, die bis zu 30 zinsfreien Tage infolge der Beschränkung der Verzinsung auf volle Monate sowie der zinsfreie Monat bis zur Fälligkeit der Abschlusszahlung. Als Besonderheit der Vollverzinsung kommt noch die Karenzzeit, die insbesondere bei den kürzeren Verzinsungszeiten zu erheblich niedrigeren Effektivzinsen führt, sowie die bloße Verzinsung der genannten Steuern, sodass eine Gesamtbetragsbetrachtung eine um bis zu 12,66 Prozent niedrigere Effektivverzinsung zur Folge hat.

Ergänzt man die zur Vollverzinsung bereits dargestellten Schaubilder noch um den Effekt der fehlenden Zinsesverzinsung so lässt sich die effektive Jahresverzinsung in Abhängigkeit von dem zeitlichen Abstand zur Steuerentstehung veranschaulichen. Kombiniert man zunächst nur den fehlenden Zinseszinseffekt und die Auswirkungen der Karenzzeit, lässt sich ein effektives Zinshoch von 4,34 Prozent pro Jahr bei sieben Jahren und drei Monaten nach dem Steuerentstehungszeitpunkt berechnen.[1284] Für längere Verzinsungsdauern sinkt der effektive Jahreszins wegen des fehlenden Zinseszinseffekts wieder ab.

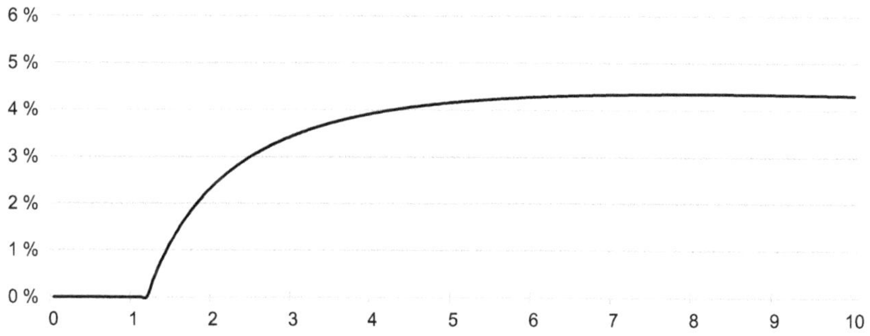

Abbildung 6: Effektive Jahresverzinsung – Auswirkungen des Ausschlusses der Zinsesverzinsung sowie der Karenzzeit (x-Achse: Jahre)

Eine Kombination aller Effekte, mit Ausnahme der Kirchensteuer bei der Gesamtbetragsbetrachtung, zeigt ebenfalls ein effektives Zinshoch bei sieben Jahren und drei Monaten. Allerdings liegt dieses mit 4,12 Prozent pro Jahr erwartungsgemäß 5,21 Prozent unter dem Hoch ohne Gesamtbetragsbetrachtung. Schließt man auch die Kirchensteuer mit acht beziehungsweise neun Prozent

1284 Vgl. auch *Dust*, Der Zinssatz im Steuerschuldverhältnis, 2019, S. 251 ff.

in die Berechnungen mit ein, so ergibt sich ein Hoch von 3,83 beziehungsweise 3,79 Prozent pro Jahr.

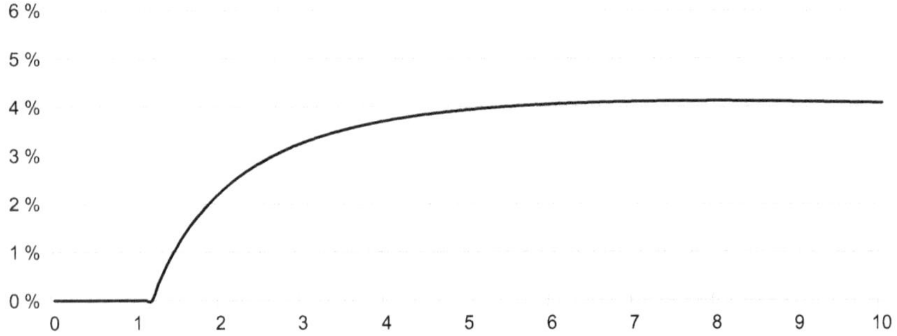

Abbildung 7: Effektive Jahresverzinsung – Auswirkungen des Ausschlusses der Zinseszinsung, der Karenzzeit sowie der Gesamtbetragsbetrachtung ohne Kirchensteuer (x-Achse: Jahre)

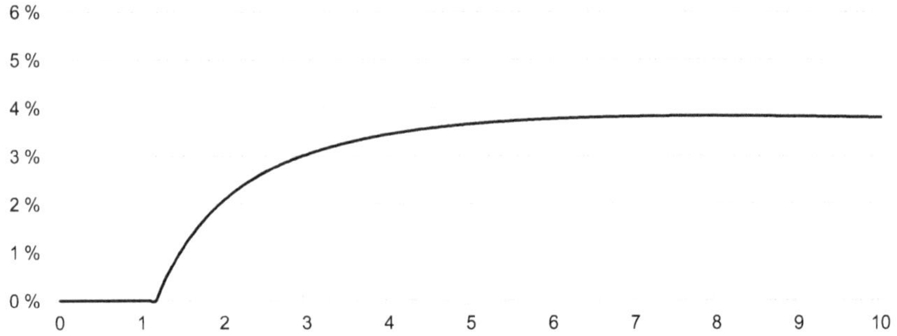

Abbildung 8: Effektive Jahresverzinsung – Auswirkungen des Ausschlusses der Zinseszinsung, der Karenzzeit sowie der Gesamtbetragsbetrachtung mit Kirchensteuer (x-Achse: Jahre)

Zusätzlich wirkt sich gerade am Anfang des Zinslaufs außerdem noch die Zinsfreistellung angefangener Monate und der zinsfreie Monat bis zur Fälligkeit der Abschlusszahlung aus.[1285] Aufgrund der Komplexität und der

1285 Zum Sonderfall, dass der Steuerbescheid im letzten Monat der Karenzzeit bekannt gegeben wird, s. *Loose*, in: Tipke/Kruse, AO/FGO, 2019, § 233a AO Rn. 21. Demnach kommt der zinsfreie Monat noch hinzu.

Unübersichtlichkeit der tageweisen Berechnung lässt sich diese jedoch nicht in die Schaubilder integrieren.

5. *Ertragsteuerliche Asymmetrie*

In gewisser Weise kommt bei der Betrachtung der wirtschaftlichen Effektivbelastung zu alledem noch die Asymmetrie bei der ertragsteuerlichen Behandlung der Verzinsung von Personensteuern, wie der Einkommen- oder Körperschaftsteuer, und der ansonsten üblichen Kapitalverzinsung hinzu.[1286] Da Zinsen, die vom Steuerpflichtigen zu zahlen sind, nach § 12 Nr. 3 EStG und § 10 Nr. 2 KStG grundsätzlich nicht abzugsfähig sind, die Zinsen, die der Steuerpflichtige in der Zwischenzeit tatsächlich erhält, jedoch als Kapitaleinkünfte grundsätzlich steuerpflichtig sind (beispielsweise nach § 20 EStG), wird die effektive Belastung beim Steuerpflichtigen ebenfalls beeinflusst.

Zur Verdeutlichung dient ein Beispiel:[1287] Erzielt ein Steuerpflichtiger als Privatperson eine Rendite auf den nachgeforderten und zu verzinsenden Steuerbetrag von nominal 6,0 Prozent pro Jahr, so bleiben ihm netto (nach Abzug der Abgeltungsteuer) 4,5 Prozent pro Jahr. Die Nachforderung wird für denselben Zeitraum mit 6,0 Prozent pro Jahr verzinst. Die Nachforderungszinsen sind nicht abzugsfähig, mithin bleibt es bei der Belastung in Höhe von 6,0 Prozent pro Jahr. Folglich gleichen sich die nominalen Zinssätze mit 6,0 Prozent pro Jahr zwar, eine Betrachtung der Verzinsungen nach Steuern zeigt jedoch deutliche Unterschiede.[1288] Anders ausgedrückt heißt das: Die nachgeforderten Zinsen in Höhe von 6,0 Prozent pro Jahr sind aufgrund der Nichtabziehbarkeit aus den versteuerten (Kapital-)Einkünften zu begleichen, sodass eine Rendite von 8,0 Prozent pro Jahr erzielt werden muss, um nach Abzug der Abgeltungsteuer den 6,0 Prozent zu entsprechen.[1289] Die Erstattungsverzinsung von nominal 6,0 Prozent pro Jahr entspricht hingegen einer Nettoverzinsung von nur 4,5 Prozent pro Jahr.[1290]

1286 Auf die Bedeutung der Abziehbarkeit und die effektive Belastung am Beispiel der Säumniszuschläge hinweisend s. *Felix*, DStR 1989, 587 (588).

1287 Solidaritätszuschlag und Kirchensteuer wurden zur Vereinfachung des Beispiels nicht berücksichtigt.

1288 S. dahingehend bereits *Streck*, DStR 1991, 369 (369).

1289 Vgl. hierzu *Seer*, Ubg 2008, 249 (251); *Ortheil*, BB 2012, 1513 (1517); vgl. auch bereits *Paus*, FR 2007, 1055 (1057). Sogar bis zu 8,5 Prozent pro Jahr nennend s. *Dziadkowski*, FR 2015, 922 (925). *Dziadkowski* berücksichtigt hierbei vermutlich noch den Solidaritätszuschlag sowie die Kirchensteuer.

1290 Vgl. *Beckmann/Thiele*, BB 2016, 2839 (2843).

Daher werden vereinzelt doppelt so hohe Erstattungs- wie Nachforderungszinsen gefordert, um diese Asymmetrie auszugleichen.[1291]

Bei Lichte betrachtet wirkt sich die ertragsteuerliche Behandlung jedoch sehr viel differenzierter aus.[1292] In Unternehmen stehen den steuerpflichtigen Erstattungszinsen während der Verzinsungsdauer entweder niedrigere Investitionsgewinne beziehungsweise Kapitalanlageerträge gegenüber, wenn Kapital statt zur Einkommenserzielung zur Zahlung der zu hohen Steuerzahlung genutzt wurde, oder höhere Schuldzinsen, wenn die Steuerzahlung fremdfinanziert wurde. Grundsätzlich sinkt damit die Steuerbelastung während der Verzinsungsdauer, sodass sich die Steuereffekte – vorausgesetzt die Erstattungszinsen entsprechen der Höhe nach den Nachteilen des Steuerpflichtigen – ausgleichen.[1293] Anders ist dies im Falle von Nachforderungszinsen. Senkt das Unternehmen während der Verzinsungsdauer wegen der späteren Steuerzahlung seine Verschuldung und sinken mithin die abziehbaren Schuldzinsen, oder erzielt es aufgrund zusätzlicher Investitionen beziehungsweise Kapitalanlagen ein höheres Einkommen, so erhöht sich jeweils die Steuerlast, ohne dass ein entgegenwirkender Effekt zum Zeitpunkt der Zahlung der Nachforderungszinsen eintritt. Denn die Nachforderungszinsen dürfen schließlich nicht abgezogen werden. Um den Steuereffekt auszugleichen, ist folglich im unternehmerischen Nachforderungsfall der Referenzzinssatz, der als Abbild der Realität mit dem Effektivzinssatz der Zinssatztypisierung zur Bestimmung deren Realitätsgerechtigkeit zu vergleichen ist, um circa 30 Prozent (nominale Steuerbelastung von Unternehmen in Deutschland[1294]) abzusenken, da die Steuerbelastung Zinseffekte in diesem Umfang bereits abschöpft.

Privatpersonen können Schuldzinsen nur abziehen, wenn diese mit Einkünften in wirtschaftlichem Zusammenhang stehen (§ 9 Abs. 1 Satz 3 Nr. 1 EStG). Daher kann den steuerpflichtigen Erstattungszinsen ein Anstieg der Schuldzinsen vorausgehen, der sich in Abhängigkeit vom Einzelfall entweder auf die Steuerbelastung in Höhe des persönlichen Steuersatzes auswirkt (beispielsweise Schuldzinsen für Kredite eines Vermieters) oder unberücksichtigt bleiben muss

1291 Vgl. *Borggräfe/Staud*, FR 2018, 857 (870).

1292 Zur effektiven Zinshöhe s. auch umfassend *Dust*, Der Zinssatz im Steuerschuldverhältnis, 2019, S. 240 f., 366 ff.

1293 S. dahingehend auch *Dust*, Der Zinssatz im Steuerschuldverhältnis, 2019, S. 368.

1294 Vgl. Bundesverband der Deutschen Industrie, https://bdi.eu/media/user_upload/20190124_BDI-Analyse_Steuerbelastung_Konzerne.pdf (abgerufen am 06.11.2019). Die effektive Steuerbelastung liegt vermutlich (deutlich) niedriger. Zur diesbezüglichen Einordnung anderer Studien s. Bundesverband der Deutschen Industrie, a. a. O.

(beispielsweise Schuldzinsen für private Konsumentenkredite). Somit ist von einer Steuerwirkung in Höhe des persönlichen Steuersatzes von bis zu 45 Prozent (plus Solidaritätszuschlag und gegebenenfalls Kirchensteuer) bis zum Ausbleiben einer steuerlichen Wirkung alles möglich. Niedrigere Einkünfte aufgrund des während der Verzinsungsdauer um den Erstattungsbetrag verringerten Anlagekapitals wirken sich hingegen immer steuersenkend aus. Im Ergebnis soll infolgedessen davon ausgegangen werden, dass sich die Steuereffekte im Mittel aufheben, wenn der Steuerbelastung durch die Abgeltungsteuer in Höhe von 25 Prozent Steuerentlastungen in Höhe von 0 bis 45 Prozent gegenüberstehen (jeweils plus Solidaritätszuschlag und gegebenenfalls Kirchensteuer).[1295]

Bezüglich der Nachforderungszinsen, die nicht abgezogen werden dürfen, ist es bei den Privatpersonen ähnlich, wie bei Unternehmen, da höhere Kapitaleinkünfte zu zusätzlichen Steuerbelastungen führen und eine sinkende Verschuldung jedenfalls eine steigende Steuerbelastung in Höhe des persönlichen Steuersatzes bewirken kann, wenn die Schuldzinsen abziehbar sind. Deshalb sind die Referenzzinssätze im privaten Nachforderungsfall zum Ausgleich der Steuereffekte um den Abgeltungsteuersatz in Höhe von 25 Prozent respektive um den persönlichen Einkommensteuersatz in Höhe von bis zu 45 Prozent (plus Solidaritätszuschlag und gegebenenfalls Kirchensteuer) niedriger anzusetzen.[1296]

6. *Geldwertänderung*

Teilweise wird zur Berechnung des effektiven Zinssatzes außerdem eine Korrektur der Nominalzinsen um die Geldwertänderungsrate vorgeschlagen.[1297] Demnach würde bei einer Inflation von 2,0 Prozent pro Jahr der reale typisierte Zinssatz statt 6,0 lediglich 4,0 Prozent pro Jahr betragen. Die Überlegung dahinter ist, dass der erstattete Steuerbetrag für den Steuerpflichtigen einen um die Geldwertänderungsrate verminderten Wert hat beziehungsweise der nachgeforderte Steuerbetrag den Steuerpflichtigen nur noch um die Geldwertänderung vermindert belastet.

1295 S. hierzu auch noch unten Seite 387, wonach sich für Deutschland durchschnittliche Grenzsteuersätze von ca. 30 Prozent berechnen lassen. Im Falle der Abgeltungsteuer oder der Besteuerung nach dem Teileinkünfteverfahren können sich die Effekte ohnehin ziemlich genau aufheben.

1296 Gegebenenfalls ist auch das Teileinkünfteverfahren zu beachten.

1297 Vgl. *Sebiger/Dechant*, in: FS Felix, 1989, S. 365 (384), die den nominalen Zinssatz um die Geldwertänderungsrate verringern (bzw. in den seltenen deflationären Zeiten erhöhen).

Eine dahingehende Berücksichtigung der Geldwertänderung ist gleichwohl abzulehnen. Denn auch die Marktzinssätze, die Grundlage der Referenzbildung sind, sind keine Realzinssätze, sondern Nominalzinssätze, in denen die Geldwertänderung gewissermaßen enthalten ist. Das heißt, eine neben der Verzinsung ergänzende Berücksichtigung der Geldwertänderungen ist – unabhängig vom Prinzip des Valorismus – im Übrigen nicht von Bedeutung, da diese als Existenzgrundlage des Zinses sowie als wesentlicher Einflussfaktor für die Zinshöhe ohnehin in die Marktverzinsung miteinfließen.

Auch dies verdeutlicht ein Beispiel: Erzielt ein Steuerpflichtiger mit einem nachgeforderten Steuerbetrag bei einer Inflation von 2,0 Prozent pro Jahr im Verzinsungszeitraum von einem Jahr eine Rendite von 4,0 Prozent, so entspricht diese Rendite zwar dem realen typisierten Zinssatz von 4,0 Prozent pro Jahr. Dennoch fordert der Steuergläubiger vom Steuerpflichtigen den mit 6,0 Prozent pro Jahr verzinsten Steuerbetrag. Vergleichbar sind mithin nur die nominalen (effektiven) Zinssätze.

7. Zusammenfassung

Während die nominale Zinssatzhöhe in § 238 Abs. 1 Satz 1 AO eindeutig festgelegt ist, ist die Bestimmung des effektiven Zinssatzes äußerst komplex.

Der effektive Zinssatz wird vor allem vom Ausschluss der Zinsesverzinsung, der Abrundung und monatsweisen Zinsberechnung sowie dem Fälligkeitszeitpunkt der Abschlusszahlung beeinflusst. Hinzukommt die asymmetrische ertragsteuerliche Behandlung der Zinsen im Steuerschuldverhältnis. Bei der Vollverzinsung wirken sich überdies die Karenzzeit sowie die Beschränkung der Verzinsung auf bestimmte Steuerarten erheblich auf die Effektivverzinsung aus.

Die Geldwertänderung ist bei der Bestimmung des Effektivzinssatzes in diesem Zusammenhang hingegen nicht von Bedeutung.

Kapitel 9: Die Zinssatztypisierung in § 238 AO

Der typisierte Zinssatz in § 238 AO gilt – wie bereits im vorangehenden Kapitel ausgeführt – für die Verzinsungsregelungen der §§ 233a ff. AO, um die Praktikabilität der Verzinsungsregelungen zu erhöhen und um von einer individuellen Bestimmung von tatsächlichen Liquiditäts- und Zinsvorteilen sowie entsprechenden Nachteilen absehen zu können.[1298] Der Zinssatz gilt mithin in einer Vielzahl unterschiedlicher Verzinsungsfälle.

Der jüngeren Rechtsprechung des Bundesfinanzhofs und der Finanzgerichte ist dennoch zu entnehmen, dass Zweifel an der Verfassungsmäßigkeit der Verzinsung nach § 233a AO, die die Zinssatzhöhe aus § 238 AO betreffen, ebenfalls bezüglich der Verzinsung nach § 237 AO bestehen, wenn die Verzinsungshöhe in Frage steht.[1299] Denn zum einen differenziert auch das Gesetz hinsichtlich der Zinssatzhöhe nicht und zum anderen sind die Einflussmöglichkeiten der Steuerpflichtigen vergleichbar.[1300] Ein Gleichlauf der Stundungs- und Aussetzungszinsen ist sogar geboten, um das Anreizsystem für Stundungen oder Aussetzungen nicht zu stören.[1301] Somit ist auch der Maßstab für die Beurteilung der verfassungsrechtlichen Realitätsgerechtigkeit des § 238 AO in dieser Arbeit grundsätzlich einheitlich für sämtliche Verzinsungsregelungen der §§ 233a ff. AO zu bestimmen, soweit lediglich die Typisierung der Zinssatzhöhe dem Grunde nach entscheidend ist und Besonderheiten der Verzinsungsregelungen nicht von Bedeutung sind. Entsprechendes gilt für die Bewertung der Fixierung auf einen festen Zinssatz statt einer variablen Zinssatzbestimmung.

Erst im Rahmen der abschließenden konkreten Realitätsgerechtigkeitsbeurteilung ist dann anhand der einzelnen Verzinsungsregelungen und deren Eigenarten zu unterscheiden, soweit aufgrund derer von unterschiedlichen

---

1298 Vgl. BVerfG v. 03.09.2009 – 1 BvR 2539/07, BFH/NV 2009, 2115 (2117).

1299 Vgl. BFH v. 03.09.2018 – VIII B 15/18, BFH/NV 2018, 1279, der in Leitsatz 2 feststellt: „Die Zweifel an der Verfassungsmäßigkeit der Zinsfestsetzungen gemäß § 233a AO beziehen sich auf den in § 238 Abs. 1 AO festgelegten Zinssatz und damit auch auf die nach dieser Vorschrift vorzunehmende Festsetzung von Aussetzungszinsen“; vgl. bspw. auch FG Düsseldorf v. 10.03.2016 – 16 K 2976/14 AO, EFG 2016, 1053; FG Baden-Württemberg v. 16.01.2018 – 2 V 3389/16, EFG 2018, 997.

1300 Vgl. FG Düsseldorf v. 10.03.2016 – 16 K 2976/14 AO, EFG 2016, 1053 (1054).

1301 Vgl. *Melan*, FR 2018, 577 (580 f.).

Referenzzinssätzen oder Rechtfertigungsgründen auszugehen sein könnte.[1302] Solche Eigenarten haben sich ansatzweise bereits bei den unterschiedlichen Beeinflussungen des effektiven Jahreszinssatzes gezeigt und ausgewirkt.[1303]

Die Beurteilung der Realitätsgerechtigkeit des Zinssatzes in § 238 AO erfolgt im Weiteren in drei Schritten: Zunächst wird die historische Entwicklung der Verzinsungsregelungen im Steuerschuldverhältnis besonders im Hinblick auf die historischen Gründe der Zinssatzhöhen dargestellt, danach ein Überblick zu der (zuletzt) uneinigen Rechtsprechung zu § 238 AO gegeben sowie abschließend hierauf aufbauend respektive die Schwächen der Entscheidungen aufzeigend die Realitätsgerechtigkeit ausführlich und mit neuen Ansätzen gewürdigt.

A Historische Entwicklung

Die einführende Betrachtung der historischen Entwicklung der Verzinsungsregelungen im Steuerschuldverhältnis könnte für die Beurteilung der Realitätsgerechtigkeit der Zinssatztypisierungen im formellen Steuerrecht relevante Aspekte enthalten.[1304] Von Bedeutung sind vor allem Überlegungen des historischen Gesetzgebers zu bestimmten Zinssatzhöhen, Anknüpfungen an Referenzzinssätze sowie Ziele, die der Gesetzgeber mit den einzelnen Verzinsungsregelungen verfolgt hat.

I. Reichsabgabenordnung von 1919

Nachdem das Reichsgericht noch im Jahr 1918 entschieden hatte, dass bei der Verzinsung öffentlich-rechtlicher Ansprüche – mangels speziellerer Regelungen – die Regelungen des bürgerlichen Rechts heranzuziehen seien,[1305] wurden

1302 S. dahingehend und die vereinheitlichende Rechtsprechung kritisierend *Melan*, FR 2018, 577 (582); vgl. bspw. auch OVG Nordrhein-Westfalen v. 10.07.2014 – 14 A 1196/13, juris Rn. 28 ff.; FG Baden-Württemberg v. 16.01.2018 – 2 V 3389/16, EFG 2018, 997 (998 f., 1002 f.).

1303 S. oben Seite 259 ff.

1304 Die historische Entwicklung der Verzinsung im Steuerschuldrecht wurde zuletzt von *Dust* vollumfänglich erörtert und die Bedeutung der Historie für die Beurteilung der heutigen Zinssatztypisierungen dargelegt, s. daher zum Ganzen *Dust*, Der Zinssatz im Steuerschuldverhältnis, 2019, S. 19 ff.

1305 Vgl. RG v. 12.04.1918 – III 496/17, RGZ 92, 376 (379). Zur „zivilrechtlichen Erstattungsverzinsung vor 1919" s. umfassend *Dust*, Der Zinssatz im Steuerschuldverhältnis, 2019, S. 32 ff.

mit der Reichsabgabenordnung[1306] im Jahr 1919 erstmals allgemeingültige Verzinsungsregelungen für das Steuerrecht geschaffen.

Zuvor fanden sich Verzinsungsregelungen in einzelnen Zoll-, Vermögensabgaben- und Steuergesetzen. Nach dem Zolltarifgesetz aus dem Jahr 1902[1307] wurde im Falle von Zollstundungen eine Verzinsung der gestundeten Zölle in Höhe von 4,0 Prozent pro Jahr fällig. Bei der Festlegung der Zinssatzhöhe orientierte sich der Gesetzgeber an dem gesetzlichen Zinssatz in § 246 BGB aus dem Jahr 1900.[1308] Im Gesetzgebungsverfahren zum Bürgerlichen Gesetzbuch wurde die Zinssatzhöhe hingegen noch ausgiebig diskutiert, wobei sich am Ende die Befürworter eines Zinssatzes in Höhe von 4,0 (statt 5,0) Prozent pro Jahr durchsetzen konnten, da das Gesetzgebungsverfahren letztlich in eine Zeit niedriger Zinsen fiel, in der selbst Hypothekenzinssätze und genossenschaftliche Darlehenszinssätze nicht über 4,0 Prozent pro Jahr gelegen haben.[1309] Auf welchen Referenzzinssatz der Gesetzgeber abgestellt hatte, lässt sich aber nicht nachvollziehen – nicht einmal ob er vom typischen Schuldner oder Gläubiger ausgegangen war.[1310] Nach dem Wehrbeitragsgesetz von 1913[1311] wurde bezüglich der Vermögensabgabe, dem sogenannten einmaligen und außerordentlichen Wehrbeitrag, zugunsten der Steuerpflichtigen eine Verzinsung der Vorauszahlungen sowie der Erstattungen in Höhe von ebenfalls 4,0 Prozent pro Jahr normiert. Das Kriegssteuergesetz von 1916[1312], in welchem Vorauszahlungs-, Stundungs-, Erstattungs- sowie Nachzahlungsverzinsungen (einschließlich Säumnisverzinsungen) in Höhe von (höheren) 5,0 Prozent pro Jahr geregelt wurden, enthielt bereits die erste Vollverzinsungsregelung. Die Vollverzinsung wurde schon damals mit dem Argument des Ausgleichs von Liquiditäts- und Zinsvorteilen begründet und somit eine zeitgerechte Belastung der Steuerpflichtigen angestrebt.[1313] Zwar fehlte eine Begründung des erhöhten Zinssatzes, jedoch entsprach der Gesetzgeber damit dem inzwischen infolge des

---

1306 Reichsabgabenordnung v. 13.12.1919, RGBl. 1919, 1993.

1307 Zolltarifgesetz v. 25.12.1902, RGBl. 1902, 303.

1308 Vgl. *Dust*, Der Zinssatz im Steuerschuldverhältnis, 2019, S. 105.

1309 Vgl. zusammenfassend *Dust*, Der Zinssatz im Steuerschuldverhältnis, 2019, S. 119 ff.

1310 Die Diskussion zum gesetzlichen Zinssatz in § 246 BGB darstellend s. *Dust*, Der Zinssatz im Steuerschuldverhältnis, 2019, S. 108 ff., jedoch widersprüchlich den Darlehens- bzw. Anleihezinssatz als Referenz benennend, *Dust*, a. a. O., S. 118, 128.

1311 Deutsches Gesetz über einen einmaligen ausserordentlichen Wehrbeitrag v. 03.07.1913, RGBl. 1913, 505.

1312 Kriegssteuergesetz v. 21.06.1916, RGBl. 1916, 561.

1313 Vgl. *Dust*, Der Zinssatz im Steuerschuldverhältnis, 2019, S. 82, 84.

Ersten Weltkriegs deutlich gestiegenen Zinsniveau, das zur damaligen Zeit sogar für Staatsanleihen bei circa 5,0 Prozent pro Jahr lag.[1314] Im Jahr 1918 kamen zudem weitreichende Verzinsungsregelungen im Umsatzsteuerrecht[1315] für Vorauszahlungen, Erstattungen und Nachforderungen/Säumnisbeträge ebenfalls in Höhe von jeweils 5,0 Prozent pro Jahr vom betreffenden Steuerbetrag hinzu, wobei auch hier die Gleichmäßigkeit der steuerlichen Belastung im Vordergrund stand.[1316]

Im Jahr 1919 wurde mit der Reichsabgabenordnung schließlich allgemein für das gesamte Steuerrecht eine Säumnisverzinsung in § 104 Abs. 1 Satz 1 RAO, eine Stundungsverzinsung in § 105 Abs. 2 Satz 1 RAO, eine Hinterziehungsverzinsung in § 105 Abs. 2 Satz 1 RAO sowie eine Erstattungsverzinsung in § 132 Hs. 1 RAO wiederum jeweils in Höhe von 5,0 Prozent pro Jahr eingeführt.[1317] Sinn und Zweck war es, den Steuerpflichtigen verschuldensunabhängig Zinsvorteile zu nehmen, um missbräuchliche Verzögerungen der Zahlung der Steuerbeträge zu verhindern.[1318] Die Erstattungsverzinsung bildete das „Gegenstück",[1319] indem auch die Finanzverwaltung etwaige Vorteile unabhängig von einer Verschuldung an den Steuerpflichtigen herauszugeben hatte.[1320]

Der Zinssatz in Höhe von 5,0 Prozent pro Jahr knüpfte an die zuvor erlassenen Verzinsungsregelungen in den Einzelsteuergesetzen an und entsprach zudem weiterhin der durchschnittlichen Rendite sicherer Staatsanleihen Anfang der 1920er Jahre sowie dem Diskontsatz als Leitzins kurzfristiger Darlehen.[1321] Erst in den Jahren 1923 bis 1927 zwang die außergewöhnlich hohe Geldwertänderung und insbesondere die in den Jahren 1922 und 1923 herrschende Hyperinflation[1322] den Gesetzgeber zu zahlreichen Zinssatzänderungen.[1323] Eine

---

1314 Vgl. *Dust*, Der Zinssatz im Steuerschuldverhältnis, 2019, S. 129, 131.

1315 Umsatzsteuergesetz v. 26.07.1918, RGBl. 1918, 779.

1316 Vgl. RFH v. 29.11.1921 – V A 154/21, RFHE 7, 287 (288); vgl. hierzu auch *Dust*, Der Zinssatz im Steuerschuldverhältnis, 2019, S. 87 f.

1317 § 105 RAO enthielt keine Zinssatzhöhe, stattdessen wurde der Zinssatz aus § 104 RAO in Höhe von 5,0 Prozent pro Jahr auch für die Verzinsung nach § 105 RAO angewandt, vgl. *Dust*, Der Zinssatz im Steuerschuldverhältnis, 2019, S. 101 m. w. N.

1318 Vgl. Entwurf der Reichsabgabenordnung v. 06.08.1919, Verfassunggebende deutsche Nationalversammlung, Aktenstück Nr. 759, 535 (587).

1319 *Becker*, Die Reichsabgabenordnung, 1930, § 132 Rn. 1.

1320 Vgl. *Dust*, Der Zinssatz im Steuerschuldverhältnis, 2019, S. 100.

1321 Vgl. *Dust*, Der Zinssatz im Steuerschuldverhältnis, 2019, S. 133 f.

1322 Zur Definition des Begriffs „Hyperinflation" s. bereits oben Seite 115.

1323 Für einen Überblick über die 19 Zinsgesetze in diesem Zeitraum s. *Dust*, Der Zinssatz im Steuerschuldverhältnis, 2019, S. 138 f.

zeitnahe und möglichst wertgleichmäßige Steuerzahlung wurde damals für das Funktionieren des Staates essentiell sowie primärer Zweck der Verzinsung.[1324] Die höchsten Zinssätze galten schließlich im Herbst des Jahres 1923 und betrugen bis zu 100 Prozent pro Monat beziehungsweise für Säumniszuschläge sogar 400 Prozent je angefangenem halben Monat.[1325] Danach normalisierte sich durch die im November 1923 eingeführte Rentenmark, die durch das Immobilienvermögen des Staates gesichert war, die Inflationsrate wieder[1326] und so wurden auch die Zinssätze schrittweise wieder bis auf 5,0 Prozent pro Jahr für die Aufschub- und Stundungsverzinsung respektive 10,0 Prozent pro Jahr für die verschuldensabhängige Verzugsverzinsung im Jahr 1927 gesenkt.[1327]

II. Steueranpassungsgesetz von 1934

Im Jahr 1934 erging der sogenannte „Antizinsparagraph“[1328] (§ 20 StAnpG[1329]), der die Verzinsung – bis auf wenige Ausnahmen – im Steuerschuldrecht des Reiches abschaffte. Die offizielle Begründung hierfür waren Vereinfachungsgründe, die infolge der Überforderung sowohl der Steuerpflichtigen als auch der Finanzverwaltung durch das Nebeneinander zahlreicher Verzinsungsregelungen und häufig wechselnder unbeständiger Zinssatzhöhen sowie aufgrund der damit zusammenhängenden Intransparenzen und „Mißstimmungen gegen die Finanzbehörde“ notwendig geworden seien.[1330] Stattdessen versuchte der Gesetzgeber die Ziele einer Verzinsung mittels einer öffentlich ausliegenden „Liste der säumigen Steuerzahler“ zu erreichen,[1331] sodass der Gesetzgeber auch

1324 Vgl. *Dust*, Der Zinssatz im Steuerschuldverhältnis, 2019, S. 148.

1325 Verordnung zur Ausführung des Steuerzinsgesetzes v. 15.08.1923, RGBl. I 1923, 804.

1326 Vgl. *Fischer*, in: Fischer, German Hyperinflation 1922/23, 2010, S. 45 (67 f.). Die Rentenmark wurde zu einem Wechselkurs von 1:1 Billion Papiermark eingeführt, vgl. *Fischer*, in: Fischer, German Hyperinflation 1922/23, 2010, S. 45 (68).

1327 Fünfte Verordnung zur Änderung der Steuerzinsverordnung v. 21.01.1927, RGBl. I 1927, 50. Zur umstrittenen Verschuldensvoraussetzung bei der Verzugsverzinsung s. *Dust*, Der Zinssatz im Steuerschuldverhältnis, 2019, S. 146 f.

1328 *Reinhardt*, DStZ 1934, 1109 (1109).

1329 Steueranpassungsgesetz (StAnpG) v. 16.10.1934, RGBl. I 1934, 925 (929).

1330 *Reinhardt*, DStZ 1934, 1109 (1110). S. insgesamt dazu die Ausführungen des Staatssekretärs *Fritz Reinhard* im NSDAP geführten Finanzministerium, *Reinhardt*, a. a. O. (1109 f.). Diese Begründung in Zweifel ziehend und stattdessen vielmehr die Belastung der Staatskasse durch Erstattungszinsen hervorhebend s. *Dust*, Der Zinssatz im Steuerschuldverhältnis, 2019, S. 155 f., 159.

1331 Vgl. hierzu *Reinhardt*, DStZ 1934, 1109 (1110 f.).

in dieser Zeit nicht von dem Ziel einer pünktlichen Steuerentrichtung abrückte, sondern stattdessen auf die „‚zinsschädliche[n]' Rahmenbedingungen" reagierte, die das Funktionieren von Verzinsungsregelungen im Steuerrecht (vorübergehend) verhinderten.[1332]

Das Steuersäumnisgesetz (StSäumG) von 1934[1333] dehnte die Abschaffung der Verzinsung auf Landes- und Gemeindesteuern aus (§§ 9 bis 11 StSäumG) und führte – statt einer Erweiterung der Liste säumiger Steuerzahler – als einfaches Druckmittel, Steuerpflichtige zur pünktlichen Steuerzahlung zu bewegen, zusätzlich einen einmaligen Säumniszuschlag mit dem Ablauf des Fälligkeitstages in Höhe von zwei Prozent des rückständigen Steuerbetrags (§ 1 Abs. 1 in Verbindung mit § 3 Abs. 1 StSäumG) ein.[1334] Der einmalige Säumniszuschlag wurde im Jahr 1949[1335] schließlich wieder durch eine fortlaufende Säumnisverzinsung ersetzt, um Fällen längerer Säumnis gerecht zu werden und die Steuerpflichtigen mithin wirkungsvoller zur rechtzeitigen Steuerzahlung zu bewegen.[1336] Zudem begründete der Gesetzgeber die strengere Säumnisverzinsung mit dem geänderten Schuldzinsniveau.[1337]

III. Erlass zum Lastenausgleichsgesetz von 1953

Für die Stundung der Lastenausgleichsabgaben legte der Bundesfinanzminister im März 1953[1338] (erstmals) eine Verzinsung in Höhe von 6,0 Prozent pro Jahr fest, welche danach auf weitere Abgaben erstreckt wurde.[1339] Eine Begründung

---

1332 *Schultz*, Die Vollverzinsung im bundesdeutschen Steuersystem, 1992, S. 77.

1333 Steuersäumnisgesetz (StSäumG) v. 24.12.1934, RGBl. I 1934, 1271.

1334 Vgl. *Reinhardt*, DStZ 1935, 2 (2 f.). Der Säumniszuschlag wurde im Jahr 1944 auf 5,0 Prozent erhöht, § 20 der Steuervereinfachungs-Verordnung v. 14.09.1944, RGBl. I 1944, 202 (205), um die Zahlungsmoral der Steuerpflichtigen zu verbessern und mithin die Finanzverwaltung aufgrund deren erheblichen Personalmangels zu entlasten, vgl. *Reinhardt*, DStZ 1944, 365 (370).

1335 Änderung des StSäumG durch § 10 des Zweiten Gesetzes zur vorläufigen Neuordnung von Steuern, s. Zweites Gesetz zur vorläufigen Neuordnung von Steuern v. 20.04.1949, WiGBl. 1949, 69 (73).

1336 Vgl. Drucksache des Wirtschaftsrates Nr. 892 v. 04.02.1949, S. 16; vgl. hierzu auch BT-Drs. 3/2573, S. 33; *Koch*, DStZ 1961, 194 (195); *Seer/Klemke*, IFSt-Schrift 490, 2013, S. 16; *Dust*, Der Zinssatz im Steuerschuldverhältnis, 2019, S. 163 f.

1337 Vgl. Drucksache des Wirtschaftsrates des vereinigten Wirtschaftsgebietes Nr. 892 v. 04.02.1949, S. 16.

1338 Nachschlagekartei zu den Lastenausgleichsabgaben, Karte 5 zu § 203 Abs. 1 LAG, zitiert nach *Dust*, Der Zinssatz im Steuerschuldverhältnis, 2019, S. 171 Fn. 776.

1339 S. bspw. BdF v. 10.01.1961 – IV A/1 b – S 1152 – 4/60, DB 1961, 116 (116).

der Zinshöhe ist allerdings nicht bekannt.[1340] In Frage kommen könnte erstens die Praktikabilität des Zinssatzes, der sowohl als Jahreszinssatz (6,0 Prozent) als auch als Monatszinssatz (0,5 Prozent) einfach zu berechnen ist, zweitens das Zinsniveau Anfang der 1950er Jahre, das für sichere Staatsanleihen bei knapp 6,0 Prozent lag sowie drittens die Methode, Stundungszinssätze mit einem Aufschlag von zwei Prozentpunkten auf den Diskontsatz, der damals bei 4,0 Prozent pro Jahr stand, festzulegen, was zugleich über die Jahre zumeist ungefähr der durchschnittlichen Verzinsung sicherer Staatsanleihen entsprach.[1341]

IV. Steueränderungsgesetz von 1961

Grundlegend neu regelte die steuerschuldrechtliche Verzinsung das Steueränderungsgesetz im Jahr 1961[1342], indem das bisherige Steuersäumnisgesetz von 1934 durch ein neues – laut Gesetzgeber „gerechte[s] und zugleich möglichst einfache[s] und für die Verwaltung praktikable[s]“[1343] – Steuersäumnisgesetz ersetzt wurde. Die einzelnen Verzinsungsregelungen darin glichen im Wesentlichen bereits den entsprechenden heutigen Verzinsungsregelungen.

Der Säumniszuschlag wurde zur Besserstellung lediglich kurzfristiger Säumnisse sowie für eine automatisierte Zinsberechnung aus Praktikabilitätsgründen einheitlich auf ein Prozent des rückständigen Steuerbetrags pro Monat festgelegt (§ 1 Abs. 1 Satz 1 StSäumG).[1344] Gemäß der Gesetzgebungsmaterialien sollte der Zinssatz zugleich nicht unter den Kosten für (Überziehungs-)Kredite liegen, da der Steuerpflichtige durch den Säumniszuschlag zur rechtzeitigen Steuerzahlung angehalten und nicht zur günstigeren (Überziehungs-)Kreditaufnahme verleitet werden sollte.[1345] Die Überziehungskreditzinsen waren im Herbst 1960

1340 Vgl. *Dust*, Der Zinssatz im Steuerschuldverhältnis, 2019, S. 173.

1341 Die verschiedenen Begründungsansätze umfassend erörternd s. *Dust*, Der Zinssatz im Steuerschuldverhältnis, 2019, S. 173 ff.

1342 Gesetz zur Änderung des Einkommensteuergesetzes, des Körperschaftsteuergesetzes, des Gewerbesteuergesetzes, des Bewertungsgesetzes, des Vermögensteuergesetzes, des Steuersäumnisgesetzes, der Reichsabgabenordnung, des Steueranpassungsgesetzes, des Gesetzes zur Förderung der Wirtschaft von Berlin (West) und anderer Gesetze (Steueränderungsgesetz 1961) v. 13.07.1961, BGBl. I 1961, 981 (993 f.).

1343 BT-Drs. 3/2573, S. 33.

1344 Vgl. BT-Drs. 3/2573, S. 33; vgl. auch *Dust*, Der Zinssatz im Steuerschuldverhältnis, 2019, S. 189 f.

1345 Vgl. BT-Drs. 3/2573, S. 34.

(landes-)gesetzlich auf maximal 11,0 beziehungsweise 12,0 Prozent pro Jahr begrenzt.[1346]

Hinzukam der neue § 4 StSäumG, wonach insbesondere Steueransprüche, Erstattungs- und Vergütungsansprüche wieder verzinst werden durften, soweit dies in den jeweiligen Einzelsteuergesetzen vorgeschrieben war. Eine Verzinsung von Nachzahlungen, die als Teil einer Vollverzinsung als die „wohl […] gerechteste Lösung"[1347] angesehen wurde, existierte aber nicht, da eine Vollverzinsung zum damaligen Zeitpunkt als nicht umsetzbar angesehen wurde und ein Scheitern der Verzinsungsregelungen wie im Jahr 1934 vermieden werden sollte.[1348] Komplettiert wurden die Verzinsungsregelungen durch eine Stundungsverzinsung (§ 127a RAO), Prozesszinsen auf Erstattungsbeiträge (§ 155 RAO, ab 1975: § 4b StSäumG[1349]) sowie Aussetzungszinsen (§ 251a RAO, ab 1975: § 4c StSäumG[1350]). Im Jahr 1965 kam noch die Verzinsung hinterzogener Steuern hinzu (§ 4a StSäumG).[1351] Der typisierte Zinssatz betrug einheitlich 0,5 Prozent pro Monat (§ 5 Abs. 1 Satz 1 StSäumG) und entsprach damit dem zuvor verwendeten Zinssatz des Erlasses zum Lastenausgleichsgesetz von 1953. Die Gründe für die Zinssatzhöhe oder gar die Wahl eines Referenzzinssatzes zur Zinssatzbestimmung sind für das Steueränderungsgesetz von 1961 zwar – wie beim Erlass zum Lastenausgleichsgesetz – nicht bekannt, doch sprechen insbesondere die Praktikabilitätserwägungen, die auch die Vollverzinsung oder eine taggenaue Zinsberechnung ausschlossen,[1352] für einen einfach zu berechnenden

1346 Vgl. Deutsche Bundesbank, Monatsbericht Oktober 1960, S. 98 f., abrufbar unter https://www.bundesbank.de/resource/blob/690494/c55c4af727431084eaf1817593be6e3b/mL/1960-10-monatsbericht-data.pdf (abgerufen am 09.10.2019); vgl. auch BT-Drs. 3/2573, S. 34.

1347 BT-Drs. 3/2573, S. 34.

1348 Vgl. BT-Drs. 3/2573, S. 34 f.; vgl. auch *Koch*, DStZ 1961, 194 (196); *Dust*, Der Zinssatz im Steuerschuldverhältnis, 2019, S. 185.

1349 Drittes Gesetz zur Änderung des Steuerberatungsgesetzes v. 24.06.1975, BGBl. I 1975, 1509 (1532 f.).

1350 Drittes Gesetz zur Änderung des Steuerberatungsgesetzes v. 24.06.1975, BGBl. I 1975, 1509 (1533).

1351 Gesetz zur Änderung des Einkommensteuergesetzes, des Körperschaftsteuergesetzes, des Gewerbesteuergesetzes, des Bewertungsgesetzes, des Steuersäumnisgesetzes, der Reichsabgabenordnung und anderer Gesetze (Steueränderungsgesetz 1965) v. 14.05.1965, BGBl. I 1965, 377 (384).

1352 Vgl. BT-Drs. 3/2573, S. 35. Gleichzeitig wies der Gesetzgeber daraufhin, dass zukünftige technische Möglichkeiten eine gerechtere Verzinsung im Sinne einer Vollverzinsung ermöglichen könnten, vgl. BT-Drs. 3/2573, S. 34.

Zinssatz, wie 0,5 Prozent pro Monat.[1353] Außerdem lag der Diskontsatz im Jahr 1961 wie im Jahr 1953 bei 4,0 Prozent pro Jahr und die Rendite sicherer Staatsanleihen betrug durchschnittlich etwas über 6,0 Prozent pro Jahr.[1354] Mit einem Zinssatz von 6,0 Prozent pro Jahr ließ sich somit einerseits das Ziel einer gleichmäßigen zeit- und realitätsgerechten Belastung der Steuerpflichtigen sowie andererseits einer praktikablen Zinsregelung erreichen.[1355]

V. Abgabenordnung von 1977

Die Abgabenordnung führte im Jahr 1977[1356] die bestehenden Teilverzinsungsregelungen in den §§ 233 ff. AO zusammen. Die einzelnen Verzinsungsregelungen blieben dabei – bis auf die Erweiterung der Stundungsverzinsung auf sämtliche Steuern – weitgehend inhaltsgleich, insbesondere auch weil es wegen des Verwaltungsaufwands weiterhin keine Vollverzinsung gab, die ohne bundesweite Automation der Kassenbuchführung („integrierte Verfahren einer automatisierten Steuerfestsetzung und Steuererhebung“[1357]) nicht zu bewältigen sei.[1358] Dennoch wurde die Bundesregierung aufgefordert, auf die Länder einzuwirken, die Voraussetzungen in der Finanzverwaltung schnellstmöglich zu schaffen, um eine Vollverzinsung einführen zu können – zusätzlich sollte sie bis zum 01.01.1978 über die Möglichkeiten einer Einführung der Vollverzinsung berichten.[1359] Das Ergebnis des Berichts war, dass eine Vollverzinsung erst in den 1980er Jahren möglich sein werde, wenn die technischen Voraussetzungen in der Finanzverwaltung umgesetzt wurden, nämlich vor allem die Finanzkassen in das integrierte Besteuerungsverfahren übernommen wurden.[1360]

Der Zinssatz blieb weiterhin unverändert bei 0,5 Prozent pro Monat (§ 238 AO). Einerseits schwankten zwar sowohl der Diskontsatz als auch die Renditen sicherer Staatsanleihen während der besonders langen Beratungsdauer der Abgabenordnung bis zu deren Inkrafttreten in den Jahren 1963 bis 1977 mit

---

1353 Vgl. *Dust*, Der Zinssatz im Steuerschuldverhältnis, 2019, S. 191; vgl. auch *Anzinger*, DStR 2016, 1829 (1834).

1354 Vgl. *Dust*, Der Zinssatz im Steuerschuldverhältnis, 2019, S. 191 f.

1355 S. dahingehend auch *Dust*, Der Zinssatz im Steuerschuldverhältnis, 2019, S. 193.

1356 Abgabenordnung (AO 1977) v. 16.03.1976, BGBl. I 1976, 613.

1357 BT-Drs. 7/4292, S. 4, 7; vgl. hierzu auch BT-Drs. 6/1982, S. 171.

1358 Zur Nummerierung der Zinsparagraphen und zur wesentlichen Inhaltsgleichheit s. auch *Dust*, Der Zinssatz im Steuerschuldverhältnis, 2019, S. 199, 202 ff.

1359 Vgl. BT-Drs. 7/4292, S. 7 f., 49.

1360 Vgl. BT-Drs. 8/1410, S. 6 ff.

zwischenzeitlichen Hochs von 7,5 beziehungsweise fast 11,0 Prozent pro Jahr erheblich. Andererseits lag zum Zeitpunkt des Inkrafttretens der Diskontsatz bei nur noch 3,5 Prozent pro Jahr und die Renditen sicherer Staatsanleihen bei durchschnittlich gut 6,5 Prozent pro Jahr.[1361] Der (bewährte) Zinssatz von 6,0 Prozent pro Jahr war somit naheliegend für die Höhe der Zinssatztypisierung in § 238 AO. Hinzukommt, dass sich der Gesetzgeber auch aus der Annahme heraus, die Verzinsung werde in naher Zukunft als Vollverzinsungssystem ohnehin neu geregelt werden müssen, am bisherigen Zinssatz orientierte, da die Bundesregierung die Zinssatzhöhe im Jahr 1978 (für das Vollverzinsungssystem) als „noch offene[s] Problem" angesehen hatte.[1362]

VI. Steuerreformgesetz von 1990

Mit dem Steuerreformgesetz 1990[1363] wurde – vom Kriegssteuergesetz von 1916[1364] abgesehen – dann erstmals eine Vollverzinsungsregelung mit der Einführung des § 233a AO geschaffen, um die unterschiedlichen Zeitpunkte der Steuerfestsetzung und -fälligkeit auszugleichen.[1365] Mit dem technischen Fortschritt und der zunehmenden Automatisierung in der Finanzverwaltung war die Umsetzung der (beschränkten) Vollverzinsungsregelung möglich geworden.[1366] Der bisherige Grundgedanke, dass nur fällige Steuerschulden zu verzinsen seien, wurde mit der Verzinsung auch der Steuernachforderungen und Steuererstattungen aufgegeben.[1367] Begründet wurde die Vollverzinsung mit der Abschöpfung der Liquiditäts- und Zinsvorteile respektive mit dem Ausgleich entsprechender Nachteile.[1368] Außerdem diente sie als Gegenfinanzierungsmaßnahme der mit der Steuerreform 1990 geplanten Steuererleichterungen.[1369]

Der Zinssatz aus § 238 AO in Höhe von 0,5 Prozent pro Monat findet seither unverändert auch für die Vollverzinsung Anwendung. Ausdrücklich aus

1361 Vgl. *Dust*, Der Zinssatz im Steuerschuldverhältnis, 2019, S. 210 f.

1362 BT-Drs. 8/1410, S. 8. S. hierzu *Dust*, Der Zinssatz im Steuerschuldverhältnis, 2019, S. 211 f., der annimmt, dass die Beratungen zur Zinssatzhöhe aus diesem Grund gänzlich ausgespart wurden.

1363 Steuerreformgesetz 1990 v. 25.07.1988, BGBl. I 1988, 1093 (1127).

1364 Kriegssteuergesetz v. 21.06.1916, RGBl. 1916, 561.

1365 Vgl. BT-Drs. 11/2157, S. 194.

1366 Vgl. BT-Drs. 11/2157, S. 118; *Krabbe*, Vollverzinsung im Steuerrecht, 1992, S. 17.

1367 Vgl. *Behrens*, FR 2015, 214 (215).

1368 Vgl. BVerfG v. 03.09.2009 – 1 BvR 2539/07, BFH/NV 2009, 2115 (2117); vgl. auch BT-Drs. 11/2157, S. 118.

1369 Vgl. BT-Drs. 11/2157, S. 124 ff., 134.

Praktikabilitätsgründen wurde an diesem „festen Zinssatz des geltenden Rechts (§ 238 AO) festgehalten".[1370] Ein Referenzzinssatz wurde hingegen nicht erwähnt. Einerseits lag der Diskontsatz zum Zeitpunkt der Verabschiedung des Gesetzes im Jahr 1988 bei nur noch 2,5 bis 3,5 Prozent pro Jahr und die Rendite sicherer Staatsanleihen bei circa 6,0 Prozent pro Jahr, sodass der Gesetzgeber angenommen haben könnte, dass der Zinssatz im Vergleich zu einem realitätsnahen Zinssatz eher zu hoch sein könnte, da andernfalls die Normierung einer Höchstdauer der Verzinsung, die der Gesetzgeber zum Schutz der Steuerpflichtigen vor überlangen Verzinsungszeiträumen festlegte, nicht erforderlich gewesen wäre, wenn ohnehin nur die tatsächlich erzielbaren Vor- und Nachteile abgeschöpft oder auch ausgeglichen werden würden.[1371] Andererseits bezeichnete der Bundesrechnungshof den Zinssatz im Jahr 1988 gar als zu tief, da er die Steuerpflichtigen nicht zu einer rechtzeitigen Steuerzahlung veranlasse, solange alternative Darlehenszinssätze höher seien.[1372]

In der Folgezeit erfuhren die steuerverfahrensrechtlichen Verzinsungsregelungen lediglich kleinere Veränderungen und Korrekturen infolge von Gerichtsentscheidungen.[1373] Von größerer Bedeutung war die Abschaffung der Höchstdauer des Zinslaufs ab dem Jahr 2000,[1374] um die Besteue-

1370 BT-Drs. 11/2157, S. 194.

1371 Vgl. *Dust*, Der Zinssatz im Steuerschuldverhältnis, 2019, S. 222.

1372 Vgl. BT-Drs. 11/3056, S. 83 f.; vgl. dazu *Dust*, Der Zinssatz im Steuerschuldverhältnis, 2019, S. 225. Umgekehrt wäre bei einem zu hohen Zinssatz allerdings ein Missbrauch des Fiskus als Anlagealternative zu befürchten, vgl. *Dust*, a. a. O., S. 226.

1373 Änderungen ergaben sich durch die folgenden Gesetze: Gesetz zur steuerlichen Förderung des Wohnungsbaus und zur Ergänzung des Steuerreformgesetzes 1990 (Wohnungsbauförderungsgesetz – WoBauFG) v. 22.12.1989, BGBl. I 1989, 2408 (2419); Gesetz zur Bekämpfung des Mißbrauchs und zur Bereinigung des Steuerrechts (Mißbrauchsbekämpfungs- und Steuerbereinigungsgesetz – StMBG) v. 21.12.1993, BGBl. I 1993, 2310 (2347); Gesetz zur einkommensteuerlichen Entlastung von Grenzpendlern und anderen beschränkt steuerpflichtigen natürlichen Personen und zur Änderung anderer gesetzlicher Vorschriften (Grenzpendlergesetz) v. 24.06.1994, BGBl. I 1994, 1395 (1399); Jahressteuergesetz (JStG) 1997 v. 20.12.1996, BGBl. I 1996, 2049 (2075); Gesetz zur Bereinigung von steuerlichen Vorschriften (Steuerbereinigungsgesetz 1999 – StBereinG 1999) v. 22.12.1999, BGBl. I 1999, 2601 (2619); Gesetz zur Umrechnung und Glättung steuerlicher Euro-Beträge (Steuer-Euroglättungsgesetz – StEuglG) v. 19.12.2000, BGBl. I 2000, 1790 (1803); Jahressteuergesetz 2007 (JStG 2007) v. 13.12.2006, BGBl. I 2006, 2878 (2903 f.); Steuervereinfachungsgesetz 2011 v. 01.11.2011, BGBl. I 2011, 2131 (2140).

1374 Gesetz zur Bereinigung von steuerlichen Vorschriften (Steuerbereinigungsgesetz 1999 – StBereinG 1999) v. 22.12.1999, BGBl. I 1999, 2601 (2619).

rungsgerechtigkeit sicherzustellen, die zuvor durch eine Senkung der effektiven Zinsbelastung insbesondere durch Verzögerungen des Außenprüfungsablaufs gefährdet war.[1375] Widersprüchlich ist, dass die Höchstdauer ursprünglich mit dem Argument der Besteuerungsgerechtigkeit eingeführt wurde, da Steuerpflichtige vor außergewöhnlich langen Verzinsungszeiträumen geschützt werden sollten.[1376]

VII. Zinssatzänderungen in anderen Bereichen

Während der Zinssatz im Steuerverfahren somit seit Jahrzehnten unverändert geblieben ist, entschloss sich der Gesetzgeber in anderen Bereichen durchaus zu Zinssatzänderungen beziehungsweise führte variable Verzinsungen ein, beispielsweise in §§ 247 und 288 BGB, in § 253 HGB oder in den Kommunalabgabengesetzen. Darauf wird im weiteren Gang der Untersuchung der Realitätsgerechtigkeit des Zinssatzes in § 238 AO wiederholt zurückzukommen sein.

Der Basiszinssatz in § 247 BGB, dessen Bezugsgröße der Zinssatz für die jüngste Hauptrefinanzierungsoperation der Europäischen Zentralbank ist, ist variabel ausgestaltet und wird zweimal pro Jahr angepasst. Lag dieser im Jahr 2002 noch bei 2,47 Prozent pro Jahr und erreichte ein zwischenzeitliches Hoch im Jahr 2008 bei 3,32 Prozent pro Jahr, liegt er seit 2016 bei -0,88 Prozent pro Jahr.[1377]

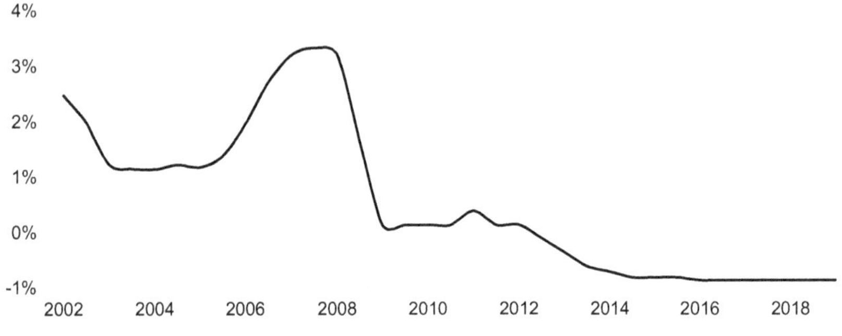

Abbildung 9: Basiszinssatz gemäß § 247 BGB

1375 Vgl. BT-Drs. 14/1514, S. 48.

1376 S. so noch die Begründung in BT-Drs. 11/2157, S. 195.

1377 Basiszinssatz nach § 247 BGB, s. Deutsche Bundesbank, https://www.bundesbank.de/de/bundesbank/organisation/agb-und-regelungen/basiszinssatz-607820 (abgerufen am 18.06.2020).

Die Verzugszinsen nach dem Bürgerlichen Gesetzbuch waren vom 01.01.1900 bis zum 30.04.2000 fix auf 4,0 Prozent pro Jahr festgelegt (§ 288 Abs. 1 Satz 1 BGB in der damaligen Fassung[1378]). Seit dem 01.05.2000[1379] sind die Verzugszinsen auf Geldschulden variabel und nehmen auf den Basiszinssatz in § 247 BGB Bezug. Bis zum 31.12.2001 wurde hierbei ein Zinssatz von fünf Prozentpunkten über dem Basiszinssatz gewählt. Dieser gilt für Verbraucher auch weiterhin, § 288 Abs. 1 Satz 2 BGB. Für alle Rechtsgeschäfte, an denen kein Verbraucher beteiligt ist, galt indes im Zeitraum 01.01.2002 bis 28.07.2014[1380] ein Zinssatz in Höhe von acht Prozentpunkten über dem Basiszinssatz und seit dem 29.07.2014[1381] ein nochmals erhöhter Aufschlag von neun Prozentpunkten über dem Basiszinssatz, § 288 Abs. 2 BGB.

Die Kommunalabgabengesetze der Länder verweisen hinsichtlich der Zinsvorschriften und dem anzuwendenden Zinssatz grundsätzlich auf die bundesrechtlichen Vorschriften der Abgabenordnung, so auch auf § 238 AO (siehe § 3 Abs. 1 Nr. 5 Buchst. b KAG Baden-Württemberg; § 11 Abs. 1 Nr. 5 Buchst. b KAG Niedersachsen; § 12 Abs. 1 Nr. 5 Buchst. b KAG Nordrhein-Westfalen). Allerdings treffen viele Länder inzwischen davon (teilweise) abweichende Vorschriften, indem der Zinssatz variabel an den Basiszinssatz nach § 247 BGB geknüpft wird. Eine solche Anknüpfung gilt in Brandenburg bereits seit 2004, in Schleswig-Holstein seit 2005, in Rheinland-Pfalz seit 2009, in Bayern seit 2014, in Hessen und Sachsen-Anhalt seit 2016, in Thüringen seit 2017, in Sachsen seit 2018, in Mecklenburg-Vorpommern seit 2019 und im Saarland seit 2020.[1382]

Abschließend ist als Beispiel noch der handelsrechtliche Rechnungszinssatz für Bewertungen von Pensionsrückstellungen nach § 253 HGB zu nennen. Der HGB-Zinssatz ist seit dem Bilanzrechtsmodernisierungsgesetz im Jahr 2009[1383] variabel als siebenjähriger und seit

---

1378 Vgl. Bürgerliches Gesetzbuch v. 18.08.1896, RGBl. 1896, 195 (245).

1379 Vgl. Gesetz zur Beschleunigung fälliger Zahlungen v. 30.03.2000, BGBl. I 2000, 330 (330).

1380 S. dazu Bekanntmachung der Neufassung des Bürgerlichen Gesetzbuchs v. 02.01.2002, BGBl. I 2002, 42 (102).

1381 Vgl. Gesetz zur Bekämpfung von Zahlungsverzug im Geschäftsverkehr und zur Änderung des Erneuerbare-Energien-Gesetzes v. 22.07.2014, BGBl. I 2014, 1218 (1218).

1382 Für einen Überblick zu den Normen s. bspw. auch *Borggräfe/Staud*, FR 2018, 857 (861).

1383 Gesetz zur Modernisierung des Bilanzrechts (Bilanzrechtsmodernisierungsgesetz – BilMoG) v. 25.05.2009, BGBl. I 2009, 1102 (1103).

2016[1384] als zehnjähriger Durchschnitt typisiert. Insbesondere die Anpassung im Jahr 2016 erfolgte nach dem ausdrücklichen Willen des Gesetzgebers zur Abmilderung der Folgen der Niedrigzinsphase.[1385] Die sich daraus ergebende Zinsentwicklung ist dem nachstehenden Schaubild zu entnehmen.[1386]

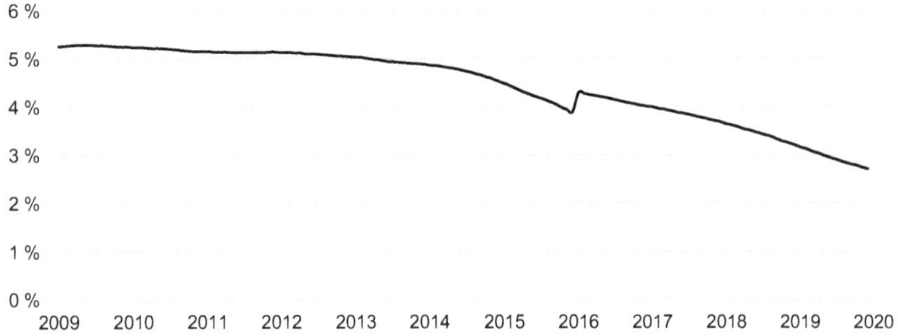

Abbildung 10: Zinssatz nach § 253 Abs. 2 HGB für Pensionsrückstellungen (siebenjähriger Durchschnitt von 2009 bis 2015, danach zehnjähriger Durchschnitt)

Die steuerrechtlichen Rechnungszinsen für Pensionsrückstellungen gemäß § 6a Abs. 3 Satz 3 EStG blieben hingegen seit dem Jahr 1982[1387] unverändert bei 6,0 Prozent pro Jahr.[1388]

1384 Gesetz zur Umsetzung der Wohnimmobilienkreditrichtlinie und zur Änderung handelsrechtlicher Vorschriften, BGBl. I 2016, 396 (408).

1385 Vgl. BT-Drs. 18/7584, S. 149.

1386 Die Zinssätze werden von der Deutschen Bundesbank seit Dezember 2008 monatlich veröffentlicht und sind abrufbar unter Deutsche Bundesbank, https://www.bundesbank.de/de/statistiken/geld-und-kapitalmaerkte/zinssaetze-und-renditen/abzinsungszinssaetze-gemaess-253-abs-2-hgb-10-jahresdurchschnitt-650678 (abgerufen am 18.02.2020).

1387 Zweites Gesetz zur Verbesserung der Haushaltsstruktur (2. Haushaltsstrukturgesetz – 2. HStruktG) v. 22.12.1981, BGBl. I 1981, 1523 (1536).

1388 Zur verfassungsrechtlichen Einordnung s. insb. BVerfG v. 28.11.1984 – 1 BvR 1157/82, BVerfGE 68, 287. Zur neuerlichen verfassungsrechtlichen Kritik s. grundlegend *Hey*, in: IFSt-Schrift 511, 2016, S. 61 (64 ff.) und insb. FG Köln v. 12.10.2017 – 10 K 977/17, EFG 2018, 287, das dem BVerfG die Frage der Verfassungsmäßigkeit von § 6a Abs. 3 Satz 3 EStG vorgelegt hat und dort unter dem Aktenzeichen 2 BvL 22/17 anhängig ist.

B Rechtsprechungsüberblick

Die Entscheidungen zur Realitätsgerechtigkeit der Verzinsungsregelungen im Steuerschuldverhältnis sind Legion. Die relevanten werden im Folgenden überblicksweise vorgestellt, um einen Eindruck von der sich über die Zeit fortentwickelnden Rechtsprechungsauffassung zu bekommen.

I. Entscheidungen zu §§ 233a, 238 AO

Zunächst werden die Rechtsprechungsentscheidungen zur Vollverzinsung, § 233a AO in Verbindung mit § 238 AO, dargestellt. Da die einzige Entscheidung des Bundesverfassungsgerichts hierzu im Jahr 2009 ergangen ist, wird zwischen dem Zeitraum bis 2009 und ab 2009 unterschieden.

1. Rechtsprechung bis 2009

Die ersten Entscheidungen zur Vollverzinsung beschäftigten sich insbesondere mit den Motiven des Gesetzgebers und davon abgeleiteten möglichen Ausnahmefällen, in denen (aus Billigkeit) auf eine Verzinsung zu verzichten war. Bereits im Jahr 1993 stellte der Bundesfinanzhof für den Zinszeitraum 1991 fest, dass die Vollverzinsung aus Gründen der Gleichmäßigkeit der Besteuerung Liquiditätsvorteile aufgrund einer verspäteten Steuerfestsetzung abschöpfen solle.[1389] Weiter verwies der Bundesfinanzhof darauf, dass die Zinsen für Monatsgelder im verzinsten Zeitraum im Jahr 1991 „stets weit mehr" als 6,0 Prozent pro Jahr betragen hätten und damit tatsächlich Vorteile in dem abgeschöpften Umfang von 6,0 Prozent pro Jahr beim Steuerpflichtigen hätten entstehen können.[1390] Aufgrund der Symmetrie von Steuerpflichtigkeit der erzielten Kapitaleinkünfte und Abziehbarkeit der Nachforderungszinsen sei die Besteuerung im Übrigen nicht von Bedeutung.[1391]

Im Jahr 1994 ergänzte der Bundesfinanzhof die Deutung des Sinn und Zwecks der Vollverzinsung: Die Verzinsung sei nach dem gesetzgeberischen Willen als Sollverzinsung ausgestaltet worden, bei der das Vorsoll mit dem endgültigen Soll zu vergleichen sei,[1392] und „Zinsen nach § 233a AO [...seien] weder Sanktion

1389 BFH v. 08.09.1993 – I R 30/93, BStBl. II 1994, 81 (82) mit Verweis auf BT-Drs. 11/2157, S. 194.

1390 BFH v. 08.09.1993 – I R 30/93, BStBl. II 1994, 81 (82).

1391 BFH v. 08.09.1993 – I R 30/93, BStBl. II 1994, 81 (82).

1392 BFH v. 27.09.1994 – VIII B 21/94, BFHE 175, 516 (518) mit Verweis auf BT-Drs. 8/1410, S. 6 f.

noch Druckmittel oder Strafe, sondern laufzeitabhängige Gegenleistungen für die mögliche Kapitalnutzung".[1393] Mithin sei entscheidend, dass Zins- oder Liquiditätsvorteile zumindest potentiell hätten erlangt beziehungsweise durch die Kapitalnutzung Zinsbelastungen hätten vermieden werden können.[1394]

Grundlegend entschied der Bundesfinanzhof im Jahr 1995, dass es vor allem die Liquiditätsvorteile seien, die nach Sinn und Zweck der Verzinsung erfasst werden sollten, und diese aus Gründen der Praktikabilität und somit unabhängig von den Gründen der Verzinsung im Steuerschuldverhältnis mit einem typisierten Zinssatz abgeschöpft werden sollten.[1395] Richtigerweise habe der Gesetzgeber zur Vereinfachung den Liquiditätsvorteil, der aus der Verfügung über Bargeld herrühre, mit der Typisierung bewertet, und somit unter anderem auch die Marktüblichkeit des Zinssatzes ignorieren können.[1396] Im Übrigen komme dem Steuerpflichtigen ohnehin die Karenzzeit zugute und der Steuerpflichtige könne durch eine frühzeitige Abgabe der Steuererklärung sowie durch die Beantragung höherer Vorauszahlungen oder einer Steuerfestsetzung unter dem Vorbehalt der Nachprüfung auf die Verzinsung auch noch Einfluss nehmen.[1397] Weitgehend auf diese Entscheidung Bezug nehmend wies der X. Senat des Bundesfinanzhofs 1996 ergänzend darauf hin, dass Sinn und Zweck der Typisierung gerade die damit einhergehende Vereinfachung sei, sodass eine (auch nur vereinzelte) Berücksichtigung von Besonderheiten des Einzelfalls diesem entgegenstehen würde.[1398] Diese bisherige Rechtsprechung konsequent weiterentwickelnd entschied der V. Senat des Bundesfinanzhofs ebenfalls im Jahr 1996, dass Sinn und Zweck der Vollverzinsung – „einen Ausgleich dafür zu schaffen, daß die Steuern bei den einzelnen Steuerpflichtigen zu unterschiedlichen Zeitpunkten festgesetzt und fällig" würden – in Fällen, in denen zweifelsfrei feststehe, dass kein Vorteil

1393 BFH v. 27.09.1994 – VIII B 21/94, BFHE 175, 516 (519).
1394 BFH v. 27.09.1994 – VIII B 21/94, BFHE 175, 516 (519).
1395 BFH v. 20.09.1995 – X R 86/94, BStBl. II 1996, 53 (54 f.) mit Verweis auf BT-Drs. 11/2157, S. 194.
1396 BFH v. 20.09.1995 – X R 86/94, BStBl. II 1996, 53 (54) mit Verweis auf FG Hamburg v. 09.07.1993 – II 56/93, EFG 1994, 183, FG Bremen v. 16.02.1993 – 2 92 150 K 2, EFG 1993, 361 und FG Münster v. 30.11.1993 – 1 K 5113/93 E, EFG 1994, 333.
1397 BFH v. 20.09.1995 – X R 86/94, BStBl. II 1996, 53 (55).
1398 BFH v. 05.06.1996 – X R 234/93, BStBl. II 1996, 503 (505).

erzielt werden konnte, keinen Raum für die ausgleichende Verzinsung lasse beziehungsweise davon aus Billigkeitsgründen abzusehen sei.[1399]

Weitere Gründe für die Vollverzinsung benannte der Bundesfinanzhof in einer Entscheidung aus dem Jahr 1997. So seien nämlich neben den Zinsvorteilen der Steuerpflichtigen, die zur Schaffung gleicher Wettbewerbsvoraussetzungen trotz unterschiedlicher Steuererhebungsformen abzuschöpfen seien, außerdem die Zinsnachteile des Steuergläubigers objektiv auszugleichen.[1400] Auf die konkrete Berechnung der Vor- und Nachteile könne es jedoch nicht ankommen, da diese auch von subjektiven Finanzierungs- und Anlageentscheidungen der Steuerpflichtigen abhingen und auch die konkreten Nachteile beim Steuergläubiger könnten nicht in jedem Einzelfall festgestellt werden. Vielmehr müsse der Steuerpflichtige die ihm zur Verfügung stehenden Möglichkeiten zur Beeinflussung und Vermeidung der Verzinsung nutzen.[1401] Dies stützte der Bundesfinanzhof im Jahr 2001 zudem auf die Ausgestaltung der Vollverzinsung, die grundsätzlich „unabhängig von der konkreten Einzelfallsituation geregelt [...] und, rein objektiv, ergebnisbezogen allein vom Eintritt bestimmter Ereignisse (Fristablauf [...und] Unterschiedsbetrag)" abhängig sei.[1402] Im Jahr zuvor fügte der Bundesfinanzhof zur Betrachtung des Steuergläubigers bereits hinzu, dass Differenzen zwischen den Vor- und Nachteilen des Steuergläubigers und des Steuerpflichtigen ohne Bedeutung seien und die Vollverzinsung auch als Instrument angesehen werden müsse, um eine zeitnahe Steuerfestsetzung und Steuerzahlung zu fördern.[1403] In den Jahren 2005 und 2006 stellte der Bundesfinanzhof allerdings (wieder) klar, dass tatsächliche Nachteile beim Steuergläubiger jedenfalls keine Voraussetzung einer Verzinsung seien, insbesondere da die Liquiditätsvorteile beim Steuerpflichtigen als Begründung der Verzinsung ausreichend seien.[1404]

1399 BFH v. 11.07.1996 – V R 18/95, BStBl. II 1997, 259 (259 f.). Dass hingegen nicht von fiktiven Sachverhalten auszugehen sei, erklärte der BFH erst im Jahr 2005, vgl. BFH v. 24.02.2005 – V R 62/03, BFH/NV 2005, 1220 (1221 f.).

1400 BFH v. 19.03.1997 – I R 7/96, BStBl. II 1997, 446 (447).

1401 BFH v. 19.03.1997 – I R 7/96, BStBl. II 1997, 446 (447).

1402 BFH v. 30.10.2001 – X B 147/01, BFH/NV 2002, 505 (506).

1403 BFH v. 22.12.2000 – IV B 5/00, BFH/NV 2001, 746 (746).

1404 BFH v. 24.02.2005 – V R 62/03, BFH/NV 2005, 1220 (1221); BFH v. 10.03.2006 – V B 82/05, BFH/NV 2006, 1433 (1434).

2. Bundesverfassungsgerichtsbeschluss vom 03.09.2009

Das Bundesverfassungsgericht hat sich zur Verzinsung gemäß § 233a AO bisher nur in einem Nichtannahmebeschluss aus dem Jahr 2009 für den Verzinsungszeitraum 2001 bis 2006 geäußert.[1405] Dennoch bildete dieser Beschluss eine Zäsur, da es die bisherigen Argumente der Rechtsprechung für eine verfassungsrechtliche Bewertung anführte und erweiterte. Das Bundesverfassungsgericht knüpfte bei der Bestimmung des Gesetzgeberwillens nämlich insbesondere an die Rechtsprechung des Bundesfinanzhofs an, indem es feststellte, dass die Vollverzinsung einen Ausgleich dafür schaffen solle, dass Steuern zwar gleichzeitig entstehen, jedoch unterschiedlich festgesetzt und fällig werden würden.[1406] Typisiert werde angenommen, der Steuerpflichtige, dessen Steuer später festgesetzt werde, habe gegenüber dem Steuerpflichtigen, dessen Steuer früher festgesetzt wurde, einen Liquiditäts- sowie einen zumindest potentiellen Zinsvorteil, der umso größer werde, je höher der betroffene Steuerbetrag und je größer die zeitliche Differenz sei.[1407] Dies betreffe auch „ungewollte oder unwissentliche" Vorteile, weil – unabhängig von den (potentiell auszuschöpfenden) Zinsvorteilen – die auszugleichenden Liquiditätsvorteile jedenfalls bestanden hätten.[1408] Denn die Abschöpfung sei außerdem aufgrund der erhöhten Leistungsfähigkeit und damit aus Gründen der Gleichmäßigkeit der Besteuerung verschuldensunabhängig gerecht sowie als Ausgleich der Nachteile beim Fiskus angebracht.[1409]

Zur Zinssatztypisierung stellte das Bundesverfassungsgericht – in (ebenfalls) weitgehender Übereinstimmung mit der Rechtsprechung des Bundesfinanzhofs – fest: Die Liquiditäts- sowie Zinsvor- und -nachteile hätte der Gesetzgeber aus Praktikabilitäts- sowie Vereinfachungsgründen auf 0,5 Prozent pro Monat typisiert festgesetzt, da zum einen eine Ermittlung der konkreten Vor- und Nachteile nicht erforderlich sein sollte, insbesondere auch weil sie aufgrund von subjektiven Finanz- und Anlageentscheidungen der Steuerpflichtigen zum Teil nicht möglich sei, und zum anderen Anpassungen der Typisierung an das Zinsniveau oder eine (gerechtere) schwankungsanfällige variable Verzinsung für die

1405 BVerfG v. 03.09.2009 – 1 BvR 2539/07, BFH/NV 2009, 2115.
1406 BVerfG v. 03.09.2009 – 1 BvR 2539/07, BFH/NV 2009, 2115 (2117).
1407 BVerfG v. 03.09.2009 – 1 BvR 2539/07, BFH/NV 2009, 2115 (2117).
1408 BVerfG v. 03.09.2009 – 1 BvR 2539/07, BFH/NV 2009, 2115 (2117).
1409 BVerfG v. 03.09.2009 – 1 BvR 2539/07, BFH/NV 2009, 2115 (2117).

Vergangenheit in jedem Einzelfall berechnet werden müsste und somit nicht praktikabel sei.[1410] Auf den Marktzins komme es mithin nicht an.

Die verfassungsrechtliche Bewertung der Verzinsung habe außerdem immer zu berücksichtigen, dass „die Vollverzinsung nach § 233a AO gleichermaßen zugunsten wie zulasten des Steuerpflichtigen" wirke.[1411]

3. Rechtsprechung seit 2009

Seit dem Beschluss des Bundesverfassungsgerichts wird die Verfassungsmäßigkeit der Vollverzinsung und dabei vor allem deren Zinssatzhöhe weiterhin in zunehmender Regelmäßigkeit in der Rechtsprechung thematisiert. Zur besseren Übersicht werden lediglich die höchstrichterlichen Entscheidungen sowie darüber hinaus relevante Entscheidungen der Fachgerichte vorgestellt.

a) Bundesfinanzhof vom 14.01.2010

Anfang 2010 argumentierte der Bundesfinanzhof basierend auf dem Beschluss für den Zinszeitraum 1996 bis 2007, dass, wenn sogar „die Existenz von Zins- oder Liquiditätsvorteilen dem Grunde nach für die Zinsfestsetzung unerheblich [sei,...] die Höhe etwaiger Zins- oder Liquiditätsvorteile" sowie „das weitere Schicksal der Vorteile, namentlich die Frage, inwieweit sie wirtschaftlich dem Steuerpflichtigen [insbesondere aufgrund von Besteuerung oder Nichtbesteuerung] verbleiben", für die Zinssatztypisierung (erst recht) unerheblich sei.[1412] So wie Unterschiede zwischen dem Steuergläubiger und dem Steuerpflichtigen bestünden, läge das schließlich „in der Natur der Sache", da Steuern gemäß § 3 Abs. 1 AO „bestimmte Geldleistungen an öffentlich-rechtliche Gemeinwesen" ohne Gleichbehandlung darstellten.[1413]

b) Bundesfinanzhof vom 20.04.2011

Im Jahr 2011 stimmte der Bundesfinanzhof dem Bundesverfassungsgerichtsbeschluss[1414] bezüglich des Verzinsungszeitraums 1998 bis 2006 vollumfänglich zu.[1415] Folge der Entscheidung war eine Allgemeinverfügung der obersten

1410 BVerfG v. 03.09.2009 – 1 BvR 2539/07, BFH/NV 2009, 2115 (2118) mit Verweis auf BT-Drs. 8/1410, S. 13.

1411 BVerfG v. 03.09.2009 – 1 BvR 2539/07, BFH/NV 2009, 2115 (2117 f.).

1412 BFH v. 14.01.2010 – X B 64/09, BFH/NV 2010, 1233 (1234).

1413 BFH v. 14.01.2010 – X B 64/09, BFH/NV 2010, 1233 (1234).

1414 BVerfG v. 03.09.2009 – 1 BvR 2539/07, BFH/NV 2009, 2115.

1415 BFH v. 20.04.2011 – I R 80/10, BFH/NV 2011, 1654 (1655).

Finanzbehörden der Länder, wonach sämtliche Anfang 2012 anhängigen und zulässigen Einsprüche zurückgewiesen wurden, soweit sie verfassungsrechtliche Zweifel am Zinssatz des § 238 AO geltend machten.[1416]

c) *Bundesfinanzhof vom 29.05.2013*

Auch für den Zinszeitraum 2009 bis 2011 sah der Bundesfinanzhof keinen Verstoß gegen die Realitätsgerechtigkeit. In der Entscheidung aus dem Jahr 2013 sah er sich gleichwohl zu einem Vergleich des typisierten Zinssatzes mit den Marktzinsen gezwungen. Bezug nehmend auf die Ausführungen des Bundesverfassungsgerichts, wonach die Vor- und Nachteile beim Steuerpflichtigen von subjektiven Entscheidungen abhingen, verwies der Bundesfinanzhof nämlich als Referenzzinssatz neben den Guthabenzinssätzen, die nicht mit den Geldmarktzinsen gleichzusetzen seien, auch auf die Darlehenszinssätze.[1417] Weiter betonte er die Höhe der Verzinsung in § 288 BGB mit fünf beziehungsweise (damals) acht Prozentpunkten über dem Basiszinssatz sowie die üblichen Sollzinsen von Dispositionskrediten, die „jedenfalls nicht wesentlich“ unter 6,0 Prozent pro Jahr lägen.[1418] Statt des besonders niedrigen Geldmarktzinses müsse für die Anlagezinsen der Kapitalmarktzins und zwar die Umlaufrendite inländischer Inhaberschuldverschreibungen betrachtet werden, die im Zeitraum 2009 bis 2011 zwischen 1,9 und 3,5 Prozent pro Jahr gelegen habe.[1419] Denn bei Einführung der Vollverzinsung habe die „Umlaufrendite inländischer Inhaberschuldverschreibungen [...] bei 6,3“ Prozent pro Jahr gelegen und der Geldmarktzins bei knapp 3,0 Prozent pro Jahr, sodass damals nur die Umlaufrendite dem typisierten Zinssatz entsprochen habe.[1420]

d) *Oberverwaltungsgericht Nordrhein-Westfalen vom 10.07.2014*

Erstmals umfassender mit der Bestimmung des Referenzzinssatzes zum typisierten Zinssatz in § 238 Abs. 1 Satz 1 AO auseinandergesetzt hat sich das Oberverwaltungsgericht Nordrhein-Westfalen in einer Entscheidung aus dem Jahr 2014 zu dem Zinszeitraum 2005 bis 2012. Demgemäß seien als Referenz auf der Habenseite auch Anlageformen wie Investitionen mit deutlich höheren

---

1416 Allgemeinverfügung der obersten Finanzbehörden der Länder v. 09.01.2012, BStBl. I 2012, 12.

1417 BFH v. 29.05.2013 – X B 233/12, BFH/NV 2013, 1380 (1380).

1418 BFH v. 29.05.2013 – X B 233/12, BFH/NV 2013, 1380 (1380).

1419 BFH v. 29.05.2013 – X B 233/12, BFH/NV 2013, 1380 (1380).

1420 BFH v. 29.05.2013 – X B 233/12, BFH/NV 2013, 1380 (1380 f.).

Renditen als am Geldmarkt in Betracht zu ziehen und auf der Sollseite seien die Kreditzinsen relevant.[1421] Zusätzlich sei bei der Bewertung der Zinssatzhöhe aber noch von Bedeutung, dass die meisten Steuerpflichtigen, denen Kapital zur Verfügung stehe, Vorausleistungen auf die Steuer entrichteten, um anstatt Nachforderungen leisten zu müssen, Erstattungen zu erhalten.[1422] Der Geldmarktzins sei mithin nur in den seltenen Fällen typisch, in denen der Steuerpflichtige einen „reinen, nicht weiter nutzbaren Liquiditätsüberschuss" habe, von dem er nicht weiter Gebrauch machen könne.[1423] Auf § 288 BGB weist das Oberverwaltungsgericht Nordrhein-Westfalen hingegen nur noch ergänzend hin.[1424]

Eine verpflichtende Anpassung des Zinssatzes konnte das Oberverwaltungsgericht Nordrhein-Westfalen unter Berücksichtigung dieser Referenzzinssätze nicht erkennen, da die Änderungen der tatsächlichen Verhältnisse jedenfalls nicht ausreichten, um der Typisierung die Grundlage zu entziehen.[1425] Ein dauerhaft völliges Auseinanderfallen des durchschnittlichen Marktzinses und der Höhe der Vollverzinsung sei nicht erkennbar und mithin erst recht nicht für die allgemein geltende Zinssatztypisierungsnorm des § 238 AO.[1426] Zwar erkannte das Oberverwaltungsgericht Nordrhein-Westfalen eine seit dem Jahr 1993 abfallende Zinstendenz sowie, dass der Geldmarktzins bereits seit 1994 unter 6,0 Prozent pro Jahr liege.[1427] Allerdings habe auch das Bundesverfassungsgericht diese Tendenz nicht als Begründung einer Verfassungswidrigkeit herangezogen und die zwischenzeitlichen Zinssteigerungen in den Jahren 2007 und 2008 hätten vielmehr die Schwankungen der Zinsmärkte aufgezeigt, sodass ein dauerhaft völliges Auseinanderfallen (unverändert) nicht anzunehmen sei.[1428] Dass auch eine Regelung mit variablem Zinssatz möglich wäre, lasse schließlich auch keinen dahingehenden Rückschluss zu, dass eine Regelung mit fixem Zinssatz verfassungswidrig sei.[1429] Zu der Entscheidung des Oberverwaltungsgerichts Nordrhein-Westfalen ist eine Verfassungsbeschwerde beim Bundesverfassungsgericht anhängig.[1430]

1421 OVG Nordrhein-Westfalen v. 10.07.2014 – 14 A 1196/13, juris Rn. 17.
1422 OVG Nordrhein-Westfalen v. 10.07.2014 – 14 A 1196/13, juris Rn. 17.
1423 OVG Nordrhein-Westfalen v. 10.07.2014 – 14 A 1196/13, juris Rn. 17.
1424 OVG Nordrhein-Westfalen v. 10.07.2014 – 14 A 1196/13, juris Rn. 21.
1425 OVG Nordrhein-Westfalen v. 10.07.2014 – 14 A 1196/13, juris Rn. 14.
1426 OVG Nordrhein-Westfalen v. 10.07.2014 – 14 A 1196/13, juris Rn. 16 f.
1427 OVG Nordrhein-Westfalen v. 10.07.2014 – 14 A 1196/13, juris Rn. 19.
1428 OVG Nordrhein-Westfalen v. 10.07.2014 – 14 A 1196/13, juris Rn. 20.
1429 OVG Nordrhein-Westfalen v. 10.07.2014 – 14 A 1196/13, juris Rn. 23.
1430 BVerfG, 1 BvR 2237/14 (anhängig).

e) Bundesfinanzhof vom 21.10.2015

Erweitert hat der Bundesfinanzhof die Rechtsprechung des Bundesverfassungsgerichts und des Bundesfinanzhofs im Jahr 2015 höchstrichterlich bis zum Verzinsungsjahr 2012. Eine „gravierend[e]" Veränderung sah der Bundesfinanzhof im Vergleich zu den vorherigen Zinszeiträumen nicht, insbesondere da sich der „Basiszinssatz" der Europäischen Zentralbank seit dem 01.07.2008 nicht verändert habe, sodass sich auch an der verfassungsrechtlichen Beurteilung nichts geändert haben könne.[1431]

f) Bundesfinanzhof vom 19.02.2016

Auf die zahlreiche Kritik der Fachöffentlichkeit hinsichtlich des fixen Zinssatzes in Zeiten von Niedrig- und Negativzinsen ist der Bundesfinanzhof erstmals ausdrücklich in einer Entscheidung aus dem Jahr 2016 für den Verzinsungszeitraum 2009 bis 2013 eingegangen, in der er deutlich machte, dass die Kritik die Funktion des Zinssatzes verkenne.[1432] Die bisherige Rechtsprechung treffe auch auf den streitgegenständlichen Zinszeitraum zu.[1433] Denn es sei ein „grundlegendes Prinzip" der Zinssatztypisierung in § 238 AO, dass sich die Typisierung von den individuellen Vor- und Nacheilen der Steuerpflichtigen abkopple und damit gerade unabhängig von dem Verzinsungszeitraum respektive vom Marktzins gelte.[1434] Dabei bezieht der Bundesfinanzhof auch Entscheidungen zu den Aussetzungszinsen mit ein und erklärt darauf verweisend, dass die moderne Informationstechnologie einen variablen Zinssatz zwar grundsätzlich ermöglichen könnte, bei der Bewertung der Realitätsgerechtigkeit der Zinssatzhöhe aber einerseits auch die „Zinssätze für Dispositionskredite oder andere unbesicherte Konsumentenkredite" sowie „andererseits die Renditemöglichkeiten von Anlageformen außerhalb der reinen Geldanlage zu berücksichtigen" seien.[1435] Demnach könne die Verfassungsmäßigkeit des fixen Zinssatzes in § 238 AO nur eine „einschneidende Veränderung der wirtschaftlichen Verhältnisse [in Frage ziehen], die so weit ginge, dass selbst bei Einbeziehung der für den Kreditnehmer ungünstigsten Sollzinssätze namentlich bei unbesicherten Kreditformen bzw.

1431 BFH v. 21.10.2015 – V B 36/15, BFH/NV 2016, 223 (224).
1432 BFH v. 19.02.2016 – X S 38/15 (PKH), BFH/NV 2016, 940 (943).
1433 BFH v. 19.02.2016 – X S 38/15 (PKH), BFH/NV 2016, 940 (943).
1434 BFH v. 19.02.2016 – X S 38/15 (PKH), BFH/NV 2016, 940 (944).
1435 BFH v. 19.02.2016 – X S 38/15 (PKH), BFH/NV 2016, 940 (944).

der für den Vermögensanleger günstigsten Renditen ein Zinsfuß von 6 % p.a. gänzlich markt- und realitätsfremd erschiene".[1436]

g) Bayerischer Verwaltungsgerichtshof vom 10.08.2017

Der Bayerische Verwaltungsgerichtshof stellte für einen Zinszeitraum bis Mitte 2014 fest, dass ein gefestigter Trend hin zu immer niedrigeren Zinsen ohne Schwankungen nicht erkennbar sein könne, wenn Zinssätze von Monat zu Monat schwankten und im Übrigen auch zukünftig von ungewissen konjunkturellen Entwicklungen und zinspolitischen Entscheidungen der Notenbanken abhingen.[1437] Bereits die Vorinstanz hob hierzu die „Rechtsklarheit und Vorhersehbarkeit öffentlicher Verwaltungstätigkeit" als Vorteile der Typisierung hervor.[1438] Außerdem folge allein aus dem „bloße[n] Fortdauern der Niedrigzinsphase" im Vergleich zu vorangehenden Verzinsungszeiträumen keine übermäßige Belastung der Steuerpflichtigen.[1439]

Von besonderer Bedeutung ist in dieser Entscheidung der erstmalige Hinweis auf die die effektive Zinsbelastung senkende Karenzzeit bei der Vollverzinsung.[1440] Dazu setzt sich der Bayerische Verwaltungsgerichtshof mit dem typischen Regelfall der Vollverzinsung auseinander und kommt zu dem Ergebnis, dass der Gesetzgeber einen „(privaten oder gewerblichen) Steuerpflichtigen im Blick [gehabt habe], der nicht schon frühzeitig eine drohende Nacherhebung von Steuern absehen und sich darauf einrichten" gekonnt habe.[1441] Ein Ausweis der zu erwartenden Steuernachzahlungen als Verbindlichkeiten in der Bilanz oder diesbezügliche Rückstellungen seien damit nicht der Regelfall und würden der Annahme von Liquiditätsvorteilen mithin nicht entgegenstehen.[1442] Vielmehr bewirke eine verzögerte Steuerfestsetzung immer den positiven Effekt einer zeitweilig höheren Liquidität oder einer Erhöhung des Eigenkapitals, auch wenn dies aufgrund der individuellen Investitionsbedingungen und -bereitschaft sowie den jeweiligen Rentabilitätserwartungen gewiss nicht zwangsläufig gewinnsteigernd wirken müsse.[1443] Die Vorinstanz erkannte diesbezüglich als

1436 BFH v. 19.02.2016 – X S 38/15 (PKH), BFH/NV 2016, 940 (944).
1437 VGH Bayern v. 10.08.2017 – 4 ZB 17.279, juris Rn. 13.
1438 Vgl. VGH Bayern v. 10.08.2017 – 4 ZB 17.279, juris Rn. 5.
1439 VGH Bayern v. 10.08.2017 – 4 ZB 17.279, juris Rn. 15.
1440 VGH Bayern v. 10.08.2017 – 4 ZB 17.279, juris Rn. 16.
1441 VGH Bayern v. 10.08.2017 – 4 ZB 17.279, juris Rn. 17.
1442 VGH Bayern v. 10.08.2017 – 4 ZB 17.279, juris Rn. 17.
1443 VGH Bayern v. 10.08.2017 – 4 ZB 17.279, juris Rn. 17.

weiteren Vorteil der Liquidität beziehungsweise der Erhöhung des Eigenkapitals vorteilhafte Auswirkungen am Kapitalmarkt.[1444] Eine Verfassungsbeschwerde gegen die Entscheidung des Bayerischen Verwaltungsgerichtshofs ist beim Bundesverfassungsgericht anhängig.[1445]

h) Bundesfinanzhof vom 09.11.2017

Als Grundsatzentscheidung ist die Entscheidung des III. Senats des Bundesfinanzhofs vom 09.11.2017 anzusehen.[1446] Für den Zinszeitraum 2013 und allgemeingültig auch darüber hinaus stellte er hierin die Verfassungsmäßigkeit der Zinssatztypisierung des § 238 AO fest. Eine Ungleichbehandlung der Steuerpflichtigen, die eine Steuererstattung verzinst bekommen, und Steuerpflichtigen, die eine Steuernachzahlung zu verzinsen haben, liege nicht vor, da es im Wesentlichen von den Dispositionen des Steuerpflichtigen abhänge, ob die Steuererstattung/Steuernachzahlung vor- oder nachteilig sei.[1447] Weiter liege auch keine Vergleichbarkeit vor, da die Interessenlage bei den Steuerpflichtigen beispielsweise hinsichtlich der Deklarations- und Mitwirkungspflichten eine andere sei.[1448] An der Vergleichbarkeit für einen Gleichheitssatzverstoß nach Art. 3 Abs. 1 GG fehle es auch zwischen Steuerpflichtigen, deren Steuer innerhalb der Karenzzeit „richtig" festgesetzt würde, und Steuerpflichtigen, deren Steuer erst nach Ablauf der Karenzzeit festgesetzt würde und die mithin von der Verzinsung betroffen seien. Grund dafür sei, dass die Zinssatztypisierung nur auf Verzinsungsfälle anzuwenden sei, ein Verzinsungsfall bei Steuerfestsetzungen während der Karenzzeit aber gerade noch nicht vorliege.[1449]

Im Übrigen eruiert der Bundesfinanzhof den Referenzzinssatz besonders umfassend. Es seien alle „Entscheidungsalternativen" zu betrachten, die dem Steuerpflichtigen zur Finanzierung oder Anlage der Steuernachzahlungen beziehungsweise -erstattungen zur Verfügung stünden – es sei denn, eine Alternative könne empirisch ausgeschlossen werden.[1450] Eine Beschränkung lediglich auf kurzfristige, neu abgeschlossene Finanzierungen oder Kapitalanlagen sei abzulehnen, da zum einen der Zinslauf nicht (mehr) beschränkt sei und zum anderen

---

1444 Vgl. VGH Bayern v. 10.08.2017 – 4 ZB 17.279, juris Rn. 5.
1445 BVerfG, 1 BvR 2422/17 (anhängig).
1446 BFH v. 09.11.2017 – III R 10/16, BStBl. II 2018, 255.
1447 BFH v. 09.11.2017 – III R 10/16, BStBl. II 2018, 255 (259).
1448 BFH v. 09.11.2017 – III R 10/16, BStBl. II 2018, 255 (259).
1449 BFH v. 09.11.2017 – III R 10/16, BStBl. II 2018, 255 (257).
1450 BFH v. 09.11.2017 – III R 10/16, BStBl. II 2018, 255 (258).

auch bereits bestehende (längerfristige) Finanzierungen oder Anlagen abgelöst werden könnten.[1451] Zu den Bestandsanlagen und Bestandskrediten nennt der Bundesfinanzhof für den Zinszeitraum 2013 folgende Referenzzinssätze: Einlagen privater Haushalte (Laufzeit von bis zu zwei Jahren: 1,03 bis 1,51 Prozent pro Jahr und von über zwei Jahren: 1,97 bis 2,13 Prozent pro Jahr), Einlagen nichtfinanzieller Kapitalgesellschaften (Laufzeit von bis zu zwei Jahren: 0,48 bis 0,72 Prozent pro Jahr und von über zwei Jahren: 3,07 bis 3,31 Prozent pro Jahr), Konsumentenkredite (Laufzeit von bis zu einem Jahr: 7,49 bis 7,64 Prozent pro Jahr, von einem bis zu fünf Jahren: 5,01 bis 5,22 Prozent pro Jahr und von über fünf Jahren: 5,01 bis 5,22 Prozent pro Jahr) sowie Kredite an nichtfinanzielle Kapitalgesellschaften (Laufzeit von bis zu einem Jahr: 3,05 bis 3,14 Prozent pro Jahr, von einem bis zu fünf Jahren: 2,85 bis 3,02 Prozent pro Jahr und von über fünf Jahren: 3,24 bis 3,36 Prozent pro Jahr). Zum Neugeschäft führt der Bundesfinanzhof weiter an: Einlagen privater Haushalte (täglich fällig: 0,39 bis 0,54 Prozent pro Jahr, Laufzeit von bis zu einem Jahr: 0,66 bis 0,94 Prozent pro Jahr, von einem bis zu zwei Jahren: 1,06 bis 1,80 Prozent pro Jahr und von über zwei Jahren: 1,36 bis 1,77 Prozent pro Jahr; Kündigungsfrist von bis zu drei Monaten: 0,79 bis 0,96 Prozent pro Jahr und von über drei Monaten: 0,99 bis 1,43 Prozent pro Jahr), Einlagen nichtfinanzieller Kapitalgesellschaften (täglich fällig: 0,16 bis 0,22 Prozent pro Jahr, Laufzeit von bis zu einem Jahr: 0,15 bis 0,23 Prozent pro Jahr, von einem bis zu zwei Jahren: 0,60 bis 0,97 Prozent pro Jahr und von über zwei Jahren: 1,09 bis 1,65 Prozent pro Jahr), sonstige Kredite an private Haushalte (Laufzeit von bis zu einem Jahr: 1,08 bis 1,99 Prozent pro Jahr, von einem bis zu fünf Jahren: 3,30 bis 3,80 Prozent pro Jahr und von über fünf Jahren: 2,81 bis 3,09 Prozent pro Jahr), Konsumentenkredite (Laufzeit von bis zu einem Jahr: 4,56 bis 5,95 Prozent pro Jahr, von einem bis zu fünf Jahren: 4,94 bis 5,22 Prozent pro Jahr und von über fünf Jahren: 7,41 bis 8,08 Prozent pro Jahr), revolvierende Kredite und Überziehungskredite an private Haushalte (9,30 bis 9,62 Prozent pro Jahr), Kreditkartenkredite an private Haushalte (14,58 bis 14,70 Prozent pro Jahr), revolvierende Kredite, Überziehungskredite und Kreditkartenkredite an nichtfinanzielle Kapitalgesellschaften (4,19 bis 4,32 Prozent pro Jahr) sowie Kredite an nichtfinanzielle Kapitalgesellschaften bis eine Million Euro (Laufzeit von bis zu einem Jahr: 2,80 bis 3,01 Prozent pro Jahr, von einem bis zu fünf Jahren: 3,50 bis 3,69 Prozent pro Jahr und von über fünf Jahren: 2,67 bis 2,95 Prozent pro Jahr).[1452] Danach ergibt sich eine Zinsspanne von 0,15 bis 14,70

1451 BFH v. 09.11.2017 – III R 10/16, BStBl. II 2018, 255 (258).
1452 BFH v. 09.11.2017 – III R 10/16, BStBl. II 2018, 255 (258).

Prozent pro Jahr.[1453] Die durchschnittliche Anlagerendite dürfte dem Bundesfinanzhof zufolge in der Realität zudem noch höher liegen, da Unternehmen regelmäßig in ihr eigenes Unternehmen investieren und dies aber nur, wenn die Investition höhere Renditen als Anlagen am Geld- oder Kapitalmarkt biete.[1454] Überdies dürfe auch die „zinssteigernde Wirkung fehlender Sicherheiten nicht vernachlässigt werden".[1455] Daraus ergebe sich, dass sich die Zinssatzhöhe in § 238 AO „innerhalb der Bandbreite realitätsnaher Referenzwerte" bewege und sich – selbst bei Außerachtlassung der besonders hohen Zinsen der Kreditkartenkredite an private Haushalte – noch nicht einmal am oberen Ende der Bandbreite befinde.[1456]

Ein variabler Zinssatz wäre technisch inzwischen zwar umsetzbar, doch sei kein Referenzzinssatz vorhanden, der die unterschiedlichsten individuellen Finanzierungs- und Anlageentscheidungen der Steuerpflichtigen im Gesamten zeitnah wiedergebe.[1457] Im Übrigen lasse sich die fixe Zinssatztypisierung aus Praktikabilitäts- und Vereinfachungsgründen – auch ohne ausdrückliche Begründung der Zinssatzhöhe oder des Referenzzinssatzes – objektiv-sachlich rechtfertigen.[1458] Ob die Karenzzeit, die Beschränkung auf volle Monate sowie der Verzicht auf eine Zinseszinsregelung die Jahreszinsbelastung rechnerisch reduzierten, könne unbeantwortet bleiben, weil jedenfalls die absolute Zinszahllast gesenkt werde.[1459] Des Weiteren sei zu berücksichtigen, dass der Steuerpflichtige auf die (belastende) Verzinsung erheblichen Einfluss nehmen könne, indem er in der Steuererklärung umfassend deklariere, Mitwirkungspflichten zeitnah erfülle oder Vorauszahlungen anpassen lasse.[1460]

i) Bundesfinanzhof vom 25.04.2018

Schwerwiegende verfassungsrechtliche Zweifel an der Höhe der Zinssatztypisierung in § 238 Abs. 1 Satz 1 AO stellte mit Blick auf den allgemeinen Gleichheitssatz des Art. 3 Abs. 1 GG und das sich aus Art. 20 Abs. 3 GG ergebende Übermaßverbot hingegen erstmals der IX. Senat des Bundesfinanzhofs in seinem

---

1453 BFH v. 09.11.2017 – III R 10/16, BStBl. II 2018, 255 (259).
1454 BFH v. 09.11.2017 – III R 10/16, BStBl. II 2018, 255 (259).
1455 BFH v. 09.11.2017 – III R 10/16, BStBl. II 2018, 255 (258).
1456 BFH v. 09.11.2017 – III R 10/16, BStBl. II 2018, 255 (259).
1457 BFH v. 09.11.2017 – III R 10/16, BStBl. II 2018, 255 (259).
1458 BFH v. 09.11.2017 – III R 10/16, BStBl. II 2018, 255 (259 f.).
1459 BFH v. 09.11.2017 – III R 10/16, BStBl. II 2018, 255 (260).
1460 BFH v. 09.11.2017 – III R 10/16, BStBl. II 2018, 255 (260).

Beschluss zur Aussetzung der Vollziehung vom 25.04.2018 fest.[1461] Die Entscheidung betraf den Verzinsungszeitraum 2015 bis 2017 und erging in einem Verfahren zum vorläufigen Rechtsschutz.[1462]

Demnach stelle sich das Niedrigzinsniveau mit Verweis auf Studien der Deutschen Bundesbank „nicht mehr als vorübergehende, volkswirtschaftstypische Erscheinung verbunden mit den typischen zyklischen Zinsschwankungen", sondern als strukturell und nachhaltig verfestigt dar.[1463] Dem könnten insbesondere auch nicht - wie dies der III. Senat des Bundesfinanzhofs noch Ende 2017[1464] getan habe - die „Sonderfaktoren" der hohen Zinssätze von Kreditkartenkrediten oder Girokontoüberziehungen entgegengehalten werden, da es sich hierbei nicht um Referenzzinssätze handele, die die Realität in geeigneter Weise abbildeten.[1465]

Das bloße Interesse an Praktikabilität oder Verwaltungsvereinfachung könne aufgrund der modernen technischen Datenverarbeitungsmöglichkeiten eine grundsätzlich realitätsgerechtere Anknüpfung an variable Zinssätze auch nicht mehr ausschließen – insbesondere da beispielsweise im Kommunalabgabengesetz Bayern seit dem Jahr 2014 nicht mehr der Zinssatz aus § 238 AO, sondern ein zwei Prozentpunkte über dem Basiszinssatz liegender variabler Zinssatz maßgebend sei und dieser seither zu keinen praktischen Schwierigkeiten geführt habe.[1466] Außerdem rechtfertige der Sinn und Zweck der steuerverfahrensrechtlichen Verzinsungen, Liquiditäts- und Zinsvorteile zumindest teilweise abzuschöpfen, die Zinssatzhöhe nicht, wenn eine solche Verzinsungshöhe überhaupt nicht erreichbar sei.[1467] Gleichzeitig habe der Fiskus nicht einmal mehr einen auch nur potentiellen Zinsnachteil, da sich der Staat am Kapitalmarkt sogar zu negativen Zinssätzen refinanzieren könne.[1468] Etwas anderes ergebe sich auch nicht aus dem Beschluss des Bundesverfassungsgerichts aus dem Jahr 2009[1469]: Erstens sei der damals beurteilte Zinszeitraum von 2003 bis

---

1461 BFH v. 25.04.2018 – IX B 21/18, BStBl. II 2018, 415 (416).

1462 Ausführlich zur Verfassungswidrigkeit im AdV-Verfahren und einer diesbezüglichen notwendigen größeren Zurückhaltung im Steuerrecht, s. bspw. *Tappe*, StuW 2016, 264 (264 ff.).

1463 BFH v. 25.04.2018 – IX B 21/18, BStBl. II 2018, 415 (416).

1464 BFH v. 09.11.2017 – III R 10/16, BStBl. II 2018, 255.

1465 BFH v. 25.04.2018 – IX B 21/18, BStBl. II 2018, 415 (416 f.).

1466 BFH v. 25.04.2018 – IX B 21/18, BStBl. II 2018, 415 (417).

1467 BFH v. 25.04.2018 – IX B 21/18, BStBl. II 2018, 415 (417).

1468 BFH v. 25.04.2018 – IX B 21/18, BStBl. II 2018, 415 (417).

1469 BVerfG v. 03.09.2009 – 1 BvR 2539/07, BFH/NV 2009, 2115.

2006 hinsichtlich der strukturellen Verfestigung des Niedrigzinsniveaus nicht mit dem Zeitraum 2015 bis 2017 vergleichbar.[1470] Zweitens basiere der damalige Beschluss auf einer „atypische[n] Sachverhaltskonstellation“, in der der (fachkundige) Steuerpflichtige in ganz besonderer Weise Einfluss auf die Verzinsung gehabt habe, indem er das Finanzamt auf einen erkennbaren Fehler in der ursprünglichen Steuerfestsetzung hätte hinweisen können.[1471] Drittens sei das Argument, dass die Vollverzinsung auch zugunsten der Steuerpflichtigen wirke „nicht geeignet, die realitätsferne Zinshöhe des § 238 AO zu rechtfertigen“, da die Verzinsung von Steuererstattungen „in gleicher Weise als nicht realitätsgerecht anzusehen“ sei.[1472]

Zusätzlich verschärften der unbefristete Zinslauf und die fehlende steuerliche Berücksichtigung der Zinsen die Belastung der Steuerpflichtigen und weiter kam in dem entschiedenen Fall noch die weitgehende Unvermeidbarkeit der Verzinsung aufgrund einer Änderung der Steuerfestsetzung infolge einer Außenprüfung hinzu.[1473] Abschließend führte der IX. Senat die jüngere Gesetzgebung als Hinweis dafür an, dass der Gesetzgeber inzwischen selbst ein verfestigtes Niedrigzinsniveau annehme:[1474] Zum einen betrage der Verspätungszuschlag gemäß § 152 Abs. 5 AO seit 2019 nur 0,25 Prozent pro Monat, wobei eine Anknüpfung an § 238 AO im Laufe des Gesetzgebungsverfahrens aufgrund dessen Höhe und verfassungsrechtlicher Zweifel verworfen worden sei. Zum anderen habe der Gesetzgeber den Abzinsungssatz von Rückstellungen für Altersversorgungsverpflichtungen in der Handelsbilanz für Geschäftsjahre ab 2016 geändert, um den Rückstellungsanstieg aufgrund des anhaltenden Niedrigzinsniveaus abzumildern.

Ohne Anerkennung der verfassungsrechtlichen Zweifel ordnete das Bundesministerium der Finanzen im Anschluss an diese Entscheidung für Verzinsungszeiträume ab dem 01.04.2015 die Vollziehungsaussetzung für vollziehbare Zinsfestsetzungen, denen der Zinssatz aus § 238 Abs. 1 Satz 1 AO zugrunde lag, an, vorausgesetzt der Zinsschuldner beantragt die Aussetzung und gegen die Zinsfestsetzung wurde Einspruch eingelegt.[1475]

1470 BFH v. 25.04.2018 – IX B 21/18, BStBl. II 2018, 415 (417).
1471 BFH v. 25.04.2018 – IX B 21/18, BStBl. II 2018, 415 (417).
1472 BFH v. 25.04.2018 – IX B 21/18, BStBl. II 2018, 415 (417 f.).
1473 BFH v. 25.04.2018 – IX B 21/18, BStBl. II 2018, 415 (418).
1474 BFH v. 25.04.2018 – IX B 21/18, BStBl. II 2018, 415 (418 f.).
1475 BMF v. 14.06.2018 – IV A 3 – S 0465/18/10005-01, BStBl. I 2018, 722.

j) Oberverwaltungsgericht Nordrhein-Westfalen vom 25.10.2018

Anders als der IX. Senat des Bundesfinanzhofs kam das Oberverwaltungsgericht Nordrhein-Westfalen Ende 2018 wiederum zu dem Ergebnis, dass „keine überwiegende Wahrscheinlichkeit dafür [bestehe], dass der Liquiditäts- und potentielle Zinsvorteil der Steuernachzahlungspflichtigen im Zeitraum vom 1. April 2017 bis zum 9. Juli 2018 typischerweise weniger als 6 Prozent pro Jahr" betragen habe.[1476] Einerseits hielt es das Oberverwaltungsgericht Nordrhein-Westfalen ähnlich wie der IX. Senat des Bundesfinanzhofs für unwahrscheinlich, dass die kurz- und langfristigen Konsumentenkredite, die revolvierenden Kredite und Überziehungskredite sowie die Kreditkartenkredite an private Haushalte, die zwar allesamt bei 6,0 Prozent pro Jahr oder teilweise auch deutlich höher lägen, die Realität korrekt widerspiegelten, da die Karenzzeit dazu führe, dass vor allem Unternehmen und Selbständige von der Verzinsung von Steuernachforderungen betroffen seien und private Arbeitnehmer eher Steuern erstattet bekämen.[1477] Andererseits führte das Oberverwaltungsgericht Nordrhein-Westfalen die Realitätsgerechtigkeit der Zinssatztypisierung in § 238 AO anschließend in gewisser Weise gerade darauf zurück. Der Bundesfinanzhof habe es nämlich versäumt, die die Realität wahrscheinlich repräsentierenden „mögliche[n] Kapitalrendite[n] für Selbständige und Unternehmer" zu berücksichtigen, wie es zuvor bereits richtigerweise das Oberverwaltungsgericht Nordrhein-Westfalen in seiner Entscheidung aus dem Jahr 2014[1478] getan habe.[1479] Denn diese investierten vorhandenes Kapital in die eigenen Unternehmungen und erzielten damit höhere Renditen als sie am Geld- oder Kapitalmarkt erzielen könnten, da andernfalls überhaupt nicht investiert werden würde.[1480] Damit stimmte das Oberverwaltungsgericht Nordrhein-Westfalen der Entscheidung des III. Senats des Bundesfinanzhofs aus dem Jahr 2017[1481] zu. Studien der Deutschen Bundesbank hätten für das Jahr 2016 auf Basis der volkswirtschaftlichen Gesamtrechnung für nichtfinanzielle Kapitalgesellschaften eine durchschnittliche Gesamtkapitalrendite von circa 12,0 Prozent pro Jahr und eine durchschnittliche Eigenkapitalrendite von circa 15,0 Prozent pro Jahr berechnet. Gemäß weiterer Studien auf der Basis der Jahresabschlussdaten von 100.000 Unternehmungen wäre ebenfalls für 2016

1476 OVG Nordrhein-Westfalen v. 25.10.2018 – 14 B 1366/18, ZKF 2018, 282 (283).
1477 OVG Nordrhein-Westfalen v. 25.10.2018 – 14 B 1366/18, ZKF 2018, 282 (283).
1478 OVG Nordrhein-Westfalen v. 10.07.2014 – 14 A 1196/13, juris.
1479 OVG Nordrhein-Westfalen v. 25.10.2018 – 14 B 1366/18, ZKF 2018, 282 (283).
1480 OVG Nordrhein-Westfalen v. 25.10.2018 – 14 B 1366/18, ZKF 2018, 282 (283).
1481 BFH v. 09.11.2017 – III R 10/16, BStBl. II 2018, 255.

eine durchschnittliche Gesamtkapitalrendite bezogen auf die Sachanlagen einschließlich immaterieller Vermögensgegenstände von circa 28 Prozent pro Jahr, bezogen auf das Sachvermögen von circa 17,0 Prozent pro Jahr und bezogen auf die Bilanzsumme von circa 7,0 Prozent pro Jahr sowie eine durchschnittliche Eigenkapitalrendite bezogen auf die Sachanlagen einschließlich immaterieller Vermögensgegenstände von circa 23,0 Prozent pro Jahr, bezogen auf das Sachvermögen von circa 14,0 Prozent pro Jahr und bezogen auf die Bilanzsumme von circa 5,0 Prozent pro Jahr ermittelt worden.[1482]

Hierzu muss jedoch bereits an dieser Stelle das Folgende klargestellt werden: Tatsächlich handelt es sich in den Studien zu den Jahresabschlussdaten nicht um die Eigenkapitalrendite, die das Verhältnis von Eigenkapital zum Jahresüberschuss darstellt,[1483] sondern vielmehr um die Sachanlagen, das Sachvermögen beziehungsweise die Bilanzsumme zum Jahresergebnis.[1484] Der Gesamtkapitalrendite, bei der der Jahresüberschuss noch um die Nettozinsaufwendungen erhöht wird und dann zum Gesamtkapital (Eigenkapital plus Fremdkapital) ins Verhältnis zu bringen ist,[1485] entsprechen nur die zuletzt genannten 7,0 Prozent pro Jahr.

II. Entscheidungen zu §§ 237, 238 AO

Neben den Entscheidungen zur Vollverzinsung ergingen weitere bedeutende Entscheidungen zu den Aussetzungszinsen nach § 237 Abs. 1 Satz 1 AO und deren Zinssatzhöhe gemäß § 238 Abs. 1 Satz 1 AO. In einer Entscheidung aus dem Jahr 1995 betonte der Bundesfinanzhof gleichwohl, dass es – wie bei der Vollverzinsung – auch bei den Aussetzungszinsen, um die potentiellen, aus der Verfügung über Bargeld herrührenden Liquiditätsvorteile des Steuerpflichtigen, unabhängig von den tatsächlich erzielten Renditen, gehe.[1486] Daher wird dem

---

1482 OVG Nordrhein-Westfalen v. 25.10.2018 – 14 B 1366/18, ZKF 2018, 282 (283).

1483 Zur Definition s. bspw. *Hahn*, Vollverzinsung, 1988, S. 28; vgl. auch FG Köln v. 12.10.2017 – 10 K 977/17, EFG 2018, 287 (287).

1484 S. die in der Entscheidung OVG Nordrhein-Westfalen v. 25.10.2018 – 14 B 1366/18, ZKF 2018, 282 (283) nachgewiesene Quelle: Deutsche Bundesbank, Monatsbericht Oktober 2017, S. 42, abrufbar unter https://www.bundesbank.de/resource/blob/665506/bba347ca91f1c43934611653cf0741d1/mL/2017-10-monatsbericht-data.pdf (abgerufen am 09.10.2019).

1485 Zur Definition s. bspw. FG Köln v. 12.10.2017 – 10 K 977/17, EFG 2018, 287 (292); FG Baden-Württemberg v. 16.01.2018 – 2 V 3389/16, EFG 2018, 997 (1001); *Hahn*, Vollverzinsung, 1988, S. 27; *Weckerle*, DB 2017, 1284 (1287). Die Brutto-Gesamtkapitalrendite definierend s. *Melan*, DStR 2018, 1512 (1517).

1486 BFH v. 20.09.1995 – X R 86/94, BStBl. II 1996, 53 (54 f.).

Grunde nach auf den Rechtsprechungsüberblick zu §§ 233a, 238 AO verwiesen und lediglich das Besondere aus den Entscheidungen zu den Aussetzungszinsen dargestellt.

1. Bundesfinanzhof vom 01.07.2014

Im Jahr 2014 zweifelte der Bundesfinanzhof bezüglich der Aussetzungszinsen die „erheblichen praktischen Schwierigkeiten“ im Zusammenhang mit einem variablen Zinssatz aufgrund der Möglichkeiten moderner Datenverarbeitungssysteme erstmals an.[1487] Zusätzlich machte er deutlich, dass als Referenzzinssätze nicht nur kurzfristige Anlagen oder Finanzierungen zu berücksichtigen seien, da – wie der zu entscheidende Fall gezeigt habe – durchaus auch lange Verzinsungszeiträume in den Steuerschuldverhältnissen entstehen könnten.[1488] Als Referenzen nannte der Bundesfinanzhof die Effektivzinssätze für Konsumentenkredite an private Haushalte mit anfänglicher Zinsbindung, die im Verzinsungszeitraum (2004 bis 2011) zwischen 5,32 und 7,14 Prozent pro Jahr gelegen hätten sowie die banküblichen Sollzinsen für Dispositionskredite, die sich ebenfalls um die 6,0 Prozent pro Jahr bewegt hätten.[1489] Im Übrigen wurden noch die Verzugszinsen nach § 288 BGB erwähnt.[1490] Allgemein sei bei der Auswertung der Referenzzinssätze zu beachten, dass es im Steuerschuldverhältnis grundsätzlich keine Besicherungen gäbe, was am Zinsmarkt zu regelmäßig höheren Zinssätzen führen würde, sodass eher eine Orientierung an dem höheren Referenzzinssatzniveau zutreffend sei.[1491] Wie die Vorinstanz[1492] stützte der Bundesfinanzhof die Verfassungsmäßigkeit der Höhe der Zinssatztypisierung abschließend auf den „Grundsatz der Rechtskontinuität“, der trotz erheblicher Zinsschwankungen – sowohl nach unten als auch nach oben – über Jahrzehnte hinweg einen stets stabilen und berechenbaren Zinssatz garantiert habe.[1493]

Das Vorgenannte gelte jedenfalls für den entscheidungserheblichen Verzinsungszeitraum in den Jahren 2004 bis 2011. Für die Folgezeit – in der sich das „Marktzinsniveau dauerhaft auf relativ niedrigem Niveau stabilisiert“ habe – ließ es der Bundesfinanzhof hingegen ausdrücklich offen, „ob sich die

1487 BFH v. 01.07.2014 – IX R 31/13, BStBl. II 2014, 925 (927).
1488 BFH v. 01.07.2014 – IX R 31/13, BStBl. II 2014, 925 (928).
1489 BFH v. 01.07.2014 – IX R 31/13, BStBl. II 2014, 925 (928).
1490 BFH v. 01.07.2014 – IX R 31/13, BStBl. II 2014, 925 (928).
1491 BFH v. 01.07.2014 – IX R 31/13, BStBl. II 2014, 925 (928).
1492 FG Hamburg v. 23.05.2013 – 2 K 50/12, EFG 2013, 1734 (1737).
1493 BFH v. 01.07.2014 – IX R 31/13, BStBl. II 2014, 925 (928).

wirtschaftlichen Verhältnisse […] so einschneidend geändert […hätten], dass die Grundlage der gesetzgeberischen Entscheidung durch neue, im Zeitpunkt des Gesetzeserlasses noch nicht abzusehende Entwicklungen entscheidend in Frage gestellt“ werde.[1494]

2. *Bundesfinanzhof vom 14.04.2015*

Kurz darauf dehnte der Bundesfinanzhof seine Rechtsprechung auf den Zinszeitraum bis Ende 2011 aus.[1495] Dem folgte eine Allgemeinverfügung der obersten Finanzbehörden der Länder mit der Zurückweisung sämtlicher Einsprüche gegen die Zinssatzhöhe für Verzinsungszeiträume vor dem 01.01.2012.[1496]

3. *Finanzgericht Baden-Württemberg vom 16.01.2018*

Besonders umfassend beschäftigte sich im Jahr 2018 das Finanzgericht Baden-Württemberg mit der Verfassungsmäßigkeit der gesetzlichen Verzinsung nach § 237 Abs. 1 Satz 1 AO in Verbindung mit § 238 Abs. 1 Satz 1 AO. Dabei ging es um Verzinsungen bis September 2016 – gleichzeitig betonte das Finanzgericht Baden-Württemberg aber die Allgemeingültigkeit seiner Erwägungen, sodass Aussetzungszinsen zu 6,0 Prozent pro Jahr auch noch nach dem entscheidungserheblichen Zeitraum verfassungsgemäß seien.[1497] Denn die Höhe der Aussetzungszinsen sei verhältnismäßig und verstoße nicht gegen Art. 2 Abs. 1 GG in Verbindung mit Art. 20 Abs. 3 GG, da sie grundsätzlich geeignet sei, einen Ausgleich unter den Steuerpflichtigen herbeizuführen und die Steuerpflichtigen von missbräuchlichen oder leichtfertigen Anträgen auf Aussetzung der Vollziehung abzuhalten.[1498] Die Erforderlichkeit der Verzinsungshöhe sei einerseits evident, da die Steuerpflichtigen umso erfolgreicher von Anträgen abgehalten würden, je höher der Zinssatz gewählt werde und hänge andererseits hinsichtlich des Ausgleichs von der finanziellen Situation sowie den Dispositionen der Steuerpflichtigen ab, sodass diese bei der Angemessenheit Berücksichtigung finden müssten.[1499]

1494 BFH v. 01.07.2014 – IX R 31/13, BStBl. II 2014, 925 (928).
1495 BFH v. 14.04.2015 – IX R 5/14, BStBl. II 2015, 986 (988).
1496 Allgemeinverfügung der obersten Finanzbehörden der Länder v. 16.12.2015, BStBl. I 2015, 1078.
1497 FG Baden-Württemberg v. 16.01.2018 – 2 V 3389/16, EFG 2018, 997 (998).
1498 FG Baden-Württemberg v. 16.01.2018 – 2 V 3389/16, EFG 2018, 997 (999).
1499 FG Baden-Württemberg v. 16.01.2018 – 2 V 3389/16, EFG 2018, 997 (999).

Als Referenz müsse bei den Aussetzungszinsen – in Übereinstimmung mit der bisherigen Rechtsprechung – im Besonderen auf Darlehen Bezug genommen werden, da der Staat dem Steuerpflichtigen strukturell wie ein Darlehensgeber gegenüberstehe, wenn er diesem die Aussetzung der Vollziehung gewähre.[1500] Gerade im Vergleich mit den Zinssätzen für Konsumentendarlehen, die 2016 mit bis zu 6,04 Prozent pro Jahr verzinst worden seien, beziehungsweise für längere Laufzeiten auch noch höher, und für Dispositionskredite, deren Verzinsung im Jahr 2017 bei durchschnittlich 9,78 Prozent pro Jahr gelegen hätte, sei die gesetzliche Typisierungshöhe nicht unverhältnismäßig hoch.[1501] Aber selbst bei den Anlagerenditen gebe es auch ohne spezielle Hochrisikoanlagen Anlageformen mit höheren Renditen als die häufig genannten (niedrigen) Geldmarktzinsen: Erstens habe die DAX-Rendite in den Jahren 2013 bis 2015 bei circa 6,3 Prozent pro Jahr gelegen, zweitens sei die Eigenkapitalrendite der Familienunternehmen in Deutschland im Zeitraum 2012 bis 2014 durchschnittlich deutlich über 10,0 Prozent pro Jahr gewesen und drittens hätten deutsche Unternehmen in den Jahren 2013 bis 2016 eine durchschnittliche Gesamtkapitalrendite von 6,0 bis 6,5 Prozent pro Jahr erzielt.[1502]

Einen verfassungsrechtlichen Maßstab, nach dem der eine richtige Referenzzinssatz auszuwählen wäre, oder ein Maßstab, nach dem sich ein Durchschnittswert bestimmen ließe, existiere schließlich nicht, sodass durchaus ebenso gut auch an diese Referenzzinssätze angeknüpft werden dürfe.[1503] Aufgrund des fehlenden eindeutigen Referenzzinssatzes scheitere auch ein Rückgriff auf die Annahme einer Sittenwidrigkeit von Wucherzinsen im Zivilrecht.[1504] Außerdem sei ein Vergleich mit den Verzugs- oder Prozesszinsen nicht unangebracht, da auch „Aussetzungszinsen nur dann erhoben werden [würden], wenn die Rechtsbehelfe des Steuerpflichtigen gegen die Steuerfestsetzung endgültig keinen Erfolg gehabt“ hätten und „der Steuerpflichtige die Steuer [folglich] von Rechts wegen von Anfang an geschuldet“ habe.[1505] Damit widerspreche die Zinssatzhöhe einem rechtsgebietsübergreifenden Folgerichtigkeitsgebot gleichwohl nicht.[1506] Gestützt werde das Ergebnis der Verhältnismäßigkeit schließlich auch

---

1500 FG Baden-Württemberg v. 16.01.2018 – 2 V 3389/16, EFG 2018, 997 (999).
1501 FG Baden-Württemberg v. 16.01.2018 – 2 V 3389/16, EFG 2018, 997 (1000).
1502 FG Baden-Württemberg v. 16.01.2018 – 2 V 3389/16, EFG 2018, 997 (1000 f.).
1503 FG Baden-Württemberg v. 16.01.2018 – 2 V 3389/16, EFG 2018, 997 (1000).
1504 FG Baden-Württemberg v. 16.01.2018 – 2 V 3389/16, EFG 2018, 997 (1001).
1505 FG Baden-Württemberg v. 16.01.2018 – 2 V 3389/16, EFG 2018, 997 (1000).
1506 FG Baden-Württemberg v. 16.01.2018 – 2 V 3389/16, EFG 2018, 997 (1002).

noch durch die weitgehende Vermeidbarkeit der Verzinsung durch den Steuerpflichtigen durch Erfüllung des Steueranspruchs, weshalb es an einer Vergleichbarkeit mit der Vollverzinsung mangele und die entsprechende Rechtsprechung nicht einschlägig sei.[1507]

Der Anspruch auf effektiven Rechtsschutz könnte durch übermäßige Belastungen durch Aussetzungszinsen zwar grundsätzlich in Gefahr geraten.[1508] Doch dürfe der Gesetzgeber „einer leichtfertigen oder gar missbräuchlichen Einlegung von Rechtsbehelfen“ entgegenwirken, soweit es dem Steuerpflichtigen nicht praktisch unmöglich werde, Gerichte anzurufen.[1509] Das heiße, dass die Kosten überschaubar sein müssten und nicht rechtsschutzhemmend wirken dürften.[1510] Dies treffe auf die Zinsen zu, da sie berechenbar und durch die jederzeitige Vermeidbarkeit der Verzinsung durch Erfüllung und gegebenenfalls anderweitiger Kreditaufnahme überhaupt unbedenklich seien.[1511]

Sollte eine Verfassungswidrigkeit angenommen werden, müsste dem Gesetzgeber jedenfalls eine Übergangsfrist zur Anpassung der Zinshöhe gewährt werden, da zum einen die finanziellen Auswirkungen einer Aussetzung der Vollziehung sämtlicher Zinszahlungen auf Steuerforderungen auf die öffentliche Haushaltslage erheblich seien, da allein im Jahr 2013 circa 1,2 Milliarden Euro Nettomehreinnahmen für den Staat aus Verzinsungen generiert worden seien, und zum anderen eine vollständige Aufhebung der Verzinsung gegen das Gleichheitsgebot verstoße, nämlich einen Ausgleich zwischen den Steuerpflichtigen zu schaffen, die ihre Steuer zu unterschiedlichen Zeitpunkten begleichen würden.[1512]

4. *Finanzgericht Münster vom 31.08.2018*

Ernstliche verfassungsrechtliche Zweifel äußerte dahingegen erstmals das Finanzgericht Münster im Jahr 2018, indem es die Entscheidungsgründe des IX. Senats des Bundesfinanzhofs aus dem Jahr 2018[1513] zu der Vollverzinsung auf die Aussetzungszinsen anwandte. Entscheidungserheblich war der Zinszeitraum der Jahre 1996 bis 2018. Anders als das Finanzgericht Baden-Württemberg sah

---

1507 FG Baden-Württemberg v. 16.01.2018 – 2 V 3389/16, EFG 2018, 997 (1001).
1508 FG Baden-Württemberg v. 16.01.2018 – 2 V 3389/16, EFG 2018, 997 (1002).
1509 FG Baden-Württemberg v. 16.01.2018 – 2 V 3389/16, EFG 2018, 997 (1002).
1510 FG Baden-Württemberg v. 16.01.2018 – 2 V 3389/16, EFG 2018, 997 (1002).
1511 FG Baden-Württemberg v. 16.01.2018 – 2 V 3389/16, EFG 2018, 997 (1002).
1512 FG Baden-Württemberg v. 16.01.2018 – 2 V 3389/16, EFG 2018, 997 (1003 f.).
1513 BFH v. 25.04.2018 – IX B 21/18, BStBl. II 2018, 415.

das Finanzgericht Münster bei der Bewertung der Aussetzungszinsen grundsätzlich keine wesentlichen Unterschiede zur Vollverzinsung, da der Zinssatz einheitlich in § 238 Abs. 1 AO geregelt sei und die Ausweichmöglichkeiten bei den Aussetzungszinsen keinen realitätsfremden Zinssatz begründen könnten, denn dann würden erfolgreiche Rechtsbehelfe zusätzlich belohnt und nicht erfolgreiche zusätzlich bestraft werden.[1514]

Die Besonderheit dieser Entscheidung ist aber vor allem die (gewichtete) Durchschnittsbildung des Referenzzinssatzes, wobei zwischen Verzinsungszeiträumen bis Ende 2013 und Verzinsungszeiträumen seit Anfang 2014 unterschieden wurde.[1515] Zunächst ermittelte das Finanzgericht Münster – ausgehend von den Referenzen des III. Senats des Bundesfinanzhofs in seiner Entscheidung aus dem Jahr 2017[1516] – die Mittelwerte der referenzierten Soll- und Habenzinssätze, um auch den Habenzinsen Bedeutung zukommen zu lassen.[1517] Dabei ließ es die Kreditkartenkredite indessen unberücksichtigt, da deren Berücksichtigung einer steuerlichen Sanktion aller übrigen Steuerpflichtigen gleichkomme.[1518] Die Mittelwertbildung aus den höchsten und niedrigsten Referenzzinssätzen ergebe hinsichtlich der Zinszeiträume bis Ende 2013 für die Habenzinsen einen Zinssatz von 1,00 Prozent pro Jahr und für die Sollzinsen 6,46 Prozent pro Jahr.[1519] Der Mittelwert hieraus betrage – bei weiterhin fallender Tendenz – 3,73 Prozent pro Jahr.[1520] Im Weiteren hat das Finanzgericht Münster eine Gewichtung der Zinssätze anhand des Kredit- beziehungsweise Anlagevolumens der zugrundeliegenden Referenzen in Betracht gezogen: Bereits eine entsprechende Gewichtung der beiden höchsten Sollzinsreferenzwerte (9,62 und 4,31 Prozent pro Jahr) ergäbe einen Maximalwert von nur noch circa 6,4 Prozent pro Jahr.[1521] Im Übrigen müssten die Zinsnachteile beim Fiskus in die Bewertung miteinbezogen werden, die aufgrund der niedrigen Fremdkapitalzinsen zu insgesamt noch niedrigeren Typisierungen führen würden und einen Vergleich mit den Prozess- und Verzugszinsen nach § 288 BGB ausschließen müssten, da diese von den Fremdkapitalzinsen Privater ausgingen.[1522] Als weitere Referenz benannte das

1514 FG Münster v. 31.08.2018 – 9 V 2360/18 E, EFG 2018, 1821 (1823 f.).
1515 FG Münster v. 31.08.2018 – 9 V 2360/18 E, EFG 2018, 1821 (1824 f.).
1516 BFH v. 09.11.2017 – III R 10/16, BStBl. II 2018, 255.
1517 FG Münster v. 31.08.2018 – 9 V 2360/18 E, EFG 2018, 1821 (1824).
1518 FG Münster v. 31.08.2018 – 9 V 2360/18 E, EFG 2018, 1821 (1824).
1519 FG Münster v. 31.08.2018 – 9 V 2360/18 E, EFG 2018, 1821 (1824).
1520 FG Münster v. 31.08.2018 – 9 V 2360/18 E, EFG 2018, 1821 (1824).
1521 FG Münster v. 31.08.2018 – 9 V 2360/18 E, EFG 2018, 1821 (1824).
1522 FG Münster v. 31.08.2018 – 9 V 2360/18 E, EFG 2018, 1821 (1824).

Finanzgericht Münster – wie es der Bundesgerichtshof auch für die Berechnung des Versorgungsausgleich zwischen Ehegatten praktiziere – hingegen noch den Zinssatz für die Abzinsung von Rückstellungen nach § 253 Abs. 2 Satz 2 HGB, der im Jahr 2013 als über sieben Jahre geglätteter Durchschnittszins berechnet worden sei und sich an der Marktrendite festverzinslicher Unternehmensanleihen mit hochklassiger Bonitätseinstufung orientiere.[1523] Dieser habe Ende 2013 bei 3,59 Prozent pro Jahr gelegen.[1524] Aus alledem ergebe sich, dass der Zinssatz von 6,0 Prozent pro Jahr für Verzinsungen bis Ende 2013 mindestens an der oberen Grenze des Realitätsgerechten liege, dem Gesetzgeber zu diesem Zeitpunkt allerdings noch eine gewisse Beobachtungszeit zuzubilligen gewesen sein könnte.[1525]

5. *Bundesfinanzhof vom 03.09.2018*

Ebenfalls 2018 teilte der VIII. Senat des Bundesfinanzhofs in einem (weiteren) Aussetzungsverfahren die Auffassung des IX. Senats in dessen Entscheidung des gleichen Jahres[1526] und weitete die erheblichen verfassungsrechtlichen Bedenken auf Zinszeiträume ab dem Jahr 2012 sowie die Aussetzungszinsen aus. Verfassungsrechtliche Bedenken hinsichtlich der Zinssatzhöhe des § 238 AO bestünden unabhängig von der Verzinsungsart, soweit die Zinsen einheitlich nach Maßgabe des Zinssatzes in § 238 Abs. 1 AO festzusetzen seien.[1527] Aufgrund der „strukturellen und nachhaltigen Verfestigung des niedrigen Marktzinsniveaus" überschreite der typisierte Zinssatz „den angemessenen Rahmen der wirtschaftlichen Realität in erheblichem Maße" und sei daher nicht mehr mit Art. 3 Abs. 1 GG vereinbar, da die Gründe der Praktikabilität und Verwaltungsvereinfachung in dem inzwischen „gänzlich veränderten technischen Umfeld[…] und [aufgrund der Möglichkeiten] des Einsatzes moderner Datenverarbeitungstechnik" nicht mehr einschlägig seien.[1528] Überdies fehle es der Zinssatzhöhe an einer nachvollziehbaren Begründung.[1529] Denn wegen der realitätsfernen Zinssätze würden zum einen nicht mehr nur die Nutzungsvorteile bei den Steuerpflichtigen abgeschöpft werden und zum anderen habe der Fiskus

---

1523 FG Münster v. 31.08.2018 – 9 V 2360/18 E, EFG 2018, 1821 (1824).
1524 FG Münster v. 31.08.2018 – 9 V 2360/18 E, EFG 2018, 1821 (1824).
1525 FG Münster v. 31.08.2018 – 9 V 2360/18 E, EFG 2018, 1821 (1824).
1526 BFH v. 25.04.2018 – IX B 21/18, BStBl. II 2018, 415.
1527 BFH v. 03.09.2018 – VIII B 15/18, BFH/NV 2018, 1279 (1280).
1528 BFH v. 03.09.2018 – VIII B 15/18, BFH/NV 2018, 1279 (1280).
1529 BFH v. 03.09.2018 – VIII B 15/18, BFH/NV 2018, 1279 (1280).

aufgrund der teilweise sogar negativen Kapitalzinsen überhaupt keinen auszugleichenden Zinsnachteil mehr.[1530] Zu alledem komme hinzu, dass der realitätsfremde Zinssatz „wie ein sanktionierender, rechtsgrundloser Zuschlag auf die Steuerfestsetzung wirke".[1531]

Im Anschluss an diese Entscheidung weitete das Bundesministerium der Finanzen die (nur wenige Monate alte[1532]) Vollziehungsaussetzung für vollziehbare Zinsfestsetzungen, denen der Zinssatz aus § 238 Abs. 1 Satz 1 AO zugrunde lag, auf Verzinsungszeiträume ab dem 01.04.2012 aus.[1533] Voraussetzung war hierfür weiterhin ein Antrag des Zinsschuldners. Erst im Mai 2019 ordnete das Bundesministerium für Finanzen die (antragslose) nur noch vorläufige Festsetzung von Zinsen nach § 233 AO in Verbindung mit § 238 Abs. 1 Satz 1 AO hinsichtlich deren Verfassungsmäßigkeit an.[1534] Dies gilt für sämtliche erstmalige Zinsfestsetzungen und grundsätzlich für Zinsfestsetzungsänderungen. Eine Anerkennung der Verfassungswidrigkeit sei hiermit laut Bundesministerium der Finanzen nicht verbunden, die vorläufige Festsetzung diene vielmehr verfahrenstechnischen Gründen.

6. *Bundesfinanzhof vom 04.07.2019*

Seine Entscheidung bestätigte der VIII. Senat des Bundesfinanzhofs im Juli 2019 erneut[1535] und das Bundesministerium der Finanzen weitete seine Vollziehungsaussetzung in Folge auf Verzinsungszeiträume ab dem 01.01.2012 aus.[1536]

III. Zusammenfassung

Zusammenfassend sind insbesondere der grundlegende Bundesverfassungsgerichtsbeschluss vom 03.09.2009[1537] sowie die Grundsatzentscheidungen des III. Senats des Bundesfinanzhofs vom 09.11.2017[1538] und des IX. Senats vom 25.04.2018[1539] hervorzuheben.

1530 BFH v. 03.09.2018 – VIII B 15/18, BFH/NV 2018, 1279 (1280).
1531 BFH v. 03.09.2018 – VIII B 15/18, BFH/NV 2018, 1279 (1280).
1532 BMF v. 14.06.2018 – IV A 3 – S 0465/18/10005-01, BStBl. I 2018, 722.
1533 BMF v. 14.12.2018 – IV A 3 – S 0465/18/10005-01, BStBl. I 2018, 1393.
1534 BMF v. 02.05.2019 – IV A 3 – S 0338/18/10002, BStBl. I 2019, 448.
1535 BFH v. 04.07.2019 – VIII B 128/18, BFH/NV 2019, 1060 (1061).
1536 BMF v. 27.11.2019 – IV A 3 – S 0465/19/10004, BStBl. I 2019, 1266.
1537 BVerfG v. 03.09.2009 – 1 BvR 2539/07, BFH/NV 2009, 2115.
1538 BFH v. 09.11.2017 – III R 10/16, BStBl. II 2018, 255.
1539 BFH v. 25.04.2018 – IX B 21/18, BStBl. II 2018, 415.

Zunächst ist zum Bundesverfassungsgericht, das im Hinblick auf die Vollverzinsung in Höhe der Zinssatztypisierung in § 238 AO im Zinszeitraum 2003 bis 2006 keine verfassungsrechtlichen Bedenken hatte, festzustellen: Die Verzinsung solle demnach einen Ausgleich unter den Steuerpflichtigen schaffen, sodass diese unabhängig vom Zeitpunkt der Steuerfestsetzung gleichmäßig belastet würden, und dazu müssten die Liquiditäts- und potentiellen Zinsvorteile (sowie Liquiditäts- und Zinsnachteile) abgeschöpft werden – nur ergänzend sei auch auf den Steuergläubiger abzustellen. Da jene Vor- und Nachteile vor allem aufgrund subjektiver Finanz- und Anlageentscheidungen sowie schwankender Zinsmärkte praktisch nicht, beziehungsweise nur mit erheblichem Verwaltungsaufwand, ermittelbar seien, komme es auf den Einzelfall und mithin den Marktzins nicht an – stattdessen könne der Gesetzgeber typisiert den Wert festlegen und abschöpfen. Außerdem müsse bei der Verhältnismäßigkeitsprüfung beachtet werden, dass der Zinssatz zulasten wie zugunsten der Steuerpflichtigen wirke. Diese Entscheidung bildete fortan die Grundlage aller weiteren Entscheidungen, wenn auch die Bestimmung der Realität und des Referenzzinssatzes zunehmende Gewichtung erfuhr.

Keine verfassungsrechtlichen Bedenken hatte dementsprechend der III. Senat des Bundesfinanzhofs in seiner Grundsatzentscheidung aus dem Jahr 2017 im Hinblick auf Verzinsungen bis ins Jahr 2013. Gleichheitsrechtlich fehle bereits die Vergleichbarkeit zwischen den Steuerpflichtigen, die Zinsen zahlen müssten, und denen, die keine zahlten oder die Zinsen erhielten. Vor allem im Hinblick auf den Referenzzinssatz ist die Entscheidung von außerordentlicher Bedeutung. Umfassend begründend legte der Bundesfinanzhof nämlich die Bandbreite der seiner Meinung nach relevanten Zinssätze dar. Sämtliche Entscheidungsalternativen seien zu berücksichtigen, sodass sich eine Zinsspanne von 0,15 bis 14,70 Prozent pro Jahr ergebe. Unter Berücksichtigung der zinssteigernden Wirkung fehlender Sicherheiten sowie der Kapitalrenditen der Unternehmen liege die Zinsspanne sogar noch höher und aufgrund der belastungssenkenden Besonderheiten der Vollverzinsung (beispielsweise Karenzzeit) der effektive typisierte Zinssatz niedriger. Gleichzeitig hätten die Steuerpflichtigen verschiedene Möglichkeiten die Verzinsung zu umgehen oder zu verringern. Aus alledem folgerte der III. Senat, dass auch in (naher) Zukunft keine verfassungsrechtliche Überprüfung der typisierten Zinssatzhöhe erforderlich sei.

Gänzlich anders sah es allerdings der IX. Senat des Bundesfinanzhofs in einem Verfahren zum vorläufigen Rechtsschutz nur wenige Monate später für den Verzinsungszeitraum 2015 bis 2017, für den er zum Ergebnis kam, dass schwerwiegende Zweifel an der Verfassungsmäßigkeit der Zinssatzhöhe bestünden. Das Niedrigzinsniveau sei inzwischen strukturell und nachhaltig verfestigt und Sonderfaktoren wie besonders hohe Kreditkarten- oder Dispositionskredite könnten daran nichts ändern. Hinzukomme, dass eine (fortlaufende) Anpassung der Zinssätze mithilfe der modernen technischen Möglichkeiten kein unüberwindbares Problem für die Finanzverwaltung mehr darstelle. Gesetzgeberische Veränderungen der Verzinsungsregelungen, wie der unbefristete Zinslauf oder die steuerliche Belastung der Steuerpflichtigen, verschärften die verfassungsrechtlichen Bedenken überdies. Somit komme die Verzinsung einem rechtsgrundlosen Zuschlag auf die Steuerfestsetzung gleich. Die verfassungsrechtlichen Bedenken widersprächen auch nicht dem Bundesverfassungsgerichtsbeschluss, da der Verzinsung – anders als noch 2003 bis 2006 – die ausgleichende und abschöpfende Wirkung wegen der Realitätsferne abhanden gekommen sei, was entsprechend auch für die (begünstigenden) Erstattungen gelte, und der Beschluss habe ohnehin einen atypischen Sachverhalt betroffen, der nicht zu verallgemeinern sei. Vielmehr sei selbst die jüngere Gesetzgebung, insbesondere zum Verspätungszuschlag (§ 152 Abs. 5 AO), Ausdruck verfassungsrechtlicher Zweifel an der Zinssatzhöhe. Seither gab es vermehrt Entscheidungen, die im Ergebnis verfassungsrechtliche Zweifel begründen.

Letztlich stehen sich der Bundesverfassungsgerichtsbeschluss von 2009 und die Entscheidung des III. Senats des Bundesfinanzhofs aus dem Jahr 2017 sowie die Entscheidung des IX. Senats des Bundesfinanzhofs aus dem Jahr 2018 (unvereinbar) gegenüber. Von dieser Kontroverse und den diversen Argumenten ausgehend ist sonach die Realitätsgerechtigkeit der Höhe der Zinssatztypisierung in § 238 AO zu würdigen.

C Würdigung der Realitätsgerechtigkeit

Die Beurteilung der Realitätsgerechtigkeit des Zinssatzes in § 238 AO erfolgt in drei Schritten, indem erstens sämtliche „Entscheidungsalternativen“[1540] der Steuerpflichtigen betrachtet werden und hieraus zweitens die Regelfälle respektive Referenzzinssätze bestimmt werden können. Schließlich sind diese drittens mit der Typisierung zu vergleichen und deren Realitätsgerechtigkeit zu erörtern. Teil der abschließenden Stellungnahme ist eine Rechtfertigung partieller Abweichungen von der Realitätsgerechtigkeit.[1541]

1540 BFH v. 09.11.2017 – III R 10/16, BStBl. II 2018, 255 (258).

1541 Wesentliche Erkenntnisse dieses Abschnitts zur Würdigung der Realitätsgerechtigkeit der Zinssatztypisierung in § 238 AO zusammenfassend s. *Zahn*, DStZ 2020, 573 (573 ff.).

I. Allgemeine Bewertung der Fixierung des Zinssatzes

Bevor nachfolgend die Realitätsgerechtigkeit des § 238 Abs. 1 Satz 1 AO analysiert wird, ist initial noch die grundsätzliche Fixierung auf einen bestimmten Zinssatz beziehungsweise die Forderung nach einem variablen steuerverfahrensrechtlichen Zinssatz[1542] allgemein zu bewerten, um diese Diskussion von der Realitätsgerechtigkeitswürdigung des Zinssatzes zu trennen. Wäre eine solche Fixierung verfassungsrechtlich abzulehnen oder gar eine variable Zinssatzhöhe verfassungsrechtlich zwingend, müsste die Zinssatztypisierung in § 238 Abs. 1 Satz 1 AO nämlich ohnehin angepasst und vom Gesetzgeber ein Referenzzinssatz zur Anknüpfung bestimmt werden.

Der Realitätsgerechtigkeit wird grundsätzlich durch größtmögliche Realitätsnähe entsprochen. Dass das Bundesverfassungsgericht dementsprechend ein zeitgerecht mitschreitendes Bewertungsverfahren grundsätzlich für geboten halte,[1543] ist in dieser Allgemeingültigkeit zwar nicht richtig, da sich diese Forderung auf die Besonderheiten der vermögensteuerlichen Vermögensbewertungen bezog, wonach sämtliche Vermögensbestandteile gleichmäßig und zeitgerecht mitschreitend bewertet werden müssten, wenn nach diesem Prinzip bereits andere Vermögensteile bewertet wurden, um Verzerrungen hinsichtlich der Vermögenswerte zu vermeiden. Zweifellos ist die fixe Typisierung eines Zinssatzes im Vergleich zur Typisierung mithilfe eines variablen Zinssatzes jedoch die gröbere Alternative.[1544] Ein variabler Zinssatz, wie zum Beispiel in § 253 Abs. 2 Satz 4 HGB erfordert überdies keine häufigen gesetzgeberischen Anpassungsgesetze und ist somit praktischer[1545] sowie zur Abbildung ständig schwankender Zinsmärkte grundsätzlich auch noch sachgerechter.[1546]

Gleichwohl argumentierte das Bundesverfassungsgericht noch im Jahr 2009 unter Berufung auf die Gesetzgebungsmaterialien, dass eine „Anpassung an den jeweiligen Marktzinssatz oder an den Basiszinssatz nach § 247 BGB […]

1542 Vgl. bspw. BFH v. 25.04.2018 – IX B 21/18, BStBl. II 2018, 415 (417); vgl. auch *Zühlke*, StBp 1996, 125 (126 f.); *Seer/Klemke*, IFSt-Schrift 490, 2013, S. 40; *Borggräfe/Staud*, FR 2018, 857 (869); *Seer et al.*, DStR 2021, 1265 (1265 ff.).

1543 Die Entscheidung des BVerfG v. 22.06.1995 – 2 BvL 37/91, BVerfGE 93, 121 so auslegend s. *Hey*, in: IFSt-Schrift 511, 2016, S. 61 (72).

1544 Vgl. *Brandt*, in: FS Bundesfinanzhof. Band 1, 2018, S. 289 (305).

1545 Vgl. *Borggräfe/Staud*, FR 2018, 857 (869).

1546 Vgl. *Zühlke*, StBp 1996, 125 (126), der hinsichtlich der damals besonders hohen (statt niedrigen) Marktzinsen argumentierte; vgl. auch FG Köln v. 12.10.2017 – 10 K 977/17, EFG 2018, 287 (291).

wegen dessen Schwankungen auch zu erheblichen praktischen Schwierigkeiten führen [würde], da im einzelnen für die Vergangenheit festgestellt werden müsste, welche Zinssätze für den jeweiligen Zinszeitraum zugrunde zu legen wären".[1547] Zwar schafft die Veranlagungsdauer einen gewissen Puffer zwischen Zinsberechnung und Verzinsungszeitraum, sodass die Zinssatzhöhe zum Zeitpunkt der Zinsfestsetzung grundsätzlich feststehen sollte. Doch beziehen sich die Schwierigkeiten in der Vergangenheit vor allem auch auf solche Verzinsungsfälle, wo in zurückliegenden Verzinsungszeiträumen Änderungen vorgenommen werden müssen, die jeweils neue Zinsberechnungen mit eigenen Zinssätzen erfordern würden. Indessen hatte der Bundesfinanzhof 2018 ausdrücklich festgestellt, dass die modernen technischen Datenverarbeitungsmöglichkeiten variable Zinssätze praktisch umsetzbar machten – insbesondere da in verschiedenen Kommunalabgabengesetzen ein variabler Zinssatz maßgebend sei und dieser zu keinen praktischen Schwierigkeiten geführt habe.[1548] Zu nennen ist in diesem Zusammenhang auch die seit dem Jahr 2000 variabel an den Basiszinssatz anknüpfende Verzugsverzinsung nach § 288 BGB, die insbesondere von den Zivilgerichten im Rahmen der Prozesszinsen nach § 291 BGB in einer Vielzahl von Fällen angewandt und auch bei Veränderungen des Basiszinssatzes während der Verzinsungsdauer ohne Probleme berechnet wird.[1549] In der Literatur wird zudem allgemein auf den exorbitanten technischen Fortschritt hingewiesen, da in Zeiten, in denen Banken Zinsen als Ist-Verzinsung und aufgrund schwankender Zinssätze berechnen oder Börsengeschäfte in Bruchteilen von Sekunden abgewickelt werden könnten, die Finanzverwaltung zumindest auch in der Lage sein müsse, variable Zinssätze (tagegenau) anzuwenden.[1550] Dies gilt vor

---

1547 BVerfG v. 03.09.2009 – 1 BvR 2539/07, BFH/NV 2009, 2115 (2118) mit Verweis auf BT-Drs. 8/1410, S. 13. Einen variablen Zinssatz als „sachgemäß" aber zugleich gar als „abschreckend" bezeichnend s. noch *Kruse*, FR 1988, 1 (9).

1548 BFH v. 25.04.2018 – IX B 21/18, BStBl. II 2018, 415 (417). An den praktischen Schwierigkeiten bereits zweifelnd s. BFH v. 01.07.2014 – IX R 31/13, BStBl. II 2014, 925 (927); vgl. auch *Zühlke*, StBp 1996, 125 (126), der die Umsetzbarkeit variabler Verzinsungen im „Zeitalter der ‚totalen Vernetzung'" schon Mitte der 1990er Jahre vermutete.

1549 Vgl. *Borggräfe/Staud*, FR 2018, 857 (861, 869).

1550 Vgl. *Dziadkowski*, FR 2015, 922 (924); vgl. bspw. auch *Seer/Klemke*, IFSt-Schrift 490, 2013, S. 110; *Jonas*, DStR 2016, 950 (954); *Grothues/Ostermann/Zühlke*, StBp 2018, 359 (364); *Dust*, Der Zinssatz im Steuerschuldverhältnis, 2019, S. 327. Entsprechend zur Ist-Vollverzinsung s. *Tartler*, in: FS Kirchhof. Band 2, 2013, S. 1675 (1682); *Drüen*, in: StbJb 2013/2014, S. 468 (470); *Seer/Klemke*, a. a. O., S. 66 f., 120 f.

allem aufgrund des ohnehin immer weiter fortschreitenden Einsatzes moderner Datenverarbeitungssysteme in der Finanzverwaltung, wie beispielsweise bei der elektronischen Übermittlung von Steuererklärungen (ELSTER) sowie dem elektronischen Zugriff auf verschiedenste digital vorliegende Daten des Steuerpflichtigen.[1551]

Problematisch könnte ein variabler Zinssatz allerdings im Hinblick auf das Bestimmtheitsgebot sein, da sich die Veränderungen hierbei für die Rechtsanwender nicht hinreichend vorausberechnen lassen könnten.[1552] So hat das Bundesverfassungsgericht hinsichtlich einer automatischen steuerrechtlichen Berücksichtigung der Geldwertänderungen das Bestimmtheitsgebot wegen der Ungewissheiten über die steuerlichen Belastungen als hypothetisch verletzt angesehen.[1553] Schließlich lasse sich immer erst nach Ablauf eines bestimmten Beobachtungszeitraums, für den die Geldwertänderungen nachträglich festgestellt wurden, die tatsächliche Belastung berechnen.[1554] Zum gleichen Ergebnis kommt auch die bloße Prüfung der Auslegungsfähigkeit, denn im Voraus lässt sich die Belastung auch mittels Auslegung nicht ermitteln.

Ein Verstoß gegen das Bestimmtheitsgebot allein aufgrund eines variablen Zinssatzes, der regelmäßig bestimmt und veröffentlicht wird, ist aufgrund der Informationsmöglichkeiten der Steuerpflichtigen, die bei Interesse über das Internet tagesaktuell und jederzeit auf Informationen wie (Referenz-)Zinssätze oder diese prognostizierende Frühindikatoren zugreifen könnten, indes nicht gegeben. Der Steuerpflichtige wird durch die endgültige Bestimmung des Zinssatzes erst nach dem Beobachtungszeitraum nicht überrascht, stattdessen kann dieser sich jederzeit auf Veränderungen des Zinsniveaus einstellen. Der theoretische Fall einer Umstellung auf das Prinzip des Valorismus, das eine inflations-/deflationsbereinigte Besteuerung begründen würde, wie es das Bundesverfassungsgericht in seiner Entscheidung aus dem Jahr 1978 diskutiert hat,[1555] ist – von dem zum damaligen Zeitpunkt wesentlich eingeschränkteren Informationszugang der Steuerpflichtigen abgesehen – zudem wesentlich komplexer, da sämtliche Werte der Besteuerung um die Geldwertänderung zu bereinigen und nicht

---

1551 Vgl. *Borggräfe/Staud*, FR 2018, 857 (868 f.).

1552 Allgemein zum Bestimmtheitsgebot s. ausführlich oben Seite 124 ff.

1553 Vgl. BVerfG v. 19.12.1978 – 1 BvR 335/76, 1 BvR 427/76, 1 BvR 811/76, BVerfGE 50, 57 (93).

1554 Vgl. BVerfG v. 19.12.1978 – 1 BvR 335/76, 1 BvR 427/76, 1 BvR 811/76, BVerfGE 50, 57 (93).

1555 Vgl. BVerfG v. 19.12.1978 – 1 BvR 335/76, 1 BvR 427/76, 1 BvR 811/76, BVerfGE 50, 57 (93).

nur einzelne Zinssätze zu berechnen wären. Die Steuerplanungssicherheit ist bei einem variablen beispielsweise monatlich bekanntzugebenden Zinssatz, wie in § 253 Abs. 2 Satz 4 HGB, aufgrund der grundsätzlich jährlichen Veranlagung im Steuerrecht nur in geringem Maße tangiert. Hinzukommen die ohnehin äußerst hohen Anforderungen in der Rechtsprechung des Bundesverfassungsgerichts an die Verfassungswidrigkeit nach dem Bestimmtheitsgebot,[1556] denn auslegungsfähig ist eine Zinssatztypisierung nicht nur in starrer, sondern auch in variabler Ausgestaltung. Erforderlich ist diesbezüglich nur, dass die gesetzliche Typisierungsnorm – auch aufgrund des Vorbehalts des Gesetzes[1557] – in den Grundzügen hinreichend bestimmt zum Ausdruck bringt, wie der Zinssatz variabel festgelegt wird respektive welches der Referenzzinssatz ist, von dem der anzuwendende Zinssatz abhängt. So ausgestaltet verbleibt bei der Verwaltung auch kein Ermessensspielraum, der hinsichtlich seiner Vorhersehbarkeit zu überprüfen wäre. Somit macht das Bestimmtheitsgebot keine Vorgaben zu der Art und Weise der Festlegung des Zinssatzes in Typisierungsnormen, sofern die Steuerpflichtigen über umfangreiche Informationsmöglichkeiten verfügen, um sich tagesaktuell über die Referenzzinssätze sowie den relevanten variablen Zinssatz zu informieren und der Eingriff in die Steuerplanungssicherheit aufgrund des grundsätzlich jährlichen Festsetzungsturnus im Steuerrecht ohnehin nur äußerst gering ausfällt.

Eine variable Verzinsung wäre rechtlich mithin möglich und sogar sachgerechter, wenn sie realitätsgerechtere Verzinsungen ermöglichte.[1558] Aber nur weil eine variable Verzinsung rechtlich möglich ist, folgt daraus nicht, dass eine solche auch zwingend geboten ist.[1559] Für eine starre Fixierung sprechen erstens die Praktikabilität und Vereinfachungsgründe. Trotz Etablierung moderner Datenverarbeitungssysteme in den 1980er Jahren, hielt der Gesetzgeber bei der Einführung der Vollverzinsung im Jahr 1990 aus Vereinfachungsgründen an

---

1556 S. dazu oben Seite 124 ff.

1557 Zu den Delegationen im Bewertungsrecht s. *Papier*, Die finanzrechtlichen Gesetzesvorbehalte und das grundgesetzliche Demokratieprinzip, 1973, S. 125 f.

1558 Vgl. *Hey*, in: FS Bundesfinanzhof. Band 1, 2018, S. 451 (499).

1559 S. dahingehend bspw. OVG Nordrhein-Westfalen v. 10.07.2014 – 14 A 1196/13, juris Rn. 23; *Gosch*, Global Taxes, TLE-024-2018, abrufbar unter https://www.tax-legal-excellence.com/global-taxes-tle-024-2018-im-steuerhimmel-laeuten-die-zinsglocken (abgerufen am 20.09.2019); *Dust*, Der Zinssatz im Steuerschuldverhältnis, 2019, S. 328.

der fixen Zinssatztypisierung weiterhin fest.[1560] Denn eine kontinuierliche zeitnahe Bestimmung des realitätsnahen Referenzzinssatzes ist auch heute noch mit erheblichem Verwaltungsaufwand verbunden, da es unterschiedlichste Marktzinsen für verschiedenste Anlage- und Finanzierungsformen gibt, die zudem von zahlreichen Einflussfaktoren, wie beispielsweise Verzinsungsdauer, Sicherheitsleistungen oder Bonität der Steuerpflichtigen abhängen, und zuletzt auch noch in ganz unterschiedlichem Maße in Anspruch genommen werden.[1561] Dadurch könnte es zu Verzögerungen im Besteuerungsverfahren kommen, wenn Zinssätze beispielsweise aufgrund der Verfügbarkeit von empirischen Daten für die Vergangenheit jeweils nur verzögert realitätsnah festgelegt werden könnten. Aufgrund der vielen Variablen könnte sogar ganz in Frage gestellt werden, ob es den einen Referenzzinssatz, der die Realität im Gesamten wiedergibt, als Anknüpfungspunkt einer variablen Verzinsungshöhe überhaupt geben kann.[1562] Außerdem kann die Verzinsung im Steuerschuldverhältnis auch nicht mit der Kredit- oder Anlagenverzinsung bei Banken verglichen werden: Die Zinsen im Steuerschuldverhältnis sind ständigen rückwirkenden Änderungen, wie zum Beispiel Prüfungen oder Rechtsbehelfsverfahren ausgesetzt, die in Bezug auf die Erstattungen (Ist-Verzinsung) sogar eine kassenmäßige Abwicklung über teils Jahre hinweg erfordern; die Zinsen müssen mit jeder einzelnen Steuerforderung neu festgesetzt und hinsichtlich gewährter Billigkeitsmaßnahmen geprüft werden; und zuletzt ist die Kontenabbildung beim Finanzamt kompliziert, da für jede Steuerart und jeden Veranlagungszeitraum eigene Konten für den Steuerpflichtigen zu führen sind.[1563]

Überdies ist es zweitens gerade der Sinn und Zweck der Verzinsung – unabhängig vom konkreten Einzelfall – Vor- und Nachteile typisiert abzuschöpfen

1560 Vgl. BT-Drs. 11/2157, S. 194; vgl. auch Wissenschaftliche Dienste des Deutschen Bundestages, Die Verzinsung von Steuernachzahlungen und Steuererstattungen, WD 4 - 3000 - 011/17, 2017, S. 6, abrufbar unter https://www.bundestag.de/blob/499130/2f7dad4f7aace8cb317946e2f5e1c3e4/wd-4-011-17-pdf-data.pdf (abgerufen am 02.10.2019).

1561 Vgl. OVG Nordrhein-Westfalen v. 14.09.2017 – 14 B 939/17, juris Rn. 9; VG Neustadt an der Weinstraße v. 14.11.2019 – 3 L 1138/19.NW, juris Rn. 20.

1562 Vgl. BFH v. 09.11.2017 – III R 10/16, BStBl. II 2018, 255 (259). Die Probleme am Beispiel des Basiszinssatzes in § 247 BGB aufzeigend s. *Dust*, Der Zinssatz im Steuerschuldverhältnis, 2019, S. 391 ff.

1563 Vgl. BT-Drs. 8/1410, S. 5.

und auszugleichen.[1564] Manche Vor- und Nachteile lassen sich aber nicht einmal einem Referenzzinssatz entnehmen. So können die Liquiditätsvorteile, die eine Besserstellung am Kapitalmarkt bewirken, über den Zinsmarkt überhaupt nicht abgebildet werden. Soweit auch solche Vor- und Nachteile erfasst werden sollen, bedarf es einer fixen Typisierung durch den Gesetzgeber oder zumindest eines fixen Auf-/Abschlags zum variablen Zinssatz. Als weitere Gründe für einen fixen Zinssatz kommen drittens die Berechenbarkeit und Transparenz der Zinsberechnung und viertens das Prinzip der Rechtskontinuität mit jahrzehntelang stabilen Zinssätzen hinzu.[1565] Gerade die Berechenbarkeit und Transparenz kann als Argument für einen fixen Zinssatz in Zeiten der Digitalisierung sogar noch gewichtiger werden, wenn die variable Zinsberechnung mit variablen Zinssätzen zwar möglich ist, jedoch vom Finanzverwaltungsbeamten oder vom Rechtsanwender überhaupt nicht mehr oder nur noch mit größten Aufwand nachvollzogen werden kann. Dies würde einerseits zu einem Beherrschungsdefizit der Verwaltung und andererseits zu entsprechenden Kontrollverlusten durch die Rechtsprechung führen.[1566] Denn die Berechnungen in den Rechenzentrenten der Finanzverwaltung könnten sodann einer sogenannten „Black Box" gleichen, womit die Interpretation des gesetzgeberischen Willens und mithin die Gestaltungsmacht des Gesetzgebers selbst allein von den Programmierern der Algorithmen der Berechnungsprogramme abhinge.[1567] Insbesondere im Hinblick auf das verfassungsrechtliche Bestimmtheitsgebot würde dies erhebliche Bedenken hervorrufen, auch wenn das Bestimmtheitsgebot einen nachvollziehbaren variablen Zinssatz nicht grundsätzlich ausschließt.

Der vom Gesetzgeber gewollte Glättungseffekt kann fünftens nur mittels fixem Zinssatz durch die vollständige Ausblendung der Marktschwankungen optimal bewirkt werden und zugleich begegnet die Fixierung den Schwierigkeiten, die zukünftigen Marktzinsen korrekt zu prognostizieren.[1568] Dass Zinsen nämlich nur schwer zu prognostizieren sind, ist bereits ersichtlich, wenn man nur die Anzahl der Zinssatzänderungen durch die Europäische Zentralbank betrachtet.

1564 Vgl. BVerfG v. 03.09.2009 – 1 BvR 2539/07, BFH/NV 2009, 2115 (2118) mit Verweis auf BT-Drs. 8/1410, S. 13; vgl. auch *Brandt*, in: FS Bundesfinanzhof. Band 1, 2018, S. 289 (305).

1565 Vgl. BFH v. 01.07.2014 – IX R 31/13, BStBl. II 2014, 925 (928).

1566 Vgl. *Kirchhof*, in: FS Bundesfinanzhof. Band 1, 2018, S. 361 (374).

1567 Entsprechend zu den Zinsberechnungen nach § 233a Abs. 2a und Abs. 7 AO s. *Loose*, in: DStJG 31, 2008, S. 203 (210); vgl. allgemein auch *Ahrendt*, NJW 2017, 537 (540).

1568 Vgl. *Hey*, in: IFSt-Schrift 511, 2016, S. 61 (72); vgl. auch BFH v. 17.10.1980 – III R 52/79, BStBl. II 1981, 247 (248).

So wurde der Zinssatz für Hauptrefinanzierungsgeschäfte seit Anfang 1999 über 40 Mal geändert, was einer durchschnittlichen Änderung alle sechs Monate entspricht.[1569] Während der Finanzkrise 2008/2009 wurde der Zinssatz innerhalb von nur einem Jahr gar acht Mal angepasst.

Wenn als Argument für die Fixierung auch noch die Förderung einer zeitnahen Abgabe der Steuerabgabe als „mittelbares Druckkonzept" genannt wird,[1570] ist diese dagegen weder an einen fixen Zinssatz gebunden, da auch die Verzugszinsen nach § 288 BGB mit einem variablen Zinssatz Druck auszuüben vermögen, noch ist dies mit der begründeten Ablehnung einer Sanktions- oder Druckmittelfunktion der steuerverfahrensrechtlichen Verzinsungen vereinbar.[1571]

Aus den fünf genannten Gründen kann eine Fixierung des Zinssatzes durchaus zulässig sein. Eine variable Zinssatztypisierung ist verfassungsrechtlich nicht zwingend. Die Praktikabilität der Fixierung wird im Übrigen auch nicht durch häufig wiederkehrende gesetzgeberische Anpassungspflichten konterkariert, da solch ständige Anpassungen mit variablen Zinssätzen vergleichbar sind und die fixierte Typisierung aus den genannten Gründen wiederum nicht ständig anzupassen ist.[1572]

Nichtsdestoweniger muss eine fixierte Zinssatztypisierung hinsichtlich ihrer Zinssatzhöhe (jederzeit) den Grundsätzen der Realitätsgerechtigkeit entsprechen. Dies ist für die aktuell geltende Zinssatztypisierung in § 238 AO im aktuellen Zinsumfeld nachfolgend ausführlich zu analysieren.

1569 Zu den Zinssätzen der Europäischen Zentralbank s. den tabellarischen Überblick der Deutschen Bundesbank unter Deutsche Bundesbank, https://www.bundesbank.de/resource/blob/607806/3a278e03889f0c9aafc7e45c05bf5d6a/mL/s510ttezbzins-data.pdf (abgerufen am 17.05.2020). Demnach gab es im Zeitraum Anfang 1999 bis Ende 2019 41 Zinssatzänderungen, darunter 18 Anhebungen und 23 Senkungen. Zu früheren Zeiträumen kam *Frühauf*, NJW 1999, 1217 (1220 f.) zu ähnlichen Ergebnissen, sodass er eine Prognostizierbarkeit der Zinssätze von höchstens fünf Monaten festhielt.

1570 Vgl. *Gosch*, Global Taxes, TLE-024-2018, abrufbar unter https://www.tax-legal-excellence.com/global-taxes-tle-024-2018-im-steuerhimmel-laeuten-die-zins-glocken (abgerufen am 20.09.2019).

1571 Zur Einordnung s. oben Seite 223 ff.; vgl. hierzu etwas widersprüchlich *Brandt*, in: FS Bundesfinanzhof. Band 1, 2018, S. 289 (306). Eine Vergleichbarkeit mit Zwangsgeldern anführend s. *Dust*, Der Zinssatz im Steuerschuldverhältnis, 2019, S. 266 f.

1572 Vgl. hierzu FG Köln v. 12.10.2017 – 10 K 977/17, EFG 2018, 287 (293).

II. Ermittlung des Regelfalls und der Referenz(en)

Der Ermittlung des Regelfalls des § 238 AO kommt besondere Bedeutung zu, da dieser Ausgangspunkt der Referenzbestimmung ist. Die Referenz soll schließlich den Regelfall abbilden, das heißt, der Referenzzinssatz soll im Ergebnis die typische wirtschaftliche Gesamtrealität erfassen.[1573]

Zur Ermittlung des Regelfalls werden daher zunächst die Zinsfunktionen im Steuerschuldverhältnis benannt und anschließend die dazu typischen Verzinsungssachverhalte als wirtschaftliche Gesamtrealität bestimmt. Abschließend können hierauf aufbauend konkrete Marktzinssätze als Referenzen eruiert werden. Dass der Zinssatz vom Gesetzgeber weder begründet noch ein Referenzzinssatz auch nur benannt wurde,[1574] ist unerheblich, sofern sich eine objektivierte Referenz bestimmen und begründen lässt. Der Referenzzinssatz kann dabei als mathematischer Durchschnittsfall verschiedener Referenzzinssätze unter Auswertung sämtlicher zu den Zinsmärkten zur Verfügung stehender empirischer Daten bestimmt werden. In Abhängigkeit von der Datenlage ist die dem Zinssatz zugrundeliegende Realität gegebenenfalls nur als realitätsnahe Bandbreite vernünftiger Werte zu ermitteln, in der sich der „Referenzzinssatz" zu bewegen hat.

1. Bedeutung der Verzinsung im Steuerschuldverhältnis

Basierend auf der allgemeinen Zinsdefinition, wonach der Zins Kaufkraftänderungen kompensiert und mithin der Preis für die Möglichkeit der Kapitalnutzung beim Schuldner beziehungsweise für die entbehrte Kapitalnutzung beim Gläubiger ist, der sowohl von der Kapitalhöhe als auch der Nutzungs-/Entbehrungsdauer beeinflusst wird, sind zunächst allgemein die denkbaren Funktionen der Verzinsungen im Steuerschuldverhältnis zu ermitteln. Von den denkbaren Funktionen ausgehend ist das in den Verzinsungsnormen Objektivierte herauszuarbeiten.

a) Verzinsungsfunktionen

Als Verzinsungsfunktionen kommen wegen der Möglichkeit der Kapitalnutzung oder der Entbehrung einer solchen zuvorderst der Ausgleich von Liquiditätsvor- und -nachteilen des Steuerpflichtigen durch Nutzung oder Entbehrung sowie

1573 S. zu diesem Abschnitt oben die allgemeinen Ausführungen in Teil 1 ab Seite 53.

1574 Vgl. BT-Drs. 11/2157, S. 194; s. auch BT-Drs. 8/1410, S. 8, 13, worin die Höhe des Zinssatzes als noch offenes Problem bezeichnet wird. Zum Zinssatz s. bereits oben Seite 258 und ausführlich zur Historie s. oben Seite 274 ff.

entgegengesetzt der Ersatz oder die Abschöpfung von Nach- oder Vorteilen beim Steuergläubiger in Betracht.[1575]

Das Bundesverfassungsgericht nennt in seiner Grundsatzentscheidung aus dem Jahr 2009 als Ziel der Vollverzinsung im Steuerschuldverhältnis die Schaffung eines Ausgleichs dafür, „dass die Steuern bei den einzelnen Steuerpflichtigen zwar jeweils spätestens zum Jahresende entstehen, aber zu unterschiedlichen Zeiten festgesetzt und fällig werden" würden.[1576] Es geht mithin um das Ideal der „Gleichmäßigkeit der Besteuerung",[1577] die durch die Abschöpfung sämtlicher Liquiditäts- und Nutzungsvorteile ebenso wie dem Ausgleich der Nachteile erreicht würde.[1578] Diese Zielsetzung wird zudem in den Gesetzgebungsmaterialien[1579] sowie in Stellungnahmen der Bundesregierung[1580] genannt. Überdies entspricht sie der ganz herrschenden Auffassung der restlichen Rechtsprechung,[1581] der Literaturmeinung[1582] und den Verwaltungsanweisungen.[1583] Sinn und Zweck der anderen Verzinsungsformen ist ebenfalls ein solcher Ausgleich, der eine effektiv gleiche Steuerbelastung sicherstellen soll.[1584]

1575 Zur Ablehnung des noch denkbaren Verzinsungsziels der Verfahrensbeschleunigung s. bereits oben Seite 223 ff.

1576 BVerfG v. 03.09.2009 – 1 BvR 2539/07, BFH/NV 2009, 2115 (2117).

1577 BFH v. 27.09.1994 – VIII B 21/94, BFHE 175, 516 (519).

1578 Vgl. BFH v. 20.09.1995 – X R 86/94, BStBl. II 1996, 53 (54); BFH v. 09.11.2017 – III R 10/16, BStBl. II 2018, 255 (256); vgl. bspw. auch *Melan*, DStR 2018, 1151 (1153).

1579 Vgl. BT-Drs. 11/2157, S. 117 f., 194.

1580 Vgl. BT-Drs. 8/1410, S. 4; BT-Drs. 12/5905, S. 36.

1581 S. bspw. BFH v. 08.09.1993 – I R 30/93, BStBl. II 1994, 81 (82); BFH v. 27.09.1994 – VIII B 21/94, BFHE 175, 516 (519); BFH v. 11.07.1996 – V R 18/95, BStBl. II 1997, 259 (260); BFH v. 24.02.2005 – V R 62/03, BFH/NV 2005, 1220 (1221); BFH v. 16.11.2005 – X R 3/04, BStBl. II 2006, 155 (157); BFH v. 10.03.2006 – V B 82/05, BFH/NV 2006, 1433 (1433); BFH v. 09.11.2017 – III R 10/16, BStBl. II 2018, 255 (256).

1582 Vgl. *Krabbe*, Vollverzinsung im Steuerrecht, 1992, S. 18; *Seer/Klemke*, IFSt-Schrift 490, 2013, S. 20; *Strotkemper*, BB 2016, 1765 (1767); *Kirchhof*, in: FS Bundesfinanzhof. Band 1, 2018, S. 361 (370 f.); *Dust*, Der Zinssatz im Steuerschuldverhältnis, 2019, S. 261 f. Darauf hinweisend, dass dies jedoch nicht der einzige Sinn und Zweck sei, s. *Melan*, FR 2018, 577 (577).

1583 Vgl. Anwendungserlass zur Abgabenordnung (AEAO) v. 31.01.2014 – IV A 3 – S 0062/14/10002, BStBl. I 2014, 290 (474), AEAO zu § 233a Rn. 69.2.

1584 Zu § 237 AO s. bspw. BFH v. 21.02.1991 – V R 105/84, BStBl. II 1991, 498 (501); BFH v. 20.09.1995 – X R 86/94, BStBl. II 1996, 53 (55); BFH v. 01.07.2014 – IX R 31/13, BStBl. II 2014, 925 (926); BFH v. 14.04.2015 – IX R 5/14, BStBl. II 2015, 986 (988); BFH v. 03.09.2018 – VIII B 15/18, BFH/NV 2018, 1279 (1280). Zum Ganzen mit vielen weiteren Nachweisen s. *Dust*, Der Zinssatz im Steuerschuldverhältnis, 2019,

Wenn es der gesetzgeberische Wille ist, die zeitliche Komponente zu neutralisieren, so müssten die Liquiditätseffekte vollständig abgeschöpft und ausgeglichen werden.[1585] Hierzu müsste der Zinssatz einen gewählten Referenzzinssatz jedoch jeweils übersteigen, da Marktzinssätze als Ergebnis von Angebot und Nachfrage beispielsweise nicht sämtliche Vorteile im Sinne von Nutzen abbilden können. Vielmehr müsste ein Darlehen einem Darlehensnehmer mehr (potentielle) Vorteile bringen, als ihn das Darlehen aufgrund der Verzinsung kostet, damit dieser grundsätzlich bereit ist, den Darlehensvertrag zu schließen.[1586] Weitere Schwierigkeit dieser Zielsetzung des Ausgleichs ist, dass sich die tatsächlichen vollständigen Vor- und Nachteile vielfach am Zinsmarkt nicht wiederfinden lassen, insbesondere wenn Fehlinvestitionen zu negativen Nutzen führen, die Vorteile vollständig konsumiert werden und somit nur äußerst schwer messbar sind oder wenn der Steuerpflichtige vom Konsum abgehalten wird oder Investitionen nicht tätigen kann.[1587] Daher ging der IX. Senat des Bundesfinanzhofs zuletzt auch nur noch von einem zumindest teilweisen Ausgleich als Verzinsungsfunktion aus, um einer Gleichmäßigkeit der Besteuerung wenigstens näher zu kommen.[1588]

Als zweites Ziel der Verzinsung kommt der Nachteilsersatz beim Steuergläubiger in Frage.[1589] Dieser entspricht einem Schadensersatz und ist vom jeweiligen Einzelfall beim Steuerpflichtigen unabhängig.[1590] Wenn bezüglich der Zinssatzhöhe allerdings lediglich auf die Schuldzinsen des Staates und dessen Nachteile abgestellt wird, da der Staat grundsätzlich verschuldet sei,[1591] ist dies abzulehnen. Zwar ist es für das Steuerrecht als Massenfallrecht nicht entscheidend, dass der einzelne Steuernachforderungsfall noch keine zusätzliche Kreditaufnahme des Staates notwendig macht.[1592] Angesichts des bedeutenden Finanzvermögens des

---

S. 261 f., 268 f.; vgl. auch *Seer/Klemke*, IFSt-Schrift 490, 2013, S. 20, 27, 29, 31, 33; *Behrens*, FR 2015, 214 (215).

1585 Vgl. *Dust*, Der Zinssatz im Steuerschuldverhältnis, 2019, S. 261 f.

1586 Vgl. *Dust*, Der Zinssatz im Steuerschuldverhältnis, 2019, S. 262.

1587 Vgl. *Dust*, Der Zinssatz im Steuerschuldverhältnis, 2019, S. 262 f., 264 f.

1588 Vgl. BFH v. 25.04.2018 – IX B 21/18, BStBl. II 2018, 415 (417).

1589 S. ausdrücklich BFH v. 24.07.1979 – VII R 67/76, BStBl. II 1979, 712 (713); BFH v. 19.03.1997 – I R 7/96, BStBl. II 1997, 446 (447); BFH v. 02.09.2008 – VIII R 2/07, BStBl. II 2010, 25 (28); vgl. auch BVerfG v. 03.09.2009 – 1 BvR 2539/07, BFH/NV 2009, 2115 (2117).

1590 Vgl. *Dust*, Der Zinssatz im Steuerschuldverhältnis, 2019, S. 263.

1591 Vgl. BFH v. 03.09.2018 – VIII B 15/18, BFH/NV 2018, 1279 (1280); *Dust*, Der Zinssatz im Steuerschuldverhältnis, 2019, S. 263.

1592 Vgl. *Dust*, Der Zinssatz im Steuerschuldverhältnis, 2019, S. 263.

öffentlichen Gesamthaushalts in Höhe von fast einer Billion Euro[1593] könnten Nachteile beim Steuergläubiger aber durchaus auch in nicht getätigten Investitionen oder entgangen Zinsen begründet liegen. Mithin können umgekehrt auch die Vorteile des Fiskus nicht so voreilig als Entsprechung der Nachteile ermittelt werden, wie dies teilweise angenommen wird.[1594]

b) Auslegung der Verzinsungsregelungen

Ob sich diese Verzinsungsfunktionen, vor allem hinsichtlich des Umfangs des Vor- und Nachteilsausgleichs sowie der Perspektive der Vor- oder Nachteilsbestimmung, weiter konkretisieren lassen, ist nachfolgend noch mittels Auslegung der §§ 233 ff. AO zu untersuchen.

aa) Grammatikalische Auslegung

Dass die Vor- und Nachteile aus Sicht des Steuerschuldners zu ermitteln sind, legt der Wortlaut des § 235 Abs. 2 Satz 1 Alt. 2 AO („Erlangung des Steuervorteils" statt beispielsweise „Verursachung des Steuernachteils beim Fiskus") und des § 236 Abs. 1 Satz 1 AO („Auszahlungstag", der nach § 224 Abs. 3 Satz 3 AO auf den Tag des Zahlungseingangs beim Steuerschuldner fingiert wird) nahe.[1595] Für die Perspektive des Steuergläubigers spricht hingegen § 233a Abs. 3 Satz 3 Hs. 2 AO, wonach die Erstattungsverzinsung erst mit Zahlungseingang beim Fiskus beginnt (§ 224 Abs. 2 AO).[1596]

Damit lässt sich weder ein Abstellen auf den Schuldner noch auf den Gläubiger erkennen.[1597] Das grundlegende Prinzip dahinter ist vielmehr, dass die Verzinsung an den Tag der Zahlung angeknüpft wird, der gemäß der allgemeinen Regelung in § 224 AO grundsätzlich durch den fingierten Zahlungseingang beim Zahlungsempfänger festgelegt wird. Mithin lässt sich mit dem Gesetzeswortlaut keine Perspektive begründen. Bestätigt wird dies durch die Regelung zur Aufrechnung in § 238 Abs. 1 Satz 3 AO, welche wiederum keine Perspektive vorgibt.

1593 Vgl. Statistisches Bundesamt, Pressemitteilung Nr. 376 v. 25.09.2019, abrufbar unter https://www.destatis.de/DE/Presse/Pressemitteilungen/2019/09/PD19_376_714.html (abgerufen am 30.09.2019) mit weiteren Zahlen in der GENESIS Datenbank.

1594 S. zu dieser Annahme bspw. *Dust*, Der Zinssatz im Steuerschuldverhältnis, 2019, S. 265. Zu den Nutzungsvorteilen beim Steuergläubiger s. noch unten Seite 344 ff.

1595 Vgl. *Dust*, Der Zinssatz im Steuerschuldverhältnis, 2019, S. 270.

1596 Vgl. *Dust*, Der Zinssatz im Steuerschuldverhältnis, 2019, S. 270.

1597 A. A. hierzu s. *Dust*, Der Zinssatz im Steuerschuldverhältnis, 2019, S. 270, der daraus die Schuldnerperspektive begründet.

bb) Systematische Auslegung

Auch die Wertungen der gesamten Rechtsordnung könnten bei der Konkretisierung der Verzinsungsfunktionen und der Zinssatzhöhe helfen – beispielsweise, wenn die steuerschuldrechtliche Verzinsung mit einer (eindeutig auszulegenden) anderen Verzinsungsregelung vergleichbar wäre.

Der Ausgleich beziehungsweise die Abschöpfung von Nutzungsvorteilen könnte insbesondere im Sinne des Bereicherungsrechts eingeschränkt sein. Allerdings ist jegliche Einschränkung für das Idealziel der Gleichmäßigkeit der Besteuerung hinderlich und somit nicht konkretisierend.[1598] Außerdem kann der Steuerpflichtige einerseits regelmäßig mit der Verzinsung rechnen und genießt daher kein schutzwürdiges Vertrauen und andererseits kann besonderen Sachverhalten durch Billigkeitsmaßnahmen abgeholfen werden.[1599] Eine dahingehende Einschränkung der Zinsfunktion im Steuerschuldverhältnis ist daher von vornherein abzulehnen.

Im Hinblick auf Verzinsungsregelungen, die einen typisierten Schadensersatz zum Inhalt haben, kann – unabhängig von einer Verschuldensvoraussetzung – zwar festgehalten werden, dass es bei diesen auf den tatsächlichen individuellen Schaden ebenso wenig ankommt wie bei der Verzinsung im Steuerschuldverhältnis – siehe beispielsweise § 288 BGB, § 291 BGB oder § 44 SGB I. Stattdessen wird in diesen Regelungen ein Mindestschaden typisiert, der durch die Verzinsung ersetzt werden soll.[1600] Im Steuerschuldverhältnis kann gleichwohl kein Mindestschaden Grundlage der Verzinsung sein, sondern nur der durchschnittliche Liquiditätsschaden, da die Gleichmäßigkeit der Belastung das Ziel ist und weitergehende Schäden – anders als bei anderen Verzinsungsnormen, die für einen typisierten Schadensersatz angelegt sind – nicht geltend gemacht werden.[1601]

Andere gesetzliche Verzinsungen sind gleichermaßen wenig mit der Verzinsung im Steuerschuldverhältnis vergleichbar. Die in der Rechtsprechung[1602]

1598 S. dahingehend *Dust*, Der Zinssatz im Steuerschuldverhältnis, 2019, S. 284 f.

1599 Vgl. *Dust*, Der Zinssatz im Steuerschuldverhältnis, 2019, S. 288 f.

1600 Vgl. *Dust*, Der Zinssatz im Steuerschuldverhältnis, 2019, S. 306 f.

1601 Vgl. *Dust*, Der Zinssatz im Steuerschuldverhältnis, 2019, S. 307 f.

1602 Vgl. BFH v. 01.07.2014 – IX R 31/13, BStBl. II 2014, 925 (928); OVG Nordrhein-Westfalen v. 10.07.2014 – 14 A 1196/13, juris Rn. 21; FG Düsseldorf v. 10.03.2016 – 16 K 2976/14 AO, EFG 2016, 1053 (1054); VG Schwerin v. 24.08.2016 – 6 A 1223/13, juris Rn. 26; FG Münster v. 17.08.2017 – 10 K 2472/16 E, EFG 2017, 1638 (1640); FG Berlin-Brandenburg v. 14.11.2017 – 6 K 6258/16, EFG 2018, 341 (341 f.); FG Baden-Württemberg v. 16.01.2018 – 2 V 3389/16, EFG 2018, 997 (1000).

teilweise als Referenz genannten Verzugsverzinsungen gemäß § 288 BGB, die zwischen Privaten gelten und dementsprechend von den Kapitalkosten Privater ausgehen,[1603] haben zugleich den Sinn und Zweck, Druck auf den Schuldner auszuüben, um eine pünktliche Erfüllung zu fördern sowie die Bezahlung von Schulden zu beschleunigen.[1604] Damit entspricht der Verzugszins vielmehr dem Säumniszuschlag aus § 240 AO,[1605] weshalb eine zweite gleichgerichtete und damit doppelte Sanktionierung gegen das Folgerichtigkeitsgebot im Steuerrecht verstoßen könnte. Für eine Vergleichbarkeit mit der Verzinsung im Steuerschuldverhältnis fehlt außerdem die Verzugsvoraussetzung und überdies bereits die Fälligkeit der Schuld.[1606] Dass Aussetzungszinsen nur nach endgültig erfolglosen Rechtsbehelfen erhoben werden und die Steuer dann von Anfang an geschuldet ist, steht lediglich dem Fälligkeitsargument entgegen. Denn auch bei den Aussetzungszinsen geht es erstens nicht um ein Rechtsverhältnis zwischen Privaten, zweitens gibt es keinen Verzug und drittens dient die Aussetzungsverzinsung nicht dazu, Druck auf den Steuerpflichtigen auszuüben.[1607] Zuletzt ist es auch unerheblich, dass andere Normen, wie zum Beispiel § 81 Abs. 6 GWB eine Verzinsung in Höhe der Verzugsverzinsung nach § 288 BGB verfassungsgemäß normieren,[1608] da ein solcher Verweis in den Verzinsungsnormen des Steuerschuldverhältnisses nicht existiert. Entsprechendes gilt für die Prozessverzinsung nach § 291 BGB.

Eine Vergleichbarkeit mit der vierprozentigen Verzinsung der Stundung von Rückzahlungsforderungen bezüglich der Ausbildungskosten von Zeitsoldaten, die (hinsichtlich der Zinssatzhöhe) aus der (bloßen) analogen Anwendung von § 59 Abs. 1 Satz 1 Nr. 1 Satz 2 BHO folgt, ist für den Ausgleich oder die Abschöpfung von Vor- beziehungsweise Nachteilen ebenso abwegig, weil die Analogie der Verwaltung – anders als bei den gesetzlich festgelegten

---

1603 Vgl. FG Baden-Württemberg v. 16.01.2018 – 2 V 3389/16, EFG 2018, 997 (1000); FG Münster v. 31.08.2018 – 9 V 2360/18 E, EFG 2018, 1821 (1824).

1604 Vgl. insb. BT-Drs. 14/1246, S. 5; BT-Drs. 16/11642, S. 42 f.; vgl. auch BGH v. 05.12.2012 – XII ZR 44/11, BGHZ 196, 1 (7); *Seer*, DB 2014, 1945 (1948); *Löwisch/Feldmann*, in: Staudinger, BGB, 2014, § 288 Rn. 4; *Beckmann/Thiele*, BB 2016, 2839 (2843); *Dust*, Der Zinssatz im Steuerschuldverhältnis, 2019, S. 301.

1605 Vgl. *Seer*, DB 2014, 1945 (1948); *Jonas*, DStR 2016, 950 (954).

1606 Vgl. *Jonas*, DStR 2016, 950 (953 f.).

1607 S. dazu auch bereits oben Seite 223 ff.

1608 Vgl. FG Baden-Württemberg v. 16.01.2018 – 2 V 3389/16, EFG 2018, 997 (1000) mit Verweis auf BVerfG v. 19.12.2012 – 1 BvL 18/11, BVerfGE 133, 1.

Zinssatztypisierungen – ein Ermessen gibt.[1609] Zudem führt ein Verweis auf den Verspätungszuschlag nach § 152 Abs. 5 AO nicht weiter,[1610] da dieser zur Verzinsung hinzutritt und das Ziel verfolgt, Druck auf den Steuerpflichtigen auszuüben, die Steuererklärung abzugeben respektive die Verletzung der Steuererklärungspflicht zu sanktionieren.[1611] Folgerichtig bestehen diese Normen neben- und unabhängig voneinander.

Zuletzt ist auch ein Vergleich mit der fixierten Verzinsung des Sozialleistungsrechts in § 44 SGB I trotz dessen Verschuldensunabhängigkeit und Vereinfachungsgedanken wenig zielführend, da zum einen der Gesetzgeber die Vergleichbarkeit im Gesetzgebungsverfahren wegen „der besonderen Aufgabe und Funktion von Sozialleistungen" schon ausdrücklich ausgeschlossen hat[1612] und zum anderen die Begründung des Zinssatzes, der an den Verzugszinssatz des § 288 Abs. 1 Satz 1 BGB aus dem Jahr 1896 angelehnt ist, im Ergebnis mehr als 120 Jahre alt ist.[1613]

Eine Vergleichbarkeit mit anderen gesetzlich typisierten Zinssätzen gibt es somit nicht, sodass aus der Systematik der Rechtsordnung keine Erkenntnisse für die Konkretisierung des Sinns und Zwecks oder der Höhe der Verzinsungen im Steuerschuldverhältnis gezogen werden können.[1614]

c) Ergebnis zur Bedeutung der steuerschuldrechtlichen Verzinsung

Mithin bleibt es bei den anfangs dargestellten Funktionen der Verzinsung. Diese sind die Abschöpfung von Nutzungsvorteilen und der Ausgleich von Nutzungsnachteilen sowohl beim Steuerpflichtigen als auch beim Steuergläubiger. Im Optimalfall führt die Verzinsung mithin zur Entscheidungs- und Belastungsneutralität in Bezug auf den Steuerzahlungspunkt.[1615] Darauf aufbauend sind die typischen Verzinsungssachverhalte (empirisch) zu ermitteln. Das heißt, es ist aufzuklären, wer von der Verzinsungsregelung typischerweise erfasst wird und wie sich der Sachverhalt bei den betroffenen Steuerschuldnern typischerweise darstellt.

1609 Vgl. FG Baden-Württemberg v. 16.01.2018 – 2 V 3389/16, EFG 2018, 997 (1003).

1610 S. dahingehend allerdings BFH v. 25.04.2018 – IX B 21/18, BStBl. II 2018, 415 (418).

1611 Vgl. BR-Drs. 631/15, S. 97; vgl. auch *Seer et al.*, DStR 2021, 1265 (1267).

1612 BT-Drs. 7/868, S. 30.

1613 Vgl. *Dust*, Der Zinssatz im Steuerschuldverhältnis, 2019, S. 303.

1614 S. dahingehend auch *Dust*, Der Zinssatz im Steuerschuldverhältnis, 2019, S. 308.

1615 Vgl. *Seer*, DB 2014, 1945 (1948).

Bemerkenswert an diesen objektivierten Funktionen der Verzinsungen im Steuerschuldverhältnis ist jedenfalls, dass die Realitätsnähe bereits aus jenen heraus zur zwingenden Voraussetzung wird. Denn der Zweck der steuerschuldrechtlichen Verzinsung kann nur mittels realitätsgerechter Typisierung erreicht werden, das heißt, die Förderung der Gleichmäßigkeit der Steuerbelastung durch Abschöpfung und Ausgleich von Vor- und Nachteilen erfordert selbst die Realitätsnähe der hierzu erlassenen Regelung.[1616] Realitätsferne Zinssätze bewirken nämlich keinen gleichheitsgerechten Ausgleich und würden zudem zu einer Ungleichbehandlung der zeitversetzt zahlenden Steuerschuldner führen. All das entspricht zugleich dem Gebot der Zeitgerechtigkeit und der daraus folgenden gegenwartsnahen beziehungsweise zu einem Stichtag real vergleichbaren Besteuerungsbelastung. Folglich tritt bei der Zinssatztypisierung des Steuerschuldverhältnisses die Gleichmäßigkeit der Steuerbelastung als Begründung der Realitätsnähe zur allgemeinen Realitätsgerechtigkeit der Typisierungen, die auf der individuellen Leistungsfähigkeit der Steuerpflichtigen aufbaut, noch einmal verstärkend hinzu.

2. *Typische Verzinsungssachverhalte im Steuerschuldverhältnis*

Bevor auf die typischen Nutzungsvorteile oder Schäden bei den Betroffenen möglichst konkret einzugehen ist, soll zunächst allgemeiner geklärt werden, ob sich der typische Verzinsungssachverhalt schon vorab auf Fremdkapitalzinsen oder Anlagerenditen oder auf eine kurz- oder langfristige Betrachtung einschränken lässt, wie das in der Rechtsprechung und Literatur vielfach vertreten wird, um die Nutzungsvorteile und Schäden gegebenenfalls fokussierter bestimmen zu können.

a) *Fremdkapitalzinsen versus Anlagerenditen*

Grundsätzlich kann der Steuerschuldner im Nachforderungsfall entweder vorhandenes Kapital rentierlich anlegen („Kapitalakkumulation") oder Zinsaufwendungen für Fremdkapital ersparen („Kapitalsubstitution").[1617] Hinsichtlich

1616 Ein allgemeines „Postulat der Wahrung einer ‚horizontalen Gleichheit in der Zeit'", wonach „es für den Steuerschuldner wirtschaftlich indifferent sein soll[e], wann der Steuerbetrag festgesetzt, fällig und entrichtet" werde, lehnt der BFH jedoch ab, vgl. BFH v. 09.11.2017 – III R 10/16, BStBl. II 2018, 255 (257).

1617 Zu den Begriffen „Kapitalakkumulation" und „Kapitalsubstitution" s. *Spengel/Meier*, FR 2016, 496 (501 f.).

Erstattungen ist es entsprechend umgekehrt: Der Steuerschuldner hat zusätzliche Zinsaufwendungen für Fremdkapital oder ihm entging die Anlagerendite.

Einerseits wird angenommen, dass die meisten Steuerpflichtigen vorhandenes Kapital für Vorausleistungen auf die Steuern nutzten, um statt Steuern plus Zinsen nachzahlen zu müssen, Steuern verzinst erstattet zu bekommen.[1618] Mithin seien bei den Steuerpflichtigen regelmäßig vor allem die Fremdkapitalzinsen[1619] relevant, da von Nachzahlungen folglich überwiegend nicht liquide Steuerpflichtige betroffen seien, die für die Steuerzahlung einen Kredit hätten aufnehmen müssen. Diese Ansicht vernachlässigt allerdings die Erstattungsfälle. Weiter wird vertreten, dass die bloße Beachtung der Fremdkapitalzinsen im Besonderen für die Aussetzungszinsen gelte, weil die Aussetzung der Vollziehung für liquide Steuerpflichtige ökonomisch regelmäßig weniger sinnvoll sei, als die verzinste Erstattung der Steuerbeträge.[1620] Bei den Aussetzungszinsen komme noch hinzu, dass die Aussetzung der Vollziehung fast ausschließlich von Steuerpflichtigen beantragt werde, die verschuldet seien und weitere Kredite (ohne Sicherheiten) nicht erhalten könnten.[1621] Begründet wird dies mit der typischen Begründung der Aussetzung der Vollziehung, die die Vermögenssituation und Zwangsvollstreckungen betreffen würden und die dazu führten, dass der Steuergläubiger dem Steuerschuldner wie ein Darlehensgeber gegenüberstehe.[1622]

1618 Vgl. OVG Nordrhein-Westfalen v. 10.07.2014 – 14 A 1196/13, juris Rn. 17; vgl. auch *Melan*, FR 2018, 577 (579).

1619 Die Fremdkapitalzinsen entsprechen den gesamten Finanzierungskosten und somit weitestgehend einem Effektivzins, vgl. Brockhaus-Enzyklopädie. Band 30, 2006, S. 620 f. (Stichwort „Zins"). Denn für den Effektivzins sind sämtliche individuellen Vertragskonditionen auszuwerten und so die tatsächliche wirtschaftliche Gesamtbelastung im Verhältnis zum erhaltenen Kapital zu berechnen – respektive aus Sicht des Kapitalgebers der tatsächliche wirtschaftliche Gesamtertrag im Verhältnis zum eingesetzten Kapital, vgl. BGH v. 13.05.2014 – XI ZR 405/12, BGHZ 201, 168 (181 f.); *Omlor*, in: Staudinger, BGB, 2016, § 246 Rn. 45 f.; *Schaub*, in: Erman, BGB, 2017, § 246 Rn. 7; vgl. dazu auch *Canaris*, NJW 1978, 1891 (1894 f.). Aus rechtlicher Sicht ist der Effektivzins mithin eine der Transparenz dienende Rechengröße, vgl. bspw. BGH v. 13.05.2014 – XI ZR 405/12, BGHZ 201, 168 (181). In dieser Arbeit wird der Begriff Fremdkapitalzinsen allgemein verstanden, indem er nicht nur auf das Bankengeschäft bezogen wird und neben den Bankkrediten insbesondere auch Kapitalmarktkredite umfasst werden.

1620 Vgl. FG Berlin-Brandenburg v. 15.01.2014 – 3 K 3079/13, EFG 2014, 724 (726); vgl. auch *Melan*, FR 2018, 577 (579).

1621 Vgl. FG Berlin-Brandenburg v. 15.01.2014 – 3 K 3079/13, EFG 2014, 724 (725).

1622 Vgl. FG Berlin-Brandenburg v. 15.01.2014 – 3 K 3079/13, EFG 2014, 724 (725); FG Baden-Württemberg v. 16.01.2018 – 2 V 3389/16, EFG 2018, 997 (999).

Andererseits wird auch das Gegenteil vertreten, nämlich, dass Fremdkapitalzinsen bei der Betrachtung zugunsten der Anlagerenditen[1623] auszuschließen seien. Die Kreditaufnahme zur Begleichung von Steuerschulden sei die Ausnahme und nicht die Regel – die Annahme, der Steuerpflichtige sei regelmäßig Darlehensnehmer und der Steuergläubiger Darlehensgeber, sei daher verfehlt.[1624] Denn zu bedenken ist, dass der Verzinsung nur Steuerbeträge zu Grunde liegen, die wiederum grundsätzlich anhand von tatsächlichen Einkünften („konzeptionell vorhandene Mittel") ermittelt wurden, sodass die Steuerpflichtigen die Steuern als Teil ihrer Einkünfte aus den vorhandenen Bruttoeinkünften bezahlen können müssten, anstatt hierfür Kredite aufnehmen zu müssen.[1625] Im Übrigen könne das Abschöpfen von „Liquiditätsvorteilen" nur den Vorteil von Geldanlagen meinen, da die Zugrundelegung von (höheren) Fremdkapitalzinsen eine vielfach überschießende Vorteilsabschöpfung begründe.[1626] All das in Bezug auf die Aussetzungszinsen Genannte sei außerdem weder empirisch bewiesen noch von den Befürwortern belegt worden.[1627]

Überwiegend wird aufgrund dieser gegenläufigen Auffassungen auf einen Mischzins aus Fremdkapitalzinsen und Anlagerenditen abgestellt.[1628] Erstens vernachlässigt die reine Fremdkapitalzinsbetrachtung Steuerpflichtige, die Eigenkapitalreserven haben.[1629] Zweitens sind aber auch Steuerpflichtige ohne

---

1623 Die Anlagerendite beschreibt die effektive Gesamtrendite einer Anlage, sodass zum einen nicht nur die Verzinsung, sondern beispielsweise auch die Wertsteigerung von Anlagen Berücksichtigung finden kann und zum andern nicht nur Bankeinlagen, sondern auch Anlagen in Aktien oder Investitionen in die eigene Unternehmung miteingeschlossen werden. Zum Begriff der Rendite s. auch ausführlich *Kollmann*, Negative Zinsen, 2016, S. 35 ff.; vgl. auch *Woll*, Wirtschaftslexikon, 2008, S. 858 (Stichwort „Zins").

1624 Vgl. *Strotkemper*, BB 2016, 1765 (1767).

1625 *Görke*, BFH/PR 2018, 121 (122).

1626 Vgl. *Beckmann/Thiele*, BB 2016, 2839 (2842 f.). Dass dies bei Säumniszuschlägen als Druckmittel anders sei, weil die Steuerpflichtigen hierbei, statt einer Kreditaufnahme, lieber die Steuerzahlung verzögern würden, anmerkend s. *Koch*, DStZ 1961, 194 (195).

1627 Vgl. *Seer*, DB 2014, 1945 (1949).

1628 Vgl. grundlegend BFH v. 09.11.2017 – III R 10/16, BStBl. II 2018, 255 (258); vgl. auch BFH v. 29.05.2013 – X B 233/12, BFH/NV 2013, 1380 (1380); BFH v. 19.02.2016 – X S 38/15 (PKH), BFH/NV 2016, 940 (944); FG Hamburg v. 23.05.2013 – 2 K 50/12, EFG 2013, 1734 (1736).

1629 Vgl. bspw. *Grothues/Ostermann/Zühlke*, StBp 2018, 359 (360). Gleicher Ansicht, allerdings die Stundungszinsen, bei denen eine Liquiditätsschwäche bereits Voraussetzung für die Stundung sei, ausnehmend s. *Seer*, DB 2014, 1945 (1948 f.).

Eigenmittel insbesondere unter den Unternehmen, die regelmäßig verschuldet sind, nicht gänzlich untypisch.[1630] Drittens ist grundsätzlich zugleich die Situation des Steuerpflichtigen als auch des Steuergläubigers heranzuziehen, sodass immer einem Darlehensgeber auch ein Darlehensnehmer gegenübersteht und somit nur eine Zusammenbetrachtung der Haben- und Sollzinsen den Sachverhalt vollständig umfassen.[1631] Viertens wird damit der Finanzierungsfreiheit als Neutralitätsgebot entsprochen, indem die Typisierung den Steuerpflichtigen nicht zu einem bestimmten Finanzierungsverhalten zwingt respektive das Verhalten des Steuerpflichtigen unabhängig von seinem Finanzierungsverhalten abbildet.[1632] Fünftens wurde in Bezug auf den Steuergläubiger bereits dargestellt, dass dieser zwar im Saldo verschuldet ist und somit überwiegend von den Fremdkapitalzinsen auszugehen ist. Die nicht unbeträchtlichen Finanzanlagen[1633] zeigen gleichwohl, dass auch die Anlagerenditen nicht von vornherein ignoriert werden können.

Die Referenz ist sonach als „gemittelter Wert der Schuld- und Guthabenzinsen" zu bilden[1634] – vorausgesetzt dies entspricht den noch zu ermittelnden typischen Nutzungsvorteilen und Schäden.

b) *Kurzfristigkeit versus Langfristigkeit*

Des Weiteren ist die typische Fristigkeit der Anlage- oder Finanzierungsformen zu ermitteln. Denn bereits die Zinsdefinition stellt bezüglich der Zinssatzhöhe auf die Nutzungs- oder Entbehrungsdauer des Kapitals ab. Die Argumentationen gehen hierzu grundlegend auseinander und sind nachfolgend einzuordnen.

Wegen der Begrenzung der Verzinsungsdauer durch die Steuerfestsetzung sowie der Ungewissheit hinsichtlich der Fälligkeit der Zinsen im Steuerschuldverhältnis seien insbesondere kurzfristige Anlageformen relevant.[1635] So

---

1630 FG Düsseldorf v. 13.07.2010 – 6 K 4585/07 AO, EFG 2010, 1969 (1971).

1631 Vgl. dazu bspw. BFH v. 18.02.1975 – VIII R 104/70, BStBl. II 1975, 568 (568); *Zühlke*, StBp 1996, 125 (126).

1632 Zur Finanzierungsfreiheit s. umfassend bspw. *Prinz*, in: FS Herzig, 2010, S. 147 (148 ff.).

1633 Vgl. Statistisches Bundesamt, Pressemitteilung Nr. 376 v. 25.09.2019, abrufbar unter https://www.destatis.de/DE/Presse/Pressemitteilungen/2019/09/PD19_376_714.html (abgerufen am 30.09.2019) mit weiteren Zahlen in der GENESIS Datenbank.

1634 FG Düsseldorf v. 13.07.2010 – 6 K 4585/07 AO, EFG 2010, 1969 (1971).

1635 Vgl. *Jonas*, Ubg 2011, 960 (961); *Ortheil*, BB 2012, 1513 (1517); *Seer/Klemke*, IFSt-Schrift 490, 2013, S. 51; *Behrens*, FR 2015, 214 (216); *Kelm/Rindermann*, IDW-Schreiben v. 26.04.2018, S. 5, abrufbar unter https://www.idw.de/blob/

könnten im Hinblick auf die Nachforderungszinsen grundsätzlich nur Anlagen mit maximal einmonatiger Laufzeit gewählt werden, da die Steuerzahlungen in der Regel einen Monat nach der Festsetzung fällig würden und das Kapital kurzfristig verfügbar sein müsse.[1636] Hinzu kämen Unsicherheiten wegen der Unbestimmtheit und der fehlenden Vereinbarungen über die Verzinsung zwischen Zinsschuldnern und -gläubigern[1637] sowie der mangelnde Einfluss der Steuerpflichtigen auf die Verzinsungsdauer.[1638] Da die Finanzverwaltung den Zinslauf hingegen in gewisser Weise beeinflussen könne, sei als Referenz ein Darlehen ohne Mindestlaufzeit, aber mit jederzeitiger Rückzahlungsverpflichtung des Schuldners, am zutreffendsten.[1639]

Die Unsicherheiten können allerdings gerade langfristige Anlageformen als typisch begründen. Demnach ist der typische Regelfall der Vollverzinsung der Steuerpflichtige, der die Nachforderung nicht vorausgesehen und sich folglich auch nicht darauf eingerichtet hat.[1640] Der Steuerpflichtige legt das später nachgeforderte Kapital somit im Rahmen seiner gewöhnlichen Anlageformen regelmäßig (auch) langfristig an, da er nicht davon ausgeht, es für Steuerzahlungen kurzfristig zu benötigen. Überdies können Finanzierungen abgelöst oder Anlagen aufgelöst werden, die bereits seit längerem bestanden haben, sodass auch deshalb längerfristige Laufzeiten relevant sind.[1641] Insbesondere in Verbindung mit der Unvorhersehbarkeit ist es folglich auch nicht fraglich, ob möglicherweise kurzfristig benötigtes Kapital langfristig im Unternehmen investiert werde.[1642] Auch sind generelle Umschuldungen oder Umschichtungen im laufenden Geschäftsbetrieb oder in der Vermögensstruktur des Steuerpflichtigen jederzeit denkbar. Geringere Nachforderungsbeträge können zudem aus dem Geschäftsbetrieb heraus finanziert werden, sodass sie auf die Finanzierungen oder Anlagen keinen Einfluss haben, und hoch rentierliche langfristige Investitionen

108560/6d552e3fa571d9ac0e147bf560a4cbac/down-bverfg-238-ao-data.pdf (abgerufen am 15.11.2019); *Seer et al.*, DStR 2021, 1265 (1267 f.).

1636 Vgl. *Ortheil*, BB 2012, 1513 (1517); vgl. auch die Argumentationen der Zinsschuldner in VG Schwerin v. 24.08.2016 – 6 A 1223/13, juris Rn. 6; FG Köln v. 27.04.2017 – 1 K 3648/14, juris Rn. 16.

1637 Vgl. *Kruse*, FR 1988, 1 (5 f.).

1638 Vgl. *Behrens*, FR 2015, 214 (216).

1639 Vgl. *Dust*, Der Zinssatz im Steuerschuldverhältnis, 2019, S. 259.

1640 Vgl. VGH Bayern v. 10.08.2017 – 4 ZB 17.279, juris Rn. 17.

1641 Vgl. BFH v. 09.11.2017 – III R 10/16, BStBl. II 2018, 255 (258).

1642 S. dahingehend allerdings VG Schleswig-Holstein v. 26.04.2019 – 4 B 1/19, juris Rn. 24.

werden ohnehin getätigt, da Steuernachforderungen von grundsätzlich liquiden Steuerpflichtigen sodann mit (kurzfristigen) Krediten finanziert werden.[1643] Das Vorhalten liquider Geldmittel zur etwaigen Steuerzahlung ist schließlich nicht vorgeschrieben.[1644] Außerdem ist der Zinslauf nicht mehr begrenzt, weshalb auch lange Verzinsungszeiträume möglich sind.[1645] So seien Nachforderungszeiträume von mehr als zehn Jahren aufgrund von Außenprüfungen nicht ungewöhnlich[1646] und auch bei den Aussetzungszinsen existierten bereits Entscheidungen zu langen Verzinsungszeiträumen.[1647]

Mithin lässt sich der typische Fall bezüglich der Fristigkeit nicht eindeutig bestimmen. Gerade aufgrund der Möglichkeiten der Umschuldungen und der Umschichtungen der Anlageformen sind allerdings sowohl kurz- als auch langfristige Anlage- und Finanzierungsformen als Referenzen relevant. Dem Steuerpflichtigen stehen schließlich beinahe sämtliche Fristigkeiten in Abhängigkeit von seinen subjektiven Entscheidungen zur Verfügung. Eine Einschränkung auf kurz- oder langfristige Anlage- und Finanzierungsformen ist sonach ebenfalls abzulehnen.

c) Typische Nutzungsvorteile und Schäden

Zuletzt sind hiernach die typischen Nutzungsvorteile und Schäden aus der Perspektive sowohl des Steuerschuldners als auch des Steuergläubigers möglichst konkret zu bestimmen.[1648] Dabei kann auch die typische Kapitalhöhe ein bedeutender Faktor sein, da diese schon gemäß allgemeiner Zinsdefinition mitentscheidend für die Zinssatzhöhe ist.

1643 Vgl. OVG Nordrhein-Westfalen v. 25.02.2019 – 14 B 1759/18, juris Rn. 16.

1644 Vgl. OVG Nordrhein-Westfalen v. 25.02.2019 – 14 B 1759/18, juris Rn. 17; s. zur a. A. *Kelm/Rindermann*, IDW-Schreiben v. 26.04.2018, S. 6, abrufbar unter https://www.idw.de/blob/108560/6d552e3fa571d9ac0e147bf560a4cbac/down-bverfg-238-ao-data.pdf (abgerufen am 15.11.2019).

1645 Vgl. BFH v. 09.11.2017 – III R 10/16, BStBl. II 2018, 255 (258).

1646 Vgl. *Zühlke*, StBp 1996, 125 (125). Dazu, dass Außenprüfungen Grundlage vieler Steuernachforderungen sind, s. bspw. *Seer*, DB 2014, 1945 (1949).

1647 Bspw. zu einer Verzinsung über mehr als sechs Jahre s. BFH v. 01.07.2014 – IX R 31/13, BStBl. II 2014, 925 (928).

1648 S. hierzu auch *Schindler/Hoppe*, DStR 2020, 2570 (2576, 2578 f.), die diese Unbekannte als „das eigentliche Problem" bezeichnen und eine Obliegenheit des Gesetzgebers begründen, dieses „Wissensproblem" der Vollverzinsung aufzulösen.

aa) Nutzungsvorteile

Eine Obliegenheit, sparsam zu sein oder maximale Renditen zu erzielen, existiert für Steuerpflichtige nicht, sodass nicht von einem fiktiven Homo Oeconomicus ausgegangen werden kann.[1649] Deswegen sind die typischen Nutzungsvorteile in der Realität mittels empirischer Daten zu ermitteln. Für den Steuerschuldner ergeben sich nach *Dust* aus dessen subjektiven Anlage- und Finanzierungsverhalten dazu zunächst vier grundsätzliche Nutzungsmöglichkeiten des zusätzlichen Kapitals.[1650] Der Steuerschuldner könnte erstens auf eine wirtschaftliche Verwendung der Mittel verzichten, beispielsweise indem er das Kapital auf einem Girokonto ohne Verzinsung hält oder verkonsumiert. In diesen Fällen zeigt sich insbesondere der Liquiditätsvorteil, da dem zusätzlichen, jederzeit verfügbaren Kapital auf dem Girokonto ebenso ein Wert beigemessen wird, wie dem heutigen Konsum, der gegenüber zukünftigem (verzinstem) Konsum bevorzugt wird. Zweitens kommt die allgemein verfügbare, risikolose Verwendung sowie die nur persönlich verfügbare, risikolose Verwendung der Mittel in Frage. Während die erste Alternative sämtlichen Steuerpflichtigen offensteht, wie etwa eine Anlage in Staatsanleihen oder die Nichtaufnahme eines Kredits, steht die zweite Alternative nur dem Steuerpflichtigen persönlich offen, was exemplarisch auf die Tilgung eines bereits vorhandenen Kredits zutrifft. Zuletzt existiert noch die risikobehaftete Verwendung der Mittel, womit unter anderem Investitionen in den Aktienmarkt oder in eigene Unternehmungen gemeint sind.

Welche dieser Nutzungsmöglichkeiten typisch ist, hängt zwar primär von den subjektiven Anlage- und Finanzierungsentscheidungen ab. Allerdings kann das allgemein Typische in Abhängigkeit von den Betroffenen eingeschränkt werden. Die Liquiditätsvorteile, die in Höhe des Stundungseffekts sowie der Geldwertänderungen entstehen, sind sogar objektiv für jedermann bestimmbar, da sie unabhängig von der individuellen Leistungsfähigkeit der Steuerpflichtigen oder deren Verhalten entstehen. Denn zum einen entsteht ein Liquiditätsvorteil immer durch die bloße Stundung, weil eine spätere Zahlungsverpflichtung ein Vorteil ist, und zum anderen hat Kapital, das einem Steuerpflichtigen am Anfang

1649 Vgl. *Beckmann/Thiele*, BB 2016, 2839 (2843). Zu diesem Grundsatz am Beispiel der Abziehbarkeit von Fahrtkosten bei Arbeitnehmern s. *Elicker*, StB 2005, 209 (210); *Tipke*, BB 2007, 1525 (1530).

1650 Zum Ganzen s. *Dust*, Der Zinssatz im Steuerschuldverhältnis, 2019, S. 272 f.; vgl. auch *Kelm/Rindermann*, IDW-Schreiben v. 26.04.2018, S. 5, abrufbar unter https://www.idw.de/blob/108560/6d552e3fa571d9ac0e147bf560a4cbac/down-bverfg-238-ao-data.pdf (abgerufen am 15.11.2019).

eines Jahres zur Verfügung steht, gegenüber Kapital, das erst am Ende des Jahres zur Verfügung steht, einen um die Geldwertänderungsrate erhöhten (selten gesenkten) Wert.[1651] Zwar sind die Geldwertänderungen in den Marktzinssätzen enthalten,[1652] doch gilt dies nicht unbedingt für unternehmerische Gesamtkapitalrenditen, vor allem jedoch nicht für Sachkapital, das nicht verzinst wird, wie zum Beispiel Gold, und das (ausnahmsweise) auch zur vorübergehenden Geldanlage genutzt werden könnte. Um die verfassungsrechtlich gebotene „Gleichwertigkeit des Steueranspruchs in der Zeit"[1653] sowie die Gleichmäßigkeit der Besteuerung sicherzustellen, muss die Geldwertänderungsrate daher die Untergrenze der typischen Nutzungsvorteile oder Schäden bei den Steuerpflichtigen und damit der Zinssatztypisierung darstellen.

α) Privatpersonen

Die Nutzungsvorteile von Privatpersonen sind abhängig von deren Verschuldung. Dabei ist zwischen überschuldeten, verschuldeten und nicht verschuldeten Privatpersonen zu differenzieren.

αα) Überschuldung

Die Nutzungsvorteile zusätzlichen Kapitals, das Steuerpflichtigen aufgrund einer späteren Steuerzahlung zur Verfügung steht, sind bei überschuldeten Privatpersonen unproblematisch ersparte Kreditzinsen, da diese auf weitere Kredite (vorübergehend) verzichten beziehungsweise vorhandene Kredite (teilweise) tilgen können – Anlagerenditen kommen aufgrund der Überschuldung für diese Personengruppe nicht in Betracht. Die Quote der überschuldeten erwachsenen Privatpersonen, die nachhaltige Zahlungsstörungen aufweisen, liegt seit Jahren

1651 Zur „Vorstellung, dass eine erst in der Zukunft zu erfüllende Verpflichtung den Schuldner weniger belastet als eine sofortige Leistungspflicht" s. BFH v. 06.10.2009 – I R 4/08, BStBl. II 2010, 177 (178); dies gar als „Binsenweisheit" bezeichnend s. *Weckerle*, DB 2017, 1284 (1285). Sogar im Falle deflationärer Tendenzen ist der Liquiditätsvorteil nicht negativ, da der Konsum verschoben werden kann und somit durch Liquiditätshaltung kein Nachteil entsteht.

1652 Zu diesem Ergebnis s. bereits oben Seite 271 f. Hierbei wurde auch darauf hingewiesen, dass die Geldwertänderungsrate den Effektivzinssatz der Typisierung nicht ändert.

1653 *Seer*, DB 2014, 1945 (1948). Zur Zeitgerechtigkeit s. auch ausführlich oben Seite 109 ff.

bei circa zehn Prozent.[1654] Somit sind die Nutzungsvorteile für circa zehn Prozent der steuerpflichtigen Privatpersonen ersparte Kreditzinsen.[1655]

Der Annahme, dass überschuldete Privatpersonen zugleich nur selten Zinsschuldner aus Steuerschuldverhältnissen seien, da die Gründe der Überschuldung, wie zum Beispiel Arbeitslosigkeit oder Krankheit zumeist auch mit geringeren Steuerschulden einhergingen, sodass keine ausstehende Schuld zu verzinsen sei,[1656] kann nicht zugestimmt werden. Zwar betreffen manche Überschuldungsgründe tatsächlich vorrangig die Einkünfte aus nichtselbständiger Arbeit, die wegen des Lohnsteuerabzugs nur selten zu einer Zinsschuld führen. Allerdings machen Arbeitslosigkeit sowie Erkrankungen, Sucht und Unfälle zusammen nur circa ein Drittel der Ursachen von Überschuldungen von Privatpersonen aus – zwei Drittel entfallen hingegen auf Beziehungsgründe, unwirtschaftliche Haushaltsführung, gescheiterte Selbständigkeit und sonstige Gründe. Damit ist vielmehr ein überwiegend „schleichender" Einstieg in die Überschuldung gegeben,[1657] der nicht zwingend mit unvermittelten Veränderungen der steuerpflichtigen Einkünfte einhergeht und zudem nicht an Einkünfte aus nichtselbständiger Arbeit geknüpft ist. Außerdem werden Aussetzungen der Vollziehung oder Stundungen gerade auch von illiquiden Steuerschuldnern beantragt, da sich die unbillige erhebliche Härte für den Steuerschuldner (§ 222 Satz 1 AO oder § 361 Abs. 2 Satz 2 AO) aus dessen Vermögenssituation heraus begründen lässt.[1658]

ββ) Verschuldung

Überdies ist viel relevanter, dass viele Privatpersonen, wenn auch nicht überschuldet, jedenfalls verschuldet sind. So lag der Anteil der privaten Haushalte,

---

1654 Vgl. *Bretz*, SchuldnerAtlas Deutschland, 2019, S. 5, abrufbar unter https://www.boniversum.de/wp-content/uploads/2019/11/SchuldnerAtlas_Deutschland_2019.pdf (abgerufen am 14.11.2019).

1655 Ebenfalls eine kurzfristige Verschuldung für einen Teil der Privatpersonen annehmend s. *Seer/Klemke*, IFSt-Schrift 490, 2013, S. 52.

1656 Vgl. *Dust*, Der Zinssatz im Steuerschuldverhältnis, 2019, S. 292.

1657 Vgl. *Bretz*, SchuldnerAtlas Deutschland, 2018, S. 6 f., abrufbar unter https://www.boniversum.de/wp-content/uploads/2018/11/SchuldnerAtlas-Deutschland-2018_Bericht.pdf (abgerufen am 02.10.2019); vgl. auch *Bretz*, SchuldnerAtlas Deutschland, 2019, S. 6 ff., abrufbar unter https://www.boniversum.de/wp-content/uploads/2019/11/SchuldnerAtlas_Deutschland_2019.pdf (abgerufen am 14.11.2019).

1658 Vgl. zu den Aussetzungszinsen FG Berlin-Brandenburg v. 15.01.2014 – 3 K 3079/13, EFG 2014, 724 (725).

die in irgendeiner Form ausstehende Schulden hatten, in Deutschland im Jahr 2017 bei 45 Prozent.[1659] Außerdem könnten die Niedrigzinsen zuletzt auch zu einer größeren Verschuldungsbereitschaft der Privatpersonen geführt haben. Dabei steigt der Verschuldungsanteil mit zunehmendem Jahresnettoeinkommen: Haushalte mit einem Nettoeinkommen bis 13.200 Euro waren zu 32 Prozent verschuldet und mit einem Nettoeinkommen von mehr als 37.200 Euro zu mehr als 60 Prozent.[1660] Konkreter betrug der Anteil deutscher Haushalte, die ausstehende unbesicherte Kredite hatten 33 Prozent und derer mit Hypothekenschulden 21 Prozent.[1661]

Somit können die Nutzungsvorteile für weitere circa 35 Prozent der steuerpflichtigen Privatpersonen und mithin insgesamt für fast die Hälfte der steuerpflichtigen Privathaushalte theoretisch auch ersparte Kreditzinsen sein, da die nicht gezahlten Steuerbeträge zur (Sonder-)Tilgung bereits vorhandener Kredite genutzt werden können oder neue Kredite gar nicht erst aufgenommen werden müssen und auf diese Beträge folglich jeweils keine Zinsen anfallen.[1662] Hiergegen wird zwar eingewandt, dass die Laufzeiten der Kredite weit überwiegend langfristig sowie die Steuernachforderungsbeträge grundsätzlich eher niedrig seien und zudem die Steuerzahlungen mit vorherigen Mittelzuflüssen beim Steuerpflichtigen einhergingen, sodass die Nutzungsvorteile eher selten ersparte Kreditzinsen seien.[1663] Dem muss allerdings widersprochen werden. Erstens besteht gemäß § 489 Abs. 1 Nr. 2 BGB spätestens zehn Jahre nach vollständigem Empfang der Darlehenssumme für den Darlehensnehmer die Möglichkeit das

---

1659 Vgl. Deutsche Bundesbank, Monatsbericht April 2019, S. 27, abrufbar unter https://www.bundesbank.de/resource/blob/793790/fe14349c7d4f06c3a09fa7b631d5b9ad/mL/2019-04-monatsbericht-data.pdf (abgerufen am 04.10.2019). Mit noch deutlich höheren Prozentsätzen s. *Dust*, Der Zinssatz im Steuerschuldverhältnis, 2019, S. 293, wonach 48 Prozent der Privatpersonen einen Ratenkredit und 36 Prozent eine Immobilienfinanzierung hätten.

1660 Vgl. Deutsche Bundesbank, Monatsbericht April 2019, S. 30, abrufbar unter https://www.bundesbank.de/resource/blob/793790/fe14349c7d4f06c3a09fa7b631d5b9ad/mL/2019-04-monatsbericht-data.pdf (abgerufen am 04.10.2019).

1661 Vgl. Deutsche Bundesbank, Monatsbericht April 2019, S. 27, abrufbar unter https://www.bundesbank.de/resource/blob/793790/fe14349c7d4f06c3a09fa7b631d5b9ad/mL/2019-04-monatsbericht-data.pdf (abgerufen am 04.10.2019).

1662 S. dahingehend im Ansatz auch *Dust*, Der Zinssatz im Steuerschuldverhältnis, 2019, S. 293.

1663 Vgl. *Dust*, Der Zinssatz im Steuerschuldverhältnis, 2019, S. 293; vgl. allgemein kritisch hinsichtlich der typischen Berücksichtigung von Fremdkapitalzinsen bei Privatpersonen auch *Beckmann/Thiele*, BB 2016, 2839 (2843).

Darlehen ganz oder teilweise zu kündigen. Für Darlehen mit variablen Zinssätzen gilt dies sogar jederzeit (§ 489 Abs. 2 BGB). Darüber hinaus können Verbindlichkeiten aus langfristigen Verbraucherdarlehen seit 11.06.2010 gemäß neuem § 500 Abs. 2 BGB[1664] jederzeit ganz oder teilweise erfüllt werden – unabhängig von der Veränderlichkeit des Zinssatzes. Folglich sind Sonderzahlungen in einer Vielzahl von Fällen gesetzlich vorgesehen. Hinzukommen sämtliche Kreditverträge, in denen Sonderzahlungen vertraglich vereinbart wurden. Hinsichtlich der geringen Höhe der Nachforderungen ist zweitens zu bedenken, dass sich die geringe Höhe so nur bei den Steuerpflichtigen, die lediglich Einkünfte aus nichtselbständiger Arbeit sowie Kapitaleinkünfte haben, nachgewiesen ist,[1665] und dass ein ökonomisch handelnder Steuerpflichtiger Nutzungsvorteile in Höhe von Fremdkapitalzinsen immer dann erzielen wird, wenn die Kreditzinsen die (risikolosen) Anlagerenditen (wesentlich) übersteigen. Dass Steuerzahlungen grundsätzlich Mittelzuflüsse beim Steuerpflichtigen vorausgehen, ist drittens für die Verschuldungssituation eines Steuerpflichtigen, insbesondere aufgrund der eher langfristigen Verschuldung unbedeutend, da größere Ausgaben, beispielsweise ein Immobilien- oder Kfz-Kauf, mittels Kredit über einen längeren Zeitraum gestreckt werden sollen und infolgedessen per se nicht vom Steuerzahlungszeitpunkt abhängig sind.

χχ) Keine Verschuldung

Gleichwohl ist für die andere unverschuldete Hälfte der Privatpersonen der Nutzungsvorteil ein zusätzlicher Anlageertrag. Am typischsten sei hierbei vor allem die Anlage auf Girokonten oder Tagesgeldkonten, da der Nachzahlungsbetrag so gering und damit eine „komplexe[…] Kapitalanlage oder Investitionen“ unwahrscheinlich seien.[1666] Die Fälligkeit des Steuerbetrags einen Monat nach dessen Festsetzung ermögliche außerdem nur Geldanlagen mit maximal einmonatiger Laufzeit.[1667] Richtig ist, dass der Nachzahlungsbetrag für die Steuerpflichtigen mit Einkünften ausschließlich aus nichtselbständiger Arbeit und

1664 Gesetz zur Umsetzung der Verbraucherkreditrichtlinie, des zivilrechtlichen Teils der Zahlungsdiensterichtlinie sowie zur Neuordnung der Vorschriften über das Widerrufs- und Rückgaberecht v. 29.07.2009, BGBl. I 2009, 2355 (2361).

1665 Für das Jahr 2015 s. Statista Research Department, https://de.statista.com/infografik/18696/steuererstattungen-und-nachzahlungen-in-deutschland/ (abgerufen am 05.10.2019).

1666 *Dust*, Der Zinssatz im Steuerschuldverhältnis, 2019, S. 294.

1667 Vgl. *Ortheil*, BB 2012, 1513 (1517).

eventuell Kapitalvermögen im Jahr 2015 bei durchschnittlich 1.161 Euro lag.[1668] Damit werden allerdings unbeschränkt Steuerpflichtige mit weiteren Einkunftsarten, wie zum Beispiel Vermietung und Verpachtung sowie Steuerpflichtige mit Einkünften aus Gewerbebetrieb oder selbständiger Arbeit ignoriert – im Ergebnis werden damit nur circa zwei Drittel der unbeschränkt Steuerpflichtigen umfasst.[1669] Über zehn Prozent der unbeschränkt Steuerpflichtigen in Deutschland haben überhaupt keine Einkünfte aus nichtselbständiger Arbeit.[1670] Die Nachzahlungsbeträge könnten daher im Durchschnitt für Privatpersonen deutlich höher liegen, wenn angenommen wird, dass vor allem Steuerpflichtige mit Einkünften aus Gewerbebetrieb oder selbständiger Arbeit sehr viel stärker schwankende Einkünfte haben, als Steuerpflichtige mit ausschließlich Einkünften aus nichtselbständiger Arbeit (sowie gegebenenfalls abgeltend versteuerten Einkünften aus Kapitalvermögen). Letztere erzielen von Gehaltssteigerungen abgesehen schließlich sehr konstante Einkünfte, wohingegen die unternehmerischen Einkünfte risikobehaftet sind – unter anderem hinsichtlich der allgemeinen Konjunkturentwicklungen, Investitionsrisiken, persönlichen Entwicklungen beim Unternehmer. Außerdem werden auch die anderen Verzinsungsformen im Rahmen der Steuerschuldverhältnisse vernachlässigt.

Des Weiteren kann bereits der Grundannahme, dass geringe Beträge lediglich auf Girokonten oder Tagesgeldkonten angelegt werden, nicht gefolgt werden. Erstens wurde bereits dargestellt, dass nicht nur kurzfristige Geldanlagen in Betracht zu ziehen sind.[1671] Zweitens ist davon auszugehen, dass liquide

1668 Für das Jahr 2015 s. Statista Research Department, https://de.statista.com/infografik/18696/steuererstattungen-und-nachzahlungen-in-deutschland/ (abgerufen am 05.10.2019).

1669 Insgesamt gab es in Deutschland im Jahr 2014 rund 37,6 Mio. unbeschränkt Steuerpflichtige, vgl. Bundesministerium der Finanzen, Datensammlung zur Steuerpolitik, 2018, S. 51, abrufbar unter https://www.bundesfinanzministerium.de/Content/DE/Downloads/Broschueren_Bestellservice/2019-02-05-datensammlung-zur-steuerpolitik-2018.pdf (abgerufen am 06.10.2019). Von diesen hatten 25,1 Mio. lediglich Einnahmen aus nichtselbständiger Arbeit und eventuell Kapitaleinkünfte erzielt, vgl. Statistisches Bundesamt, https://www.destatis.de/DE/Themen/Staat/Steuern/Lohnsteuer-Einkommensteuer/im-fokus-steuererklaerung.html (abgerufen am 06.10.2019).

1670 Bundesministerium der Finanzen, Datensammlung zur Steuerpolitik, 2018, S. 51, abrufbar unter https://www.bundesfinanzministerium.de/Content/DE/Downloads/Broschueren_Bestellservice/2019-02-05-datensammlung-zur-steuerpolitik-2018.pdf (abgerufen am 05.10.2019).

1671 Zur Fristigkeit s. bereits oben Seite 329 ff.

Privatpersonen bereits Kapital auf Giro- oder Tagesgeldkonten vorhalten,[1672] weshalb zusätzliches Kapital nicht unbedingt zur weiteren Liquiditätssicherung genutzt werden muss,[1673] sondern gewinnbringender angelegt werden kann. Drittens sind Zuzahlungen in bestehende Anlageformen denkbar, womit gegebenenfalls die Konditionen des Bestands in Frage kommen. Außerdem können Nutzungsvorteile durch die Nicht-Kündigung einer bestehenden Kapitalanlage entstehen, nämlich wenn der Steuerpflichtige die korrekte Steuerzahlung nur mit den Mitteln aus einer bestehenden laufenden Kapitalanlage begleichen könnte und zur Kündigung (oder Kreditaufnahme) gezwungen wäre.[1674] Viertens stehen Aktieninvestments beispielsweise über Sparpläne bereits ab Beträgen von 25 Euro im Monat zur Verfügung.[1675] Die Aktionärsquote, das heißt der Anteil der Personen ab 14 Jahren an der Gesamtbevölkerung in Deutschland, die in Aktien oder Aktienfonds investiert sind, ist mit 15,7 Prozent zwar niedrig,[1676] zeigt aber dennoch, dass fast jeder sechste auch in Unternehmen investiert. Außerdem ziehen weitere zwölf Prozent eine Anlage in Aktien in Betracht[1677] und sogar fast 40 Prozent der Nicht-Aktienbesitzer geben an, dass sie einen Betrag von

---

1672 Ein Girokonto besaßen im Jahr 2017 immerhin 99 Prozent der privaten Haushalte in Deutschland, ein Sparkonto 70 Prozent; das Median-Guthaben auf den Konten betrug 1.800 bzw. 9.900 Euro, vgl. Deutsche Bundesbank, Monatsbericht April 2019, S. 27, abrufbar unter https://www.bundesbank.de/resource/blob/793790/fe14349c-7d4f06c3a09fa7b631d5b9ad/mL/2019-04-monatsbericht-data.pdf (abgerufen am 10.10.2019).

1673 Empfohlen werden zumeist bestimmte Prozentsätze des Gesamtvermögens oder eine Anzahl von Monatsgehältern, die liquide für Unvorhergesehenes vorgehalten werden sollten: 15 Prozent empfehlend s. *Hoyer*, WiWo (online) v. 17.05.2015, abrufbar unter https://www.wiwo.de/11739794.html (abgerufen am 10.10.2019); zwei bis drei Monatsgehälter empfehlend s. Verbraucherzentrale Baden-Württemberg, https://www.verbraucherzentrale-bawue.de/laura-zieht-aus/sparen (abgerufen am 10.10.2019).

1674 S. dahingehend auch BFH v. 09.11.2017 – III R 10/16, BStBl. II 2018, 255 (258).

1675 Vgl. bspw. *Fehr*, WiWo (online) v. 04.11.2016, abrufbar unter https://www.wiwo.de/14788128.html (abgerufen am 06.10.2019).

1676 Vgl. *Fey/Holmeier*, Aktionärszahlen des Deutschen Aktieninstituts, 2017, S. 5, abrufbar unter https://www.dai.de/files/dai_usercontent/dokumente/studien/2018-02-19%20Aktieninstitut%20Aktionaerszahlen%202017%20Web.pdf (abgerufen am 06.10.2019).

1677 Vgl. *Fey et al.*, Mehr Aktionäre in Deutschland, 2019, S. 9, abrufbar unter https://www.dai.de/files/dai_usercontent/dokumente/studien/190116%20Studie%20Mehr%20Aktionaere%20in%20Deutschland.pdf (abgerufen am 06.10.2019).

10.000 Euro zumindest auch in Aktien investieren würden.[1678] Somit zwingt der Staat die Steuerschuldner mit der typisierten Verzinsung nicht in risikoreiche Anlagen[1679] und die Berücksichtigung der Investitionsrenditen ist mithin auch keineswegs „grotesk".[1680] Die Bereitschaft zu risiko- und daher auch renditereicheren Anlageformen ist in der Bevölkerung vielmehr bereits vorhanden und demzufolge zumindest teilweise auch typisch. Außerdem ist die Aktienanlagenrendite nur eine von vielen Referenzen, sodass die Typisierung nicht ausschließlich auf dieser Rendite basiert – würde sie jedoch komplett ignoriert werden, würde die Realität, in der Aktienanlagen nämlich existieren, strukturell nur unzureichend abgebildet werden. Hierzu ist abschließend lediglich darauf zu achten, dass typische Nutzungsvorteile nicht basierend auf besonders risikoreichen Anlageformen, wie zum Beispiel Aktienanlagen in Small Caps, das heißt von der Marktkapitalisierung her kleinere Unternehmen, oder in Emerging Markets, wie zum Beispiel China, Lateinamerika oder Afrika, beziehungsweise Anleihen mit schlechten Ratings der Schuldnerbonität, bestimmt werden. Denn diese sind vermutlich nicht typisch für Privatanleger und würden dem Steuerschuldner untypische Risiken auferlegen, wohingegen der Steuergläubiger die außergewöhnlichen Chancen abschöpfen würde.[1681] Fünftens könnten liquide Steuerpflichtige Vorausleistungen auf die Steuer leisten, um Erstattungen zu erhalten, statt Nachzahlungen leisten zu müssen.[1682] Somit darf der Geldmarktzins nur in atypischen Fällen Grundlage der Typisierung sein, da nur Steuerpflichtige, die tatsächlich einen nicht weiter nutzbaren Liquiditätsüberschuss haben, Nutzungsvorteile lediglich in dessen Höhe haben.[1683]

1678 Vgl. *Fey et al.*, Mehr Aktionäre in Deutschland, 2019, S. 10 abrufbar unter https://www.dai.de/files/dai_usercontent/dokumente/studien/190116%20Studie%20Mehr%20Aktionaere%20in%20Deutschland.pdf (abgerufen am 06.10.2019).

1679 S. dahingehend allerdings *Jonas*, DStR 2016, 950 (953). Auch ist ein Ignorieren von fast einem Sechstel der Bevölkerung zur Abbildung der Realität wenig zielführend, s. so allerdings *Jonas*, DB 2016, 3000 (3005).

1680 Den Verweis auf spekulative Anlagen als „grotesk" bezeichnend s. *Ortheil*, BB 2015, 675 (675).

1681 S. dahingehend zum Grundsatz auch *Dust*, Der Zinssatz im Steuerschuldverhältnis, 2019, S. 291.

1682 Vgl. OVG Nordrhein-Westfalen v. 10.07.2014 – 14 A 1196/13, juris Rn. 17.

1683 S. so im Ergebnis auch OVG Nordrhein-Westfalen v. 10.07.2014 – 14 A 1196/13, juris Rn. 17.

δδ) Zwischenergebnis

Aus alledem ergibt sich, dass für steuerpflichtige Privatpersonen eine circa hälftige Aufteilung der Nutzungsvorteile auf Fremdkapitalzinsen und auf Anlagerenditen erfolgen kann. Eine weitergehende Einschränkung ist jedoch nicht als typisch begründbar.

β) Unternehmen

In Deutschland sind nicht einmal 20 Prozent der Unternehmen schuldenfrei.[1684] Die Eigenkapitalquote (der Anteil des Eigenkapitals am Gesamtkapital) lag im Jahr 2014 im Median bei knapp unter 30 Prozent.[1685] Die typischen Nutzungsvorteile bei Unternehmen könnten daher vor allem ersparte Fremdkapitalzinsen sein, wobei aufgrund der Höhe der Nachforderungen bei Unternehmen auch die mittel- bis langfristige Finanzplanung der Unternehmung betroffen sein könnte.[1686] Ob Nachforderungen in Höhe von durchschnittlich ca. 260.000 Euro (einschließlich Zinsen) die Großbetriebe, die je nach Betriebsart zwischen mindestens 4,8 und mindestens 8,0 Millionen Euro Umsatz pro Jahr erzielen,[1687]

1684 Vgl. *Holzamer/Wendt*, Finanzierung von Familienunternehmen in Deutschland, 2018, S. 14, abrufbar unter https://www.eulerhermes.de/content/dam/onemarketing/euh/eulerhermes_de/presse/studie-finanzierung-von-familienunternehmen-in-deutschland.pdf (abgerufen am 06.10.2019); *Buhse*, Handelsblatt (online) v. 21.06.2012, abrufbar unter https://www.handelsblatt.com/6780936.html (abgerufen am 06.10.2019); vgl. auch *Dust*, Der Zinssatz im Steuerschuldverhältnis, 2019, S. 294, der aber lediglich feststellt, dass ein überwiegender Teil der Unternehmen mit Fremdkapital arbeitet. Ohne Nachweis, aber aufgrund von Basel II eine steigende Zahl von bankschuldenfreien Unternehmen annehmend, s. *Jonas*, DStR 2018, 545 (547).

1685 Vgl. *Mohr/Kühner*, Eigenkapitalpolster im deutschen Unternehmenssektor, 2015, S. 4, 11, abrufbar unter https://www.creditreform-rating.de/pub/media/global/page_document/15-11-26_Creditreform_Rating_EKpolster_deutscher_Unternehmen.pdf (abgerufen am 06.10.2019); vgl. auch *Rödl/Mohr*, in: Kaluza et al., Betriebswirtschaftliche Fragen zu Steuern, Finanzierung, Banken und Management, 2017, S. 131 (133 f.). Zum Mittelstand bis ins Jahr 2016 mit vergleichbaren Werten s. auch noch *Gerstenberger*, KfW Research Nr. 206, 2018, S. 1, abrufbar unter https://www.kfw.de/PDF/Download-Center/Konzernthemen/Research/PDF-Dokumente-Fokus-Volkswirtschaft/Fokus-2018/Fokus-Nr.-206-Mai-2018-Eigenkapitalquoten.pdf (abgerufen am 06.10.2019).

1686 Vgl. *Dust*, Der Zinssatz im Steuerschuldverhältnis, 2019, S. 294 f.

1687 Vgl. Bundesministerium der Finanzen, Monatsbericht des BMF. November 2017, S. 49, abrufbar unter https://www.bundesfinanzministerium.de/Monatsberichte/2017/11/Downloads/monatsbericht-2017-11-deutsch.pdf (abgerufen am

tatsächlich eher zu Veränderungen der mittel- und langfristigen Finanzierungen bewegen, als die Nachzahlungsbeträge für Privatpersonen, sei dahingestellt.[1688] Aufgrund der (Sonder-)Tilgungs- und Umschuldungsmöglichkeiten ist eine Berücksichtigung auch der mittel- und langfristigen Kreditzinsen für die Bestimmung der Nutzungsvorteile jedenfalls nicht abwegig. Dies umso mehr, da über 60 Prozent der Gesamtfremdverschuldung der Unternehmen im Euroraum langfristig ist.[1689] Außerdem wird auf die Ausführungen zur Fristigkeit verwiesen, wonach insbesondere ein Vorhalten des „Schuldnergelds" nicht angenommen werden kann.[1690] Anders als bei Privatpersonen ist zudem noch anderes Fremdkapital, wie beispielsweise die Zinsen am Kapitalmarkt über Unternehmensanleihen zu berücksichtigen, die zum Beispiel von der Deutschen Börse ab einem platzierten Anleihevolumen von mindestens 100 Millionen Euro möglich ist[1691] und flexible Finanzierungen bewirken kann.

Nur weil die Unternehmen überwiegend verschuldet sind, bestehen die Nutzungsvorteile indes nicht nur in Form von ersparten Fremdkapitalzinsen. Unternehmen sind grundsätzlich bestrebt, die Nutzungsvorteile zu maximieren. Das bedeutet, Unternehmen werden die nachgeforderten Steuerbeträge in der Zwischenzeit entweder zur Fremdfinanzierungsoptimierung oder aber bei besseren Renditeaussichten zur Anlage beziehungsweise Investition nutzen, insbesondere in die eigene Unternehmung.[1692] Dies gilt im Übrigen grundsätzlich auch für die schuldenfreien Unternehmen. Unternehmen zahlen Verbindlichkeiten bei Fälligkeit nämlich grundsätzlich aus dem operativen

---

06.10.2019), wonach sich im Jahr 2016 ein Mehrergebnis in Höhe von 10,4 Mrd. Euro auf 39.911 Großbetriebe aufteilte.

1688 S. so jedenfalls *Dust*, Der Zinssatz im Steuerschuldverhältnis, 2019, S. 295.

1689 Vgl. Deutsche Bundesbank, Monatsbericht Januar 2018, S. 70, abrufbar unter https://www.bundesbank.de/resource/blob/665602/43350826453879db52e29958ddab87d9/mL/2018-01-monatsbericht-data.pdf (abgerufen am 08.10.2019).

1690 Zur Fristigkeit s. bereits oben Seite 329 ff.; a. A. hingegen *Seer/Klemke*, IFSt-Schrift 490, 2013, S. 52 f.: *Kelm/Rindermann*, IDW-Schreiben v. 26.04.2018, S. 6, abrufbar unter https://www.idw.de/blob/108560/6d552e3fa571d9ac0e147bf560a4cbac/down-bverfg-238-ao-data.pdf (abgerufen am 15.11.2019).

1691 Zu den Teilnahmevoraussetzungen am Prime Standard für Unternehmensanleihen der Deutschen Börse s. Deutsche Börse, https://www.deutsche-boerse-cash-market.com/dbcm-de/primary-market/marktstruktur/segmente/prime-standard-fuer-unternehmensanleihen (abgerufen am 06.10.2019).

1692 S. dahingehend *Hahn*, Vollverzinsung, 1988, S. 27 f.; *Sebiger/Dechant*, in: FS Felix, 1989, S. 365 (383); *Wacker*, wiedergegeben in: *Ebner et al.*, DStR-Beihefter 2017, 77 (81).

Ergebnis, sodass die Kapitalrenditen des Unternehmens vordergründig zu betrachten sind.[1693] Von den Investitionsrenditen ist dabei gleichwohl nur die Netto-Gesamtkapitalrendite, die den Jahresüberschuss nach Steuern plus Zinsaufwand zum Eigen- und Fremdkapital ins Verhältnis setzt, für die näherungsweise Bestimmung des Nutzungsvorteils des zusätzlichen Kapitals relevant.[1694] Denn die Eigenkapitalrendite, die zum Jahresüberschuss nur das Eigenkapital ins Verhältnis setzt, ist zum einen mit praktischen Schwierigkeiten von Kapitalerhöhungen verbunden[1695] und zum anderen aufgrund des Ignorierens des Fremdkapitaleinsatzes gehebelt.[1696] Der ins Verhältnis gesetzte Jahresüberschuss wird schließlich mit dem Gesamtkapital erwirtschaftet und kann durch bloße Investitionen von Eigenkapital nicht in Höhe der Eigenkapitalrendite gesteigert werden, da der verhältnismäßige Fremdkapitaleinsatz fehlt. Stattdessen müsste im ursprünglichen Verhältnis weiteres Fremdkapital aufgenommen werden, um den Hebeleffekt für das zusätzliche Kapital herzustellen, sodass die zusätzlichen Fremdkapitalzinsen zu verrechnen wären. Es kann daher unterstellt werden, dass zusätzliches Kapital, das im Unternehmen investiert wird, lediglich die nicht gehebelte Gesamtkapitalrendite erzielt.[1697] Zur Verdeutlichung soll ein Beispiel

---

1693 S. dahingehend zu den Pensionsrückstellungen *Weckerle*, DB 2017, 1284 (1286).

1694 Vgl. *Weckerle*, DB 2017, 1284 (1287); *Melan*, DStR 2018, 1512 (1516 f.). Der Zinsaufwand ist herauszurechnen, um Verzerrungen der Renditekennzahlen auszuschließen, vgl. *Melan*, ebd. Zu den Definitionen von „Gesamtkapitalrendite" und „Eigenkapitalrendite" s. auch bereits oben Seite 301 f. Fälschlicherweise (auch) die Eigenkapitalrendite als Referenzwert nennend s. FG Baden-Württemberg v. 16.01.2018 – 2 V 3389/16, EFG 2018, 997 (1001); OVG Nordrhein-Westfalen v. 25.10.2018 – 14 B 1366/18, ZKF 2018, 282 (283). Allgemeiner die „Unternehmensrenditen" heranziehend s. OVG Nordrhein-Westfalen v. 25.02.2019 – 14 B 1759/18, juris Rn. 18. Eine Berechnung der Brutto-Gesamtkapitalrendite, das heißt eine Zugrundelegung des Jahresüberschusses vor Steuern, ist ebenfalls nicht zielführend, da sich die Verzinsungen im Steuerschuldverhältnis steuerlich auswirken. Dementsprechend anders hinsichtlich des Rechnungszinses der Pensionsrückstellungen s. *Melan*, DStR 2018, 1512 (1517).

1695 Vgl. *Hahn*, Vollverzinsung, 1988, S. 28.

1696 Vgl. *Weckerle*, DB 2017, 1284 (1287); s. zustimmend FG Köln v. 12.10.2017 – 10 K 977/17, EFG 2018, 287 (292); vgl. mit einem Beispiel auch noch *Melan*, DStR 2018, 1512 (1516).

1697 Zur Hebelung s. bspw. *Schlepphorst et al.*, Die größten Familienunternehmen in Deutschland, 2015, S. 15, abrufbar unter https://www.ifm-bonn.org/fileadmin/data/ifmstudien/BDI-Familienunternehmen-Fruehjahr-2015.pdf (abgerufen am 09.10.2019); vgl. auch *Weckerle*, DB 2017, 1284 (1287).

dienen, bei dem die Fremdkapitalzinsen aus Veranschaulichungsgründen ignoriert werden: Ein Unternehmen hat ein Eigenkapital von 1.000 sowie Fremdkapital von 9.000 und erzielt einen Jahresüberschuss von 500. Hieraus errechnet sich eine Eigenkapitalrendite von 50,0 Prozent[1698] und eine Gesamtkapitalrendite von 5,0 Prozent[1699]. Stehen diesem Unternehmen weitere 1.000 Eigenkapital zur Verfügung und die Renditen würden unverändert auch für dieses Kapital gelten, so müsste sich bei der Zugrundelegung der Eigenkapitalrendite der Jahresüberschuss von 500 auf 1.000 verdoppeln, da sich auch das Eigenkapital von 1.000 auf 2.000 verdoppelt.[1700] Folglich würde sich die Gesamtkapitalrendite auf über 18 Prozent[1701] mehr als verdreifachen – ohne dass sich bezüglich des restlichen Kapitals etwas verändert hätte. Stattdessen wird das zusätzliche Kapital (nicht gehebelt) nur eine Rendite in Höhe der Gesamtkapitalrendite erbringen, sodass sich der Jahresüberschuss der Kapitalerhöhung entsprechend auch um zehn Prozent auf 550 erhöht. Zur Vollständigkeit sei noch darauf hingewiesen, dass zusätzliches Eigenkapital, das statt bereits vorhandenen Fremdkapitals eingesetzt wird, letztlich Renditen in Höhe der ersparten Zinsaufwendungen erzielt, da die Gesamtkapitalrendite von der Veränderung der Kapitalstruktur unberührt bleibt.

Weiter ist einzuschränken: Soweit die Gesamtkapitalrenditen die Fremdkapitalzinsen im Grenzwert und unter Berücksichtigung sämtlicher negativer Effekte zusätzlichen Fremdkapitals (sinkende Bonität, zusätzliche Sicherheiten etc.) übersteigen, ist anzunehmen, dass die Unternehmen die Investition – unabhängig von Steuernachforderungen – auch fremdfinanziert getätigt hätten, da die Fremdkapitalaufnahme dann gewinnbringend ist. Folglich entspricht der Nutzungsvorteil in diesen Fällen grundsätzlich lediglich den ersparten Fremdkapitalzinsen, da die Überrendite ohnehin erzielt wird. Hiervon auszunehmen sind nur die Unternehmen, die keine (weiteren) Kredite erhalten, sodass bei diesen die Nutzungsvorteile doch näherungsweise in Höhe der gesamten Gesamtkapitalrenditen entstehen.[1702] Der Anteil der Unternehmen,

1698 Berechnung: 500/1.000 = 50 %.

1699 Berechnung: 500/(1.000 + 9.000) = 5 %.

1700 Berechnung: 50 % * (1.000 + 1.000) = 1.000.

1701 Berechnung: 2.000/11.000 = 18,18 %.

1702 Dass die Referenz bei diesen Unternehmen etwas höher liegt als bei den übrigen Unternehmen, ist auch insofern zutreffend, als dass die (deutlich) geringere Bonität jener Unternehmen höhere Zinssätze bedingen würde.

denen ein Investitionskredit abgelehnt wird, dürfte bei circa einem Drittel liegen.[1703]

Folglich ist für circa zwei Drittel der Unternehmen der Nutzungsvorteil auf die Fremdkapitalzinsen beschränkt, wohingegen circa ein Drittel die Gesamtkapitalrenditen zu erzielen vermag. Eine weitere Anpassung im Hinblick auf die Gesamtkapitalrenditen, beispielsweise da diese bei den Unternehmen, die nicht einmal Investitionskredite erhalten, niedriger sein müsste, überzeugt in dieser Pauschalität nicht, da lediglich ein geringer Bruchteil dieser Unternehmen Insolvenz anmelden muss, die allermeisten Unternehmen mithin wirtschaftlich arbeiten. Zudem könnten gerade junge Unternehmen hohe Anfangsrenditen auf das eingesetzte Kapital erzielen, für Finanzinstitute allerdings (anfangs) nicht kreditwürdig genug sein.

χ) Steuergläubiger

Die Nutzungsvorteile des Steuergläubigers sind im Massenfallrecht Steuerrecht nicht anhand der jeweiligen Einzelbeträge je Steuerschuldner zu beurteilen, sondern im Gesamten zu betrachten. Denn aus den einzelnen Erstattungen von durchschnittlich nur circa 1.000 Euro für die Steuerpflichtigen mit Einkünften aus nichtselbständiger Arbeit (und eventuell Kapitalvermögen)[1704] lässt sich

1703 Vgl. zum Einzelhandel im Jahr 2014 Statista Research Department, https://de.statista.com/statistik/daten/studie/162211/umfrage/ablehnungen-von-investitionskrediten-durch-banken/ (abgerufen am 06.10.2019). Der Einzelhandel liegt hinsichtlich seiner Bonität im Mittelfeld – während beispielsweise das Verarbeitende Gewerbe eine bessere Branchenbonität aufzeigt, ist die Bonität des Dienstleistungssektors oder des Baugewerbes schlechter, s. zum Jahr 2014 *Gerstenberger/Zimmermann*, Unternehmensbonität – eine nicht zu vernachlässigende Größe, 2016, S. 6, abrufbar unter https://www.kfw.de/PDF/Download-Center/Konzernthemen/Research/PDF-Dokumente-Studien-und-Materialien/SuM-Unternehmensbonität-August-2016.pdf (abgerufen am 07.10.2019). Die Insolvenzquote, das heißt der Anteil der Unternehmen, die im Jahr 2018 Insolvenz anmelden mussten, liegt bei niedrigen 0,6 Prozent, vgl. https://www.crifbuergel.de/de/aktuelles/studien/firmeninsolvenzen-sinken-auf-neuen-tiefstand-bremen-ist-insolvenzspitzenreiter (abgerufen am 06.10.2019); vgl. auch Statista Research Department, https://de.statista.com/statistik/daten/studie/75215/umfrage/unternehmensinsolvenzen-in-deutschland-seit-2000/ (abgerufen am 06.10.2019). Allerdings ist die Kreditaufnahme selbstverständlich nicht erst mit der Insolvenz eingeschränkt.

1704 Für das Jahr 2015 durchschnittlich 1.007 Euro je Steuerpflichtigem, s. Statista Research Department, https://de.statista.com/infografik/18696/steuererstattungen-und-nachzahlungen-in-deutschland/ (abgerufen am 06.10.2019).

aufgrund der geringen Betragshöhe im Verhältnis zum jeweiligen Haushalt kein Nutzungsvorteil des Steuergläubigers bestimmen. Anders ist dies jedoch, wenn der gesamte Erstattungsbetrag eines Jahres hinsichtlich möglicher Nutzungsvorteile analysiert wird – dieser lag für die erwähnte Gruppe von Steuerpflichtigen bei circa zwölf Milliarden Euro im Jahr 2015.[1705]

Nutzungsvorteile des Steuergläubigers sind vor allem ersparte Schuldzinsen in Höhe der Fremdkapitalzinsen am Kapitalmarkt (Anleihen, Obligationen, Schatzbriefe etc.). Hierfür reicht ein Verweis auf die hohe Verschuldung des deutschen Staats (Bund, Länder und Gemeinden) in Höhe von fast zwei Billionen Euro jedoch nicht aus, da dieser Verschuldung auch enorme Finanzanlagen des Staates in Höhe von fast einer Billion Euro entgegenstehen, die ebenfalls Nutzungsvorteile generieren.[1706] Zu bedenken ist vielmehr, dass den Erstattungen als temporäre Steuerverschiebungen auch erhebliche Nachforderungen gegenüberstehen, wie zum Beispiel allein 14,1 Milliarden Euro als Mehrergebnis aus Betriebsprüfungen im Jahr 2016.[1707] Somit ist der Erstattungsbetrag ein bloßer Teil temporärer Steuerverschiebungen und Teil der öffentlichen Haushalte. Die Nutzungsvorteile sind folglich im Rahmen der (längerfristigen) öffentlichen Haushalts- und Finanzplanung zu beurteilen und zusätzliche (temporäre) Steuereinnahmen sind daher – weitgehend unabhängig von zukünftigen Rückzahlungen – dem ohnehin geplanten Finanzbedarf in den öffentlichen Haushalten zuzuordnen. Denn der Staat wird seine Investitionen nicht kurzfristig von temporären Verschiebungen der Steuereinnahmen abhängig machen oder erhöhen können, sondern die politische Haushaltsplanung weiterverfolgen, womit

---

1705 Eine Erstattung von durchschnittlich 1.007 Euro erhielten im Jahr 2015 11,8 Mio. Steuerpflichtige mit ausschließlich Einkünften aus nichtselbständiger Arbeit und evtl. Kapitaleinkünften, mithin insgesamt ca. 11,88 Mrd. Euro, vgl. Statistisches Bundesamt, https://www.destatis.de/DE/Themen/Staat/Steuern/Lohnsteuer-Einkommensteuer/im-fokus-steuererklaerung.html (abgerufen am 06.10.2019).

1706 Zur Verschuldung s. Statistisches Bundesamt, https://www.destatis.de/DE/Themen/Staat/Oeffentliche-Finanzen/Schulden-Finanzvermoegen/Tabellen/liste-vorlaufuger-schuldenstand-gesamthaushalt.html; zu den Finanzanlagen s. Statistisches Bundesamt, Pressemitteilung Nr. 376 v. 25.09.2019, abrufbar unter https://www.destatis.de/DE/Presse/Pressemitteilungen/2019/09/PD19_376_714.html (jeweils abgerufen am 20.06.2020).

1707 Vgl. Bundesministerium der Finanzen, Monatsbericht des BMF. November 2017, S. 49, abrufbar unter https://www.bundesfinanzministerium.de/Monatsberichte/2017/11/Downloads/monatsbericht-2017-11-deutsch.pdf (abgerufen am 06.10.2019).

vorübergehende Steuermehreinnahmen statt zu zusätzlichen Investitionen oder Finanzanlagen, zu geringeren Fremdkapitalzinsen für die ohnehin geplanten Ausgaben führen werden.

bb) Schäden

Steuerpflichtige, die eine Erstattung erhalten, erleiden in der Zwischenzeit finanzielle Schäden, die aufgrund der zwischenzeitlichen Nichtverfügbarkeit des Kapitals entstehen. Für Privatpersonen gilt hierbei das zu den Nutzungsvorteilen Geschriebene entsprechend umgekehrt. Folglich ist der Schaden bei circa der Hälfte der Steuerpflichtigen in Höhe der Fremdkapitalzinsen und bei der anderen Hälfte in Höhe der Anlagerenditen zu bemessen. In Bezug auf die nicht gezogenen Anlageerträge als Schaden, ist grundsätzlich jede Anlageform denkbar, die ein Steuerpflichtiger entsprechend seines Anlageverhaltens für die zu viel gezahlten Steuerbeträge gewählt haben könnte. Eine Beschränkung auf eine bestimmte Finanzierungsform ist genauso wenig nachvollziehbar, da die Steuerzahlung beispielsweise kurzfristig finanziert werden könnte, um eine kurzfristige Liquiditätsknappheit ausgleichen zu können – ebenso könnte sie aber auch langfristig in Verbindung mit Sonderzahlungsmöglichkeiten oder im Rahmen einer umfassenderen mittel- oder langfristigen Finanzplanung finanziert werden. Dies hängt nicht zuletzt von der Vorhersehbarkeit der Erstattung ab. Dass geringe Erstattungsbeträge keine komplexen Finanzierungsüberlegungen beim Steuerpflichtigen auslösen würden, ist zwar korrekt.[1708] Hieraus eine allgemeingültige Ableitung zu formulieren, steht allerdings entgegen, dass einerseits schon unklar ist, wie hoch die Erstattungsbeträge im Durchschnitt für alle Privatpersonen tatsächlich sind, da die Statistiken zum einen wiederum lediglich die Steuerpflichtigen mit ausschließlich Einkünften aus nichtselbständiger Arbeit (und eventuell Kapitaleinkünften) erfassen und zum anderen nur die Vollverzinsung betreffen, sowie andererseits zu viel gezahlte Steuern als Teil der Finanzierungsüberlegungen der (höheren) gesamten Steuerschuld zu betrachten sind, weil die später erstatteten Steuerbeträge wegen der Ungewissheit nicht separat finanziert werden. Lediglich die überschuldeten Privatpersonen haben typische Schäden nur in Höhe deren zusätzlicher Fremdkapitalzinsen, da ihnen Kapitalanlagemöglichkeiten zumeist nicht offenstehen. Wegen deren schlechter Bonität und deshalb schlechter Konditionen sind die Schäden hier sogar besonders groß.[1709]

1708 Vgl. zu diesem Ergebnis *Dust*, Der Zinssatz im Steuerschuldverhältnis, 2019, S. 308 f.
1709 S. dahingehend zu den Aussetzungszinsen *Ortheil*, BB 2012, 1513 (1516).

Auch für Unternehmen bemisst sich der Schaden grundsätzlich anhand der zusätzlichen Fremdkapitalzinsen oder der entgangenen Anlage- oder Investitionsrenditen. Gleichwohl ist der Schaden – unter Zugrundelegung der Annahme, dass Unternehmen Investitionskredite in Anspruch nehmen (können), und auf die obigen Ausführungen zu den Nutzungsvorteilen verweisend[1710] – für circa zwei Drittel der Unternehmen auf die Fremdkapitalzinsen begrenzt, wenn die Investitionsrenditen über den Kosten liegen, da die Unternehmen sodann mögliche Investitionsvorhaben mit Fremdkapital realisieren. Typisch ist hierbei aber jedenfalls nicht nur eine kurzfristige Finanzierung,[1711] da den Investitionsplänen des Unternehmens entsprechend auch langfristige Finanzierungen gewählt werden können und die Erstattung sowohl hinsichtlich der Höhe als auch des Zeitpunkts ungewiss ist.[1712]

Die Schäden beim Staat sind – den Nutzungsvorteilen entsprechend – im Rahmen der (längerfristigen) öffentlichen Haushalts- und Finanzplanung festzustellen. Sonach bestimmen sich die Schäden nach den zusätzlichen Finanzierungskosten des Staates, da der Staat seine (politisch gewollten) Investitionen kurzfristig nicht von temporären Verschiebungen der Steuereinnahmen abhängig machen wird, sondern die Ausgaben stattdessen im Rahmen der Verschuldung der öffentlichen Haushalte finanziert.[1713]

cc) Zusammenfassung

Bei steuerpflichtigen Privatpersonen verteilen sich die Nutzungsvorteile circa hälftig auf Fremdkapitalzinsen und Anlagerenditen. Die Nutzungsvorteile der Unternehmen bestimmen sich bei circa zwei Drittel in Höhe der Fremdkapitalzinsen und bei circa einem Drittel in Höhe der Gesamtkapitalrenditen. Beim Staat ergeben sich die Nutzungsvorteile aus den Fremdkapitalzinsen.

Hinsichtlich der Schäden ist grundsätzlich keine abweichende Aufteilung auf Fremdkapitalzinsen und Anlagerenditen zu beachten.

1710 S. dazu bereits oben Seite 340 ff.

1711 Ausschließlich eine kurzfristige Finanzierung als Schaden wählend s. *Seer/Klemke*, IFSt-Schrift 490, 2013, S. 55.

1712 Vgl. zu diesem Ergebnis *Dust*, Der Zinssatz im Steuerschuldverhältnis, 2019, S. 309, der jedoch nur auf die unklare Erstattungshöhe abstellt.

1713 Vgl. *Seer/Klemke*, IFSt-Schrift 490, 2013, S. 53.

3. *Benennung relevanter Markt- und Referenzzinssätze*

Zunächst ist festzustellen, dass ein mit den Verzinsungen im Steuerschuldverhältnis vergleichbarer Zins in anderen Rechtsgebieten, der insbesondere dasselbe Typisierungsziel verfolgt und folglich als Referenz dienen könnte, fehlt.[1714] *Kirchhof* stellte im Jahr 2018 zudem fest, dass der Zins in § 238 AO als „ein Zins eigener Art" mit keinem anderen (Markt-)Zins vergleichbar sei.[1715] Die Verzinsung im Steuerschuldverhältnis kenne demnach keine Zinsesverzinsung, keine Orientierung an der Bonität oder an Sicherheitsleistungen und verändere sich auch nicht mit der Dauer der Verzinsung.[1716] Eine Vergleichbarkeit mit Darlehenszinsen lehnte bereits *Kruse* ab, weil die steuerverfahrensrechtliche Verzinsung eine außergewöhnliche Unbestimmtheit aufweise und Vereinbarungen über die Verzinsung zwischen Zinsgläubiger und Zinsschuldner gänzlich fehlten.[1717] Vielmehr gebe es nach *Dust* einen Kontrahierungszwang, der sowohl die Opportunitätskosten des Zinsgläubigers als auch des Zinsschuldners unberücksichtigt lasse.[1718] In Bezug auf die Aussetzungszinsen käme nach *Melan* noch hinzu, dass die Aussetzung der Vollziehung vor allem von Schuldnern schlechter Bonität, die regelmäßig überhaupt keine Kredite mehr erhielten oder nur zu nicht akzeptablen Konditionen, beantragt würde und diese Schuldner in den Statistiken zu den durchschnittlichen Marktzinssätzen, die nur zustande gekommene Darlehensverträge berücksichtigten, folglich gar nicht erfasst werden könnten, sodass der Marktzins für diese nicht typisch sein könne und der Nutzungsvorteil stattdessen wesentlich höher sei.[1719]

Die Realitätsgerechtigkeitsprüfung verlangt jedoch einen Vergleich mit der Realität. Statt der Ablehnung einer Vergleichbarkeit aufgrund verschiedener Eigenarten des Verfahrenszinssatzes in § 238 AO, ist eine marktkonforme „Umrechnung" der Eigenschaften des Zinssatzes erforderlich. So lässt sich – wie bereits gezeigt[1720] – die fehlende Zinsesverzinsung in Abhängigkeit von der Verzinsungsdauer in einen mit den Marktzinsen vergleichbaren Effektivzinssatz

1714 Zum steuerrechtlichen Rechnungszins des § 6a EStG und einer Anknüpfung an den entsprechenden handelsrechtlichen Zins in § 253 Abs. 2 HGB s. *Hey*, in: IFSt-Schrift 511, 2016, S. 61 (104 f.).

1715 *Kirchhof*, in: FS Bundesfinanzhof. Band 1, 2018, S. 361 (372).

1716 *Kirchhof*, in: FS Bundesfinanzhof. Band 1, 2018, S. 361 (372).

1717 *Kruse*, FR 1988, 1 (5).

1718 *Dust*, Der Zinssatz im Steuerschuldverhältnis, 2019, S. 259 f.

1719 *Melan*, FR 2018, 577 (580).

1720 Zur Effektivverzinsung s. bereits ausführlich oben Seite 259 ff.

umrechnen. Folglich sind solche Eigenarten des Verfahrenszinssatzes beim Vergleich mit den Referenzzinssätzen zu berücksichtigen. Darüber hinausgehende Besonderheiten des Verfahrenszinses, die keine Entsprechung in der Realität haben, sind ebenfalls im Rahmen der weiteren Realitätsgerechtigkeitsprüfung zu verarbeiten. Dabei kann eine Rechtfertigung jener Besonderheiten, die eine Vergleichbarkeit gerade ausschließen, durch (andere) Besonderheiten gesetzlicher Typisierungen begründet sein – so zum Beispiel der Kontrahierungszwang, der auch aufgrund des Verwaltungsaufwands individueller Zinsverhandlungen alternativlos ist.[1721]

Wenn überdies allerdings mit weiteren Entsprechungen am Markt argumentiert wird, beispielsweise, dass die Kreditzinsen grundsätzlich auf unbesicherte Kredite zu beziehen[1722] und zudem Kredite an Kreditnehmer schlechter Bonität relevant seien, da der Steuergläubiger die Konditionen nicht verhandeln oder verändern könne,[1723] wird der Sinn und Zweck der Verzinsung verkannt. Bei Lichte betrachtet begründet die Abschöpfung und der Ausgleich von Liquiditäts- und Zinsvorteilen sowie -nachteilen bei den Steuerpflichtigen nämlich nicht die Referenzbestimmung anhand eines typischen Darlehensvertragszinssatzes zwischen Steuerschuldner und Steuergläubiger, sondern vielmehr die Ermittlung der Referenzzinssätze der typischen Nutzungsvorteile und Schäden.[1724] Hierfür sind allerdings grundsätzlich sowohl besicherte als auch unbesicherte Kredite denkbar, da Steuerpflichtige diese jeweils aufnehmen oder tilgen könnten. Dass die Zinsschuldner im Steuerschuldverhältnis keine Sicherheiten stellen und Steuerschulden unabhängig von ihrer Bonität zu verzinsen sind, ist hierfür im Gesamten schließlich grundsätzlich irrelevant. Entsprechendes gilt für Billigkeitsmaßnahmen im Steuerschuldverhältnis als jederzeitige Tilgungsmöglichkeiten, die keine ausschließliche Betrachtung von Krediten mit flexiblen Sonderzahlungen begründen, da es auf den typischen Sachverhalt beim Steuerpflichtigen und nicht die Vergleichbarkeit der „Kreditkonditionen“ zwischen

1721 Vgl. *Eggesiecker/Ellerbeck*, BB 2004, 745 (748).

1722 Vgl. BFH v. 01.07.2014 – IX R 31/13, BStBl. II 2014, 925 (928); *Melan*, DStR 2017, 2088 (2089); *Seer et al.*, DStR 2021, 1265 (1268); vgl. zu den Aussetzungszinsen FG Sachsen v. 27.09.2017 – 5 K 221/16, EFG 2018, 712 (713). Die Ausnahme bei den steuerverfahrensrechtlichen Verzinsungen stellen die Aussetzungszinsen gegen Sicherheitsleistung gemäß § 361 Abs. 2 Satz 5 AO, § 69 Abs. 2 Satz 3 FGO dar.

1723 Vgl. *Curtius-Hartung*, in: StbJb 1988/89, S. 19 (26); vgl. auch *Felix*, DStR 1989, 587 (589); *Eggesiecker/Ellerbeck*, BB 2004, 745 (748); *Anzinger*, DStR 2016, 1829 (1835).

1724 S. dahingehend BT-Drs. 18/2795, S. 5. Die mangelnde Besicherung empirisch ablehnend s. *Jonas*, DStR 2018, 545 (549).

Steuergläubiger und Steuerschuldner sowie entsprechenden Konditionen am Markt ankommt. Aus den gleichen Gründen ist letztlich auch das Steuerausfallrisiko unerheblich, da der Steuergläubiger nicht mit einer Risiken einkalkulierenden Bank gleichzusetzen ist.[1725]

a) Typische Einschränkungen

Aus den Erörterungen des typischen Verzinsungssachverhalts haben sich im Hinblick auf die konkreten Marktzinssätze, die in die Referenzbetrachtung einfließen müssen, keine wesentlichen Einschränkungen ergeben, da bei den Privatpersonen ebenso wie bei den Unternehmen sowohl Fremdkapitalzinsen als auch Anlagerenditen mit grundsätzlich jeglicher Fristigkeit in Betracht kommen. Beim Staat ist hingegen nur von den Schuldzinsen auszugehen.

b) Konkrete Zinssätze

Als allgemeine Referenzzinssätze zur breitesten Abbildung des Zinsmarktes könnten die Leitzinsen der Zentralbanken dienen.[1726] Der administrativ festgelegte Hauptrefinanzierungssatz der Europäischen Zentralbank für den Euroraum, das heißt der Zinssatz für das Zentralbankgeld, das Geschäftsbanken von der Europäischen Zentralbank gegen Hinterlegung von Sicherheiten regelmäßig für eine Woche erhalten, liegt seit dem 16. März 2016 bei 0,00 Prozent pro Jahr.[1727] Die Leitzinsen sind für die Bestimmung der Realitätsgerechtigkeit von Zinssatztypisierungen jedoch ungeeignet, da sie keine relevanten Marktzinssätze darstellen. Sie sind vielmehr (nur) für die Banken relevant und beeinflussen damit das allgemeine Zinsniveau.[1728] Jedoch bilden die Zinssätze weder für den Staat noch für die Steuerpflichtigen – Banken ausgenommen – Nutzungsvorteile oder Schäden ab.

Außerdem wird das Zinsniveau allgemein durch verschiedene Interbankenzinssätze (Geldmarktsätze), zu denen sich die Banken untereinander Kredite geben, widergespiegelt.[1729] Der €STR lag zur Einführung am 02.10.2019 bei

1725 Den Rechtfertigungsgrund der Steuerausfälle anführend s. *Melan*, DStR 2018, 1151 (1153 f.).

1726 Vgl. *Hey*, in: IFSt-Schrift 511, 2016, S. 61 (81).

1727 Vgl. Europäische Zentralbank, https://www.ecb.europa.eu/stats/policy_and_exchange_rates/key_ecb_interest_rates/html/index.en.html (abgerufen am 20.06.2020); vgl. allgemein auch *Moritz*, Geldtheorie und Geldpolitik, 2012, S. 323.

1728 Vgl. dazu auch *Drost*, Handelsblatt (online) v. 01.10.2019, abrufbar unter https://www.handelsblatt.com/25073766.html (abgerufen am 09.10.2019).

1729 Vgl. Brockhaus-Enzyklopädie. Band 30, 2006, S. 621 (Stichwort „Zins“).

-0,549 Prozent pro Jahr.[1730] Allerdings stellen auch diese Geldmarktsätze direkt nur den kurzfristigen Zinsmarkt mit finanziellen Gegenparteien dar.[1731]

aa) Steuergläubiger

Repräsentativ für die Fremdkapitalzinsen des Steuergläubigers sind die Renditen von Anleihen, die von den verschiedenen Körperschaften (Bund, Bundesländer und Gemeinden) emittiert werden.[1732] Hierbei eignet sich besonders die Betrachtung der börsengehandelten Wertpapiere am Sekundärmarkt, um das Zinsniveau zu einem bestimmten Zeitpunkt zu erfassen, da nicht die Zinssätze zum vergangenen Emissionszeitpunkt (Primärmarkt) entscheidend sind, sondern die aktuellen Renditen.[1733] Eine Unterscheidung zwischen Bundesanleihen, Bundesobligationen und Bundesschatzanweisungen ist regelmäßig nicht erforderlich, weil diese keine unterschiedlichen Renditen aufzeigen – lediglich indexierte, das heißt an die Inflation gebundene Wertpapiere verzinsen aktuell etwas niedriger als die nicht indexierten.[1734]

Die börsengehandelten Bundeswertpapiere rentierten Anfang 2020 für Laufzeiten von nur wenigen Tagen mit circa -0,6 Prozent pro Jahr, für Laufzeiten unter einem Jahr zwischen -0,7 und -0,6 Prozent pro Jahr, für Laufzeiten von einem bis fünf Jahren zwischen -0,7 und -0,5 Prozent pro Jahr und für längere Laufzeiten

---

1730 Vgl. Deutsche Bundesbank, https://www.bundesbank.de/de/aufgaben/themen/neuer-tagesgeldsatz-str-veroeffentlicht-808852 (abgerufen am 08.10.2019). Zur Einführung s. Europäische Zentralbank, https://www.ecb.europa.eu/paym/initiatives/interest_rate_benchmarks/euro_short-term_rate/html/index.en.html (abgerufen am 04.12.2019).

1731 Vgl. bspw. Deutsche Bundesbank, Fragen und Antworten zur Euro Short-Term Rate, 2019, S. 5 f., abrufbar unter https://www.bundesbank.de/resource/blob/785114/fae0faabda527de30021a2be0d0bdc67/mL/faq-euro-short-term-rate-data.pdf (abgerufen am 08.10.2019).

1732 Vgl. bspw. FG Münster v. 31.08.2018 – 9 V 2360/18 E, EFG 2018, 1821 (1825); vgl. auch BFH v. 25.04.2018 – IX B 21/18, BStBl. II 2018, 415 (417).

1733 Zum Primärmarkt s. Deutsche Finanzagentur, https://www.deutsche-finanzagentur.de/de/institutionelle-investoren/primaermarkt/ (abgerufen am 08.10.2019); zum Sekundärmarkt s. Deutsche Finanzagentur, https://www.deutsche-finanzagentur.de/de/institutionelle-investoren/sekundaermarkt/ (abgerufen am 08.10.2019).

1734 Sämtliche Anfang 2020 börsengehandelte Bundeswertpapiere ohne erkennbare Unterschiede darstellend s. Deutsche Bundesbank, https://www.bundesbank.de/resource/blob/821268/17a386df071a7fecd87478a048fe4d06/mL/2020-01-data.pdf (abgerufen am 04.02.2020).

von bis zu 30 Jahren zwischen -0,5 und 0,4 Prozent pro Jahr.[1735] Gemessen am Volumenanteil des Primär- und Sekundärmarkts sind die Bundesanleihen mit zehnjähriger Laufzeit das deutlich wichtigste Finanzierungsinstrument des Bundes.[1736] Deren damit am meisten beachtete Rendite betrug Ende des Jahres 2019 im Monatsdurchschnitt -0,3 Prozent pro Jahr.[1737] Die Umlaufrenditen der Anleihen der Bundesländer lagen im Durchschnitt ebenfalls in diesen Spannbreiten von Zinssatzhöhen.[1738]

Kommunen refinanzieren sich zusätzlich durch kurzfristige Kassenkredite, die der Deckung eines kurzfristigen Liquiditätsbedarfs dienen.[1739] Die Verzinsung lag im Jahr 2014 bei geschätzt 0,3 Prozent pro Jahr[1740] und orientiert sich grundsätzlich am Drei-Monats-EURIBOR ,[1741] welcher sich 2019 zwischen circa -0,3 und -0,4 Prozent pro Jahr bewegte.[1742]

1735 Vgl. Deutsche Bundesbank, https://www.bundesbank.de/resource/blob/821268/17a386df071a7fecd87478a048fe4d06/mL/2020-01-data.pdf (abgerufen am 04.02.2020). Die jeweils tagesaktuellen Renditen finden sich auch unter Deutsche Finanzagentur, https://www.deutsche-finanzagentur.de/fileadmin/user_upload/institutionelle-investoren/pdf/kredit_renditetabelle.pdf (abgerufen am 04.02.2020).

1736 Vgl. Deutsche Finanzagentur, https://www.deutsche-finanzagentur.de/de/institutionelle-investoren/bundeswertpapiere/bundesanleihen/ (abgerufen am 08.10.2019).

1737 Vgl. Statista Research Department, https://de.statista.com/statistik/daten/studie/77722/umfrage/rendite-von-zehnjaehrigen-staatsanleihen-nach-europaeischen-laendern/ (abgerufen am 04.02.2020).

1738 Zu den Umlaufrenditen der Anleihen der Bundesländer s. Deutsche Bundesbank, https://www.bundesbank.de/dynamic/action/de/statistiken/zeitreihen-datenbanken/zeitreihen-datenbank/759778/759778?statisticType=BBK_ITS&listId=www_skms_it02g&treeAnchor=GELD (abgerufen am 04.02.2020). Zur Zinslast der Bundesländer s. auch noch *Jonas*, DStR 2018, 545 (546).

1739 Vgl. Bundesministerium der Finanzen, Monatsbericht des BMF. April 2019, S. 16 f., abrufbar unter https://www.bundesfinanzministerium.de/Monatsberichte/2019/04/monatsbericht-04-2019.html (abgerufen am 08.10.2019); vgl. hierzu auch *Jonas*, DStR 2018, 545 (546).

1740 Vgl. *Brand*, KfW Research Nr. 114, 2016, S. 1, abrufbar unter https://www.kfw.de/KfW-Konzern/Newsroom/Aktuelles/News-Details_337216.html (abgerufen am 08.10.2019).

1741 Vgl. *Geißler*, Kommunaler Finanzreport 2019, S. 49 ff., abrufbar unter https://www.bertelsmann-stiftung.de/fileadmin/files/Projekte/Kommunale_Finanzen/Finanzreport-2019-gesamt.pdf (abgerufen am 08.10.2019).

1742 Vgl. Deutsche Bundesbank, http://www.bundesbank.de/cae/servlet/StatisticDownload?tsId=BBK01.SU0316&its_csvFormat=de&its_fileFormat=csv&mode=its (abgerufen am 04.02.2020).

Nicht zuletzt führt auch das Prinzip der bündischen Solidarität dazu, dass die Finanzierungskonditionen zwischen den einzelnen Steuergläubigern nicht nennenswert variieren.[1743] Mithin können die Bundeswertpapiere die Nutzungsvorteile und Schäden des Steuergläubigers abbilden.

bb) Privatpersonen

Zu unterscheiden ist bei den Privatpersonen zwischen Anlagerenditen und Fremdkapitalzinsen.

α) Anlagerenditen

Für die Referenz der Anlagerenditen auf Seiten der Privatpersonen kommen zunächst die Zinssätze der Tagesgelder, Termingeldeinlagen und Festgelder, mithin die Einlagen privater Haushalte[1744] in Betracht. Hierbei ist zwischen dem Neugeschäft sowie Bestandsanlagen zu differenzieren. Im Neugeschäft ergeben sich für das Jahr 2019 folgende (volumengewichtete durchschnittliche) Zinssätze: Tagesgelder 0,0 Prozent pro Jahr; Festgelder mit Laufzeiten bis zu einem Jahr 0,2 Prozent pro Jahr; Festgelder mit längeren Laufzeiten zwischen 0,4 und 0,7 Prozent pro Jahr; Einlagen mit Kündigungsfristen bis zu drei Monaten 0,1 Prozent pro Jahr und mit längeren Kündigungsfristen 0,2 Prozent pro Jahr.[1745] Für Bestandsanlagen ergeben sich folgende entsprechende Werte: Einlagen mit Laufzeiten bis zu zwei Jahren verzinsen mit 0,2 Prozent pro Jahr und mit längeren Laufzeiten mit durchschnittlich 1,2 Prozent pro Jahr.[1746] Sehr beliebt sind

---

1743 Zum Prinzip der bündischen Solidarität s. bspw. umfassend *Seer*, in: Tipke/Lang, Steuerrecht, 2018, § 2 Rn. 64. Ergänzend wird hierzu noch auf die Umlaufrenditen der Anleihen der öffentlichen Hand verwiesen, die den Renditen der Bundesanleihen sowie der Anleihen der Bundesländer entsprechen, s. Deutsche Bundesbank, https://www.bundesbank.de/dynamic/action/de/statistiken/zeitreihen-datenbanken/zeitreihen-datenbank/759778/759778?statisticType=BBK_ITS&listId=www_skms_it02e&treeAnchor=GELD (abgerufen am 09.10.2019).

1744 Vgl. FG Münster v. 17.08.2017 – 10 K 2472/16 E, EFG 2017, 1638 (1640).

1745 Vgl. Deutsche Bundesbank, https://www.bundesbank.de/dynamic/action/de/statistiken/zeitreihen-datenbanken/zeitreihen-datenbank/759778/759778?statisticType=BBK_ITS&listId=www_s510_ne1&treeAnchor=GELD (abgerufen am 04.02.2020).

1746 Vgl. Deutsche Bundesbank, https://www.bundesbank.de/dynamic/action/de/statistiken/zeitreihen-datenbanken/zeitreihen-datenbank/759778/759778?listId=www_s510_be1 (abgerufen am 04.02.2020).

in Deutschland zudem private Lebensversicherungen,[1747] die im Jahr 2019 (in Abhängigkeit vom Garantiezins) durchschnittliche Renditen von 2,5 bis 4,1 Prozent pro Jahr erzielten – der Gesamtdurchschnitt lag bei 2,8 Prozent pro Jahr.[1748]

Als weitere Anlagemöglichkeit für Privatpersonen ergeben sich Kapitalanlagen in deutsche Staatsanleihen. Diese haben – wie bereits dargestellt[1749] – Anfang 2020 Renditen zwischen -0,7 und 0,4 Prozent pro Jahr. Hierzu ist anzumerken, dass internationale Zinssätze nicht ignoriert werden dürfen, da die Mobilität des Geldes eine globale Ausnutzung von unterschiedlichen Zinsniveaus ermöglicht. Ein in Deutschland unbeschränkt Steuerpflichtiger kann sein Kapital durchaus im Ausland anlegen, indem er zum Beispiel ausländische Staatsanleihen kauft. So betrug die Euro-Rendite zehnjähriger Staatsanleihen aus Italien Mitte 2019 beispielsweise 1,4 Prozent pro Jahr und von Griechenland 2,0 Prozent pro Jahr.[1750] Andere Währungsräume haben teilweise noch höhere Zinsniveaus für zehnjährige Staatsanleihen (Zahlen für das Jahr 2018):[1751] Norwegen 1,9 Prozent pro Jahr, Israel 2,0 Prozent pro Jahr, Kanada 2,3 Prozent pro Jahr, Südkorea 2,6 Prozent pro Jahr, Australien 2,7 Prozent pro Jahr, Neuseeland 2,8 Prozent pro Jahr, USA 3,0 Prozent pro Jahr, Polen 3,2 Prozent pro Jahr, Ungarn 3,2 Prozent pro Jahr, Island 5,2 Prozent pro Jahr, Indien 8,0 Prozent pro Jahr, Südafrika 9,1 Prozent pro Jahr, Türkei 17,9 Prozent pro Jahr. Dementsprechend sind außerdem auch die Zinssätze der Einlagen privater Haushalte bei ausländischen Finanzinstituten heranzuziehen. Unter anderem mittels Online-Zinsplattformen wie zum

1747 Vgl. Deutsche Bundesbank, Monatsbericht April 2019, S. 27, abrufbar unter https://www.bundesbank.de/resource/blob/793790/fe14349c7d4f06c3a09fa7b631d5b9ad/mL/2019-04-monatsbericht-data.pdf (abgerufen am 05.02.2020).

1748 Vgl. Assekurata, Assekurata-Marktstudie zu Überschussbeteiligungen und Garantien 2019, S. 1, abrufbar unter https://www.assekurata.de/fileadmin/mediendatenbank/Dokumente/Presse/Pressemitteilungen/2019/Ueberschussbeteiligung/Assekurata_PM_Studie_Ueberschussbeteiligung_Garantien_2019.pdf (abgerufen am 05.02.2020).

1749 S. oben Seite 351 f.

1750 Vgl. Statista Research Department, https://de.statista.com/statistik/daten/studie/77722/umfrage/rendite-von-zehnjaehrigen-staatsanleihen-nach-europaeischen-laendern/ (abgerufen am 08.10.2019).

1751 S. zum Jahr 2018 Statistics Denmark, https://www.statbank.dk/MPK100 (abgerufen am 22.05.2020). Top-Renditen erzielen auch Anleihen aus Argentinien mit über 20 Prozent pro Jahr, vgl. https://www.comdirect.de/inf/anleihen/toprenditen.html (abgerufen am 22.05.2020). Auch die Zahlen für 2019 zeigen – soweit vorhanden – für diese Länder ein deutlich höheres Zinsniveau als in Deutschland, s. Statistics Denmark, a. a. O.

Beispiel Weltsparen, Savedo oder Zinspilot lassen sich nämlich auch für Private Tages- und Festgeldangebote aus ganz Europa nutzen.[1752] Für Tagesgelder wurden Ende 2019 für Anlagebeträge ab 5.000 Euro bis zu 0,8 Prozent pro Jahr in Italien und für geringere Anlagebeträge bis zu 0,65 Prozent pro Jahr in Bulgarien geboten.[1753] Für Festgelder mit einer Laufzeit von einem Jahr gibt es bis zu 1,4 Prozent pro Jahr in Griechenland; Festgelder mit Laufzeiten von bis zu zehn Jahren werden mit bis zu 2,1 Prozent pro Jahr in Italien verzinst.[1754] Hinzukommen Festgelder in Fremdwährungen, die beispielsweise bei einer einjährigen Laufzeit in US-Dollar in Lettland 3,5 Prozent pro Jahr Rendite aufweisen.[1755]

Außerdem können Privatpersonen Kapital auch in Unternehmensanleihen anlegen. Die durchschnittliche Emissionsrendite inländischer Emittenten lag im Jahr 2018 bei 3,8 Prozent pro Jahr –für 2019 liegen lediglich die Renditen im Monatsdurchschnitt vor, die erheblich zwischen 0,5 und 8,6 Prozent pro Jahr schwankten.[1756] Die Umlaufrendite lag 2019 bei 2,5 Prozent pro Jahr.[1757] Dabei liegen die Renditen je nach Bonität des Emittenten allerdings deutlich auseinander. Die Differenz zwischen der Rendite hochverzinslicher Anleihen von Emittenten schlechter Bonität und den Renditen sogenannter Investment-Grade-Anleihen lag im Jahr 2017 exemplarisch bei 2,6 Prozentpunkten.[1758] Zwischen einem Schuldner durchschnittlicher Bonität (BBB-Rating) und einem Schuldner höchster Bonität (AAA-Rating) liegt der durchschnittliche Renditeabstand bei

1752 Eigene Darstellung auf der Internetseite Weltsparen.de, s. https://www.weltsparen.de/ueber-weltsparen/ (abgerufen am 09.10.2019). Dazu, dass die Geldanlage auf Tages- oder Festgeld-Konten im EU-Ausland immer bedeutender wird, s. bspw. *Leitmeyer*, Bild (online) v. 17.11.2019, abrufbar unter https://www.bild.de/geld/mein-geld/mein-geld/sparen-zinsen-fuer-geldanlage-viele-sparer-fluechten-vor-nullzins-ins-ausland-65646960.bild.html (abgerufen am 19.11.2019).

1753 Vgl. https://www.weltsparen.de/tagesgeld (abgerufen am 09.10.2019).

1754 Vgl. https://www.weltsparen.de/festgeld (abgerufen am 09.10.2019).

1755 Vgl. https://www.weltsparen.de/festgeld (abgerufen am 09.10.2019).

1756 Vgl. Deutsche Bundesbank, Kapitalmarktstatistik Januar 2020, S. 36, abrufbar unter https://www.bundesbank.de/resource/blob/823268/1fc5021511b2d5a0e897234d0e961248/mL/2020-01-kapitalmarktstatistik-data.pdf (abgerufen am 20.06.2020).

1757 Vgl. Deutsche Bundesbank, Kapitalmarktstatistik Januar 2020, S. 36, abrufbar unter https://www.bundesbank.de/resource/blob/823268/1fc5021511b2d5a0e897234d0e961248/mL/2020-01-kapitalmarktstatistik-data.pdf (abgerufen am 20.06.2020).

1758 Vgl. Deutsche Bundesbank, Monatsbericht Juli 2017, S. 27, abrufbar unter https://www.bundesbank.de/resource/blob/665406/f538a3b652774903661ed744c7c4c77e/mL/2017-07-monatsbericht-data.pdf (abgerufen am 09.10.2019).

circa einem Prozentpunkt.[1759] Noch höher verzinst sind Anleihen von Emittenten schlechterer Bonität sowie Nachranganleihen, das heißt Anleihen, die nicht vorrangig bedient werden.[1760]

Nicht zuletzt stehen den Privatpersonen Investitionen am Aktienmarkt offen.[1761] Die Rendite eines durchgängigen Investments in den Deutschen Aktienindex (DAX), der die 30 nach Börsenumsatz und Marktkapitalisierung größten deutschen Aktiengesellschaften abbildet,[1762] lag im Zeitraum 1968 bis 2018 bei 7,0 Prozent pro Jahr und im Zeitraum 2008 bis 2018 bei 8,2 Prozent pro Jahr.[1763] Die durchschnittliche Jahresrendite des DAX in den Jahren 1968 bis 2018 lag je nach Anlagezeitraum zwischen circa 8,0 und 10,0 Prozent pro Jahr.[1764] Zusätzlich sind auch diesbezüglich Investitionen in ausländische Aktiengesellschaften und Aktienmärkte relevant. Im Zeitraum von 2008 bis 2018

1759 Vgl. *Steffen*, in: IFSt-Schrift 511, 2016, S. 17 (24).

1760 Vgl. *Hohenadl/Gröneweg/Strohm*, Euro am Sonntag (online) v. 24.10.2019, abrufbar unter https://www.boerse-online.de/nachrichten/geld-und-vorsorge/strafzinsen-so-schuetzen-sie-ihr-geld-1028558639 (abgerufen am 11.12.2019).

1761 Vgl. bspw. BFH v. 09.11.2017 – III R 10/16, BStBl. II 2018, 255 (259); FG Münster v. 17.08.2017 – 10 K 2472/16 E, EFG 2017, 1638 (1640); FG Baden-Württemberg v. 16.01.2018 – 2 V 3389/16, EFG 2018, 997 (1000 f.); OVG Nordrhein-Westfalen v. 25.10.2018 – 14 B 1366/18, ZKF 2018, 282 (283). Eine Unterscheidung zwischen Kurs- und Performance-Indizes wird hier, wie auch in dem Dossier, nicht vorgenommen. Die Performance-Rendite der Kurs-Indizes Dow Jones, Nikkei und EuroStoxx läge dementsprechend noch höher. Zur Unterscheidung am Beispiel des DAX s. Börse Frankfurt, https://www.boerse-frankfurt.de/wissen/ueber/geschichte-der-frankfurter-wertpapierboerse/fakten-aus-30-jahren-dax (abgerufen am 09.10.2019).

1762 Vgl. die offizielle Beschreibung der Börse Frankfurt, https://www.boerse-frankfurt.de/wissen/ueber/geschichte-der-frankfurter-wertpapierboerse/fakten-aus-30-jahren-dax (abgerufen am 09.10.2019).

1763 Vgl. Renditedreieck des Deutschen Aktieninstituts, abrufbar unter https://www.dai.de/files/dai_usercontent/dokumente/renditedreieck/181231%20DAX-Rendite-Dreieck%2050%20Jahre%20Web.pdf (abgerufen am 09.10.2019).

1764 Vgl. Renditedreieck des Deutschen Aktieninstituts, abrufbar unter https://www.dai.de/files/dai_usercontent/dokumente/renditedreieck/181231%20DAX-Rendite-Dreieck%2050%20Jahre%20Web.pdf (abgerufen am 09.10.2019); vgl. auch Statista Research Department, https://de.statista.com/statistik/daten/studie/377471/umfrage/dax-renditedreieck/ (abgerufen am 09.10.2019). Diese Werte liegen über den zuvor genannten Werten, da die negative Rendite von 18,3 Prozent im Jahr 2018 nicht gleichermaßen ins Gewicht fällt, vgl. hierzu auch Statista Research Department, https://de.statista.com/statistik/daten/studie/957614/umfrage/jahresperformance-des-dax/ (abgerufen am 09.10.2019).

hatte der Dow Jones Industrial Average (DJIA) als vermeintlicher Leitindex der USA[1765] eine Rendite von 10,3 Prozent pro Jahr,[1766] der Nikkei 225 für Japan eine Rendite von 8,5 Prozent pro Jahr[1767] und der EuroStoxx 50 für die Eurozone eine Rendite von 2,0 Prozent pro Jahr.[1768]

Unter anderem kommen für Unternehmer noch die Investitionen in das eigene Unternehmen hinzu, sodass die Gesamtkapitalrenditen der Unternehmungen interessant sind.[1769] Die Gesamtkapitalrendite der Familienunternehmen belief sich im Jahr 2013 je nach Branche auf 6,3 bis 6,9 Prozent pro Jahr.[1770] Für den gesamten deutschen Mittelstand ergab sich im Jahr 2016 eine Gesamtkapitalrendite von 9,0 Prozent pro Jahr.[1771] Laut Deutscher Bundesbank erzielten alle kleinen und mittleren Unternehmen, das heißt solche mit einem Umsatz von weniger als 50 Millionen Euro, in den Jahren 2013 bis 2017 im Durchschnitt eine Gesamtkapitalrendite von 8,7 Prozent pro Jahr.[1772]

Somit ist festzuhalten, dass die Einlagen privater Haushalte in Deutschland zwischen circa 0,0 und 1,2 Prozent pro Jahr Zinsen bringen, ausländische Banken allerdings bis zu 3,5 Prozent pro Jahr für Einlagen privater Haushalte zahlen. Private Lebensversicherungen rentieren mit durchschnittlich 2,8 Prozent pro Jahr.

1765 Vgl. Statista Research Department, https://de.statista.com/statistik/daten/studie/1936/umfrage/entwicklung-des-dow-jones-index-seit-1896/ (abgerufen am 09.10.2019).

1766 Vgl. Statista Research Department, https://de.statista.com/statistik/daten/studie/322795/umfrage/dow-jones-renditedreieck/ (abgerufen am 09.10.2019).

1767 Vgl. https://www.boerse.de/performance/Nikkei-225/JP9010C00002 (abgerufen am 09.10.2019).

1768 Vgl. Statista Research Department, https://de.statista.com/statistik/daten/studie/781991/umfrage/euro-stoxx-renditedreieck/ (abgerufen am 09.10.2019).

1769 Vgl. hierzu FG Baden-Württemberg v. 16.01.2018 – 2 V 3389/16, EFG 2018, 997 (1001).

1770 Vgl. *Schlepphorst et al.*, Die größten Familienunternehmen in Deutschland, 2015, S. 15, abrufbar unter https://www.ifm-bonn.org/fileadmin/data/ifmstudien/BDI-Familienunternehmen-Fruehjahr-2015.pdf (abgerufen am 09.10.2019).

1771 Vgl. Deutscher Sparkassen- und Giroverband, Diagnose Mittelstand 2018, S. 26, abrufbar unter https://www.dsgv.de/sparkassen-finanzgruppe/publikationen/diagnose-mittelstand.html (abgerufen am 10.12.2019).

1772 Vgl. Deutsche Bundesbank, Hochgerechnete Angaben aus Jahresabschlüssen deutscher Unternehmen von 1997 bis 2018, 2019, Tabellenblatt GK1, Zeile 146, abrufbar unter https://www.bundesbank.de/de/statistiken/unternehmen-und-private-haushalte/-/jahresabschlussstatistik-hochgerechnete-angaben-1997-bis-2018-827826 (abgerufen am 22.05.2020).

Deutsche Staatsanleihen weisen weitgehend negative Renditen auf, ausländische Staatsanleihen werden jedoch zum Teil deutlich höher verzinst. Deutsche Unternehmensanleihen rentieren mit 2,5 Prozent pro Jahr, Anlagen am Aktienmarkt bringen langfristige durchschnittliche Renditen von circa 2,0 bis circa 10,0 Prozent pro Jahr und Investitionen in Familienunternehmen beziehungsweise den Mittelstand haben eine Gesamtkapitalrendite von 6,3 bis 9,0 Prozent pro Jahr.

β) Fremdkapitalzinsen

Auch zur Abbildung der Fremdkapitalzinsen für Privatpersonen kommen verschiedene Marktzinssätze in Betracht. Für unbesicherte Konsumentenkredite, die zum Güter- und Dienstleistungskonsum gewährt werden,[1773] mussten private Haushalte im Jahr 2019 im Neugeschäft mit variablen Zinssätzen oder kurzer Zinsbindung von bis zu einem Jahr einen durchschnittlichen Effektivzinssatz in Höhe von 8,8 Prozent pro Jahr, mit einer Zinsbindung von bis zu fünf Jahren durchschnittlich in Höhe von 4,4 Prozent pro Jahr und mit noch längerer Zinsbindung durchschnittlich in Höhe von 6,5 Prozent pro Jahr bezahlen.[1774] Gemäß Statistiken der Deutschen Bundesbank kommen für diese Konsumentenkredite noch durchschnittlich 0,04 Prozent pro Jahr an eventuell anfallenden sonstigen Kosten, wie zum Beispiel für die Verwaltung oder Kreditversicherungen, hinzu.[1775] Die Konsumentenkredite im Bestand hatten im Jahr 2019 im Durchschnitt je nach ursprünglicher Laufzeit des Kredits Effektivzinssätze zwischen

1773 Vgl. bspw. BFH v. 01.07.2014 – IX R 31/13, BStBl. II 2014, 925 (928); BFH v. 09.11.2017 – III R 10/16, BStBl. II 2018, 255 (258); FG Berlin-Brandenburg v. 15.01.2014 – 3 K 3079/13, EFG 2014, 724 (726); FG Münster v. 17.08.2017 – 10 K 2472/16 E, EFG 2017, 1638 (1640); FG Berlin-Brandenburg v. 14.11.2017 – 6 K 6258/16, EFG 2018, 341 (341 f.); FG Baden-Württemberg v. 16.01.2018 – 2 V 3389/16, EFG 2018, 997 (1000). Zur Definition s. eine der Zeitreihen, abrufbar unter Deutsche Bundesbank, https://www.bundesbank.de/dynamic/action/de/statistiken/zeitreihen-datenbanken/zeitreihen-datenbank/759778/759778?statisticType=BBK_ITS&listId=www_s510_ph2_neu&treeAnchor=GELD (abgerufen am 11.10.2019).

1774 Vgl. Deutsche Bundesbank, https://www.bundesbank.de/dynamic/action/de/statistiken/zeitreihen-datenbanken/zeitreihen-datenbank/759778/759778?statisticType=BBK_ITS&listId=www_s510_ph2_neu&treeAnchor=GELD (abgerufen am 04.02.2020).

1775 S. dazu die entsprechenden Werte unter Deutsche Bundesbank, https://www.bundesbank.de/dynamic/action/de/statistiken/zeitreihen-datenbanken/zeitreihen-datenbank/759778/759778?statisticType=BBK_ITS&listId=www_s510_ph2_neu&treeAnchor=GELD (abgerufen am 04.02.2020).

3,5 (lange Laufzeiten) und 7,1 (kurze Laufzeiten) Prozent pro Jahr.[1776] Die besicherten Konsumentenkredite, die lediglich zwischen circa zwei und drei Prozent der Konsumentenkredite ausmachen, hatten eine entsprechende Effektivverzinsung zwischen 2,5 und 2,8 Prozent pro Jahr.[1777] Da deren Neugeschäftsvolumina statistisch allerdings nicht einmal feststellbar sind, sind diese Werte zu ignorieren.[1778]

Daneben sind revolvierende Kredite,[1779] nämlich Dispositionskredite,[1780] Überziehungskredite[1781] oder Kontokorrentkredite, sowie Kreditkartenkredite[1782] von Bedeutung. Denn zum einen betrug das monatliche Neugeschäftsvolumen der revolvierenden Kredite im Jahr 2019 circa 40 Milliarden Euro, wovon fünf Milliarden Euro auf Kreditkartenkredite entfallen, wohingegen auf sonstige Kredite (circa fünf Milliarden Euro), auf Konsumentenkredite (circa zehn Milliarden Euro) und auf Wohnungsbaukredite (circa 22 Milliarden Euro) ein

1776 Vgl. Deutsche Bundesbank, https://www.bundesbank.de/dynamic/action/de/statistiken/zeitreihen-datenbanken/zeitreihen-datenbank/759778/759778?listId=www_s510_bk1 (abgerufen am 04.02.2020).

1777 Vgl. Deutsche Bundesbank, https://www.bundesbank.de/dynamic/action/de/statistiken/zeitreihen-datenbanken/zeitreihen-datenbank/759778/759778?listId=www_s510_ph2b (abgerufen am 04.02.2020).

1778 Vgl. Deutsche Bundesbank, https://www.bundesbank.de/dynamic/action/de/statistiken/zeitreihen-datenbanken/zeitreihen-datenbank/759778/759778?listId=www_s510_ph2b (abgerufen am 04.02.2020).

1779 Vgl. bspw. BFH v. 09.11.2017 – III R 10/16, BStBl. II 2018, 255 (258); FG Berlin-Brandenburg v. 15.01.2014 – 3 K 3079/13, EFG 2014, 724 (726); FG Münster v. 17.08.2017 – 10 K 2472/16 E, EFG 2017, 1638 (1640); FG Sachsen v. 27.09.2017 – 5 K 221/16, EFG 2018, 712 (713). Die Berücksichtigung der revolvierenden Kredite hingegen ablehnend s. BFH v. 25.04.2018 – IX B 21/18, BStBl. II 2018, 415 (416 f.); FG Münster v. 31.08.2018 – 9 V 2360/18 E, EFG 2018, 1821 (1824).

1780 Vgl. bspw. BFH v. 01.07.2014 – IX R 31/13, BStBl. II 2014, 925 (928); FG Baden-Württemberg v. 16.01.2018 – 2 V 3389/16, EFG 2018, 997 (1000).

1781 Vgl. bspw. BFH v. 09.11.2017 – III R 10/16, BStBl. II 2018, 255 (258); FG Berlin-Brandenburg v. 15.01.2014 – 3 K 3079/13, EFG 2014, 724 (726); FG Münster v. 17.08.2017 – 10 K 2472/16 E, EFG 2017, 1638 (1640); FG Sachsen v. 27.09.2017 – 5 K 221/16, EFG 2018, 712 (713); FG Berlin-Brandenburg v. 14.11.2017 – 6 K 6258/16, EFG 2018, 341 (342).

1782 Vgl. bspw. BFH v. 09.11.2017 – III R 10/16, BStBl. II 2018, 255 (258); FG Berlin-Brandenburg v. 15.01.2014 – 3 K 3079/13, EFG 2014, 724 (726); FG Sachsen v. 27.09.2017 – 5 K 221/16, EFG 2018, 712 (713).

zusammengenommen sogar etwas geringeres Neugeschäftsvolumen entfiel.[1783] Zum anderen nutzten im Jahr 2019 immerhin elf Prozent der Privatpersonen in Deutschland einen Dispositionskredit und zehn Prozent einen Rahmenkredit.[1784] Die effektive Verzinsung lag hierfür im Durchschnitt des Jahres 2019 bei 7,9 Prozent pro Jahr, wobei der Effektivzinssatz der nach Volumen weniger bedeutenden Kreditkartenkredite bei 14,9 Prozent pro Jahr lag.[1785] Sonstige Kredite an private Haushalte,[1786] beispielsweise Ausbildungskredite, Kredite zur Schuldenkonsolidierung oder Kredite an wirtschaftlich selbständige Privatpersonen,[1787] hatten im Jahr 2019, je nach Zinsbindung, eine Effektivverzinsung von 1,7 bis 2,5 Prozent pro Jahr.[1788]

Weitere insbesondere langfristige Kredite sind Wohnungsbaukredite, die sowohl zum Bau als auch zur Modernisierung verwendet werden.[1789]

1783 Vgl. Deutsche Bundesbank, https://www.bundesbank.de/dynamic/action/de/statistiken/zeitreihen-datenbanken/zeitreihen-datenbank/759778/759778?listId=www_s510_ph1 (abgerufen am 04.02.2020).

1784 Vgl. *Moll/Kraus*, Ipsos Marktstudie 2019 – Konsum- und Kfz-Finanzierung, S. 3, abrufbar unter https://ssl.bfach.de/media/file/31851.Marktstudie_2019_Konsum-Kfz-Finanzierung_BFACH.pdf (abgerufen am 05.02.2020).

1785 Vgl. Deutsche Bundesbank, https://www.bundesbank.de/dynamic/action/de/statistiken/zeitreihen-datenbanken/zeitreihen-datenbank/759778/759778?listId=www_s510_ph1 (abgerufen am 04.02.2020). Der Anteil der Kreditkartenkredite an den revolvierenden Krediten liegt bei ca. 10-20 Prozent, vgl. Deutsche Bundesbank, a. a. O.

1786 Vgl. bspw. BFH v. 09.11.2017 – III R 10/16, BStBl. II 2018, 255 (258); FG Berlin-Brandenburg v. 15.01.2014 – 3 K 3079/13, EFG 2014, 724 (726).

1787 Zur Definition s. eine der Zeitreihen, abrufbar unter Deutsche Bundesbank, https://www.bundesbank.de/dynamic/action/de/statistiken/zeitreihen-datenbanken/zeitreihen-datenbank/759778/759778?statisticType=BBK_ITS&listId=www_s510_ph4_neu&treeAnchor=GELD (abgerufen am 11.10.2019); Deutsche Bundesbank, https://www.bundesbank.de/dynamic/action/de/statistiken/zeitreihen-datenbanken/zeitreihen-datenbank/759778/759778?statisticType=BBK_ITS&listId=www_s510_ph4b&treeAnchor=GELD (abgerufen am 11.10.2019).

1788 Vgl. Deutsche Bundesbank, https://www.bundesbank.de/dynamic/action/de/statistiken/zeitreihen-datenbanken/zeitreihen-datenbank/759778/759778?statisticType=BBK_ITS&listId=www_s510_ph4_neu&treeAnchor=GELD und https://www.bundesbank.de/dynamic/action/de/statistiken/zeitreihen-datenbanken/zeitreihen-datenbank/759778/759778?statisticType=BBK_ITS&listId=www_s510_ph4b&treeAnchor=GELD (jeweils abgerufen am 04.02.2020).

1789 Zur Definition s. eine der Zeitreihen, abrufbar unter Deutsche Bundesbank, https://www.bundesbank.de/dynamic/action/de/statistiken/zeitreihen-datenbanken/

Bestandskredite hatten 2019 je nach ursprünglicher Laufzeit einen Effektivzinssatz von 1,8 bis 2,3 Prozent pro Jahr.[1790] Im Neugeschäft lag dieser in Abhängigkeit von der Zinsbindungsdauer zwischen 1,5 Prozent pro Jahr für eine mittlere Zinsbindungsdauer und 2,0 Prozent pro Jahr für keine oder nur eine maximal einjährige Zinsbindungsdauer.[1791] Die Kosten für die Kredite belaufen sich auf circa 0,06 Prozent pro Jahr.[1792] Besicherte Immobilienkredite, die hiervon zwischen einem Drittel und der Hälfte ausmachen, haben ähnliche Effektivzinssätze, lediglich für eine mittlere Zinsbindungsdauer lag der Satz außerhalb der Zinsspanne bei niedrigeren 1,3 Prozent pro Jahr.[1793]

Zusammenfassend ist eine Zinssatzspannbreite für die Fremdkapitalzinsen von 1,3 Prozent pro Jahr für besicherte Immobilienkredite bis 14,9 Prozent pro Jahr für echte Kreditkartenkredite festzustellen. Dazwischen liegen sonstige Kredite mit Zinssätzen zwischen 1,7 und 2,5 Prozent pro Jahr, unbesicherte Konsumentenkredite mit Zinssätzen von 3,5 bis 8,8 Prozent pro Jahr und revolvierende Kredite mit durchschnittlich 7,9 Prozent pro Jahr Effektivverzinsung. Die Kosten sind eher vernachlässigbar. Darüber hinaus wäre im Falle günstigerer Konditionen noch denkbar, dass Privatpersonen Kredite im Ausland aufnehmen. Hierzu lassen sich allerdings keine Daten finden.[1794]

---

zeitreihen-datenbank/759778/759778?listId=www_s510_ph3_neu (abgerufen am 11.10.2019).

1790 Vgl. Deutsche Bundesbank, https://www.bundesbank.de/dynamic/action/de/statistiken/zeitreihen-datenbanken/zeitreihen-datenbank/759778/759778?listId=www_s510_bk1 (abgerufen am 04.02.2020).

1791 Vgl. Deutsche Bundesbank, https://www.bundesbank.de/dynamic/action/de/statistiken/zeitreihen-datenbanken/zeitreihen-datenbank/759778/759778?listId=www_s510_ph3_neu (abgerufen am 04.02.2020).

1792 S. dazu die entsprechenden Werte unter Deutsche Bundesbank, https://www.bundesbank.de/dynamic/action/de/statistiken/zeitreihen-datenbanken/zeitreihen-datenbank/759778/759778?listId=www_s510_ph3_neu (abgerufen am 04.02.2020).

1793 Vgl. Deutsche Bundesbank, https://www.bundesbank.de/dynamic/action/de/statistiken/zeitreihen-datenbanken/zeitreihen-datenbank/759778/759778?listId=www_s510_ph3b (abgerufen am 04.02.2020).

1794 Auch die Auswertung einschlägiger Kreditvergleichsportale ist hierbei nicht zielführend, da nicht nachvollzogen werden kann, welche Voraussetzungen der Schuldner haben muss, um angegebene (Lock-)Angebote tatsächlich zu erhalten.

cc) Unternehmen

Für die Unternehmen kommen ebenfalls verschiedenste konkrete Marktzinssätze als Referenz in Betracht. Zu unterscheiden ist auch hier zwischen den Anlage- und den Fremdkapitalzinsen.

α) Anlagerenditen

Hinsichtlich der Anlagerenditen kommen zunächst die für Unternehmen allgemein zugänglichen Anlagezinssätze am Geld- und Kapitalmarkt, also Tagesgelder, Termingeldeinlagen und Festgelder in Frage.[1795] Täglich fällige Einlagen nichtfinanzieller Kapitalgesellschaften hatten 2019 im Neugeschäft einen volumengewichteten durchschnittlichen Zinssatz von 0,0 Prozent pro Jahr.[1796] Mit Laufzeiten bis zu einem Jahr lag der Zinssatz 2019 bei durchschnittlich -0,1 Prozent pro Jahr und für Laufzeiten über einem Jahr durchschnittlich bei -0,1 bis 0,4 Prozent pro Jahr.[1797] Bestandsanlagen hatten im Jahr 2019 eine etwas höhere Verzinsung: Einlagen mit Laufzeiten von bis zu zwei Jahren wurden mit 0,0 Prozent pro Jahr verzinst und mit längeren Laufzeiten mit 0,8 Prozent pro Jahr.[1798] Auch den Unternehmen stehen darüber hinaus Anlagen im Ausland zur Verfügung. So bietet beispielsweise die Zinsplattform „Weltsparen.de" einen Festgeldvergleich auch für Geschäftskunden an, wobei Festgelder 2019 mit bis zu 2,25 Prozent pro Jahr (in Frankreich mit einer Laufzeit von zwei Jahren) und Fremdwährungsanlagen in US-Dollar mit bis zu 2,5 Prozent pro Jahr (in Deutschland mit einer Laufzeit von einem Jahr) verzinst wurden.[1799]

1795 Vgl. BFH v. 09.11.2017 – III R 10/16, BStBl. II 2018, 255 (258); FG Münster v. 17.08.2017 – 10 K 2472/16 E, EFG 2017, 1638 (1640).

1796 Vgl. Deutsche Bundesbank, https://www.bundesbank.de/dynamic/action/de/statistiken/zeitreihen-datenbanken/zeitreihen-datenbank/759778/759778?statisticType=BBK_ITS&listId=www_s510_ne2&treeAnchor=GELD (abgerufen am 05.02.2020).

1797 Vgl. Deutsche Bundesbank, https://www.bundesbank.de/dynamic/action/de/statistiken/zeitreihen-datenbanken/zeitreihen-datenbank/759778/759778?statisticType=BBK_ITS&listId=www_s510_ne2&treeAnchor=GELD (abgerufen am 05.02.2020).

1798 Vgl. Deutsche Bundesbank, https://www.bundesbank.de/dynamic/action/de/statistiken/zeitreihen-datenbanken/zeitreihen-datenbank/759778/759778?listId=www_s510_be1 (abgerufen am 05.02.2020).

1799 Vgl. https://www.weltsparen.de/geschaeftskunden/angebote/ (abgerufen am 11.10.2019).

Für die Kapitalanlagen gelten ansonsten im Wesentlichen die Ausführungen zu den Privatpersonen, da auch die Unternehmen Kapital entsprechend (international) in Staats- und Unternehmensanleihen sowie in die Aktienmärkte anlegen können. Für die Unternehmen sind überdies die Investitionsrenditen des eigenen Unternehmens, das heißt die Gesamtkapitalrendite (vor Zinsen und nach Steuern), repräsentativ.[1800] Jene liegen grundsätzlich über den Renditen am Geld- und Kapitalmarkt, da Unternehmer Aufwand und Risiken eigener Unternehmungen allein auf sich nehmen, wenn dadurch langfristig höhere Durchschnittsrenditen erzielt werden können.[1801] Im Jahr 2017 erwirtschafteten sämtliche Unternehmen im Durchschnitt eine Rendite von 6,2 Prozent pro Jahr.[1802] Da diese Durchschnittsrendite jedoch anhand der aufsummierten Bilanzwerte aller untersuchten Unternehmen berechnet wird, werden die Renditen großer Unternehmen mit hohen Bilanzsummen deutlich übergewichtet. Um ein genaueres Abbild der Realität zu erhalten, ist infolgedessen – soweit möglich – eine Gewichtung der Renditen entsprechend der Quantität der Unternehmen, für die dieser Durchschnittswert repräsentativ ist, vorzunehmen. Kleine und mittelgroße Unternehmen, die weniger als 50 Millionen Euro Umsatz machen, erzielten 2017 eine Durchschnittsrendite in Höhe von 9,0 Prozent pro Jahr, Großunternehmen hingegen in Höhe von 5,1 Prozent pro Jahr.[1803] Das

---

1800 Vgl. bspw. BFH v. 09.11.2017 – III R 10/16, BStBl. II 2018, 255 (259); OVG Nordrhein-Westfalen v. 10.07.2014 – 14 A 1196/13, juris; FG Baden-Württemberg v. 16.01.2018 – 2 V 3389/16, EFG 2018, 997 (1001); OVG Nordrhein-Westfalen v. 25.10.2018 – 14 B 1366/18, ZKF 2018, 282 (283); OVG Nordrhein-Westfalen v. 25.02.2019 – 14 B 1759/18, juris Rn. 18; vgl. kritisch hingegen FG Münster v. 31.08.2018 – 9 V 2360/18 E, EFG 2018, 1821 (1825). Zu den Gesamtkapitalrenditen s. bereits oben Seite 357.

1801 Vgl. *Thurmayr*, Vorsichtsprinzip und Pensionsrückstellungen, 1992, S. 69.

1802 Vgl. Deutsche Bundesbank, Hochgerechnete Angaben aus Jahresabschlüssen deutscher Unternehmen von 1997 bis 2018, 2019, Tabellenblatt 1, Zeile 146, abrufbar unter https://www.bundesbank.de/de/statistiken/unternehmen-und-private-haushalte/-/jahresabschlussstatistik-hochgerechnete-angaben-1997-bis-2018-827826 (abgerufen am 22.05.2020). Nicht nachvollziehbar sind die niedrigen Statistikwerte in FG Köln v. 12.10.2017 – 10 K 977/17, EFG 2018, 287 (292); *Melan*, DStR 2018, 1512 (1512) nimmt hierzu an, dass das FG Köln die Netto-Gesamtkapitalrenditen nach Zinsen und Steuern berechnet habe.

1803 Vgl. Deutsche Bundesbank, Hochgerechnete Angaben aus Jahresabschlüssen deutscher Unternehmen von 1997 bis 2018, 2019, Tabellenblatt GK1 und GK2, jeweils Zeile 146, abrufbar unter https://www.bundesbank.de/de/statistiken/unternehmen-und-private-haushalte/-/jahresabschlussstatistik-hochgerechnete-angaben-1997-bis-2018-827826 (abgerufen am 22.05.2020).

Verhältnis der Klein- und Mittelbetriebe zu Großbetrieben im Sinne von § 3 der Betriebsprüfungsordnung beträgt circa zehn zu eins,[1804] sodass sich hiernach eine gemittelte Gesamtkapitalrendite von mindestens 8,6 Prozent pro Jahr[1805] ergibt. Nur ergänzend lassen sich die nach Buchwerten gewichteten Gesamtkapitalrenditen noch auf die einzelnen Branchen aufteilen: Produzierendes Gewerbe 5,6 Prozent pro Jahr, Verarbeitendes Gewerbe 5,5 Prozent pro Jahr, Energie- und Wasserversorgung sowie Entsorgung 4,9 Prozent pro Jahr, Baugewerbe 7,7 Prozent pro Jahr, Handel 7,5 Prozent pro Jahr, Verkehr und Lagerei 3,7 Prozent pro Jahr, Information und Kommunikation 5,0 Prozent pro Jahr und Unternehmensdienstleistungen 11,9 Prozent pro Jahr.[1806] Dass für Unternehmen grundsätzlich hohe Durchschnittsrenditen angenommen werden, zeigt auch die Diskussion zum „OECD Unified Approach" im Rahmen des BEPS-Projekts[1807] zur Bekämpfung von Steuervermeidung, wo ein typisierter Routinegewinn in Höhe von zehn Prozent des Umsatzes favorisiert wird.[1808]

Aus alledem ergibt sich eine Spannbreite von Anlagerenditen speziell für Unternehmen von -0,1 Prozent pro Jahr für einjährige Festgelder bis zu 8,6 Prozent pro Jahr Gesamtkapitalrendite der Unternehmen. Dazwischen liegen die weiteren Einlagen der Unternehmen, die in Deutschland mit bis zu 0,8 Prozent pro Jahr und im Ausland mit bis zu 2,5 Prozent pro Jahr verzinst werden. Als

---

1804 Vgl. Statista Research Department, https://de.statista.com/statistik/daten/studie/157401/umfrage/unternehmen-nach-groessenklasse-im-jahr-2009/ (abgerufen am 22.05.2020). Es ist darauf hinzuweisen, dass die Grenzen für Großbetriebe nach § 3 BpO noch unter der Abgrenzung der Statistiken der Deutschen Bundesbank liegen, sodass der Wert der Großunternehmen noch geringer gewichtet werden könnte.

1805 Berechnung: (9,0 % * 10 + 5,1 %) / 11 = 8,64 %.

1806 Vgl. Deutsche Bundesbank, Hochgerechnete Angaben aus Jahresabschlüssen deutscher Unternehmen von 1997 bis 2018, 2019, Tabellenblatt 2 ff., jeweils Zeile 146, abrufbar unter https://www.bundesbank.de/de/statistiken/unternehmen-und-private-haushalte/-/jahresabschlussstatistik-hochgerechnete-angaben-1997-bis-2018-827826 (abgerufen am 22.05.2020).

1807 Zum BEPS-Projekt (Base Erosion and Profit Shifting) s. OECD, http://www.oecd.org/tax/beps/ (abgerufen am 30.11.2019).

1808 Zur grundsätzlichen Idee einer Typisierung des Routinegewinns s. OECD, Secretariat Proposal for a "Unified Approach" under Pillar One, 2019, Rn. 30, 54, abrufbar unter http://www.oecd.org/tax/beps/public-consultation-document-secretariat-proposal-unified-approach-pillar-one.pdf (abgerufen am 30.11.2019). Zur öffentlichen Diskussion der Höhe des Routinegewinns s. http://www.oecd.org/tax/beps/public-consultation-meeting-secretariat-proposal-unified-approach-pillar-one-21-22-november-2019.htm (abgerufen am 30.11.2019).

weitere Anlagerenditen sind aber auch die ausländischen Staatsanleihen mit bis zu 17,9 Prozent pro Jahr Rendite, die Unternehmensanleihen mit 2,5 Prozent pro Jahr sowie Anlagen am Aktienmarkt mit durchschnittlichen Renditen von circa 2,0 bis 10,0 Prozent pro Jahr heranzuziehen.

β) Fremdkapitalzinsen

Kredite an nichtfinanzielle Kapitalgesellschaften[1809] werden in den Statistiken der Deutschen Bundesbank in Kredite mit einem Kreditvolumen bis zu einer Million Euro und darüber unterteilt. Im Neugeschäft im Jahr 2019 hatten Kredite mit einem Volumen von bis zu einer Million Euro eine Effektivverzinsung von 2,0 Prozent pro Jahr (ohne anfängliche Zinsbindung oder mit anfänglicher Zinsbindung von weniger als einem Jahr), 2,5 Prozent pro Jahr (mit anfänglicher Zinsbindung von bis zu fünf Jahren) und 1,6 Prozent pro Jahr (mit anfänglicher Zinsbindung von über fünf Jahren).[1810] Die diesen entsprechenden besicherten Kredite hatten um 0,1 bis 0,2 Prozentpunkte geringere Effektivzinssätze beziehungsweise bei der mittleren Zinsbindungsdauer einen durchschnittlich um 0,1 Prozentpunkte höheren Effektivzinssatz.[1811] Für größere Kreditvolumen mussten die Unternehmen entsprechend im gleichen Zeitraum 1,0 Prozent pro Jahr, 1,4 Prozent pro Jahr oder 1,3 Prozent pro Jahr bezahlen.[1812] Die Effektivzinssätze für die entsprechenden besicherten Kredite lagen bei 1,3 Prozent pro Jahr, 1,8 Prozent pro Jahr und 1,3 Prozent pro Jahr.[1813] Der Anteil der besicherten Kredite betrug circa zehn bis 30 Prozent.[1814] Eine Erklärung für die durchschnittlich

---

1809 Vgl. bspw. BFH v. 09.11.2017 – III R 10/16, BStBl. II 2018, 255 (258); FG Berlin-Brandenburg v. 15.01.2014 – 3 K 3079/13, EFG 2014, 724 (726); FG Münster v. 17.08.2017 – 10 K 2472/16 E, EFG 2017, 1638 (1640).

1810 Vgl. Deutsche Bundesbank, https://www.bundesbank.de/dynamic/action/de/statistiken/zeitreihen-datenbanken/zeitreihen-datenbank/759778/759778?listId=www_s510_unt4 (abgerufen am 05.02.2020).

1811 Vgl. Deutsche Bundesbank, https://www.bundesbank.de/dynamic/action/de/statistiken/zeitreihen-datenbanken/zeitreihen-datenbank/759778/759778?listId=www_s510_unt4b (abgerufen am 05.02.2020).

1812 Vgl. Deutsche Bundesbank, https://www.bundesbank.de/dynamic/action/de/statistiken/zeitreihen-datenbanken/zeitreihen-datenbank/759778/759778?listId=www_s510_unt5 (abgerufen am 05.02.2020).

1813 Vgl. Deutsche Bundesbank, https://www.bundesbank.de/dynamic/action/de/statistiken/zeitreihen-datenbanken/zeitreihen-datenbank/759778/759778?listId=www_s510_unt5b (abgerufen am 05.02.2020).

1814 S. dazu die entsprechenden Werte unter Deutsche Bundesbank, https://www.bundesbank.de/dynamic/action/de/statistiken/zeitreihen-datenbanken/zeitrei

höheren Effektivzinssätze für besicherte Kredite im Vergleich zu den unbesicherten könnte sein, dass eine Besicherung gerade von den Kapitalgesellschaften verlangt wird, die eine schlechtere Bonität haben und aufgrund der größeren Ausfallwahrscheinlichkeit des Kredits höhere Zinssätze bezahlen müssen, die die Besicherung nicht (vollständig) ausgleichen kann. Die Bestandskredite verzinsten 2019 in Abhängigkeit von der ursprünglichen Kreditlaufzeit effektiv zwischen 1,7 Prozent pro Jahr (ursprüngliche Kreditlaufzeit zwischen einem und fünf Jahren) und 2,2 Prozent pro Jahr (ursprüngliche Kreditlaufzeit bis zu einem Jahr).[1815] Die revolvierenden Kredite, einschließlich Überziehungs- und Kreditkartenkredite,[1816] hatten einen volumengewichteten durchschnittlichen Effektivzinssatz im Jahr 2019 von 3,0 Prozent pro Jahr.[1817]

Im Übrigen können Unternehmen Fremdkapital über den Kapitalmarkt aufnehmen. Diese Form der Kapitalaufnahme macht circa ein Fünftel des unternehmerischen Fremdkapitals aus.[1818] Die durchschnittliche Emissionsrendite inländischer Emittenten lag 2018 bei 3,8 Prozent pro Jahr und 2019 lagen die Renditen im Monatsdurchschnitt zwischen 0,5 und 8,6 Prozent pro Jahr.[1819] Ein Jahresdurchschnitt wurde von der Deutschen Bundesbank hierzu aber nicht veröffentlicht, weshalb im Weiteren mit der Emissionsrendite von 2018 in Höhe von 3,8 Prozent pro Jahr zu rechnen ist. Dabei sind die Renditen, die Emittenten schlechterer Bonität bieten müssen, ebenso höher wie die von

hen-datenbank/759778/759778?listId=www_s510_unt5 und https://www.bundesbank.de/dynamic/action/de/statistiken/zeitreihen-datenbanken/zeitreihen-datenbank/759778/759778?statisticType=BBK_ITS&listId=www_s510_unt5b&treeAnchor=GELD (jeweils abgerufen am 05.02.2020).

1815 Vgl. Deutsche Bundesbank, https://www.bundesbank.de/dynamic/action/de/statistiken/zeitreihen-datenbanken/zeitreihen-datenbank/759778/759778?listId=www_s510_bk2 (abgerufen am 05.02.2020).

1816 Vgl. bspw. BFH v. 09.11.2017 – III R 10/16, BStBl. II 2018, 255 (258).

1817 Vgl. Deutsche Bundesbank, https://www.bundesbank.de/dynamic/action/de/statistiken/zeitreihen-datenbanken/zeitreihen-datenbank/759778/759778?statisticType=BBK_ITS&listId=www_s510_unt1&treeAnchor=GELD (abgerufen am 05.02.2020).

1818 Vgl. Deutsche Bundesbank, Monatsbericht Juli 2017, S. 25, abrufbar unter https://www.bundesbank.de/resource/blob/665406/f538a3b652774903661ed744c7c4c77e/mL/2017-07-monatsbericht-data.pdf (abgerufen am 12.10.2019).

1819 Vgl. Deutsche Bundesbank, Kapitalmarktstatistik Januar 2020, S. 36, abrufbar unter https://www.bundesbank.de/resource/blob/823268/1fc5021511b2d5a0e897234d0e961248/mL/2020-01-kapitalmarktstatistik-data.pdf (abgerufen am 20.06.2020).

Nachranganleihen.[1820] Die Umlaufrendite ist hingegen ohne Bedeutung, da die Unternehmen an die Kreditkonditionen zum Emissionszeitpunkt gebunden sind, spätere Preisveränderungen der Anleihen sind für den Emittenten – von einem vorzeitigen Rückkauf der Anleihen abgesehen – grundsätzlich unbeachtlich.

Des Weiteren sind auch ausländische Kredite beziehungsweise Fremdwährungskredite grundsätzlich denkbar und gerade für Unternehmen nicht unbedeutend.[1821] Aussagekräftige Statistiken existieren hierzu allerdings nicht. Es kann lediglich davon ausgegangen werden, dass darüber hinausgehende Angebote am Markt nur angenommen werden, wenn diese für die Unternehmen betriebswirtschaftlich sinnvoll sind, sodass diese Zinsen den durchschnittlichen Fremdkapitalzins der Unternehmen senken werden.

c) Entwicklung der Zinssätze im Zeitverlauf

In der Entwicklung der Zinssätze spielt der 11. Juni 2014 eine besondere Rolle, da die Europäische Zentralbank an diesem Tag mit -0,10 Prozent erstmals in ihrer Geschichte einen negativen Einlagezins festgelegt hat, den Banken für ihre Einlagen bei der Europäischen Zentralbank zahlen müssen.[1822] Diverse andere (Referenz-)Zinssätze sind seither ebenfalls in den negativen Bereich gesunken. Die Bundesrepublik Deutschland emittierte bereits im Januar 2012 erstmals eine Anleihe mit einer negativen Rendite von -0,0122 Prozent,[1823] im November 2014 verlangte die Deutsche Skatbank als erste Bank in Deutschland für Privatkundeneinlagen einen negativen Einlagezins,[1824] der Geldmarktreferenzzinssatz für

---

1820 Vgl. Deutsche Bundesbank, Monatsbericht Juli 2017, S. 27, abrufbar unter https://www.bundesbank.de/resource/blob/665406/f538a3b652774903661ed744c7c4c77e/mL/2017-07-monatsbericht-data.pdf (abgerufen am 09.10.2019); vgl. auch beispielhaft *Hohenadl/Gröneweg/Strohm*, Euro am Sonntag (online) v. 24.10.2019, abrufbar unter https://www.boerse-online.de/nachrichten/1028558639 (abgerufen am 11.12.2019).

1821 Vgl. Europäischer Ausschuss für Systemrisiken v. 21.09.2011 – 2011/C 342/01, ABl. C 342 v. 22.11.2011, S. 8 f.

1822 Zu den Leitzinsen der Europäischen Zentralbank s. http://www.ecb.europa.eu/stats/monetary/rates/html/index.en.html#data (abgerufen am 15.10.2019). Dänemark hatte bspw. schon am 06.07.2012 einen negativen Einlagezins von zunächst -0,20 Prozent pro Jahr eingeführt, vgl. http://www.nationalbanken.dk/en/marketinfo/official_interestrates/Pages/default.aspx (abgerufen am 15.10.2019).

1823 Vgl. *Drescher*, Handelsblatt (online) v. 09.01.2012, abrufbar unter https://www.handelsblatt.com/6047052.html (abgerufen am 12.10.2019).

1824 Vgl. *Hackhausen*, Handelsblatt (online) v. 29.10.2014, abrufbar unter https://www.handelsblatt.com/10907262.html (abgerufen am 15.10.2019). Bis August 2019 haben

Interbankengeschäfte, der Drei-Monats-EURIBOR, ist seit Mai 2015 negativ[1825] und im September 2016 emittierten die deutsche Henkel AG & Co. KGaA und die französische Sanofi SA die ersten Euro-Unternehmensanleihen mit einer negativen Rendite von jeweils -0,05 Prozent.[1826] Schließlich bot im Juli 2017 die Münchener Fidor Bank Privatkunden den ersten Kredit zu negativen Zinsen an[1827] und im November 2019 führte die Volksbank Raiffeisenbank Fürstenfeldbruck als erste Bank Deutschlands eine Negativverzinsung in Höhe von -0,5 Prozent pro Jahr – ohne Freibetrag – ab dem ersten Euro ein.[1828] Somit sind negative Zinsen inzwischen im Alltag sowohl von Sparern als auch von Schuldnern angekommen.

Zur vollständigen Einordnung des Zinsniveaus sowie zur Analyse der Reichweite der Negativzinsen und Prognose zukünftiger Entwicklungen wird im Folgenden die historische Entwicklung verschiedener genannter Marktzinssätze exemplarisch in Schaubildern dargestellt sowie anschließend – in der für eine juristische Arbeit gebotenen Kürze – Überlegungen zur zukünftigen Zinsentwicklung vorgestellt.

aa) Historische Entwicklungen

Die historische Entwicklung wird exemplarisch für die Zinssätze von Bundesanleihen, Unternehmensanleihen, Konsumentenkrediten und revolvierenden Krediten sowie die Renditen von Festgeldanlagen privater Haushalte, Aktieninvestments und unternehmerischen Gesamtkapitals dargestellt. Die Leitzinsen der Zentralbanken hingegen, die vielfach zur Veranschaulichung des Zinsniveaus herangezogen werden,[1829] sind als konkrete Referenz für die steuerrechtlichen Zinssatztypisierungen irrelevant und werden mithin nicht dargestellt.

---

sich ca. 30 Banken angeschlossen und erheben ebenfalls negative Einlagezinsen für Privatkunden, vgl. *Witte*, n-tv.de (online) v. 22.08.2019, abrufbar unter https://www.n-tv.de/21223975.html (abgerufen am 16.10.2019).

1825 Vgl. Deutsche Bundesbank, http://www.bundesbank.de/cae/servlet/StatisticDownload?tsId=BBK01.SU0316&its_csvFormat=de&its_fileFormat=csv&mode=its (abgerufen am 15.10.2019).

1826 Vgl. *Uhlig*, Neue Zürcher Zeitung (online) v. 12.09.2016, abrufbar unter https://www.nzz.ch/finanzen/ld.116184 (abgerufen am 12.10.2019).

1827 Vgl. *Brächer*, Handelsblatt v. 18.07.2017, S. 34 (34 f.).

1828 Vgl. *Witte*, n-tv.de (online) v. 18.11.2019, abrufbar unter https://www.n-tv.de/21402591.html (abgerufen am 19.11.2019).

1829 Vgl. bspw. *Beckmann/Thiele*, BB 2016, 2839 (2841); *Borggräfe/Staud*, FR 2018, 857 (860).

Die Renditen preußischer Staatsanleihen sowie Pfandbriefe schwankten im Zeitraum von 1818 bis 1960 zwischen circa 4,0 und 6,0 Prozent pro Jahr.[1830] Auch die durchschnittliche Umlaufrendite börsengehandelter Bundeswertpapiere lag Anfang der 1960er Jahre bei circa 6,0 Prozent pro Jahr, erreichte mit circa 11,0 Prozent pro Jahr ein Maximum im Jahr 1981 und fiel erstmals im Jahr 2016 in den negativen Bereich. Für den Zeitraum 1960 bis Ende 2019 stellt sich dies graphisch wie folgt dar:[1831]

Abbildung 11: Umlaufrendite deutscher Staatsanleihen

Die Umlaufrendite inländischer Unternehmensanleihen schwankte ab Ende der 1950er Jahre bis Anfang der 2000er Jahre – von Spitzen mit bis zu 12,0 Prozent pro Jahr in Wirtschaftskrisen abgesehen – im Wesentlichen zwischen 5,0 und 9,0 Prozent pro Jahr. Von einem bloßen Zwischenhoch mit fast 8,0 Prozent pro Jahr während der Finanzkrise im Jahr 2008 abgesehen, bewegen sich die Renditen seither zwischen circa 2,0 und etwas über 4,0 Prozent pro Jahr. Für den Zeitraum 1957 bis Ende 2019 ergibt sich folgendes Bild:[1832]

1830 Vgl. *v. Lucius*, in: Läufer/v. Lucius/Richter, Ökonometrie des Zinssatzes, 1973, S. 1 (61, 63), der zudem die Renditen für die USA, England und Frankreich in diesem Zeitraum darstellt.

1831 Eigene Darstellung, zu den Daten s. Deutsche Bundesbank, https://www.bundesbank.de/dynamic/action/de/statistiken/zeitreihen-datenbanken/zeitreihen-datenbank/759778/759778?statisticType=BBK_ITS&listId=www_skms_it01&treeAnchor=GELD (abgerufen am 05.02.2020).

1832 Eigene Darstellung, zu den Daten s. Deutsche Bundesbank, https://www.bundesbank.de/dynamic/action/de/statistiken/zeitreihen-datenbanken/zeitreihen-datenbank/759778/759778?statisticType=BBK_ITS&listId=www_skms_it01&treeAnchor=GELD (abgerufen am 05.02.2020).

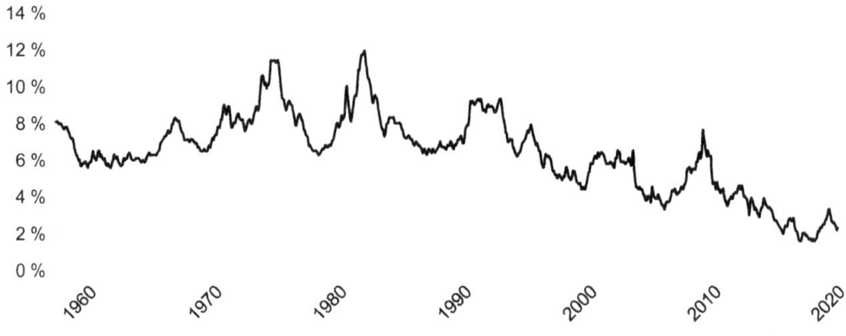

Abbildung 12: Umlaufrendite inländischer Unternehmensanleihen

Die Konsumentenkredite an private Haushalte zeigen im Zeitraum 2003 bis Ende 2019 recht konstante Effektivzinssätze zwischen circa 6,0 und 7,0 Prozent pro Jahr:[1833]

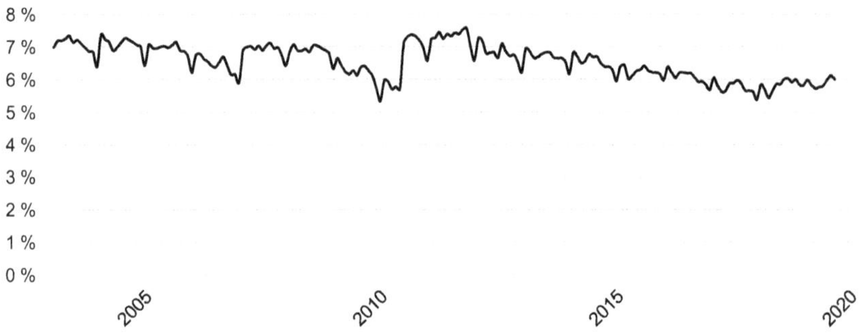

Abbildung 13: Effektivzinssätze der Konsumentenkredite

Die durchschnittlichen Effektivzinssätze der revolvierenden Kredite an private Haushalte sind im Zeitraum 2003 bis Ende 2019 von circa 10,0 Prozent pro

1833 Eigene Darstellung, zu den Daten s. Deutsche Bundesbank, https://www.bundesbank.de/dynamic/action/de/statistiken/zeitreihen-datenbanken/zeitreihen-datenbank/759778/759778?statisticType=BBK_ITS&listId=www_s510_ph2_neu&treeAnchor=GELD (abgerufen am 05.02.2020). Auf die Zinskontinuität des Konsumkredits in den vergangenen fast 600 Jahren hinweisend s. *v. Lucius*, in: Läufer/v. Lucius/Richter, Ökonometrie des Zinssatzes, 1973, S. 1 (65 f.).

Jahr über circa 12,0 Prozent pro Jahr in den Jahren 2007 und 2008 stetig auf circa 8,0 Prozent pro Jahr gefallen:[1834]

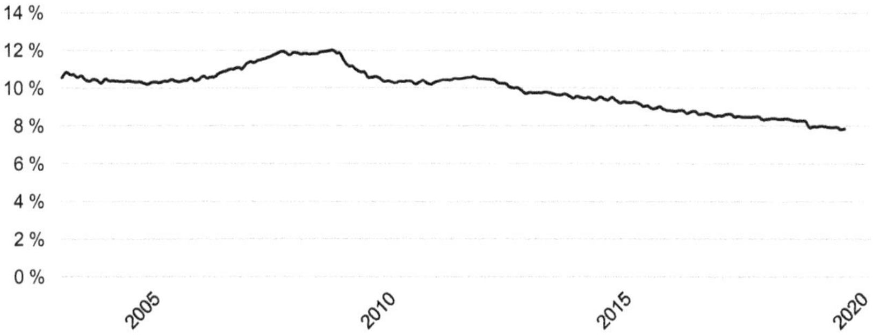

Abbildung 14: Effektivzinssätze der revolvierenden Kredite an private Haushalte

Die Einlagen privater Haushalte mit Laufzeiten von mehr als zwei Jahren wurden im Zeitraum 2003 bis 2012 mit 2,0 bis 4,0 Prozent pro Jahr verzinst. Zwischen 2012 und 2015 ist die Verzinsung auf unter 1,0 Prozent pro Jahr gefallen und bewegt sich seither auf diesem Niveau. Im Schaubild sieht dies folgendermaßen aus:[1835]

1834 Eigene Darstellung, zu den Daten s. Deutsche Bundesbank, https://www.bundesbank.de/dynamic/action/de/statistiken/zeitreihen-datenbanken/zeitreihen-datenbank/759778/759778?statisticType=BBK_ITS&listId=www_s510_ph1&treeAnchor=GELD (abgerufen am 05.02.2020). Die Effektivzinssätze der Kontokorrentkredite schwankten auch im Zeitraum 1981 bis 2002 regelmäßig zwischen ca. 8,0 und 12,0 Prozent pro Jahr (Spitzen von ca. 14,0 Prozent pro Jahr ergaben sich nur in den Jahren 1982 sowie 1992/1993), vgl. *Issing*, Einführung in die Geldtheorie, 2011, S. 122.

1835 Eigene Darstellung, zu den Daten s. Deutsche Bundesbank, https://www.bundesbank.de/dynamic/action/de/statistiken/zeitreihen-datenbanken/zeitreihen-datenbank/759778/759778?listId=www_s510_ne1 (abgerufen am 05.02.2020). Festgelder verzinsten bereits im Zeitraum 1983 bis 1989 und 1995 bis 2003 zwischen 2,0 und 4,0 Prozent pro Jahr, vgl. *Issing*, Einführung in die Geldtheorie, 2011, S. 122.

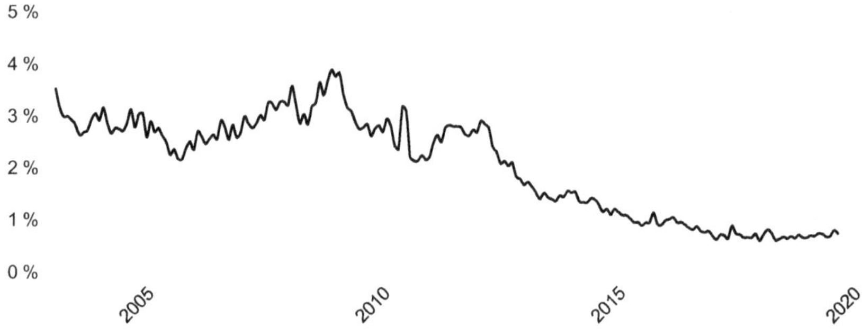

Abbildung 15: Verzinsung der Einlagen privater Haushalte mit Laufzeiten von mehr als zwei Jahren

Die Jahresdurchschnittsrenditen des DAX betragen für Zehnjahresanlagen im Zeitraum 1969 bis 2018 zwischen circa -2,0 und 16,0 Prozent pro Jahr. Der lineare Durchschnitt liegt hierbei zwischen circa 7,0 und 10,0 Prozent pro Jahr. Negativ fallen insbesondere die Ölkrise 1979/1980 sowie die Weltwirtschaftskrise ab 2007 auf:[1836]

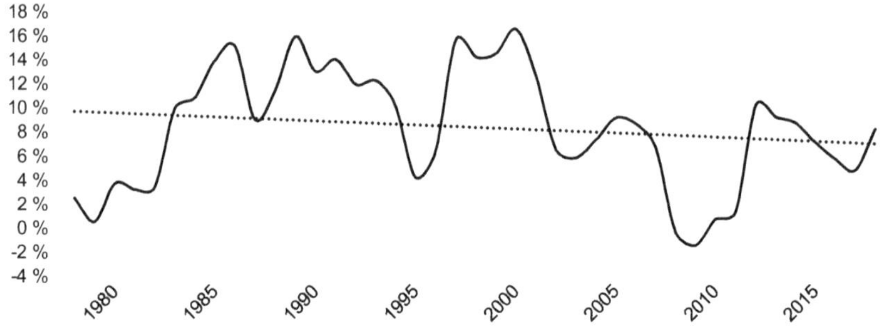

Abbildung 16: Durchschnittliche Jahresrenditen des DAX (Zehnjahresanlagen)

1836 Eigene Darstellung, zu den Daten s. Renditedreieck des Deutschen Aktieninstituts, abrufbar unter https://www.dai.de/files/dai_usercontent/dokumente/renditedreieck/181231%20DAX-Rendite-Dreieck%2050%20Jahre%20Web.pdf (abgerufen am 16.10.2019). Zur Erklärung der Darstellung: Bspw. hätte eine Anlage in den DAX im Jahr 2008, die über zehn Jahre gehalten wurde, eine Rendite von ca. 8,0 Prozent pro Jahr gebracht, s. Wert im Jahr 2018.

Die unternehmerischen Gesamtkapitalrenditen (gewichtet nach Bilanzwerten[1837]) bewegten sich im Zeitraum 1997 bis 2017 sehr stabil zwischen circa 6,0 und 7,0 Prozent pro Jahr. Lediglich die Weltwirtschaftskrise ab dem Jahr 2007 führte zu deutlicheren Schwankungen:[1838]

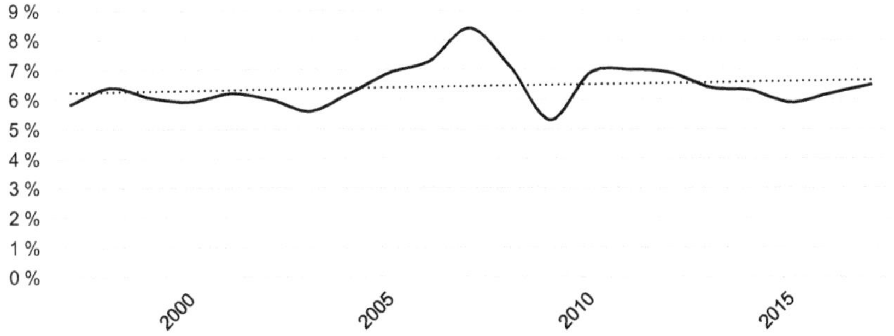

Abbildung 17: Unternehmerische Gesamtkapitalrenditen

Ein deutlich sinkendes Zinsniveau wird somit durch die Staats- und Unternehmensanleihen sowie die Einlagezinssätze deutlich. Weniger deutlich fällt die Abnahme jedoch bei den Kreditzinsen aus. Grundsätzlich konstant sind hingegen die Gesamtkapitalrenditen der Unternehmen. Gleichwohl zeigen die Renditen am Aktienmarkt aufgrund größerer Schwankungen keinen langfristigen Trend und hängen vielmehr von konjunkturellen Wirtschaftsentwicklungen ab.

bb) Zukünftige Entwicklungen

Eine Verfestigung des Niedrigzinsniveaus in allen Bereichen[1839] liegt aufgrund der dargestellten historischen Zins- und Renditeentwicklungen nicht vor. Es

---

1837 Gezeigt werden soll die grundsätzlich geringe Schwankungsbreite der Gesamtkapitalrenditen. Auf eine Differenzierung zwischen den Renditen der einzelnen Größenklassen der Unternehmen kann daher aus Vereinfachungsgründen verzichtet werden.

1838 Eigene Darstellung, zu den Daten s. Deutsche Bundesbank, Hochgerechnete Angaben aus Jahresabschlüssen deutscher Unternehmen von 1997 bis 2018, 2019, Tabellenblatt 1, Zeile 146, abrufbar unter https://www.bundesbank.de/de/statistiken/unternehmen-und-private-haushalte/-/jahresabschlussstatistik-hochgerechnete-angaben-1997-bis-2018-827826 (abgerufen am 22.05.2020).

1839 Zu diesem Ergebnis gelangend s. *Beckmann/Thiele*, BB 2016, 2839 (2841).

wird aber ein breiter weiter anhaltender Trend hin zu niedrigeren und folglich auch negativen Zinssätzen angenommen.[1840] Gleichwohl gelten Zinssatzprognosen allgemein als besonders schwierig[1841] und so wurden beispielsweise bereits in den 1930er Jahren außergewöhnlich niedrige Zinssätze beschrieben.[1842]

Im Folgenden sind daher die Grundlagen zukünftiger Zinssatzentwicklungen zu analysieren, um diese (gesetzgeberischen) Schwierigkeiten der Zinssatzprognosen einordnen zu können. Dazu sind allgemein die Einflussfaktoren auf den Zinsmärkten, sowie die aktuellen Argumente sowohl für steigende als auch für sinkende Zinssätze darzustellen.

Aus dem IS-LM-Modell nach *Hicks*[1843] ergibt sich, dass Einfluss auf den Zinssatz – in Abhängigkeit vom Volkseinkommen – vor allem die Investitions- und Sparneigungen der Marktteilnehmer (IS) sowie Geldmengenänderungen und Änderungen der Liquiditätspräferenzen (LM) am Markt haben können.[1844] Demzufolge wird unter anderem der Produktivität, den demographischen Veränderungen sowie der Effizienz des Geld- und Kapitalmarktes in Verbindung mit dem Bankensektor und dessen Regulierung besondere Bedeutung für die Höhe der Zinssätze beigemessen.[1845] Umstritten sind die Wirkungen der

---

1840 Vgl. bspw. *Williams*, Business Economics 2015, Vol. 50 (2), 57 (59 f.); *Demary/Voigtländer*, IW-Report 47/18, 2018, passim; *Braunberger*, FAZ v. 09.08.2019, S. 23; *Fels*, Die Neue Normalität liegt im negativen Zinsbereich, 2019, abrufbar unter https://www.pimco.de/de-de/insights/blog/interest-rates-naturally-negative/ (abgerufen am 25.10.2019).

1841 Vgl. *Williams*, Business Economics 2015, Vol. 50 (2), 57 (60). S. bspw. auch die teilweisen Fehleinschätzungen *Braunberger*, FAZ (online) v. 09.06.2013, abrufbar unter https://blogs.faz.net/fazit/2013/06/09/wendezeit-2031 (abgerufen am 25.10.2019) und *Braunberger*, FAZ (online) v. 08.06.2015, abrufbar unter https://blogs.faz.net/fazit/2015/06/08/herdentrieb-am-anleihemarkt-5888 (abgerufen am 25.10.2019).

1842 S. *Lutz*, The Quarterly Journal of Economics 1940, Vol. 55 (1), 36 (59): „present interest rates are unusually low".

1843 S. grundlegend *Hicks*, Value and Capital, 1946, S. 213 ff.

1844 Vgl. *Issing*, Einführung in die Geldtheorie, 2011, S. 103 ff.; *Demary/Voigtländer*, IW-Report 47/18, 2018, S. 6, abrufbar unter https://www.iwkoeln.de/fileadmin/user_upload/Studien/Report/PDF/2018/IW-Report_2018-47_Declining_Real_Interest_Rates.pdf (abgerufen am 28.10.2019).

1845 Vgl. *Council of Economic Advisors*, Long-Term Interest Rates, 2015, S. 34 ff.; *Hördahl/Sobrun/Turner*, BIS Working Papers No. 574, 2016, S. 3, abrufbar unter https://www.bis.org/publ/work574.pdf (abgerufen am 22.10.2019); vgl. auch *Gourinchas/Rey*, NBER Working Paper 22618, 2016, S. 22, abrufbar unter http://www.nber.org/papers/w22618 (abgerufen am 21.10.2019), die die Produktivität und Demographie allerdings eher kritisch sehen und dafür die Bedeutung des Bankensektors

Geldmarktpolitik,[1846] die in der Eurozone die Gewährleistung der Preisstabilität zum vorrangigen Ziel hat (Art. 127 Abs. 1 AEUV), sodass der Leitzins ebenso wie unkonventionelle Maßnahmen, wie zum Beispiel die quantitative Lockerung, nur Mittel zum Zweck sind.[1847] Einerseits sei die Wirkung der Geldpolitik auf die Zinssätze durch verschiedene Studien belegt[1848] und Auswirkungen auf die kurzfristigen Zinssätze sind gemäß Erwartungstheorie des Zinses nach *Fisher* und *Hicks* grundsätzlich auch geeignet, die längerfristigen Zinssätze zu beeinflussen, da diese nur eine Abfolge vieler erwarteter kurzfristiger Zinssätze seien.[1849] Andererseits dürfe die Rolle der Zentralbank auch nicht überschätzt werden, da empirisch nachgewiesen sei, dass letztlich immer der Markt die langfristigen Zinsen vorgebe.[1850]

---

hervorheben. Verschiedene Thesen zusammenfassend s. *Anderegg*, Grundzüge der Geldtheorie und Geldpolitik, 2007, S. 99 ff.

1846 Zur Diskussion s. Wissenschaftlicher Beirat beim Bundesministerium der Finanzen, BMF-Druck 2/2017, S. 14 f., abrufbar unter https://www.bundesfinanzministerium.de/Content/DE/Standardartikel/Ministerium/Geschaeftsbereich/Wissenschaftlicher_Beirat/Gutachten_und_Stellungnahmen/Ausgewaehlte_Texte/2017-06-28-gutachten-niedrigzinsphase.html (abgerufen am 26.10.2019).

1847 Vgl. umfassend Europäische Zentralbank, Die Geldpolitik der EZB, 2011, S. 101 ff., abrufbar unter https://www.ecb.europa.eu/pub/pdf/other/monetarypolicy2011de.pdf (abgerufen am 25.10.2019). Zur quantitativen Lockerung (Quantitative Easing – QE) s. Europäische Zentralbank, https://www.ecb.europa.eu/explainers/show-me/html/app_infographic.de.html (abgerufen am 25.10.2019).

1848 Vgl. Sachverständigenrat, Jahresgutachten 2012/2013, 2012, S. 84 f., abrufbar unter https://www.sachverstaendigenrat-wirtschaft.de/fileadmin/dateiablage/gutachten/ga201213/ga12_ges.pdf (abgerufen am 25.10.2019); vgl. auch Wissenschaftlicher Beirat beim Bundesministerium der Finanzen, BMF-Druck 2/2017, S. 14 f., abrufbar unter https://www.bundesfinanzministerium.de/Content/DE/Standardartikel/Ministerium/Geschaeftsbereich/Wissenschaftlicher_Beirat/Gutachten_und_Stellungnahmen/Ausgewaehlte_Texte/2017-06-28-gutachten-niedrigzinsphase.html (abgerufen am 26.10.2019).

1849 Vgl. *Fisher*, The Theory of Interest, 1930, S. 70, 313 f.; *Hicks*, Value and Capital, 1946, S. 145; vgl. auch *Lutz*, The Quarterly Journal of Economics 1940, Vol. 55 (1), 36 (37 ff.). S. allerdings zur a. A. *Campbell/Shiller*, Review of Economic Studies 1991, Vol. 58 (3), 495 (495 ff.), eine grundsätzliche Wechselwirkung zwischen kurz- und langfristigen Zinssätzen verneinen diese allerdings auch nicht.

1850 Vgl. bspw. *Friedman*, Journal of Political Economy 1961, Vol. 69 (5), 447 (447 ff.); *Rösler-Schubäus*, Gesamtwirtschaftliche Bestimmungsgründe der Zinsentwicklung, 1979, S. 344, 353, 392 f.; *Fama*, The Review of Asset Pricing Studies 2013, Vol. 3 (2), 180 (180 ff.); vgl. auch Council of Economic Advisors, Long-Term Interest Rates,

Für sinkende respektive zumindest weiterhin niedrige Zinssätze sprechen insbesondere zwei sehr gewichtige Gründe: Ein weltweit geringeres Wirtschafts- und Produktivitätswachstum sowie die Theorien der „Saving Glut" und der „säkularen Stagnation".[1851] Hinzukommt – unabhängig von der langfristigen Wirkung – die andauernd lockere Geldpolitik der Zentralbanken weltweit. So hat zum einen die Europäische Zentralbank die Zinssätze im September 2019 weiter gesenkt und ein neues Programm zum Ankauf von Vermögenswerten als weitere Lockerungsmaßnahme beschlossen,[1852] zum anderen senkt die Federal Reserve in den USA seit Mitte 2019 ihren Leitzins wieder.[1853]

Die Annahme eines geringeren Wachstums der Weltwirtschaft sowie der weltweiten Produktivität basiert auf einer Abschwächung des Wirtschaftswachstums in den Emerging Markets (vor allem in China), unterlassenen Struktur- und Bildungsreformen in Verbindung mit einer deutlichen Verlangsamung des Anstiegs der Akademikerquoten in den Industriestaaten, einem langsameren technischen Produktivitätsfortschritt und der weitgehend abgeschlossenen technischen Aufrüstung der Büro-Arbeitsplätze, den Auswirkungen und Verunsicherungen der Wirtschafts- und Finanzkrisen sowie einer Verlangsamung des weltweiten Bevölkerungswachstums, das bis zum Jahr 2060 Richtung null strebt.[1854] Insbesondere das langsamere Bevölkerungswachstum könnte zugleich

---

2015, S. 32 f., abrufbar unter https://obamawhitehouse.archives.gov/sites/default/files/docs/interest_rate_report_final.pdf (abgerufen am 25.10.2019).

1851 Vgl. einführend Wissenschaftlicher Beirat beim Bundesministerium der Finanzen, BMF-Druck 2/2017, S. 15 ff., abrufbar unter https://www.bundesfinanzministerium.de/Content/DE/Standardartikel/Ministerium/Geschaeftsbereich/Wissenschaftlicher_Beirat/Gutachten_und_Stellungnahmen/Ausgewaehlte_Texte/2017-06-28-gutachten-niedrigzinsphase.html (abgerufen am 09.12.2019).

1852 Vgl. Europäische Zentralbank, https://www.ecb.europa.eu/press/pr/date/2019/html/ecb.mp190912~08de50b4d2.de.html (abgerufen am 25.10.2019). Zur Wirkung der lockeren Geldpolitik der Notenbanken s. bspw. Wissenschaftlicher Beirat beim Bundesministerium der Finanzen, BMF-Druck 2/2017, S. 14 f., abrufbar unter https://www.bundesfinanzministerium.de/Content/DE/Standardartikel/Ministerium/Geschaeftsbereich/Wissenschaftlicher_Beirat/Gutachten_und_Stellungnahmen/Ausgewaehlte_Texte/2017-06-28-gutachten-niedrigzinsphase.html (abgerufen am 09.12.2019).

1853 Vgl. Federal Reserve, https://www.federalreserve.gov/monetarypolicy/files/monetary20190731a1.pdf (abgerufen am 25.10.2019); vgl. auch Statista Research Department, https://de.statista.com/statistik/daten/studie/419455/umfrage/leitzins-der-zentralbank-der-usa/ (abgerufen am 21.06.2020).

1854 Vgl. Council of Economic Advisors, Long-Term Interest Rates, 2015, S. 34, abrufbar unter https://obamawhitehouse.archives.gov/sites/default/files/docs/interest_

zu einem niedrigeren Produktivitätswachstum und zu einem langsameren technologischen Fortschritt führen, wenn die Ausgaben für Forschung und Entwicklung in Erwartung niedrigerer Bevölkerungszuwächse sowie geringerer Skaleneffekte bezüglich des weltweiten Know-hows zurückgingen.[1855]

Die Theorie der „Saving Glut" (auf Deutsch etwa Ersparnisschwemme) stammt von *Bernanke*, dem ehemaligen Notenbankchef der USA, aus dem Jahr 2005.[1856] Demnach würden die Ersparnisse die Investitionen übersteigen, was zu immer weiter sinkenden Zinssätzen führe, bis das Gleichgewicht gefunden sei.[1857] Ähnlich wie die Theorie der „Saving Glut" geht auch die von *Summers* aufgestellte Theorie einer „säkularen Stagnation" von zukünftig dauerhaft niedrigen Zinsen aus, da die Sparneigung der Volkswirtschaften deren Investitionsneigung übersteige.[1858]

Dieses Ungleichgewicht hat verschiedene Gründe: Unter anderem führten die demographischen Veränderungen, genauer die zunehmende Alterung der Gesellschaften zu einem Anstieg der Ersparnisse, da die Anzahl der jungen

---

rate_report_final.pdf (abgerufen am 25.10.2019); vgl. auch *Summers*, Business Economics 2014, Vol. 49 (2), 65 (69); *Gordon*, American Economic Review 2015, Vol. 105 (5), 54 (54 ff.); Wissenschaftlicher Beirat beim Bundesministerium der Finanzen, BMF-Druck 2/2017, S. 15 ff., abrufbar unter https://www.bundesfinanzministerium.de/Content/DE/Standardartikel/Ministerium/Geschaeftsbereich/Wissenschaftlicher_Beirat/Gutachten_und_Stellungnahmen/Ausgewaehlte_Texte/2017-06-28-gutachten-niedrigzinsphase.html (abgerufen am 26.10.2019); *Acemoglu/Restrepo*, American Economic Review 2017, Vol. 107 (5), 174 (174).

1855 Vgl. Council of Economic Advisors, Long-Term Interest Rates, 2015, S. 36, abrufbar unter https://obamawhitehouse.archives.gov/sites/default/files/docs/interest_rate_report_final.pdf (abgerufen am 25.10.2019).

1856 S. zum Ganzen erstmals *Bernanke*, abrufbar unter https://www.federalreserve.gov/boarddocs/speeches/2005/20050414/default.htm (abgerufen am 25.10.2019) und erneut *Bernanke*, abrufbar unter https://www.federalreserve.gov/newsevents/speech/bernanke20070911a.htm (abgerufen am 25.10.2019). Die „Saving Glut" als bloße Propaganda bezeichnend s. *Sinn*, Kasino-Kapitalismus, 2009, S. 37 f., 46 f.

1857 Vgl. dazu auch Council of Economic Advisors, Long-Term Interest Rates, 2015, S. 36, abrufbar unter https://obamawhitehouse.archives.gov/sites/default/files/docs/interest_rate_report_final.pdf (abgerufen am 25.10.2019).

1858 S. zum Ganzen *Summers*, Business Economics 2014, Vol. 49 (2), 65; vgl. dazu auch *Eichengreen*, American Economic Review 2015, Vol. 105 (5), 66 (66); *Demary/Voigtländer*, IW-Report 47/18, 2018, S. 5, abrufbar unter https://www.iwkoeln.de/fileadmin/user_upload/Studien/Report/PDF/2018/IW-Report_2018-47_Declining_Real_Interest_Rates.pdf (abgerufen am 28.10.2019).

Arbeitnehmer, die sich verschulden, um beispielsweise Häuser zu bauen oder Studienkredite zu finanzieren („high-spending") verhältnismäßig abnehme und gleichzeitig die Gruppe der älteren Arbeitnehmer, die für das Alter vorsorgen und somit sparen („high-saving") immer größer werde.[1859] Circa drei Viertel der Zinssenkungen seien folglich auf die langfristigen und anhaltenden demographischen Entwicklungen zurückzuführen.[1860] Außerdem nehme die Sparneigung mit der Lebenserwartung zu[1861] und die Vermögen der privaten Haushalte würden weltweit steigen, weshalb zunehmend mehr Kapital zur Verfügung stehe.[1862] Ferner könne die größer werdende Ungleichheit der Einkommensverteilung ein Anstieg der Sparneigung bewirken, da die Sparquote der Vermögenden höher sei.[1863] Zudem seien auch die Staaten der Emerging Markets (insbesondere China oder Saudi-Arabien) zunehmend Kreditgeber, statt Kreditnehmer, sodass diese statt Staatsanleihen auszugeben, Anleihen kauften, und dies nebenbei in Verbindung mit immer weiter entwickelten heimischen Kapitalmärkten.[1864]

1859 Vgl. dazu auch Council of Economic Advisors, Long-Term Interest Rates, 2015, S. 35, abrufbar unter https://obamawhitehouse.archives.gov/sites/default/files/docs/interest_rate_report_final.pdf (abgerufen am 25.10.2019); *Jimeno*, ECB Working Paper No. 1832, 2015, S. 3, abrufbar unter https://www.ecb.europa.eu//pub/pdf/scpwps/ecbwp1832.en.pdf (abgerufen am 26.10.2019); *Demary/Voigtländer*, IW-Report 47/18, 2018, S. 6, abrufbar unter https://www.iwkoeln.de/fileadmin/user_upload/Studien/Report/PDF/2018/IW-Report_2018-47_Declining_Real_Interest_Rates.pdf (abgerufen am 28.10.2019).

1860 Vgl. *Lisack/Sajedi/Thwaites*, Bank of England Working Paper No. 701, 2017, S. 51, abrufbar unter https://www.bankofengland.co.uk/-/media/boe/files/working-paper/2017/demographic-trends-and-the-real-interest-rate.pdf (abgerufen am 25.10.2019).

1861 Vgl. *Lisack/Sajedi/Thwaites*, Bank of England Working Paper No. 701, 2017, S. 51, abrufbar unter https://www.bankofengland.co.uk/-/media/boe/files/working-paper/2017/demographic-trends-and-the-real-interest-rate.pdf (abgerufen am 25.10.2019).

1862 Allein im Jahr 2018 kamen 2,7 Billionen Euro an Mittelzuflüssen bei den Ersparnissen hinzu, vgl. *Grimm et al.*, Allianz Global Wealth Report 2019, S. 9, 18, abrufbar unter https://www.allianz.com/content/dam/onemarketing/azcom/Allianz_com/economic-research/publications/specials/en/2019/AGWR_2019.pdf (abgerufen am 26.10.2019). Zu den Emerging Markets s. International Monetary Fund, World Economic Outlook April 2014, S. 82, abrufbar unter https://www.imf.org/en/Publications/WEO/Issues/2016/12/31/Recovery-Strengthens-Remains-Uneven (abgerufen am 26.10.2019).

1863 Vgl. *Summers*, Business Economics 2014, Vol. 49 (2), 65 (69).

1864 Vgl. dazu auch Council of Economic Advisors, Long-Term Interest Rates, 2015, S. 37, abrufbar unter https://obamawhitehouse.archives.gov/sites/default/files/docs/interest_rate_report_final.pdf (abgerufen am 25.10.2019); *Demary/Voigtländer*,

Auf der anderen Seite komme noch hinzu, dass allgemein weniger (schuldenfinanziert) investiert werde, zum einen, weil die Unternehmen der Dienstleistungs- und Technologiebranche weniger Kapital benötigten als Industrieunternehmen[1865] – „Wissensökonomien" seien schließlich weniger kapitalintensiv.[1866] Zum anderen würden die Investitionsmöglichkeiten sinken, da wegen der demographischen Entwicklungen verhältnismäßig weniger Arbeitsplätze weniger Kapital benötigten[1867] und im Übrigen die Kapitalgüterpreise im Verhältnis zum Bruttoinlandsprodukt und zum Lohnniveau seit Jahrzehnten deutlich sinken würden.[1868]

Aus alledem ergebe sich ein weiter sinkendes (Real-)Zinsniveau, das bis zum Jahr 2050 in Staaten wie Dänemark oder Luxemburg auf unter -4,0 Prozent sinken könnte.[1869]

Indes existieren auch Gründe für wieder steigende Zinsen. Denn entgegen der vorgenannten Argumentationen könnte auch von einem sich wieder

---

IW-Report 47/18, 2018, S. 5, abrufbar unter https://www.iwkoeln.de/fileadmin/user_upload/Studien/Report/PDF/2018/IW-Report_2018-47_Declining_Real_Interest_Rates.pdf (abgerufen am 28.10.2019); vgl. auch *Eichengreen*, American Economic Review 2015, Vol. 105 (5), 66 (66 f.).

1865 Vgl. *Summers*, Business Economics 2014, Vol. 49 (2), 65 (69); vgl. auch *Demary/Voigtländer*, IW-Report 47/18, 2018, S. 6, abrufbar unter https://www.iwkoeln.de/fileadmin/user_upload/Studien/Report/PDF/2018/IW-Report_2018-47_Declining_Real_Interest_Rates.pdf (abgerufen am 28.10.2019).

1866 *Braunberger*, FAZ v. 09.08.2019, S. 23.

1867 Vgl. dazu auch Council of Economic Advisors, Long-Term Interest Rates, 2015, S. 35, abrufbar unter https://obamawhitehouse.archives.gov/sites/default/files/docs/interest_rate_report_final.pdf (abgerufen am 25.10.2019); *Demary/Voigtländer*, IW-Report 47/18, 2018, S. 6, abrufbar unter https://www.iwkoeln.de/fileadmin/user_upload/Studien/Report/PDF/2018/IW-Report_2018-47_Declining_Real_Interest_Rates.pdf (abgerufen am 28.10.2019). Zu den im Verhältnis zum Bruttoinlandsprodukt gesunkenen weltweiten Investitionen s. auch *Steffen*, in: IFSt-Schrift 511, 2016, S. 17 (34 f.).

1868 Vgl. *Summers*, Business Economics 2014, Vol. 49 (2), 65 (70); vgl. auch *Eichengreen*, American Economic Review 2015, Vol. 105 (5), 66 (67 f.), der diesen Trend ebenfalls benennt, hinsichtlich der weiteren Entwicklung aber auch eine Trendumkehr nicht ausschließt.

1869 Vgl. *Demary/Voigtländer*, IW-Report 47/18, 2018, S. 24, abrufbar unter https://www.iwkoeln.de/fileadmin/user_upload/Studien/Report/PDF/2018/IW-Report_2018-47_Declining_Real_Interest_Rates.pdf (abgerufen am 28.10.2019). Demnach seien von den Industriestaaten nur in Deutschland, Irland, Japan, Mexiko, Norwegen, Spanien und Südkorea (leicht) steigende Zinssätze zu erwarten.

beschleunigenden Wirtschaftswachstum ausgegangen werden. Erstens würden weltweit und besonders in den Emerging Markets erhebliche Investitionen in den Neubau und die Erhaltung von Infrastruktur notwendig werden.[1870] Zweitens unterstütze die vierte industrielle Revolution aufgrund des vermehrten Einsatzes von Automations- und Robotertechnik das Produktivitäts- beziehungsweise Wirtschaftswachstum und gleichzeitig gleiche diese die sinkende Zahl von Arbeitskräften aus, sodass weiterhin kapitalintensiv investiert werden müsse.[1871] Zudem existierten verschiedene aussichtsreiche Innovationen und Technologien, die das Wirtschaftswachstum wieder entscheidend beschleunigen könnten, neben der Automation und Robotik zum Beispiel auch Quantencomputer und Künstliche Intelligenzen, das Internet der Dinge oder biotechnologische Entwicklungen wie die Gentechnik.[1872] Ferner überlagerten zum einen längerfristige Finanzzyklen, nach denen sich finanzielle Boom-Phasen und Finanzkrisen abwechselten, die Konjunkturzyklen und daher könnte die Ursache der gegenwärtigen Niedrigzinsen eine nachhaltige Schädigung des Finanzsystems infolge der letzten Finanzkrise sein.[1873]

Zum anderen gehe auch die sogenannte „Banking Glut", die auf der Ausdehnung der Bankbilanzen wegen der expansiven Geldpolitik der Notenbanken sowie dem Anstieg der Preise von Vermögenswerten, vor allem von Immobilien und Wertpapieren, basiere, irgendwann zu Ende, sodass ein Rückgang des verfügbaren Investitionskapitals und mithin steigende Zinsen in der Zukunft wahrscheinlich seien.[1874] Zugleich könnte die Sparquote mit einer alternden Gesellschaft auch abnehmen, da mit der Rente die Sparquote sinke respektive sogar entspart werde, das heißt, die Sparquote negativ werde,[1875] und auch insgesamt

---

1870 Vgl. Council of Economic Advisors, Long-Term Interest Rates, 2015, S. 38, abrufbar unter https://obamawhitehouse.archives.gov/sites/default/files/docs/interest_rate_report_final.pdf (abgerufen am 27.10.2019).

1871 Vgl. *Acemoglu/Restrepo*, American Economic Review 2017, Vol. 107 (5), 174 (175, 177, 179); vgl. auch *Bartelsman*, Economic Papers No. 486, 2013, S. 14 f., abrufbar unter https://ec.europa.eu/economy_finance/publications/economic_paper/2013/pdf/ecp486_en.pdf (abgerufen am 27.10.2019).

1872 Vgl. bspw. *Eichengreen*, American Economic Review 2015, Vol. 105 (5), 66 (69).

1873 Vgl. *Borio*, in: Nowotny/Ritzberger-Grünwald/Backé, Financial Cycles and the Real Economy, 2014, S. 10 (12 ff.).

1874 Vgl. *Shin*, IMF Economic Review 2012, Vol. 60 (2), 155 (187 ff.); vgl. hierzu auch *Braunberger*, FAZ (online) v. 10.12.2012, abrufbar unter https://blogs.faz.net/fazit/2012/12/10/xy-682 (abgerufen am 28.10.2019).

1875 Vgl. hierzu *Anderegg*, Grundzüge der Geldtheorie und Geldpolitik, 2007, S. 105.

müsse bei einer schrumpfenden Bevölkerung von weniger Ersparnissen ausgegangen werden.[1876] Unterdessen haben sich vor allem die USA zuletzt wieder stärker verschuldet, da allein im Fiskaljahr 2019 die Bundes-Schulden um circa eine Billion US-Dollar angestiegen sind[1877] und bis in das Jahr 2029 eine zusätzliche jährliche Neuverschuldung von über einer Billion US-Dollar erwartet wird.[1878] Hinzukommen die weltweiten zusätzlichen (schuldenfinanzierten) Staatsausgaben zur Bewältigung der Folgen der COVID-19-Pandemie.[1879] Während damit die Kapitalnachfrage zunimmt, führe eine steigende Staatsverschuldung jedoch regelmäßig zu einem anschließend geringeren Wirtschaftswachstum.[1880]

Außerdem werde auch die Theorie der „Saving Glut" überschätzt, da hinsichtlich der Kapitalanlagen grundsätzlich auch Grund und Boden zu berücksichtigen seien und mithin nicht die gesamten Ersparnisse zinsbeeinflussend wirkten beziehungsweise die Zinssätze auch durch die Preise für Grund und Boden erheblich beeinflusst würden.[1881] Zudem gehe ein nicht unerheblicher Anreiz für die gegenwärtig erhöhte Sparneigung auf pessimistische Einschätzungen hinsichtlich der zukünftigen konjunkturellen Entwicklung zurück, die sich ins Gegenteil umkehren könnten, sobald die Zukunftsprognosen (zeitweise) wieder optimistischer würden.[1882] Abschließend könnte auch noch angeführt werden, dass beispielsweise die deutsche Politik ein Interesse an höheren Sparzinsen hat.[1883]

1876 Vgl. *Eichengreen*, American Economic Review 2015, Vol. 105 (5), 66 (69).

1877 Vgl. Statista Research Department, https://www.statista.com/statistics/273294/public-debt-of-the-united-states-by-month/ (abgerufen am 27.10.2019).

1878 Vgl. Statista Research Department, https://www.statista.com/statistics/216998/forecast-of-the-federal-debt-of-the-united-states/ (abgerufen am 27.10.2019).

1879 Für Europa s. bspw. Statista Research Department, https://de.statista.com/infografik/21629/prognose-zur-veraenderung-der-bruttostaatsverschuldung (abgerufen am 20.06.2020).

1880 Vgl. umfassend *Mian/Sufi/Verner*, The Quarterly Journal of Economics 2017, Vol. 132 (4), 1755 (1763 ff., 1811 f.).

1881 Vgl. *Homburg*, German Economic Review 2014, Vol. 15 (4), 411 (416 ff., 420 ff., 428).

1882 Vgl. *Blanchard/Lorenzoni/L'Huillier*, Journal of Policy Modeling 2017, Vol. 39 (4), 639 (639, 649); vgl. dazu auch *Braunberger*, FAZ (online) v. 14.02.2017, abrufbar unter https://blogs.faz.net/fazit/2017/02/14/werden-die-zinsen-wieder-steigen-8510 (abgerufen am 28.10.2019).

1883 Vgl. bspw. *Armbruster*, FAZ (online) v. 27.04.2016, abrufbar unter https://www.faz.net/-gqg-8geuw (abgerufen am 01.12.2019).

Diese Unsicherheiten in Bezug auf die Prognosen von Zinssätzen sind folglich bei der Beurteilung der Realitätsgerechtigkeit der Zinssatztypisierungen grundsätzlich zu berücksichtigen.

4. *Bestimmung eines Referenzzinssatzes*

Die Darstellungen der konkreten Zinssätze sowie die Zinssatzentwicklungen haben gezeigt, dass vielfach ein niedriges Zinsniveau erreicht ist. Zudem lassen sich weiter sinkende Zinssätze oder zumindest Stabilisierungstendenzen auf niedrigem Niveau mit guten Argumenten begründen. Allerdings existieren auch Zinssätze und Renditen, die (nach wie vor) ein hohes Zinsniveau abbilden und keine oder nur geringe fallende Tendenzen aufweisen. Eine verfassungswidrige Realitätsferne der Zinssatztypisierung des § 238 AO kann deshalb nicht ohne Weiteres festgestellt werden. Daher und weil ein einzelner Referenzzinssatz nicht alle Nutzungsvorteile und Schäden repräsentieren kann, ist aus den vorgenannten Zinssätzen eine Referenzbandbreite zu bestimmen, die das typische Leitbild in der Realität widerspiegelt und aus der ein (gemittelter) Referenzzinssatz zu ermitteln ist.

a) *Allgemein zur Mittelwertbestimmung*

Zwar wird vereinzelt eine Mittelwert- oder Referenzbandbreitenbestimmung abgelehnt, da die Verfassung hierfür keinen Maßstab biete und der Gesetzgeber die Zinssatzhöhe einer Typisierung grundsätzlich an jeden Referenzzinssatz anknüpfen könne.[1884] Jedoch haben die allgemeinen Ausführungen zur Realitätsgerechtigkeit gezeigt, dass Typisierungen die Wirklichkeit möglichst im Durchschnitt – unabhängig von dessen Bestimmung – realitätsnah widerspiegeln müssen.[1885] Hierzu reicht es auch nicht aus, die komplette Zinsspanne der Referenzen zu benennen.[1886]

Dementsprechend finden sich in der jüngeren Rechtsprechung Entscheidungen, in denen sowohl ungewichtete[1887] als auch gewichtete[1888] Mittelwerte der

---

1884 Vgl. FG Baden-Württemberg v. 16.01.2018 – 2 V 3389/16, EFG 2018, 997 (1000). Eine Betrachtung nur einzelner Referenzwerte wegen der nicht gewollten Einzelfallbetrachtung ablehnend s. bspw. VG Schleswig-Holstein v. 26.04.2019 – 4 B 1/19, juris Rn. 23.

1885 Umfassend hierzu s. oben insb. Seite 54 ff.

1886 S. so allerdings BFH v. 09.11.2017 – III R 10/16, BStBl. II 2018, 255 (259).

1887 Vgl. FG Münster v. 17.08.2017 – 10 K 2472/16 E, EFG 2017, 1638 (1640); FG Münster v. 31.08.2018 – 9 V 2360/18 E, EFG 2018, 1821 (1824).

1888 Vgl. FG Münster v. 31.08.2018 – 9 V 2360/18 E, EFG 2018, 1821 (1824 f.).

einzelnen Referenzen verwendet werden, um den Referenzzinssatz der Typisierung zu bestimmen. Ein ungewichteter Mittelwert kann die Realität allerdings nur unzureichend wiedergeben, da „Sonderfaktoren“[1889] beziehungsweise Ausreißerwerte den Mittelwert verzerren, wenn die Mittelwertbestimmung nicht wenigstens mittels verschiedener Methoden der Durchschnittsberechnung verifiziert wird.[1890] Eine Gewichtung der einzelnen Referenzzinssätze hat das Finanzgericht Münster beispielsweise nach dem zugrundeliegenden Kredit- und Anlagevolumen vorgenommen.[1891] Indes ist zu bedenken, dass auch eine solche Gewichtung nur eingeschränkt geeignet ist, um die typischen Nutzungsvorteile (oder Schäden) beim Steuerschuldner abzubilden. Denn zum einen gibt das Volumen nicht den Anteil der Steuerschuldner wieder, die eine bestimmte Anlage- oder Fremdfinanzierungsform nutzen, und zum anderen wird ein ökonomisch handelnder Steuerschuldner mit zusätzlichem Kapital zunächst die teuersten Kredite, wie zum Beispiel die Überziehungs- und Kreditkartenkredite tilgen, statt vom Einzelvolumen her größere und zugleich zinsgünstigere Kredite, wie etwa Immobilienkredite zu tilgen. Auch eine volumenmäßig gewichtete Mittelwertberechnung verfälscht daher die Realität dieser Nutzungsvorteile. Vorrangig für die Gewichtung ist folglich – die Verfügbarkeit der Daten vorausgesetzt – der Anteil derer, die eine bestimmte Anlage- oder Fremdfinanzierungsform nutzen oder nutzen können. Nur nachrangig sollte zudem das Anlage- oder Fremdfinanzierungsvolumen herangezogen werden.

Dass das Gros der festgesetzten Zinsen Außenprüfungen bei Unternehmen folge (bis zu 80 Prozent[1892]) und deshalb der Unternehmensbetrachtung im Vergleich zu den Privatpersonen besonderes Gewicht zukomme,[1893] ist dementsprechend auch abzulehnen, da sich der Gleichheitsgrundsatz und mithin die Realitätsgerechtigkeit nicht auf das jeweils betroffene Zinsvolumen bezieht, sondern vielmehr auf die jeweilige Intensität des Verstoßes in Bezug auf die Leistungsfähigkeit jedes Einzelnen. Hier kann etwa eine realitätsferne Zinsfestsetzung in Höhe von 1.000 Euro für eine Privatperson genauso intensiv wirken, wie Zinsen in Höhe von 100.000 Euro für ein (leistungsstärkeres) Unternehmen. Die Referenzbandbreite ist vielmehr getrennt für Privatpersonen und Unternehmen zu bestimmen.

1889 BFH v. 25.04.2018 – IX B 21/18, BStBl. II 2018, 415 (417).
1890 Umfassend zur Durchschnittsberechnung s. oben Seite 62 ff.
1891 Vgl. FG Münster v. 31.08.2018 – 9 V 2360/18 E, EFG 2018, 1821 (1824 f.).
1892 Vgl. *Jonas*, DStR 2016, 950 (953); *Jonas*, DB 2016, 3000 (3003).
1893 Vgl. *Seer*, DB 2014, 1945 (1949); vgl. ähnlich auch *Jonas*, DStR 2018, 545 (548, 551).

Zuletzt ist anzumerken, dass eine Differenzierung zwischen Nutzungsvorteilen und Schäden für die Mittelwertbestimmung nicht erforderlich erscheint, da sich – wie oben dargestellt – für die Referenzen keine wesentlichen Unterschiede ergeben.[1894] Nur teilweise ist zwischen den Nutzungsvorteilen und den Schäden ein Referenzwechsel von den Anlagerenditen zu den Fremdkapitalzinsen oder umgekehrt typisch, beispielsweise bei den unverschuldeten Steuerschuldnern, die aufgrund einer zu hohen Steuerzahlung, die später teilweise erstattet wird, einen (kurzfristigen) Kredit aufnehmen müssen. Aus den dargestellten Referenzzinssätzen ist jedoch nicht einmal ersichtlich, dass die Anlagerenditen grundsätzlich wesentlich niedriger als die Fremdkapitalzinssätze wären. Somit kann auf eine solch differenzierte Darstellung aus Vereinfachungsgründen verzichtet werden.

b) Privatpersonen

Ausgehend von den Überlegungen zu den typischen Nutzungsvorteilen sind je zur Hälfte Anlagerenditen und Fremdkapitalzinsen relevant.[1895] Die Referenz der Fremdkapitalzinsen privater Haushalte bestimmt sich dabei zu zwei Dritteln aus den unbesicherten Kreditzinsen, deren Zinssätze zwischen 3,5 und 14,9 Prozent pro Jahr liegen,[1896] da circa ein Drittel aller privaten Haushalte unbesicherte Kredite nutzt.[1897] Volumengewichtet lag die Durchschnittsverzinsung der revolvierenden Kredite im Jahr 2019 bei circa 7,9 Prozent und der unbesicherten Konsumentenkredite im Neugeschäft bei circa 5,9 Prozent.[1898] Da die Konsumentenkredite auch in der Vergangenheit Zinssätze zwischen circa 6,0 und 7,0

1894 S. dahingehend bereits *Sebiger/Dechant*, in: FS Felix, 1989, S. 365 (383). Zum typischen Schaden s. oben Seite 346 f.

1895 S. zu diesem Ergebnis oben Seite 340; vgl. dazu auch (jedoch ohne Begründung) FG Münster v. 17.08.2017 – 10 K 2472/16 E, EFG 2017, 1638 (1640); FG Münster v. 31.08.2018 – 9 V 2360/18 E, EFG 2018, 1821 (1824); *Hey*, FR 2016, 485 (490).

1896 Zu den Fremdkapitalzinssätzen der Privatpersonen s. oben Seite 358 ff.

1897 Vgl. Deutsche Bundesbank, Monatsbericht April 2019, S. 27, abrufbar unter https://www.bundesbank.de/resource/blob/793790/fe14349c7d4f06c3a09fa7b631d5b9ad/mL/2019-04-monatsbericht-data.pdf (abgerufen am 04.02.2020).

1898 Vgl. Deutsche Bundesbank, https://www.bundesbank.de/dynamic/action/de/statistiken/zeitreihen-datenbanken/zeitreihen-datenbank/759778/759778?statisticType=BBK_ITS&listId=www_s510_ph1&treeAnchor=GELD und https://www.bundesbank.de/dynamic/action/de/statistiken/zeitreihen-datenbanken/zeitreihen-datenbank/759778/759778?listId=www_s510_ph2_neu (jeweils abgerufen am 04.02.2020).

Prozent pro Jahr aufwiesen, ist eine zusätzliche Betrachtung der Bestandskredite nicht notwendig. Der Anteil der Nutzer von Konsumentenkrediten sowie von revolvierenden Krediten ist in etwa ähnlich, sodass eine hälftige Gewichtung angemessen erscheint.[1899] Somit ergibt sich hieraus ein Mittelwert von 6,9 Prozent pro Jahr.[1900] Das restliche Drittel entfällt vor allem auf die (besicherten) Wohnungsbaukredite,[1901] die Zinsen zwischen 1,3 und 2,3 Prozent pro Jahr beziehungsweise eine volumengewichtete Durchschnittsverzinsung von circa 1,9 Prozent pro Jahr aufweisen.[1902] Für die Fremdkapitalzinssätze der privaten Haushalte ergibt sich somit ein Referenzmittelwert von 5,23 Prozent pro Jahr.[1903] Eine sinkende Zinssatztendenz weist hiervon nur das Drittel der Wohnungsbaukredite auf.

Für die Anlagerenditen kann zumindest für die Hälfte eine Aktienanlage angenommen werden, da schließlich bei über der Hälfte der privaten Haushalte

---

1899 Vgl. *Moll/Dorsch*, GfK Marktstudie 2018 – Konsum- und Kfz-Finanzierung, S. 4, abrufbar unter https://ssl.bfach.de/media/file/24871.Marktstudie_2018_Konsum-Kfz-Finanzierung_BFACH.pdf (abgerufen am 05.02.2020); *Moll/Kraus*, Ipsos Marktstudie 2019 – Konsum- und Kfz-Finanzierung, S. 3, abrufbar unter https://ssl.bfach.de/media/file/31851.Marktstudie_2019_Konsum-Kfz-Finanzierung_BFACH.pdf (abgerufen am 05.02.2020). Demnach nutzten 24 bzw. 26 Prozent der Privatpersonen im Alter zwischen 18 und 69 Jahren in Deutschland im Jahr 2018 einen Ratenkredit (Konsumentenkredit), zwölf bzw. elf Prozent einen Dispositionskredit und neun bzw. zehn Prozent einen Rahmenkredit (jeweils revolvierende Kredite).

1900 Berechnung: (7,9 % + 5,9 %) / 2 = 6,9 %.

1901 Vgl. Deutsche Bundesbank, Monatsbericht April 2019, S. 27, abrufbar unter https://www.bundesbank.de/resource/blob/793790/fe14349c7d4f06c3a09fa7b631d5b9ad/mL/2019-04-monatsbericht-data.pdf (abgerufen am 04.02.2020). Private Haushalte, die sowohl unbesicherte Kredite als auch Hypothekendarlehen nutzen, werden vorrangig den höherverzinslichen unbesicherten Kredit bedienen, sodass die Wohnungsbaukredite nicht mit mehr als einem Drittel zu berücksichtigen sind.

1902 Vgl. Deutsche Bundesbank, https://www.bundesbank.de/dynamic/action/de/statistiken/zeitreihen-datenbanken/zeitreihen-datenbank/759778/759778?listId=www_s510_bk1 und https://www.bundesbank.de/dynamic/action/de/statistiken/zeitreihen-datenbanken/zeitreihen-datenbank/759778/759778?listId=www_s510_ph3_neu und https://www.bundesbank.de/dynamic/action/de/statistiken/zeitreihen-datenbanken/zeitreihen-datenbank/759778/759778?listId=www_s510_ph3b (jeweils abgerufen am 04.02.2020). Die volumengewichtete Durchschnittsberechnung wird insbesondere von den außerordentlich hohen Volumina der bestehenden langlaufenden Wohnungsbaukrediten beeinflusst.

1903 Berechnung: (6,9 % * 2 + 1,9 %) / 3 = 5,23 %.

zumindest eine grundsätzliche Bereitschaft zur Aktienanlage besteht.[1904] Die unternehmerischen Investments, zum Beispiel von einem Gesellschafter, der in seinen (mittelständischen) Betrieb investiert, sollen aufgrund einer vergleichbaren unternehmerischen Risikoneigung ebenfalls hierunter fallen. Die andere Hälfte setzt sich aus Tagesgeldanlagen mit circa 0,0 Prozent pro Jahr, in- und ausländischen Einlagen mit durchschnittlich gut 1,0 Prozent pro Jahr, in- und ausländischen Staatsanleihen mit durchschnittlich circa 2,0 Prozent pro Jahr, privaten Lebensversicherungen mit durchschnittlich 2,8 Prozent pro Jahr sowie Unternehmensanleihen mit rund 3,0 Prozent pro Jahr zusammen.[1905] Dass allerdings nicht nur kurzfristige Tagesgeld- und Einlagezinsen zu berücksichtigen sind, wurde bereits umfassend dargelegt.[1906] Demnach ergeben sich einerseits Aktien- und Kapitalrenditen von mindestens 7,0 Prozent pro Jahr, andererseits ein gemittelter Zinssatz für die restlichen Anlagen von circa 1,5 Prozent pro Jahr. Für die Anlagerenditen folgt hieraus ein Wert von 4,25 Prozent pro Jahr.[1907] Während die Aktien- und Kapitalrenditen keine Tendenzen aufzeigen, hat die historische Betrachtung der restlichen Anlagerenditen eine sinkende Tendenz ergeben.

Zusammenfassend zeigt sich für Privatpersonen ein Referenzzinssatz von 4,74 Prozent pro Jahr.[1908] Allerdings ist noch die ertragsteuerliche Asymmetrie im Zusammenhang mit den Verzinsungsregelungen des Steuerschuldverhältnisses zu berücksichtigen.[1909] Zwar heben sich die ertragsteuerlichen Auswirkungen im Erstattungsfall mit einer Erhöhung der Schuldzinsen oder mit niedrigeren Kapitaleinkünften im Mittel weitgehend auf. Änderungen am Referenzzinssatz sind aufgrund der ertragsteuerlichen Behandlung bei Privatpersonen jedoch in den Nachforderungsfällen vorzunehmen, da einer zusätzlichen Ertragssteuerbelastung die Nichtabziehbarkeit der Nachforderungszinsen gegenübersteht.

1904 S. dazu oben Seite 338 f.; zu den Aktien- und Kapitalrenditen s. oben Seite 356 f.

1905 Zu den Anlagerenditen der Privatpersonen s. oben Seite 353 ff. Für die Unternehmensanleihen ist hierbei eine Emissionsrendite von 3,8 Prozent pro Jahr sowie einer Umlaufrendite von 2,5 Prozent pro Jahr zugrunde zu legen.

1906 Vgl. grundlegend auch BFH v. 29.05.2013 – X B 233/12, BFH/NV 2013, 1380 (1380 f.).

1907 Berechnung: (7,0 % + 1,5 %) / 2 = 4,25 %.

1908 Berechnung: (5,23 % + 4,25 %) / 2 = 4,74 %. *Dust* gibt für Privatpersonen einen – nicht nachvollziehbaren – Zinssatz von 1,21 Prozent pro Jahr an, der – anders als in den Fußnoten suggeriert – nicht weiter erläutert wird, vgl. *Dust*, Der Zinssatz im Steuerschuldverhältnis, 2019, S. 320.

1909 Zur asymmetrischen Ertragsteuerbelastung s. oben Seite 243 ff. und Seite 269 ff.

Weil empirische Daten zur Anzahl der Erstattungsfälle im Vergleich zu Nachforderungsfällen fehlen, wird von einem hälftigen Verhältnis ausgegangen. Der Referenzzinssatz für Anlagerenditen ist daher um 12,5 Prozent niedriger anzusetzen, da der Abgeltungsteuersatz in der Hälfte der Fälle zu berücksichtigen ist.[1910] Der Fremdkapitalreferenzzinssatz ist ebenfalls für die Hälfte um den typischen Grenzsteuersatz der Einkommensteuerpflichtigen zu kürzen. Im Jahr 2015 lag das durchschnittlich zu versteuernde Einkommen in Deutschland bei circa 33.000 Euro und im Median bei circa 23.000 Euro.[1911] Die Grenzsteuersätze hierfür betragen circa 33 beziehungsweise 28 Prozent.[1912] Basierend auf einem gemittelten Grenzsteuersatz ist der Referenzzinssatz der Fremdkapitalzinsen folglich um circa 15 Prozent zu verringern. Hieraus ergibt sich ein Referenzzinssatz für die Anlagerenditen von 3,72 Prozent pro Jahr[1913] und für die Fremdkapitalzinsen von 4,45 Prozent pro Jahr,[1914] im Mittel somit rund 4,1 Prozent pro Jahr. Hiervon entfallen circa 40 Prozent[1915] auf Zinssätze mit historisch zuletzt fallender Tendenz. Der Referenzzinssatz liegt zudem deutlich über den aktuellen Geldwertänderungsraten, die 2019 zwischen 1,1 und 2,0 Prozent pro Jahr lagen.[1916]

1910 Denkbar ist auch eine Steuerbelastung nach dem Teileinkünfteverfahren, bspw. im Rahmen der Investitionen in die eigene Unternehmung. Gleichwohl soll hierfür eine vergleichbare Belastung angenommen werden wie bei der Abgeltungsteuer.

1911 Vgl. Statistisches Bundesamt, Fachserie 14 Reihe 7.1 Lohn- und Einkommensteuerstatistik 2015, 2019, S. 8, abrufbar unter https://www.destatis.de/DE/Themen/Staat/Steuern/Lohnsteuer-Einkommensteuer/Publikationen/Downloads-Lohn-und-Einkommenssteuern/lohn-einkommensteuer-2140710157004.pdf (abgerufen am 12.12.2019).

1912 Zur Berechnung s. bspw. den Lohn- und Einkommensteuerrechner des Bundesministeriums der Finanzen, https://www.bmf-steuerrechner.de/ekst/eingabeformekst.xhtml (abgerufen am 06.11.2019).

1913 Berechnung: 4,25 % * 0,875 = 3,72 %.

1914 Berechnung: 5,23 % * 0,85 = 4,45 %.

1915 Ein Sechstel der Referenzberechnung entfällt auf die im Zinsniveau fallenden Wohnungsbaukredite und ein Viertel auf die ebenfalls sinkenden Anlagerenditen. Zusammen ergibt dies einen Anteil in Höhe von ca. 40 Prozent.

1916 Vgl. Statistisches Bundesamt, https://www.destatis.de/DE/Themen/Wirtschaft/Preise/Verbraucherpreisindex/_inhalt.html (abgerufen am 05.11.2019).

c) Unternehmen

Ein Drittel der Nutzungsvorteile der Unternehmen entspricht den Gesamtkapitalrenditen in Höhe von circa 8,6 Prozent pro Jahr.[1917] Weitere Anlagerenditen sind nicht einzubeziehen, da diese in den Gesamtkapitalrenditen jeweils enthalten sind. Die restlichen zwei Drittel kommen den Fremdkapitalzinsen gleich. Diese setzen sich zu vier Fünfteln aus den Bankkrediten, die sich im Jahr 2019 im Durchschnitt um 2 Prozent pro Jahr bewegten, und zu einem Fünftel aus der durchschnittlichen Emissionsrendite der Unternehmensanleihen zusammen, welche im Jahr 2018 durchschnittlich 3,8 Prozent pro Jahr betrug.[1918]

Insgesamt lässt sich ein Referenzzinssatz für Unternehmen von 4,44 Prozent pro Jahr errechnen.[1919] Grundsätzlich sind noch die nicht ausgeglichenen steuerlichen Effekte in Bezug auf die Nachforderungszinsen zu korrigieren und der Referenzzinssatz um circa 30 Prozent zu reduzieren. Mangels belastbarer Daten wird auch hierfür angenommen, dass die Anzahl der Erstattungs- und Nachforderungsfälle gleich ist, sodass die Reduktion der Referenzzinssätze auf die Hälfte der Fälle Anwendung findet.[1920] Somit ist der Referenzzinssatz um 15 Prozent niedriger anzusetzen. Allerdings wurde als Gesamtkapitalrendite die Rendite nach Steuern verwendet, sodass die Besteuerung hierin bereits Berücksichtigung fand. Damit dürfen nur zwei Drittel der Nachforderungsfälle angepasst werden. Im Ergebnis ist der Referenzzinssatz von 4,44 Prozent pro Jahr um zehn Prozent auf rund 4,0 Prozent pro Jahr[1921] zu senken.[1922] Dieser liegt ebenfalls über der Geldwertänderungsrate und basiert zu zwei Dritteln auf Zinssätzen mit zuletzt fallender Tendenz.[1923]

1917 Zu den Zinssätzen der Unternehmen s. oben Seite 362 ff.

1918 Zu der Verteilung s. Deutsche Bundesbank, Monatsbericht Juli 2017, S. 25, abrufbar unter https://www.bundesbank.de/resource/blob/665406/f538a3b652774903661ed744c7c4c77e/mL/2017-07-monatsbericht-data.pdf (abgerufen am 12.10.2019).

1919 Berechnung: (8,6 % + (2,0 % * 4 + 3,8 %)/5 * 2)/3 = 4,44 %.

1920 Dass die Betriebsprüfungen insgesamt regelmäßig zu Zinsnettobelastungen der Unternehmen führen, hat lediglich hinsichtlich der Zinssummen, jedoch nicht der Fallzahlen Aussagekraft.

1921 Berechnung: 4,44 % * 0,9 = 3,996 %.

1922 *Dust* gibt für Unternehmen einen – geringfügig höheren, jedoch nicht vollständig nachvollziehbaren – Zinssatz von 4,21 Prozent pro Jahr an, vgl. *Dust*, Der Zinssatz im Steuerschuldverhältnis, 2019, S. 320.

1923 Die Kapitalrenditen zeigten keine signifikant fallende Tendenz, s. oben Seite 373.

d) *Steuergläubiger*

Die Nutzungsvorteile des Steuergläubigers entsprechen den ersparten Schuldzinsen in Höhe der Finanzierungskosten am Kapitalmarkt (Anleihen, Obligationen, Schatzbriefe etc.). Diese liegen Anfang 2020 bei rund 0,0 Prozent pro Jahr und wiesen zuletzt eine fallende Zinssatztendenz auf.

e) *Strukturelle Fehler*

In aller Regel fallen die Nutzungsvorteile der Steuerpflichtigen ferner noch höher aus als dies von durchschnittlichen Marktzinsen abgebildet werden kann. Schließlich erhalten Steuerpflichtige mit besonders schlechter Bonität überhaupt keine zu erfassenden Kredite und mithin wird deren Nutzungsvorteil im Mittel nicht erfasst.[1924] Aufgrund dessen bildet nur ein über den ermittelten Referenzen liegender Zinssatz die Nutzungsvorteile aller Steuerpflichtigen ab – dies wird beispielsweise auch dadurch bestätigt, dass Lieferantenkredite von Unternehmen zahlreich genutzt werden, obwohl sie teilweise eine Effektivverzinsung von mehr als 50 Prozent pro Jahr aufweisen können.[1925] Hinzukommt der Liquiditätseffekt, denn neben den tatsächlichen Zinsvorteilen oder Zinsnachteilen wirkt sich unter anderem die Liquidität noch auf die Kreditwürdigkeit oder das subjektive Gefühl der Sicherheit positiv oder negativ aus.[1926] Zudem wurde bereits darauf hingewiesen, dass Marktzinssätze niemals die vollständigen Nutzungsvorteile der Marktteilnehmer erfassen, da sich diese nur einigen, wenn zu diesem Zinssatz jeweils ein Nutzungsvorteilsüberschuss erzielt werden kann.[1927] Diese drei Effekte führen jeweils dazu, dass der Referenzzinssatz grundsätzlich höher anzusetzen ist, um die tatsächlichen Nutzungsvorteile (respektive Schäden) zu erfassen.

Ein niedrigerer Referenzzinssatz könnte hingegen notwendig sein, weil die tatsächlichen Nutzungsvorteile durch mit den Anlagen und dem Fremdkapital zusammenhängenden Kosten, wie zum Beispiel Bankgebühren, und Zeitaufwendungen minimiert werden beziehungsweise im Hinblick auf die Schäden dem Steuerpflichtigen erspart bleiben. Allerdings hat sich bei der Darstellung der konkreten Zinssätze gezeigt, dass sich zumindest die Kosten auf die

1924 Vgl. *Melan*, DStR 2018, 1151 (1153).

1925 Zur Effektivverzinsung der Lieferantenkredite s. umfassend *Grabe*, BBK 2020, 1143 (1143 ff.).

1926 S. im Ansatz VG Köln v. 08.01.2015 – 24 K 3933/14, juris Rn. 34.

1927 S. dazu bereits oben Seite 321.

Effektivverzinsung nur marginal (bei den Krediten an Privatpersonen mit weniger als 0,1 Prozent pro Jahr) auswirken und daher vernachlässigt werden können.[1928]

5. *Zwischenergebnis zu den Referenzzinssätzen*

Aus alledem folgt eine Referenzzinssatzbandbreite von 0,0 bis 4,1 Prozent pro Jahr. Während der Referenzwert des Steuergläubigers bei circa 0,0 Prozent pro Jahr liegt beträgt der Referenzzinssatz für Privatpersonen 4,1 Prozent pro Jahr und für Unternehmen 4,0 Prozent pro Jahr. Die Referenzwerte der Steuerschuldner liegen damit weit über der Geldwertänderungsrate. Deutlich über die Hälfte der zugrunde gelegten Zinssätze zeigte hiervon zuletzt eine fallende Tendenz.

Damit liegen die Zinssätze für Privatpersonen und für Unternehmen nicht so weit auseinander, dass unterschiedliche Zinssatztypisierungen notwendig wären[1929] – sie liegen zudem unproblematisch innerhalb der Streubreitentoleranz des jeweils anderen Wertes. Die beiden Referenzzinssätze sind gleichwohl strukturell zu niedrig, da Marktzinsen die Vor- und Nachteile nicht vollständig wiedergeben können: Manche Steuerpflichtige, der zusätzliche Liquiditätseffekt sowie marktübliche Nutzungsvorteilsüberschüsse werden ignoriert.

III. Stellungnahme zur Realitätsgerechtigkeit

Die Referenzzinssatzbandbreitenbestimmung hat eine deutliche Diskrepanz zwischen den Referenzen für den Steuergläubiger und den Steuerschuldnern gezeigt. Während für die Nutzungsvorteile und Schäden beim Steuergläubiger faktisch eine Nullverzinsung zugrunde zu legen ist, wird die Realität bei den Steuerschuldnern mit Zinssätzen von 4,0 Prozent (Unternehmen) beziehungsweise 4,1 Prozent (Privatpersonen) abgebildet.

Sonach ist zunächst Stellung zur „richtigen" Perspektive zu nehmen, da diese nicht miteinander vereinbar erscheinen.[1930] Die Orientierung am Steuergläubiger würde aktuell nämlich nicht einmal einen Ausgleich der Liquiditätsvorteile bei den Steuerpflichtigen erreichen.[1931] Einerseits ist das Ziel der Verzinsungen

---

1928 Zu den Auswirkungen der Kosten auf die effektive Verzinsung von Krediten an Privatpersonen s. oben bspw. Seite 361.

1929 Dies vorschlagend s. *Dust*, Der Zinssatz im Steuerschuldverhältnis, 2019, S. 383 f., 387 f.

1930 Zum Sinn und Zweck der Verzinsung s. umfassend oben Seite 319 ff.

1931 S. dahingehend bereits *Seer*, DB 2014, 1945 (1948).

im Steuerschuldverhältnis die Entschädigung des Steuergläubigers und andererseits die Gleichmäßigkeit der Besteuerung unter den Steuerschuldnern.[1932] Grundrechtlich geschützt sind gleichwohl die Steuerschuldner und verfassungsrechtlich geboten ist hiervon nur die Gleichmäßigkeit der Besteuerung, die – wie gezeigt wurde – auch Bestandteil der Steuer- und Zeitgerechtigkeit ist.[1933] Für die Gleichmäßigkeit der Besteuerung sind die Nutzungsvorteile oder Schäden beim Staat jedoch ohne Bedeutung, denn der Ausgleich dieser Vor- oder Nachteile bewirkt keine Gleichstellung der Steuerschuldner – dies kann lediglich ein Ausgleich und Abschöpfen deren Vor- und Nachteile erzielen.[1934]

Soweit der Gesetzgeber („gleichzeitig") den Schaden des Steuergläubigers ausgleichen möchte, ist stattdessen eine separate Regelung erforderlich, die im Übrigen vielmehr einer Gebühr entspräche. Dies gilt im Besonderen für sonstige dem Staat entstehende Kosten.[1935] Für die Bewertung der Realitätsgerechtigkeit der Zinssatztypisierungen kommt es somit auf die Perspektive der Steuerschuldner und die Gleichmäßigkeit der Besteuerung an. Dass der Steuergläubiger mit den Verzinsungsregelungen des Steuerschuldverhältnisses Nettozinseinnahmen in nicht unerheblichem Umfang generiert hat,[1936] ist folglich auch kein Argument gegen die Verzinsungshöhe. Denn Zinseinnahmen des Steuergläubigers verdeutlichen lediglich, dass Steuerpflichtige durch spätere Steuerzahlungen umfassender bevorteilt werden, als dass sie durch später zu erstattende Steuerzahlungen belastet werden. Die Zinseinnahmen oder -ausgaben des Steuergläubigers sind

---

1932 Vgl. nur BVerfG v. 03.09.2009 – 1 BvR 2539/07, BFH/NV 2009, 2115 (2117); BFH v. 09.11.2017 – III R 10/16, BStBl. II 2018, 255 (256); BFH v. 25.04.2018 – IX B 21/18, BStBl. II 2018, 415 (417); BT-Drs. 8/1410, S. 4.

1933 Vgl. ausdrücklich FG Baden-Württemberg v. 16.01.2018 – 2 V 3389/16, EFG 2018, 997 (999, 1003 f.); vgl. zusammenfassend bspw. auch *Drüen*, FR 2014, 218 (227). S. insb. die Begründung aus der Zeitgerechtigkeit oben Seite 117 ff.

1934 S. dahingehend FG Berlin-Brandenburg v. 15.01.2014 – 3 K 3079/13, EFG 2014, 724 (725, 727); *Schindler/Hoppe*, DStR 2020, 2570 (2573 f.). Die Problematik anhand einer einheitlichen Schadenperspektive aufzeigend s. *Seer/Klemke*, IFSt-Schrift 490, 2013, S. 55; vgl. auch *Anzinger*, DStR 2016, 1829 (1835).

1935 Sonstige Kosten des Staates als Grund für höhere Zinssätze ansehend s. FG Baden-Württemberg v. 16.01.2018 – 2 V 3389/16, EFG 2018, 997 (999).

1936 Zu den Salden der Jahre 2008 bis 2013, die zwischen ca. 0,5 und 1,3 Mrd. Euro lagen, s. BT-Drs. 18/2795, S. 4; s. aber auch bereits oben Seite 248, wonach sich zuletzt auch Salden zugunsten der Steuerpflichtigen ergaben. Zur Kritik des Saldos s. bspw. *Dziadkowski*, FR 2015, 922 (923 f.); *Jonas*, DStR 2016, 950 (952); *Jonas*, DB 2016, 3000 (3001); *Borggräfe/Staud*, FR 2018, 857 (867); *Kirchhof*, in: FS Bundesfinanzhof. Band 1, 2018, S. 361 (375); *Borggräfe/Staud*, FR 2019, 120 (123).

mithin nur das Ergebnis des Ausgleichs zwischen den Steuerpflichtigen im Sinne der Gleichmäßigkeit der Besteuerung. Insofern ist auch die profiskalische Ausgestaltung der Verzinsung im Steuerschuldverhältnis einzuordnen und für die verfassungsrechtliche Gerechtigkeitsbewertung unerheblich.[1937]

Nachfolgend ist somit zur Einhaltung der Realitätsgrenzen in Bezug auf die Referenzzinssätze sowohl der Privatpersonen als auch der Unternehmen Stellung zu nehmen und anschließend gegebenenfalls bestehende Verstöße hinsichtlich ihrer Rechtfertigung zu überprüfen.

1. Einhaltung der Realitätsgerechtigkeitsgrenzen

Die Zinssatztypisierung ist spätestens dann nicht mehr realitätsgerecht, wenn sie im Sinne der Steuergerechtigkeit „unerträglich" ist, die Realität mithin im Vergleich zur Referenz (strukturell) verfehlt wiedergibt – das heißt, die Typisierung von 6,0 Prozent pro Jahr im Vergleich mit den objektiv ermittelten Referenzzinssätzen unerträglich realitätsfern ist. Zu erörtern ist daher im Weiteren, wo diese Realitätsgerechtigkeitsgrenzen der Zinssatztypisierung im Steuerschuldverhältnis konkret liegen und ob diese im aktuellen Zinsumfeld eingehalten werden.

Systematische vom Gesetzgeber objektiv gewollte Abweichungen von realitätsgerechten Referenzwerten sind grundsätzlich zwar möglich, wenn der Gesetzgeber diese Abweichungen mit der Typisierung anstrebt und gleichheitsgerecht ausgestaltet. Hinsichtlich der Zinssatztypisierungen steht dem jedoch die regelmäßig ungleiche Wirkung von realitätsfernen Typisierungen im Sinne des Leistungsfähigkeitsprinzips entgegen.[1938] Insoweit findet das Gebot der Realitätsgerechtigkeit uneingeschränkt Anwendung.

a) Bandbreite der Realitätsgerechtigkeit

Im Rahmen der allgemeinen Ausführungen zum Gebot der Realitätsgerechtigkeit wurde bereits die Streubreitentoleranz in Höhe von 20 Prozent als grundsätzlich realitätsgerechte Bandbreite um die ermittelte Referenz begründet.[1939] Diese spiegelt regelmäßig die zyklischen Schwankungen am Markt wider und bildet die Werte ab, die dem Gebot der Realitätsgerechtigkeit entsprechen. Der nominale Zinssatz von 6,0 Prozent pro Jahr fällt demnach bei

---

1937 Die Asymmetrie betonend s. bspw. *Ortheil*, BB 2012, 1513 (1515).

1938 S. dazu ausführlich oben Seite 45 ff.

1939 Zur Streubreitentoleranz s. oben Seite 106 ff.

Referenzzinssätzen von nominal 5,0 bis 7,5 Prozent pro Jahr[1940] in diese unproblematische Streubreitentoleranz.

Außerdem ist die Bandbreite der realitätsgerechten Zinssatztypisierung in § 238 AO zum einen aufgrund der vorgesehenen Billigkeitsmaßnahmen in § 234 Abs. 2 AO, § 237 Abs. 4 AO oder in §§ 163, 227 AO weiter, da Extremfälle unberücksichtigt bleiben können. Da die Maßnahmen im Ermessen der Finanzverwaltung liegen, sind sie gleichwohl nur als nicht gefestigte Rechtsposition zu gewichten[1941] – gesetzlich vorgesehene Ausweichmöglichkeiten existieren nicht. Zum anderen begründet die Komplexität der empirischen Datengrundlage bei Zinssätzen sowie die fortwährend komplexe Entscheidungs- oder Prognosesituation und die damit zusammenhängenden Unsicherheiten einen größeren gesetzgeberischen Spielraum zur Festlegung des typisierten Zinssatzes.[1942] Sofern die Verzinsungsregelungen nicht zwingend sind und dem Gesetzgeber daher ein weiter Gestaltungsspielraum zusteht, führt auch das zur weiteren Bandbreite realitätsgerechter Zinssätze. Zu beachten ist hierbei lediglich die Zeitgerechtigkeit, die eine Verzinsung aus Gerechtigkeitsgründen verfassungsrechtlich erforderlich machen kann, wenn nur so eine gebotene vergleichbare Belastung zum Stichtag sichergestellt werden kann.[1943] In solchen Fällen ist der Gestaltungsspielraum eingeschränkt und eine engere Bandbreite die Folge.

Zusammenfassend erweitern die Billigkeitsmaßnahmen, eine sich auswirkende Komplexität des Zinsmarktes sowie ein grundsätzlich weiter Spielraum des Gesetzgebers die Bandbreite der realitätsgerechten Werte. Lediglich die

---

1940 Berechnungen: 6,0 %/1,2 = 5,0 % und 6,0 %/0,8 = 7,5 %.

1941 Zur „generell stumpfe[n] Waffe" der Billigkeitsmaßnahmen gegen die Verzinsungen im Allgemeinen s. bereits *Felix*, DStR 1989, 587 (590).

1942 So wurde bspw. im Jahr 1996 noch eine Erhöhung des Vollverzinsungssatzes auf 0,75 oder 1,00 Prozent pro Jahr gefordert, vgl. *Zühlke*, StBp 1996, 125 (127), und im Jahr 2014 wurden die sinkenden Zinssatztendenzen angezweifelt, da das Zinsniveau insb. in den Jahren 2007 und 2008 deutlich gestiegen sei, vgl. OVG Nordrhein-Westfalen v. 10.07.2014 – 14 A 1196/13, juris Rn. 19 f. Grundsätzlich anders wäre die Komplexität zu bewerten, wenn die Typisierung auf einem gesetzlichen Vergleichsmaßstab begründet wäre.

1943 Ohne Begründung a. A. hierzu s. Wissenschaftliche Dienste des Deutschen Bundestages, Die Verzinsung von Steuernachzahlungen und Steuererstattungen, WD 4 - 3000 - 011/17, 2017, S. 6, abrufbar unter https://www.bundestag.de/blob/499130/2f7dad4f7aace8cb317946e2f5e1c3e4/wd-4-011-17-pdf-data.pdf (abgerufen am 30.08.2019).

Zeitgerechtigkeit begründet hiernach ein entgegenwirkendes noch größeres Realitätsnäheerfordernis.

aa) Zusätzliche Begrenzungen der Bandbreite

Daneben könnten sich äußerste Begrenzungen der Bandbreite der realitätsgerechten Zinssätze aus einer Orientierung an § 138 Abs. 2 BGB ergeben.[1944]

α) § 138 Abs. 2 BGB

§ 138 Abs. 2 BGB regelt die Nichtigkeit von Rechtsgeschäften, die als Austauschgeschäft ein auffälliges Missverhältnis zwischen Leistung und Gegenleistung aufweisen, vorausgesetzt der Wucherer hat die Zwangslage, die Unerfahrenheit, den Mangel an Urteilsvermögen oder die erhebliche Willensschwäche des Bewucherten bewusst ausgebeutet.[1945] Zur Bestimmung des auffälligen Missverhältnisses ist auf die marktüblichen Zinsen im Vergleich zu den vertraglich vereinbarten abzustellen.[1946] Als Faustregel wird diese Auffälligkeit des Missverhältnisses allgemein angenommen, wenn das Verhältnis eins zu zwei beträgt, das heißt, dass das vertraglich Vereinbarte das Marktübliche um 100 Prozent übersteigt beziehungsweise nur circa 50 Prozent des Marktüblichen beträgt.[1947] Hinsichtlich der Zinsen besteht neben diesem relativen Maßstab ein auffälliges

---

1944 Dies in Bezug auf § 237 AO prüfend s. FG Baden-Württemberg v. 16.01.2018 – 2 V 3389/16, EFG 2018, 997 (1001).

1945 S. bspw. zusammenfassend *Armbrüster*, in: Münchener Kommentar, BGB, 2018, § 138 Rn. 143.

1946 Vgl. *Sack/Fischinger*, in: Staudinger, BGB, 2017, § 138 Rn. 235.

1947 Vgl. bspw. BGH v. 24.03.1988 – III ZR 30/87, BGHZ 104, 102 (105 f.); BGH v. 13.03.1990 – XI ZR 252/89, BGHZ 110, 336 (338, 340); BGH v. 11.01.1995 – VIII ZR 82/94, BGHZ 128, 255 (266); BGH v. 19.01.2001 – V ZR 437/99, BGHZ 146, 298 (302); BGH v. 25.02.2011 – V ZR 208/09, NJW-RR 2011, 880 (881); *Hackl*, BB 1977, 1412 (1413 f.); *Bender*, NJW 1980, 1129 (1133); *Sack/Fischinger*, in: Staudinger, BGB, 2017, § 138 Rn. 244, 254; *Armbrüster*, in: Münchener Kommentar, BGB, 2018, § 138 Rn. 119, 146; *Ellenberger*, in: Palandt, BGB, 2020, § 138 Rn. 67. Eine Unverhältnismäßigkeit der Verzinsung im Steuerschuldverhältnis ab 100 Prozent annehmend und die historische Grundlage darlegend s. *Dust*, wiedergegeben in: *Olshagen*, Protokoll zum 144. Bochumer Steuerseminar für Praktiker und Doktoranden vom 13.01.2017, S. 20, abrufbar unter https://www.kompetenzzentrum-steuerrecht.de/cms/upload/Institut/BochumerSteuerseminar/Protokoll_144._Bochumer_Steuerseminar.13.1.2017.pdf (abgerufen am 09.12.2019); *Dust*, Der Zinssatz im Steuerschuldverhältnis, 2019, S. 325 f. Kritisch hinsichtlich solcher „mathematisch gezogene[r] Grenzen" s. jedoch *Seer*, wiedergegeben in: *Olshagen*, a. a. O., S. 21.

Missverhältnis in der Regel auch ab einer absoluten Zinssatzdifferenz von zwölf Prozentpunkten.[1948] Im Umkehrschluss mangelt es an einem auffälligen Missverhältnis grundsätzlich schon ab einem Verhältnis von weniger als eins zu zwei und einer Differenz von weniger als zwölf Prozentpunkten.[1949] Diese Werte könnten als Orientierung für die Realitätsgerechtigkeit von Zinssätzen im Allgemeinen gelten, das heißt auch für die Zinsen im Steuerschuldverhältnis.

Das Finanzgericht Baden-Württemberg hat in einem Beschluss aus dem Jahr 2018 die Vergleichbarkeit der Realitätsgerechtigkeit von gesetzlichen Zinssatztypisierungen mit der Sittenwidrigkeit von vertraglichen Wucherzinsen gleichwohl bezweifelt, da § 138 Abs. 2 BGB konkrete Einzelwerte eines zivilrechtlichen Vertrags betreffe, die mit vergleichbaren marktüblichen Werten verglichen werden könnten, wohingegen solche konkreten Werte bei den Zinssatztypisierungen aufgrund eines fehlenden Vergleichszinses fehlten.[1950] Im Übrigen ist auch das Schutzniveau ein anderes: Während § 138 Abs. 2 BGB – unter den genannten Voraussetzungen – in Ausnahmefällen den durch Art. 2 Abs. 1 GG geschützten Grundsatz der Privatautonomie, der im Zivilrecht insbesondere als Vertragsfreiheit ausgeprägt ist,[1951] durchbricht, basiert die Realitätsgerechtigkeit im Steuerrecht auf dem verfassungsrechtlichen Gebot der gleichheitsgerechten Besteuerung. § 138 Abs. 2 BGB betrifft somit einen besonderen Ausnahmefall im Verhältnis zwischen Privaten, in dem der Gesetzgeber eine Regulierung zum Schutz des Schwächeren (ausnahmsweise) für erforderlich erachtet.[1952] Die

---

1948 Vgl. nur BGH v. 13.03.1990 – XI ZR 252/89, BGHZ 110, 336 (340); BGH v. 11.01.1995 – VIII ZR 82/94, BGHZ 128, 255 (266); *Sack/Fischinger*, in: Staudinger, BGB, 2017, § 138 Rn. 254; *Armbrüster*, in: Münchener Kommentar, BGB, 2018, § 138 Rn. 119, 146. S. allerdings kritisch *Canaris*, AcP 200, 273 (303), der die Marke von 100 Prozent als „ziemlich arbiträr gegriffene Größe" sowie die Zinssatzdifferenz von zwölf Prozentpunkten als „vollends willkürlich, ja geradezu evident falsch" bezeichnet.

1949 Vgl. bspw. BGH v. 13.07.1989 – III ZR 77/88, NJW-RR 1989, 1320 (1320 f.); BGH v. 13.03.1990 – XI ZR 252/89, BGHZ 110, 336 (338, 340), der gleichzeitig darauf hinweist, dass es sich hierbei um keine starren Grenzen handele. Vgl. auch FG Baden-Württemberg v. 16.01.2018 – 2 V 3389/16, EFG 2018, 997 (1001).

1950 Vgl. FG Baden-Württemberg v. 16.01.2018 – 2 V 3389/16, EFG 2018, 997 (1001).

1951 Vgl. BVerfG v. 12.11.1958 – 2 BvL 4/56 u. a., BVerfGE 8, 274 (328); BVerfG v. 08.04.1997 – 1 BvR 48/94, BVerfGE 95, 267 (303). Zum „liberalen Grundcharakter des BGB" s. *Canaris*, in: AcP 200, 2000, S. 273 (304).

1952 Vgl. *Canaris*, AcP 200, 273 (304).

Realitätsgerechtigkeit hingegen schützt die Privaten gegenüber dem Staat im Rahmen des Über-Unterordnungsverhältnisses.

Es wäre jedoch äußerst widersprüchlich, würde der Staat einen zwischen Privaten privatautonom geschlossenen Vertrag aufgrund einer ungleichen Verhandlungsposition (Zwangslage, Unerfahrenheit, Mangel an Urteilsvermögen oder erhebliche Willensschwäche), die ein gewisses Über-Unterordnungsverhältnis darstellt, für nichtig erklären und gleichzeitig im wesentlich ausgeprägteren Über-Unterordnungsverhältnis des Steuerrechts zwischen Staat und Privaten noch auffälligere Missverhältnisse durch realitätsferne Typisierungen zulassen. Schließlich wird der Zinssatz im Steuerschuldverhältnis überhaupt nicht verhandelt, sondern vom Gesetz diktiert. Der Steuerpflichtige ist gleichsam vor dem Staat, der wucherähnliche Zinssätze verlangt, zu schützen. Dem Finanzgericht ist zwar zuzustimmen, dass ein konkreter Vergleichszins bei den gesetzlichen Typisierungen fehle, jedoch ist im Rahmen der Prüfung des Gebots der Realitätsgerechtigkeit ein Referenzzinssatz zu ermitteln, der als marktüblicher Vergleichswert fungiert. Folglich ist der Referenzzinssatz mit dem typisierten Zinssatz zu vergleichen.

Mithin müssen die Anforderungen an die Realitätsgerechtigkeit von Zinssatztypisierungen zumindest dem eines gerade noch nicht auffälligen Missverhältnisses im Sinne des § 138 Abs. 2 BGB entsprechen, das bedeutet, die Missverhältniswerte des § 138 Abs. 2 BGB stellen einen Richtwert für die äußersten Bandbreitenbegrenzungen der Realitätsgerechtigkeit dar. Aus der relativen Zinssatzdifferenz zwischen typisiertem Zinssatz und Referenz von 100 Prozent lassen sich für die Zinssatztypisierung des § 238 AO Zinssätze in Höhe von nominal 3,0 beziehungsweise 12,0 Prozent pro Jahr[1953] sowie aus der absoluten Zinsdifferenz von zwölf Prozentpunkten Zinssätze in Höhe von nominal -6,0 oder 18,0 Prozent pro Jahr[1954] berechnen. Hiervon sind die strengeren Werte relevant, sodass die Zinssätze 3,0 und 12,0 Prozent pro Jahr die äußersten Grenzen der Bandbreite realitätsgerechter Zinssätze bilden.

β) Absolute Mehrbelastungsgrenze

Überdies will *Dust* die Grenze von 100 Prozent als absolute Mehrbelastungsgrenze, die auch die Geltungsdauer der realitätsfernen Typisierung miteinbezieht, verstanden wissen.[1955] Demnach stelle eine Zinssatztypisierung, die

1953 Berechnung aufgrund der Faustformel „eins zu zwei“: 6,0 % / 2 = 3,0 % und 6,0 % * 2 = 12,0 %.

1954 Berechnung: 6,0 - 12 = 6,0 und 6,0 + 12 = 18,0.

1955 Vgl. *Dust*, Der Zinssatz im Steuerschuldverhältnis, 2019, S. 329 ff.

über einen Zeitraum von zwei Jahren den tatsächlichen Zinssatz um 50 Prozent übersteigt, ebenso einen Verstoß gegen die Realitätsgerechtigkeit dar, wie ein um 100 Prozent zu hoher Zinssatz für ein Jahr. Nach Erreichen von insgesamt 100 Prozent sei somit ein Verstoß gegen die Realitätsgerechtigkeit erreicht, der zu einer Anpassungspflicht führe. Eine lediglich zehn Prozent überhöhte Zinssatztypisierung, die über zehn Jahre gültig ist, sei jedoch aufgrund der fehlenden Wesentlichkeit irrelevant.[1956]

Diese Ansicht verkennt allerdings erstens den dem Gesetzgeber zustehenden Prognosespielraum, der gröbere Typisierungen und Generalisierungen in einer angemessenen Übergangsphase verfassungsrechtlich ermöglicht. Zweitens ist die Bedeutung der Wesentlichkeitsgrenze undeutlich, da zum einen nicht erkenntlich ist, wann diese genau zur Anwendung kommt. So stellt sich die Frage, ob eine Abweichung von 50 Prozent im ersten Jahr und zum Beispiel zehn Prozent in den folgenden fünf Jahren wesentlich ist oder nicht. Noch unklarer ist deren absolute Bedeutung, da beispielsweise eine relative Abweichung von 25 Prozent (über vier Jahre) bei einem tatsächlichen Zinssatz von lediglich 1,0 Prozent absolut nur 0,25 Prozentpunkte (pro Jahr) ausmacht und somit ebenfalls unwesentlich sein könnte. Drittens ist der Ausgangspunkt der Betrachtung nicht zu bestimmen. Eine Zinssatztypisierung, die wie §§ 233a ff. AO bereits seit Jahrzehnten unverändert ist, kann unmöglich auf die erstmalige Abweichung vom tatsächlichen Zinssatz zurück angepasst werden. Hierin zeigt sich auch, dass die Realitätsgerechtigkeit viertens eine stichtagsbezogene Prüfung erfordert, die zu jedem Zeitpunkt einer verfassungsrechtlichen Beurteilung zugänglich sein muss. Wieso sollte ein typisierter Zinssatz, der im ersten Jahr noch realitätsgerecht ist, im zweiten oder dritten Jahr nicht mehr realitätsgerecht sein, obwohl sich der zugrundeliegende Referenzzinssatz nicht verändert hat. Genau das wäre jedoch die Konsequenz einer absoluten Mehrbelastungsgrenze: Ein typisierter Zinssatz von 6,0 Prozent wäre bei einem Marktzins von 5,0 Prozent in den ersten vier Jahren noch realitätsgerecht, da die Abweichung (nur) 20 Prozent pro Jahr, insgesamt nach vier Jahren also 80 Prozent beträgt, im fünften Jahr dann jedoch nicht mehr realitätsgerecht, da die addierte Abweichung bei 100 Prozent liegt. Abzuleiten sind hieraus gegebenenfalls nur zu rechtfertigende Überlegungs- und Reaktionsfristen des Gesetzgebers.[1957]

1956 Vgl. *Dust*, Der Zinssatz im Steuerschuldverhältnis, 2019, S. 332.

1957 Vgl. auch *Dust*, Der Zinssatz im Steuerschuldverhältnis, 2019, S. 335, der jedoch in Folge des Erreichens der 100 Prozent eine Unverhältnismäßigkeit und Verfassungswidrigkeit annimmt.

Von einer solchen absoluten Mehrbelastungsgrenze sollte daher abgesehen werden, auch da mathematische Grenzen ohnehin nur als Richtwert dienen können, so wie auch die aus § 138 Abs. 2 BGB abgeleiteten Grenzen von relativ 100 Prozent und absolut zwölf Prozentpunkten (nur) als äußerste Richtwerte der Grenzbestimmung zum Stichtag heranzuziehen sind.

bb) Zwischenergebnis

Die Realitätsgerechtigkeit des typisierten Nominalzinssatzes in § 238 AO ist unproblematisch, sofern sich der Referenzzinssatz innerhalb der Streubreitentoleranz von nominal 5,0 bis 7,5 Prozent pro Jahr bewegt. Zudem sprechen wesentliche Gründe für eine noch weitere Bandbreite.

Die weiteste Bandbreite von Referenzzinssätzen, für die der nominale Zinssatz grundsätzlich noch realitätsgerecht sein kann, beträgt jedenfalls nominal 3,0 bis 12,0 Prozent pro Jahr.

b) Vergleich der Referenzzinssätze mit den Effektivzinssätzen

Innerhalb der Streubreitentoleranz von 5,0 bis 7,5 Prozent pro Jahr liegen die Referenzzinssätze mit 4,1 und 4,0 Prozent pro Jahr zwar nicht. Allerdings handelt es sich bei den Referenzzinssätzen auch um Effektivzinssätze und -renditen, wohingegen die genannte Streubreitentoleranz auf dem typisierten Nominalzins von 6,0 Prozent pro Jahr basiert. Entscheidend ist daher der Vergleich mit der effektiven Belastung, da diese die tatsächlichen Belastungen der Steuerschuldner abbilden und mithin Grundlage der Gleichmäßigkeit der Besteuerung sowie der Realitätsgerechtigkeit im Sinne des Leistungsfähigkeitsprinzips, die auf tatsächliche Belastungswirkungen abstellt, sein müssen.[1958]

Mit zunehmender Verzinsungsdauer bewirkt der Ausschluss von Zinseszinsen eine kontinuierlich sinkende Effektivjahresverzinsung, die beispielsweise bei einem Zinslauf von acht Jahren nur noch 5,0 Prozent pro Jahr beträgt. Berücksichtigt man bei der Vollverzinsung zusätzlich die Auswirkungen der Karenzzeit, so lässt sich für eine effektive Verzinsungsdauer von circa sieben Jahren, die bereits mit dem Steuerentstehungszeitpunkt beginnt, ein effektives Zinshoch

---

1958 S. dahingehend bspw. BFH v. 09.11.2017 – III R 10/16, BStBl. II 2018, 255 (260); VGH Bayern v. 10.08.2017 – 4 ZB 17.279, juris Rn. 16; *Melan*, DStR 2017, 2088 (2088 f.); vgl. auch BT-Drs. 18/2795, S. 3. Zum Ganzen sowie insbesondere zu den Berechnungen und Schaubildern bezüglich der Effektivverzinsung s. oben Seite 259 ff.

von 4,34 Prozent pro Jahr berechnen.[1959] In Verbindung mit einer Gesamtbetragsbetrachtung, die zudem die Nichtverzinsung des Solidaritätszuschlags (und der Kirchensteuer) miteinbezieht, folgt ein effektives Zinshoch von 4,12 Prozent pro Jahr (beziehungsweise 3,83/3,79 Prozent pro Jahr). Gerade bei kürzeren Zinsläufen wirkt außerdem die Zinsfreistellung angefangener Monate und der zinsfreie Monat bis zur Fälligkeit der Abschlusszahlung effektivzinssenkend.

Weil die effektive Zinssatzhöhe je nach effektiver Verzinsungsdauer unterschiedlich ist, lässt sich die Realitätsgerechtigkeit des typisierten Zinssatzes nur in Abhängigkeit von dieser beurteilen. Grundsätzlich sind lange (effektive) Verzinsungszeiträume vor allem aufgrund von Außenprüfungen sowie von Einspruchs- oder Gerichtsverfahren nicht außergewöhnlich[1960] und weil die Steuer im Falle von Betriebsprüfungen regelmäßig erst nach fünf bis sieben Jahren nach Ende des Veranlagungszeitraums fällig wird,[1961] soll hier ein Zeitraum von bis zu zehn Jahren ab dem Steuerentstehungszeitpunkt für die effektive Verzinsungsdauer begutachtet werden. Somit sind die Referenzzinssätze in Höhe von 4,0 Prozent pro Jahr (Unternehmen) beziehungsweise 4,1 Prozent pro Jahr (Privatpersonen) mit dem effektiven typisierten Zinssatz in Abhängigkeit von der effektiven Verzinsungsdauer zu vergleichen.

Wegen der Unterschiede zwischen der Vollverzinsung nach § 233a AO und der anderen Verzinsungsformen gemäß §§ 234 ff. AO muss der Vergleich der Typisierung mit der Realität von hier an grundsätzlich separat vorgenommen werden.

aa) Vollverzinsung, § 233a AO

Zwar gibt es wegen der unverzinsten Karenzzeit überhaupt keine Ist-Vollverzinsung ab dem Entstehungszeitpunkt der Steuer, sodass vereinzelt die Berücksichtigung der Auswirkungen der Karenzzeit bei der verfassungsrechtlichen Beurteilung der Realitätsgerechtigkeit des typisierten Zinssatzes abgelehnt wird.[1962] Statt einer rechnerischen effektiven Verzinsungsdauer sei der tatsächlich verzinste Zeitraum entscheidend. Doch den Steuerschuldnern steht der

---

1959 Die Verhältnismäßigkeit des Zinssatzes anhand dieser effektiven Maximalbelastung bewertend s. *Dust*, Der Zinssatz im Steuerschuldverhältnis, 2019, S. 341 ff.

1960 Vgl. *Zühlke*, StBp 1996, 125 (125); BT-Drs. 18/2795, S. 5. Dazu, dass Außenprüfungen Grundlage vieler Steuernachforderungen sind, s. bspw. *Seer*, DB 2014, 1945 (1949).

1961 Vgl. *Jonas*, DStR 2018, 545 (548, 551). Zuvor bereits sechs bis acht Jahre nennend s. *Jonas*, DB 2016, 3000 (3003).

1962 Vgl. *Jonas*, DStR 2018, 545 (548 f.).

nachzufordernde oder zu erstattende Steuerbetrag je nach Zahlungszeitpunkt gerade auch in diesem Zeitraum zur Verfügung oder eben nicht.[1963] Eine Verzinsung zur Förderung der Gleichmäßigkeit der Besteuerung muss mithin auch die Karenzzeit miteinbeziehen, da für die Gleichmäßigkeit die effektive Belastung entscheidend ist und nur so die Sinn- und Zweckerreichung sowie die Vereinbarkeit mit dem Gebot der Realitätsgerechtigkeit beurteilt werden kann. Folglich ist die effektive Verzinsungsdauer ab dem Steuerentstehungszeitpunkt nach dem Ende des Veranlagungszeitraums erheblich.

α) Privatpersonen

Ein Vergleich des Referenzzinssatzes für Privatpersonen in Höhe von 4,1 Prozent pro Jahr (gepunktete Linie) und dem effektiven Jahreszins der Typisierung ergibt, wenn der Ausschluss der Zinsesverzinsung, die Karenzzeit sowie die Gesamtbetragsbetrachtung (ohne Kirchensteuer) Berücksichtigung findet, folgendes Schaubild mit einem Zinssatzhoch von circa 4,1 Prozent für eine effektive Verzinsungsdauer von circa sieben Jahren.

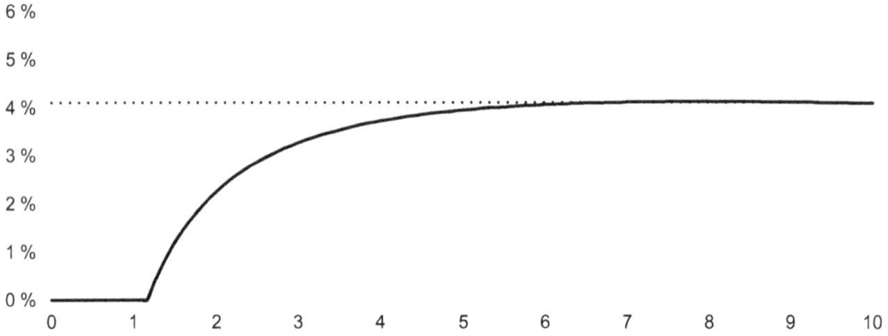

Abbildung 18: Vergleich des Referenzzinssatzes für Privatpersonen (gepunktete Linie) mit dem effektiven Jahreszins der Typisierung – Gesamtbetragsbetrachtung ohne Kirchensteuer (x-Achse: Jahre)

In Deutschland sind circa zwei Drittel der Bevölkerung kirchensteuerpflichtig,[1964] weshalb die Gesamtbetragsbetrachtung einschließlich der Kirchensteuer

1963 S. dahingehend *Melan*, DStR 2017, 2088 (2089) mit Hinweis darauf, dass Abzugssteuern und Vorauszahlungen regelmäßig sogar noch vor der eigentlichen Steuerentstehung an den Steuergläubiger geleistet werden.

1964 Zur Religionszugehörigkeit in Deutschland s. Statista Research Department, https://de.statista.com/statistik/daten/studie/701006/umfrage/verteilung-

für Privatpersonen sinnvoll ist und ein folgendermaßen leicht verschobenes Schaubild ergibt. Das Zinssatzhoch ist bei 3,8 Prozent für eine effektive Verzinsungsdauer von circa sieben Jahren erreicht.

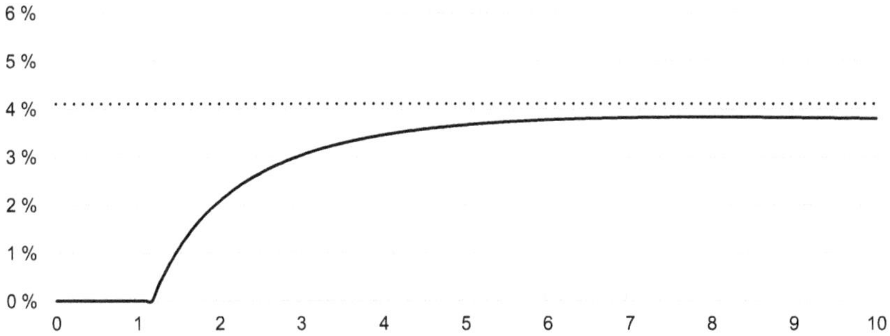

Abbildung 19: Vergleich des Referenzzinssatzes für Privatpersonen (gepunktete Linie) mit dem effektiven Jahreszins der Typisierung – Gesamtbetragsbetrachtung mit Kirchensteuer (x-Achse: Jahre)

Somit liegt die effektive Jahresverzinsung der typisierten Vollverzinsung ab einer effektiven Verzinsungsdauer von circa dreieinhalb Jahren innerhalb der Streubreitentoleranz in Höhe von 20 Prozent um den ermittelten Referenzzinssatz. Für eine kürzere Dauer liegt der typisierte Zinssatz der Vollverzinsung aufgrund der Auswirkungen der Karenzzeit unterhalb des Referenzzinssatzes. Dies wird durch die effektivzinssenkende Wirkung sowohl der Zinsfreistellung angefangener Monate als auch des zinsfreien Monats bis zur Fälligkeit der Abschlusszahlung noch verstärkt. Diese Abweichungen von der Realitätsgerechtigkeit sind daher verfassungsrechtlich in der anschließenden Stellungnahme weiter zu bewerten.

Eine Betrachtung der Umsatz- und Gewerbesteuerverzinsung führt zu keinem wesentlich anderen Ergebnis, da die Effektivverzinsung hierbei zwar ohne die Gesamtbetragsbetrachtung etwas höher liegt, sie sich damit gleichwohl vergleichbar innerhalb der Streubreitentoleranz bewegt.

der-bevoelkerung-in-deutschland-nach-religionszugehoerigkeit/ (abgerufen am 08.11.2019).

β) Unternehmen

Für die Unternehmen wurde ein etwas niedrigerer Referenzzinssatz in Höhe von 4,0 Prozent pro Jahr berechnet (gestrichelte Linie) und zudem ist die Kirchensteuer irrelevant. Das Schaubild zur effektiven Jahresvollverzinsung sieht dementsprechend für die Steuern vom Einkommen mit einem Zinssatzhoch bei circa 4,1 Prozent und einer effektiven Verzinsungsdauer von circa sieben Jahren wie folgt aus.

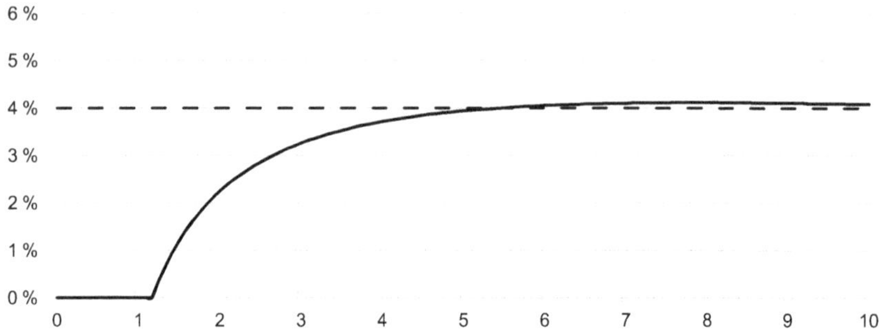

Abbildung 20: Vergleich des Referenzzinssatzes für Unternehmen (gestrichelte Linie) mit dem effektiven Jahreszins der Typisierung (x-Achse: Jahre)

Bezüglich der Unternehmen liegt die effektive Jahresverzinsung damit ab effektiven Verzinsungsdauern von circa drei Jahren ebenfalls in der Streubreitentoleranz um den Referenzzinssatz. Dies gilt zudem hinsichtlich der Umsatz- sowie Gewerbesteuer, für die die Effektivverzinsung ohne Gesamtbetragsbetrachtung jeweils etwas höher liegt – das Maximum beträgt hiernach 4,3 statt 4,1 Prozent pro Jahr, liegt mithin aber vergleichbar innerhalb der Streubreitentoleranz.

Für kürzere effektive Verzinsungsdauern liegt der typisierte Effektivzinssatz hingegen deutlich unterhalb der Referenz, was wiederum auf die Wirkung der Karenzzeit zurückzuführen ist und durch die nicht berechneten Wirkungen der Zinsfreistellung angefangener Monate sowie des zinsfreien Monats bis zur Fälligkeit der Abschlusszahlung effektiv noch deutlicher ausfällt. Auch dies ist in der anschließenden Stellungnahme verfassungsrechtlich abschließend zu würdigen.

bb) Weitere Verzinsungsformen im Steuerschuldverhältnis, §§ 234 ff. AO

Den weiteren Verzinsungsformen fehlt grundsätzlich insbesondere die effektivzinssenkende Wirkung der Karenzzeit. Damit wirkt sich vor allem der Ausschluss der Zinsesverzinsung sowie die Gesamtbetragsbetrachtung aus. Je nachdem, ob die Gesamtbetragsbetrachtung die Kirchensteuer mitberücksichtigt, zeigen sich folgende Effektivverzinsungen.

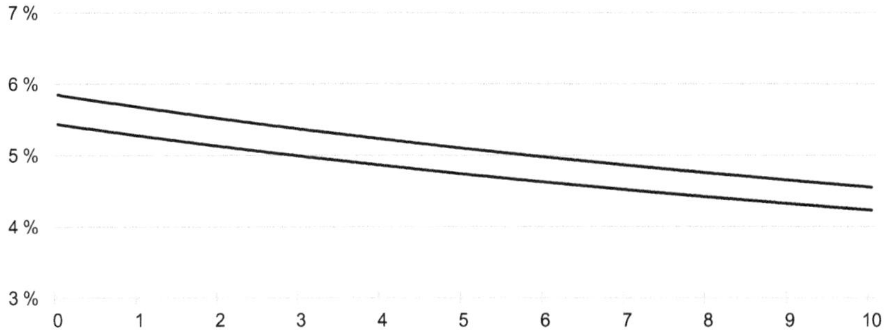

Abbildung 21: Effektive Jahresverzinsung – Auswirkungen des Ausschlusses der Zinseszinsung sowie der Gesamtbetragsbetrachtung mit beziehungsweise ohne Kirchensteuer (x-Achse: Jahre)

Bei der Umsatz- und Gewerbesteuer wird der Effektivzins lediglich durch den Ausschluss der Zinsesverzinsung beeinflusst. Das Schaubild stellt sich für diese Steuerarten wie folgt dar.

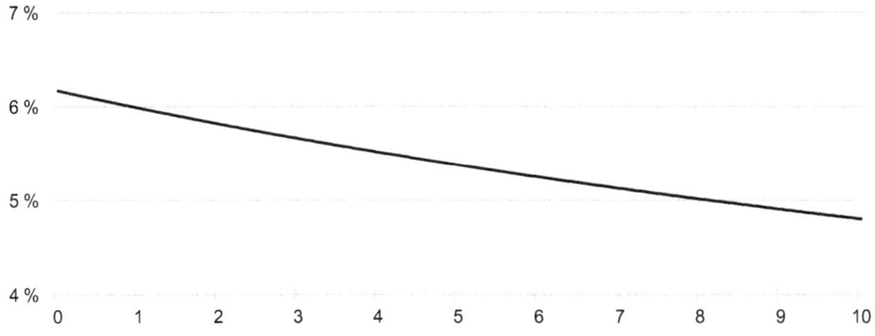

Abbildung 22: Effektive Jahresverzinsung – Auswirkungen des Ausschlusses der Zinsesverzinsung (x-Achse: Jahre)

Die Effektivverzinsungen liegen für (effektive) Verzinsungszeiträume von bis zu zehn Jahren durchweg über dem Referenzzinssatz für Unternehmen (4,0 Prozent pro Jahr) sowie dem für Privatpersonen (4,1 Prozent pro Jahr). Nur bei den längeren Zinsläufen kommt die Effektivverzinsung in die Streubreitentoleranz der Referenzzinssätze.

Gleichwohl ist der tatsächliche Unterschied zur Vollverzinsung nicht so deutlich, wie nach diesen Darstellungen angenommen werden könnte. Denn verzinst wird nach § 237 AO oder § 234 AO nur während der Aussetzung respektive Stundung. Ansonsten ist die Vollverzinsung nach § 233a AO einschlägig, sodass sich die Verzinsungsregelungen lediglich ergänzen.[1965] In Abhängigkeit von der Dauer der Durchführung des Veranlagungsverfahrens existiert folglich auch hier ein zinsfreier Zeitraum, der in Fällen langer Veranlagungsdauern sogar die gesamte Karenzzeit umfasst. Eine Abweichung von der dargestellten Effektivbelastung der Vollverzinsung besteht dann nicht. Da die Frist zur Pflichtabgabe der Steuererklärung erst sieben beziehungsweise 14 Monate nach Steuerentstehung endet (§ 149 Abs. 2 Satz 1 und Abs. 3 AO) und die durchschnittliche Bearbeitungszeit beim Finanzamt circa zwei Monate beträgt,[1966] kann somit eine (unverzinste) durchschnittliche Veranlagungsdauer von einem Jahr durchaus angenommen werden – zumal Fristverlängerungen, der unverzinste Monat zwischen Bekanntgabe des Steuerbescheids und Fälligkeit der Abschlusszahlungen sowie die Verzinsung lediglich voller Monate jeweils noch hinzukommen. Bezieht man schließlich auch die zeitintensiven Außenprüfungen mit ein, so ergeben sich überhaupt keine Unterschiede. Aufgrund der jedenfalls anzunehmenden maximalen Differenz zur Karenzzeit in Höhe von nur drei Monaten ist der Unterschied hinsichtlich der effektiven Verzinsung gering und demzufolge keine eigenständige Bewertung der Realitätsgerechtigkeit der Aussetzungs- und Stundungsverzinsung erforderlich. Dies wird zudem durch das nachfolgende Schaubild deutlich, das sowohl eine zinsfreie Zeit von zwölf (Strichpunktlinie) als auch 15 Monaten zeigt.

1965 S. zur Systematik bereits oben Seite 253 ff.

1966 S. zur Veranlagungsdauer auch oben Seite 237 f.

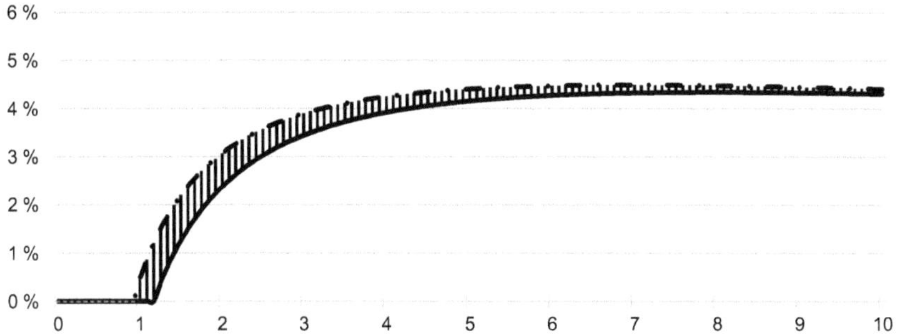

Abbildung 23: Effektive Jahresverzinsung – Vergleich der Auswirkungen der verzinsungsfreien Veranlagungsdauer (Strichpunktlinie) mit denen der Karenzzeit (x-Achse: Jahre)

Im Hinblick auf die Referenzzinssätze von 4,0 beziehungsweise 4,1 Prozent pro Jahr lässt eine solch geringe Differenz keine andere Beurteilung als bei der Vollverzinsung zu. Schließlich liegt die Verzinsung schon ab einer effektiven Verzinsungsdauer von circa zweieinhalb Jahren in der Streubreitentoleranz. Für eine kürzere Dauer liegt der typisierte Effektivzinssatz unterhalb der Streubreitentoleranz. Dies ist – ebenso wie bei der Vollverzinsung – weitergehend verfassungsrechtlich zu bewerten.

c) Stellungnahme zur Einhaltung der Realitätsgerechtigkeitsgrenzen

Seit dem Jahr 2018 können vermehrt Gesetzesänderungsvorschläge im Bundesrat und Bundestag registriert werden, die ein Absenken der Verzinsungshöhe im Steuerschuldverhältnis auf zumeist 0,25 Prozent pro Monat vorsehen.[1967] Während die Verfassungsmäßigkeit der geltenden Verzinsungsregelungen in der Literatur schon seit längerem bezweifelt wird,[1968] werden just seit dem Jahr 2018

1967 S. bspw. chronologisch BR-Drs. 324/18, S. 2; BR-Drs. 396/18, S. 3; BT-Drs. 19/2579, S. 2; BR-Drs. 129/20; s. zudem Bundesministerium für Wirtschaft und Energie, Mittelstandsstrategie, 2019, S. 9, abrufbar unter https://www.bmwi.de/Redaktion/DE/Publikationen/Mittelstand/mittelstandsstrategie.pdf (abgerufen am 18.11.2019). Die Bundesregierung lehnte dahingehende Änderungen zuvor ab, vgl. BT-Drs. 18/2795, S. 3; BT-Drs. 19/2766, S. 11 f.; BT-Drs. 19/18372, S. 5 f.

1968 Vgl. bspw. *Jonas*, Ubg 2011, 960 (961); *Ortheil*, BB 2012, 1513 (1517); *Seer/Klemke*, IFSt-Schrift 490, 2013, S. 49, 51 ff.: *Drüen*, FR 2014, 218 (225 f.); *Seer*, DB 2014, 1945 (1949); *Behrens*, FR 2015, 214 (216 ff.); *Ortheil*, BB 2015, 675 (675 f.); *Hey*, FR 2016, 485 (490 f.); *Jonas*, DStR 2016, 950 (953 f.); *Beckmann/Thiele*, BB 2016,

auch in der Rechtsprechung erhebliche Zweifel für Verzinsungszeiträume ab dem Jahr 2015 geäußert.[1969] Zusammenfassend bilde demnach der typisierte Zinssatz das strukturelle, nachhaltige Niedrigzinsniveau nicht mehr realitätsgerecht ab. Objektiv werde eine Verzinsung in Höhe von 6,0 Prozent pro Jahr – unabhängig von einer Referenzbestimmung[1970] – nicht (mehr) erreicht und daher würde kein Ausgleich von Vor- und Nachteilen (mehr) hergestellt werden.[1971] Folglich könne die Verzinsung keine Gleichmäßigkeit der Besteuerung erreichen und erzeuge Fehlanreize sowohl bei den Steuerpflichtigen als auch bei

---

2839 (2843); *Jonas*, DB 2016, 3000 (3002 ff.); *Jonas*, DStR 2018, 545 (546 ff.); *Kelm/Rindermann*, IDW-Schreiben v. 26.04.2018, S. 13 f., abrufbar unter https://www.idw.de/blob/108560/6d552e3fa571d9ac0e147bf560a4cbac/down-bverfg-238-ao-data.pdf (abgerufen am 19.11.2019).

1969 Vgl. BFH v. 25.04.2018 – IX B 21/18, BStBl. II 2018, 415 (416 f.) zum Zinszeitraum 2015-2017; BFH v. 03.09.2018 – VIII B 15/18, BFH/NV 2018, 1279 (1280) zum Zinszeitraum 2015-2017; vgl. auch FG Münster v. 31.08.2018 – 9 V 2360/18 E, EFG 2018, 1821 (1825) zum Zinszeitraum 2014-2018; VG Schleswig-Holstein v. 26.04.2019 – 4 B 1/19, juris Rn. 17 ff. zum Zinszeitraum 2016-2018. S. zur a. A. insb. BFH v. 29.05.2013 – X B 233/12, BFH/NV 2013, 1380 (1380 f.) zum Zinszeitraum 2009-2011; BFH v. 01.07.2014 – IX R 31/13, BStBl. II 2014, 925 (927 f.) zum Zinszeitraum 2004-2011; BFH v. 19.02.2016 – X S 38/15 (PKH), BFH/NV 2016, 940 (943) zum Zinszeitraum 2009-2013; BFH v. 09.11.2017 – III R 10/16, BStBl. II 2018, 255 (258 f.) zum Zinszeitraum 2013; vgl. auch FG Düsseldorf v. 10.03.2016 – 16 K 2976/14 AO, EFG 2016, 1053 (1054) zum Zinszeitraum 2013; FG Köln v. 27.04.2017 – 1 K 3648/14, EFG 2017, 1493 (1494 f.) zum Zinszeitraum 2014; FG Münster v. 17.08.2017 – 10 K 2472/16 E, EFG 2017, 1638 (1640 f.) zum Zinszeitraum 2012-2015; FG Berlin-Brandenburg v. 14.11.2017 – 6 K 6258/16, EFG 2018, 341 (341 f.) zum Zinszeitraum 2015-2016; FG Baden-Württemberg v. 16.01.2018 – 2 V 3389/16, EFG 2018, 997 (999 ff.) zum Zinszeitraum 2012-2016; FG Münster v. 31.08.2018 – 9 V 2360/18 E, EFG 2018, 1821 (1824) zum Zinszeitraum 1996-2013; FG Münster v. 30.04.2019 – 12 K 620/15, EFG 2019, 1257 (1257) zum Zinszeitraum 2004-2012; vgl. zudem noch OVG Nordrhein-Westfalen v. 10.07.2014 – 14 A 1196/13, juris Rn. 14 ff. zum Zinszeitraum 2005-2012; OVG Nordrhein-Westfalen v. 25.10.2018 – 14 B 1366/18, ZKF 2018, 282 (283) zum Zinszeitraum 2017-2018.

1970 Vgl. insb. *Beckmann/Thiele*, BB 2016, 2839 (2843).

1971 Vgl. insb. *Drüen*, FR 2014, 218 (225 f.); *Hey*, FR 2016, 485 (490 f.); *Kelm/Rindermann*, IDW-Schreiben v. 26.04.2018, S. 13 f., 18, abrufbar unter https://www.idw.de/blob/108560/6d552e3fa571d9ac0e147bf560a4cbac/down-bverfg-238-ao-data.pdf (abgerufen am 19.11.2019); *Kirchhof*, in: FS Bundesfinanzhof. Band 1, 2018, S. 361 (374 ff.); *Seer et al.*, DStR 2021, 1265 (1267 f.).

der Finanzverwaltung.[1972] Zugleich gefährdeten die realitätsfernen Zinsen den (vorläufigen) Rechtsschutz und somit das Prinzip des Rechtsstaates, wenn die Zinsen zum Entscheidungskriterium für oder gegen Rechtsbehelfe würden.[1973] Außerdem kämen die Unterschiede zwischen Privatpersonen und Unternehmen hinzu, die zu unterschiedlichen Referenzwerten führten und die Verwendung eines einheitlichen Zinssatzes gänzlich ausschließen würden.[1974]

Die vorangehenden ausführlichen Erörterungen zu den Referenzwerten haben indessen gezeigt, dass die effektive typisierte Zinssatzhöhe und der Referenzzinssatz nicht in so unerträglicher Weise auseinanderfallen, dass der Verweis auf ein gesunkenes Zinsniveau ausreichen würde, um verfassungsrechtliche Zweifel zu begründen. Folglich ergeben sich auch die negativen Effekte, wie zum Beispiel der ausbleibende Liquiditätsausgleich oder die Fehlanreize, nicht. Auch unterscheiden sich demnach die Referenzwerte zwischen Privatpersonen und Unternehmen nicht in grundlegend verfassungswidriger Weise.[1975] In der Rechtsprechung und der Literatur werden insbesondere die Besonderheiten der Verzinsungsregelungen im Steuerschuldverhältnis und deren Auswirkungen auf die Effektivverzinsung übersehen oder deren Gewichtigkeit verkannt.[1976] Überdies fehlt es durchweg an einer umfassenderen Auseinandersetzung mit den tatsächlichen Nutzungsvorteilen und Schäden bei den Steuerschuldnern, sodass die Realität nicht korrekt erfasst wird. Stattdessen wird zumeist auf einzelne Referenzwerte abgestellt und deren Relevanz als Abbild der gesamten Wirklichkeit diskutiert – ohne zu realisieren, dass auch sogenannte „Sonderfaktoren" für zahlreiche Steuerpflichtige die Realität bilden können und als solche gewichtet in die Referenzbestimmung einfließen müssen. Wenn einzelne Referenzwerte

1972 Vgl. insb. *Behrens*, FR 2015, 214 (216 ff.); *Kirchhof*, in: FS Bundesfinanzhof. Band 1, 2018, S. 361 (374 ff.).

1973 Vgl. *Ortheil*, BB 2015, 675 (676); *Gosch*, BFH/PR 2013, 56 (57 f.); *Drüen*, in: StbJb 2013/2014, S. 468 (476); *Gosch*, Global Taxes, TLE-024-2018, abrufbar unter https://www.tax-legal-excellence.com/global-taxes-tle-024-2018-im-steuerhimmel-laeuten-die-zins-glocken (abgerufen am 06.12.2019); vgl. kritisch bereits *Felix*, DStR 1989, 587 (589).

1974 Vgl. insb. *Dust*, Der Zinssatz im Steuerschuldverhältnis, 2019, S. 320 f.

1975 Vgl. hierzu auch grundsätzlich *Kelm/Rindermann*, IDW-Schreiben v. 26.04.2018, S. 4, abrufbar unter https://www.idw.de/blob/108560/6d552e3fa571d9ac0e147bf560a4cbac/down-bverfg-238-ao-data.pdf (abgerufen am 19.11.2019).

1976 Vgl. insb. *Kelm/Rindermann*, IDW-Schreiben v. 26.04.2018, S. 19, abrufbar unter https://www.idw.de/blob/108560/6d552e3fa571d9ac0e147bf560a4cbac/down-bverfg-238-ao-data.pdf (abgerufen am 19.11.2019).

zudem aufgrund ihrer Volatilität oder Streubreite abgelehnt werden,[1977] widerspricht dies zum einen dem gesetzgeberischen Vereinfachungswillen, gerade keine individuellen Zinssätze festzulegen[1978] und zum anderen wird infolge dieser beschränkten Realitätsbetrachtung die Typisierungsgrundlage jedenfalls im Gesamten nicht wirklichkeitsnah gebildet.[1979] Vielmehr ist die Typisierungsgrundlage möglichst vollumfassend zu ermitteln, indem „alle betroffenen Gruppen und Regelungsgegenstände" in die Beobachtungen der Wirklichkeit miteingeschlossen werden.[1980] Außerdem lässt sich aus dem postulierten Rückgang der Anträge auf Aussetzung der Vollziehung keine Einschränkung des Rechtsschutzes ableiten,[1981] da sie sich im Gleichlauf mit den – zinsunabhängigen – Klageeingängen bei den Finanzgerichten und auch bei anderen Gerichten bewegen.[1982] Soweit darauf hingewiesen wird, dass die Bedeutung der Zinsen im Steuerschuldverhältnis mehr in den Fokus der Praxis der Steuerberater gerückt sei, weil die Zinssätze realitätsfremd hoch seien,[1983] zeigt dies zunächst lediglich, dass Typisierungen im Steuerrecht grundsätzlich immer auch Gestaltungsmöglichkeiten ergeben. Wenn zudem argumentiert wird, der Gesetzgeber selbst erachte die Zinssatzhöhe inzwischen als zu hoch, da als typisierter Zinssatz in § 152 Abs. 5 AO nur noch 0,25 Prozent pro Monat gewählt wurde,[1984] kann hieraus allein keine Verfassungswidrigkeit abgeleitet werden. Zum einen wäre zur verfassungsrechtlichen Beurteilung auch in Bezug auf diese Typisierung eine umfassende Effektivzins- und Referenzbestimmung erforderlich und zum anderen zeigt eine solche (verfassungsgemäße) Regelung auch nur das rechtlich Mögliche und nicht zwingend das Gebotene.[1985]

1977 Vgl. *Hey*, BetrAV 2017, 396 (398).

1978 Vgl. FG Köln v. 12.10.2017 – 10 K 977/17, EFG 2018, 287 (291).

1979 Vgl. BVerfG v. 28.11.1984 – 1 BvR 1157/82, BVerfGE 68, 287 (308 f.). Die Kapitalrenditen daher zumindest als „Hilfsmaßstab" bei der typisierten Abzinsung von Pensionsrückstellungen heranziehend s. *Prinz/Keller*, DB 2016, 1033 (1040).

1980 BVerfG v. 29.03.2017 – 2 BvL 6/11, BVerfGE 145, 106 (146).

1981 Zu dieser Kritik s. *Drüen*, wiedergegeben in: *Ebner et al.*, DStR-Beihefter 2017, 77 (80).

1982 Vgl. *Melan*, FR 2018, 577 (578 f.).

1983 Vgl. *Drüen*, in: StbJb 2013/2014, S. 468 (476 f.) mit Verweis auf *Ortheil*, BB 2012, 1513 (1514, 1516).

1984 Vgl. BFH v. 25.04.2018 – IX B 21/18, BStBl. II 2018, 415 (418); vgl. entsprechend zu den Pensionsrückstellungen *Höfer*, DB 2018, 1698 (1699).

1985 Vgl. *Gosch*, Global Taxes, TLE-024-2018, abrufbar unter https://www.tax-legal-excellence.com/global-taxes-tle-024-2018-im-steuerhimmel-laeuten-die-zinsglocken (abgerufen am 19.11.2019).

Auch wenn *Gosch* schreibt, dass die Verzinsung im Steuerschuldverhältnis „angesichts des tatsächlichen Markt-Zinsniveaus [...] quasi-enteignend und geradezu rechtsschutzbehindernd" wirke,[1986] ergibt sich ferner in Bezug auf die Eigentumsfreiheit sowie den Rechtsschutz nichts anderes, da der typisierte Zinssatz – anders als von *Gosch* angenommen – effektiv eben weit überwiegend dem tatsächlichen Zinsniveau entspricht.[1987] Besonders streng ist der verfassungsrechtliche Maßstab zwar in Bezug auf den Schutz des Existenzminimums. Das sächliche Existenzminimum steht für eine Besteuerung nicht zur Verfügung und stellt eine absolute verfassungsrechtliche Untergrenze des Steuerzugriffs dar.[1988] Die Belastung des Existenzminimums ist durch die Verzinsungen im Steuerschuldverhältnis allerdings äußerst unwahrscheinlich, da nur auf das über den Grundfreibetrag nach § 32a Abs. 1 Satz 2 Nr. 1 EStG hinausgehende zu versteuernde Einkommen Einkommensteuer zu zahlen ist und nur dieser Steuerbetrag verzinst wird. Beträgt das zu versteuernde Einkommen im Jahr 2019 beispielsweise 10.000 Euro, so ergibt sich gemäß § 32a Abs. 1 Satz 2 Nr. 2 EStG eine Einkommensteuerschuld in Höhe von 123 Euro. Um in das Existenzminimum, das für 2019 bei 9.168 Euro lag, einzugreifen, müssten folglich Zinsen in Höhe von 709 Euro anfallen. Bezogen auf die Einkommensteuerschuld von 123 Euro erfordert dies einen Zinslauf von über 96 Jahren.[1989] Auch bei einem zu versteuernden Einkommen in Höhe von 100.000 Euro müsste der Einkommensteuerbetrag von 33.219 Euro noch fast 29 Jahre lang verzinst werden, um in das Existenzminimum einzugreifen.[1990] Hinzukommt, dass der Steuerpflichtige während der Verzinsungsdauer durchaus Nutzungsvorteile erzielen kann, sodass die Verzinsung noch viel länger dauern müsste respektive in das Existenzminimum niemals eingegriffen wird.

Einzig der Kritik an der fehlenden Überwälzungsmöglichkeit der Zinsen auf die Umsatzsteuer[1991] ist zuzustimmen – insbesondere vor dem Hintergrund,

---

1986 *Gosch*, BFH/PR 2013, 56 (57 f.).

1987 Vgl. auch BFH v. 01.07.2014 – IX R 31/13, BStBl. II 2014, 925 (928 f.), der bezüglich der Vollverzinsung (§ 233a AO) eine übermäßige Belastung durch die Geldleistungspflicht oder eine grundlegende Beeinträchtigung der Vermögensverhältnisse ablehnte und auf BVerfG v. 08.03.1983 – 2 BvL 27/81, BVerfGE 63, 312 und BVerfG v. 28.11.1984 – 1 BvR 1157/82, BVerfGE 68, 287 verwies.

1988 Zum Existenzminimum s. oben Seite 39 und Seite 121 f. Gleichwohl kann Ausnahmefällen auch hier durch entsprechende Billigkeitsmaßnahmen begegnet werden.

1989 Berechnung: 123 * 0,06 = 7,38 und 709/7,38 = 96,07.

1990 Berechnung: 100.000 – 9.168 – 33.219 = 57.613 und 33.219 * 0,06 = 1.993,14 und 57.613/1.993,14 = 28,91.

1991 Vgl. *Dziadkowski*, FR 2015, 922 (924).

dass Umsatzsteuernachforderungen auch aufgrund von unvollständigen Rechnungen, die einen Vorsteuerabzug ausschließen, entstehen können.[1992] Allerdings wird damit die Verzinsung zur Umsatzsteuer, die circa zehn bis 20 Prozent der gesamten Zinssalden ausmacht,[1993] grundsätzlich allgemein in Frage gestellt, nicht hingegen die Realitätsgerechtigkeit der Zinssatzhöhe.

Der Abgleich der Referenzwerte mit den effektiv typisierten Zinssätzen hat jedenfalls ergeben, dass die Typisierung für Privatpersonen ab einer effektiven Verzinsungsdauer von dreieinhalb Jahren (Vollverzinsung) beziehungsweise zweieinhalb Jahren (Aussetzungs- und Stundungsverzinsung) unproblematisch ist. Hinsichtlich kürzerer effektiver Verzinsungsdauern sind die typisierten Zinssätze schließlich – entgegen der allgemeinen Literaturmeinungen – sogar zu niedrig und verstoßen vielmehr insofern rechtfertigungsbedürftig gegen die Realitätsgerechtigkeit. Für die Unternehmen ist die Typisierung bis zu einer effektiven Verzinsungsdauer von circa drei Jahren zu niedrig und bewegt sich ansonsten ebenfalls im Bereich der Streubreitentoleranz. Die aus § 138 Abs. 2 BGB abgeleitete Differenz in Höhe von absolut zwölf Prozentpunkten wird zudem in keinem Fall und bei keiner Verzinsungsdauer erreicht. Denn diese Grenzwerte liegen bei circa -8 Prozent und +16 Prozent pro Jahr. Auch die relative Abweichung um 100 Prozent wird – von den kurzen effektiven Verzinsungsdauern abgesehen – nicht überschritten.

Überdies dürfte die Veranlagung der Unternehmen regelmäßig erst nach Ablauf der Karenzzeit erfolgen, insbesondere da § 149 Abs. 3 AO schon eine Steuererklärungsabgabefrist von 14 Monaten enthält, die von den grundsätzlich steuerlich beratenen Unternehmen in Anspruch genommen werden kann, und darüber hinaus auch noch Verlängerungen der Fristen zur Einreichung von Steuererklärungen nach § 109 AO möglich sind. Im Jahr 2010, als gemäß der alten Fassung des § 149 Abs. 2 AO eine Frist von nur drei Monaten galt,[1994] waren dementsprechend nach einem Jahr erst 64 Prozent der

---

1992 Vgl. *Behrens*, FR 2015, 214 (218 f.).

1993 Vgl. BT-Drs. 18/2795, S. 4; BT-Drs. 19/2766, S. 12, wobei angenommen wird, dass die Gewerbesteuerzinsen der Höhe nach den Körperschaftsteuerzinsen entsprechen. Zuletzt könnte der Anteil der Umsatzsteuerzinsen höher gelegen haben, s. BT-Drs. 19/18372, S. 3 f.; BT-Drs. 19/26930, S. 3.

1994 Die Abgabefrist der Steuererklärung wurde mit dem Steuervereinfachungsgesetz 2011 v. 01.11.2011, BGBl. I 2011, 2131 (2139) auf fünf Monate und mit dem Gesetz zur Modernisierung des Besteuerungsverfahrens v. 18.07.2016, BGBl. I 2016, 1679 (1687 f.) auf sieben Monate nach Steuerentstehung angehoben.

Körperschaftsteuererklärungen beim Finanzamt eingegangen.[1995] Hinzu kommt schließlich noch die Bearbeitungszeit beim Finanzamt, die für Unternehmen – wie für Arbeitnehmer – circa zwei Monate beträgt.[1996] Somit dürften viele Unternehmen regelmäßig – aus Sicht der Realitätsgerechtigkeit unproblematische – effektive Verzinsungszeiträume von drei Jahren und mehr haben. Für die für Unternehmen bedeutenden Fälle der Erstattungen und Nachforderungen in Folge von Außenprüfungen gilt dies ohnehin, da diese regelmäßig zu Steuerfestsetzungen erst fünf bis sieben Jahre nach der Steuerentstehung führen.[1997] Schließlich können die effektiven Verzinsungszeiträume von bis zu drei Jahren bei der Beurteilung der Realitätsgerechtigkeit der Zinssatztypisierung für Unternehmen eher vernachlässigt werden. Gleichwohl können die weiteren Erörterungen zu den Privatpersonen grundsätzlich entsprechend auf die Unternehmen bezogen werden.

2. *Rechtfertigungsprüfung*

Im Rahmen der Rechtfertigungsprüfung ist ergo zu untersuchen, ob sich die gesetzgeberische Entscheidung für die Karenzzeit trotz der damit einhergehenden, realitätsfernen Effektivzinssätze für Privatpersonen bei Verzinsungszeiträumen von unter dreieinhalb Jahren rechtfertigen lässt. Überdies soll noch allgemeiner analysiert werden, ob der typisierte Zinssatz bei zukünftig weiter fallenden Referenzzinssätzen und einem damit verbundenen Verstoß gegen die Realitätsgrenzen zu rechtfertigen wäre.

a) Prüfungsmaßstab

Die Realitätsgerechtigkeit der Zinssatztypisierung ist entlang des stufenlosen am Grundsatz der Verhältnismäßigkeit orientierten verfassungsrechtlichen Prüfungsmaßstabs zu prüfen.[1998] Hierbei ist die Intensität der Ungleichbehandlungen entscheidend.[1999]

1995 Vgl. *Tartler*, in: FS Kirchhof. Band 2, 2013, S. 1675 (1683). Zur Veranlagungsdauer s. auch oben Seite 237 f.

1996 Vgl. Senatsverwaltung für Finanzen Berlin, https://www.berlin.de/sen/finanzen/steuern/finanzaemter/artikel.501151.php (abgerufen am 20.11.2019).

1997 Vgl. *Jonas*, DStR 2018, 545 (548, 551). Zuvor bereits sechs bis acht Jahre nennend s. *Jonas*, DB 2016, 3000 (3003).

1998 Allgemein zum Prüfungsmaßstab s. oben Seite 146 ff.

1999 Weitgehend unbegründete Forderungen nach einem strengen Verhältnismäßigkeitsmaßstab als Prüfungsmaßstab sind in dieser Pauschalität abzulehnen, s. so aber bspw. *Seer/Klemke*, IFSt-Schrift 490, 2013, S. 41, 49; *Drüen*, FR 2014, 218 (225 f.).

Die Zentralität der Zinssatztypisierungen im Steuerverfahren, die jeden Steuerpflichtigen treffen können und folgerichtig ermittelte Steuerlasten am Ende bedeutend verzerren und mithin zu einem Abweichen von der Belastungsentscheidung führen können, ist ein Indiz größerer Intensität von Ungleichbehandlungen und somit Grund für einen strengen Prüfungsmaßstab. Ferner kann der Steuerpflichtige der Zinssatzhöhe selbst nicht ausweichen oder diese auch nur beeinflussen, was grundsätzlich ebenfalls einen strengen Prüfungsmaßstab erforderlich macht. Hinzutritt die mit der Verzinsungsdauer wachsende Intensität der Ungleichbehandlung im Sinne des Leistungsfähigkeitsprinzips, wenn sich die Realitätsferne des jährlichen Zinssatzes kumuliert.[2000]

Allerdings wirkt dieser Intensitätszunahme die fehlende Zinsesverzinsung entgegen. Zudem kann der Steuerpflichtige zum einen die Realitätsnähe des typisierten Zinssatzes durch sein Finanzierungs- und Anlageverhalten selbst beeinflussen, indem er seine individuellen Zinssätze an das typisierte Niveau heranführt und somit die individuelle Realitätsgerechtigkeit beeinflusst (unter anderem durch eine zinsertragreichere Anlage des Kapitals),[2001] und zum anderen hängt die Verzinsung an sich teilweise sogar vom Verhalten des Steuerpflichtigen ab – insbesondere bei den Aussetzungszinsen, § 237 AO, und bei den Stundungszinsen, § 234 AO. Vorrangig in Bezug auf die Vollverzinsung kommen verschiedene Handlungsmaßnahmen des Steuerpflichtigen zur Beeinflussung des Zinslaufs hinzu, die eine Verzinsung abmildern oder sogar ausschließen können, wie zum Beispiel die zeitnahe Erfüllung von Mitwirkungspflichten, Anpassungen der Vorauszahlungen oder Begründungen von Billigkeitsmaßnahmen durch freiwillige Zahlungen.[2002] Damit wird die tatsächliche Zinsbelastung gesteuert. Die Zinssatztypisierung ist darüber hinaus weder personenbezogen, da die typisierte Zinssatzhöhe diskriminierungsfrei für alle gilt,[2003] noch werden freiheitsrechtliche Grundrechtswahrnehmungen beeinträchtigt – vorausgesetzt

2000 Zum Anstieg der Intensität im Kumulationsfall s. bspw. zu § 8b KStG *Müller*, FR 2011, 309 (311).

2001 Eine Restriktion diesbezüglich existiert schließlich weder hinsichtlich der Anlage der Pensionsrückstellungen noch bezüglich der Steuernachzahlungen, s. ausdrücklich zu den Rückstellungen *Weckerle*, DB 2017, 1284 (1286).

2002 Vgl. BVerfG v. 03.09.2009 – 1 BvR 2539/07, BFH/NV 2009, 2115 (2117); BFH v. 09.11.2017 – III R 10/16, BStBl. II 2018, 255 (260); *Drüen*, FR 2014, 218 (221 ff.); *Behrens*, FR 2015, 214 (219). Zu den Handlungsoptionen der Steuerpflichtigen, um der Vollverzinsung (teilweise) auszuweichen, s. auch oben Seite 251 ff.

2003 Eine strenge Prüfung bzgl. der Diskriminierung ausländischer Staatsangehöriger vornehmend s. BVerfG v. 07.02.2012 – 1 BvL 14/07, BVerfGE 130, 240 (253 ff.).

es besteht aufgrund besonderer Realitätsferne keine Drosselungswirkung oder Bedrohung des steuerrechtlichen Existenzminimums.[2004] Auch kommt eine Auslegungsoffenheit bei Zinssatztypisierungen nicht in Frage, da die Höhe der Zinssätze eindeutig ist.

Schließlich liegen eher wenige Merkmale einer Prüfungsmaßstabsverschärfung vor, sodass die Realitätsgerechtigkeit der Zinssatztypisierung nach § 238 AO entlang des stufenlosen Prüfungsmaßstabs lediglich anhand des Willkürverbots zu messen ist. Zwar wird teilweise vertreten, dass die verfassungsrechtliche Beurteilung der Aussetzungszinsen allein wegen der aufgedrängten Verzinsung schon nicht derer der Vollverzinsung entsprechen könne.[2005] Da der Verzinsung durch die Steuertilgung jedoch auch dann ganz einfach ausgewichen werden kann,[2006] folgt aus der aufgedrängten Aussetzung der Vollziehung keine unausweichliche Verzinsung. Vielmehr können die Steuerpflichtigen der Aussetzungsverzinsung in besonderem Maße ausweichen. Eine dahingehende Differenzierung bei der Rechtfertigungsprüfung ist mithin nicht erforderlich.

Abschließend wird daher die Rechtfertigung von Verstößen der Zinssatztypisierung des § 238 AO gegen das Gebot der Realitätsgerechtigkeit in Folge der Karenzzeit sowie zukünftig weiter fallender Zinssätze einheitlich anhand des Willkürverbots geprüft.

b) Rechtfertigung der Karenzzeit

Die realitätsferne Effektivverzinsung während und kurz nach der Karenzzeit könnte mit den mit der Karenzzeit zusammenhängenden Vereinfachungszwecken gerechtfertigt werden. Die Karenzzeit orientiert sich an der „längstmöglichen allgemeinen Verlängerung der Fristen zur Abgabe von Steuererklärungen" und soll somit den Zeitraum unverzinst halten, der zum Abschluss der Veranlagung regelmäßig benötigt wird.[2007]

2004 Eine Belastung des steuerrechtlichen Existenzminimums durch typisierte Zinsen ist im Steuerschuldverhältnis zwar sehr unwahrscheinlich, s. dazu auch die beispielhaften Ausführungen oben Seite 409, aber im Bilanzsteuerrecht aufgrund der beispielsweise eingeschränkten Abziehbarkeit der tatsächlich notwendigen (Pensions-) Rückstellungen als Betriebsausgaben sowie bei noch deutlich realitätsferneren Zinssätzen auch im Steuerverfahrensrecht nicht ausgeschlossen.

2005 Vgl. FG Hamburg v. 23.05.2013 – 2 K 50/12, EFG 2013, 1734 (1736).

2006 Vgl. FG Baden-Württemberg v. 16.01.2018 – 2 V 3389/16, EFG 2018, 997 (1001). S. dazu auch oben Seite 256 ff.

2007 BFH v. 01.06.2016 – X R 66/14, BFH/NV 2016, 1668 (1670) mit Verweis auf BT-Drs. 11/2157, S. 195.

Der Gesetzgeber bezweckte mit der Karenzzeit, die Dauer der Erfüllung der Steuererklärungspflichten durch die Steuerpflichtigen sowie deren Berater von der Verzinsung auszunehmen und damit die zu bearbeitenden Zinsfälle deutlich zu senken und die Finanzverwaltung zu entlasten, da dadurch viele Veranlagungen ohne Zinsfestsetzungen erfolgen könnten.[2008] Da Arbeitnehmerfälle typischerweise tatsächlich während der Karenzzeit veranlagt werden dürften,[2009] kann folglich von einer enormen Vereinfachung beziehungsweise einer deutlichen Verringerung des Verwaltungsaufwands ausgegangen werden, weil eine Vielzahl von Steuerfällen keine Zinsfestsetzung auslöst. Die Karenzzeit wirkt zudem nur über einen kurzen Zeitraum ungerecht, da der Effektivzins bei längerer effektiver Verzinsung dem realitätsgerechten Niveau entspricht. Damit wird eine langanhaltende oder gar zunehmende, besonders intensive Ungleichbehandlung verhindert.[2010] Unproblematisch sind daher auch Arbeitnehmer, die eine Veranlagung nach § 46 Abs. 2 Nr. 8 EStG beantragen und wegen des späten Antrags eine längere Veranlagungsdauer verursachen. Denn in diesen Fällen hängt die Verzinsung vorrangig vom Verhalten des Arbeitnehmers ab und im Übrigen liegt die Effektivverzinsung ab einer effektiven Verzinsungsdauer von circa dreieinhalb Jahren innerhalb der Streubreitentoleranz. Zu alledem hat der Gesetzgeber als typisierten Ausgleich für die zeitnähere Veranlagung auch noch den Arbeitnehmerpauschbetrag vorgesehen.[2011] Folglich lässt sich durch die Karenzzeit eine deutliche Vereinfachung erreichen sowie die Verhältnismäßigkeit des Verwaltungsaufwands optimieren und gleichzeitig werden besonders intensive Ungleichbehandlungen vermieden. Ein Verstoß gegen das Willkürverbot liegt aufgrund der Rechtfertigung mit Vereinfachung und Reduktion des Verwaltungsaufwands somit nicht vor. Insbesondere aufgrund der ausgewogenen Erzielung des Vereinfachungszwecks kann die Rechtfertigung überdies auch im Rahmen einer strengeren Verhältnismäßigkeitsprüfung angemessen sein.

Dies gilt entsprechend auch für die Aussetzungs- und Stundungszinsen, da die niedrigen effektiven Zinssätze bei kurzen effektiven Verzinsungsdauern aufgrund des Zusammenwirkens der Verzinsungsformen im Steuerschuldverhältnis ebenfalls auf der Wirkung der Karenzzeit und der Entscheidung des

2008 Vgl. BT-Drs. 11/2157, S. 195; vgl. auch BT-Drs. 8/1410, S. 6.

2009 Vgl. *Sebiger/Dechant*, in: FS Felix, 1989, S. 365 (373). Zu der (begründeten) Annahme einer ca. einjährigen Veranlagungsdauer in Arbeitnehmerfällen s. oben Seite 404.

2010 Zur zunehmenden Belastung und Ungerechtigkeit s. BVerfG v. 03.09.2009 – 1 BvR 2539/07, BFH/NV 2009, 2115 (2117); *Seer*, DB 2014, 1945 (1949).

2011 Vgl. BT-Drs. 8/1410, S. 5.

Gesetzgebers, die Veranlagungszeit aus Vereinfachungszwecken nicht zu verzinsen, beruht.

Von *Melan* wird des Weiteren Generalprävention als Rechtfertigungsgrund der Karenzzeit genannt.[2012] Die Karenzzeit bewirke einen mit der effektiven Verzinsungsdauer ansteigenden Effektivzinssatz, der aufgrund der mit der Zeit zunehmenden Effektivbelastung der Verhaltenssteuerung der Steuerpflichtigen diene, indem diese generalpräventiv zu möglichst zeitnahen Steuerzahlungen und Mitwirkung bei Nachfragen oder Außenprüfungen etc. erzogen würden. Abgesehen davon, dass eine Straf-, Sanktions- oder Druckmittelfunktion der Verzinsungen im Steuerschuldverhältnis stets abgelehnt wurde,[2013] fehlt es zum einen speziell in Bezug auf die Karenzzeit jedenfalls an der Erkennbarkeit und dem Getragensein der Generalprävention als Rechtfertigungsgrund mit Sozialzweck. Denn eine solche Beeinflussung der Effektivverzinsung durch die Karenzzeit wurde selbst in den Gesetzgebungsmaterialien nie erwähnt – da der Gesetzgeber auf die Effektivverzinsung ohnehin an keiner Stelle eingeht, ist vielmehr davon auszugehen, dass er diese Wirkung überhaupt nicht bedacht hat. Zum anderen ist hinsichtlich der Wirkung der Karenzzeit gerade die zu niedrig typisierte effektive Zinssatzhöhe nach der Steuerentstehung zu rechtfertigen. Diese realitätsferne Abweichung des Effektivzinssatzes nach unten bewirkt hingegen gerade keine Generalprävention in dem genannten Sinne, da der effektive Zinssatz nicht zu hoch, sondern zu niedrig ist und somit bei kurzen effektiven Verzinsungsdauern sogar entgegengesetzt zu den nicht gewollten Fehlanreizen führen könnte. Es muss damit bei der bloßen Vereinfachungsrechtfertigung bleiben.

c) Rechtfertigung hinsichtlich weiter fallender Referenzzinssätze

Über die Hälfte der zur Abbildung der Realität verwendeten Referenzzinssätze zeigten zuletzt eine fallende Tendenz. Ergo soll abschließend untersucht werden, ob der typisierte Zinssatz in § 238 AO bei einem niedrigeren Referenzzinsniveau ansatzweise noch gerechtfertigt werden kann. Als Maßstab gilt auch hier das bloße Willkürverbot.

Seit jeher wurde als Zweck der Zinssatztypisierung die Verwaltungsvereinfachung und Praktikabilität angeführt,[2014] insbesondere da nicht in jedem

2012 S. dazu insb. *Melan*, DStR 2017, 2088 (2091 f.).
2013 S. dazu oben Seite 223 ff. und Seite 235 f.
2014 Vgl. BT-Drs. 3/2573, S. 33, BT-Drs. 8/1410, S. 13; BT-Drs. 11/2157, S. 194.

Einzelfall ein individueller Zinssatz bestimmt werden sollte.[2015] Dass die geänderten technischen Möglichkeiten sowie moderne Datenverarbeitungstechniken diesem Rechtfertigungsgrund hinsichtlich eines fix typisierten Zinssatzes grundsätzlich nicht entgegenstehen, wurde bereits umfassend begründet – wiederholt seien hier nur die weiterhin unbestreitbare Vereinfachung einer fixen Zinssatztypisierung sowie deren grundsätzliche Transparenz und Nachvollziehbarkeit, anstelle von Beherrschungsdefiziten durch Verwaltung und Steuerschuldner.[2016] Die Zinssatztypisierungen sind damit insgesamt auch im Interesse der Steuerpflichtigen, da sie eine effizientere Finanzverwaltung sowie Transparenz bezüglich der Zinsberechnungen schaffen.[2017] Damit lässt sich jedoch nur die Zinssatztypisierung an sich, nicht jedoch Verstöße gegen die Realitätsgerechtigkeit rechtfertigen. Ein niedrigerer fix typisierter Zinssatz würde schließlich – vom einmaligen Anpassungsaufwand in der Verwaltung infolge eines geänderten Zinssatzes abgesehen[2018] – ebenso zur Vereinfachung und Praktikabilität beitragen. Insoweit ist der Vereinfachungszweck ein evident sachfremder Rechtfertigungsgrund.

Zutreffender ist die Rechtfertigung aufgrund des Grundsatzes der Rechtskontinuität und des Vertrauensschutzes, das heißt einer grundsätzlichen Unabhängigkeit von den Zinsschwankungen des Marktes. Der Steuerpflichtige profitiert von einer Zinssatztypisierung besonders, wenn über lange Zeiträume hinweg, in denen erhebliche Zinsschwankungen sowohl nach oben als auch nach unten vorkommen, ein einheitlich typisierter Zinssatz anzuwenden ist – schließlich lag der Zinssatz auch in besonderen Hochzinsphasen auf dem heutigen Niveau, ohne dass der Gesetzgeber Änderungen daran vorgenommen hätte.[2019] Der seit

---

2015 Vgl. BVerfG v. 03.09.2009 – 1 BvR 2539/07, BFH/NV 2009, 2115 (2118); BFH v. 09.11.2017 – III R 10/16, BStBl. II 2018, 255 (259); vgl. auch BT-Drs. 8/1410, S. 13; BT-Drs. 18/2795, S. 1 f.

2016 S. dazu oben Seite 312 ff.; s. zur verbreiteten a. A. bspw. BFH v. 01.07.2014 – IX R 31/13, BStBl. II 2014, 925 (927); BFH v. 25.04.2018 – IX B 21/18, BStBl. II 2018, 415 (417); BFH v. 03.09.2018 – VIII B 15/18, BFH/NV 2018, 1279 (1280); FG Hamburg v. 23.05.2013 – 2 K 50/12, EFG 2013, 1734 (1736); *Ortheil*, BB 2012, 1513 (1516); *Seer/Klemke*, IFSt-Schrift 490, 2013, S. 48; *Drüen*, FR 2014, 218 (219); *Borggräfe/Staud*, FR 2018, 857 (868 f.).

2017 Vgl. BT-Drs. 3/2573, S. 33.

2018 Vgl. dazu OVG Nordrhein-Westfalen v. 14.09.2017 – 14 B 939/17, juris Rn. 9; vgl. auch *Hey*, in: IFSt-Schrift 511, 2016, S. 61 (121).

2019 Vgl. dazu BFH v. 01.07.2014 – IX R 31/13, BStBl. II 2014, 925 (928); FG Münster v. 17.08.2017 – 10 K 2472/16 E, EFG 2017, 1638 (1640 f.).

Jahrzehnten gleichbleibende Zinssatz schafft damit Vorhersehbarkeit und mithin Rechts- und Planungssicherheit bei den Steuerpflichtigen.[2020] Dies trifft auch in einem weiter gesunkenen Zinsumfeld zu. Verfassungsrechtlich geboten ist die unveränderte Fortgeltung einer Typisierung allerdings nicht.[2021]

Abzulehnen ist der von *Melan* vorgetragene Rechtfertigungsgrund der Missbrauchsvermeidung, wonach insbesondere Verzögerungen der Steuerfestsetzung durch den Steuerpflichtigen mittels einer über den Marktzinsen liegenden Verzinsung vermieden werden sollten.[2022] Denn erstens ist der realitätsgerechte Ausgleich der Vor- und Nachteile beim Steuerpflichtigen ausreichend, um Fehlanreize zu verhindern, da Verzögerungen für den Steuerpflichtigen grundsätzlich keine Vorteile bringen. Zweitens geht diese Rechtfertigung in all jenen Fällen fehl, in denen die Steuerpflichtigen keinen oder nur einen geringen Einfluss auf die Dauer der Steuerfestsetzung haben (beispielsweise bei Betriebsprüfungen).[2023] Dann werden vielmehr Fehlanreize auf Seiten der Finanzverwaltung geschaffen.[2024] Außerdem ist die Missbrauchsvermeidung drittens auch nicht den Gesetzesmaterialien zu entnehmen. Nur weil der Gesetzgeber die Begrenzung des Zinslaufs auf vier Jahre bei der Vollverzinsung wieder abgeschafft hat, um Missbrauch zu vermeiden, heißt dies nicht, dass auch die Zinssatzhöhe der Missbrauchsvermeidung dienen soll.[2025] Die Abschaffung zeigt lediglich, dass der Gesetzgeber die effektive Verzinsungsdauer in der Praxis unterschätzt hatte. Dass realitätsferne Zinssätze darüber hinaus der Generalprävention und der Verhaltenssteuerung der Steuerpflichtigen dienten,[2026] ist aus den zur Karenzzeit genannten Gründen abzulehnen.[2027] Zuletzt ist auch noch die von *Melan* genannte Rechtfertigung der Zinssatzhöhe als Ausgleich von Forderungsausfällen beim Steuergläubiger zurückzuweisen.[2028] Zwar ist der Gesetzgeber für verfassungsgemäße und den Maastricht-Kriterien entsprechende Haushalte

---

2020 Vgl. OVG Nordrhein-Westfalen v. 14.09.2017 – 14 B 939/17, juris Rn. 9; vgl. auch *Schuknecht*, wiedergegeben in: *Richter/Welling*, FR 2016, 503 (505).

2021 Zur Rechtssicherheit s. oben Seite 123.

2022 S. dazu insb. *Melan*, DStR 2017, 2088 (2090 f.).

2023 Vgl. *Jonas*, DStR 2018, 545 (549 f.).

2024 Vgl. *Jonas*, DStR 2018, 545 (550).

2025 Zur a. A. mit Verweis auf BT-Drs. 11/2157, S. 194 und BR-Drs. 475/99, S. 96 s. *Melan*, DStR 2017, 2088 (2090 f.).

2026 S. dazu insb. *Melan*, DStR 2017, 2088 (2091 f.).

2027 S. im vorherigen Abschnitt Seite 413 f.

2028 S. dazu *Melan*, DStR 2017, 2088 (2089); *Melan*, DStR 2018, 1151 (1154).

verantwortlich.[2029] Doch reicht dieses rein fiskalische Argument des Forderungsausfallausgleichs regelmäßig nicht aus, um Ungleichbehandlungen infolge der Realitätsgerechtigkeit zu rechtfertigen.[2030] Im Übrigen wurde zum einen die Perspektive des Steuergläubigers schon dem Grunde nach verneint, sodass eine Rechtfertigung mit dem Schaden des Fiskus widersprüchlich wäre und zum anderen ist der Vergleich mit einem klassischen Darlehensgeber-Darlehensnehmer-Verhältnis bei einer Bank, die Risiken im berechneten Zinssatz abbildet, abgelehnt worden,[2031] da er die Nutzungsvorteile bei den Steuerpflichtigen nicht widerspiegelt und somit wäre auch eine Rechtfertigung des realitätsfernen Zinssatzes mit der Risikokalkulation einer Bank unvereinbar.

Damit kommen für einen zukünftigen realitätsfern typisierten Zinssatz als Rechtfertigungsgründe nur der einmalige Umstellungsaufwand auf einen geänderten Zinssatz sowie die Vorhersehbarkeit, Rechts- und Planungssicherheit aufgrund der Rechtskontinuität trotz schwankender Marktzinssätze in Betracht. Ergänzend sei aber weiterhin darauf hingewiesen, dass die Bandbreite der Realitätsgerechtigkeit für die Verzinsungsregelungen im Steuerschuldverhältnis alles in allem noch über die Streubreitentoleranz hinausgeht.[2032] Eine weitere Bandbreite ergibt sich nämlich aus den Billigkeitsmaßnahmen in § 234 Abs. 2, § 237 Abs. 4 AO oder in §§ 163, 227 AO, der Komplexität der empirischen Zinsdatengrundlage und der fortwährend komplexen Entscheidungs- oder Prognosesituation wie auch den damit zusammenhängenden Unsicherheiten.

Die schwer zu prognostizierenden Zinsmärkte,[2033] die Widersprüche in Rechtsprechung und Literatur und vor allem die für das Jahr 2019 berechneten Referenzwerte, die zeigen, dass die Zinssatztypisierung zu diesem Zeitpunkt nicht gegen die Realitätsgerechtigkeit verstoßen haben,[2034] geben dem Gesetzgeber jedenfalls Überlegungs- und Reaktionsfristen bis die tatsächlichen Veränderungen respektive ein eindeutiger Trend hin zu einer geänderten Zinsmarktsituation

2029 Vgl. dazu auch BT-Drs. 16/5491, S. 19.

2030 Zu den Fiskalzwecken s. umfassend allgemein oben Seite 162 ff.

2031 Vgl. dazu auch *Jonas*, DStR 2018, 545 (549).

2032 Zur Bandbreite der Realitätsgerechtigkeit der Zinssatztypisierung im Steuerschuldverhältnis s. oben Seite 392 ff.

2033 S. dazu oben Seite 99 f.

2034 Anders als hier von einer bereits bestehenden Realitätsferne ausgehend und daher weitere Beobachtungsfristen ablehnend s. bspw. *Seer*, DB 2014, 1945 (1950); *Hey*, FR 2016, 485 (491); *Beckmann/Thiele*, BB 2016, 2839 (2843). S. so ähnlich auch BFH v. 25.04.2018 – IX B 21/18, BStBl. II 2018, 415 (418) mit Verweis auf die zuvor geäußerte Kritik in BFH v. 01.07.2014 – IX R 31/13, BStBl. II 2014, 925 (928).

erkennbar werden. An einer solchen Erkennbarkeit fehlt es vor allem auch dann, wenn zwischenzeitliche gegenläufige Entwicklungen einen Trend in Frage stellen, wie dies zum Beispiel auf den Zinsmärkten im Zeitraum von Anfang 2007 bis Mitte 2008, in dem die Zinsen deutlich angestiegen sind, der Fall war.[2035] Nachbesserungsfristen sind bei einer weiterhin fixen Zinssatztypisierung wegen der einfachen Umsetzung hingegen sehr knapp zu bemessen oder gar auszuschließen. Die Datengewinnung könnte sich zwar grundsätzlich als komplex herausstellen, gleichwohl sind Daten ohnehin während der Überlegungs- und Reaktionszeit zu sammeln und schon für die Erkennbarkeit der Veränderungen auszuwerten, sodass keine zusätzliche Zeit benötigt wird.

Zu berücksichtigen ist abschließend nur, dass der typisierte Effektivzinssatz – wie auch beim untersuchten Zinsniveau im Jahr 2019 – nicht niedriger als der effektive Referenzzinssatz normiert wird, da ansonsten die Auswirkungen der Karenzzeit auch noch für längere effektive Verzinsungsdauern, in denen die Zinssatztypisierung effektiv zu niedrig gewählt ist, zu rechtfertigen wären.

2035 Vgl. FG Hamburg v. 23.05.2013 – 2 K 50/12, EFG 2013, 1734 (1737); OVG Nordrhein-Westfalen v. 10.07.2014 – 14 A 1196/13, juris Rn. 19 f.

Kapitel 10: Thesenhafte Zusammenfassung

1. Die Zinssatztypisierung in § 238 Abs. 1 Satz 1 AO ist grundsätzlich realitätsgerecht, da dessen Realitätsgerechtigkeit aus der Perspektive der Steuerschuldner zu bewerten ist (Seite 390 ff.) und die ermittelten Referenzzinssätze in Höhe von 4,0 Prozent pro Jahr für Unternehmen (Seite 388) und in Höhe von 4,1 Prozent pro Jahr für Privatpersonen (Seite 384 ff.) in Bezug auf die meisten Verzinsungsdauern im Rahmen des Streubreitentoleranzbereichs des typisierten Effektivzinssatzes liegen (Seite 398 ff.).

2. Uneingeschränkt realitätsgerecht ist die Typisierung hinsichtlich der Unternehmen – insbesondere aufgrund der bei diesen typischerweise langen Verzinsungszeiträumen infolge von Außenprüfungen sowie Verzögerungen bei der Veranlagung (Seite 402, 405 ff.).

3. Lediglich für Privatpersonen ergibt sich für effektiv kurze Verzinsungsdauern ein Rechtfertigungsbedarf der diesbezüglich realitätsfern niedrig typisierten Verzinsung (Seite 400 f., 405 ff.). Diese auf die Karenzzeit zurückzuführende Niedrigverzinsung kann jedoch aus Vereinfachungsgründen gerechtfertigt werden (Seite 413 f.). Weitere Rechtfertigungsgründe, wie eine generalpräventive Wirkung der Zinsen, sind gleichwohl abzulehnen (Seite 415).

4. Eine Differenzierung zwischen den einzelnen Verzinsungsformen im Steuerschuldverhältnis ist nicht erforderlich, weil keine wesentlichen, zu beachtenden Unterschiede bezüglich der Effektivverzinsungshöhe vorliegen (Seite 402 ff.).

5. Ein zukünftig realitätsfern typisierter Zinssatz könnte (zunächst) mit dem einmaligen Verwaltungsaufwand der Zinssatzänderung sowie der Vorhersehbarkeit, Rechts- und Planungssicherheit eines unveränderlichen Zinssatzes gerechtfertigt werden (Seite 415 ff.). Ist in Zukunft – infolge eines insgesamt deutlich sinkenden Zinsniveaus – dennoch eine Anpassung des Zinssatzes erforderlich, ist dem Gesetzgeber eine Überlegungs- und Reaktionsfrist zu gewähren, um eine realitätsgerechte Zinssatztypisierung festzulegen (Seite 418 f.).

Literaturverzeichnis

Acemoglu, Daron/Restrepo, Pascual: Secular Stagnation? The Effect of Aging on Economic Growth in the Age of Automation, American Economic Review 2017, Vol. 107 (5), S. 174-179.

Ahrendt, Christian: Alte Zöpfe neu geflochten – Das materielle Recht in der Hand von Programmierern, Neue Juristische Wochenschrift (NJW) 2017, S. 537-540.

Alexy, Robert: Ermessensfehler, JuristenZeitung (JZ) 1986, S. 701-716.

Altfelder, Stefan: Ist die „Mindestbesteuerung" verfassungswidrig?, Der Betrieb (DB) 2001, S. 350-355.

Anderegg, Ralph: Grundzüge der Geldtheorie und Geldpolitik, München 2007.

Anker, Peter: Zinsstruktur und Zinsprognose. Theoretische Beziehungen und empirische Evidenzen für die Bundesrepublik Deutschland, Pfaffenweiler 1993.

Anzinger, Heribert M.: Dauerniedrigzins bei Bilanzierung, Unternehmensbewertung und Besteuerung (Teil I), Deutsches Steuerrecht (DStR) 2016, S. 1766-1773.

Anzinger, Heribert M.: Dauerniedrigzins bei Bilanzierung, Unternehmensbewertung und Besteuerung (Teil II), Deutsches Steuerrecht (DStR) 2016, S. 1829-1836.

Armbruster, Alexander: „Wir müssen Bedingungen für höhere Zinsen schaffen", Frankfurter Allgemeine Zeitung (FAZ, online) v. 27.04.2016, abrufbar unter https://www.faz.net/-gqg-8geuw (zuletzt abgerufen am 04.07.2021).

Armbrüster, Christian: § 138 BGB, in: Säcker, Franz Jürgen/Rixecker Roland/ Oetker, Hartmut/Limperg, Bettina, Münchener Kommentar zum Bürgerlichen Gesetzbuch. Band 1. Allgemeiner Teil, München, 8. Auflage 2018.

Arndt, Hans-Wolfgang: Anmerkung zu BVerfG, Urteil vom 3. 11. 1982 – 1 BvR 620/78, 1335/78, 1104/79, 363/80, JuristenZeitung (JZ) 1983, S. 200-201.

Arndt, Hans-Wolfgang: Gleichheit im Steuerrecht, Neue Zeitschrift für Verwaltungsrecht (NVwZ) 1988, S. 787-794.

Arndt, Hans-Wolfgang: Praktikabilität und Effizienz. Zur Problematik gesetzesvereinfachenden Verwaltungsvollzuges und der „Effektuierung" subjektiver Rechte, Köln 1983.

Arnim, Hans Herbert von: Besteuerung und Eigentum, in: Veröffentlichungen der Vereinigung der Deutschen Staatsrechtslehrer (VVDStRL) 39. Die

Verfassungsgerichtsbarkeit im Gefüge der Staatsfunktionen. Besteuerung und Eigentum, Berlin 1981, S. 286-360.

Arnim, Hans Herbert von: Gemeinwohl und Gruppeninteressen. Die Durchsetzungsschwäche allgemeiner Interessen in der pluralistischen Demokratie. Ein Beitrag zu verfassungsrechtlichen Grundfragen der Wirtschaftsordnung, Frankfurt am Main 1977.

Arnim, Hans Herbert von: Staatslehre der Bundesrepublik Deutschland, München 1984.

Arnold, Stefan: § 246 BGB, in: Soergel, Hans-Theodor, Bürgerliches Gesetzbuch mit Einführungsgesetz und Nebengesetzen (BGB). Band 3/2. Schuldrecht 1/2. §§ 243-304. Kommentar, 13. Auflage, Stuttgart 2014.

Assekurata: Assekurata-Marktstudie zu Überschussbeteiligungen und Garantien 2019, Köln 2019, abrufbar unter https://www.assekurata.de/fileadmin/mediendatenbank/Dokumente/Presse/Pressemitteilungen/2019/Ueberschussbeteiligung/Assekurata_PM_Studie_Ueberschussbeteiligung_Garantien_2019.pdf (zuletzt abgerufen am 04.07.2021).

Atzler, Elisabeth/Holtermann, Felix: Streit über den Minuszins, Handelsblatt v. 06.07.2017, S. 26-27.

Atzler, Elisabeth/Hoppmann, Eike Hagen: Strafzinsen bisher nur für Reiche, Handelsblatt v. 24.11.2016, S. 29.

Atzler, Elisabeth/Osman, Yasmin/Hofer, Joachim/Hildebrand, Jan: Angriff auf deutsche Sparer, Handelsblatt v. 12.08.2016, S. 6-7.

Augsberg, Ino/Augsberg, Steffen: Prognostische Elemente in der Rechtsprechung des Bundesverfassungsgerichts, Verwaltungsarchiv 2007, S. 290-316.

Balke, Michael: Effektiver Rechtsschutz gegen verfassungswidrige Steuergesetze. Zugleich ein Aufruf für den Einsatz des vorläufigen Rechtsschutzes gegen die grundgesetzwidrige pro-futuro-Rechtsprechung des BVerfG, in: Tipke, Klaus/Seer, Roman/Hey, Johanna/Englisch, Joachim, Festschrift für Joachim Lang zum 70. Geburtstag. Gestaltung der Steuerrechtsordnung, Köln 2010, S. 965-980.

Balke, Michael: Einheitswert oder Verkehrswert für Grundbesitz im Erbschaftsteuer- und Schenkungsteuerrecht? Theoretische und praktische Argumente, Berlin 1984.

Bamberg, Günter/Baur, Franz/Krapp, Michael: Statistik, 17. Auflage, München 2012.

Bartelsman, Eric J.: ICT, Reallocation and Productivity, Economic Papers No. 486, Brüssel 2013, abrufbar unter https://ec.europa.eu/economy_finance/publications/economic_paper/2013/pdf/ecp486_en.pdf (zuletzt abgerufen am 04.07.2021).

Baum, Michael: Die Vollverzinsung nach § 233a AO. Systematische Darstellung des ab 1997 geltenden Rechts mit zahlreichen Beispielen, Herne 1997.

Baum, Michael: Vollverzinsung. Minderung der Nachzahlungszinsen durch frühzeitige Entrichtung der Steuernachforderung?, Betriebs-Berater (BB) 1992, S. 2047-2050.

Baumeister, Peter: Das Rechtswidrigwerden von Normen. Eine rechtsdogmatische Untersuchung zu den Grenzen der Wirksamkeit und Anwendbarkeit von Normen – Probleme des Spannungsverhältnisses von Recht und Zeit, Berlin 1996.

Beck, Karin E. M.: Die Besteuerung von Beteiligungen an körperschaftsteuerpflichtigen Steuersubjekten im Einkommen- und Körperschaftsteuerrecht unter Berücksichtigung der Erwerbsaufwendungen der Steuerpflichtigen, Berlin 2004.

Becker, Enno: Die Reichsabgabenordnung, 7. Auflage, Berlin 1930.

Beckerath, Hans-Jochem von: § 20 EStG, in: Kirchhof, Paul/Seer, Roman, Einkommensteuergesetz. Kommentar, 18. Auflage, Köln 2019.

Beckmann, Christian/Thiele, Philipp J.: „Besteuerungsgleichheit wider Fiskalinteresse" – Zur kapitalmarktunabhängigen Verzinsung bei Steuernachzahlungen, Betriebs-Berater (BB) 2016, S. 2839-2844.

Behrens, Stefan: Reformbedarf bei der Vollverzinsung im Steuerverfahrensrecht, FinanzRundschau (FR) 2015, S. 214-227.

Beisse, Heinrich: Über Wesen und Tragweite des Nominalwertprinzips, Finanz-Rundschau (FR) 1975, S. 472-477.

Belke, Rolf: Die Strafzinsen im Kreditgewerbe – ihre Begrenzung aus dem Zinseszinsverbot und ihr Verhältnis zu den gesetzlichen Vollzugsfolgen, Betriebs-Berater (BB) 1968, S. 1219-1228.

Benda, Ernst: Die Wahrung verfassungsrechtlicher Grundsätze im Steuerrecht, Deutsche Steuer-Zeitung (DStZ) 1984, S. 159-164.

Bender, Rolf: Probleme des Konsumentenkredits, Neue Juristische Wochenschrift (NJW) 1980, S. 1129-1136.

Bergkemper, Winfried: § 9 EStG, in: Herrmann, Carl/Heuer, Gerhard/Raupach, Arndt, Einkommen- und Körperschaftsteuergesetz, 286. Lieferung, Köln 2018.

Bergkemper, Winfried: Steuerliche Nebenleistungen (AO 1977), Münster 1992.

Bergmann, Malte: Rechtsschutz gegen aufgedrängte AdV und nachfolgende Zinsforderungen. Zugleich Anmerkung zum BFH-Urteil vom 9.5.2012, I R 91/10, Deutsches Steuerrecht (DStR) 2013, S. 1651-1654.

Berkemann, Jörg: Realitätsfremde Steuergesetzgebung und gesetzgeberisches Unterlassen, Europäische Grundrechte-Zeitschrift (EuGRZ) 1985, S. 137-144.

Bernd, Werner: Legislative Prognosen und Nachbesserungspflichten, Mainz 1989.

Bezzenberger, Tilman: Das Verbot des Zinseszinses, Zeitschrift für Wirtschafts- und Bankrecht (WM) 2002, S. 1617-1626.

Bilsdorfer, Peter: Der BFH und der Abzug von Schuldzinsen, Neue Juristische Wochenschrift (NJW) 1998, S. 1686-1688.

Birk, Dieter: Das Leistungsfähigkeitsprinzip als Maßstab der Steuernormen. Ein Beitrag zu den Grundfragen des Verhältnisses Steuerrecht und Verfassungsrecht, Köln 1983.

Birk, Dieter: Finanzierungszwecke und Lenkungszwecke in einem verfassungsmäßigen Steuersystem, in: Grundrechtsschutz im Steuerrecht. Jahrestagung vom 24. September bis 26. September 1999 in Trier, Heidelberg 2001, S. 67-88.

Birk, Dieter: Gleichheit und Gesetzmäßigkeit der Besteuerung. Zum Stellenwert zweier Grundprinzipien in der Steuerreform 1990, Steuer und Wirtschaft (StuW) 1989, S. 212-218.

Blanchard, Olivier J.: Macroeconomics, 6. Auflage, Boston 2013.

Blanchard, Olivier J.: Output, the Stock Market, and Interest Rates, The American Economic Review 1981, Vol. 71 (1), S. 132-143.

Blanchard, Olivier J./Lorenzoni, Guido/L'Huillier, Jean-Paul: Short-run effects of lower productivity growth. A twist on the secular stagnation hypothesis, Journal of Policy Modeling 2017, Vol. 39 (4), S. 639-649.

Böhm-Bawerk, Eugen von: Kapital und Kapitalzins. Positive Theorie des Kapitales, 4. Auflage, Jena 1921.

Böhmer, Julian: Das Trennungsprinzip im Körperschaftsteuerrecht – Grundsatz ohne Zukunft?, Steuer und Wirtschaft (StuW) 2012, S. 33-42.

Borchert, Manfred: Geld und Kredit. Einführung in die Geldtheorie und Geldpolitik, München 2003.

Borggräfe, Joachim H./Staud, Mona-Larissa: Der Zins gem. § 238 AO – Die Diskussion geht weiter, FinanzRundschau (FR) 2019, S. 120-124.

Borggräfe, Joachim H./Staud, Mona-Larissa: Wie kann der Zins gem. § 238 AO verfassungsrechtlich abgesichert werden? Überlegungen zum BFH, Beschl. v. 25.4.2018 - IX B 21/18, BStBl. II 2018, 415, FinanzRundschau (FR) 2018, S. 857-870.

Borio, Claudio: The financial cycle and macroeconomics: what have we learned and what are the policy implications?, in: Nowotny, Ewald/

Ritzberger-Grünwald, Doris/Backé, Peter, Financial Cycles and the Real Economy. Lessons for CESEE Countries, Cheltenham 2014, S. 10-35.

Bornhaupt, Kurt Joachim von: Die Typisierung im Steuerrecht, NWB Fach 2, 1998, S. 7003-7012.

Borowski, Martin: Grundrechte als Prinzipien, 3. Auflage, Baden-Baden 2018.

Bowitz, Maximilian: Das objektive Nettoprinzip als Rechtfertigungsmaßstab im Einkommensteuerrecht. Eine Untersuchung zum Verfassungsrang eines Besteuerungsprinzips und zur Rechtfertigung gesetzgeberischer Einzelentscheidungen vor der Grundentscheidung, Baden-Baden 2016.

Boysen, Sigrid: Art. 3 GG, in: Münch, Ingo von/Kunig, Philip, Grundgesetz. Kommentar. Band 1. Präambel bis Art. 69, 6. Auflage, München 2012.

Brächer, Michael: Belohnung fürs Schuldenmachen, Handelsblatt v. 18.07.2017, S. 34-35.

Brand, Stephan: Kommunale Kassenkredite – trotz niedriger Zinsen keine Entwarnung, KfW Research Nr. 114, 2016, abrufbar unter https://www.kfw.de/KfW-Konzern/Newsroom/Aktuelles/News-Details_337216.html (zuletzt abgerufen am 04.07.2021).

Brandt, Jürgen: Anwendung von Vereinfachungszwecknormen und Vereinfachung als Auslegungstopos – Aus Sicht der Rechtsprechung, in: Drüen, Klaus-Dieter/Hey, Johanna/Mellinghoff, Rudolf, 100 Jahre Steuerrechtsprechung in Deutschland 1918-2018. Festschrift für den Bundesfinanzhof. Band 1, Köln 2018, S. 289-319.

Braunberger, Gerald: „Negativzinsen sind Ausdruck von zu viel Sparen“, Frankfurter Allgemeine Zeitung (FAZ) v. 09.08.2019, S. 23.

Braunberger, Gerald: Herdentrieb am Anleihemarkt, Frankfurter Allgemeine Zeitung (FAZ, online) v. 08.06.2015, abrufbar unter https://blogs.faz.net/fazit/2015/06/08/herdentrieb-am-anleihemarkt-5888 (zuletzt abgerufen am 04.07.2021).

Braunberger, Gerald: Sind die niedrigen Anleiherenditen wirklich das Ergebnis einer Spekulationsblase?, Frankfurter Allgemeine Zeitung (FAZ, online) v. 10.12.2012, abrufbar unter https://blogs.faz.net/fazit/2012/12/10/xy-682 (zuletzt abgerufen am 04.07.2021).

Braunberger, Gerald: Wendezeit in der Geldpolitik, Frankfurter Allgemeine Zeitung (FAZ, online) v. 09.06.2013, abrufbar unter https://blogs.faz.net/fazit/2013/06/09/wendezeit-2031 (zuletzt abgerufen am 04.07.2021).

Braunberger, Gerald: Werden die Zinsen wieder steigen?, Frankfurter Allgemeine Zeitung (FAZ, online) v. 14.02.2017, abrufbar unter https://blogs.faz.net/fazit/2017/02/14/werden-die-zinsen-wieder-steigen-8510 (zuletzt abgerufen am 04.07.2021).

Bräunig, Anja: Die Gestaltungsfreiheit des Gesetzgebers in der Rechtsprechung des Bundesverfassungsgerichts zur deutschen Wiedervereinigung. Zur Funktion einer Argumentationsfigur anhand ausgewählter Beispiele, Berlin 2007.

Breimann, Hendrik: Typisierungsgerechtigkeit des vereinfachten Ertragswertverfahrens zur Unternehmensbewertung im Erbschaftsteuerrecht, Hamburg 2014.

Breinersdorfer, Stefan: Abzugsverbote und objektives Nettoprinzip – Neue Tendenzen in der verfassungsgerichtlichen Kontrolle des Gesetzgebers, Deutsches Steuerrecht (DStR) 2010, S. 2492-2497.

Bretz, Michael: SchuldnerAtlas Deutschland. Überschuldung von Verbrauchern. Jahr 2018, Neuss 2018, abrufbar unter https://www.boniversum.de/wp-content/uploads/2018/11/SchuldnerAtlas-Deutschland-2018_Bericht.pdf (zuletzt abgerufen am 04.07.2021).

Bretz, Michael: SchuldnerAtlas Deutschland. Überschuldung von Verbrauchern. Jahr 2019, Neuss 2019, abrufbar unter https://www.boniversum.de/wp-content/uploads/2019/11/SchuldnerAtlas_Deutschland_2019.pdf (zuletzt abgerufen am 04.07.2021).

Breuer, Rüdiger: Legislative und administrative Prognoseentscheidungen, Der Staat 1977, S. 21-54.

Breuninger, Gottfried E.: Einfluss der Unternehmenssteuerreform auf die Konzernfinanzierung, in: Herzig, Norbert/Günkel, Manfred/Niemann, Ursula, Steuerberater-Jahrbuch (StbJb) 2002/2003, Köln 2003, S. 333-373.

Britz, Gabriele: Der allgemeine Gleichheitssatz in der Rechtsprechung des BVerfG. Anforderungen an die Rechtfertigung von Ungleichbehandlungen durch Gesetz, Neue Juristische Wochenschrift (NJW) 2014, S. 346-351.

Brockhaus-Enzyklopädie. Band 1 bis 30, 21. Auflage, Leipzig 2006.

Brockhoff, Hedin: Grundlagen und Grenzen der Typisierung im Einkommensteuerrecht, in: Spitaler, Armin/Niemann, Ursula, Steuerberater-Jahrbuch (StbJb) 1963/64, Köln 1964, S. 317-346.

Brückner, Joachim Daniel: Folgerichtige Gesetzgebung im Steuerrecht und Öffentlichen Wirtschaftsrecht. Verfassungsrechtliche Grundlagen der Forderungen nach Folgerichtigkeit in der Rechtsprechung des Bundesverfassungsgerichts, Baden-Baden 2014.

Budzinski, Oliver et al.: Zinsen, in: Gabler Wirtschaftslexikon, abrufbar unter https://wirtschaftslexikon.gabler.de/definition/zinsen-47990/version-271249 (zuletzt abgerufen am 04.07.2021).

Buge, Ronald: § 20 EStG, in: Herrmann, Carl/Heuer, Gerhard/Raupach, Arndt, Einkommen- und Körperschaftsteuergesetz, 262. Lieferung, Köln 2014.

Bundesministerium der Finanzen: Datensammlung zur Steuerpolitik, Berlin 2018, abrufbar unter https://www.bundesfinanzministerium.de/Content/DE/Downloads/Broschueren_Bestellservice/2019-02-05-datensammlung-zur-steuerpolitik-2018.pdf (zuletzt abgerufen am 04.07.2021).

Bundesministerium der Finanzen: Die Steuerverwaltung in Deutschland, Berlin 2018, abrufbar unter https://www.bundesfinanzministerium.de/Content/DE/Downloads/Broschueren_Bestellservice/2018-03-16-die-steuerverwaltung-in-deutschland.pdf (zuletzt abgerufen am 04.07.2021).

Bundesministerium der Finanzen: Monatsbericht des BMF. April 2019, Berlin 2019, abrufbar unter https://www.bundesfinanzministerium.de/Monatsberichte/2019/04/monatsbericht-04-2019.html (zuletzt abgerufen am 04.07.2021).

Bundesministerium der Finanzen: Monatsbericht des BMF. November 2017, Berlin 2017, abrufbar unter https://www.bundesfinanzministerium.de/Monatsberichte/2017/11/Downloads/monatsbericht-2017-11-deutsch.pdf (zuletzt abgerufen am 04.07.2021).

Bundesministerium für Wirtschaft und Energie: Mittelstandsstrategie. Wertschätzung Stärkung Entlastung, Berlin 2019, abrufbar unter https://www.bmwi.de/Redaktion/DE/Publikationen/Mittelstand/mittelstandsstrategie.pdf (zuletzt abgerufen am 04.07.2021).

Burghart, Axel: Art. 3 GG, in: Leibholz, Gerhard/Rinck, Hans-Justus, Grundgesetz für die Bundesrepublik Deutschland. Rechtsprechung des Bundesverfassungsgerichts. Kommentar, 70./72. Lieferung, Köln 2016.

Cagan, Phillip: The Monetary Dynamics of Hyperinflation, in: Friedman, Milton, Studies in the Quantity Theory of Money, 4. Auflage, Chicago 1956, S. 25-120.

Campbell, John Y./Shiller, Robert J.: Yield Spreads and Interest Rate Movements: A Bird's Eye View, Review of Economic Studies 1991, Vol. 58 (3), S. 495-514.

Canaris, Claus-Wilhelm: Der Zinsbegriff und seine rechtliche Bedeutung, Neue Juristische Wochenschrift (NJW) 1978, S. 1891-1898.

Canaris, Claus-Wilhelm: Wandlungen des Schuldvertragsrechts – Tendenzen zu seiner „Materialisierung", Archiv für die civilistische Praxis (AcP) 200, Tübingen 2000, S. 273-364.

Christoffel, Hans Günter/Drosdzol, Wolf-Dietrich/Weinmann, Norbert: Künftige Einheitsbewertung und Neugestaltung der Vermögen- und Erbschaftsteuer, Köln 1996.

Cornils, Matthias: Rationalitätsanforderungen an die parlamentarische Rechtsetzung im demokratischen Rechtsstaat, Deutsches Verwaltungsblatt (DVBl) 2011, S. 1053-1061.

Council of Economic Advisors: Long-Term Interest Rates: A Survey, 2015, abrufbar unter https://obamawhitehouse.archives.gov/sites/default/files/docs/interest_rate_report_final.pdf (zuletzt abgerufen am 04.07.2021).

Cox, John C./Ingersoll, Jonathan E./Ross, Stephen A.: A Theory of the Term Structure of Interest Rates, Econometrica 1985, Vol. 53 (2), S. 385-407.

Crezelius, Georg: Steuerrechtliche Rechtsanwendung und allgemeine Rechtsordnung: Grundlagen für eine liberale Besteuerungspraxis, Herne 1983.

Curtius-Hartung, Rudolf: Zur Vollverzinsung der Steuern, in: Curtius-Hartung, Rudolf/Herzig, Norbert/Niemann, Ursula, Steuerberater-Jahrbuch (StbJb) 1988/89, Köln 1989, S. 19-35.

Demary, Markus/Voigtländer, Michael: IW-Report 47/18. Reasons for the Declining Real Interest Rates, Köln 2018, abrufbar unter https://www.iwkoeln.de/fileadmin/user_upload/Studien/Report/PDF/2018/IW-Report_2018-47_Declining_Real_Interest_Rates.pdf (zuletzt abgerufen am 04.07.2021).

Der Brockhaus Wirtschaft. Betriebs- und Volkswirtschaft, Börse, Finanzen, Versicherungen und Steuern, 2. Auflage, Mannheim 2008.

Desens, Marc: Was folgt prozessual aus dem Verstoß gegen den allgemeinen Gleichheitssatz (Art. 3 Abs. 1 GG) durch Gesetze?, in: Kempny, Simon/Reimer, Philipp, Gleichheitssatzdogmatik heute. Beiträge und Ergebnisse des Gleichheitsrechtlichen Arbeitsgesprächs vom 3. bis 5. April 2016 in der Fritz-Thyssen-Stiftung, Köln, Tübingen 2017, S. 133-168.

Deutsche Bundesbank: Fragen und Antworten zur Euro Short-Term Rate. Stand: 02. Oktober 2019, Frankfurt am Main 2019, abrufbar unter https://www.bundesbank.de/resource/blob/785114/fae0faabda527de30021a2be0d0bdc67/mL/faq-euro-short-term-rate-data.pdf (zuletzt abgerufen am 04.07.2021).

Deutsche Bundesbank: Hochgerechnete Angaben aus Jahresabschlüssen deutscher Unternehmen von 1997 bis 2018, Frankfurt am Main 2019, abrufbar unter https://www.bundesbank.de/de/statistiken/unternehmen-und-private-haushalte/-/jahresabschlussstatistik-hochgerechnete-angaben-1997-bis-2018-827826 (zuletzt abgerufen am 04.07.2021).

Deutsche Bundesbank: Kapitalmarktstatistik Januar 2020. Statistisches Beiheft 2 zum Monatsbericht, Frankfurt am Main 2020, abrufbar unter https://www.bundesbank.de/resource/blob/823268/1fc5021511b2d5a0e897234d0e961248/mL/2020-01-kapitalmarktstatistik-data.pdf (zuletzt abgerufen am 04.07.2021).

Deutsche Bundesbank: Monatsbericht April 2019, Frankfurt am Main 2019, abrufbar unter https://www.bundesbank.de/resource/blob/793790/

fe14349c7d4f06c3a09fa7b631d5b9ad/mL/2019-04-monatsbericht-data.pdf (zuletzt abgerufen am 04.07.2021).

Deutsche Bundesbank: Monatsbericht Januar 2018, Frankfurt am Main 2018, abrufbar unter https://www.bundesbank.de/resource/blob/665602/43350826453879db52e29958ddab87d9/mL/2018-01-monatsbericht-data.pdf (zuletzt abgerufen am 04.07.2021).

Deutsche Bundesbank: Monatsbericht Juli 2017, Frankfurt am Main 2017, abrufbar unter https://www.bundesbank.de/resource/blob/665406/f538a3b652774903661ed744c7c4c77e/mL/2017-07-monatsbericht-data.pdf (zuletzt abgerufen am 04.07.2021).

Deutsche Bundesbank: Monatsbericht Oktober 2017, Frankfurt am Main 2017, abrufbar unter https://www.bundesbank.de/resource/blob/665506/bba347ca91f1c43934611653cf0741d1/mL/2017-10-monatsbericht-data.pdf (zuletzt abgerufen am 04.07.2021).

Deutscher Sparkassen- und Giroverband: Diagnose Mittelstand 2018. Aufschwung fortsetzen – Zukunftsfähigkeit für Mittelstand sichern, Berlin 2018, abrufbar unter http://www.dsgv.de/sparkassen-finanzgruppe/publikationen/diagnose-mittelstand.html (zuletzt abgerufen am 04.07.2021).

Di Fabio, Udo: Art. 2 Abs. 1 GG, in: Maunz, Theodor/Dürig, Günter, Grundgesetz. Kommentar, 39. Lieferung, München 2001.

Doralt, Werner: Pensionsrückstellungen und andere Rückstellungen: 6 % und 5,5 % Abzinsung verfassungswidrig?, FinanzRundschau (FR) 2018, S. 347-349.

Doralt, Werner: Sind Rückstellungen steuerpolitisch gerechtfertigt?, Der Betrieb (DB) 1998, S. 1357-1358.

Drenseck, Walter: Allgemeiner Schuldzinsenabzug aus verfassungsrechtlichen Gründen geboten, Der Betrieb (DB) 1991, S. 416.

Drenseck, Walter: Ist die Wiedereinführung des allgemeinen Schuldzinsenabzugs aus verfassungsrechtlichen Gründen geboten?, Deutsches Steuerrecht (DStR) 1993, S. 1429-1436.

Drescher, Ralf: Anleger zahlen bei Bundesanleihen drauf, Handelsblatt (online) v. 09.01.2012, abrufbar unter https://www.handelsblatt.com/6047052.html (zuletzt abgerufen am 04.07.2021).

Droege, Michael: Steuergerechtigkeit – eine Demokratiefrage?, Rechtswissenschaft (RW) 2013, S. 374-396.

Drost, Frank Matthias: Gutachten bewertet EZB-Negativzinsen als rechtswidrig, Handelsblatt (online) v. 01.10.2019, abrufbar unter https://www.handelsblatt.com/25073766.html (zuletzt abgerufen am 04.07.2021).

Drüen, Klaus-Dieter: § 3 AO, in: Tipke, Klaus/Kruse, Heinrich Wilhelm, Abgabenordnung Finanzgerichtsordnung. Kommentar zur AO und FGO (ohne Steuerstrafrecht), 144./147. Lieferung, Köln 2016/2017.

Drüen, Klaus-Dieter: § 4 AO, in: Tipke, Klaus/Kruse, Heinrich Wilhelm, Abgabenordnung Finanzgerichtsordnung. Kommentar zur AO und FGO (ohne Steuerstrafrecht), 127. Lieferung, Köln 2011.

Drüen, Klaus-Dieter: Anmerkung zu BVerfG, Beschluss v. 12. 5. 2009 – 2 BvL 1/00, JuristenZeitung (JZ) 2010, S. 91-94.

Drüen, Klaus-Dieter: Die Bruttobesteuerung von Einkommen als verfassungsrechtliches Vabanquespiel, Steuer und Wirtschaft (StuW) 2008, S. 3-14.

Drüen, Klaus-Dieter: Haushaltsvorbehalt bei der Verwerfung verfassungswidriger Steuergesetze? Budgetärer Dispositionsschutz durch Aussetzung der Vollziehung nach den Beschlüssen des BVerfG zum Kinderleistungsausgleich, FinanzRundschau (FR) 1999, S. 289-294.

Drüen, Klaus-Dieter: Ideal und Wirklichkeit der Vollverzinsung im Steuerrecht, in: Rödder, Thomas/Günkel, Manfred, Steuerberater-Jahrbuch (StbJb) 2013/2014, Köln 2014, S. 468-491.

Drüen, Klaus-Dieter: IFSt-Schrift 469. Modelle und Rechtsfragen zeitnaher Betriebsprüfung, Berlin 2011.

Drüen, Klaus-Dieter: Normenwahrheit als Verfassungspflicht?, Zeitschrift für Gesetzgebung (ZG) 2009, S. 60-74.

Drüen, Klaus-Dieter: Plädoyer für eine Reform der Vollverzinsung im Steuerrecht, FinanzRundschau (FR) 2014, S. 218-227.

Drüen, Klaus-Dieter: Typus und Typisierung im Steuerrecht. Anmerkung zu Martin Strahl, Die typisierende Betrachtungsweise im Steuerrecht, Steuer und Wirtschaft (StuW) 1997, S. 261-274.

Duden Wirtschaft von A bis Z. Grundlagenwissen für Schule und Studium, Beruf und Alltag, 6. Auflage, Berlin 2016.

Dust, Michael: Der Zinssatz im Steuerschuldverhältnis. Eine Analyse des aktuellen Zinssatzes in § 238 AO unter ausführlicher Berücksichtigung der Historie der Verzinsung im Steuerschuldrecht, Berlin 2019.

Dziadkowski, Dieter: Karlsruher Grundfreibetrag – ein Rechenfehler?, Betriebs-Berater (BB) 2001, S. 1765-1768.

Dziadkowski, Dieter: Zur Fortgeltung der totalen Vollverzinsung – Anmerkungen zu einem erfolgreichen Geschäftsmodell, FinanzRundschau (FR) 2015, S. 922-927.

Ebner, Markus et al.: Verzinsung von Ansprüchen aus dem Steuerschuldverhältnis sowie methodischer und verfassungsrechtlicher Rahmen richterlicher

Gesetzeskorrektur. Tagungsbericht zum 6. Steuerwissenschaftlichen Symposium beim BFH, Deutsches Steuerrecht (DStR-Beihefter) 2017, S. 77-88.

Eckhoff, Rolf: Rechtsanwendungsgleichheit im Steuerrecht. Die Verantwortung des Gesetzgebers für einen gleichmäßigen Vollzug des Einkommensteuerrechts, Köln 1999.

Egge, Hinnerk: Lage der Steuerverwaltung und Folgerungen, Steuer und Wirtschaft (StuW) 1994, S. 272-277.

Eggesiecker, Fritz/Ellerbeck, Eike: Zinsen auf Steuern – Guthabenzinsen versteuern, Schuldzinsen nicht absetzen?, Betriebs-Berater (BB) 2004, S. 745-751.

Eibelshäuser, Manfred: Wirtschaftliche Betrachtungsweise im Steuerrecht – Herkunft und Bedeutung, Deutsches Steuerrecht (DStR) 2002, S. 1426-1432.

Eichberger, Michael: Der Gleichheitssatz im Steuerrecht, in: Drüen, Klaus-Dieter/Hey, Johanna/Mellinghoff, Rudolf, 100 Jahre Steuerrechtsprechung in Deutschland 1918-2018. Festschrift für den Bundesfinanzhof. Band 1, Köln 2018, S. 501-518.

Eichengreen, Barry: Secular Stagnation: The Long View, American Economic Review 2015, Vol. 105 (5), S. 66-70.

Elicker, Michael: Zur Diskussion um die Abzugsfähigkeit der Fahrtkosten, Der Steuerberater (StB) 2005, S. 209-211.

Ellenberger, Jürgen: § 138 BGB, in: Palandt, Otto, Bürgerliches Gesetzbuch. Kommentar, 79. Auflage, München 2020.

Englisch, Joachim: Dividendenbesteuerung. Europa- und verfassungsrechtliche Vorgaben im Vergleich der Körperschaftsteuersysteme Deutschlands und Spaniens, Köln 2005.

Englisch, Joachim: Folgerichtiges Steuerrecht als Verfassungsgebot, in: Tipke, Klaus/Seer, Roman/Hey, Johanna/Englisch, Joachim, Festschrift für Joachim Lang zum 70. Geburtstag. Gestaltung der Steuerrechtsordnung, Köln 2010, S. 167-220.

Englisch, Joachim: Verfassungsrechtliche und steuersystematische Kritik der Abgeltungssteuer, Steuer und Wirtschaft (StuW) 2007, S. 221-240.

Englisch, Joachim: Wettbewerbsgleichheit im grenzüberschreitenden Handel. Mit Schlussfolgerungen für indirekte Steuern, Tübingen 2008.

Epping, Volker/Lenz, Sebastian/Leydecker, Philipp: Grundrechte, 7. Auflage, Berlin 2017.

Europäische Zentralbank: Die Geldpolitik der EZB, Frankfurt am Main 2011, abrufbar unter https://www.ecb.europa.eu/pub/pdf/other/monetarypolicy2011de.pdf (zuletzt abgerufen am 04.07.2021).

Fama, Eugene F.: Does the Fed Control Interest Rates?, The Review of Asset Pricing Studies 2013, Vol. 3 (2), S. 180-199.

Fehr, Mark: In kleinen Schritten dem Niedrigzins trotzen, WirtschaftsWoche (WiWo, online) v. 04.11.2016, abrufbar unter https://www.wiwo.de/14788128.html (zuletzt abgerufen am 04.07.2021).

Felix, Günther: Die unerwünschte Vollverzinsung – Überlegungen zur Schadensminimierung, Deutsches Steuerrecht (DStR) 1989, S. 587-593.

Fels, Joachim: Die Neue Normalität liegt im negativen Zinsbereich, 2019, abrufbar unter https://www.pimco.de/de-de/insights/blog/interest-rates-naturally-negative/ (zuletzt abgerufen am 04.07.2021).

Fetzer, Thomas: Einführung in das Steuerrecht, 5. Auflage, Heidelberg 2019.

Fetzer, Thomas: Steuerrecht und Normenklarheit, in: Baumeister, Peter/Roth, Wolfgang/Ruthig, Josef, Staat, Verwaltung und Rechtsschutz. Festschrift für Wolf-Rüdiger Schenke zum 70. Geburtstag, Berlin 2011, S. 129-145.

Fetzer, Thomas/Arndt, Hans-Wolfgang: Einführung in das Steuerrecht, 4. Auflage, Heidelberg 2012.

Fey, Gerrit/Holmeier, Michaela: Aktionärszahlen des Deutschen Aktieninstituts. Anzahl der Aktienbesitzer in Deutschland steigt auf über 10 Millionen, Frankfurt am Main 2017, abrufbar unter https://www.dai.de/files/dai_usercontent/dokumente/studien/2018-02-19%20Aktieninstitut%20Aktionaerszahlen%202017%20Web.pdf (zuletzt abgerufen am 04.07.2021).

Fey, Gerrit et al.: Mehr Aktionäre in Deutschland. Gleichgültigkeit und Missverständnisse überwinden, Frankfurt am Main 2019, abrufbar unter https://www.dai.de/files/dai_usercontent/dokumente/studien/190116%20Studie%20Mehr%20Aktionaere%20in%20Deutschland.pdf (zuletzt abgerufen am 04.07.2021).

Fischer, Peter: Resümee, in: Fischer, Peter, Deutsche Steuerjuristische Gesellschaft (DStJG) 21. Steuervereinfachung, Köln 1998, S. 267-283.

Fischer, Wolfgang C.: Hyperinflation 1922/1923, in: Fischer, Wolfgang C., German Hyperinflation 1922/23. A Law and Economics Approach, Lohmar 2010, S. 45-70.

Fisher, Irving: Die Zinstheorie. The Theory of Interest. As Determined by Impatience to Spend Income and Opportunity to Invest It. Ins Deutsche übertragen von Hans Schulz, Jena 1932.

Fisher, Irving: The Theory of Interest. As Determined by Impatience to Spend Income and Opportunity to Invest It, New York 1930.

Fissenewert, Hans-Ulrich: § 12 EStG, in: Herrmann, Carl/Heuer, Gerhard/Raupach, Arndt, Einkommen- und Körperschaftsteuergesetz, 291. Lieferung, Köln 2019.

Flume, Werner: Steuerzinsen und Körperschaftsteuer, Der Betrieb (DB) 1985, S. 9-11.

Frenkel, Erdmann: Fug und Unfug von Zinsen im Steuerrecht, Betriebs-Berater (BB) 1967, S. 1465-1466.

Friedman, Milton: The Lag in Effect of Monetary Policy, Journal of Political Economy 1961, Vol. 69 (5), S. 447-466.

Fritsch, Rainer: § 224 AO, in: Koenig, Ulrich, Abgabenordnung. §§ 1 bis 368. Kommentar, 3. Auflage, München 2014.

Frotscher, Gerrit: § 8b KStG, in: Frotscher, Gerrit/Drüen, Klaus-Dieter, Körperschaftsteuergesetz. Gewerbesteuergesetz/Umwandlungssteuergesetz. Kommentar, 130. Lieferung, Freiburg 2015.

Frühauf, Armin: Zinsprognose und zivilrichterliche Verantwortung, Neue Juristische Wochenschrift (NJW) 1999, S. 1217-1223.

Gabler Volkswirtschafts-Lexikon, 3. Auflage, Wiesbaden 1990.

Gantenbein, Pascal/Spremann, Klaus: Zinsen, Anleihen, Kredite, 5. Auflage, Berlin 2014.

Geberth, Georg/Sedemund, Jan: Steuergerechtigkeit und Reformstau am Beispiel des § 6a EStG. Zugleich eine Anmerkung zum Vorlagebeschluss 10 K 977/17 des FG Köln v. 12.10.2017 an das BVerfG, Deutsches Steuerrecht (DStR) 2018, S. 217-222.

Geißler, René: Kommunaler Finanzreport 2019, Gütersloh 2019, abrufbar unter https://www.bertelsmann-stiftung.de/fileadmin/files/Projekte/Kommunale_Finanzen/Finanzreport-2019-gesamt.pdf (zuletzt abgerufen am 04.07.2021).

Gersch, Eva-Maria: § 3 AO, in: Klein, Franz, Abgabenordnung einschließlich Steuerstrafrecht. Kommentar, 14. Auflage, München 2018.

Gerstenberger, Juliane: Hohe Eigenkapitalquoten im Mittelstand: KMU schätzen ihre Unabhängigkeit, KfW Research Nr. 206, 2018, abrufbar unter https://www.kfw.de/PDF/Download-Center/Konzernthemen/Research/PDF-Dokumente-Fokus-Volkswirtschaft/Fokus-2018/Fokus-Nr.-206-Mai-2018-Eigenkapitalquoten.pdf (zuletzt abgerufen am 04.07.2021).

Gerstenberger, Juliane/Zimmermann, Volker: Unternehmensbonität – eine nicht zu vernachlässigende Größe, 2016, abrufbar unter https://www.kfw.de/PDF/Download-Center/Konzernthemen/Research/PDF-Dokumente-Studien-und-Materialien/SuM-Unternehmensbonität-August-2016.pdf (zuletzt abgerufen am 04.07.2021).

Gipper, Thomas: „Negative Zinsen" im Jahresabschluss (nicht nur) von Kreditinstituten. Warum denn einfach, wenn es auch kompliziert geht?, Die Wirtschaftsprüfung (WPg) 2015, S. 1011-1017.

Gordon, Robert J.: Secular Stagnation: A Supply-Side View, American Economic Review 2015, Vol. 105 (5), S. 54-59.

Görke, Roger: Verfassungsmäßigkeit von Nachforderungszinsen für Verzinsungszeiträume im Jahr 2013, BFH/PR 2018, S. 121-122.

Gosch, Dietmar: § 8b KStG, in: Gosch, Dietmar, Körperschaftsteuergesetz. Kommentar, 3. Auflage, München 2015.

Gosch, Dietmar: Im Steuerhimmel läuten die Zins-Glocken, Global Taxes, TLE-024-2018, abrufbar unter https://www.tax-legal-excellence.com/global-taxes-tle-024-2018-im-steuerhimmel-laeuten-die-zins-glocken (zuletzt abgerufen am 04.07.2021).

Gosch, Dietmar: Keine ernstlichen Zweifel an der Verfassungsmäßigkeit der Hinzurechnung nach § 8 Nr. 1 GewStG 2002 n. F., BFH/PR 2013, S. 56-58.

Gosch, Dietmar: Pauschaliertes Abzugsverbot für Betriebsausgaben nach § 8b Abs. 3 S. 1 und Abs. 5 S. 1 KStG verfassungsgemäß, BFH/PR 2011, S. 53-55.

Gothe, Friedheinz: Bessere Substanzerhaltung durch steuerlich anerkannte Vertragsgestaltung, Bochum 1956.

Gourinchas, Pierre-Olivier/Rey, Hélène: Real Interest Rates, Imbalances and the Curse of Regional Safe Asset Providers at the Zero Lower Bound, NBER Working Paper 22618, 2016, abrufbar unter http://www.nber.org/papers/w22618 (zuletzt abgerufen am 04.07.2021).

Grabe, Jürgen: Beliebt, aber teuer – Lieferantenkredite in der betrieblichen Praxis, NWB Rechnungswesen – BBK (BBK) 2020, S. 1143-1151.

Grabitz, Eberhard: Der Grundsatz der Verhältnismäßigkeit in der Rechtsprechung des Bundesverfassungsgerichts, Archiv des öffentlichen Rechts (AöR) 98, Tübingen 1973, S. 568-616.

Grimm, Michaela et al.: Allianz Global Wealth Report 2019, München 2019, abrufbar unter http://www.allianz.com/content/dam/onemarketing/azcom/Allianz_com/economic-research/publications/specials/en/2019/AGWR_2019.pdf (zuletzt abgerufen am 04.07.2021).

Grolig, Christine Antonia: Folgerichtigkeitsgebot und Erbschaftsteuer, Frankfurt am Main 2013.

Gröpl, Christoph: Nachgelagerte Besteuerung (juristische Aspekte), in: DRV-Schriften 29, Berlin 2001, S. 85-106.

Grothues, Stefan/Ostermann, Sebastian/Zühlke, Roland: Verzinsung von Steuernachforderung und Steuererstattungen gem. § 233a AO. Ist die gegenwärtige Regelung verfassungskonform?, Die steuerliche Betriebsprüfung (StBp) 2018, S. 359-364.

Grundmann, Stefan: § 246 BGB, in: Säcker, Franz Jürgen/Rixecker Roland/Oetker, Hartmut/Limperg, Bettina, Münchener Kommentar zum Bürgerlichen Gesetzbuch. Band 2. Schuldrecht Allgemeiner Teil I, 8. Auflage, München 2019.

Grüneberg, Christian: § 246 BGB, in: Palandt, Otto, Bürgerliches Gesetzbuch. Kommentar, 79. Auflage, München 2020.

Gubelt, Manfred: Art. 3 GG, in: Münch, Ingo von/Kunig, Philip, Grundgesetz-Kommentar. Band 1. Präambel bis Art. 19, 5. Auflage, München 2000.

Gusy, Christoph: Das Grundgesetz als normative Gesetzgebungslehre?, Zeitschrift für Rechtspolitik (ZRP) 1985, S. 291-299.

Gusy, Christoph: Parlamentarischer Gesetzgeber und Bundesverfassungsgericht, Berlin 1985.

Hackhausen, Jörg: Erste Bank verlangt Strafzinsen für Ersparnisse, Handelsblatt (online) v. 29.10.2014, abrufbar unter https://www.handelsblatt.com/10907262.html (zuletzt abgerufen am 04.07.2021).

Hackl, Karl: Äquivalenzstörung und Sittenwidrigkeit, Betriebs-Berater (BB) 1977, S. 1412-1415.

Hackmann, Johannes: Die Besteuerung des Lebenseinkommens. Ein Vergleich von Besteuerungsverfahren, Tübingen 1979.

Hahn, Hartmut: Vollverzinsung, Bonn 1988.

Haubrichs, Willy: Die Problematik der Vollverzinsung. Ein Diskussionsbeitrag, Bonn 1973.

Hayek, Friedrich August von: The Mythology of Capital, The Quarterly Journal of Economics 1936, Vol. 50 (2), S. 199-228.

Hebeler, Timo: Ist der Gesetzgeber verfassungsrechtlich verpflichtet, Gesetze zu begründen? Grundsätzliche Überlegungen anlässlich des Bundesverfassungsgerichtsurteils zur Leistungsgestaltung im SGB II, Die Öffentliche Verwaltung (DÖV) 2010, S. 754-762.

Heigl, Anton: Die Typisierung im Steuerrecht, München 1958.

Heintzen, Markus: Die unterschiedliche Behandlung von Gewinnen und Verlusten, in: Groll, Rüdiger von, Deutsche Steuerjuristische Gesellschaft (DStJG) 28. Verluste im Steuerrecht, Köln 2005, S. 163-184.

Held-Daab, Ulla: Das freie Ermessen. Von den vorkonstitutionellen Wurzeln zur positivistischen Auflösung der Ermessenslehre, Berlin 1996.

Hennigfeld, Michael: BVerfG-Vorlage zum 6%igen Rechnungszinsfuß für Pensionsrückstellungen, Der Betrieb (DB) 2018, S. 156-157.

Hennrichs, Joachim: Leistungsfähigkeit – objektives Nettoprinzip – Rückstellung, in: Tipke, Klaus/Seer, Roman/Hey, Johanna/Englisch, Joachim,

Festschrift für Joachim Lang zum 70. Geburtstag. Gestaltung der Steuerrechtsordnung, Köln 2010, S. 237-254.

Hennrichs, Joachim: Maßgeblichkeitsprinzip oder eigenständige Prinzipien für die Steuerbilanz?, in: Ebling, Iris, Deutsche Steuerjuristische Gesellschaft (DStJG) 24. Besteuerung von Einkommen, Köln 2001, S. 301-328.

Hensel, Albert: Steuerrecht, 3. Auflage, Berlin 1933.

Hensel, Albert: Verfassungsrechtliche Bindungen des Steuergesetzgebers. Besteuerung nach der Leistungsfähigkeit – Gleichheit vor dem Gesetz, Vierteljahresschrift für Steuer- und Finanzrecht (VjSchrStFR) 1930, S. 441-493.

Herlinghaus, Andreas: § 8b KStG, in: Rödder, Thomas/Herlinghaus, Andreas/Neumann, Ralf, Körperschaftsteuergesetz. Kommentar, Köln 2015.

Herzog, Roman: Leitlinien und Entwicklungstendenzen der Rechtsprechung des Bundesverfassungsgerichts in Steuerfragen, in: Curtius-Hartung, Rudolf/Herzig, Norbert/Niemann, Ursula, Steuerberater-Jahrbuch (StbJb) 1985/86, Köln 1986, S. 27-45.

Herzog, Roman: Steuer- und Finanzpolitik im geeinten Deutschland. Die Sicht des Bundesverfassungsgerichts, in: Steuer- und Finanzpolitik im geeinten Deutschland und Europa. Referate und Protokolle vom VI. Deutschen Steuerzahlerkongreß 1991, Bonn 1991, S. 10-22.

Hesse, Konrad: Verfassungsrechtsprechung im geschichtlichen Wandel, JuristenZeitung (JZ) 1995, S. 265-273.

Heuermann, Bernd: § 233 AO, in: Hübschmann, Walter/Hepp, Ernst/Spitaler, Armin, Abgabenordnung Finanzgerichtsordnung. Kommentar, 231. Lieferung, Köln 2015.

Heun, Werner: Art. 3 GG, in: Dreier, Horst, Grundgesetz Kommentar. Band 1. Präambel Artikel 1-19, 3. Auflage, Tübingen 2013.

Hey, Johanna: § 3 Steuersystem und Steuerverfassungsrecht, in: Tipke, Klaus/Lang, Joachim, Steuerrecht, 23. Auflage, Köln 2018, S. 65-148.

Hey, Johanna: Abbildung und Wirkungen der Niedrigzinsphase im geltenden Steuerrecht. Verfassungsrechtliche Würdigung, in: IFSt-Schrift 511. Steuergesetzliche Zinstypisierungen und Niedrigzinsumfeld – insbesondere zur Gleichheitssatzwidrigkeit der Abzinsung von Pensionsrückstellungen gemäß § 6a Abs. 3 Satz 3 EStG –, Berlin 2016, S. 61-132.

Hey, Johanna: Entwicklungslinien und Zukunftsfragen des Steuerverfassungsrechts, in: Drüen, Klaus-Dieter/Hey, Johanna/Mellinghoff, Rudolf, 100 Jahre Steuerrechtsprechung in Deutschland 1918-2018. Festschrift für den Bundesfinanzhof. Band 1, Köln 2018, S. 451-500.

Hey, Johanna: Evidenz von Verfassungsverstößen, Budgetschutz und Unvereinbarkeitsaussprüche. Zu den Rechtsfolgen verfahrensfehlerhaft zustande gekommener Gesetze aus Anlass des BVerfG-Beschlusses zum Haushaltsbegleitgesetz 2004 vom 8.12.2009, in: Mellinghoff, Rudolf, Steuerrecht im Rechtsstaat. Festschrift für Wolfgang Spindler zum 65. Geburtstag, Köln 2011, S. 97-113.

Hey, Johanna: Gestaltungsspielraum des Gesetzgebers und Sicherung des Steueraufkommens, FinanzRundschau (FR) 2008, S. 1033-1040.

Hey, Johanna: Pensionsrückstellungen und Niedrigzinsphase – Zur Frage des richtigen Referenzzinses, Betriebliche Altersversorgung (BetrAV) 2017, S. 396-400.

Hey, Johanna: Realitätsgerechtigkeit von Typisierungen als verfassungsrechtliches Problem der Niedrigzinsphase – Zur Verfassungswidrigkeit von § 238 AO und § 6a Abs. 3 Satz 3 EStG, FinanzRundschau (FR) 2016, S. 485-496.

Hey, Johanna: Saldierung von Vor- und Nachteilen in der Rechtfertigung von Grundrechtseingriffen und Ungleichbehandlungen, Archiv des öffentlichen Rechts (AöR) 128, Tübingen 2003, S. 226-254.

Hey, Johanna: Steuerplanungssicherheit als Rechtsproblem, Köln 2002.

Hey, Johanna: Zur Geltung des Gebots der Folgerichtigkeit im Unternehmensteuerrecht. Zugleich Besprechung der Entscheidung des BVerfG zum Verbot von Jubiläumsrückstellungen vom 12. 5. 2009, Deutsches Steuerrecht (DStR) 2009, S. 2561-2568.

Hicks, John: Value and Capital. An Inquiry into some Fundamental Principles of Economic Theory, 2. Auflage, Oxford 1946.

Höfer, Reinhold: Zweifel an der Verfassungsmäßigkeit des 6%-igen Rechnungszinses für Pensionsrückstellungen, Der Betrieb (DB) 2018, S. 1698-1699.

Hoffmann-Riem, Wolfgang: Modellversuch als Scheintest. Zur geplanten Einführung der Kabelkommunikation in Ludwigshafen, Zeitschrift für Rechtspolitik (ZRP) 1980, S. 31-38.

Höfling, Wolfram: Verfassungsfragen einer ökologischen Steuerreform. Zur Jahrestagung „Umweltabgaben" der Deutschen Steuerjuristischen Gesellschaft am 3./4. 9. 1992, Steuer und Wirtschaft (StuW) 1992, S. 242-251.

Hohenadl, Andreas/Gröneweg, Simone/Strohm, Thomas: Mickerzinsen und kein Ende. Und dann auch noch Strafgebühren für das Ersparte auf der Bank? Damit müssen sich Anleger nicht abfinden, Euro am Sonntag (online) v. 24.10.2019, abrufbar unter https://www.boerse-online.de/nachrichten/1028558639 (zuletzt abgerufen am 04.07.2021).

Holdorf, Britta: Frage der Verfassungsmäßigkeit der Verlustabzugsbeschränkung nach § 2 Abs. 3 EStG. Zum Beschluss des Bundesfinanzhofs vom 9.5.2001, BB 2001, 1451, Betriebs-Berater (BB) 2001, S. 2085-2092.

Homburg, Stefan: Overaccumulation, Public Debt and the Importance of Land, German Economic Review 2014, Vol. 15 (4), S. 411-435.

Hördahl, Peter/Sobrun, Jhuvesh/Turner, Philip: Low long-term interest rates as a global phenomenon, BIS Working Papers No. 574, 2016, abrufbar unter https://www.bis.org/publ/work574.pdf (zuletzt abgerufen am 04.07.2021).

Hoyer, Niklas: Dieser Anlagemix lässt Anleger ruhig schlafen, Wirtschafts-Woche (WiWo, online) v. 17.05.2015, abrufbar unter https://www.wiwo.de/11739794.html (zuletzt abgerufen am 04.07.2021).

Hubmann, Heinrich: Die Sachgerechtigkeit, in: Floßmann, Ursula, Rechtsgeschichte und Rechtsdogmatik. Festschrift für Hermann Eichler zum 70. Geburtstag am 10. Oktober 1977 dargebracht von Freunden, Kollegen und Schülern, Wien 1977, S. 259-285.

Huster, Stefan: Art. 3 GG, in: Friauf, Karl Heinrich/Höfling, Wolfram, Berliner Kommentar zum Grundgesetz. Band 1, 50. Lieferung, Berlin 2016.

Huster, Stefan: Die Beobachtungspflicht des Gesetzgebers: Ein neues Instrument zur verfassungsrechtlichen Bewältigung des sozialen Wandels?, Zeitschrift für Rechtssoziologie 2003, S. 3-26.

Huster, Stefan: Gleichheit und Verhältnismäßigkeit. Der allgemeine Gleichheitssatz als Eingriffsrecht, JuristenZeitung (JZ) 1994, S. 541-549.

Huster, Stefan: Rechte und Ziele. Zur Dogmatik des allgemeinen Gleichheitssatzes, Berlin 1993.

Huster, Stefan: Was bedeutet „Verhältnismäßigkeit einer Ungleichbehandlung"?, in: Kempny, Simon/Reimer, Philipp, Gleichheitssatzdogmatik heute. Beiträge und Ergebnisse des Gleichheitsrechtlichen Arbeitsgesprächs vom 3. bis 5. April 2016 in der Fritz-Thyssen-Stiftung, Köln, Tübingen 2017, S. 91-105.

Hüttemann, Rainer: Das Passivierungsverbot für Jubiläumsrückstellungen zwischen Folgerichtigkeitsgrundsatz und Willkürverbot, in: Mellinghoff, Rudolf, Steuerrecht im Rechtsstaat. Festschrift für Wolfgang Spindler zum 65. Geburtstag, Köln 2011, S. 627-639.

Ilg, Alfons: Verzinsung von Abschlußzahlungen?, Die Steuerberatung (Stbg) 1970, S. 93-94.

International Monetary Fund: World Economic Outlook April 2014. Recovery Strengthens, Remains Uneven, Washington 2014, abrufbar unter https://www.imf.org/en/Publications/WEO/Issues/2016/12/31/Recovery-Strengthens-Remains-Uneven (zuletzt abgerufen am 04.07.2021).

Ipsen, Jörn: Rechtsfolgen der Verfassungswidrigkeit von Norm und Einzelakt, Baden-Baden 1980.

Isensee, Josef: Die typisierende Verwaltung. Gesetzesvollzug im Massenverfahren am Beispiel der typisierenden Betrachtungsweise des Steuerrechts, Berlin 1976.

Isensee, Josef: Vom Beruf unserer Zeit für Steuervereinfachung, Steuer und Wirtschaft (StuW) 1994, S. 3-14.

Issing, Otmar: Einführung in die Geldtheorie, 15. Auflage, München 2011.

Jachmann, Monika: Besteuerung von Unternehmen als Gleichheitsproblem. Unterschiedliche Behandlung von Rechtsformen, Einkunftsarten, Werten und Steuersubjekten im Ertrag- und Erbschaftsteuerrecht, in: Pelka, Jürgen, Deutsche Steuerjuristische Gesellschaft (DStJG) 23. Europa- und verfassungsrechtliche Grenzen der Unternehmensbesteuerung, Köln 2000, S. 9-65.

Jachmann, Monika: Die Fiktion im öffentlichen Recht, Berlin 1998.

Jachmann, Monika: Grundlagen einer Steuervereinfachung, in: Kirchhof, Paul, Steuerrechtsprechung, Steuergesetz, Steuerreform. Festschrift für Klaus Offerhaus zum 65. Geburtstag, Köln 1999, S. 1071-1090.

Jachmann, Monika: Grundthesen zu einer Verbesserung der Akzeptanz der Besteuerung, insbesondere durch Vereinfachung des Einkommensteuerrechts, Steuer und Wirtschaft (StuW) 1998, S. 193-207.

Jakob, Wolfgang: Rechtsgutachten zu Möglichkeiten einer Vereinfachung der Bewertung des Grundbesitzes sowie Untersuchung einer befristeten Anwendung von differenzierten Zuschlägen zu den Einheitswerten, Bonn 1993.

Jarass, Hans D.: Art. 20 GG, in: Jarass, Hans D./Pieroth, Bodo, Grundgesetz für die Bundesrepublik Deutschland. Kommentar, 15. Auflage, München 2018.

Jarzyk-Dehne, Friederike: Pauschalierungen im Steuerrecht, Berlin 2003.

Jellinek, Georg: Allgemeine Staatslehre, Nachdruck der 3. Auflage, Bad Homburg von der Höhe 1966.

Jimeno, Juan F.: Long-lasting consequences of the European crisis, ECB Working Paper No. 1832, 2015, abrufbar unter https://www.ecb.europa.eu//pub/pdf/scpwps/ecbwp1832.en.pdf (zuletzt abgerufen am 04.07.2021).

Jochum, Heike: Gemeinnützigkeit in Europa: National oder europäisch gedacht?. in: Ipsen, Jörn, Europa im Wandel. Festschrift für Hans-Werner Rengeling zum 70. Geburtstag am 25. Februar 2008, Köln 2008, S. 545-566.

Jochum, Heike: Verfassungsrechtliche Grenzen der Pauschalierung und Typisierung am Beispiel der Besteuerung privater Aktiengeschäfte, Deutsche Steuer-Zeitung (DStZ) 2010, S. 309-315.

Jonas, Bernd: Das Ärgernis Nachzahlungszinsen, Die Unternehmensbesteuerung (Ubg) 2011, S. 960-962.

Jonas, Bernd: Die Zinsen sind zu hoch! – Beschreibung einer ungebührlichen Bereicherung. Replik auf Melan DStR 2017, 2088, Deutsches Steuerrecht (DStR) 2018, S. 545-551.

Jonas, Bernd: Gerichtliche Überprüfungen von gesetzlichen Typisierungen in der Niedrigzinsphase, Der Betrieb (DB) 2016, S. 3000-3006.

Jonas, Bernd: Nachzahlungszinsen gemäß § 233a AO: Ausblick nach dem BFH-Urteil vom 14.4.2015 – IX R 5/14, Deutsches Steuerrecht (DStR) 2016, S. 950-954.

Kalkbrenner, Helmut: Verfassungsauftrag und Verpflichtung des Gesetzgebers, Die Öffentliche Verwaltung (DÖV) 1963, S. 41-51.

Kanning, Tim: Banken zahlen 1,5 Milliarden Strafzins, Frankfurter Allgemeine Zeitung (FAZ) v. 22.12.2016, S. 23.

Kanning, Tim: Volksbank führt Strafzins auch für Kleinsparer ein, Frankfurter Allgemeine Zeitung (FAZ) v. 03.11.2016, S. 27.

Kanzler, Hans-Joachim: Die „Gesetzesbegründung" im Steuerrecht. Einige Gedanken zu einem beliebten Strohhalm, FinanzRundschau (FR) 2007, S. 525-533.

Kanzler, Hans-Joachim: Steuerpflicht von Erstattungszinsen, AdV. Kommentar: Eine bemerkenswerte Entscheidung im Hase- und Igelrennen, Finanz-Rundschau (FR) 2012, S. 323-326.

Kath, Dietmar: Die verschiedenen Ansätze der Zinsstrukturtheorie. Versuch einer Systematisierung Kredit und Kapital (KuK) 1972, S. 28-71.

Kelm, Daniela/Rindermann, Marita: IDW-Schreiben v. 26.04.2018, abrufbar unter https://www.idw.de/blob/108560/6d552e3fa571d9ac0e147b-f560a4cbac/down-bverfg-238ao-data.pdf (zuletzt abgerufen am 04.07.2021).

Kempny, Simon: Steuerrecht und Verfassungsrecht, Steuer und Wirtschaft (StuW) 2014, S. 185-199.

Keynes, John Maynard: Allgemeine Theorie der Beschäftigung, des Zinses und des Geldes. Ins Deutsche übersetzt von Fritz Waeger, München 1936.

Kirchhof, Ferdinand: Das Leistungsfähigkeitsprinzip nach dem Grundgesetz – Zustand und Zukunft, Betriebs-Berater (BB) 2017, S. 662-667.

Kirchhof, Ferdinand: Steuern und nichtsteuerlichen Abgaben in der höchstrichterlichen Rechtsprechung, in: Drüen, Klaus-Dieter/Hey, Johanna/Mellinghoff, Rudolf, 100 Jahre Steuerrechtsprechung in Deutschland 1918-2018. Festschrift für den Bundesfinanzhof. Band 1, Köln 2018, S. 557-568.

Kirchhof, Gregor: Die Allgemeinheit des Gesetzes. Über einen notwendigen Garanten der Freiheit, der Gleichheit und der Demokratie, Tübingen 2009.

Kirchhof, Gregor: Einzelfallgerechtigkeit und Maßstabbildung im digitalisierten Massenfallrecht. Zur steuerlichen Zinsregelung, zur notwendigen Neubestimmung des Steuersystems und zum objektiven Nettoprinzip, in: Drüen, Klaus-Dieter/Hey, Johanna/Mellinghoff, Rudolf, 100 Jahre Steuerrechtsprechung in Deutschland 1918-2018. Festschrift für den Bundesfinanzhof. Band 1, Köln 2018, S. 361-383.

Kirchhof, Gregor: Rechtsetzung und Rechtsanwendung im steuerlichen Massenfallrecht. Zu den lohnsteuerlichen Sachbezügen, der Modernisierung des Besteuerungsverfahrens, der gesetzlichen Typisierung sowie der Ist- und Soll-Ertragsbesteuerung in: Drüen, Klaus-Dieter, Deutsche Steuerjuristische Gesellschaft (DStJG) 40. Besteuerung von Arbeitnehmern, Köln 2017, S. 47-87.

Kirchhof, Paul: § 2 EStG, in: Kirchhof, Paul/Seer, Roman, Einkommensteuergesetz. Kommentar, 18. Auflage, Köln 2019.

Kirchhof, Paul: § 2 EStG, in: Kirchhof, Paul/Söhn, Hartmut/Mellinghoff, Rudolf, Einkommensteuergesetz. Kommentar, 34. Lieferung, Heidelberg 1992.

Kirchhof, Paul: § 118 Die Steuern, in: Isensee, Josef/Kirchhof, Paul, Handbuch des Staatsrechts der Bundesrepublik Deutschland. Band V. Rechtsquellen, Organisation, Finanzen, 3. Auflage, Heidelberg 2007, S. 959-1098.

Kirchhof, Paul: § 124 Der allgemeine Gleichheitssatz, in: Isensee, Josef/Kirchhof, Paul, Handbuch des Staatsrechts der Bundesrepublik Deutschland. Band V. Allgemeine Grundrechtslehren, 2. Auflage, Heidelberg 2000, S. 837-972.

Kirchhof, Paul: Art. 3 Abs. 1 GG, in: Maunz, Theodor/Dürig, Günter, Grundgesetz. Kommentar, 75. Lieferung, München 2015.

Kirchhof, Paul: Bedeutung von Einkommensbegriffen und Einkommenstheorien, in: Drüen, Klaus-Dieter/Hey, Johanna/Mellinghoff, Rudolf, 100 Jahre Steuerrechtsprechung in Deutschland 1918-2018. Festschrift für den Bundesfinanzhof. Band 2, Köln 2018, S. 1197-1228.

Kirchhof, Paul: Besteuerung und Eigentum, in: Veröffentlichungen der Vereinigung der Deutschen Staatsrechtslehrer (VVDStRL) 39. Die Verfassungsgerichtsbarkeit im Gefüge der Staatsfunktionen. Besteuerung und Eigentum, Berlin 1981, S. 213-285.

Kirchhof, Paul: Das Geldeigentum, in: Isensee, Josef/Lecheler, Helmut, Freiheit und Eigentum. Festschrift für Walter Leisner zum 70. Geburtstag, Berlin 1999, S. 635-656.

Kirchhof, Paul: Das Steuerrecht als Verfassungsproblem, in: Baer, Susanne et al., Jahrbuch des öffentlichen Rechts der Gegenwart (JöR) 64, Tübingen 2016, S. 553-566.

Kirchhof, Paul: Der Einfluß des Verfassungsrechts auf die Entwicklung des Steuerrechts, Die Steuerberatung (Stbg) 1995, S. 68-78.

Kirchhof, Paul: Der Grundrechtsschutz des Steuerpflichtigen. Zur Rechtsprechung des Bundesverfassungsgerichts im vergangenen Jahrzehnt, Archiv des öffentlichen Rechts (AöR) 128, Tübingen 2003, S. 1-51.

Kirchhof, Paul: Der verfassungsrechtliche Auftrag zur Steuervereinfachung, in: Bühler, Wilhelm, Steuervereinfachung. Festschrift für Dietrich Meyding zum 65. Geburtstag, Heidelberg 1994, S. 3-20.

Kirchhof, Paul: Die Bestimmtheit und Offenheit der Rechtssprache. Vortrag gehalten vor der Juristischen Gesellschaft zu Berlin am 29. April 1987, Berlin 1987.

Kirchhof, Paul: Die Gleichheit vor dem Steuergesetz – Maßstab und Missverständnisse, Steuer und Wirtschaft (StuW) 2017, S. 3-16.

Kirchhof, Paul: Die Widerspruchsfreiheit im Steuerrecht als Verfassungspflicht, Steuer und Wirtschaft (StuW) 2000, S. 316-327.

Kirchhof, Paul: Einleitung, in: Kirchhof, Paul/Seer, Roman, Einkommensteuergesetz. Kommentar, 18. Auflage, Köln 2019.

Kirchhof, Paul: Grundlinien des Steuerverfassungsrechts in der Rechtsprechung des Bundesverfassungsgerichts, in: Herzig, Norbert/Günkel, Manfred/Niemann, Ursula, Steuerberater-Jahrbuch (StbJb) 1994/95, Köln 1995, S. 5-22.

Kirchhof, Paul: Rückwirkung von Steuergesetzen, Steuer und Wirtschaft (StuW) 2000, S. 221-231.

Kirchhof, Paul: Steueranspruch und Informationseingriff, in: Lang, Joachim, Die Steuerrechtsordnung in der Diskussion. Festschrift für Klaus Tipke zum 70. Geburtstag, Köln 1995, S. 27-45.

Kirchhof, Paul: Steuergleichheit, Steuer und Wirtschaft (StuW) 1984, S. 297-314.

Kirchhof, Paul: Steuergleichheit durch Steuervereinfachung, in: Fischer, Peter, Deutsche Steuerjuristische Gesellschaft (DStJG) 21. Steuervereinfachung, Köln 1998, S. 9-28.

Kirchhof, Paul: Verfassungsrechtlich Gebotenes, demokratisch Erwünschtes und politisch Erreichbares in der Steuerpolitik, in: IFSt-Schrift 362, 1998, S. 14-33.

Kirchhof, Paul: Verfassungsrechtliche Maßstäbe für die Steuergesetzgebung, Die Steuerberatung (Stbg) 1997, S. 193-198.

Kirchhof, Paul: Verfassungsrechtliche und steuersystematische Grundlagen der Einkommensteuer in: Ebling, Iris, Deutsche Steuerjuristische Gesellschaft (DStJG) 24. Besteuerung von Einkommen, Köln 2001, S. 9-28.

Kischel, Uwe: Die Begründung. Zur Erläuterung staatlicher Entscheidungen gegenüber dem Bürger, Tübingen 2003.

Kischel, Uwe: Gleichheitssatz und Steuerrecht – Gefahren eines dogmatischen Sonderwegs, in: Mellinghoff, Rudolf/Palm, Ulrich, Gleichheit im

Verfassungsstaat. Symposion aus Anlass des 65. Geburtstages von Paul Kirchhof, Heidelberg 2008, S. 175-193.

Kischel, Uwe: Systembindung des Gesetzgebers und Gleichheitssatz, Archiv des öffentlichen Rechts (AöR) 124, Tübingen 1999, S. 174-211.

Klein, Eckart: § 39 Entscheidungsbefugnis, in: Benda, Ernst/Klein, Eckart/Klein, Oliver, Verfassungsprozessrecht. Ein Lehr- und Handbuch, 3. Auflage, Heidelberg 2012, S. 541-564.

Kleuker, Mathias: Gesetzgebungsaufträge des Bundesverfassungsgerichts, Berlin 1993.

Kloepfer, Michael: Gesetzgebung im Rechtsstaat, in: Veröffentlichungen der Vereinigung der Deutschen Staatsrechtslehrer (VVDStRL) 40. Gesetzgebung im Rechtsstaat. Selbstbindungen der Verwaltung, Berlin 1982, S. 63-98.

Knoch, Andreas: Wege aus der Strafzins-Falle, Frankfurter Allgemeine Zeitung (FAZ) v. 27.09.2016, S. V6.

Koch, o. V.: Das neue Steuersäumnis- und Zinsrecht, Deutsche Steuer-Zeitung (DStZ) 1961, S. 194-202.

Kokott, Juliane: Entwicklungslinien der Rechtsprechung des EuGH zu den direkten Steuern, in: Drüen, Klaus-Dieter/Hey, Johanna/Mellinghoff, Rudolf, 100 Jahre Steuerrechtsprechung in Deutschland 1918-2018. Festschrift für den Bundesfinanzhof. Band 1, Köln 2018, S. 735-761.

Kollmann, Hanns-Peter: Negative Zinsen. Eine rechtsökonomische Analyse, Baden-Baden 2016.

Korn, Christian: Steuerbarkeit von Steuererstattungszinsen, Steuerrecht kurzgefaßt (SteuK) 2011, S. 187-190.

Köster, Thomas: § 8 Nr. 1 Buchst. a GewStG, in: Lenski, Edgar/Steinberg, Wilhelm, Kommentar zum Gewerbesteuergesetz, 127. Lieferung, Köln 2019.

Krabbe, Helmut: Änderungen des Steuerverfahrensrechts durch das Steuerreformgesetz 1990 (Teil II), Der Betrieb (DB) 1988, S. 1719-1723.

Krabbe, Helmut: Vollverzinsung im Steuerrecht, 2. Auflage, Wiesbaden 1992.

Kraft, Cornelia/Kraft, Gerhard: Grundlagen der Unternehmensbesteuerung. Die wichtigsten Steuerarten und ihr Zusammenwirken, 5. Auflage, Wiesbaden 2018.

Kriese, Ulrich: Die Grundsteuer als Bodensteuer ausgestalten: Ein bundesweiter Aufruf, Wohnungswirtschaft und Mietrecht (WuM) 2016, S. 266-271.

Krüger, Roland: Subjektives Nettoprinzip im Einkommensteuerrecht, in: Drüen, Klaus-Dieter/Hey, Johanna/Mellinghoff, Rudolf, 100 Jahre Steuerrechtsprechung in Deutschland 1918-2018. Festschrift für den Bundesfinanzhof. Band 2, Köln 2018, S. 1261-1278.

Krumm, Marcel: Steuerliche Bewertung als Rechtsproblem. Eine juristische Untersuchung steuergesetzlicher Bewertungsnormen unter besonderer Berücksichtigung der Verkehrswerte, Köln 2014.

Kruse, Heinrich Wilhelm: Über Vollverzinsung, FinanzRundschau (FR) 1988, S. 1-12.

Kube, Hanno: Entwicklungslinien und Zukunftsfragen des Einkommensteuerrechts, in: Drüen, Klaus-Dieter/Hey, Johanna/Mellinghoff, Rudolf, 100 Jahre Steuerrechtsprechung in Deutschland 1918-2018. Festschrift für den Bundesfinanzhof. Band 2, Köln 2018, S. 1145-1180.

Lammers, Lutz: Die begrenzte Abziehbarkeit von Aufwendungen im Zusammenhang mit Beteiligungen an Kapitalgesellschaften nach § 8b Abs. 3 und 5 KStG. Zugleich eine kritische Betrachtung der aktuellen Typisierungsrechtsprechung des BVerfG und des BFH, Deutsche Steuer-Zeitung (DStZ) 2011, S. 482-487.

Landfried, Christine: Bundesverfassungsgericht und Gesetzgeber. Wirkungen der Verfassungsrechtsprechung auf parlamentarische Willensbildung und soziale Realität, Baden-Baden 1984.

Lang, Joachim: § 4 Rechtsstaatliche Ordnung des Steuerrechts, in: Tipke, Klaus/Lang, Joachim, Steuerrecht, 20. Auflage, Köln 2010, S. 69-137.

Lang, Joachim: Das Einkommensteuergesetz 1975 – Gewinn an Steuergerechtigkeit und Steuervereinfachung? Zugleich eine Abhandlung der sachlichen Änderungen im Einkommensteuerrecht und der neuen Kindergeldregelung, Steuer und Wirtschaft (StuW) 1974, S. 293-318.

Lang, Joachim: Das verfassungsrechtliche Scheitern der Erbschaft- und Schenkungsteuer, Steuer und Wirtschaft (StuW) 2008, S. 189-205.

Lang, Joachim: Die Bemessungsgrundlage der Einkommensteuer. Rechtssystematische Grundlagen steuerlicher Leistungsfähigkeit im deutschen Einkommensteuerrecht, Köln 1988.

Lang, Joachim: Steuergerechtigkeit durch Steuervereinfachung. Eine Nachlese zur Diskussion der Frage „Steuerchaos – und kein Ende?“, in: Bühler, Wilhelm, Steuervereinfachung. Festschrift für Dietrich Meyding zum 65. Geburtstag, Heidelberg 1994, S. 33-48.

Lang, Joachim: Systematisierung der Steuervergünstigungen. Ein Beitrag zur Lehre vom Steuertatbestand, Berlin 1974.

Larenz, Karl: Methodenlehre der Rechtswissenschaft, 5. Auflage, Berlin 1983.

Larenz, Karl: Richtiges Recht. Grundzüge einer Rechtsethik, München 1979.

Larenz, Karl/Canaris, Claus-Wilhelm: Methodenlehre der Rechtswissenschaft, 3. Auflage, Berlin 1995.

Leibholz, Gerhard: Die Gleichheit vor dem Gesetz. Eine Studie auf rechtsvergleichender und rechtsphilosophischer Grundlage, 2. Auflage, München 1959.

Leisner, Walter Georg: Gesetzesausführungskosten in der Verwaltung. Zu einem Zentralproblem der Gesetzesfolgenabschätzung, Deutsches Verwaltungsblatt (DVBl) 2001, S. 1799-1809.

Leisner, Walter Georg: Gesetzmäßigkeit von Verwaltungsvorschriften im Steuerrecht. Legitimationswirkungen und Grenzen einer „Typisierung zur Vereinfachung", Steuer und Wirtschaft (StuW) 2007, S. 241-250.

Leisner-Egensperger, Anna: Verhältnismäßigkeit als freiheitsrechtliche Grenze der Steuerbelastung, Deutsche Steuer-Zeitung (DStZ) 2018, S. 909-921.

Leitmeyer, Felix: Deutsche Sparer flüchten ins EU-Ausland, Bild (online) v. 17.11.2019, abrufbar unter https://www.bild.de/geld/mein-geld/mein-geld/sparen-zinsen-fuer-geldanlage-viele-sparer-fluechten-vor-nullzins-ins-ausland-65646960.bild.html (zuletzt abgerufen am 04.07.2021).

Lepsius, Oliver: Anmerkung, JuristenZeitung (JZ) 2009, S. 260-263.

Lisack, Noëmie/Sajedi, Rana/Thwaites, Gregory: Demographic trends and the real interest rate, Bank of England Working Paper No. 701, 2017, abrufbar unter http://www.bankofengland.co.uk/-/media/boe/files/working-paper/2017/demographic-trends-and-the-real-interest-rate.pdf (zuletzt abgerufen am 04.07.2021).

Liu, Zhixin: Das Folgerichtigkeitsgebot im Bereich der direkten Steuern, Hamburg 2017.

Locher, Peter: Praktikabilität im Steuerrecht (unter besonderer Berücksichtigung des materiellen Rechts der direkten Steuern), in: Cagianut, Francis/Vallender, Klaus A., Steuerrecht. Ausgewählte Probleme am Ende des 20. Jahrhunderts. Festschrift zum 65. Geburtstag von Ernst Höhn, Bern 1995, S. 189-222.

Loose, Matthias: § 233a AO, in: Tipke, Klaus/Kruse, Heinrich Wilhelm, Abgabenordnung Finanzgerichtsordnung. Kommentar zur AO und FGO (ohne Steuerstrafrecht), 156. Lieferung, Köln 2019.

Loose, Matthias: Fiskalpolitische Tendenzen im Zinssystem der Abgabenordnung, in: Drenseck, Walter/Seer, Roman, Festschrift für Heinrich Wilhelm Kruse zum 70. Geburtstag, Köln 2001, S. 295-310.

Loose, Matthias: Funktion der steuerlichen Nebenleistungen für den Steuervollzug, in: Widmann, Werner, Deutsche Steuerjuristische Gesellschaft (DStJG) 31. Steuervollzug im Rechtsstaat, Köln 2008, S. 203-218.

Loritz, Karl-Georg: Verfassungsrechtlicher Rahmen für eine vernünftige Neubewertung des Grundbesitzes, Deutsches Steuerrecht (DStR-Beihefter) 1995, S. 3-20.

Loschelder, Friedrich: § 12 EStG, in: Schmidt, Ludwig, Einkommensteuergesetz. Kommentar, 38. Auflage, München 2019.

Löwisch, Manfred/Feldmann, Cornelia: § 288 BGB, in: J. von Staudingers Kommentar zum Bürgerlichen Gesetzbuch mit Einführungsgesetz und Nebengesetzen. Staudinger BGB. Buch 2. Recht der Schuldverhältnisse. §§ 255-304 (Leistungsstörungsrecht 1), Neubearbeitung, Berlin 2014.

Lucius, Wulf D. von: Ökonometrische Ansatzpunkte in der Zinstheorie, in: Läufer, Nikolaus K. A./Lucius, Wulf D. von/Richter, Peter, Ökonometrie des Zinssatzes, Stuttgart 1973, S. 1-149.

Lücke, Jörg: Begründungszwang und Verfassung. Zur Begründungspflicht der Gerichte, Behörden und Parlamente, Tübingen 1987.

Lüdicke, Jürgen: Missbrauch und grenzüberschreitende Sachverhalte, in: Drüen, Klaus-Dieter/Hey, Johanna/Mellinghoff, Rudolf, 100 Jahre Steuerrechtsprechung in Deutschland 1918-2018. Festschrift für den Bundesfinanzhof. Band 1, Köln 2018, S. 1053-1076.

Lutz, Friedrich A.: The Structure of Interest Rates, The Quarterly Journal of Economics 1940, Vol. 55 (1), S. 36-63.

Lutz, Friedrich A./Niehans, Jürg: Faktorpreisbildung. II: Zinstheorie, in: Albers, Willi et al., Handwörterbuch der Wirtschaftswissenschaft (HdWW). Band 2, 1980, S. 530-548.

Machado, Gabriel D. L.: Verhältnismäßigkeitsprinzip vs. Willkürverbot: der Streit um den allgemeinen Gleichheitsgrundsatz, Berlin 2015.

Mallien, Jan/Kölling, Martin/Wiebe, Frank: Die Zinsdrücker, Handelsblatt v. 10.07.2015, S. 50-51.

Martini, Peter: Art. 3 Abs. 1 GG als Prinzip absoluter Rechtsgleichheit, Köln 1997.

Mayer, Christian: Die Nachbesserungspflicht des Gesetzgebers, Baden-Baden 1996.

Mayer, Otto: Deutsches Verwaltungsrecht. Erster Band, 3. Auflage, München 1924.

Meiselman, David: The Term Structure of Interest Rates, Englewood Cliffs 1962.

Melan, Nevada: § 6a-Pensionsrückstellung: Die Bruttogesamtkapitalrendite als zutreffender Typisierungsmaßstab für die Abzinsung, Deutsches Steuerrecht (DStR) 2018, S. 1512-1517.

Melan, Nevada: Die Typisierung des Aussetzungszinses und die Grenzen der Marktzinsbetrachtung, FinanzRundschau (FR) 2018, S. 577-582.

Melan, Nevada: Sind die Festsetzungszinsen zu niedrig? Ein frischer Blick auf eine alte Diskussion, Deutsches Steuerrecht (DStR) 2017, S. 2088-2092.

Melan, Nevada: Sind die Nachzahlungszinsen nun zu hoch oder zu niedrig? Eine Duplik auf Jonas DStR 2018, 545, Deutsches Steuerrecht (DStR) 2018, S. 1151-1154.

Melchior, Jürgen: Neueste Rechtslage der Vollverzinsung gem. § 233a AO, Deutsches Steuerrecht (DStR) 1995, S. 82-86.

Mellinghoff, Rudolf: Steuergesetzgebung im Verfassungsstaat, Die Steuerberatung (Stbg) 2005, S. 1-11.

Mellinghoff, Rudolf: Verfassungsgebundenheit des Steuergesetzgebers – unter besonderer Berücksichtigung der neueren Rechtsprechung des Bundesverfassungsgerichts, in: Siegel, Theodor/Kirchhof, Paul/Schneeloch, Dieter/Schramm, Uwe, Steuertheorie, Steuerpolitik und Steuerpraxis. Festschrift für Peter Bareis zum 65. Geburtstag, Stuttgart 2005, S. 171-195.

Meßerschmidt, Klaus: Gesetzgebungsermessen, Berlin 2000.

Mian, Atif/Sufi, Amir/Verner, Emil: Household debt and business cycles worldwide, The Quarterly Journal of Economics 2017, Vol. 132 (4), S. 1755-1817.

Mises, Ludwig von: Nationalökonomie. Theorie des Handelns und Wirtschaftens, Genf 1940.

Mohr, Benjamin/Kühner, Johannes: Eigenkapitalpolster im deutschen Unternehmenssektor, 2015, abrufbar unter https://www.creditreform-rating.de/pub/media/global/page_document/15-11-26_Creditreform_Rating_EKpolster_deutscher_Unternehmen.pdf (zuletzt abgerufen am 10.12.2019; weiterhin über den Google-Cache abrufbar, zuletzt abgerufen am 04.07.2021).

Moll, Stephan/Dorsch, Michael: GfK Marktstudie 2018 – Konsum- und Kfz-Finanzierung, Berlin 2018, abrufbar unter https://ssl.bfach.de/media/file/24871.Marktstudie_2018_Konsum-Kfz-Finanzierung_BFACH.pdf (zuletzt abgerufen am 04.07.2021).

Moll, Stephan/Kraus, Robert: Ipsos Marktstudie 2019 – Konsum- und Kfz-Finanzierung, Berlin 2019, abrufbar unter https://ssl.bfach.de/media/file/31851.Marktstudie_2019_Konsum-Kfz-Finanzierung_BFACH.pdf (zuletzt abgerufen am 04.07.2021).

Moritz, Karl-Heinz: Geldtheorie und Geldpolitik, 3. Auflage, München 2012.

Moxter, Adolf: Das Realisationsprinzip – 1884 und heute, Betriebs-Berater (BB) 1984, S. 1780-1786.

Mülbert, Peter O.: Das verzinsliche Darlehen. Konsensualvertrag statt Realkontrakt – oder: synallagmatisches Entgelt statt akzessorischer Zinsen, Archiv für die civilistische Praxis (AcP) 192, Tübingen 1992, S. 447-515.

Müller, Georg: Der Gleichheitssatz, in: Veröffentlichungen der Vereinigung der Deutschen Staatsrechtslehrer (VVDStRL) 47. Der Gleichheitssatz. Gesetzesgestaltung und Gesetzesanwendung im Leistungsrecht, Berlin 1989, S. 37-62.

Müller, Sebastian: Vereinbarkeit der Mindestbesteuerung in §§ 8b Abs. 3 Satz 1, 8b Abs. 5 Satz 1 KStG mit dem allgemeinen Gleichheitssatz. Zugleich Anmerkung zum Beschluss des BVerfG v. 12.10.2010 – 1 BvL 12/07, FR 2010, 1141, FinanzRundschau (FR) 2011, S. 309-317.

Müller-Franken, Sebastian: Gesamtrechtsnachfolge durch Erbfall und einkommensteuerliche Verluste, Steuer und Wirtschaft (StuW) 2004, S. 109-123.

Nawrath, Axel: Entscheidungskompetenz des Gesetzgebers und gleichheitsgerechte Sicherung des Steueraufkommens, Deutsches Steuerrecht (DStR) 2009, S. 2-4.

Neumark, Fritz: Wirtschafts- und Finanzprobleme des Interventionsstaates, Tübingen 1961.

Nußberger, Angelika: Art. 3 GG, in: Sachs, Michael, Grundgesetz. Kommentar, 8. Auflage, München 2018.

Ohlin, Bertil: Some Notes on the Stockholm Theory of Savings and Investments II, The Economic Journal 1937, Vol. 47, (186), S. 221-240.

Olshagen, Vanessa Y.: Protokoll zum 144. Bochumer Steuerseminar für Praktiker und Doktoranden vom 13.01.2017. „Die Verzinsung im Steuerschuldrecht", abrufbar unter http://www.kompetenzzentrum-steuerrecht.de/cms/upload/Institut/BochumerSteuerseminar/Protokoll_144._Bochumer_Steuerseminar.13.1.2017.pdf (zuletzt abgerufen am 04.07.2021).

Omlor, Sebastian: § 246 BGB, in: J. von Staudingers Kommentar zum Bürgerlichen Gesetzbuch mit Einführungsgesetz und Nebengesetzen. Staudinger BGB. Buch 2. Recht der Schuldverhältnisse. §§ 244-248; PrKG (Geldrecht), Neubearbeitung, Berlin 2016.

Organisation for Economic Co-operation and Development (OECD): Secretariat Proposal for a "Unified Approach" under Pillar One. Public consultation document, 2019, abrufbar unter http://www.oecd.org/tax/beps/public-consultation-document-secretariat-proposal-unified-approach-pillar-one.pdf (zuletzt abgerufen am 04.07.2021).

Ortheil, Joachim: Rechtmäßigkeit eines typisierenden Zinssatzes. Zurückweisung von Rechtsmitteln durch Allgemeinverfügung, Betriebs-Berater (BB) 2012, S. 1513-1518.

Ortheil, Joachim: Wann wird bzw. wurde der Zinssatz von 6 % p. a. gemäß § 238 Abs. 1 AO verfassungswidrig? Handlungsnotwendigkeiten im Hinblick auf das BFH-Urteil vom 1.7.2014 – IX R 31/13 (BStBl. II 2014, 925 ff.), Betriebs-Berater (BB) 2015, S. 675-676.

Ossenbühl, Fritz: Die Kontrolle von Tatsachenfeststellungen und Prognoseentscheidungen durch das Bundesverfassungsgericht, in: Starck, Christian, Bundesverfassungsgericht und Grundgesetz. Festgabe aus Anlaß des 25jährigen

Bestehens des Bundesverfassungsgerichts. Band 1. Verfassungsgerichtsbarkeit, 1976, S. 458-518.

Osterloh, Lerke: Gesetzesbindung und Typisierungsspielräume bei der Anwendung der Steuergesetze, Baden-Baden 1992.

Osterloh, Lerke: Lenkungsnormen im Einkommensteuerrecht, in: Ebling, Iris, Deutsche Steuerjuristische Gesellschaft (DStJG) 24. Besteuerung von Einkommen, Köln 2001, S. 383-404.

Panzer, Andreas/Gebert, Daniel: Steuerbarkeit von Erstattungszinsen nach § 233a AO – § 20 Abs. 1 Nr. 7 Satz 3 EStG ein weiterer zahnloser Tiger?, Deutsches Steuerrecht (DStR) 2011, S. 741-745.

Papier, Hans-Jürgen: Besteuerung und Eigentum, Deutsches Verwaltungsblatt (DVBl) 1980, S. 787-797.

Papier, Hans-Jürgen: Der Bestimmtheitsgrundsatz, in: Friauf, Karl Heinrich, Deutsche Steuerjuristische Gesellschaft (DStJG) 12. Steuerrecht und Verfassungsrecht, Köln 1989, S. 61-78.

Papier, Hans-Jürgen: Die finanzrechtlichen Gesetzesvorbehalte und das grundgesetzliche Demokratieprinzip. Zugleich ein Beitrag zur Lehre von den Rechtsformen der Grundrechtseingriffe, Berlin 1973.

Papier, Hans-Jürgen/Möller, Johannes: Das Bestimmtheitsgebot und seine Durchsetzung, Archiv des öffentlichen Rechts (AöR) 122, Tübingen 1997, S. 177-211.

Paus, Bernhard: Besteuerung fiktiver Gewinne bei kongruenter Rückdeckung von Pensionszusagen. Anmerkungen zu dem BFH-Urteil vom 25.2.2004, FR 2004, 891, FinanzRundschau (FR) 2005, S. 83-86.

Paus, Bernhard: Können Nachzahlungszinsen zur Einkommensteuer zu den Betriebsausgaben oder Werbungskosten gehören?, FinanzRundschau (FR) 2007, S. 1055-1057.

Pernice, Ingolf: Billigkeit und Härteklauseln im öffentlichen Recht. Grundlagen und Konturen einer Billigkeitskompetenz der Verwaltung, Baden-Baden 1991.

Pestalozza, Christian: „Noch verfassungsmäßige“ und „bloß verfassungswidrige“ Rechtslagen. Zur Feststellung und kooperativen Beseitigung verfassungsimperfekter Zustände, in: Starck, Christian, Bundesverfassungsgericht und Grundgesetz. Festgabe aus Anlaß des 25jährigen Bestehens des Bundesverfassungsgerichts. Band 1. Verfassungsgerichtsbarkeit, Tübingen 1976, S. 519-567.

Pezzer, Heinz-Jürgen: Gleichmäßiger Gesetzesvollzug in der Steuerrechtsordnung, Steuer und Wirtschaft (StuW) 2007, S. 101-111.

Picht, Georg: Prognose, Utopie, Planung. Die Situation des Menschen in der Zukunft der technischen Welt, Stuttgart 1967.

Pieroth, Bodo/Schlink, Bernhard: Staatsrecht II. Grundrechte, 27. Auflage, Heidelberg 2011.

Pöschke, Moritz: § 239 HGB, in: Staub, Hermann, Handelsgesetzbuch. Großkommentar, 5. Auflage, Berlin 2014.

Prinz, Ulrich: Bedeutung der Finanzierungsfreiheit im Steuerrecht, in: Kessler, Wolfgang, Unternehmensbesteuerung. Festschrift für Norbert Herzig zum 65. Geburtstag, München 2010, S. 147-165.

Prinz, Ulrich: Entwicklungsperspektiven im Bilanzsteuerrecht, Der Betrieb (DB) 2016, S. 9-15.

Prinz, Ulrich: Steuerorientierte Kaufpreisfinanzierung, in: Schaumburg, Harald, Unternehmenskauf im Steuerrecht, 3. Auflage, Stuttgart 2004, S. 151-198.

Prinz, Ulrich/Keller, Bernd: Pensionsrückstellungen in der Niedrigzinsphase – Ein strukturierter Überblick, Der Betrieb (DB) 2016, S. 1033-1041.

Radbruch, Gustav: Rechtsphilosophie. Studienausgabe, Heidelberg 1999.

Reimer, Ekkehart: Zusammenspiel von Rechtsprechung und Gesetzgebung, in: Drüen, Klaus-Dieter/Hey, Johanna/Mellinghoff, Rudolf, 100 Jahre Steuerrechtsprechung in Deutschland 1918-2018. Festschrift für den Bundesfinanzhof. Band 1, Köln 2018, S. 227-250.

Reinhardt, Fritz: Das Steuersäumnisgesetz vom 24. Dezember 1934 – Wichtiger Fristablauf am 31. Januar 1935, Deutsche Steuer-Zeitung (DStZ) 1935, S. 2-5.

Reinhardt, Fritz: Der Antizinsparagraph im neuen Steuerrecht und die Liste der säumigen Steuerzahler – Wichtiger Fristablauf am 31. Dezember 1934, Deutsche Steuer-Zeitung (DStZ) 1934, S. 1109-1112.

Reinhardt, Fritz: Zur Steuervereinfachungs-Verordnung, Deutsche Steuer-Zeitung (DStZ) 1944, S. 365-370.

Ribbrock, Martin: BVerfG: Pauschaliertes Betriebsausgabenabzugsverbot trotz nachweislich niedrigerer Aufwendungen verfassungsgemäß. BB-Kommentar „Mögliche Verfassungswidrigkeit in Fällen des Kaskadeneffekts weiterhin offen", Betriebs-Berater (BB) 2011, S. 92-99.

Richter, Andreas/Welling, Berthold: Tagungs- und Diskussionsbericht zum 58. Berliner Steuergespräch „Niedrigzinsen und Steuerrecht" am 15.2.2016, FinanzRundschau (FR) 2016, S. 503-507.

Ridder, Helmut: Die soziale Ordnung des Grundgesetzes. Leitfaden zu den Grundrechten einer demokratischen Verfassung, in: Mück, Josef, Verfassungsrecht, Opladen 1975, S. 85-285.

Rieble, Volker: § 339 BGB, in: J. von Staudingers Kommentar zum Bürgerlichen Gesetzbuch mit Einführungsgesetz und Nebengesetzen. Staudinger BGB.

Buch 2. Recht der Schuldverhältnisse. §§ 328-345 (Vertrag zugunsten Dritter, Draufgabe, Vertragsstrafe), Neubearbeitung, Berlin 2015.

Riepen, Johannes: Die Rechtsstellung des Arbeitgebers im Lohnsteuerabzugsverfahren, Stuttgart 1967.

Rixecker, Roland: Müssen Gesetze begründet werden?, in: Jung, Heike/Neumann, Ulfrid, Rechtsbegründung - Rechtsbegründungen. Günter Ellscheid zum 65. Geburtstag, Baden-Baden 1999, S. 126-134.

Robbers, Gerhard: Der Gleichheitssatz, Die Öffentliche Verwaltung (DÖV) 1988, S. 749-758.

Robbers, Gerhard: Gerechtigkeit als Rechtsprinzip. Über den Begriff der Gerechtigkeit in der Rechtsprechung des Bundesverfassungsgerichts, Baden-Baden 1980.

Rödl, Helmut/Mohr, Benjamin: Wachsendes Eigenkapital stärkt Stabilität des deutschen Unternehmenssektors, in: Kaluza, Bernd et al., Betriebswirtschaftliche Fragen zu Steuern, Finanzierung, Banken und Management, Wiesbaden 2017, S. 131-143.

Roser, Frank: Geschäftsanteil: Pauschaliertes Abzugsverbot für Betriebsausgaben bei Veräußerung verfassungsgemäß. Der GmbHR-Kommentar, GmbH-Rundschau (GmbHR) 2011, S. 214-215.

Rösler-Schubäus, Ingeborg: Gesamtwirtschaftliche Bestimmungsgründe der Zinsentwicklung, Stuttgart 1979.

Rublack, Carolin: Zur Einführung der Steuerpflicht von Erstattungszinsen durch das JStG 2010, FinanzRundschau (FR) 2011, S. 173-175.

Ruh, Hans: Gerechtigkeitstheorien, in: Wildermuth, Armin/Jäger, Alfred: Gerechtigkeit. Themen der Sozialethik, Tübingen 1981, S. 55-69.

Rupp, Hans Heinrich: Art. 3 GG als Maßstab verfassungsgerichtlicher Gesetzeskontrolle, in: Starck, Christian, Bundesverfassungsgericht und Grundgesetz. Festgabe aus Anlaß des 25jährigen Bestehens des Bundesverfassungsgerichts. Band 2. Verfassungsauslegung, Tübingen 1976, S. 364-389.

Ruppe, Hans Georg: Die Ausnahmebestimmungen des Einkommensteuergesetzes. Probleme der Rechtsanwendung und Rechtsfortbildung bei den "Steuerbegünstigungen" der österreichischen Einkommensteuer, Wien 1971.

Ruppe, Hans Georg: Steuergleichheit als Grenze der Steuervereinfachung, in: Fischer, Peter, Deutsche Steuerjuristische Gesellschaft (DStJG) 21. Steuervereinfachung, Köln 1998, S. 29-65.

Rüsken, Reinhart: § 237 AO, in: Klein, Franz, Abgabenordnung einschließlich Steuerstrafrecht. Kommentar, 14. Auflage, München 2018.

Rüsken, Reinhart: Zur Verfassungsmäßigkeit der Höhe von Nachzahlungszinsen. Anmerkungen zum BFH-Beschluss vom 25.4.2018, IX B 21/18, Deutsche Steuer-Zeitung (DStZ) 2018, S. 476-480.

Sachs, Michael: Bloße Unvereinbarerklärung bei Gleichheitsverstößen? Probleme einer Entscheidungspraxis des BVerfG, dargestellt am Beispiel des Beschlusses zum nordrhein-westfälischen Hausarbeitstagsgesetz, Neue Zeitschrift für Verwaltungsrecht (NVwZ) 1982, S. 657-662.

Sachs, Michael: Die Maßstäbe des allgemeinen Gleichheitssatzes – Willkürverbot und sogenannte neue Formel, Juristische Schuldung (JuS) 1997, S. 124-130.

Sachs, Michael: Ist es sinnvoll, von Gleichheitssätzen „in Verbindung mit" anderen Vorschriften (insbesondere Freiheitsgrundrechten) zu sprechen? in: Kempny, Simon/Reimer, Philipp, Gleichheitssatzdogmatik heute. Beiträge und Ergebnisse des Gleichheitsrechtlichen Arbeitsgesprächs vom 3. bis 5. April 2016 in der Fritz-Thyssen-Stiftung, Köln, Tübingen 2017, S. 107-132.

Sachverständigenrat zur Begutachtung der gesamtwirtschaftlichen Entwicklung: Jahresgutachten 2012/2013. Stabile Architektur für Europa – Handlungsbedarf im Inland, Wiesbaden 2012, abrufbar unter https://www.sachverstaendigenrat-wirtschaft.de/fileadmin/dateiablage/gutachten/ga201213/ga12_ges.pdf (zuletzt abgerufen am 04.07.2021).

Sack, Rolf/Fischinger, Philipp S.: § 138 BGB, in: J. von Staudingers Kommentar zum Bürgerlichen Gesetzbuch mit Einführungsgesetz und Nebengesetzen. Staudinger BGB. Buch 1. Allgemeiner Teil. §§ 134-138; ProstG (Gesetzliches Verbot, Verfügungsverbot, Sittenwidrigkeit), Neubearbeitung, Berlin 2017.

Schanz, Deborah: Steuerrechtsprechung und Betriebswirtschaftliche Steuerlehre, in: Drüen, Klaus-Dieter/Hey, Johanna/Mellinghoff, Rudolf, 100 Jahre Steuerrechtsprechung in Deutschland 1918-2018. Festschrift für den Bundesfinanzhof. Band 1, Köln 2018, S. 679-697.

Schaub, Stefan: § 246 BGB, in: Erman, Walter, Bürgerliches Gesetzbuch. Handkommentar mit AGG, EGBGB (Auszug), ErbbauRG, LPartG, ProdHaftG, VBVG, VersAusglG und WEG. Band 1, 15. Auflage, Köln 2017.

Schaub, Stefan: § 248 BGB, in: Erman, Walter, Bürgerliches Gesetzbuch. Handkommentar mit AGG, EGBGB (Auszug), ErbbauRG, LPartG, ProdHaftG, VBVG, VersAusglG und WEG. Band 1, 15. Auflage, Köln 2017.

Schefold, Bertram: Warum darf man Zinsen nehmen?, Frankfurter Allgemeine Zeitung (FAZ, online) v. 24.12.2014, abrufbar unter https://www.faz.net/-hut-7xsbg (zuletzt abgerufen am 04.07.2021).

Schenke, Ralf Peter: Die Rechtsfindung im Steuerrecht. Konstitutionalisierung, Europäisierung, Methodengesetzgebung, Tübingen 2007.

Schenke, Wolf-Rüdiger: Besteuerung und Eigentumsgarantie, in: Burkei, Franz, Rechtsfragen im Spektrum des Öffentlichen. Mainzer Festschrift für Hubert Armbruster, Berlin 1976, S. 176-210.

Schiffbauer, Siegfried: Die Typisierungstheorie im Steuerrecht, in: Spitaler, Armin, Steuerberater-Jahrbuch (StbJb) 1953/54, Köln 1953, S. 177-206.

Schindler, Jonathan/Hoppe, Claas-Constantin: Verfassungsfragen der sog. Vollverzinsung nach §§ 233a, 238 AO, Deutsches Steuerrecht (DStR) 2020, S. 2570-2580.

Schlaich, Klaus: Die Verfassungsgerichtsbarkeit im Gefüge der Staatsfunktionen, in: Veröffentlichungen der Vereinigung der Deutschen Staatsrechtslehrer (VVDStRL) 39. Die Verfassungsgerichtsbarkeit im Gefüge der Staatsfunktionen. Besteuerung und Eigentum, Berlin 1981, S. 99-146.

Schlepphorst, Susanne et al.: Die größten Familienunternehmen in Deutschland. Daten, Fakten, Potenziale, Bonn 2015, abrufbar unter https://www.ifm-bonn.org/fileadmin/data/ifmstudien/BDI-Familienunternehmen-Fruehjahr-2015.pdf (zuletzt abgerufen am 04.07.2021).

Schlotter, Carsten: BVerfG: Zeitweises Passivierungsverbot für Jubiläumsrückstellungen verfassungsgemäß. BB-Kommentar „Partielle Abkehr vom Folgerichtigkeitsgrundsatz", Betriebs-Berater (BB) 2009, S. 1408-1412.

Schmidt, Eckehard: Anwendung von Vereinfachungszwecknormen und Vereinfachung als Auslegungstopos – Aus Sicht der Verwaltung, in: Drüen, Klaus-Dieter/Hey, Johanna/Mellinghoff, Rudolf, 100 Jahre Steuerrechtsprechung in Deutschland 1918-2018. Festschrift für den Bundesfinanzhof. Band 1, Köln 2018, S. 321-340.

Schmidt, Karsten: Das „Zinseszinsverbot". Sinnwandel, Geltungsanspruch und Geltungsgrenzen, JuristenZeitung (JZ) 1982, S. 829-835.

Schober, Tibor: Verfassungsrechtliche Restriktionen für den vereinfachenden Einkommensteuergesetzgeber. Eine Überprüfung verfassungsrechtlicher Grundsätze an ausgewählten Vereinfachungsideen, Baden-Baden 2009.

Schoch, Friedrich: Der Gleichheitssatz, Deutsches Verwaltungsblatt (DVBl) 1988, S. 863-882.

Schubert, Marc: Die Verfassungswidrigkeit der Erbschaft- und Schenkungsteuer und die verfassungsrechtlichen Anforderungen an eine Neuregelung, Frankfurt am Main 2011.

Schultz, Florian: Die Vollverzinsung im bundesdeutschen Steuersystem. Notwendigkeit, Strategien und Auslegungsprobleme, Bergisch Gladbach 1992.

Schulze-Osterloh, Joachim: Das Bundesverfassungsgericht und die Unternehmensbesteuerung, in: Tipke, Klaus/Seer, Roman/Hey, Johanna/Englisch,

Joachim, Festschrift für Joachim Lang zum 70. Geburtstag. Gestaltung der Steuerrechtsordnung, Köln 2010, S. 255-262.

Schüppen, Matthias: Aufgedrängte Aussetzung der Vollziehung, Antrag auf Beendigung der Aussetzung, in: Jahrbuch der Fachanwälte für Steuerrecht (JbFStR) 2013/2014, Herne 2014, S. 302-319.

Schuppert, Gunnar Folke: Verfassungsrechtliche Prüfungsmaßstäbe bei der verfassungsgerichtlichen Überprüfung von Steuergesetzen. Ein Beitrag zu den verfassungsrechtlichen Bindungen des Steuerrechts, in: Festschrift für Wolfgang Zeidler. Band 1, Berlin 1987, S. 691-715.

Schwarz, Kyrill-A.: „Folgerichtigkeit" im Steuerrecht. Zugleich eine Analyse der Rechtsprechung des Bundesverfassungsgerichts zu Art. 3 Abs. 1 GG, in: Depenheuer, Otto, Staat im Wort. Festschrift für Josef Isensee, Heidelberg 2007, S. 949-964.

Sebiger, Heinz/Dechant, Josef: Zielsetzung und Wirkungen der Vollverzinsung, in: Carlé, Dieter, Herausforderungen – Steuerberatung im Spannungsfeld der Teilrechtsordnungen. Festgabe für Günther Felix zum 60. Geburtstag, Köln 1989, S. 365-392.

Seer, Roman: § 2 Finanzverfassungsrechtliche Grundlagen der Steuerrechtsordnung, in: Tipke, Klaus/Lang, Joachim, Steuerrecht, 23. Auflage, Köln 2018, S. 35-64.

Seer, Roman: § 21 Durchführung der Besteuerung, in: Tipke, Klaus/Lang, Joachim, Steuerrecht, 22. Auflage, Köln 2015, S. 1145-1282.

Seer, Roman: § 21 Durchführung der Besteuerung, in: Tipke, Klaus/Lang, Joachim, Steuerrecht, 23. Auflage, Köln 2018, S. 1259-1419.

Seer, Roman: § 22 Rechtsschutz in Steuersachen, in: Tipke, Klaus/Lang, Joachim, Steuerrecht, 23. Auflage, Köln 2018, S. 1421-1512.

Seer, Roman: § 88 AO, in: Tipke, Klaus/Kruse, Heinrich Wilhelm, Abgabenordnung Finanzgerichtsordnung. Kommentar zur AO und FGO (ohne Steuerstrafrecht), 147. Lieferung, Köln 2017.

Seer, Roman: Aufgedrängte Aussetzung der Vollziehung, Die Unternehmensbesteuerung (Ubg) 2008, S. 249-253.

Seer, Roman: Defizite im finanzgerichtlichen Rechtsschutz. Zugleich eine kritische Auseinandersetzung mit dem 2. FGO-Änderungsgesetz vom 19.12.2000, Steuer und Wirtschaft (StuW) 2001, S. 3-18.

Seer, Roman: Die Besteuerung der Alterseinkünfte und das Gleichbehandlungsgebot (Art. 3 Abs. 1 GG), Steuer und Wirtschaft (StuW) 1996, S. 323-336.

Seer, Roman: Die Unvereinbarkeitserklärung des BVerfG am Beispiel seiner Rechtsprechung zum Abgabenrecht, Neue Juristische Wochenschrift (NJW) 1996, S. 285-291.

Seer, Roman: Reform des Veranlagungsverfahrens, Steuer und Wirtschaft (StuW) 2003, S. 40-59.

Seer, Roman: Steuergerechtigkeit durch Steuervereinfachung. Symposion der Deutschen Steuerjuristischen Gesellschaft e. V. vom 18. Februar 1995, Bundesfinanzakademie Brühl, Steuer und Wirtschaft (StuW) 1995, S. 184-193.

Seer, Roman: Verfassungswidrigkeit der kapitalmarktunabhängigen Verzinsung von Steueransprüchen und Reformbedarf, Der Betrieb (DB) 2014, S. 1945-1953.

Seer, Roman: Verständigungen in Steuerverfahren, Köln 1996.

Seer, Roman/Klemke, Sina: IFSt-Schrift 490. Neuordnung der Verzinsung von Ansprüchen aus dem Steuerschuldverhältnis, Berlin 2013.

Seer, Roman/Michalowski, Klaus: Die erbschaftsteuerliche Behandlung des Unternehmensvermögens nach neuem Recht – unkalkulierbar und nach wie vor im verfassungsrechtlichen Fokus!, GmbH-Rundschau (GmbHR) 2017, S. 609-623.

Seer, Roman et al.: Plädoyer für eine kapitalmarktkonforme Ausgestaltung der Vollverzinsung des § 233a AO, Deutsches Steuerrecht (DStR) 2021, S. 1265-1271.

Seetzen, Uwe: Der Prognosespielraum des Gesetzgebers, Neue Juristische Wochenschrift (NJW) 1975, S. 429-434.

Selmer, Peter: Ökologische Steuerreform, Verfassungsrecht und Bundesverfassungsgericht. Bemerkungen anläßlich der Ökosteuer-Entscheidung des BVerfG vom 20. April 2004, in: Tipke, Klaus/Söhn, Hartmut, Gedächtnisschrift für Christoph Trzaskalik, Köln 2005, S. 411-430.

Selmer, Peter: Steuerinterventionismus und Verfassungsrecht, Frankfurt am Main 1972.

Sikorski, Ralf: Verzinsung von Steuernachforderungen und Steuererstattungen, Deutsches Steuerrecht (DStR-Beihefter) 1991, S. 1-12.

Sinn, Hans-Werner: Kasino-Kapitalismus. Wie es zur Finanzkrise kam, und was jetzt zu tun ist, Berlin 2009.

Söffing, Günter: Verfassungsrechtliche Bedenken gegen die Nichtabziehbarkeit von Nachforderungszinsen nach § 233a AO, Betriebs-Berater (BB) 2002, S. 1456-1462.

Spengel, Christoph/Meier, Ina: Niedrigverzinsung und Unternehmensbesteuerung, FinanzRundschau (FR) 2016, S. 496-502.

Starck, Christian: Art. 3 GG, in: Mangoldt, Hermann von/Klein, Friedrich/Starck, Christian, Kommentar zum Grundgesetz. Band 1. Präambel Art. 1-19, 6. Auflage, München 2010.

Starck, Christian: Die Anwendung des Gleichheitssatzes, in: Link, Christoph, Der Gleichheitssatz im modernen Verfassungsstaat. Symposion zum 80. Geburtstag von Bundesverfassungsrichter i. R. Professor Dr. phil. Dr. jur. Dr. h. c. Gerhard Leibholz am 21. November 1981, Baden-Baden 1982, S. 51-73.

Statistisches Bundesamt: Fachserie 14 Reihe 7.1 Lohn- und Einkommensteuerstatistik 2015, Wiesbaden 2019, abrufbar unter https://www.destatis.de/DE/Themen/Staat/Steuern/Lohnsteuer-Einkommensteuer/Publikationen/Downloads-Lohn-und-Einkommenssteuern/lohn-einkommensteuer-2140710157004.pdf (zuletzt abgerufen am 04.07.2021).

Statistisches Bundesamt: Fachserie 14 Reihe 7.2 Körperschaftsteuerstatistik 2014, Wiesbaden 2019, abrufbar unter https://www.destatis.de/DE/Themen/Staat/Steuern/Unternehmenssteuern/Publikationen/Downloads-Koerperschaftsteuern/koerperschaftsteuerstatistik-2140720147004.pdf (zuletzt abgerufen am 04.07.2021).

Statistisches Bundesamt: Pressemitteilung Nr. 376 v. 25.09.2019, abrufbar unter https://www.destatis.de/DE/Presse/Pressemitteilungen/2019/09/PD19_376_714.html (zuletzt abgerufen am 04.07.2021).

Steffen, Sascha: Die Niedrigzinsphase aus ökonomischer Perspektive, in: IFSt-Schrift 511. Steuergesetzliche Zinstypisierungen und Niedrigzinsumfeld – insbesondere zur Gleichheitssatzwidrigkeit der Abzinsung von Pensionsrückstellungen gemäß § 6a Abs. 3 Satz 3 EStG –, Berlin 2016, S. 17-60.

Steinberg, Rudolf: Verfassungsgerichtliche Kontrolle der „Nachbesserungspflicht" des Gesetzgebers, Der Staat 1987, S. 161-186.

Steltzner, Holger: Euro-Strafzins, Frankfurter Allgemeine Zeitung (FAZ) v. 06.06.2014, S. 1.

Stern, Klaus: Das Staatsrecht der Bundesrepublik Deutschland. Band 2, München 1980.

Stettner, Rupert: Die Verpflichtung des Gesetzgebers zu erneutem Tätigwerden bei fehlerhafter Prognose, Deutsches Verwaltungsblatt (DVBl) 1982, S. 1123-1128.

Steuerreformkommission: Gutachten der Steuerreformkommission, Bonn 1971.

Strahl, Martin: Die typisierende Betrachtungsweise im Steuerrecht, Köln 1996.

Strahl, Martin: Gleichheit und Gerechtigkeit der Besteuerung durch Typisierung? Anmerkungen zum Beitrag von Heinrich Weber-Grellet, BB 1996, 1415, BB 1996, 1418 f., Betriebs-Berater (BB) 1997, S. 341-343.

Streck, Michael: Beratungs-Wissen zu Steuerzinsen, Deutsches Steuerrecht (DStR) 1991, S. 369-374.

Streck, Michael/Mack, Alexandra: Steuerzinsen: Gestaltungs- und Beratungsempfehlungen für die Praxis, Deutsches Steuerrecht (DStR) 1989, S. 119-124.

Strotkemper, Noemi: FG Düsseldorf: Zulässigkeit des gesetzlichen Nachzahlungszinssatzes auch in einer allgemeinen Phase der Niedrigzinsen. BB-Kommentar „Der Staat als Straßenräuber – Handlungsbedarf bei § 238 AO?", Betriebs-Berater (BB) 2016, S. 1765-1767.

Tappe, Henning: Festlegende Gleichheit – folgerichtige Gesetzgebung als Verfassungsgebot?, JuristenZeitung (JZ) 2016, S. 27-33.

Tappe, Henning: Vorläufige Nichtanwendung von Steuergesetzen. Der Umgang mit behaupteter Verfassungswidrigkeit in AdV-Verfahren, Steuer und Wirtschaft (StuW) 2016, S. 264-276.

Tartler, Erwin: § 155 Abgabenordnung, in: Kube, Hanno/Mellinghoff, Rudolf/Morgenthaler, Gerd/Palm, Ulrich/Puhl, Thomas/Seiler, Christian, Leitgedanken des Rechts. Paul Kirchhof zum 70. Geburtstag. Band 2. Staat und Bürger. FS Kirchhof, Heidelberg 2013, S. 1675-1684.

Thiemann, Christian: Rechtmäßigkeit der Besteuerung von Erstattungszinsen nach § 233a AO, FinanzRundschau (FR) 2012, S. 673-684.

Thurmayr, Georg: Vorsichtsprinzip und Pensionsrückstellungen, Wiesbaden 1992.

Tipke, Klaus: Das Nettoprinzip – Angriff und Abwehr, dargestellt am Beispiel des Werkstorprinzips, Betriebs-Berater (BB) 2007, S. 1525-1533.

Tipke, Klaus: Die Steuerrechtsordnung. Band 1. Wissenschaftsorganisatorische, systematische und grundrechtlich-rechtsstaatliche Grundlagen der Steuerrechtsordnung, Köln 1993.

Tipke, Klaus: Die Steuerrechtsordnung. Band 1. Wissenschaftsorganisatorische, systematische und grundrechtlich-rechtsstaatliche Grundlagen, 2. Auflage, Köln 2000.

Tipke, Klaus: Die Steuerrechtsordnung. Band 2. Steuerrechtfertigungstheorie, Anwendung auf alle Steuerarten, sachgerechtes Steuersystem, 2. Auflage, Köln 2003.

Tipke, Klaus: Mehr oder weniger Entscheidungsspielraum für den Steuergesetzgeber?, JuristenZeitung (JZ) 2009, S. 533-540.

Tipke, Klaus: Rezension: Gerhard Habscheidt, Der Anspruch des Bürgers auf Erstattung verfassungswidriger Steuern, Steuer und Wirtschaft (StuW) 2004, S. 187-190.

Tipke, Klaus: Steuergerechtigkeit in Theorie und Praxis. Vom politischen Schlagwort zum Rechtsbegriff und zur praktischen Anwendung, Köln 1981.

Tipke, Klaus: Steuergerechtigkeit unter besonderer Berücksichtigung des Folgerichtigkeitsgebots, Steuer und Wirtschaft (StuW) 2007, S. 201-220.

Tipke, Klaus: Steuerrechtswissenschaft und Steuersystem, in: Vogel, Klaus/Tipke, Klaus, Verfassung, Verwaltung, Finanzen. Festschrift für Gerhard Wacke zum 70. Geburtstag, Köln 1972, S. 211-229.

Tipke, Klaus: Über Steuergerechtigkeit, in: Ziemske, Burkhardt, Staatsphilosophie und Rechtspolitik. Festschrift für Martin Kriele zum 65. Geburtstag, München 1997, S. 947-964.

Tipke, Klaus/Lang, Joachim: Steuerrecht, 16. Auflage, Köln 1998.

Trossen, Nils: Reichweite und Grenzen verfassungskonformer Auslegung, in: Drüen, Klaus-Dieter/Hey, Johanna/Mellinghoff, Rudolf, 100 Jahre Steuerrechtsprechung in Deutschland 1918-2018. Festschrift für den Bundesfinanzhof. Band 1, Köln 2018, S. 519-533.

Tschumper, Rudolf: Zur Frage der Pauschalierung im schweizerischen Steuerrecht. Unter Berücksichtigung der pauschalen Sonderbesteuerung erwerbstätiger und nicht erwerbstätiger Personen, welche sich vorübergehend in der Schweiz aufhalten, Zürich 1953.

Turgot, Anne-Robert-Jacques: Betrachtungen über die Bildung und Verteilung der Reichtümer. Übersetzt und mit einer Vorbemerkung und pertinenten Materialien versehen von Marguerite Kuczynski, Berlin 1981.

Uhlig, Andreas: Immer mehr Minusrenditen, Neue Zürcher Zeitung (online) v. 12.09.2016, abrufbar unter https://www.nzz.ch/finanzen/anleihen/ld.116184 (zuletzt abgerufen am 04.07.2021).

Vogel, Klaus: Das ungeschriebene Finanzrecht des Grundgesetzes, in: Selmer, Peter/Münch, Ingo von, Gedächtnisschrift für Wolfgang Martens, Berlin 1987, S. 265-279.

Vogel, Klaus: Die Besonderheit des Steuerrechts, Deutsche Steuer-Zeitung (DStZ/A) 1977, S. 5-12.

Vogt, Jürgen: Neutralität und Leistungsfähigkeit. Eine verfassungs- und europarechtliche Untersuchung der Unternehmensbesteuerung nach dem StSenkG, Frankfurt am Main 2003.

Wacke, Gerhard: Gesetzmäßigkeit und Gleichmäßigkeit. Die drei Arten der Gleichmäßigkeit als Auflösung des gesetzlichen Tatbestandes, Steuer und Wirtschaft (StuW) 1947, S. 21-66.

Waldhoff, Christian: „Der Gesetzgeber schuldet nichts als das Gesetz“. Zu alten und neuen Begründungspflichten des parlamentarischen Gesetzgebers, in: Depenheuer, Otto, Staat im Wort. Festschrift für Josef Isensee, Heidelberg 2007, S. 325-343.

Waldhoff, Christian/Grefrath, Holger: Normenklarheit und Bestimmtheit der Vorschriften über die Hinzurechnungsbesteuerung als Problem des Steuervollzugs, Internationales Steuerrecht (IStR) 2013, S. 477-484.

Walker, Francis A.: Money in its relations to trade and industry, London 1880.

Watermeyer, Heinrich-Jürgen: § 8b KStG, in: Herrmann, Carl/Heuer, Gerhard/Raupach, Arndt, Einkommen- und Körperschaftsteuergesetz, 264. Lieferung, Köln 2014.

Weber, Guido: Inflationsberücksichtigung in der Einkommensteuer, Baden-Baden 2012.

Weber, Max: Protokoll zum 150. Bochumer Steuerseminar für Praktiker und Doktoranden v. 8.12.2017. Die Abzinsung von Pensionsrückstellungen, 2017, abrufbar unter https://www.kompetenzzentrum-steuerrecht.de/cms/upload/Protokolle_Bochumer_Steuerseminar/Protokolle_zum_Bochumer_Steuerseminar/Protokoll_150._BSS.pdf (zuletzt abgerufen am 04.07.2021).

Weber-Grellet, Heinrich: § 20 EStG, in: Schmidt, Ludwig, Einkommensteuergesetz. Kommentar, 36. Auflage, München 2017.

Weber-Grellet, Heinrich: Realisationsprinzip und Rückstellungen unter Berücksichtigung der neueren Rechtsprechung, Deutsches Steuerrecht (DStR) 1996, S. 896-908.

Weber-Grellet, Heinrich: Vermögensteuer, Plafondierung, Vereinfachung. Zu dem Vermögensteuer-Beschluß des BVerfG, Betriebs-Berater (BB) 1996, S. 1415-1419.

Weckerle, Thomas: Zum Abzinsungszinssatz des § 6a Abs. 3 Satz 3 EStG, Der Betrieb (DB) 2017, S. 1284-1289.

Wendt, Rudolf: Der Gleichheitssatz, Neue Zeitschrift für Verwaltungsrecht (NVwZ) 1988, S. 778-786.

Wennrich, Eberhard: Die typisierende Betrachtungsweise im Steuerrecht, Düsseldorf 1963.

Wernsmann, Rainer: § 3 AO, in: Hübschmann, Walter/Hepp, Ernst/Spitaler, Armin, Abgabenordnung Finanzgerichtsordnung. Kommentar, 240. Lieferung, Köln 2016.

Wernsmann, Rainer: § 4 AO, in: Hübschmann, Walter/Hepp, Ernst/Spitaler, Armin, Abgabenordnung Finanzgerichtsordnung. Kommentar, 230./234. Lieferung, Köln 2014/2015.

Wernsmann, Rainer: Typisierung und Typusbegriff, Deutsches Steuerrecht (DStR-Beihefter) 2011, S. 72-76.

Wernsmann, Rainer: Verhaltenslenkung in einem rationalen Steuersystem, Tübingen 2005.

Wernsmann, Rainer: Zunehmende Europäisierung und Konstitutionalisierung als Herausforderungen für den Steuergesetzgeber, in: Schön, Wolfgang/Beck,

Karin E. M., Zukunftsfragen des deutschen Steuerrechts, Heidelberg 2009, S. 161-184.

Werth, Franceska: Rechtsschutzgewähr und Rechtsfolgeansprüche in der verfassungsgerichtlichen Rechtsprechung, in: Drüen, Klaus-Dieter/Hey, Johanna/Mellinghoff, Rudolf, 100 Jahre Steuerrechtsprechung in Deutschland 1918-2018. Festschrift für den Bundesfinanzhof. Band 1, Köln 2018, S. 535-556.

Weyreuther, Felix: Gleichbehandlung und Typisierung, Die Öffentliche Verwaltung (DÖV) 1997, S. 521-530.

Wieland, Joachim: Art. 14 GG, in: Dreier, Horst, Grundgesetz Kommentar. Band 1. Präambel Artikel 1-19, 3. Auflage, Tübingen 2013.

Wiesbrock, Michael R.: Die Verlustrückstellung im Steuer- und Verfassungsrecht, Frankfurt am Main 1999.

Williams, John C.: The Decline in the Natural Rate of Interest, Business Economics 2015, Vol. 50 (2), S. 57-60.

Wissenschaftliche Dienste des Deutschen Bundestages: Die Verzinsung von Steuernachzahlungen und Steuererstattungen, WD 4 - 3000 - 011/17, Berlin 2017, abrufbar unter http://www.bundestag.de/blob/499130/2f7dad4f7aace8cb317946e2f5e1c3e4/wd-4-011-17-pdf-data.pdf (zuletzt abgerufen am 04.07.2021).

Wissenschaftlicher Beirat beim Bundesministerium der Finanzen: Herausforderungen der Niedrigzinsphase für die Finanzpolitik, BMF-Druck 2/2017, Berlin 2017, abrufbar unter https://www.bundesfinanzministerium.de/Content/DE/Standardartikel/Ministerium/Geschaeftsbereich/Wissenschaftlicher_Beirat/Gutachten_und_Stellungnahmen/Ausgewaehlte_Texte/2017-06-28-gutachten-niedrigzinsphase.html (zuletzt abgerufen am 04.07.2021).

Witte, Axel: Erste Bank erhebt Strafzinsen ab 0,01 Euro, n-tv.de (online) v. 18.11.2019, abrufbar unter https://www.n-tv.de/21402591.html (zuletzt abgerufen am 04.07.2021).

Witte, Axel: Strafzinsen für Kleinsparer?, n-tv.de (online) v. 22.08.2019, abrufbar unter https://www.n-tv.de/21223975.html (zuletzt abgerufen am 04.07.2021).

Wolf, Michael: Probleme der neuen Bedarfsbewertung von Immobilien für Zwecke der Erbschaftsteuer, Deutsches Steuerrecht (DStR) 1997, S. 349-354.

Woll, Artur: Allgemeine Volkswirtschaftslehre, 4. Auflage, München 1974.

Woll, Artur: Wirtschaftslexikon, 10. Auflage, München 2008.

Zahn, Carsten: Realitätsgerechtigkeit des Zinssatzes der Vollverzinsung (§§ 233a, 238 AO), Deutsche Steuer-Zeitung (DStZ) 2020, S. 573-581.

Zühlke, Roland: Verzinsung von Steuernachforderungen und Steuererstattungen gemäß § 233a AO. Zur Problematik der gegenwärtigen Regelung, Die steuerliche Betriebsprüfung (StBp) 1996, S. 125-127.

www.ingramcontent.com/pod-product-compliance
Ingram Content Group UK Ltd.
Pitfield, Milton Keynes, MK11 3LW, UK
UKHW021827290926
8980IPUK00004B/302

9 783631 862438